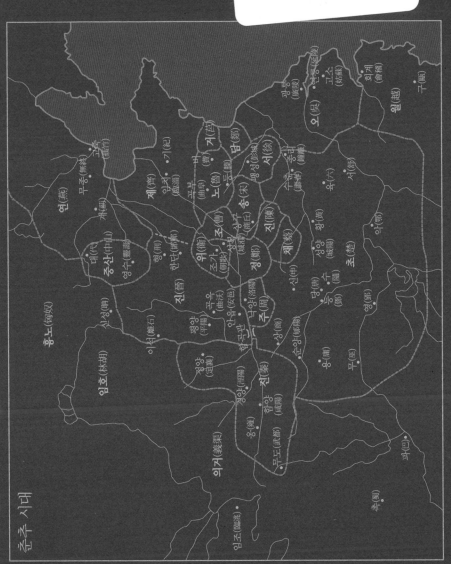

개정2판

사기
史記列傳
열전

개정2판

史記列傳

사기열전

사마천 지음 김원중 옮김

1

민음사

2100여 년이 흐른 지금도 시공을 초월하여 전 세계인의 애독서가 된 『사기』는 전체가 130편이나 되는 대서사이다. 『사기』는 사마천이 이릉李陵을 변호하다가 한무제의 역린을 건드린 죄로 궁형을 당한 뒤 그 치욕을 견디고 쓴 저작으로, 사마천 스스로 세상에 던진 질문과 답변이 씨줄과 날줄을 치밀하게 짜 놓은 한 편의 드라마라고 해도 과언이 아니다.

　『사기』 중에서 백미는 단연 열전이다. 열전을 관통하는 주제는 인간과 권력이며, 인간학의 고전이라고 불러도 좋은 만큼 인간사를 두루 다루고 있다. 52만 6500자나 되는 방대한 분량에서 절반 이상을 차지하는 『사기 열전』 70편 중에서 첫 장 「백이 열전」을 봐도 금세 알 수 있는데, 겨우 800자도 채 안 되는 분량임에도 불구하고 조선 시대 김득신은 이 열전을 무려 1억 2만 8000번이나 읽었다고 전해진다. 왜 그토록 많이 읽었던 것일까? 물론 수치 환산법이 조선 시대와 지금은 다른 탓도 있겠지만, 그렇게 많이 읽은 이유 중의 하나는 사마천이 던지고자 하는 메시지가 예사롭지 않기 때문이었을 것이다. 의로움을 지키려고 굶주림 끝에 죽음에 이른 백이와 숙제가 남긴 시를 통해 사마천은 그들이 결코 세상에 원망이 없었을 것으로 보이지 않는다는 합리적 추측을 하였으며, 착하지만 요절한 안회와 악하지만 천수를 누린 도척의 삶을 철저히 대비하여 서술하면서 하늘의 도는 옳은가 그른가[천도시비天道是非]라는 문제를 던짐으로써 사마천 자신이 써 내려간 70편의 편명을 읽는 독자들로 하여금 스스로 해답을 찾을 수 있도록 하고 있다. 즉 사마천은 과연 세상이 착하다고 해서 하늘의 복을 내려 주는지 아닌지에 대해 답을 찾아보라는 메시지를 던지고 있다. 독자들은 열전의 맨 마지막 편이라고 할 수 있는 「화식 열전」에서 사마천이 시장 자본주의를 철저히 옹호하며 부富가 권세와 인간관계의 핵심임을 전면에 부각하여 다루고 있는 것을 보면서, 우리 또한 부자들에 대한 근본적인 시각을 바꾸어야 하는 것이 아닌지 스스로를 돌아보게 된다. 그만큼 사마천의 시각은 지극히 현실적이다.

사마천 자신의 비극적 삶이 피와 눈물로 배어 있는 『사기』는 사마천이 감정을 이입하여 쓴 문장이 많아 24사 정사 중에서 단연 두드러지는 문장 특징을 갖고 있다. 특히 상소문이나 서간문도 적지 않으며, 대화체 문장과 논변식 문장도 많아 결코 번역이 쉽지 않다.

『사기 열전』의 초판이 1999년 8월이었으니 어언 21년의 세월이 흘러 이번 개정2판은 20주년 개정판으로 보아도 무방하다. 5년 전인 2015년에 개정판을 출간한 바 있지만, 그 당시 역자가 간과했거나 생각하지 못한 문장을 다시 검토하면서 문학과 역사의 경계를 넘나드는 사마천의 문장을 한층 더 생생하게 복원하고자 두 번째 시도를 한 것이다.

이번 개정판 작업에도 품이 많이 들었다. 전공 과정에서의 '사기 강독' 수업의 꼼꼼한 원전 읽기의 성과가 들어 있다. 또한 그간 10편 가까이 전문 학술지에 발표한 『사기』 관련 논문 작업 과정에서 기존 번역본을 철저히 검토할 수 있었으며, 그런 일련의 과정을 통해 번역에서 놓친 부분을 반영하여 손댔다. 역동성이 유독 강한 열전의 문장은 각 편마다 사마천이 추구하는 문체가 있고, 인물에 따라 문장의 풍격이 다른 것이 적지 않다. 이런 면을 잘 살려 일정한 흐름을 따라 읽어 갈 수 있도록 개정하고자 했는데, 대체적으로 대화체나 서간문, 토론문 등의 문장 사이의 미묘한 어감이 체감될 수 있도록 방향을 잡았다.

개정 작업의 기본 원칙은 무엇보다도 사마천이 쓴 당시의 환경과 현대 독자들의 언어 환경을 동시에 고려하고자 하였다. 작업의 과정에서 기존 해석의 오류를 바로잡았을 뿐만 아니라 원전을 다시 확인하면서 놓친 단어가 없는지 살펴보았다. 그 과정에서 잘못된 번역 등을 모두 손보았는데, 어떤 부분은 소소하지만 그냥 넘기기엔 달갑지 않은 터라 개정하는 작업을 진행했다. 쪽수의 변동은 거의 없는데, 이는 각주의 보완보다는 원전의 충실성에 초점을 맞춘 결과다.

20여 년의 세월이 흐른 지금까지 『사기 열전』에 보여 준 수십만 애독자들의 관심과 성원에 힘입어 전면 개정2판을 출간하는 서문을 쓰면서 역자는 고(故) 박맹호 민음사 회장님을 떠올렸다. 힘든 완역 작업을 마치고 『사기』 완역서가 처음 간행된 2011년 누구보다도 책의 출간을 기뻐하셨고, 2015년 1차 개정판 출간 때도 끊임없이 성원해 주셨던 모습이 오래 잊히지 않는다.

  주말과 휴일도 거의 예외 없이 이른 새벽에 일어나 밤늦게까지 홀로 고전과 씨름하는 작업은 이미 나에게 일상으로 자리 잡았다. 늘 한문과 함께하는 삶이지만, 한문 번역은 여전히 어렵고 문장을 대할 때마다 두려운 마음이 드는 것도 부인할 수 없다. 무엇보다도 이번 개정2판을 통해 『사기 열전』의 맛이 독자들에게 전달될 수 있다면 그것으로 역자의 작업은 어느 정도 의미가 있지 않을까 한다.

  기나긴 개정 작업을 끝내고 나니 연구실 창가 너머로 한여름이 성큼 다가와 있다. 세월은 이렇게 굽이굽이 흘러가도 『사기 열전』은 굳건히 자리잡고 있다.

  2020년 7월
  죽전의 연구실에서
  김원중

『사기 열전』을 시작으로 『사기』 번역 작업에 발 들여 매진한 지 20년이 훌쩍 넘는 세월이 흘렀다. 그동안 많은 독자들의 관심과 사랑 속에 『사기 열전』이 판과 쇄를 거듭하면서 대표적인 인문학 스테디셀러에 올라 있었던 데 대한 고마움이 늘 마음 깊이 자리하고 있었다. 두 권 합해 1800쪽에 달하는 두툼한 책이고 삽도도 하나 없는 『사기 열전』이 큰 사랑을 누리게 된 것은 그만큼 우리 독자들의 인문 고전에 대한 독서 수준이 높다는 뜻이리라. 『사기』 130편의 절반 이상을 차지하고 있는 열전 70편은 수많은 인재들의 활약상이 돋보이는 명편이 특히 많은데, 삶을 어떻게 살 것인가 하는 근본적 문제에 대한 통찰력을 던져 주기에 독자들에게 주는 감동의 진폭도 더욱 크다.

필자는 2011년 『사기』 전편을 완역하고 나서 틈틈이 『사기 열전』 개정판 작업에 공을 들여 왔다. 완역 작업을 하는 동안, 가장 먼저 번역한 열전과 본기, 세가 등 다른 편들과의 연관 관계를 확인하는 과정에서 서로 간에 번역의 간극이 존재한다는 사실을 안 것이 일차적인 이유였다. 긴 시간 동안 번역 작업을 한 탓에 전체의 맥락에서 보아 번역의 용어 등을 검토해서 그것들 사이의 공시성과 통시

성을 두루 만족시키는 일도 필요했던 것이다. 또한 『사기 열전』은 필자가 번역한 『논어』나 『손자병법』, 『한비자』 등과도 긴밀한 연계가 있어, 이들 책의 번역 작업 성과를 바탕으로 연관된 편의 전후 맥락을 파악하여 번역의 정확성을 좀 더 높일 필요가 있었다. 예를 들어 「중니 제자 열전」은 『논어』의 축약판이라고 해도 과언이 아닐 만큼 해당 원문이 거의 그대로 드러나 있는데, 이번 개정 작업에서 필자의 『논어』 개정판 번역을 반영하여 대폭 수정하고 바로잡았다. 또한 「오자서 열전」과 「월왕 구천 세가」 같은 편도 긴밀하게 연결되어 있어 둘 사이의 번역을 통일하고 정비했다.

이번 개정판 작업의 방향과 의미는 대체적으로 이러하다. 가능한 한 원문에 충실하도록 번역하는 데 공을 들였으니, 이전 번역에서는 독자의 편의를 고려해 의역한 부분이 더러 있었던 부분을 원전에 최대한 가까이 접근할 수 있도록 수정했다. 그리고 각 편의 해제를 손질하거나 보충하고 수정하여 좀 더 구체적으로 원문의 의미를 파악하는 데 보탬이 되고자 했다. 아울러 번역어의 어감을 살리는 데 충실하고자 했으니, 사마천의 위대한 작품인 『사기』 중에서도 으뜸인 열전은 치욕의 삶을 딛고 일어선 사마천의 내면이 등장인물에 감정 이입된 편이 적지 않아 이런 작품들의 어감을 잘 살려 보자는 의도를 가지고 어떻게 하면 독자들에게 좀 더 현장감 있는 언어로 전달해 내느냐 하는 데에 초점을 맞추었다.

각 편마다 사마천이 구사하는 문체는 타의 추종을 불허하는 개성이 배어 있어 이것을 어떻게 하면 좀 더 생생한 오늘의 언어로 재현할 수 있을까 하는 것이 가장 큰 고민이었다. 물론 이를 온전히 살려 낸다는 것은 필자의 능력을 벗어나는 일이지만, 그럼에도 이 개정판 작업을 통해 2000여 년의 시공을 초월한 사마천과 독자 사이의 가장 가까운 가교를 확보하려는 데 공을 들였다. 덧붙여, 가독성을 돕기 위해 주석 위치를 바꾸어 각주로 두었으며, 해당 편과 관련된 삽도를 첨부하여 독자들의 이해를 돕고자 했다.

물론 이번 개정판 작업에서 70편의 『사기 열전』이 내가 원하는 대로 복원되었으리라는 오만은 전혀 가당치 않은 일이다. 최선을 다했다는 말로 자위해 보려 하지만, 그것은 오로지 독자들이 판단할 수 있는 몫일 것이다.

2015년 6월
김원중

세계인의 고전 『사기』는 사마천이 사관인 아버지 사마담司馬談의 유언에 따르고자 궁형의 치욕을 딛고 저술한 기전체 역사서로서, 전설의 황제黃帝 시대로부터 한 무제漢武帝 때까지 2000년을 통시적으로 아우르고 있다.

　『사기』 중에서도 열전 70편은 주周나라 붕괴 후 등장한 50개 제후국 가운데 최후까지 살아남은 전국칠웅戰國七雄, 즉 진秦, 한韓, 위魏, 제齊, 초楚, 연燕, 조趙의 흥망성쇠를 주축으로 하며, 수많은 인물들의 이야기를 생생하게 그려 보인다.

　춘추 전국 시대는 주나라 이후 진한秦漢 건국 이전까지의 과도기로서 각국의 제후 왕들이 천하의 패권을 쥐려는 야심을 품고 서로 죽고 죽인 혼란기였다. 끊임없이 동쪽 진출을 모색한 서쪽의 절대 강자 진나라와 남방의 지배자 초나라, 그리고 북방의 실력자 연나라, 이렇게 삼국이 큰 흐름을 주도했고, 이들 틈바구니에 낀 조, 한, 위, 제 네 나라는 국가 보존을 위한 전략 마련에 고심했다.

　물론 제후왕들만 야심을 품은 것은 아니었다. 이들에게는 이들의 야심을 구체화해 줄 능력 있는 실력자 집단이 필요했다. 통치 사상의

기반을 다질 사상가, 전쟁 경험이 풍부한 전략가, 전략을 실행할 장수 등이 필요했다. 이에 따라 제후들에게는 여러 방면에 능력을 가진 인재들이 모여들었고, 각기 능력에 따라 활약했다. 개나 닭 울음소리를 흉내 내는 재주로 맹상군의 목숨을 구한 계명구도鷄鳴狗盜 고사의 주인공이나, 3년이 넘게 방 한구석에서 밥이나 축내다가 자천自薦이라는 형식을 통해 재능을 과시한 모수毛遂도 이들 중 하나이다.

어디 이뿐인가? 유세의 달인들도 있다. 공자나 맹자가 지나친 이상주의를 설파하여 제후들의 외면을 받고 끝내 세상의 벼슬 한자리를 얻는 데 실패했다면, 이들과 달리 세 치 혀 하나만으로 출세하여 천하를 제 손안에 굴리고 쥐락펴락한 세객도 있다. 설득의 귀재였던 책략가 소진蘇秦은 육국六國이 동맹하여 진나라의 동방 진출을 막자는 합종책合縱策을 제안하여 15년간 육국의 재상을 역임했다. 또한 진나라 장의張儀는 육국의 동맹을 허물고 개별적으로 진나라와 횡적인 동맹을 구축하는 연횡책連橫策으로 대응하여 진나라가 천하를 통일하는 데 결정적인 발판을 마련해 주었다.

예나 지금이나 전쟁만큼 큰 죄악은 없다. 그러나 춘추 전국 시대에는 전쟁이 필요악이었다. 전쟁의 소용돌이 한가운데에서는 그 누구도 먼저 평화를 주창할 수 없었다. 모두들 강한 군대를 양성해 부국강병을 꾀하는 데 골몰했다. 법가인 상군商君은 진나라의 효공孝

公을 도와 변법을 성공적으로 단행하고 부국강병을 주창하면서, 전쟁을 통해서 전쟁을 없애는 '이전거전以戰去戰'의 이론을 제시했다. 이에 맞서 초나라와 위나라는 현장을 중시한 용병가 오기吳起를 등용했고, 제나라는 사마양저司馬穰苴와 손빈孫臏 등을 등용하여 세력 확장을 모색했다.

그러나 이들과 반대편에 선 자들도 있었다. 왕도 정치를 주장한 맹자孟子를 비롯하여 유가로 대변되는 공자의 제자들은 전쟁을 중단하고 성현의 말씀에 귀 기울이자는 주장을 폈다. 묵자墨子는 전쟁 대비용 성을 구축하여 전비戰備를 절감하자고 외친 평화주의자였다. 한 술 더 떠서 도가 일파는 전쟁을 반대하고 무위자연의 정신으로 돌아가자고 했다. 그러나 이들의 주장이 받아들여지기에는 시대가 각박했고 혼돈에 차 있었다. 전쟁과 평화라는 서로 상반된 주장을 펴는 두 진영이 말이나 글을 통해 다투는 흥미진진한 광경도 이책에서 엿볼 수 있다.

『사기 열전』은 이와 같은 격동과 파란의 시대를 치열하게 살다 간 온갖 인물 군상의 결정체이다. 예를 들면 「자객 열전刺客列傳」은 차라리 목을 내놓을지언정 지조는 꺾을 수 없는 충신과 자신을 알아주는 사람을 위해 홀로 적지에 뛰어들기를 마다하지 않는 사나이들의 세계를 보여 준다. 「회음후 열전淮陰侯列傳」은 남의 가랑이 사이로 기어간 굴욕을 딛고 일어나 초왕의 자리까지 올랐다가 결국 유방에 의해 제거된 희대의 풍운아 한신韓信의 이야기이다.

또 「화식 열전貨殖列傳」은 구체적인 실례를 들어 가며 큰돈을 버는 방법을 언급하고 있는데, 현대판 경영학 원론으로 삼아도 좋을 만큼 놀라운 탁견으로 가득하다. 먼저 입고 먹는 것이 다스림의 근원이라는 관점 아래 물건과 돈은 흐르는 물처럼 유통시켜야 한다는 당시로서는 혁명적인 원칙을 설파한다. 덧붙여 시세 변동에 따라 새처럼 민첩하게 사고팔라는 구체적인 지침까지 제시하고 있다. 재물을 축적하는 데에는 상업이 최상의 방법이며, 돈을 벌 수 있다면 직업에 귀천이 없다는 그들의 주장은 정통 유가의 가르침과 상당 부분 배치되는 것이어서 눈길을 끈다.

「편작 창공 열전扁鵲倉公列傳」은 한의학의 역사와 임상 과정을 자세히 기록한 한의학의 필독 명편이다. 이 편에서는 의사가 갖추어야 할 자세, 병 고칠 시기, 고칠 수 없는 여섯 가지 질병, 병에 따라 처방이 달라지는 이유 등을 정연하게 서술하고 있다. 편작의 명언 "죽은 사람을 살려내는 것이 아니라 살 수 있는 사람을 살려낼 뿐이다."라든지 "질병은 징후가 나타날 때 고쳐야 한다." 혹은 "사람들은 다병多病을 걱정하고, 의사는 의술이 적음을 걱정한다." 등은 오늘의 의학도들에게도 소중한 교훈일 것이다.

그 밖에도 「조선 열전朝鮮列傳」을 읽어 보면 고대사에서 우리나라와 중국의 관계를 짐작하게 하는 단초를 발견할 수 있다. 또 「일자 열전日者列傳」과 「귀책 열전龜策列傳」은 고대 중국 점술의 실상을 보여 주는 중요한 자료이다. 「일자 열전」에는 점치는 자에 관한 내용이 있고, 「귀책 열전」에는 복서卜筮의 역사와 효험, 시초와 명귀의 조건, 점을 금하는 날, 점을 치는 원칙, 징조를 보고 판단하는 법 등이 자세하게 서술되어 있다. 마지막으로 「사마상여 열전司馬相如列傳」은 한부漢賦 연구의 소중한 자료이며, 사마천이 문학에 대한 조예가 깊었음을 짐작하게 한다.

1999년 초판 이래, 주요 언론 매체와 학계의 주목을 적잖이 받고 거기에 더해 많은 독자의 사랑을 받아 온 『사기 열전』을 이번에 전면 개정하여 새롭게 선보이게 되었다.

이 책은 2003년에 《조선일보》에서 선정한 '대학 교수 추천 베스트 선정도서 10선'에 올랐고, 2005년에는 《교수신문》의 연재 기획 '최고의 고전 번역을 찾아서'에서 전문가들에 의해 최고의 사기 번역서로 선정되는 영광을 누렸다.

나는 기본적으로 번역은 원전의 뜻을 자구 하나하나 따져 가며 번역하고 난 다음 그에 수반되는 전고典故나 논의의 근거를 찾아 다시 그것을 원전의 문맥에서 구현해야 한다고 생각한다. 각주는 독자가 원전을 읽는 데 걸림돌이 되지 않는 것은 물론, 원저자의 의도가 무엇인지에 관심을 갖는 데 장애가 되지 않도록 주의해야 한다고 본다. 각주가 사족이 되지 않으려면 그 활용이 적절해야 하므로 원전의 단어 하나 자구 하나를 우리말로 표현하는 데 온 심혈을 기울여야 한다.

내 나름의 번역 원칙이 제대로 적용되었는지는 오로지 독자의 냉정한 평가에 맡길 뿐이다. 『사기 열전』이라는 대작은 아무리 빼어난 번역도 원전을 따라가지 못한다는 게 기본적인 생각이기 때문이다.

언제나 따뜻한 응원을 보내 주는 『사기 열전』 애독자들께 고개 숙여 감사드린다. 그리고 이곳 반야산 기슭에서 조용히 연구에 정진하도록 성원해 주는 동료 교수들과 제자들에게도 감사의 말을 전하고 싶다. 사랑하는 가족과 존경하는 은사님들 덕분에 오늘의 내가 있다고 생각한다. 그분들께 이 책을 바친다.

2007년 8월
선효재宣曉齋에서
김원중 삼가 적다

『사기』는 상고上古 시대부터 사마천이 살던 한 무제 때까지의 중국 역사를 다룬다. 여기에는 중국인들이 사이四夷라고 불렀던 주변 이민족의 역사가 포함되어 있다. 이 책은 중국 역사의 전범典範으로 일컬어지며, 중국뿐 아니라 한국, 일본 등 동아시아 역사서에 절대적인 영향을 끼쳤다.

『사기』는 본기本紀 12편, 표表 10편, 서書 8편, 세가世家 30편, 열전列傳 70편 등 총 130편, 약 52만 6500자로 이루어져 있다. 오늘날 중화서국中華書局에서 간행한 표점본『사기』는 약 55만 5600자인데 저소손褚小孫 등이 보필한 3만여 자가 더 수록되어 있기 때문이다. 본기, 표, 서, 세가, 열전 이 다섯 부분은 서로 긴밀하게 연계되어 있으며 얽히고설킨 인물 관계로 인해 비슷한 내용이 여러 편에 실려 있는 경우도 적지 않다. 더러는 같은 사건이 다른 시점으로 묘사되기도 한다.

본기는 고대 전설상의 오제五帝부터 한나라 무제에 이르기까지 천하에 권력을 행사하던 왕조나 군주들의 사적을 기록한 것이다. 대체로 왕조를 기준으로 하여 시대순으로 12편을 배열했다.

표는『사기』가 다루고 있는 시공간을 재구성하여 일목요연하게 정리한 것으로, 세표世表, 연표年表, 월표月表로 이루어져 있다. 각 편마다 서문이 있어 논평을 간략하게 덧붙였다.

서는 사회 제도에 주목하여 이상과 현실, 변혁과 민생 문제 등을 보여 주는 전문적 논술이다. 즉 정치, 사회, 문화, 과학 등과 같은 전장典章을 기록하고 있어 문화사나 제도사의 성격을 갖는다.

세가는 제왕보다 낮은 위치인 봉건 제후들의 나라별 역사를 다루고 있다. 제후들 외에 황제의 친척과 공훈을 세운 신하 등이 포함되어 있다. 무관無冠의 제왕인 공자孔子와 왕을 칭한 지 여섯 달 만에 망한 진섭陳涉이 포함되어 있는 점이 이채롭다.

열전은 주로 제왕과 제후를 위해 일한 인물들의 전기를 수록하고 있으며, 때로 계급을 초월하여 기상천외의 인물들이 포진하고 있기도 하다. 각양 각층의 인물들의 삶이나 그들과 관련된 사건들을 서술하고 평가하여 사마천의 역사의식이 가장 잘 드러나는 부분이다.

『사기』의 이런 분류 방법은 일반적으로 천지자연의 원리에서 나온 것이라고 볼 수 있다. 본기 12편은 『문심조룡文心雕龍』「사전史傳」편에서 말한 것과 같이 『여씨춘추』의 12기紀에 바탕을 두고 있으며, 역법으로 볼 때 12간지와 관련된다. 표 10편은 사마천이 스스로 만든 것으로 『주보周譜』에 바탕을 두고 있다. 물론 이 또한 10간干과 관련된다. 서 8편은 『삼례三禮』를 모방한 데서 나온 것이며, 사방四方·팔방八方 등 방위 개념과 관련이 있다. 세가 30편에서는 사마천의 독창성이 엿보이는데 이 가운데 열전에 넣어도 그다지 무리가 없는 「공자 세가孔子世家」와 「진섭 세가陳涉世家」를 뺀다면 28편으로 28수宿와 일치한다고 볼 수도 있다. 그리고 열전 70편은 맨 마지막의 「태사공 자서太史公自序」를 '태사공 열전'으로 볼 수 있으니, 열전에 들어갈 수도 있는 「공자 세가」와 「진섭 세가」를 합치면 72편의 열전이 되어 천지와 음양의 성수成數 관념에서 생각하면 역법에 기초한 것이라 할 수 있다. 이는 사마천이 천문에 정통한 가계家系의 후손이라는 이유도 있겠지만, 고대 중국인의 우주관과 세계관에서 비롯된 것이기도 하다.

『사기』 이전의 중국 역사서는 매년 매달 매일의 역사적 사건을 연대순으로 기록하는 방식을 취했으니, 『춘추春秋』나 『서경書經』 등 거의 모든 역사서가 유사한 방식으로 구성되었다. 다만 『춘추』 다음에 씌어진 『국어國語』나 『전국책戰國策』은 순수한 연대기에서 벗어나 국가별 서술 원칙에 의하고 있는데, 역시 연대기적 배열이라는 큰 틀을 벗어나지는 못했다. 그래서 한 사건이 분절되고 시간적 비약이 생겨나 읽으면서 곤혹스러울 때가 많다.

동양 역사서의 세 가지 편찬 체제인 편년체編年體, 기사본말체紀事本末體, 기전체紀傳體 가운데 기전체의 효시가 『사기』이다. 기전체는 본기本紀와 열전列傳을 중심으로 구성되는데, 먼저 제왕의 언행과 행적을 중심으로 당시의 정치, 경제, 군사, 문화, 외교 등 중대한 사건을 시대순으로 서술하고, 제왕이나 제후를 보좌한 개인들의 이야기를 서술하는 구성 방식을 취하고 있다.

사마천은 자신이 기술하고자 하는 시대의 사회 구조와 그 내부의 발전상, 인물과 사건 및 제도 등 그 사회가 가진 제반 현실에 역사적 해석을 부여하고자 했다. 그래서 사마천은 통사를 쓰면서도 자신의 시대인 한 대漢代를 다루었던 것이다. 사마천은 사료 해석에 충실하면서도, 역사의 발전적 흐름과 사물의 본질을 통찰하는 날카로운 안목을 보여 주었기에, 이 책이 오늘날까지도 지혜로운 삶의 지침서로서 왕성한 생명력을 자랑하는 것이다.

『사기』라는 명칭은 사마천이 스스로 붙인 것은 아니다. 사마천이 세상을 떠난 뒤 이 책은 '태사공서太史公書' 또는 '태사공기太史公記'로 불렸는데, '태사공기'의 약칭이 바로 '사기'다. 위魏나라 건안建安 연간에 순열荀悅이 지은 『한기漢紀』라는 책의 권30에 "태사공사마천사기太史公司馬遷史記"라는 말이 나와 정식으로 '사기'라는 말이 '태사공서'라는 명칭을 대체하게 되었다.

물론 『사기』의 「주 본기周本紀」, 「십이 제후 연표十二諸侯年表」, 「천관서天官書」, 「진섭 세가」, 「공자 세가」, 「유림 열전儒林列傳」 등에도 이 말이 나온다. 그러나 이들 편에서의 기록은 두 가지 내포된 의미가 있으니 선진 시대 각국의 '사관의 기록'이라는 의미와 한 대의 문장학文章學이 그것이다. 이 책의 서문 격인 「태사공 자서」에 나와 있는 '태사공서'라는 말과는 전혀 다른 의미이다.

『사기』는 세상에 나오고도 오랫동안 왕실과 역사가들에게 소외된 채 몇 세기를 보내야 했다. 더욱이 한 무제漢武帝는 사마천이 『사기』에서 자신의 아버지인 경제景帝와 자신의 치부를 드러내 신랄하게 비판한 것을 두고 매우 노여워하며 이 두 인물을 다룬 「효경 본기孝景本紀」와 「효무 본기孝武本紀」를 폐기하도록 했다고 했을 정도니 말이다. 무제의 영토 확장 정책에 대한 사마천의 신랄한 비판은 「봉선서封禪書」, 「평준서平準書」 등을 비롯하여 열전 곳곳에 생생하게 드러나 있다.

게다가 『사기』가 그보다 90년 뒤에 나온 반고班固의 『한서漢書』와 달리, 도가와 병가, 잡가 등 제자백가를 두루 섭렵하여 한나라의 국가 이념인 유학에 배치된다는 점도 당시 지식인 사회에서 배척되는 요인이 되었다. 예컨대 사마천은 「자객 열전刺客列傳」, 「골계 열전滑稽列傳」, 「일자 열전日者列傳」, 「귀책 열전龜策列傳」에서 9류流 3교教 등 당시 사회의 세세한 부분까지 담아내려고 애썼다. 그런데 반고는 『한서』에서 「동방삭전東方朔傳」을 제외하면 유가 이외에는 모두 비정통파나 하류 문화로 취급하여 언급조차 하지 않으려고 했던 것이다.

「자객 열전」에서 형가荊軻가 고점리高漸離와 함께 술 마시고 노래하다가 눈물을 흘리며 마치 근처에 아무도 없는 것처럼 행동했다는 이야기는 한 대의 경직된 시대 분위기에서 보면 용납되기 힘든 만용일 수밖에 없었던 것이다.

그래서 반고는 『한서』「사마천전司馬遷傳」에서 사마천이 시비를 가리느라 성인의 모습을 왜곡했으며, 대도大道를 논할 때에도 황로黃老 사상을 앞에 두고 육경六經을 뒤에 놓았으며, 유협을 서술할 때에는 처사處士들을 제치고 간웅奸雄들을 부각시켰다는 점을 비판했으니, 사마천이 「백이 열전伯夷列傳」, 「유협 열전游俠列傳」, 「화식 열전貨殖列傳」 같은 편을 설정한 것을 두고 하는 말이었다.

그러나 『사기』가 소외의 시간만 보낸 것은 아니었다. 도가적 분위기가 강한 당 대唐代부터 관리 임용 과목에 들어가면서 점차 주목받기 시작했다. 당송 팔대가인 한유韓愈는 사마천에 대해 비판적이었으나 유종원柳宗元은 『사기』를 "웅심아건雄深雅健"이라고 평가하면서 문장 학습의 기본 틀로 삼았고, 이는 유학이 지배적인 분위기였던 송 대宋代에도 이어졌다. 구양수歐陽脩는 『사기』 애호가로서 즐겨 읽으면서 글을 지을 때 이용하기도 했다. 『사기』에 대한 평가는 원 대元代에 잠시 주춤했다가, 청 대淸代에 기윤紀昀과 조익趙翼 등이 재평가했으며 장병린章炳麟도 『사기』와 『한서』를 같은 대열에 두었다. 중국 근대화의 공헌자 양계초梁啓超는 사마천을 '역사계의 조물주'라고 치켜세우기도 했다. 프랑스의 중국학자 샤반E. Chavannes도 이 책의 중요성을 인식하여 1895년부터 1905년 사이에 『사기』의 앞부분 47편을 번역하고 해제를 붙여 서구인들에게 소개했다. 근대 중국의 위대한 문학가 노신魯迅은 "역사가의 빼어난 노래요, 운율이 없는 「이소」史家之絶唱, 無韻之離騷"『한문학사강요漢文學史綱要』라고 극찬했다.

물론 사마천의 기술 방식이나 자료 선정 방법 등에 전혀 문제가 없는 것은 아니다. 그러나 2000여 년 전이라는 시간적 의미로 볼 때, 정말 이 정도로 완벽한 체제를 갖춘 역사서가 어떻게 가능했는가 하는 탄성이 저절로 터져 나오게 된다.

요컨대, 개인적으로 기록한 역사 『사기』가 후대에 24사史의 필두로 거론되게 된 것은 중국 전설 시대부터 춘추 전국 시대를 거쳐 한 무제까지 이르는 유일한 통사이기 때문이라는 점이 일차적인 이유이다. 또 기전체라는 형식에 바탕을 둔 역사 서술의 정확도도 무시할 수 없는 요인이다. 그러나 무엇보다도 중요한 점은 절대 군주 위주로 재편되는 과정에 있던 엄혹한 현실과 인간에 대한 성찰, 즉 사마천의 역사를 보는 태도가 다른 역사서와 아주 다른 입장을 취하고 있다는 사실이다. 이에 더하여 『사기』가 뛰어난 문장력으로 문학서로서의 색채를 유발하고 있다는 점도 빼놓을 수 없을 것이다.

사성史聖 사마천은 누구인가?

사마천기원전 145년?~90년?은 자가 자장子長이며 용문龍門지금의 섬서성陝西省 한성시韓城市 출신이다. 아버지 사마담司馬談은 한 무제 때 태사령太史令에 임명되었고 도가를 충실히 받들었다. 그는 당대의 저명한 지식인들에게 천문학과 『주역』 및 음양의 원리를 배웠다.

사마천은 어려서 집에서 공부하다가 열 살 때 아버지를 따라 수도인 장안長安에 와서 당시 경학 대사인 동중서董仲舒와 공안국孔安國에게 고문을 배웠다. 스무 살 때 여행을 시작하여 중국 전역을 두루 돌아다녔으며 돌아온 후에는 낭중郎中에 올랐고 또다시 무제를 따라 순행하면서 거의 온 나라를 주유했다. 어디를 가든지 고적을 탐방하고 자료를 수집했다.

그러던 중 사마천이 낙양洛陽에서 아버지와 만났을 때, 아버지가 그의 손을 잡고서 반드시 역사서를 집필하라고 당부한 뒤 세상을 떠났다. 사마담이 죽은 지 3년이 지나 무제 원봉元封 3년기원전 108년에 사마천은 태사령이 되어 무제를 시종하면서 천제天帝에 제사 드리는 봉선封禪에 참여하기도 하고 역법을 개정하기도 하였다. 그는 부친의 유업을 계승하기 위해 국가의 장서가 있는 석실금궤石室金櫃에서 수많은 자료를 정리하고 수집하면서 4년의 준비 기간을 거친 끝에 태초太初 원년기원전 104년에 『사기』를 집필하기 시작했다.

그런데 사마천은 생각지 못한 시련을 맞게 된다. 천한天漢 2년기원전 99년 전한의 명장 이광李廣의 손자 이릉李陵이 군대를 이끌고 흉노와 싸우다가 투항하는 사건이 발생한 것이다. 당시 사람들은 이는 이씨 가문의 명예에 먹칠을 한 것일 뿐만 아니라 한나라 조정의 체면을 깎아내린 것이라고 여겼다. 그러나 사마천은 이릉이 어쩔 수 없이 투항했다고 여겼고 홀로 무제 앞에 나아가 적극적으로 변호했다. 결국 그는 무제의 노여움을 사 감옥에 갇히게 되는 몸이 되고 말았다. 1년 후 그에게 세 가지 형벌 중 하나를 고를 권리가 주어졌다. 첫째 법에 따라 주살될 것, 둘째 돈 50만 전을 내고 죽음을 면할 것, 셋째 궁형을 감수할 것이 그것이었다. 사마천은 두 번째 방법을 취하고 싶었으나 중인中人에 불과했던 그가 그런 거액을 낸다는 것은 사실상 불가능했고 결국 마지막 것을 선택하게 되었다. 목숨만이라도 부지하여 부친의 유지를 받들기로 한 것이다.

그로부터 5년 후기원전 93년 사마천은 다시 직책을 맡아 무제의 곁에 있게 되었다. 이때는『사기』의 집필이 대체적으로 마무리되는 시점이었다. 아버지의 유언을 받든 지 대략 20년 만이었다. 집필을 완성하고 몇 년 후에 그는 세상을 떠났다.

사마천의 생몰 연도에 관해서는 역대로 정론이 없다. 그의 생년에 관한 고증은 주로 「태사공 자서」에 근거하여 당나라 사람들이 단주석에 바탕을 두고 있다. 그가 죽은 시기 또한『한서』「사마천전」에도 명확하게 기재된 것이 없기 때문에 한당漢唐의 주석가들이 추론해 낼 방법이 없었고 지금도 여전히 논란이 있다.

사마천이 『사기』를 쓴 목적은 무엇인가?

이에 대한 답은 전서의 서문 격으로 『사기 열전』의 맨 마지막에 둔 「태사공 자서」에 마련되어 있는데 정리하면 이러하다.

첫째, 발분發憤 의식의 소산이다. 사마천이 궁형을 당한 것은 목숨을 부지하기 위한 구차한 행위가 아니라 글을 지어 후세에 이름을 남기기 위한 피할 수 없는 선택이었다. 「백이 열전伯夷列傳」에서 '천도시비天道是非,하늘의 도는 옳은가 그른가'의 질문을 제시한 것은 백이와 숙제의 입장이 마치 자신과 비슷하다는 데서 오는 동류의식을 반영한다. 또한 치욕을 견디고 세인들에게 이름을 떨친 관중管仲이나 오자서伍子胥, 경포黥布 등에게 특별한 의미를 부여하여 그들의 전기를 따로 마련한 것도 마찬가지로 해석될 수 있다.

둘째, 역사적 사실의 포폄褒貶과 직서直書이다. 이는 「태사공 자서」에서도 드러나듯, 공자孔子가 『춘추』를 서술한 방식에 바탕을 두고 후세 사람들에게 하나의 도덕적 규범을 제시하여 미언대의微言大義, 즉 작은 말 속의 큰 의미를 느낄 수 있도록 하기 위한 것이다. 물론 사마천이 『춘추』의 문장을 모방하여 『사기』를 지은 것은 아니다. 『춘추』의 정신을 계승하려는 사마천의 생각은 부친 사마담의 견해와 일치되는 것이며, 공자가 세상을 떠난 지 500년이 지난 당시에 공자의 역사의식을 누군가가 계승해야 한다는 당위에서 비롯되었다.

이 밖에 사마천이 태사령이라는 자기 직분에 충실하면서 순수하게 개인의 자격으로 저술에 임했다는 점을 눈여겨봐야 한다. 태사령이란 본래 궁중의 예의 제도를 관장하고, 천문 역법에 따라 해가 끝나면 새 역법을 바치며, 나라에 큰 행사가 있으면 길일吉日과 기일忌日을 가려 올리는 직책이다. 따지고 보면 이 직책은 역사 기록과 별반 관련이 없으므로 저술의 직접적인 동기가 아닐 수도 있다. 그렇지만 사마천은 태사령으로 있으면서 궁궐에 소장된 모든 자료를 쉽게 접할 수 있었고, 또 마음만 먹으면 자료 수집을 위하여 유적을 답사할 수 있었으며, 해당 분야의 전문가들을 취재할 기회도 적지 않았을 것이다.

사마천은 아버지와 함께 무제 곁에서 절대 권력자의 영토 확장 야욕과 그로 인해 야기되는 수많은 현실적인 문제점들을 직접 눈으로 보았다. 또한 무제를 수행하면서 각종 성대한 의전 장면이나 열병 의식 및 수렵 활동 등을 통해 당시의 시대정신을 터득하기도 했다.

『사기 열전』은 어떻게 서술되었는가?

『사기 열전』은 서술에 있어 인물의 비중을 고려하여 안배한 흔적이 두드러진다. 독자에게 극적인 효과를 전달하기 위해 대립되는 인물을 같은 편에 놓은 경우도 많다. 또한 유림, 혹리, 자객, 유협, 골계 등 유사한 직업군을 한데 묶어 차례로 배치함으로써 인물을 체계적으로 분류했다.

열전이란 말을 풀이할 때 '열列'이 배열이나 서술의 의미를 갖고 있다는 데에는 의견이 대체로 일치하는 듯하다. '전傳'은 본래 경전의 주석을 가리키는 말로 스승과 제자 사이에 구두로 전해진 것을 의미하며, 전통적으로 전기傳記biography로 받아들여져 왔다. 좀 더 구체화시켜 이야기story 정도로 해석해도 큰 무리는 없다. 사마천은 전기를 개인의 역사로 확대 해석하고 있다. 그러나 전기라고 하면 아무래도 주인공의 삶을 모두 담아야 하는데 『사기 열전』에는 기재되어 있지 않은 사실도 더러 있다. 예컨대 열전의 두 번째 편인 「관 안 열전管晏列傳」을 보면 관중과 안영의 생애에 대한 서술은 철저히 무시되고, 그들의 개성을 엿볼 수 있는 두 일화가 소개되어 있을 뿐이다.

이렇듯 사마천은 열전에서 인물에 대해 나열식으로 정보를 제공하기보다 그 인물을 제대로 보여 줄 수 있는 특징을 제시하는 데 주력했다. 따라서 「중니 제자 열전仲尼弟子列傳」처럼 별로 중요하지 않은 인물들은 후반부에 이름만 나열하는 방식을 취하기도 했다.

또한 사마천은 자신이 입수한 문헌 가운데에서 될 수 있는 대로 도덕적 기여도가 높은 인물들을 먼저 고르고 거기에 평가를 더했다. 독자로 하여금 선을 행하는 자는 복을 받고, 그렇지 않은 자는 화를 입게 된다는 평범한 진리를 깨닫도록 하려는 것이다. 심지어 어떤 인물의 행동에서 본받을 만한 가치가 전혀 없으면 아예 그를 무시하고 다른 이의 선서에 곁들여 포함시키기도 한다. 진秦나라 말기에 권력을 휘둘렀던 환관 조고趙高의 경우, 다른 인물들의 열전 곳곳에서 찾아볼 수 있는데 특히 「이사 열전李斯列傳」 후반부는 조고의 이야기가 주를 이루기도 한다. 사마천은 인물들의 개별적인 유형에 입각해서 자신을 포함하여 당대를 움직인 인물들을 재구성하고, 그런 근거를 그 이전의 경서經書와 제자서諸子書뿐 아니라 민간의 구전에서도 취하는 유연성을 보여 주었다.

그렇다면 『사기』에서 사료의 취사선택 범위는 어디인가? 『사기』는 시간적으로 2000여 년을 포괄하지만, 이 중 과반수가 한 대漢代의 것이다. 무제는 한나라의 제5대 황제로서 고제高帝, 혜제惠帝, 문제文帝, 경제景帝의 통치를 거치면서 중앙 집권 체제가 확고해졌을 때의 통치자다. 이 시기는 정치가 안정되고 경제가 번영하면서 학술이 번성했다. 따라서 각 분야마다 대표적인 학자들이 탄생했으니 위대한 경학가요 정치 평론가인 동중서, 문장가 사마상여司馬相如, 군사 전략가 위청衛靑과 곽거병霍去病, 그리고 천문학자 당도唐都, 탐험가 장건張騫, 음악가 이연년李延年 등 걸출한 인물들이 무제의 수하에 있었다. 이런 면에서 보면『사기』가 전한의 무제 때 탄생한 것 역시 결코 우연이 아니다.

상고 문헌은 전적으로 경전에 기댔고, 당대 자료는 대체로 문헌 검증과 현지답사 등을 통한 체험에서 나왔다.『사기 열전』권32「회음후 열전淮陰侯列傳」의 경우를 보면, 사마천은 이 열전을 쓰기 위해 한신의 고향을 방문했고, 마을 사람들이 제공한 소재를 토대로 한신을 새로운 각도에서 그렸다.

『사기 열전』에 기록된 시대의 인물들은 누구인가?

『사기 열전』의 독특한 인물의 선택, 서술 방식은 역사는 결코 지배자의 전유물이 아니라는 시각에서 출발한다. 먼저 대략적인 상황을 주요 편들을 중심으로 살펴보자.

『사기』의 백미로서 열전의 첫머리를 장식하는「백이 열전」은 지조와 소신의 문제를 세상의 공정성과 결부시켜 다루고 있다. 두 번째 편명인「관 안 열전」에는 진정한 우정을 다룬 관포지교管鮑之交 고사가 담겨 있고, 창고가 차야 예절을 안다는 관중의 정치관도 배어 있다. 명재상 안영과 마부 이야기는 안영의 뛰어난 안목을 보여 준다. 전국 시대에 활약한 병법가들을 다룬 「사마양저 열전司馬穰苴列傳」, 「손자 오기 열전孫子吳起列傳」, 「오자서 열전伍子胥列傳」 등도 있다.

「상군 열전商君列傳」에서는 법과 원칙의 소유자 상군, 즉 상앙에게서 냉철한 개혁가의 모습을 엿볼 수 있다. 이뿐만이 아니다. 「소진 열전蘇秦列傳」과 「장의 열전張儀列傳」은 합종과 연횡이라는 전략으로 천하를 빼앗으려는 자와 지키려는 자 사이의 처절한 두뇌 싸움을 보여 주는 명편이다. 두 사람은 같은 문하에서 배웠지만 나중에 정치적 라이벌 관계가 된다.

지혜 주머니라고 불린 저리자樗里子와 어린 나이에 이미 기지가 뛰어났던 감무甘茂 이야기도 있고, 외척이면서 정치에 참여한 양후穰侯도 열전에서 한자리를 차지하고 있다. 또한 인재를 예우하여 수천 명의 식객을 거느렸던 전국 사공자戰國四公子, 즉 맹상군孟嘗君 전문田文, 평원군平原君 우경虞卿, 위 공자魏公子 무기無忌, 춘신군春申君 황헐黃歇의 여러 일화들도 엿볼 수 있다.

피를 뿌려서라도 군주의 위엄을 지킨 염파廉頗와 화씨벽을 지키려는 인상여藺相如의 기개를 다룬 「염파 인상여 열전廉頗藺相如列傳」에는 사나이의 의리, 큰 나라끼리의 사귐에는 법도가 있다는 선비의 마음가짐, 나라의 위급을 먼저 생각하는 지식인의 자세가 담겨 있다. 「전단 열전田單列傳」은 충신은 두 임금을 섬기지 않는다는 의미가 담겨 있고, 「노중련 추양 열전魯仲連鄒陽列傳」에서는 천하에서 선비가 귀하게 여겨지는 까닭을 보여 준다. 청빈한 지식인의 모습을 담은 「굴원 가생 열전屈原賈生列傳」에서는 혼탁한 세상에서 살아가기 어려운 나약한 지식인의 모습을 만날 수 있다.

진귀한 재물은 사 둘 가치가 있다고 한 투자가 여불위呂不韋는 진시황의 생부라는 전설적 요소가 더해지면서 열전의 주요 인물로 자리했으며, 선비는 자신을 알아주는 자를 위해 죽는다는 의리파 인물의 충절이 담긴 「자객 열전」은 진시황을 죽이려 한 형가를 비롯한 다섯 명의 자객을 다루고 있다. 「이사 열전」은 사람이 잘나고 못남은 자신의 위치에 달려 있다는 냉혹한 현실주의자 이사의 이야기이다. 그는 진시황의 최측근이면서 동시에 제위 계승의 농간을 부리다가 자결하게 되는 비운의 인물이다.

권53 「남월 열전南越列傳」부터 「동월 열전東越列傳」, 「조선 열전朝鮮列傳」, 「서남이 열전西南夷列傳」 등은 한나라와 변방 지역의 민족들 사이의 충돌과 화해의 문제가 고스란히 담고 있다.

이 밖에도 『사기 열전』에는 청렴한 관리와 엄격한 법 집행을 하는 혹리의 이야기가 있다. 이를테면 「혹리 열전酷吏列傳」에서 사마천은 혹리 열두 명의 행적을 통해 한 무제의 무모한 정책을 비판하면서, 법령이 늘수록 도둑이 느는 데는 이유가 있으며 나라를 다스리는 근본이 혹독한 법령에 있는 것이 아니라고 힘주어 말한다.

또한 「유협 열전」에서는 춘추 전국 시대를 주름잡은 '유협'의 세계를 다루고 있다. 유협의 존재가 사회의 필요악인가라는 시각에서 출발하여 유협의 부류를 개인의 이익을 취하는 자와 정의의 편에 서는 자로 나눌 수 있다고 보았다. 이와 비슷하게 「영행 열전佞幸列傳」에서는 여색이나 남색을 통해 황제의 총애를 얻은 부류들을 다루고 있고, 「골계 열전」에서는 기지와 해학의 만담가요 풍자가인 골계들을 다루는데, 그들의 외모와 지위는 별것 없지만 그들의 날카로운 현실 풍자가 결코 예사롭지 않음을 보여 준다.

이처럼 「이사 열전」이나 「골계 열전」 등에서 볼 수 있는 주제에 대한 다양한 접근 방식, 「자객 열전」에서 보이는 구도의 설정 능력, 「여불위 열전呂不韋列傳」에서 볼 수 있는 구성 방식이나 희극적 효과의 운용은 중국인의 '문사일체文史一體' 관념을 보여 주는 구체적인 실례들이다.

일반 역사서와 달리 『사기 열전』에는 주관적 서술이 적잖이 드러나 있는데, 그럼에도 사마천 자신의 사료 비판 능력과 어우러져 탄탄한 역사 서술 체계를 구축하는 데 성공하고 있다. 사마천의 혼이 담겨 있다 해도 과언이 아닌 『사기 열전』의 서술 방식에는 냉정한 이성과 처절한 연정을 갖고 살아간 시대적 거장들의 숨결이 행간마다 녹아 있다.

『사기 열전』이 폭넓은 독자층을 끌어들이는 까닭은 어디에 있을까? 『사기 열전』은 궁형을 당한 사마천의 세계관과 인생관 위에 개인적인 비극을 역사의식으로 승화시켜, 시대를 살다 간 인물을 조망해 나갔기 때문이다. 사마천은 무관의 제왕 공자와 시대에의 저항을 택한 백이와 숙제를 등장시키면서 자신의 논지를 펼쳐 나간다.

　사실상 『사기』 130편 가운데 인물 전기로 구성된 것이 112편인데, 이 중에서 57편이 비극적 인물의 이름으로 편명을 삼았다. 그리고 20여 편은 비극적인 인물로 표제를 삼지는 않았으나 들여다보면 비극적인 이야기이다. 나머지 70여 편에도 몇몇 예외를 제외하고 거의 모든 편에서 비운의 인물이 등장한다. 격동의 시대를 120여 명이라는 비운의 인물을 통해 그려 냈으니 결국 사마천에게 '비극'은 시대의 표징이었다.

　한나라 초기 비극적 결말을 맞이한 이성 왕異姓王 이야기의 주인공들인 한신, 팽월彭越, 경포 등 세 명은 모두 열전에 수록되어 있으며, 그 나름의 의미를 획득하고 있다. 이러한 인물들의 이야기는 패배한 영웅 항우의 모습을 그린 「항우 본기項羽本紀」와 함께 읽으면 더욱 깊이 이해할 수 있다. 그리고 "연작이 어찌 홍곡의 뜻을 알리오?"라고 소리 높여 외쳤던 진섭을 그린 「진섭 세가」와도 관련이 있다.

　그리고 재주가 있음에도 불구하고 왕에게 신임을 받지 못하여 일생을 고민한 비극적인 인물들도 있다. 굴원, 조조鼂錯, 위 공자 등이 그들이다. 굴원은 직언을 거듭했으나 받아들여지지 않자 자살했고, 어질고 능력 있는 위 공자 무기는 폭음으로 죽었다. 조조는 종묘의 담을 뜯어 문을 만들었다는 이유로 저잣거리에서 죽었다.

국가에 헌신했으나 비극을 초래한 자들도 있다. 그 대표적인 자가 이사이고 황헐과 주보언主父偃도 빼 놓을 수 없다. 춘신군 황헐은 합종으로 진나라에 맞서 20년간 재상 노릇 하다가 간사한 음모에 휘말려 비참하게 살해되었다.

현자 불우의 비극도 있다. 세가 부분에 배치된 공자를 비롯하여 「노자 한비 열전老子韓非列傳」에 나오는 한비, 「이 장군 열전李將軍列傳」의 이광李廣이 대표적인 예이다.

『사기 열전』은 "어떻게 살아가야 할까?"라는 물음에 대해 다양한 해답을 제시한다. 사마천은 우리가 살아가면서, 그리고 보다 나은 삶을 살아가기 위해 겪는 고충을 거의 모든 인물이 똑같이 겪었음을 역사적 사실을 통해 말해 준다. 좀 더 구체적으로 살펴보면, 시대에 맞선 자, 시대를 거스른 자, 그리고 시대를 비껴간 자들의 이야기가 대부분이다. 그러므로 우리에게 주는 교훈 역시 적지 않다.

이러한 열전을 구성하는 데 있어 사마천은 인간 사회에서 흔히 있을 수 있는 대립과 갈등, 배반과 충정, 이익과 손실, 물질과 정신, 도덕과 본능, 탐욕과 베풂 등 양자택일의 기로에 선 인간을 제시하고,

그런 갈등 자체가 인간이 사는 모습임을 강조한다. 『사기 열전』을 생명력이 꿈틀거리는 산 역사로 인식하게 만드는 것은 바로 현재를 살아가는 '인간' 본위의 역사를 서술해 낸 작가의 각고의 노력 덕분이다. 사마천은 역사의 뒤안길로 사라져 간 인물들을 현재에 생동하는 것처럼 묘사함으로써 독자들에게 큰 감흥을 불러일으키고 있다.

차례

◦차례 · 2권◦

일러두기

1　이 책은 북경 중화서국中華書局에서 간행한 사마천의 『사기』전 10권, 2013 수정판 중에서 권61 「백이 열전」부터 권130 「태사공 자서」에 이르는 열전 70편을 상하로 나누어 완역한 것이다.

2　번역의 원칙은 원문에 충실한 직역을 위주로 했다. 역자가 독자의 이해를 돕기 위해 부가한 말과 원문과 역어가 다른 말은 〔 〕 안에 넣었다.

3　각 편의 소제목과 해제는 독자의 이해를 돕기 위해 역자가 붙인 것이다.

4　맞춤법과 띄어쓰기는 한글 맞춤법과 외래어 표기법을 따르되 널리 통용되는 용어는 일부 예외를 두었다.

1

백이 열전
伯夷列傳

이 편은 70편의 열전 중 첫 번째 편으로 고죽국 군주의 두 아들인 백이伯夷와 숙제叔齊의 고매한 인품을 허유許由, 무광務光에 견주면서 그려 나간다. 사마천은 백이와 숙제가 굶어 죽은 데 대한 공자의 관점에 의문을 제기하면서 그들이 세상에 대한 원망이 있었을 것이라고 주장한다. 그러나 그들이 세상에 알려진 것은 공자의 칭찬 덕이었음을 언급하면서 70 열전의 인물이 자신의 붓끝을 빌려 세상에 이름을 떨치게 됨을 암시하고 있다.

조선 중기 시인 백곡 김득신이 1억 2만 8000번이나 외웠다는 이 편은 불과 800자도 못 되지만 10여 명이나 되는 역사 인물을 다룬다. 즉 '백이 열전'이지만 백이에 대한 기록은 겨우 215자에 그칠 뿐이고 나머지 4분의 3은 저자 자신의 논설이다. 그의 관점은 이렇게 요약된다.

사마천은 천도天道에 대한 의문을 표시하면서 인간사의 불공정한 여러 형태에 대해 회의를 품는다. 천도의 기본은 권선징악이지만 사회 현실은 오히려 그 반대인 경우가 적지 않아 착한 사람이 재앙을 입고 나쁜 사람이 복을 누리는 게 세상의 이치[世道]라는 것이다. 따라서 사마천은 공자가 백이와 숙제 두 사람에 대해 "인仁을 구하여 그것을 얻었다."라고 한 칭찬을 의문시한다. 백이와 숙제가 남긴 「채미가采薇歌」의 내용이나, 이 두 사람이 주나라 곡식을 먹지 않고 죽은 것으로 볼 때 원망으로 가득 차 있지 않느냐는 것이다.

아울러 겸양의 미덕을 강조하고 다툼을 꾸짖는데 이는 「오태백 세가吳太伯世家」에서도 잘 드러나는 바이다. 의리와 명분을 내걸고 깨끗한 삶을 살아간 백이와 숙제가 부귀영

화를 마치 뜬구름에 비유하면서 목숨을 아까워하지 않는 모습을 그려 내면서 사마천은 그들의 삶은 원망으로 차 있을 수 있다는 가능성을 열어 둠으로써 이 「백이 열전」을 사기 열전 70편 중에서 가장 논쟁적인 편으로 각인시켰다.

사마천이 이 편을 쓴 의도는 단순히 수양산에서 굶어 죽은 백이와 숙제의 행적을 기록하려 했다기보다는 도도히 흐르는 역사 속에서 어찌할 수 없는 인간의 운명에 궁형宮刑을 당한 자신을 빗대어 쓴 것이다. 특히 하늘의 도〔天道〕에 대해 옳고 그름〔是非〕의 의문을 던지면서 세상은 꼭 착한 사람의 편에 서 있지 않다는 세상 이치의 냉엄함에도 주목하고 있다.

수양산에서 고사리를 캐어 먹고 살다가 굶어 죽은 백이와 숙제.

대체로 학자들이 기록한 서적은 매우 광범위하나 믿을 만한 것은 오히려 육예六藝즉 육경六經, 『시경』, 『서경』, 『예기』, 『악경』, 『역경』, 『춘추』에서 찾을 수 있다. 『시詩시경』과 『서書서경』에도 없어진 곳이 있기는 하나,[1] 우虞나라와 하夏나라 때의 글로 알 수 있다.

요堯[2]는 우순虞舜[3]에게 제위를 물려주었고, (순은 우禹[4]에게 물려주었는데) 순과 우 사이에 사악四嶽요순 때 사방 제후들의 우두머리과 12주의 목牧각 주의 행정 장관들이 다 함께 (우를) 추천하였으므로[5] 시험 삼아 자리를 주고 수십 년 동안 정치를 맡겨 공적이 이루어진 다음에 제위를 넘겨주었다. (이러한 절차를 밟는 까닭은) 천하는 소중한 그릇이고 왕은 위대한 통치자이므로 천하를 전해 주는 일이 이처럼 어려움을 보여 주기 위해서이다. 그러나 말하는 자들[6]은 말한다.

---

1 『서경』은 본래 3000여 편이었는데 공자에 의해 100편으로 정리되었고 진나라의 분서갱유가 있은 뒤 28편만 남게 되었다고 한다. 또한 공자는 『시경』을 305편으로 정리하기도 했다.
2 전설 속 도당씨陶唐氏 부락의 우두머리로서 덕으로 나라를 다스린 성군으로 손꼽힌다.
3 전설 속 우씨虞氏 부락의 우두머리인 순이란 의미다. 요임금과 함께 이상적인 군주의 모범으로 일컬어진다.
4 하후씨夏后氏 부락의 우두머리이며 하나라 창시자이다. 그는 홍수를 다스려 민심을 얻었으며, 중국 역사상 최초의 통치자가 되었다. 그는 농사 시기에 주의하여 최상의 이익을 얻으려고 했다. 그 당시 이미 군대, 형벌, 관리, 감옥 등이 있어 중국 초기 국가의 탄생으로 여겨진다.
5 이것은 원시 민주 정치의 전형으로 공자가 주장한 '천하위공天下爲公'의 이상적인 형태이다.

"요가 허유許由에게 천하를 물려주려고 하자, 허유는 받지 않고 〔그러한 말을 들은 것을〕 무끄러워하며 달아나 숨어 버렸다. 하나라 때에는 변수卞隨와 무광務光[7] 같은 인물이 있었다. 이러한 사람들은 무엇 때문에 칭송을 받을까?"

태사공은 말한다.[8]

"내가 기산箕山에 올랐을 때, 그 위에 아마도 허유의 무덤이 있을 것이라고들 했다. 공자는 옛 인자仁者, 성인聖人, 현인賢人들을 차례로 열거하면서 오태백吳太伯,[9] 백이 같은 무리들을 자세히 언급하고 있다. 나는 허유와 무광이 의리가 지극히 고결하다고 들었다. 그러나 〔『시』와 『서』의〕 문장에는 〔그들에 관한〕 대략적인 기록조차 보이지 않으니 무슨 까닭인가?"

백이와 숙제는 정말 원망하는 마음이 없었을까?

공자는 "백이와 숙제는 지나간 원한무왕武王이 주왕紂王을 정벌할 때 말고삐

---

6 여기서는 전국 시대 도가 학파의 인물로서 장자莊子를 지칭하는데 다음 문장은 『장자』「양왕讓王」편에 나온다.

7 변수와 무광은 모두 하나라 걸왕 때의 겸손한 인물로 추앙받는다.

8 원문의 "태사공왈太史公曰"을 번역한 것인데 대체로 각 편의 끝에 총평 형식으로 쓰여 있으나 이 편에서는 중간에 두었다. 「맹자·순경 열전」에서처럼 편의 맨 앞에 둔 경우도 있다.

9 주나라 태왕太王의 맏아들로, 왕위를 셋째 아들에게 물려주려는 아버지의 뜻에 따르고 오나라로 갔기 때문에 오태백이라고 부른다. 자세한 이야기는 「오태백 세가」를 참고하라.

를 부여잡고 간언한 것을 듣지 않은 일을 생각하지 않았으므로 원망하는 마음이 이 때문에 거의 없었다."라고 했고, "〔그들은〕인仁[10]을 구하여 인을 얻었는데 또 무엇을 원망하였겠는가?"라고 했다. 〔그러나〕 나는 백이의 심경이 슬펐으니 일시軼詩『시경』에 실려 있지 않은 시를 보매 〔공자의 말과는〕 다른 데가 있어서이다. 전해 오는 것은 이러하다.

백이와 숙제는 고죽국孤竹國[11] 군주의 두 아들인데, 그들의 아버지는 아우인 숙제에게 뒤를 잇게 할 작정이었다. 그러나 아버지가 죽자 숙제는 〔왕위를〕 형 백이에게 양보하려고 했다. 〔그러자〕 백이는 '아버지의 명령'이라면서 달아나 버렸고 숙제도 〔왕위에〕 오르려 하지 않고 달아나 버렸다. 고죽국 사람들은 〔할 수 없이〕 중간의 아들백이의 동생이며 숙제의 형을 왕으로 세웠다. 이때 백이와 숙제는 서백창西伯昌[12]이 노인을 잘 모신다는 소문을 듣고 〔그를〕 찾아가서 몸을 의탁하려고 했다. 〔그런데 그들이 주나라에〕 이르렀을 때 서백창은 죽었고, 〔그의 아들〕 무왕武王은 나무로 만든 아버지의 위패를 수레에 싣고 동

---

10 '인仁'은 공자에 의해 최고 원리로 제기된 이래 유가 사상의 중심 개념이 되었다. '인' 개념은 물론 공자 전에도 쓰였고, 『논어』에서도 똑같은 뜻으로만 쓰인 것은 아니다. 그렇지만 공자는 "인이란 사람다움이다.", "자신을 이기고 예를 회복하는 것이 '인'이다. 단 하루라도 자신을 이기고 예를 회복한다면 온 세상 사람이 그를 어진 사람이라고 할 것이다."라고 했다. 이로부터 보면 '인'은 인간의 본질을 가리키는 개념임을 알 수 있다. 공자는 '인'의 실천 방법으로 '효孝', '제悌', '충忠', '서恕', '예禮', '악樂'을 제시했다.
11 탕湯임금이 봉한 나라이다. 고죽국 군주의 성은 묵태墨胎이고 이름은 초初이며 자는 조朝이다. 그는 청렴하고 고상한 지조를 지킨 백이와 숙제의 아버지로 알려져 있으나 확실하지는 않다.
12 주나라 문왕文王을 말한다. 그는 은나라 말기에 서쪽 제후의 우두머리였기 때문에 서백西伯으로 불린다. '백伯'은 '패霸'의 의미다.

쪽으로 [선왕의] 시호를 문왕文王이라고 일컬으며 주왕紂王[13]을 치려 했다. 백이와 숙제는 [부왕의] 말고삐를 붙잡고 간언했다.

"아버지가 돌아가셨는데 장례도 치르지 않고 바로 전쟁을 일으키는 것을 효孝라고 할 수 있습니까? 신하 신분으로 군주를 죽이는 것을 인仁이라고 할 수 있습니까?"

[그러자 무왕] 곁에 있던 신하들이 무기로 베려고 했다. [이때] 태공太公제나라의 시조인 여상呂尙이 [그들을 두둔하여] 말했다.

"이들은 의로운 사람들이다."

[이에 그들을] 일으켜서 가게 했다. [그 뒤] 무왕이 은나라의 어지러움을 평정하자 천하는 주나라를 종주宗主로 삼았다. 그러나 백이와 숙제는 이를 부끄럽게 여기고 의롭게 주나라 곡식을 먹지 않고, 수양산首陽山으로 들어가 고사리를 뜯어 먹었다. [그들은] 굶주려서 죽을 지경에 이르러 노래를 지었는데, 그 가사는 이렇다.

저 서산西山에 올라
고사리[14]를 캤네.
폭력으로 폭력을 바꾸었건만
그 잘못을 모르는구나.

---

13 은나라 마지막 임금으로, 포악하고 잔인하여 하나라 걸왕桀王과 함께 폭군의 대명사로 일컬어진다. 무왕이 그를 죽이고 은나라를 멸망시켰다.
14 원문의 '미薇'를 번역한 것으로 '고사리'라는 역어가 널리 알려져 있어 관용상 그대로 두었다. '고비나물' 혹은 '고비'라는 의미도 맞는데 중국에서는 이 글자를 콩과 식물의 한 가지로 보아 '야생 완두野豌豆'로 파악하고 있다는 점이 흥미롭다.

신농神農,[15] 우, 하나라 때는 홀연히 사라졌으니

우리는 앞으로 어디로 돌아가야 하나?

아아! [이제는] 죽음뿐,

운명도 다했구나!

마침내 수양산에서 굶어 죽었다.

이 가사로 본다면 원망한 것인가? [원망하지] 않은 것인가?[16]

착한 이가 곤경에 빠지는 것이 하늘의 도인가?

어떤 사람노자老子은 말했다.

"하늘의 도는 사사로움이 없어 늘 착한 사람과 함께한다."[17]

백이와 숙제는 착한 사람이라고 할 수 있으니 그렇지 않은가? [그러나 그들은] 이처럼 인을 쌓고 행실을 깨끗하게 했어도 굶어 죽었다.

또한 [제자] 일흔 명 중에서 공자는 안연顔淵만이 학문을 좋아한다고 [노魯나라 제후에게] 추천하였으나 안연은 [밥그릇이] 자주 텅 비었고

---

15 전설 속의 제왕으로 농사짓는 법을 가르쳤다는 인물이다.

16 원문의 "원야비야怨邪非邪"를 번역한 것으로 선택의문형으로 되어 있지만 실제로는 원망한 것이라는 의미가 전제로 깔려 있다. 여기서 '야邪'는 '야耶'와 같다.

17 『노자』 79장에서 인용한 것이다.

술지게미와 쌀겨 같은 거친 음식조차 배불리 먹지 못하고 끝내 젊은 나이에 죽고 말았다.[18] 하늘이 착한 사람에게 보답으로 베풀어 준다면 어찌 이런 일이 있을 수 있는가? 도척盜跖[19]은 날마다 죄 없는 사람을 죽이고 그들의 고기를 잘게 썰어 (육포로) 먹었다. 잔인한 짓을 하며 수천 명의 무리를 모아 제멋대로 천하를 돌아다녔지만 끝내 하늘에서 내려 준 자신의 수명을 다 누리고 죽었다. 이는 어떠한 덕을 따르는 것인가? 이러한 것들은 그러한 사례 중에서도 가장 두드러진다.

요즘 시대에 들어서면서 하는 행동은 규범을 따르지 않고 오로지 법령이 금지하는 일만을 일삼으면서도 한평생을 편안하게 즐거워하며 대대로 부귀가 이어지는 사람이 있다. 그런가 하면 걸음 한 번 내딛는 데도 땅을 가려서 딛고, 말을 할 때도 알맞은 때를 기다려 하며, 길을 갈 때는 작은 길로 가지 않고, 공평하고 바른 일이 아니면 떨쳐 일어나서 하지 않는데도 재앙을 만나는 사람은 그 수를 헤아릴 수 없을 만큼 많다. 나는 매우 당혹스럽다. 만일 (이러한 것이) 하늘의 도라면 옳은가? 그른가?

---

18 「중니 제자 열전」에 보면 안회가 나이 스물아홉에 머리가 백발이 되어 죽었다는 기록이 있다.
19 춘추 시대 노魯나라 사람으로 이름이 척跖이며 현인 유하혜柳下惠의 아우다. 9000명의 무리를 거느리고 악행을 저지르며 제후들조차 공격하여 역대 통치자들은 그를 대도大盜라고 헐뜯었고, 역사에서는 도척이라고 했다. 『장자』「도척盜跖」 편에 그 내용이 보인다.

천리마의 꼬리에 붙어야 1000리 길을 갈 수 있다

공자가 말한 "길이 같지 않으면 서로 도모하지 않는다."라는 것은 또한 저마다 자기의 뜻을 좇는다는 말이다. 그래서 [공자는 또한] 말했다.

"부귀가 찾아서 얻을 수 있는 것이라면 말채찍을 잡는 천한 일자리라도 나는 하겠다. 또 만일 찾아서 얻을 수 없다면 나는 내가 좋아하는 것을 좇겠다."

"추운 계절이 되고 나서야 비로소 소나무와 잣나무가 나중에 시든다는 것을 안다."

온 세상이 혼탁하면 청빈한 선비가 비로소 드러난다. 어찌하여 그 무겁기가 저백이와 숙제가 양보한 것와 같고, 그 가볍기가 이수양산에서 굶어 죽은 것와 같은 것인가?

공자는 말했다.

"군자君子[20]는 죽고 나서도 이름이 일컬어지지 않는 것을 싫어한다."[21]

가의賈誼한나라 문제 때의 정치가이자 문인는 말했다.

"탐욕스러운 자는 재물을 구하고, 열사는 이름을 추구하며, 뽐내기 좋아하는 사람은 권세 때문에 죽고, 뭇 서민은 [그날그날의] 생계에 매

---

20 군자는 본래 통치자君의 아들子이라는 뜻으로 귀족과 비슷한 의미로 쓰였으나, 공자 이래로 사회적 위상보다는 도덕적 품성이 높고 인격을 갖추어 존경받는 사람을 가리킨다.
21 『논어』 「위령공衛靈公」 편에 나오는 말이다.

달린다."[22]

　"같은 종류의 빛은 서로 비추어 주고, 같은 부류들은 서로 어울린다."

　"구름은 용을 따라 생기고 바람은 범을 따라 일어난다. 성인이 나타나야[23] 만물도 다 뚜렷해진다."

　백이와 숙제가 비록 어질기는 했지만 공자의 칭찬이 있고 나서부터 그 명성이 더욱더 드러나게 되었다. 안연이 학문을 돈독히 했지만 천리마 _{공자를 비유함의} 꼬리에 붙었기에 행적이 더욱 두드러지게 되었다. 바위나 동굴 속에 (숨어 사는) 선비들은 때를 보아 나아가고 물러나지만 이와 같은 훌륭한 명성이 묻혀 거론되지 않는 것이 슬프구나! 시골에 묻혀 사는 사람 중에 덕행을 닦아 명성을 세우고자 하는 사람이라도 지고한 선비를 만나지 못한다면 어떻게 후세에 (이름을) 남길 수 있겠는가?

─────────

22　가의賈誼의 「복조부鵩鳥賦」에 나오는 구절로 모든 사람은 자기가 추구하는 바대로 삶을 산다는 말이다.

23　주공周公이 세상을 떠난 지 500년이 되어 공자가 나타났고, 공자가 세상을 떠난 지 500년 만에 사마천 자신이 나타났으니, 이 『사기』를 지어 성인의 뜻을 이어받겠다는 의지의 표출이다. 사마천은 자신의 『사기』 저술 작업이 갖는 의미를 이렇게 강조한 것이다.

2

관안열전
管晏列傳

이 편은 춘추 시대 제齊나라의 명재상으로 이름을 떨친 관중管仲과 안영晏嬰의 이야기를 다루고 있다. 시대적으로 100여 년이나 차이가 나는 두 사람을 한 열전에 실은 것은 명군明君과 현신賢臣의 절묘한 만남의 의미 때문이다.

기원전 785년 제나라 양공襄公이 피살되자 소백小白과 규糾는 서로 군주가 되기 위해 다투었다. 그때 포숙鮑叔은 소백을 보좌하고 관중은 규를 보좌했다. 규는 관중에게 군대를 인솔하여 소백을 막도록 했다. 관중은 활을 쏘아 소백의 허리띠를 맞혔다. 그 뒤 소백은 먼저 제나라로 가서 군주가 되었는데 바로 환공桓公이다. 환공이 즉위한 뒤 포숙은 관중을 추천하여 경卿이 되도록 했다. 환공은 옛 원수인 관중을 재상으로 삼았다. 관중은 40여 년 동안 재상 자리에 있으면서 정치, 경제, 군사 등 모든 방면에 대대적인 개혁을 단행했고 환공이 춘추 시대의 첫 번째 패자가 되는 데 크게 기여하여 춘추 시대 최고의 군사軍師로 꼽힌다.

공자에게 그릇이 작다고 폄하된 관중은 관이오管夷吾 혹은 관경중管敬仲이라고도 부른다. 출신이 보잘것없었던 그가 재능을 펼치고 제나라의 뛰어난 재상이 된 것은 전적으로 포숙의 추천 덕분이다. 따라서 사마천은 사람을 알아보는 포숙의 능력을 부각시키고 있다.

안영은 춘추 시대 제나라의 영공靈公, 장공莊公, 경공景公 등 3대에 걸쳐 재상을 지내며 30여 년 동안 자리에 있으면서 제나라를 중흥시켜 제후들 사이에 이름을 떨쳤다. 그는 2인자 행동 미학의 귀감을 보여 적절한 자존심을 갖추어 보였으며 결단력과 슬기와 해학이 넘쳤다. 때때로 군주에게 간언을 서슴지 않았던 명재상으로서 내치에도 뛰어났다. 그는 평생 동안 절제된 삶을 유지하였다고 하며 30년 동안 옷 한 벌로 생활할 만큼 검소했다.

이 편이 말하고자 하는 또 다른 핵심은 제 환공의 포용력으로 인재를 발탁하는 능력과 나라를 위해 기꺼이 현명한 사람을 추천하는 포숙의 대범함에 있다. 또한 안영이 월석보라는 인물을 알아보는 능력을 부각시키면서 주군에 대한 안영의 충성심을 함께 보여 주고 있다.

포숙의 추천으로 옥에서 풀려나 제나라 재상이 된 관중.

나를 알아준 이는 포숙이다

관중管仲 이오夷吾는 영수潁水 근처 사람이다. 젊을 때 늘 포숙아鮑叔牙와 사귀었는데, 포숙은 그의 현명함을 알아주었다. 관중은 빈곤하여 언제나 포숙을 속였지만 포숙은 끝까지 그를 잘 대해 주고 속인 일을 따지지 않았다.

시간이 지난 뒤 포숙은 제齊나라 공자公子제후의 아들 소백小白[1]을 섬기고 관중은 공자 규糾를 섬겼다. 소백이 왕위에 올라 환공桓公이 되고 [이에 맞서던] 공자 규는 [싸움에서 져] 죽었다. 관중은 옥에 갇히는 몸이 되었으나 포숙은 [환공에게] 관중을 마침내 추천하였다.[2] 관중이 등용되고 제나라에서 정치를 맡게 되자 제나라 환공은 천하의 우두머리가 되어 제후들을 아홉 차례나 모아 천하를 바르게 이끌었다. 모두 관중의 지모에 따른 것이었다.

관중은 말했다.

---

[1] 소백은 제나라 환공의 이름이다. 양공이 타당한 이유 없이 사람을 무수히 죽이자, 소백과 규를 비롯한 그의 동생들은 두려움에 떨며 다른 나라로 도망쳤다. 소백의 형인 규는 노나라로 가고 소백은 고高로 달아났다. 얼마 뒤 양공이 다른 사람에게 피살되었다는 소식을 듣고 소백이 먼저 돌아와 임금 자리에 올랐다. 「제 태공 세가」 참고.

[2] 이때 포숙은 관중을 추천하면서 이렇게 말했다고 한다. "주군께서 장차 제나라만을 다스리고자 하면 고혜高傒와 저 포숙이면 충분할 것입니다만 주군께서 패왕이 되려고 하신다면 장차 관이오가 아니면 불가능합니다. 관이오가 그 나라에 머물면 그 나라는 강성해질 것이니, 놓치면 안 됩니다." 「제 태공 세가」 참고.

"내가 가난하게 살 때 일찍이 포숙과 장사를 한 적이 있었는데 이익을 나눌 때마다 내가 더 많은 몫을 차지하곤 했지만, 포숙이 나를 욕심쟁이라고 말하지 않았던 것은 내가 가난하다는 것을 알았기 때문이다. 내가 일찍이 포숙을 대신해서 어떤 일을 도모하다가 그를 더욱 어렵게 만들었지만 포숙이 나를 어리석다고 하지 않았던 것은 유리할 때와 불리할 때가 있음을 알았기 때문이다. 내가 일찍이 세 번이나 벼슬길에 나갔다가 세 번 다 군주에게 내쫓겼지만 포숙이 나를 모자란 사람이라고 여기지 않았던 것은 내가 때를 만나지 못한 것을 알았기 때문이다. 내가 일찍이 세 번 싸움에 나갔다가 세 번 모두 달아났지만 포숙이 나를 겁쟁이라고 하지 않았던 것은 내가 늙은 어머니를 모시고 있다는 사실을 알았기 때문이다. 공자 규가 [임금 자리를 놓고 벌인 싸움에서] 졌을 때, [나와 함께 곁에서 규를 도운] 소홀召忽은 스스로 목숨을 끊었고 나는 붙잡혀 굴욕스러운 몸이 되었으나 포숙이 나를 부끄러움도 모르는 사람이라고 여기지 않았던 것은 내가 자그마한 절개를 부끄러워하지 않고 천하에 이름을 날리지 못하는 것을 부끄러워함을 알았기 때문이다. 나를 낳아 준 이는 부모이지만 나를 알아준 이는 포자鮑子포숙이다."

포숙은 관중을 추천하고 자신은 그의 아랫자리에 있었다. [포숙의] 자손들은 대대로 제나라의 봉록을 받으며 봉읍지를 10여 대 동안 가졌으며 늘 이름 있는 대부가 되었다. 세상 사람들은 관중의 현명함을 칭송하기보다는 사람을 알아보는 눈을 가진 포숙을 더 찬미하였다.

관중은 제나라 재상이 되어 정치를 맡자 보잘것없는 제나라가 바닷가에 있는 이점을 살려 교역을 통해 재물을 쌓아 나라를 부유하게 하고 군대를 튼튼하게 만들었으며 백성과 더불어 좋고 나쁜 것을 나누었다. 그는 〔이렇게〕 말했다.

"창고에 물자가 풍부해야 예절을 알며, 먹고 입는 것이 풍족해야 명예와 치욕을 알게 된다. 임금이 법도를 실천하면 육친六親아버지, 어머니, 형, 동생, 아내, 자식이 굳게 결속하고, 사유四維나라를 다스리는 네 가지 강령, 즉 예禮, 의義, 염廉, 치恥가 펼쳐지지 못하면 나라는 멸망한다. 수원水源에서 물이 흘러가듯이 명령을 내리면 그 명령은 민심에 순응하게 된다."

〔나라에서〕 의논한 정책은 낮은 수준이어서 실천하기 쉬웠다. 백성이 바라는 것은 그대로 들어주고 백성이 싫어하는 것은 그들의 바람대로 없애 주었다.

관중은 정치를 하면서 재앙이 될 수 있는 일도 복이 되게 하고, 실패할 일도 돌이켜 성공으로 이끌었다. 그는 〔물가의〕 높고 낮음을 귀하게 여기고 득실을 재는 데 신중히 하였다. 〔예를 들면〕 제나라 환공은 실제로는 부인 소희少姬의 행동³으로 인하여 화가 나서 남쪽으로 채蔡나라를 친 일이 있었다. 그때 관중은 초나라를 함께 쳐서 주나라 왕실에 포

---

3 소희와 환공이 뱃놀이하는 가운데 소희가 배를 흔들어 뱃멀미 때문에 환공이 놀라자, 그녀를 고국으로 내쳤으나, 채나라에서 그녀를 다시 시집보낸 일을 말한다.

모包茅참억새로 만든 제사 용품으로 술을 거르는 데 씀를 바치지 않은 것을 나무랐다. 〔또〕 환공桓이 북쪽으로 산융山戎을 치려 하자, 관중은 이 기회에 연나라를 쳐서 〔그들의 조상인〕 소공召公의 〔어진〕 정치를 다시 수행하도록 했다. 가柯에서 〔제후들을〕 만나 맹약할 때에도 환공이 〔노나라에서 빼앗은 땅을 돌려주기로 한 노나라 장수〕 조말曹沫과의 약속을 어기려고 하자, 관중은 〔이 약속을 지켜〕 신의를 세우도록 했다. 제후들은 이 일로 해서 제나라로 귀의하게 되었다. 그래서 "주는 것이 곧 얻는 것임을 아는 게 정치의 보배이다."[4]라는 말이 생겨났다.

관중의 재산은 공실公室제후 집안의 재산에 버금가고 삼귀三歸[5]와 반점反坫[6]을 갖고 있었으나 제나라 사람들은 사치스럽다고 생각하지 않았다. 관중이 세상을 떠난 뒤에도 제나라에서는 그의 정책을 그대로 써서 늘 다른 제후국보다 강했다. 〔관중이 죽은 뒤〕 100여 년이 지나 안영이 등장했다.[7]

---

4 『관자』「목민牧民」 편에 나오는데 노자의 말, "그것을 빼앗으려고 하면 반드시 그것을 주어야 한다.將欲奪之, 必固與之"와 맥락이 같다.
5 성이 각기 다른 세 여자를 세 집에서 아내로 거느리는 것 또는 누각이나 창고 이름이라고도 한다.
6 제후들이 만나 맹세할 때 술을 바치는 의식을 치른 뒤 빈 술잔을 엎어 두는 흙으로 된 받침대이다. 관중은 제후가 아니므로 이것이 있어서는 안 되기에 공자孔子 등 세상 사람들의 입에 오르내린 것이다.
7 「제 태공 세가」에 의하면 관중은 환공 41년기원전 645년에 죽었고, 안영은 영공 26년기원전 556년에 그 아버지가 맡았던 제나라의 경卿을 이어받았다.

군자는 자신을 알아주는 이에게 뜻을 드러낸다

안평중晏平仲 영嬰은 내萊나라 이유夷維 사람으로 제나라 영공, 장공, 경공을 섬겼으며 절약과 검소함을 힘써 실행하여 제나라에서 중용되었다.

〔안영은〕제나라 재상이 된 뒤에도 밥상에 고기반찬을 두 가지 이상 놓지 못하게 하고 첩에게는 비단옷을 입지 못하게 하였다. 그는 조정에 나아가서는 임금이 물으면 바른말로 대답하고, 묻지 않을 때에는 곧은 몸가짐을 하였다. 나라에 도가 있으면 명령을 따랐지만 도가 없으면 그 명령만을 따르지는 않았다.[8] 그래서 3대영공, 장공, 경공에 걸쳐 제후에게 이름을 떨칠 수 있었다.

월석보越石父가 어질었으나 포승줄로 묶인 몸이 되었다. 안자는 밖에 나갔다가 길에서 우연히 그와 마주쳤다.[9] 〔안자는〕자기 마차의 왼쪽 말을 풀어 속죄금으로 내주고 〔월석보를〕마차에 태워 함께 집으로 돌아왔다. 〔집에 이른 안자는〕인사말도 없이 내실로 들어가 버렸다. 〔안자가 내실에서〕한참 머물자 월석보는 절교하자고 청했다. 안자는 화들짝 놀

---

8 나라에 도가 있는 경우와 그렇지 않은 경우에 안영의 처세 방식의 차이를 설명하고 있다. 그중 뒤의 '명령만을 따르지는 않았다'는 구절의 원문인 '횡명橫命'은 군주의 명령이라고 해도 형세를 헤아려 적절한 조치를 해 나갔다는 의미를 함축하고 있다. 다시 말해 '역명逆命'의 의미보다는 약한 표현이지만 군주에게 과감한 직언도 서슴지 않았다는 의미이다.

9 가벼운 죄를 지은 죄수는 노역에 종사하거나 외출할 수도 있지만 저녁이 되면 반드시 감옥으로 돌아가야 했다.

라 옷과 모자를 바로하고 사과하며 말했다.

"저 안영이 어질시는 못하시만 낭신이 어려울 때 구해 드렸는데 어찌 당신은 이토록 빨리 인연을 끊으려 하십니까?"

석보가 말했다.

"그렇지 않습니다. 제가 듣건대 군자는 자기를 알아주지 않는 자에게 는 (자신의 뜻을) 굽히지만 자기를 알아주는 자에게는 (자신의 뜻을) 펼친다고 합니다. 제가 죄인의 몸일 때 저 옥리들은 저에 대해 모르고 있 었습니다. 그러나 당신은 깨달은 바가 있어서 속죄금을 내어 저를 구해 주었으니 이는 저를 알아준 것입니다. 저를 알아주면서도 예의를 갖추지 않는다면 진실로 죄인의 몸으로 있는 편이 낫습니다."

그러자 안자는 (월석보를) 안으로 들여 상객上客존귀한 빈객으로 대우 하였다.

안자가 제나라 재상이 되어 밖으로 나가려 할 때 그 마부의 아내가 문틈으로 자기 남편을 엿보았다. 그녀의 남편은 재상의 마부인데 (마차 의) 큰 차양을 받쳐 들고 말 네 필에 채찍질을 하면서 의기양양하며 자 못 만족스러운 표정이었다. 시간이 지나 (마부가) 돌아오자 그 아내는 헤어지자고 요구했다. 남편이 그 까닭을 묻자 아내가 대답했다.

"안자라는 분은 키가 여섯 자도 채 못 되는데 제나라 재상이 되어 제 후들 사이에서 이름을 떨치고 있습니다. 오늘 제가 그분이 외출하는 모 습을 살펴보니 품은 뜻이 깊고 늘 자신을 낮추는 겸손한 태도가 있었습 니다. 그런데 지금 당신은 키는 여덟 자나 되건만 겨우 남의 마부 노릇을 하면서도 아주 의기양양해하고 있습니다. 이것이 소첩이 헤어지자고 하 는 까닭입니다."

이 일이 있은 뒤 마부는 겸손해졌다. 안자가 이상한 생각이 들어 물어보자 마부는 있는 그대로 대답했다. 안자는 그를 추천하여 대부大夫[10]로 삼았다.

　태사공은 말한다.

　"내가 관씨管氏관중가 쓴 책 『관자管子』의 「목민牧民」, 「산고山高」, 「승마乘馬」, 「경중輕重」, 「구부九府」 편과 〔안자가 쓴〕 『안자춘추晏子春秋』를 읽어 보니 그 내용이 꽤 자세하였다. 그 책들을 읽고 그들이 살아온 자취를 살펴보고자 하여 차례대로 전기를 쓰기로 하였다. 그들의 책은 세상에 많이 나와 있으므로 여기서는 말하지 않기로 하고 세상에 알려지지 않은 일만을 말하였다.

　세상 사람들은 관중을 어진 신하라고들 하지만 공자는 그를 하찮게 여겼다. 어찌 주나라의 도道가 쇠미해진 상황에서 어진 환공을 도와 왕도王道로 천하를 다스리는 군자가 되게 하지 않고 천하의 우두머리[11]로서만 이름을 떨치게 하려고 했겠는가? 전하는 말에 〔군주가〕 '잘한 점은 좇아 더 잘하게 하고 그 잘못된 점은 바로잡아 주어야만 군주와 신하가 서로 친해질 수 있다.'라고 하였는데, 이것이 어찌 관중을 두고 하는 말이

10　대부는 경卿보다 낮은 관직으로 상, 중, 하 세 등급이 있다. 안자가 마부를 대부로 삼은 이야기는 『안자춘추』 「내편 잡 상內篇雜上」에 보이며, 여기 소개된 자구와 같다.
11　'천하의 우두머리'란 '패자霸者'를 우리말로 풀이한 것이다. 본래 패자는 패도霸道로 제후들의 우두머리가 된 자를 가리킨다. 여기서 패도란 인仁과 의義를 가볍게 보고 권모술수와 무력을 숭상하는 것으로서 왕도王道와 상반되는 뜻이다. 춘추 전국 시대에 여러 제후국 간에 전쟁이 끊이지 않은 것도 제후들이 대부분 패도를 숭상했기 때문이다.

겠는가?

인사는 세나라 상공이 [내부 쇠서崔杼의 반역으로] 죽었을 때, 그 시신 앞에 엎드려 소리 높여 울고 군신의 예를 다하고 떠났다. 이것을 어찌 '의로움을 보고도 실천하지 않은 것은 용기가 없는 것이다.'라고 할 수 있겠는가? 그러나 왕에게 간언할 때는 왕의 얼굴빛을 거슬렀으니, 이것은 '조정에서는 충성을 다할 것을 생각하고 물러나서는 허물을 보충할 것을 생각한다.'라는 마음가짐이었으리라! 오늘날 안자가 살아 있다면 나는 그를 위해 채찍을 드는 마부가 되어도 좋을 만큼 흠모한다."

3

노자 한비 열전
老子韓非列傳

이 편은 도가와 법가의 학술 원류를 다루고 있다. 한漢나라 초기를 지배하던 사상은 겉은 도가요 안은 법가였으며 『사기』 집필 당시의 제왕인 무제도 겉은 유가요 안은 법가였으니, 실상 법가를 숭상한 진秦나라의 사상적 맥락이 크게 바뀌지는 않았다.

노자와 장자의 사상을 흔히 도가 사상 또는 노장 사상이라고 한다. 도가 사상은 끊임없는 전쟁으로 인한 불안정과 권력의 지위 다툼으로부터 벗어나 은둔과 도피를 일삼는 철학이다. 그래서 도가 사상은 군주 권력의 전제 정치에 대한 보통 사람들의 저항을 나타낸 것이라고도 한다.

노장에 관한 사마천의 관점은 이러하다. 노자는 공자와 동시대인으로 나이가 공자보다 많고 '예禮'에 밝아 공자에게 가르침을 주었고 공자에 의해 극찬을 받았다는 것이다. 그리하여 사마천은 장자莊子의 우언을 당시 유가와 묵가를 공격하는 탁월한 무기로 본다.

한편 사마천은 법가 인물에 대해 비우호적이었으므로 오기吳起나 상군商君 등에 대해서도 각박하다고 하면서 그들의 공적 뒤에 가려진 지나친 성과주의를 비판했다. 그러나 이 편에서 한비는 그의 비참한 최후가 사마천의 감개 있는 필치로 그려지고 있다.

법치를 내세운 한비는 전국 시대 한韓나라 명문 귀족의 후예로서 눌변이지만 논리력을 필요로 하는 글에는 뛰어난 재능을 보였다. 한나라는 전국 칠웅 가운데 가장 작고 약했다. 전란이 계속되는 불안한 상황 속에서 약소국의 비애와 고통, 모욕과 굴욕, 굶주림 등은 한비에게 가혹한 고통이었다. 그래서 한비는 한나라 왕에게 해결책을 자주 간언하였으나 불행히도 받아들여지지 않았다.

「노 장 신 한 열전老莊申韓列傳」이라고도 하는 이 편은 사마천이 법가와 도가가 하나의 뿌리에 근거하고 있음을 밝힌 것으로 신불해와 한비 두 사상을 황로黃老 사상과 연계하려 한 점과 소통과 융회의 관점에서 이해해야 한다. 이런 면모는 이 편 외에 「맹자 순경 열전」, 「유림 열전」에서도 비슷하게 나타나는데 제목으로 보면 유가만을 다룬 듯하지만 황로 사상을 부각시키는 서술 방식을 지향하고 있다.

공자가 예를 묻자 대답하는 노자.

훌륭한 상인은 물건을 깊숙이 숨겨 둔다

노자老子는 초나라 고현苦縣 여향廲鄕 곡인리曲仁里 사람으로 성은 이 씨李氏, 이름은 이耳, 자는 담聃이다. 〔그는〕 주나라의 장서실을 지키는 사관이었다.

공자가 주나라에 가 머무를 때 노자에게 예禮를 묻자 노자는 대답 했다.

"당신이 말하는 사람들은 그 육신과 뼈가 모두 이미 썩어 없어지고 오 직 그들의 말만이 남아 있을 뿐이오. 또 군자는 때를 만나면 달려가지 만, 때를 만나지 못하면 쑥처럼 이리저리 떠도는 모습이 되오. 내가 듣건 대 훌륭한 상인은 〔물건을〕 깊숙이 숨겨 두어 텅 빈 것처럼 보이게 하고, 군자는 아름다운 덕을 지니고 있지만 모양새는 어리석은 것처럼 보인다 고 하였소. 그대의 교만과 지나친 욕망, 위선적인 모습과 지나친 야심을 버리시오. 이러한 것들은 그대 자신에게 아무런 도움도 되지 않소. 내가 그대에게 알려 주는 까닭은 이와 같기 때문이오."

공자는 돌아와서 제자들에게 일러 말했다.

"새가 잘 난다는 것을 나는 알고, 물고기가 헤엄을 잘 친다는 것을 나 는 알며, 짐승이 잘 달린다는 것을 나는 안다. 달리는 것은 그물을 쳐서 잡을 수 있고, 헤엄치는 것은 낚시질로 잡을 수 있으며, 나는 것은 화살 을 쏘아 잡을 수 있다. 〔그러나〕 용이라면 그것이 어떻게 바람과 구름을 타고 하늘로 올라가는지 나는 알 수 없다. 내가 오늘 만났던 노자는 아마도 용 같은 존재였구나!"

노자는 도道와 덕德을 닦고 그는 학문을 스스로 숨겨 명성을 없애는 데 힘썼다. 오랫동안 주나라에서 살다가 주나라가 쇠락해 가는 것을 보고는 그곳을 떠났다. 〔그가〕 함곡관函谷關에 이르자, 관령關令 윤희尹喜[1]가 말했다.

"선생께서는 앞으로 은둔하려 하시니 〔저에게〕 억지로라도 책을 지어 주십시오."

그리하여 노자는 책 상·하편을 지어 '도'와 '덕'의 의미를 5000여 자로 말하고 떠나가 버려 그가 어떻게 여생을 살았는지는 아무도 모른다.

어떤 사람에 의하면 노래자老萊子춘추 시대의 은자[2]도 초나라 사람으로 책 열다섯 편을 지어 도가의 쓰임을 말하였는데, 공자와 같은 시대 사람이라고 한다.

대체로 노자는 160여 세 또는 200여 세를 살았다고 하는데, 그가 도를 닦아 수명을 연장하였기 때문이라고 한다.

공자가 죽은 지 129년 되던 해 사서史書의 기록에 의하면, 주나라 태사太史역사책이나 역법을 관장하던 직책 담儋이 진秦나라 헌공獻公을 만나 말

---

1 윤희는 주나라 대부로 별자리 보는 법도 익혔고 인덕도 있었으나 세상 사람들에게 알려져 있지 않았다. 그는 노자가 온다는 것을 만물의 기운을 보고 미리 알아차렸으며 그가 서쪽으로 오는 행적을 추적하여 노자를 만났다. 노자 또한 윤희를 범상치 않은 인물로 보아 책을 지어 주고는 함께 서쪽으로 갔다고 전해진다. 책은 모두 아홉 편으로 구성되어 있으며 『관령자關令子』라고 이름했다고 한다. 이렇게 보면 윤희가 간직한 책은 『노자』와는 다른 책임을 유추할 수 있다.
2 사마천은 노자와 노래자가 같은 사람일 것이라는 의심이 들어 여기에 기록했다. 『열선전列仙傳』에 의하면 노래자는 초나라 사람으로 당시 세상이 혼란스러워 몽산夢山 북쪽에서 농사를 지으며 숨어 살았는데, 초나라 왕이 몸소 찾아가 그를 맞이했다고 한다.

했다.

"처음에 진나라는 주나라와 합쳤다가 500년이 지나면 나뉘고, 나뉜 날로부터 70년이 지나면 패왕覇王이 나올 것이다."

어떤 사람은 담이 바로 노자라고 하고, 어떤 사람은 그렇지 않다고 한다. 이 세상에는 그것의 옳고 그름을 아는 이가 없다. 노자는 숨어 사는 군자였다.

노자의 아들은 이름이 종宗인데, 종은 위魏나라 장군이 되어 단간段干을 봉토로 받았다. 종의 아들은 주注이고, 주의 아들은 궁宮이며, 궁의 현손은 가假인데 가는 한漢나라 효문제孝文帝 때에 벼슬했다. 가의 아들 해解는 교서왕膠西王 앙卬의 태부太傅가 되어 제나라의 한 지역을 다스렸다.

세상에서 노자의 학문을 배우는 이들은 유가 학문을 내치고, 유가 학문을 배우는 이들은 역시 노자를 내쳤다. "길이 다르면 서로 도모하지 않는다."라는 말은 아마도 이러한 것을 두고 한 말일 것이다. 이이李耳노자는 하지 않는 것無爲으로써 저절로 교화되게 하고, 맑고 고요하게 있으면서 저절로 올바르게 되도록 했다.

관리가 되느니 더러운 시궁창에서 놀리라

장자莊子는 몽현蒙縣 사람으로 이름은 주周이다. 그는 일찍이 몽현의 칠원漆園이라는 곳에서 벼슬아치 노릇을 했으며 양 혜왕梁惠王, 제 선왕

齊宣王과 같은 시대 사람이다. 그의 학문은 〔넓어〕 통하지 않은 것이 없었는데, 그 학문의 요체는 근본적으로 노자의 학설로 돌아간다.

그러므로 그가 지은 책 10여만 자는 대부분 모두 우언들이다. 〔그는〕「어부漁父」,「도척盜跖」,「거협胠篋」편을 지어서 공자 무리를 호되게 비판하고 노자의 가르침을 밝혔다.「외루허畏累虛」,「항상자亢桑子」같은 이야기는 모두 꾸며 낸 이야기로서 사실이 아니다. 〔그는〕 책을 지음에 빼어난 문사로 세상일을 살피고 인간의 마음에 어울리는 비유를 들어 유가와 묵가를 예리하게 공격했다. 비록 당대의 학문이 무르익은 위대한 학자들도 그의 공격을 벗어나지는 못했다. 그의 말은 거센 물결처럼 거침이 없이 생각대로 펼쳐졌으므로 왕공王公이나 대인大人들에게 그릇감으로 여겨지지 못했다.

초나라 위왕威王은 장주가 현명하다는 말을 듣고 사신을 보내 후한 예물을 주고 재상으로 맞아들이려고 했다. 〔그러나〕 장주는 웃으며 초나라 왕의 사신에게 말했다.

"천금千金은 막대한 이익이고 경상卿相이란 높은 지위지요. 그대는 어찌 교제郊祭고대 제왕이 해마다 동짓날에 도성의 남쪽 교외에서 하늘에 올린 제사를 지낼 때 희생물로 바쳐지는 소를 보지 못했습니까? 〔그 소는〕 여러 해 동안 잘 먹다가 화려한 비단옷을 입고 결국 종묘로 〔끌려〕 들어가게 되오. 이때 그 소가 〔몸집이〕 작은 돼지가 되겠다고 한들 어찌 그렇게 될 수 있겠소? 그대는 빨리 돌아가 나를 욕되게 하지 마시오. 나는 차라리 더러운 시궁창에서 노닐며 스스로 즐길지언정 나라를 가진 제후들에게 얽매이지는 않을 것이오. 죽을 때까지 벼슬하지 않고 내 뜻대로 즐겁게 살고 싶소."

형명지학의 대가 신불해

신불해申不害는 경읍京邑 사람으로, 본래는 정나라의 하찮은 신하였다. 〔법가의〕학술을 배워 한韓나라 소후昭侯에게 유세하여 〔관직을〕 구하니, 소후가 등용하여 재상으로 삼았다. 그는 15년 동안 안으로는 정치와 교육을 바로 세우고 밖으로는 제후들을 상대했다. 결국 신자申子신불해가 자리에 있을 때 나라는 다스려지고 군대가 강하여 한나라로 쳐들어오는 자가 없었다.

신자의 학문은 황로黃老[3]에 근본을 두고 형명刑名[4]을 내세웠다. 그는 글 두 편을 썼는데 그것을 「신자申子」라고 한다.

용의 비늘을 건드리지 말라

한비韓非는 한韓나라의 여러 공자 가운데 한 사람으로 형명과 법술法

---

3 황로란 도가에서 파생된 한 분파로서 전국 시대 중기에 형성되어 한韓, 조趙, 제齊나라에서 유행했다. 황제黃帝의 이름을 빌려 노자 철학 중의 허정을 흡수하여 사물이 극단에 이르면 반드시 돌아온다는 사상으로 기본 틀을 삼는다.

4 형명刑名이란 원래 '형체와 명칭'을 가리키는 말로 '형명形名'이라고도 하며 '명실名實'과도 같은 말이다. 선진 때 법가들은 '형명'을 '법술法術'과 연계시켜 '명名'을 명분, 법령 등의 뜻으로 써서 '순명책실循名責實', '신상명벌愼賞明罰'을 주장하였다. 후대 사람들은 이들의 주장을 형명지학刑名之學이라고도 하고, 줄여서 형명刑名이라고도 부른다.

術⁵의 학설을 좋아했으나 그의 학문은 황로 사상을 바탕으로 한다. 한비는 말을 더듬어 유세는 잘 못했으나 책을 잘 썼다. 이사李斯와 함께 순경荀卿을 [스승으로] 섬겼는데, 이사는 자신이 한비에 미치지 못한다고 생각하였다.

한비는 한나라 땅이 나날이 줄어들고 쇠약해져 가는 것을 보고 한나라 왕 [한안韓安]에게 여러 차례 글을 올려 간언했지만, 한나라 왕은 그를 등용할 수 없었다. 그리하여 한비는 [한나라 왕이] 나라를 다스리는 데 법과 제도를 닦아 바로 세우고 권세를 잡아 신하들을 부리며 나라를 부유하게 하고 병력을 튼튼하게 하며 인재를 찾아 쓰고 어진 사람을 임명하는 일에 힘쓰지 않고, 도리어 실속 없는 소인배유학자들를 등용하여 그들을 [전투에서] 공로와 실적이 있는 자보다 윗자리에 앉히는 것을 싫어하였다.

한비는 유가는 글로 나라의 법을 혼란스럽게 하고, 협객은 힘으로 나라의 금령을 어긴다고 생각했다. [군주는 나라가] 편안할 때에는 명예를 좇는 사람을 총애하고 위급할 때에는 갑옷 입고 투구 쓴 무사를 등용한다. [그러므로] 지금 이 나라에서 봉록을 주어 등용하는 자는 위급할 때에는 쓸 수 없는 자이고, 위급할 때에 쓰이는 사람은 봉록을 주어 등용한 자가 아니다. [한비는] 청렴하고 정직한 인물들이 사악한 신하들 때

---

5 '법'이란 회화나 문서에 나타난 군주의 명령으로서 일종의 성문법이라고 할 수 있고, '술'은 군주의 가슴속에 있는 것으로서 나라를 잘 다스리기 위해 아랫사람의 능력을 최대한 발휘시킨다든지 잘못한 일이 있으면 꾸짖고 벌주는 등의 행동을 하는 것을 말한다. 이러한 법과 술을 더해 '법술'이라고 하는데, 이것은 특히 중앙 집권적 통치 체제하에서 높이 평가되었다. 한비자가 진시황의 마음을 사로잡은 것은 결코 우연이 아니었다.

문에 받아들여지지 못하는 것을 슬퍼하고 옛날 왕들이 시행한 정치의 성공과 실패에 관한 변화를 살펴 「고분孤憤」, 「오두五蠹」, 「내저설內儲說」, 「외저설外儲說」, 「설림說林」, 「세난說難」 편 등 10여만 자의 글을 지었다.

그러나 한비는 유세의 어려움을 알고 「세난」 편을 매우 자세하게 지었음에도 결국은 진나라에서 죽어 자신은 〔위험에서〕 벗어나지 못하였다. 그는 「세난」 편에서 말하였다.

대체로 유세의 어려움은 내 지식으로 상대방을 설득시키기 어렵다는 것이 아니고, 내 말솜씨로 뜻을 분명히 밝히기 어렵다는 것도 아니며, 또 내가 감히 해야 할 말을 자유롭게 모두 하기 어렵다는 것도 아니다. 유세의 어려움은 군주라는 상대방의 마음을 잘 파악하여 내 주장을 그 마음에 꼭 들어맞게 하는 데 있다. 상대방이 높은 명성을 얻고자 하는데 큰 이익을 얻도록 설득한다면 식견이 낮은 속된 사람이라고 틀림없이 가볍게 여기며 멀리할 것이다. 〔이와 반대로〕 상대방이 큰 이익을 얻고자 하는데 높은 이름을 얻도록 설득한다면 상식이 없고 세상 이치에 어둡다고 틀림없이 받아들이지 않을 것이다. 상대방이 속으로는 큰 이익을 바라면서 겉으로는 높은 이름을 원할 때 높은 이름을 얻는 방법으로 설득한다면 겉으로는 받아들이는 척하겠지만 속으로는 멀리할 것이며, 만약 큰 이익을 얻는 방법으로 설득한다면 속으로는 의견을 받아들이면서도 겉으로는 그를 꺼릴 것이다. 〔유세자는〕 이러한 점들을 알지 않을 수 없다.

대체로 일이란 은밀히 함으로써 이루어지고 말이 새어 나가면 실패한다. 그러나 유세자가 상대방의 비밀을 들출 뜻이 없었지만 우연히 상대방의 비밀을 말한다면 유세자는 몸이 위태로워진다. 또 군주에게 허물이 있을 때 유세자가 주저 없이 분명하게 바른말을 하고 교묘한 주장을 내세워 그 잘못을 들추어내면 그 몸은 위태로워진다. 유세자가 아직 군주에게 두터운 신임과 은혜도 입지 않았는데 자신이 알고 있는 것을 다 말해 버리면 설령 그 주장을 실행하여 공을 세우더라도 군주는 그 덕을 잊을 것이며, 그 주장을 실행하지 않아 실패하게 되면 군주에게 의심을 받을 것이다. 이런 경우에도 유세자의 몸은 위태로워질 것이다. 또 군주가 좋은 계책을 얻어 자기 공로를 세우고자 하는데 유세자가 그 내막을 알게 되면 그 몸이 위태로워진다. 군주가 겉으로는 어떤 일을 하는 것처럼 꾸미고 실제로는 다른 일을 꾸미고 있을 때 유세자가 이것을 알게 되면 역시 몸이 위태로워진다. 〔또 군주가〕 결코 하고 싶지 않은 일을 억지로 하게 하거나 그만두고 싶지 않은 일을 멈추게 하면 또한 몸이 위태로워진다. 그러므로 현명하고 어진 군주에 관해서 말하면 자기를 헐뜯는다는 오해를 받게 되고, 지위가 낮은 인물에 관해서 말하면 군주의 권세를 팔아서 자신을 돋보이려 한다는 오해를 받게 되며, 군주가 총애하는 자에 관해서 이야기하면 그들을 이용하려는 줄 알며, 군주가 미워하는 자에 관해서 논하면 자기를 떠보려는 것으로 여길 것이다. 말을 꾸미지 않고 간결하게 하면 아는 게 없다고 하찮게 여길 것이고, 장황하게 늘어놓으면 말이 많다고 할 것이며, 사실에 근거하여 이치에 맞는 의견을 말하면 소심한 겁쟁이라 말을 다 못한다고 할 것이고, 생각한 바를 거침없이 말하면 버릇없고 오만한 사람이라고 할 것이다. 이런 것들이 유세의 어려운 점이니 알지 않을 수 없다.

유세에서 중요한 것은 상대방의 장점을 아름답게 꾸미고 단점을 덮어 버릴 줄 아는 것이다. 상대방이 자신의 계책을 지혜로운 것으로 여긴다면 지나간 잘못을 꼬집어 궁지로 몰아서는 안 된다. 자신의 결정을 용감한 것이라고 여기면 구태여 반대 의견을 내세워 화나게 해서는 안 된다. 상대방이 자신의 능력을 과장하더라도 그 일의 어려움을 들어 가로막아서는 안 된다.

유세자는 군주가 꾸민 일과 같은 계책을 가진 자가 있으면 그 사람을 칭찬하고, 군주와 같은 행위를 하는 자가 있으면 그 사람을 칭찬하며, 군주와 같은 실패를 한 사람이 있으면 그것은 실패한 것이 아니라며 두둔해 주고, 군주와 같은 실수를 한 자가 있으면 그에게 잘못이 없음을 명확히 설명하고 덮어 주어야 한다. 군주가 유세자의 충성스러운 마음에 반감을 가지지 않고 주장을 내치지 않아야 비로소 유세자는 그 지혜와 언변을 마음껏 펼칠 수 있다. 이것이 바로 군주에게 신임을 얻고 의심 받지 않으며 자신이 아는 바를 다 말할 수 있는 방법이다.

이렇게 하여 오랜 시일이 지나 군주의 총애가 깊어지면 큰 계책을 올려도 의심 받지 않고 군주와 서로 다투며 말하여도 벌을 받지 않을 것이다. 그때 유세자가 국가에 이로운 점과 해로운 점을 명백히 따져 군주가 공적을 이룰 수 있게 하며, 옳고 그름을 솔직하게 지적해도 영화를 얻게 된다. 이러한 관계가 이어지면 유세는 성공한 것이다.

〔재상〕 이윤伊尹[6]이 요리사가 되고, 백리해百里奚[7]가 포로가 된 것은 모두 군주에게 등용되기 위한 수단이었다. 이 두 사람은 모두 성인이면서도 이처럼 자기 몸을 수고롭게 하고 천한 일을 겪은 뒤에 세상에 나오지 않을 수 없었다.

---

6 은나라의 유명한 재상으로 탕임금을 도와 어진 정치를 펼쳤으며 하나라의 걸왕을 멸망시켰다. 탕임금의 손자인 태갑이 포악한 정치를 하자 이를 말리다가 귀양까지 가게 되었으나 다시 돌아와 훌륭한 정치를 했다. 이윤은 본래 요리사 출신으로, 솥을 지고 가서 음식을 만들어 탕임금에게 바치고는 그에게 신임을 얻기를 바랐다는 전설이 있다.
7 춘추 시대 오나라 대부로 진晉나라의 포로였는데, 진秦나라 목공穆公에게 발탁되어 천하의 우두머리가 되도록 도왔다.

그러므로 재능 있는 인재라도 이러한 일을 부끄러워할 것이 없다.

송나라에 어떤 부자가 있는데 집의 담장이 비에 무너져 내렸다. 그 아들이 이렇게 말했다.

"(담장을 다시) 쌓지 않으면 도둑이 들 것입니다."

그 이웃집 주인도 아들과 똑같이 말하였다. 날이 저물자 정말 많은 재물을 잃었다. 부자는 자기 아들은 매우 똑똑하다고 칭찬하면서도 이웃집 주인을 의심했다.

예전에 정나라 무공武公은 호胡나라를 칠 계획으로 자기 딸을 호나라 군주에게 시집보내고 대신들에게 이렇게 물었다.

"내가 전쟁을 일으키려 하는데 어느 나라를 치면 되겠소?"

관기사關其思가 대답했다.

"호나라를 칠 만합니다."

이에 관기사를 죽이며 (무공은) 이렇게 말했다.

"호나라는 형제 같은 나라인데 그대는 호나라를 치라고 하니 어찌된 일이오?"

호나라 군주는 이 소식을 듣고 정나라를 친한 친구 나라로 여기고 (공격)에 대비하지 않았다. (그러자) 정나라 군사들이 호나라를 습격하여 취하였다.

이웃집 사람과 관기사가 한 말은 모두 옳으나 심한 경우는 목숨을 잃고 가벼운 경우는 의심을 받았다. 이는 안다는 것이 어려운 일이 아니라 아는 것을 어떻게 쓰느냐가 어렵다는 뜻이다.

예전에 미자하彌子瑕라는 사람이 위衛나라 군주에게 총애를 받았다. 위나라 법에 군주의 수레를 훔쳐 타는 자는 월형刖刑[발뒤꿈치를 자르는 형벌]에 처하도록 되어 있었다. 얼마 뒤에 미자하의 어머니가 병이 나자, (이 소식을) 들은 어떤 사람이 밤에 〔미자하가 있는 곳으로〕 가서 이 사실을 알렸다. 미자하는 〔군주의 명령이라고〕 속여 군주의 수레를 타고 대궐 문을 빠져나갔다. 군주는 이 일을 듣고 미자하를 어질다고 하면서 이렇게 말했다.

"효자로구나! 어머니를 위해서 발뒤꿈치가 잘리는 형벌까지 감수하다니!"

또 미자하가 군주와 과수원에 갔다가 복숭아를 먹어 보니 맛이 달았다. 미자하가 먹던 복숭아를 군주에게 바치자 군주는 또 이렇게 말했다.

"나를 아끼는구나. 제 입맛을 참고 이토록 나를 생각하다니."

그 뒤 미자하는 고운 얼굴빛이 사라져 군주의 총애를 잃고 군주에게 죄를 짓게 되었다. 그러자 군주는 이렇게 말했다.

"이자는 일찍이 나를 속이고 내 수레를 탔고, 또 나에게 먹다 남은 복숭아를 먹게 했다."

미자하의 행위는 처음이나 나중이나 다를 바가 없었지만 처음에는 현명하다고 칭찬을 받고 나중에는 죄를 입게 되었다. 〔그것은〕 군주가 그를 사랑하고 미워하는 마음을 완전히 바꾸었기 때문이다. 그러므로 군주에게 총애를 받을 때에는 지혜가 군주의 마음에 든다고 하여 더욱 친밀해지고, 군주에게 미움을 받을 때에는 죄를 짓는다고 하여 더욱더 멀어지는 것이다. 따라서 군주에게 간언하고 유세하는 자는 군주가 자기를 사랑하는가 미워하는가를 살펴본 다음에 유세해야 한다.

용이라는 벌레는 잘 길들여 가지고 놀 수도 있고 그 등에 탈 수도 있으나, 그 목덜미 아래에 거꾸로 난 한 자 길이의 비늘이 있어 이것을 건드린 사람은 〔용이〕 죽인다고 한다. 군주에게도 거꾸로 난 비늘이 있으니, 유세하는 사람이 군주의 거꾸로 난 비늘을 건드리지 않아야 〔성공한 유세에〕 가깝다고 할 수 있을 것이다.

어떤 사람이 한비의 책을 진秦나라로 가지고 와 전파했다. 진왕진시황은 「고분」, 「오두」 두 편의 문장을 보고 말했다.

"아! 과인이 이 〔책을 쓴〕 사람을 만나 교유할 수만 있다면 죽어도 한이 없겠다."

이사가 말했다.

"이것은 한비라는 사람이 지은 책입니다."

진나라는 이 때문에 급히 한나라를 공격했다. 한나라 왕은 처음에 한비를 등용하지 않았으나 다급해지자 즉시 한비를 진나라에 사신으로 보냈다. 진왕은 한비를 좋아하기는 하나 믿어 등용하지는 않았다. 이때 이사와 요가姚賈가 한비를 해치려고 그를 헐뜯어 말했다.

"한비는 한나라의 여러 공자 가운데 한 사람입니다. 지금 왕께서 제후들을 삼키려는데, 그는 끝까지 한나라를 위해 일하지 진나라를 위해 일하지 않을 테니 이것이 사람의 마음입니다. 지금 왕께서 〔그를〕 등용하지 않은 채 오랫동안 머물게 했다가 그대로 돌려보낸다면 이는 스스로 뒤탈을 남기는 일이니, 죄를 뒤집어씌워 법에 따라 죽이느니만 못합니다."

진왕은 옳다고 여기고 한비를 옥리에게 넘겨 죄를 묻도록 하였다. 이사는 사람을 보내 한비에게 독약을 전해 스스로 목숨을 끊도록 하려고 하였다. 한비는 직접 진왕을 만나 진언하려고 했지만 만날 수 없었다. 진왕이 뒤늦게 후회하고 사람을 보내 한비를 놓아주게 하였으나, 한비는 이미 죽은 뒤였다.

신자와 한자韓子한비는 모두 책을 지어 후세에 전했으므로 배우는 자들이 많았다. 나는 다만 한자가 「세난」 편을 짓고도 스스로는 〔재앙을〕 벗어날 수 없었던 것이 슬플 뿐이다.

태사공은 말한다.

"노자가 귀하게 생각하는 도는 허무虛無이고, 무위無爲에서 변화에 호응하는 것이다. 그러므로 그가 지은 책은 글이 미묘하여 알기 어렵다. 장자는 [노자가 말한] 도덕의 의미를 미루어 풀어서 자유롭게 논했는데, [그] 요지 또한 자연으로 돌아가라는 것이다. 신자는 스스로 힘써 명분과 실질에 적용시켰다. 한자는 먹줄을 친 것처럼 [법규를 만들어] 세상의 모든 일을 결단하고 옳고 그름을 분명히 하였지만 그 극단에 치우쳐 각박하고 은혜로움이 부족했다. [이들 셋은] 모두 [노자의] 도와 덕에 그 근원을 두고 있으니 노자의 사상이 깊고도 먼 것이다."

4
사마양저 열전
司馬穰苴列傳

이 편은 사마司馬군사 업무를 책임짐를 지낸 양저를 다루었다. 사마양저는 춘추 시대 말기 제나라 대부로 재상 안영의 추천을 받아 장군에 임명되었는데, 이는 자신의 신분에 비해 높은 자리를 부여받은 것이었다. 당시 제나라는 군사적으로 매우 불리했다. 사마천은 사마양저에 대한 경공의 신임과 장가莊賈와의 갈등 양상을 그려 나가면서 문무文武를 두루 겸비한 인물로 묘사하고 있다.

전쟁만큼 큰 죄악은 없다. 그러나 춘추 전국 시대에 전쟁은 필요악이었다. 법가에서는 부국강병을 주장하면서 전쟁을 통하여 전쟁을 없애는 '이전거전以戰去戰'『상군서商君書』「화책畵策」이론을 제시했다. 이와 마찬가지로 병가들도 어떻게든 승리하여 적을 소멸시키고 자신을 보존하는 일에 주요 관심을 두었다.

사마천은 병가의 인물 전기를 통해 각양각색의 전례戰例를 기록하면서, 뛰어난 장수는 '기교[巧]'로써 전쟁을 치른다는 것을 말하고 있다. 또한 사마천은 여기서 사마양저야말로 이론과 실천 면에서 『사마법司馬法』을 계승 발전시키면서도 대의와 예절을 아는 유가의 풍모를 지닌 장수라고 평가하며 양저에 대한 존경을 표시하고 있다. 『한서』「예문지」에 의하면 『사마법』은 155권이었는데 다섯 권만 남았다고 한다.

斬新監

약속을 어긴 장가를 베려는 양저.

약속은 생명과도 같다

　사마양저司馬穰苴는 전완田完의 후예다. 제나라 경공 때 진晉나라가 아읍阿邑과 견읍甄邑을 치고 연燕나라가 하수河水황하 부근을 침략했는데, 제나라 군대가 완패하자 경공이 걱정하므로 안영은 전양저田穰苴를 추천하며 말했다.

　"양저는 비록 전씨의 서출이지만 그의 글은 많은 사람의 마음을 사로잡고 무예는 적군을 위협할 만하니, 원컨대 군왕께서 그를 시험해 보십시오."

　경공은 양저를 불러 군대의 일에 관해서 이야기를 나눠 보고는 매우 기뻐하며, 그를 장군으로 삼아 군사를 이끌고 가서 연나라와 진나라 군사를 막도록 하였다. 양저가 말했다.

　"신은 본래 미천한 신분인데, 군왕께서 이러한 저를 백성 가운데서 뽑아 대부의 윗자리에 두셨습니다. 〔그러나〕 병졸들은 복종하지 않고 백성은 믿지 않으니, 저는 권세가 미미하고 보잘것없는 존재에 지나지 않습니다. 바라건대 군왕께서 총애하고 온 백성이 존경하는 신하를 감군監軍군대의 감찰관으로 삼으면 될 것입니다."

　그리하여 경공은 양저의 부탁을 받아들여 장가莊賈를 보내 가도록 하였다. 양저는 떠난다는 인사를 하고 나서 장가와 이렇게 약속했다.

　"내일 해가 중천에 뜨면 군문軍門군영의 정문에서 만납시다."

　〔이튿날〕 양저는 먼저 수레를 빨리 달려 군영으로 가서 해시계와 물시

계를 마련해 놓고 장가를 기다렸다. 장가는 원래 교만한 사람으로, 장군이 이미 군영에 가 있으니 감군인 자신은 그렇게 서두를 필요가 없다고 생각했다. 친척과 측근들이 그를 전송하자 머물며 술을 마셨다. 해가 중천에 떠도 장가가 오지 않았다. 양저는 해시계를 엎고 물시계를 쏟아 버리고는 [군영으로] 들어가 병사들을 지휘하며 약속한 사실을 선포했다. 약속한 사실이 이미 선포되고 저녁때가 되어서야 장가가 드디어 도착했다. 양저가 말했다.

"어째서 약속 시간보다 늦었습니까?"

장가가 사과하며 말했다.

"못난 저를 대부들과 친척들이 송별연을 열어 주어 지체되었소."

양저는 말했다.

"장수란 명령을 받은 그날부터 그 집을 잊고, 군영에 이르러 군령이 확정되면 그 친척들을 잊으며, 북을 치며 급히 나아가 공격할 때에는 그 자신을 잊어버려야 합니다. 지금 적국이 깊숙이 쳐들어와 나라가 들끓고 병사들은 국경에서 뜨거운 햇살과 이슬을 맞고 있으며 군왕께서는 편히 잠자리에 들지 못하고 음식을 드셔도 단맛을 모릅니다. 백성의 목숨이 모두 당신에게 달려 있거늘 무슨 송별회란 말입니까?"

그러고 나서 군정軍正군대의 법무관을 불러 물었다.

"군법에는 약속 시간이 되었는데 늦게 도착한 자에게는 어떻게 하도록 되어 있소?"

군정이 대답했다.

"마땅히 베어야 합니다."

장가는 두려워서 사람을 보내 급히 경공에게 이 일을 알리고 구해 달라고 요청했다. 양저는 경공에게 갔던 사람이 돌아오기도 전에 장가의 목을 베어 전군에 돌려 본보기로 삼았다. 전군의 병사는 모두 두려워 벌벌 떨었다. 한참 뒤 경공이 보낸 사자가 장가를 사면하라는 부절을 가지고 말을 달려 군영 안으로 들이닥쳤다. 그러자 양저가 말했다.

"장수가 군영에 있을 때에는 왕의 명령도 받들지 않을 수 있소."

그러고는 군정에게 물었다.

"군영 안에서 말을 달리면 군법에는 어떻게 처리하도록 되어 있소?"

군정이 말했다.

"마땅히 베어야 합니다."

사자는 몹시 두려워했다. 양저가 말했다.

"군왕의 사자이니 죽일 수는 없소."

그러고는 그의 마부를 베고 수레의 왼쪽 곁나무駙木를 가르고 왼쪽 곁마의 목을 쳐 전군에 본보기로 삼았다. 〔양저는〕 사자를 보내 군왕에게 다시 보고하게 하고 나서 싸움터로 나갔다.

병사들을 감동시킨 용병술

〔양저는〕 병사들이 머무는 막사와 우물, 아궁이, 먹을거리, 질병을 물어보고 약을 챙겨 주는 일도 몸소 보살폈다. 〔또한〕 장군에게 주어지는 물자와 양식을 모두 병사들에게 누리게 하였는데, 자신은 병사들 중에서도 몸이 가장 허약한 병사의 몫과 똑같이 양식을 나누었다. 이로부터

사흘 뒤에 병사들을 다시 순시하자 병든 병사들까지도 출정하기를 바라 모두 앞다투어 싸움터로 나갔다.

진나라 군사들은 이 소문을 듣고 물러가고, 연나라 군사들도 이 소문을 듣고 하수를 건너 흩어졌다. 그리하여 〔양저는〕 그들을 뒤쫓아 가 마침내 예전에 잃었던 봉국의 땅을 되찾고 병사들을 이끌고 돌아왔다.

〔양저는〕 군대가 본국에 닿기 전에 병사들의 무장을 풀고 군령을 거두어 충성을 맹세한 뒤에 도성으로 들어갔다. 경공이 대부들과 교외로 나와 군사들을 맞이하여 노고를 위로하였고 개선 의식을 마친 뒤 돌아가 잠자리에 들었다. 〔경공은〕 양저를 만나 보고는 존중하여 대사마大司馬로 삼았다. 전씨는 제나라에서 나날이 더욱 존경을 받게 되었다.

얼마 뒤 대부 포씨鮑氏, 고씨高氏, 국씨國氏의 무리가 양저를 해치려 경공에게 헐뜯었다. 경공이 양저를 물러나게 하자 양저는 병이 나 세상을 떠났다. 전기田乞와 전표田豹의 무리는 이 일로 인하여 고씨, 국씨 등을 원망했다. 그 후 전상田常이 간공簡公을 죽였을 때 고씨, 국씨 일족을 모두 죽였다. 전상의 증손자 전화田和에 이르러 〔제후로〕 자립하였고, 〔그 후손이〕 제나라 위왕威王이 되었다. 〔제나라 위왕이〕 병사를 다루고 위엄을 보이는 일에 대부분 양저의 병법을 본받자, 제후들은 제나라에 입조入朝하게 되었다.

제나라 위왕은 대부들에게 고대의 『사마병법司馬兵法』을 정리하여 논의하도록 하였고, 그 가운데 양저의 병법을 덧붙여 『사마양저병법』이라

---

l 제나라 대신 전성자田成子로 이름은 항恒이다. 전상은 기원전 481년에 간공을 죽인 뒤 그 자리에 평공平公을 앉히고 재상이 되었다.

고 일컫게 하였다.

　　태사공은 말한다.

　　"내가 『사마병법』을 읽어 보니 그 개략이 넓고 크며 깊고 원대하여 설령 삼대三代하. 은. 주의 제왕들이 전쟁에 나서도 그 의미를 다 이해하지는 못하였을 것이다. 그 문장을 보면 과장된 점도 없지 않다. 양저는 보잘것없는 작은 나라를 위해서 군대를 움직였으니, 어느 틈에 『사마병법』에서 말하는 겸양의 예절을 지킬 수 있었겠는가? 세상에는 이미 『사마병법』이 많이 있으므로 거론하지 않고 양저의 열전만을 지었다."

5

손자 오기 열전
孫子吳起列傳

춘추 시대부터 본격적으로 시작된 겸병兼併 전쟁이 계속 확대됨에 따라 각 제후국들이 전쟁에 동원하는 병력 수도 늘어나 수십만에 이를 정도였다. 이와 같은 새로운 상황이 펼쳐짐에 따라서 효율적인 전쟁을 하기 위한 전략과 전술의 필요성이 날로 높아지게 되었음은 두말할 나위도 없다.

이 편은 세 명의 뛰어난 병법가 손무孫武, 그보다 100여 년 뒤의 후손 손빈孫臏, 오기吳起의 이야기에 방연龐涓을 덧붙인 것이다.

손무, 손빈, 오기 세 사람은 춘추 전국 시대의 저명한 군사가이자 병법가로서 그들의 저작은 후세에까지 전해진다. 조조曹操가 주석을 달아 유명해진 손무의 병법은 일명 『손자孫子』 열세 편으로서 중국에서 가장 오래된 병서일 뿐 아니라, 정교한 문체와 치밀한 구성 등으로 유명하여 세계 군사학에서 중요한 위상을 확보하고 있다. 주목할 점은 손무라는 사람과 그가 오나라 장수가 된 과정, 그리고 승리 과정 등이 『좌전』에는 언급되어 있지 않다는 것이다. 그런 점에서 손무와 관련된 부분은 희극성과 소설성이 덧붙여져 있다고 볼 수 있다. 그의 탁월한 용병술을 보이기 위해 궁녀를 지휘한 이야기는 일종의 설정일 수 있다는 말이다. 한편 손빈은 위魏나라 장군 방연의 간계로 발이 잘리는 형벌을 받았으나 제나라 장군 전기의 인정을 받아 그의 군사가 되어 두 차례나 위나라를 격파했다.

오기는 인간에 대한 깊은 통찰과 안목을 바탕으로 하여 용병 방법을 제시했다는 점에서 그 가치를 인정받고 있다. 그러나 사마천은 오기의 각박함에 대해 대단히 비판적이다. 이 점은 치욕을 참아 내며 발분의 세월을 보내고 성취를 이룬 손빈에 대한 긍정적 평가와는 확실히 대비된다.

이 편은 본문의 전반적인 문맥이 매끄럽지 못한 면이 적지 않아 전해지는 과정에서 빠진 곳이 있다는 설도 설득력이 없는 것은 아니다.

궁녀를 훈련시키는 손자.

손자, 즉 손무孫武는 제나라 사람인데, 병법으로 오吳나라 왕 합려闔廬를 만나게 되었다. 합려가 말했다.

"그대가 쓴 열세 편¹을 내가 모두 읽어 보았소. 작게나마 시험 삼아 군대를 한번 지휘해 보일 수 있겠소?"

〔손자가〕 대답했다.

"가능합니다."

합려가 말했다.

"부녀자로도 시험해 볼 수 있소?"

〔손자가〕 답했다.

"가능합니다."

이 제의를 받아들인 합려는 궁중의 미녀 180명을 불러냈다. 손자는 〔그들을〕 두 부대로 나누어 왕이 총애하는 후궁 두 명을 각 편의 대장으로 삼고는 모든 이에게 창을 들게 하고 명령하여 물었다.

"여러분은 〔자신들의〕 가슴과 왼손, 오른손, 등을 알고 있는가?"

부녀자들이 말했다.

---

1 열세 편이란 『손자병법』을 말한다. 『손자병법』에는 「시계始計」, 「작전作戰」, 「모공謀攻」, 「군형軍形」, 「병세兵勢」, 「허실虛實」, 「군쟁軍爭」, 「구변九變」, 「행군行軍」, 「지형地形」, 「구지九地」, 「화공火攻」, 「용간用間」의 열세 편이 있다.

"그것들을 알고 있습니다."

손자가 말했다.

"'앞으로!' 하면 가슴 쪽을 바라보고, '좌로!' 하면 왼손 쪽을 바라보며, '우로!' 하면 오른손 쪽을 바라보고, '뒤로!' 하면 등 쪽을 보도록 하라."

부녀자들은 말했다.

"알겠습니다."

약속이 공포된 뒤 〔손자는〕 즉시 부월鈇鉞옛날 군법으로 사람을 죽일 때 썼던 도끼을 마련해 놓고 여러 차례 명령을 내리고 자세히 설명하였다. 그런데 북을 쳐 오른쪽으로 행진하도록 했으나 부녀자들은 큰 소리로 웃기만 했다. 손자가 말했다.

"약속이 분명하지 않고 명령에 숙달되지 않은 것은 장수의 죄이다."

〔그러고는〕 다시 여러 차례 명령을 되풀이하여 설명하고 북을 쳐 왼쪽으로 행진하도록 했지만 부녀자들은 다시 큰 소리로 웃기만 했다. 손자는 말했다.

"약속이 분명하지 않고 명령에 숙달되지 않은 것은 장수의 죄이지만, 〔약속이〕 이미 분명해졌는데도 법에 따르지 않는 것은 사졸들의 죄이다."

그러고는 좌우 대장의 목을 베려고 했다. 오나라 왕은 누대 위에서 지켜보고 있다가 자신이 총애하는 희첩들의 목을 베려는 것을 보고는 몹시 놀라 급히 사신을 보내 명을 내려 말했다.

"과인은 이미 장군이 용병에 뛰어나다는 것을 알았소. 과인은 이 두 희첩이 없으면 음식을 먹어도 단맛을 모르니 바라건대 목을 베지 말아 주시오."

손자가 말했다.

"신은 이미 명을 받아 장수가 되었습니다. 장수가 군에 있을 때에는 군주의 명이라도 받들지 않는 경우가 있습니다."

〔손자는〕 결국 대장 두 사람을 베어 〔모두에게〕 보여 주었다. 그러고는 그들 다음으로 〔왕의 총애를 받는 후궁을〕 대장으로 삼고 다시 북을 쳤다. 부녀자들은 왼쪽으로, 오른쪽으로, 앞으로, 뒤로, 꿇어앉기, 일어서기 등을 모두 자로 잰 듯 먹줄을 긋듯 정확하게 하며 아무런 불평도 하지 않았다. 손자는 전령을 보내 오나라 왕에게 말했다.

"군대는 이미 잘 갖추어졌으니, 왕께서는 시험 삼아 내려오셔서 보십시오. 왕께서 그들을 쓰고자 하신다면 물불을 가리지 않고 뛰어들 것입니다."

오나라 왕은 말했다.

"장군은 그만 관사로 돌아가 쉬도록 하시오. 과인은 내려가 보고 싶지 않소."

손자가 말했다.

"왕께서는 한갓 이론만 좋아하실 뿐 그것을 실제로 사용할 수 없습니다."

그러자 합려는 손자가 용병술에 능통한 것을 알고는 마침내 그를 장군으로 삼았다. 〔그 뒤 오나라가〕 서쪽으로 강력한 초나라를 무찔러 〔수도〕 영郢으로 진입하고, 북쪽으로 제나라와 진晉나라를 위협하여 제후들 사이에서 이름을 떨친 것은 손자가 〔그와〕 힘을 함께했기 때문이다.

급소를 치고 빈틈을 노려라

손무가 죽고 나서 100여 년쯤 뒤에 손빈孫臏이 등장했다. 손빈은 〔제나라의〕 아읍阿邑과 견읍鄄邑 사이에서 태어났으며 손무의 후손이다. 손빈은 일찍이 방연龐涓과 함께 병법을 배웠다. 방연은 〔공부를〕 마치고 위魏나라를 섬겨 혜왕惠王의 장군이 되었으나 스스로 능력이 손빈에 미치지 못한다고 생각하여 몰래 사람을 보내 손빈을 불렀다. 손빈이 도착하자 방연은 그가 자기보다 뛰어난 것을 두려워하고 시기하여 죄를 뒤집어씌워 손빈의 두 발을 자르고 얼굴에 글자를 새기고는 숨어 살게 하여 〔세상 사람들에게〕 나타나지 않도록 하고자 했다.

〔그 뒤〕 제나라 사자가 양梁나라로 갔을 때, 손빈은 형벌을 받은 몸으로 몰래 나타나 제나라 사자를 설득했다. 제나라 사자는 〔손빈이〕 대단한 사람이라고 여겨서 몰래 수레에 태워 제나라로 돌아왔다. 제나라 장군 전기田忌는 그의 재능을 알아보고 빈객으로 예우해 주었다.

전기는 제나라 공자들과 자주 마차 경주 내기를 하곤 했다. 손빈은 말들이 달리는 능력은 대단한 차이가 없지만 말에는 상, 중, 하 세 등급이 있음을 알았다. 그리하여 손빈은 전기에게 일러 말했다.

"당신은 단지 내기를 크게 거십시오. 신은 당신이 이길 수 있도록 해 드리겠습니다."

전기는 손빈을 믿고 〔제나라〕 왕과 여러 공자에게 1000금을 건 내기를 했다. 경기가 시작되려 할 무렵에 손빈이 말했다.

"지금 당신의 하급 말과 상대편의 상급 말을 겨루게 하고, 당신의 상급 말과 상대편의 중급 말을 겨루게 하며, 당신의 중급 말과 상대편의 하급 말을 겨루게 하십시오."

세 등급 말의 시합이 끝난 결과 전기는 첫 번째는 이기지 못하고 두 차례는 이겨 마침내 〔제나라〕 왕의 1000금을 얻었다. 따라서 전기는 손빈을 위왕威王에게 추천했고, 위왕은 그에게 병법을 묻고는 마침내 군사軍師로 삼았다.

그 뒤 위魏나라가 조나라를 치자 조나라는 다급하여 제나라에 구원을 요청했다. 제나라 위왕이 손빈을 장군으로 삼으려고 하자 손빈은 사양하며 말했다.

"형벌을 받은 사람은 〔장군이〕 될 수 없습니다."

그래서 〔위왕은〕 전기를 장군에 임명하고, 손빈을 군사로 삼아 휘장을 친 수레 속에 머물게 하고는 그 속에 앉아 계책을 세우도록 하였다. 전기가 병사들을 이끌고 조나라로 가려 하자 손빈이 말했다.

"어지럽게 엉킨 실을 풀려고 할 때는 주먹으로 쳐서는 안 되며, 싸우는 사람을 말리려고 할 때도 그 사이에 끼어들어 손으로 밀치려 해서는 안 됩니다. 급소를 치고 빈틈을 쳐 형세를 불리하게 만들면 저절로 해결될 것입니다. 지금 위나라와 조나라가 서로 공격하고 있으니, 날쌘 정예 병사들은 틀림없이 모두 나라 밖에서 고갈되고 늙고 병약한 자들만 나라 안에 남아 있을 것입니다. 당신께서는 병사들을 이끌고 빨리 〔위나라의 수도〕 대량大梁으로 쳐들어가 중요한 길목을 차지하고 막 텅 빈 곳을 치시면, 그들은 틀림없이 조나라 공격을 멈추고 자기 나라를 구할 것입니다. 이렇게 되면 우리가 한 번 움직여 조나라의 포위망을 풀어 주고 위나라를 황폐하게 할 수 있습니다."

전기가 손빈의 계책을 따르니 위나라는 과연 (조나라의 수도) 한단邯鄲에서 물러나자 제나라 군대는 계릉桂陵에서 위나라 군대를 크게 무찔렀다.

(그로부터) 13년 뒤에 위나라와 조나라가 함께 한韓나라를 공격하자 한나라는 제나라에 위급함을 알렸다. 제나라에서는 전기를 장군으로 삼아 내보내자, (전기는) 곧장 대량으로 달려갔다. 위나라 장군 방연은 이 소식을 듣고는 한나라 공격을 그만두고 돌아갔으나, 제나라 군사는 (방연보다 한 발 앞서 위나라 국경을) 넘어 서쪽으로 들어가고 있었다.

손빈은 전기에게 일러 말했다.

"저 삼진三晉한韓, 위魏, 조趙를 일컬음의 (위나라) 병사들은 원래 사납고 용감하며 제나라를 가볍게 여기고 제나라 군사들을 겁쟁이라고 부르고 있습니다. 싸움을 잘하는 사람은 그 형세를 잘 이용하여 유리하게 이끌어 나갑니다. 병법에 '승리를 좇아 100리 밖까지 급히 달려가는 군대는 상장군上將軍을 잃게 되고, 50리 밖까지 급히 달려가 승리를 좇는 군대는 절반만 (목적지에) 이른다.'라고 하였습니다. 우리 제나라 군대가 위나라 땅에 들어서면 (첫날에는) 아궁이 10만 개를 만들게 하고, 다음 날에는 아궁이 5만 개를 만들게 하며, 또 그다음 날에는 아궁이 3만 개를 만들게 하십시오."

방연은 행군한 지 사흘째가 되자 몹시 기뻐하며 말했다.

"나는 일찍이 제나라 군사가 겁쟁이인 줄 알고 있었지만 우리 땅에 들어온 지 사흘 만에 달아난 병사가 절반을 넘는구나."

그러고는 그의 보병들은 따로 남겨 둔 채 날쌘 정예 부대만을 이끌고 이틀 길을 하루 만에 달려 급히 뒤쫓았다. 손빈이 방연의 추격 속도를 헤아려 보니 날이 저물 무렵이면 (위나라의) 마릉馬陵에 이를 것 같았다. 마릉은 길이 좁은 데다가 길 양쪽으로 험한 산이 많아 병사들을 매복시키기에 좋았다. 손빈은 길 옆에 있던 큰 나무의 껍질을 벗겨 내고 흰 부분에 이렇게 써 놓았다.

"방연은 이 나무 아래에서 죽게 될 것이다."

그러고는 제나라 군사 중에서 활을 잘 쏘는 사람들을 골라 쇠뇌 1만 개를 준비시켜 길 양쪽에 매복시키고 기약하여 말했다.

"저물 무렵에 불이 들려지면 일제히 쏘도록 하라."

방연은 정말 밤이 되어서 껍질을 벗겨 놓은 나무 밑에 이르러 흰 부분에 씌어 있는 글씨를 발견하고는 불을 밝혀 비추어 보았다. 방연이 그 글을 미처 다 읽기도 전에 제나라 군사들은 한꺼번에 1만 개의 쇠뇌를 일제히 쏘았다. 위나라 군사들은 우왕좌왕하며 뿔뿔이 흩어졌다. 방연은 자신의 지혜가 다하고 싸움에서 진 것을 알고는 스스로 목을 찔러 죽으며 말했다.

"결국 어린애 같은 놈의 이름을 (천하에) 떨치게 만들었구나!"

제나라 군대는 승리의 기세를 틈타 위나라 군대를 모두 쳐부수고 위나라 태자 신申을 포로로 잡아 돌아왔다. 손빈은 이 일로 해서 천하에 떨쳐졌으며 세상에 그의 병법이 전해지게 되었다.[2]

---

2 손빈의 병법은 한나라 때 널리 퍼졌으나 육조 시대 이후 전해지지 않아 사람들의 의심을 자아내다가 1972년에 한漢나라 묘에서 출토되었다.

아내를 죽여 장수가 되다

오기吳起는 위衛나라 사람으로 병사 다루는 일을 좋아했다. 〔그는〕 일찍이 증자曾子에게 배우고 노나라 군주를 섬겼다. 제나라 사람들이 노나라를 공격하자 노나라에서는 오기를 장군으로 임명하려 했으나, 오기는 제나라 여자를 아내로 삼았으므로 노나라 사람들이 그를 의심했다. 오기는 그리하여 이름을 얻기 위해 자기 아내를 죽여 제나라 편이 아님을 분명히 했다. 노나라는 마침내 그를 장군으로 임명했다. 〔오기는〕 병사들을 이끌고 제나라를 공격하여 크게 무찔렀다.

노나라 사람 중에 누군가가 오기에 대해 악담했다.

"오기는 사람됨이 시기심이 많고 잔인하다. 그가 젊을 때 집 안에는 천금이나 쌓여 있었음에도 벼슬을 구하러 유세하다가 이루지도 못하고 파산하였다. 마을 사람들이 이를 비웃자 오기는 자기를 비방한 30여 명을 죽이고는 동쪽으로 위衛나라 성문을 빠져나왔다. 〔오기는〕 어머니와 헤어지면서 자기 팔을 깨물며 맹세하기를 '저는 공경이나 재상이 되기 전에는 다시 위나라로 돌아오지 않을 것입니다.'라고 했다. 드디어 〔오기는〕 증자를 섬겼다. 그로부터 얼마 뒤에 그 어머니가 죽었지만 오기는 끝내 돌아가지 않았다. 증자는 오기를 야박하다고 하면서 그와 관계를 끊었다. 이에 오기는 노나라로 가서 병법을 배워 노나라 군주를 섬기게 되었다. 그런데 노나라 군주가 의심하자, 오기는 아내를 죽이면서까지 장군이 되려 하였다. 대체로 노나라는 작은 나라인데 〔큰 나라와〕 싸워 이겼다는 이름을 얻게 되면 제후들은 노나라를 도모하려고 할 것이다. 게다가 노나라와 위나라는 형제 나라인데,[3] 〔우리〕 군주가 오기를 중용한다면 이것은 위나라를 팽개치는 일이다."

〔이러한 소문을 들은〕 노나라 군주는 오기를 의심하여 내쳤다.

오기는 이에 위魏나라 문후文侯가 현명하다는 말을 듣고 그를 섬기려고 하였다. 문후는 이극李克이극李悝에게 물었다.

"오기는 어떠한 사람이오?"

이극이 말했다.

"오기는 탐욕스럽고 여색을 밝히지만 병사를 다루는 일만은 사마양저도 능가할 수 없습니다."

이에 위나라 문후는 〔오기를〕 장군으로 삼아 진秦나라를 쳐서 성 다섯 개를 함락시켰다.

병사를 위해 고름을 빨다

오기는 장수가 되자 병사들 가운데 가장 낮은 자와 똑같이 옷을 입고 밥을 먹었다. 누울 때에도 자리를 깔지 못하게 하고 행군할 때도 말이나 수레를 타지 않고 식량은 직접 가지고 다니면서 병사들과 함께 수고로움을 나누었다.

---

3 노나라의 시조 주공 단周公旦과 위나라의 시조 강숙 봉康叔封은 문왕文王의 아들로 친형제 사이이다. 그러므로 역사에서는 노나라와 위나라를 형제 나라라고 한다.

〔한번은〕 종기 난 병사가 있었는데 오기가 그 〔병사를 위해〕 고름을 빨아 주었다. 병사의 어머니가 그 소식을 듣고는 소리 내어 울었다. 어떤 사람이 그 까닭을 물었다.

"당신 아들은 졸병인데도 장군께서 직접 고름을 빨아 주셨는데 어찌 하여 슬피 소리 내어 우시오?"

〔병사의〕 어머니가 대답했다.

"그렇지 않습니다. 예전에 오 공吳公오기께서 우리 애 아버지의 종기를 빨아 준 적이 있는데 그 사람은 자기 몸을 돌보지 않고 용감히 싸우다가 적진에서 죽고 말았습니다. 오 공이 지금 또 제 자식의 종기를 빨아 주었으니 소첩은 이 아이가 〔어느 때 어디서〕 죽게 될지 모릅니다. 이 때문에 소리 내어 우는 것입니다."

문후는 오기가 병사를 다루는 일에 뛰어날 뿐만 아니라 청렴하고 공평하여 병사들의 마음을 얻고 있다고 생각하고는 곧 서하西河 태수로 삼아 진秦나라와 한韓나라에 대항하도록 하였다.

위나라 문후가 죽고 나서 오기는 그의 아들 무후武侯를 섬겼다. 〔한번은〕 무후가 배를 타고 서하를 따라 내려가다가 중간 지점에 이르러서 오기를 돌아보며 이런 말을 했다.

"아름답구나, 산천의 견고함이여! 이는 위나라의 보배로구나!"

오기가 대답했다.

"〔나라의 보배는 임금의〕 덕행에 있지 〔지형의〕 험준함에 있지 않습니다. 예전에 삼묘씨三苗氏유묘씨有苗氏의 나라는 왼쪽에 동정호洞庭湖가 있고 오른쪽에 팽려호彭蠡湖가 있었지만 덕행과 의리를 닦지 않아서 〔하나라의〕 우임금에게 멸망했습니다. 하나라의 걸왕桀王이 살던 곳은 왼쪽은 하수와 제수濟水이고 오른쪽은 태산泰山과 화산華山이며 이궐伊闕용문산龍門山이 그 남쪽에 있고 양장羊腸이 그 북쪽에 있지만 어진 정치를 베풀지 않아 은나라의 탕湯임금[4]에게 내쫓겼습니다. [또] 은나라 주왕의 나라는 왼쪽이 맹문산孟門山이고, 오른쪽이 태항산太行山이며 상산常山이 그 북쪽에 있고 대하(황하)가 그 남쪽으로 지나지만 덕망 있는 정치를 하지 않아 무왕이 그를 죽였습니다. 이렇게 보면 [나라를 다스리는 데 중요한 것은 임금의] 덕행에 있지 [지형의] 험준함에 있지 않습니다. 만일 임금께서 덕을 닦지 않으시면 배 안에 있는 사람은 모두 적국의 사람이 될 것입니다."

무후가 말했다.

"알겠소."

남보다 윗자리에 있는 이유

오기는 서하 태수가 되자 그 명성이 훨씬 높아졌다. [그런데] 위나라에서는 재상 직책을 마련하고 전문田文을 그 자리에 임명했다. 오기는 기분이 언짢아져 전문에게 말했다.

"당신과 공로를 비교해 보고 싶은데 어떻소?"

---

4 은 왕조의 창시자로 성탕成湯, 천을天乙, 성당成唐 등으로도 불린다.

전문이 말했다.

"좋습니다.˝

오기가 말했다.

"삼군三軍의 장군이 되어 병사들에게 기꺼이 목숨을 바쳐 싸우게 하고, 적국이 감히 우리를 도모하지 못하게 한 점에서 나를 당신과 비교하면 누가 더 낫습니까?"

전문이 말했다.

"당신만 못합니다."

오기가 말했다.

"모든 관리를 다스리고 온 백성을 친밀하게 하고 나라의 창고를 가득 채운 점에서는 나와 당신 중 누가 더 뛰어납니까?"

전문이 말했다.

"당신만 못합니다."

오기가 말했다.

"서하를 지켜 진나라 군사들이 감히 동쪽으로 쳐들어오지 못하게 하고, 한나라와 조나라를 복종시킨 점에서는 나와 당신 중에서 누가 낫습니까?"

전문은 말했다.

"당신만 못합니다."

오기가 말했다.

"이 세 가지 점에서 당신은 모두 나보다 못한데 나보다 윗자리에 있는 것은 무슨 까닭입니까?"

전문이 말했다.

"주군의 나이가 어려 나라가 안정되지 못하고, 대신들은 말을 들으려 하지 않으며, 백성은 믿지 못하고 있으니 바야흐로 이런 때에 재상 자리를 당신에게 맡기겠습니까, 아니면 내게 맡기겠습니까?"

오기는 한참 동안 조용히 있다가 말했다.

"당신에게 맡기겠습니다."

전문이 말했다.

"이것이 바로 내가 당신보다 윗자리에 있는 까닭입니다."

오기는 그제야 자기가 전문만 못하다는 것을 알게 되었다.

전문이 죽자 공숙公叔이 재상이 되었다. 〔공숙은〕 위나라 공주를 아내로 얻어서 오기를 해치려 했는데, 공숙의 하인이 말했다.

"오기를 쉽게 제거할 수 있습니다."

공숙이 말했다.

"어떻게 하면 되느냐?"

그 하인이 말했다.

"오기는 사람됨이 지조가 있고 청렴하며 이름나는 것을 좋아합니다. 나리께서 먼저 무후께 '오기는 현명한 사람입니다. 그런데 군주의 나라는 작은 데다 강한 진나라와 국경을 맞대고 있습니다. 신이 생각하기에 오기가 머물 마음이 없을까 염려됩니다.'라고 말씀드리십시오. 무후께서 곧장 '어찌하면 좋겠소?'라고 물으시면, 나리께서는 무후께 '공주를 아내로 주겠다고 하면서 시험해 보십시오. 오기가 머무를 마음이 있으면 분명히 받아들일 것이고 머무를 마음이 없으면 반드시 사양할 것입니다. 이런 방법으로 헤아려 보십시오.'라고 말씀드리십시오. 그리고 나리께서는 오기를 초대하여 함께 〔댁으로〕 가신 뒤에 공주의 화를 돋우어

나리를 천대하는 모습을 보이십시오. 오기는 공주가 나리를 하찮게 여기는 것을 보면 반드시 [군왕의 제안을] 사양할 것입니다."

그리하여 오기는 공주가 위나라 재상을 천대하는 모습을 보고 과연 위나라 무후에게 사양하겠다는 뜻을 밝혔다. [이 일로] 무후는 오기를 의심하고 믿지 않게 되었다. 오기는 죄를 입게 될까 두려워 마침내 [위나라를] 떠나 곧장 초나라로 갔다.

주군의 시체 위에 엎드리다

초나라의 도왕悼王은 평소 오기가 현명하다고 들어 그가 오자 초나라의 재상에 임명했다. [오기는] 법령을 분명하고도 세밀하게 하고, 긴요하지 않은 관직을 없애며, 왕실과 촌수가 먼 왕족들의 봉록을 없애고 전투할 수 있는 군사를 길렀다. 그 요체는 병력을 강화시켜 합종이나 연횡을 주장하는 유세객들을 물리치는 데에 있었다.

그래서 그는 남쪽으로는 백월百越을 평정하고, 북쪽으로는 진陳과 채蔡를 합병하였으며, 삼진三晉본래는 한韓과 위魏, 조趙 세 나라를 가리키지만 여기서는 한과 위 두 나라만을 가리킴을 물리치고, 서쪽으로는 진나라를 쳤다. 제후들은 초나라가 강성해지는 것을 두려워했다.

예전의 초나라 귀족과 친척들은 모두 오기를 해치고자 하였다. 도왕이 죽게 될 무렵에 종실의 대신들은 난을 일으켜 오기를 공격하자 오기는 도왕의 시신 위에 달려가 엎드렸다. 오기를 공격하던 무리가 화살을 쏘아 오기를 죽이고 도왕을 맞추었다. 도왕의 장례식이 끝나고 태자숙왕肅王가 즉위하자, 영윤令尹에게 오기를 죽이려고 왕의 시신에까지 맞추었던 자들을 모조리 잡아 죽이도록 하였다. 오기를 쏘아 죽인 일에 연루되어 일족이 모두 죽은 자는 70여 집안에 이르렀다.

　태사공은 말한다.

　"세상에서 군대를 말하는 자들은 누구나 『손자孫子』 열세 편과 『오기병법吳起兵法』[5]을 거론하는데 세상에 많이 전해지므로 논하지 않고 그들이 활동한 사적과 독창적인 계책만 논하였다. 속담에 말하기를 '실천을 잘하는 사람이 반드시 말을 잘하는 것은 아니며, 말을 잘하는 사람이 반드시 행동을 잘하는 것은 아니다.'라고 하였다. 손자손빈가 방연을 해치운 책략은 영명했으나, 일찌감치 (다리가 잘리는) 형벌을 당하는 재앙을 피하지는 못하였다. 오기는 무후에게 형세가 (임금의) 덕행만 못하다고 말했지만, 초나라에서 그의 행실이 각박하고 잔혹하며 인정이 적었으므로 그의 목숨을 잃었으니 슬프구나!"

---

5 『한서』 「예문지」에 『오기병법』 마흔여덟 편이 언급되어 있는데 현존하는 것은 「도국圖國」, 「요적料敵」, 「치병治兵」, 「논장論將」, 「변화變化」, 「여사勵士」 등 여섯 편이다.

6

오자서 열전

伍子胥列傳

오자서는 본래 억울하게 죽은 아버지와 형의 원수를 갚고자 초나라를 등지고 오吳나라로 들어온 인물이다. 오자서는 합려를 도와 왕위에 오르게 한 뒤 오나라의 대부가되어 막강한 권력을 휘둘렀으며, 합려의 아들 부차夫差에게는 월나라와 화친을 맺지말고 정벌하여 뒤탈을 남기지 말라고 권유했다. 그러나 오나라 왕은 오자서를 헐뜯는 간사한 신하의 말만 듣고 그를 멀리하더니 결국에는 스스로 목숨을 끊도록 했다.

어찌 보면 사마천도 궁형을 받고 인고의 세월을 살았으니 오자서의 입장과 일맥상통하는 면이 있다. 그래서 사마천은 비분강개한 필치로 오자서를 위한 열전을 만들어 오자서야말로 작은 의를 버리고 큰 부끄러움을 씻었다고 칭찬했다. 그리하여 이 편에는 오자서의 안목과 직언을 마다하지 않은 강직한 성품, 죽을 때까지 자신의 소신을 굽히지 않은 비분강개한 심정 등이 간신 백비와 대비되어 잘 묘사되고 있다.

이 편의 문장은 『좌전』과 『국어國語』에 의거하여 구성한 흔적이 역력하며 연도 착오도 눈에 띈다. 「월왕 구천 세가」, 「초 세가」, 「오태백 세가」에 보이는 오자서에 대한 서술 방식과 비교하여 함께 읽으면 좋다.

왕이 내린 검을 받고서 자결하려는 오자서.

오자서伍子胥는 초나라 사람으로 이름은 운員이다. 오운의 아버지는 오사伍奢이고, 오운의 형은 오상伍尙이다. 그의 조상 가운데 오거伍擧라는 사람이 있었는데, 강직한 간언으로 초나라 장왕莊王[1]을 섬겨 이름을 드러냈으므로 그 후손들은 초나라에서 이름이 있었다.

초나라 평왕平王에게는 건建이라는 태자가 있었다. 평왕은 오사를 태부太傅로 삼고 비무기費無忌를 소부少傅로 삼았다. 비무기는 태자 건에게 충심을 다하지 않았다.

평왕은 비무기에게 진秦나라로 가서 태자를 위해 〔태자의〕 아내를 맞이해 오도록 했다. 비무기는 진나라 공주가 미인임을 알고 말을 달려 돌아와서는 평왕에게 이렇게 보고했다.

"진나라 공주는 빼어난 미인이니 왕께서 직접 왕비로 맞이하시고 태자에게는 다른 아내를 얻어 주십시오."

평왕은 마침내 스스로 진나라 공주를 아내로 삼고는 그녀를 끔찍이 사랑하고 총애하여 아들 진軫을 낳았다. 태자에게는 다른 아내를 맞아 주었다.

비무기는 진나라 공주의 일로 평왕의 환심을 사게 되자 태자를 버리

---

1 춘추 오패 중 한 사람으로, 백수 생활 3년을 청산하고 마침내 세상을 장악했다. 부하를 잘 다루고 덕을 행한 군주로 평가된다.

고 평왕을 섬겼다. (그는) 하루아침에 평왕이 죽고 태자가 임금이 되면 자기 목숨이 위험해질까 봐 두려운 나머지 태자 건을 헐뜯었다.

건의 어머니는 채나라 여자로 평왕에게 총애를 받지 못했다. 평왕은 건을 차츰 멀리하더니 건으로 하여금 성보읍城父邑을 지켜 변방을 방비하도록 하였다.

그로부터 얼마 뒤에 비무기는 또 밤낮으로 왕에게 태자의 허물을 이렇게 말하였다.

"태자는 진나라 공주의 일로 원한을 품고 있을 것이니 원하건대 왕께서는 모쪼록 어느 정도 스스로 대비하십시오. 태자는 성보읍에 머물면서 군대를 거느리고 밖으로 제후들과 교류하여 (도성으로) 쳐들어와 반란을 일으키려고 합니다."

평왕은 태자의 태부 오사를 불러 캐물었다. 오사는 비무기가 평왕에게 태자를 헐뜯은 것을 알고 있었으므로 말했다.

"왕께서는 어찌 참소를 일삼는 하찮은 신하 때문에 골육 같은 자식을 멀리하려고 하십니까?"

비무기가 말했다.

"왕께서 지금 그들을 제거하지 못하면 반란이 일어나 왕께서는 사로잡히게 될 것입니다."

이 말을 듣고 평왕은 노여워하며 오사를 옥에 가두고 성보읍에 사마司馬 분양奮揚을 보내 태자를 죽이게 하였다. 분양은 성보읍에 이르기 전에 미리 태자에게 사람을 보내 이렇게 말했다.

"태자께서는 급히 떠나십시오. 그러지 않으면 죽임을 당할 것입니다."

태자 건은 송나라로 달아났다.

비무기는 평왕에게 말했다.

"오사에게는 두 아들이 있는데 모두 현명하므로 없애지 않으면 초나라의 근심거리가 될 것입니다. 그 아버지를 인질로 잡고 그들을 불러들이지 않으면 앞으로 초나라의 화근이 될 것입니다."

왕은 사신을 보내 오사에게 말했다.

"네 두 아들을 불러들이면 살려 주겠지만 그러지 못하면 죽일 것이다."

오사가 말했다.

"오상은 사람됨이 어질어 내가 부르면 틀림없이 올 것이지만 오운은 사람됨이 고집스럽고 굴욕을 견딜 수 있어 큰일을 해낼 것입니다. 그가 오게 되면 (아버지와 자식이) 함께 사로잡힐 줄 알기에 틀림없이 오지 않을 형국입니다."

왕은 그의 말을 듣지 않고 사람을 보내 오사의 두 아들에게 말했다.

"(너희가) 오면 나는 너희 아비를 살려 주겠지만 오지 않으면 당장 죽여 버리겠다."

오상이 아버지가 있는 곳으로 가려고 하자 오운이 말했다.

"초나라에서 우리 형제를 부르는 것은 아버지를 살려 주려고 해서가 아닙니다. 도망치는 자가 있으면 뒷날의 근심거리가 될까 봐 두려워하여 아버지를 볼모로 잡고 거짓으로 우리 두 자식을 부르는 것입니다. 우리 두 자식이 그곳에 가면 아버지와 자식이 모두 죽게 됩니다. (그것이) 아버지의 죽음에 무슨 보탬이 되겠습니까? [그곳으로] 간다면 원수를 갚을 싹조차 사라지게 됩니다. 차라리 다른 나라로 달아났다가 힘을 빌려 아버지의 치욕을 씻는 것이 낫습니다. 함께 죽는다면 할 수 있는 일이 없습니다."

오상이 말했다.

"나 역시 [그곳으로] 가더라도 끝내 아버지의 목숨을 구할 수 없다는 것을 안다. 그러나 아버지께서 살기 위해서 나를 부르셨는데 가지 않았다가 나중에 치욕도 씻지 못하면 끝내 천하 사람들의 웃음거리가 될 뿐이다."

[그러고는] 오운에게 말했다.

"달아나라. 너는 아버지를 죽인 원수를 갚을 수 있을 것이다. 나는 [아버지가 계신 곳으로] 가서 죽음을 맞이하겠다."

오상이 스스로 앞으로 나가 붙잡히자, 사자는 오자서마저 붙잡으려고 했다. [그러나] 오자서가 활을 당겨 사자를 겨누었으므로 사자는 감히 접근하지 못했다. 오자서는 태자 건이 있는 송나라로 도망쳐 그를 섬겼다. 오사는 오자서가 달아났다는 말을 듣고 말했다.

"초나라 군주와 신하들은 머지않아 전란으로 고통을 겪을 것이다."

오상이 초나라에 도착하자 초나라에서는 오사와 오상을 모두 죽였다.

오자서가 송나라에 이르렀을 때, 송나라에는 화씨華氏의 난[2]이 일어났으므로 곧 태자 건과 함께 정鄭나라로 달아났다. 정나라 사람들은 그들을 예우해 주었으나, 태자 건은 [작은 나라는 자신에게 힘이 못 된다고 생각하고] 다시 진晉나라로 갔다. 진나라 경공頃公이 말했다.

"태자는 정나라와 사이가 좋고, 정나라에서도 태자를 신뢰하고 있소. 태자가 나를 위하여 안에서 호응해 주고 내가 밖에서 친다면 틀림없이 정나라를 멸망시킬 수 있을 것이오. 정나라가 멸망하면 태자를 그곳 왕으로 봉하겠소."

결국 태자는 정나라로 돌아갔다. 그러나 이 계획을 행동으로 옮기기 전에 공교롭게도 태자가 사사로운 일로 자신이 데리고 있던 시종을 죽이려고 한 일이 일어났다. 시종이 그의 음모를 다 알고 이 사실을 정나라에 낱낱이 알렸다. 그러자 정나라 정공定公과 자산子産정나라 집정 대신이 태자 건을 죽였다.

건에게는 승勝이라는 아들이 있었다. 겁에 질린 오자서는 승과 함께 서둘러 오나라로 달아났다. [그들이] 소관昭關초나라 관문에 이르자 소관을 지키는 병사들이 그들을 붙잡으려고 했다. 오자서는 승과 헤어져 혼자 도망치다가 뒤쫓는 자가 바짝 따라와 거의 붙잡힐 지경에 이르렀다.

---

2 기원전 522년 송나라 대부 화해華亥와 상녕向寧, 화정華定 등이 송나라 원공元公을 죽이려고 일으킨 반란이다. 그러나 이 세 사람은 실패하여 진陳나라와 오나라로 달아났다.

〔오자서가〕 강수江水장강에 이르렀을 때, 마침 강수에서 배를 타고 있던 한 어부가 오자서가 위급한 상황에 놓여 있음을 알고 그를 건네주었다. 오자서는 강을 건너고 나자 갖고 있던 칼을 풀어 어부에게 주며 말했다.

"이 칼은 100금의 가치는 될 테니 이것을 당신에게 드리지요."

그러자 어부는 이렇게 말했다.

"초나라 법에 오자서 당신을 잡는 자에게는 좁쌀 5만 석石과 집규執珪 작위 이름으로 봉국의 군주 격임 벼슬을 준다고 했습니다. 〔내게 욕심이 있었다면〕 어찌 한갓 100금의 칼이 문제이겠습니까?"

〔어부는〕 받지 않았다.

오자서는 오나라에 이르기도 전에 병이 나 가던 길을 멈추고 밥을 빌어먹기도 하였다.

오나라에 이르렀을 때는 오나라 왕 요僚가 막 정권을 잡고, 공자 광光이 장군이 되었으므로 오자서는 공자 광에게 오나라 왕을 만날 수 있게 해 달라고 요청했다.

오랜 시간이 지나 초나라 국경의 종리鐘離라는 마을과 오나라 국경의 비량지卑梁氏라는 마을은 모두 누에를 치며 살았는데 이 두 곳의 여자들이 뽕잎을 차지하려 다투다가 마을 간에 싸움이 일어난 것을 보고 초나라 평왕은 몹시 화를 냈고, 두 나라가 모두 병사를 일으켜 서로 공격하게 되었다. 오나라에서는 공자 광에게 초나라를 치도록 하였다. 공자 광이 초나라의 종리와 거소居巢를 함락시키고 돌아왔다. 오자서는 오나라 왕 요를 설득했다.

"초나라를 쳐부술 수 있으니 공자 광을 다시 보내십시오."

공자 광이 오나라 왕에게 말했다.

"저 오자서의 아버지와 형은 초나라에서 죽음을 당했습니다. 그가 왕께 초나라를 치라고 권하는 것은 자신의 원수를 갚기 위해서일 뿐입니다. 초나라를 치더라도 아직은 처부술 수 없습니다."

오자서는 공자 광이 오나라 왕을 죽이고 자신이 왕위에 오르려는 속셈이 있어, 아직은 (나라) 밖의 일을 이야기할 때가 아님을 알게 되었다. 그래서 공자 광에게 전제專諸라는 사람을 추천하고 물러나 태자 건의 아들 승과 함께 초야에 묻혀 밭을 갈았다.

때가 아니니 기다리십시오

(그로부터) 5년이 지나 초나라 평왕이 죽었다. 처음에 평왕이 태자 건에게서 가로챈 진나라 공주가 낳은 아들 진이 평왕이 죽자 후계자가 되었으니 이 사람이 바로 소왕昭王이다.

오나라 왕 요는 초나라의 국상을 틈타 두 공자촉용燭庸과 갑여蓋餘를 시켜 병사를 이끌고 가서 초나라를 몰래 치도록 했다. (그러나) 초나라에서는 병사를 움직여 오나라 군사의 뒤를 끊어 되돌아가지 못하게 했다. (한편) 오나라에서는 도성이 텅 비게 되자, 공자 광이 전제에게 오나라 왕 요를 암살하도록 하고 스스로 왕위에 올랐으니 이 사람이 바로 오왕 합려이다. 합려는 이미 자리에 올라 뜻을 이루자 곧 오자서를 불러 행인行人외무 대신급으로 삼아 함께 나랏일을 꾀하였다.

초나라에서 대신 극완郤宛과 백주리伯州犁가 주살되자, 백주리의 손자

백비伯嚭[3]가 오나라로 망명했다. 오나라에서는 백비를 대부로 임명했다. 앞서 오나라 왕 요의 명령에 따라 병사를 이끌고 초나라를 공격하러 갔던 두 공자는 길이 끊겨 돌아올 수 없었다. 그들은 합려가 오나라 왕 요를 죽이고 스스로 왕위에 올랐다는 소식을 듣고는 병사들을 이끌고 초나라에 투항했다. 초나라에서는 그들을 서舒 땅에 봉하였다.

합려는 왕이 된 지 3년째 되던 해에 군사를 일으켜 오자서, 백비와 함께 초나라를 쳐서 서 땅을 빼앗고 예전에 초나라에 투항한 두 장군을 사로잡았다. 〔합려는〕 초나라의 수도 영郢까지 쳐들어가려고 하였으나 장군 손무孫武가 말했다.

"백성이 지쳐 있어 안 됩니다. 잠시 기다리십시오."

〔합려는〕 즉시 돌아왔다.

합려 4년에 오나라는 초나라를 공격하여 육六과 잠灊 땅을 차지하였다. 5년에는 월나라를 공격하여 승리하였다. 6년에는 초나라 소왕이 공자 낭와囊瓦에게 병사를 이끌고 가서 오나라를 공격하게 하였다. 오나라는 오자서에게 이를 맞아 싸우도록 하여 초나라 군사를 예장豫章에서 크게 무찌르고 초나라의 거소까지 빼앗았다.

〔합려〕 9년에 오나라 왕은 오자서와 손무에게 물었다.

"앞서 그대들은 초나라의 수도 영을 칠 때가 아니라고 하였는데 지금은 과연 어떻소?"

두 사람은 대답했다.

---

3 백비는 오나라 대부로서 왕의 비위를 잘 맞추어 총애를 받았다. 그는 오나라가 멸망하자 월나라로 투항했는데, 일설에는 구천에 의해서 죽었다고도 한다.

"초나라 장군 낭와는 탐욕스러워 〔속국인〕 당唐나라와 채蔡나라가 그에게 원한을 품고 있습니다.[4] 왕께서 반드시 초나라를 크게 치고자 한다면, 먼저 당나라와 채나라를 끌어들여야 가능합니다."

합려는 이 말을 듣고 군사를 모두 동원하여 당, 채 두 나라와 힘을 합쳐 초나라를 공격하여 초나라와 한수漢水를 사이에 두고 진을 쳤다. 오나라 왕의 동생 부개夫槪는 병사를 이끌고 따라가기를 원하였으나 왕이 들어주지 않자, 자기가 거느리고 있던 병사 5000명을 이끌고 초나라 장군 자상子常을 공격했다. 자상은 싸움에서 패하여 달아나 정나라로 도망쳤다. 그리하여 오나라는 승기를 잡고 다섯 번 접전한 끝에 마침내 영에 이르렀다. 기묘일己卯日에 초나라 소왕이 달아났고, 〔그다음 날인〕 경진일庚辰日에 오나라 왕이 영으로 들어갔다.

소왕은 탈출하며 달아나 운몽雲夢까지 들어왔지만 도둑 떼가 습격해 오자 소왕은 다시 운鄖나라로 달아났다. 운공鄖公의 동생 회懷가 말했다.

"〔초나라〕 평왕이 우리 아버지를 죽였으니 내가 그 아들을 죽인다 해도 괜찮지 않겠습니까?"

운공은 동생이 소왕을 죽일까 두려운 나머지 소왕과 함께 수隨나라로 달아났다. 오나라 병사들은 수나라를 에워싸고 수나라 사람들에게 말했다.

"주 왕실의 자손은 한천漢川 부근에 있었는데 초나라가 그들을 모두 주살했다."

---

4 당나라와 채나라 군주가 초나라를 방문했을 때 낭와는 이들을 붙들어 두고 재물을 요구하여 3년 뒤에나 풀어 주었다. 이 일로 두 나라는 낭와에게 원한을 품었다.

수나라 사람들이 소왕을 죽이려고 했는데, 왕자 기綦가 소왕을 숨겨 눈 채 자신이 소왕을 대신해 죽으려고 했다. 수나라 사람들이 점을 쳐 보니 오나라에 소왕을 넘겨주는 것은 불길하다는 점괘가 나와 오나라의 요청을 거절하고 소왕을 내주지 않았다.

해는 저물고 갈 길은 멀다

처음에 오자서는 신포서申包胥와 친하게 지냈는데, 오자서가 달아나면서 신포서에게 말했다.

"나는 반드시 초나라를 엎고 말 것이오."

신포서는 말했다.

"나는 반드시 초나라를 지킬 것이오."

오나라 병사들이 영에 들어갔을 때, 오자서는 소왕을 잡으려고 하였으나 잡을 수 없었다. 그 대신 초나라 평왕의 무덤을 파헤쳐 그 시신을 꺼내 300번이나 채찍질한 뒤에야 그만두었다. 산속으로 달아났던 신포서는 사람을 보내 오자서에게 이런 말을 전했다.

"당신의 복수는 아마도 지나친 것 같구려! 나는 '사람이 많으면 한때 하늘도 이길 수 있지만, 일단 하늘의 뜻이 정해지면 사람을 깨뜨릴 수도 있다.'라고 들었소. 일찍이 평왕의 신하가 되어 평왕을 섬겼던 그대가 지금 죽은 사람을 욕보이니, 이 어찌 천도天道의 끝까지 간 것이 아니겠소?"

오자서가 말했다.

"나를 위해서 신포서에게 사과하고 '나는 해는 저물고 갈 길은 멀어 이 때문에 나는 도리어 순리에 거스르는 행동을 했소.'라고 말해 주게."

그리하여 신포서는 진秦나라로 달려가 [초나라의] 위급한 상황을 알리고 진나라에 구원을 요청하였으나 진나라는 들어주지 않았다. [그러자] 신포서는 진나라의 대궐 앞뜰에서 이레 밤낮을 쉬지 않고 소리 내어 울었다. 진나라 애공哀公이 신포서를 가엽게 여겨 말했다.

"초나라는 비록 도리는 없으나 이토록 충성스러운 신하가 있으니 보존해야 하지 않겠는가?"

그러고는 전차 500대를 보내 초나라를 도와 오나라를 공격하여 6월에 직稷에서 오나라 병사를 무찔렀다.

때마침 오나라 왕 합려가 초나라에 오랫동안 머물면서 소왕을 찾고 있었는데, 합려의 동생 부개가 도망쳐 와 스스로 왕위에 올랐다. 합려는 이 소식을 듣고 초나라를 내버려 두고 [자기 나라로] 돌아와 부개를 공격했다. 부개는 싸움에서 져 마침내 초나라로 달아났다. 초나라 소왕은 오나라에 내란이 일어난 것을 알고는 서둘러 영으로 돌아와 부개를 당계堂谿에 봉하고 당계씨堂谿氏라고 불렀다. 초나라는 다시 오나라와 싸워 오나라를 패배시키자 오나라 왕은 [자기 나라로] 돌아갔다.

2년 뒤 합려는 태자 부차夫差에게 군사를 거느리고 가서 초나라를 치게 하여 파番 땅을 빼앗았다. 초나라는 오나라가 다시 대거 쳐들어올까 봐 두려워 곧 영을 버리고 약郡에 도읍을 정했다. 이때 오나라는 오자서와 손무의 계책을 받아들여 서쪽으로는 강한 초나라를 깨뜨리고, 북쪽으로는 제나라와 진晉나라를 누르며, 남쪽으로는 월나라 사람들을 복종시켰다.

그로부터 4년 뒤에 공자孔子가 노나라의 재상이 되었다. 5년 뒤에는 〔오나라가〕월나라를 공격하였다. 월나라 왕 구천句踐이 고소姑蘇에서 맞아 싸워 오나라를 무찌르고 합려의 손가락에 상처까지 입히자 〔오나라는〕군사를 물렸다. 〔그 뒤〕합려는 상처가 커져 죽음에 이르게 되자 태자 부차에게 이렇게 말했다.

"너는 구천이 네 아비를 죽인 일을 잊겠느냐?"

부차가 대답했다.

"감히 잊지 않을 것입니다."

그날 저녁 합려가 죽었다. 부차는 왕위에 올라 백비를 태재太宰왕실 안팎의 일을 담당함로 삼고 〔군사들에게〕싸우는 법과 활쏘기를 가르쳤다. 그는 2년 뒤에 월나라를 공격하여 부초산夫湫山夫椒山에서 승리를 거두었다. 월나라 왕 구천은 남은 병사 5000명을 이끌고 회계산會稽山 위에 머물면서 대부 문종文種을 시켜 오나라 태재 백비에게 많은 선물을 보내어 화해를 청하고, 월나라를 오나라에 바쳐 자신은 오나라 왕의 신하가 되겠다고 했다. 오나라 왕이 이 요청을 받아들이려고 하자 오자서가 간언했다.

"월나라 왕은 사람됨이 힘든 고통도 잘 견뎌 내는 자이니 지금 왕께서 없애지 않으면 훗날 반드시 후회할 것입니다."

그러나 오나라 왕은 듣지 않고 태재 백비의 계책에 따라 월나라와 친교를 맺었다.

그로부터 5년 뒤에 오나라 왕은 제나라 경공景公이 죽었으나 대신들은 권력 다툼이나 하고 〔제나라〕 새 군주도 유약하다는 말을 듣고, 곧장 군사를 일으켜 북쪽으로 제나라를 치려고 했다. 그러자 오자서는 간언했다.

　"구천은 밥을 먹을 때 반찬이 하나이며 문상과 문병을 하고 있으니 장차 그들을 요긴하게 쓰려고 하기 때문입니다. 이 사람을 죽이지 않으면 반드시 오나라의 걱정거리가 될 것입니다. 지금 오나라에 월나라가 있다는 것은 사람의 배 속에 병이 생긴 것과 같습니다. 그럼에도 왕께서는 월나라를 먼저 없애려 하지 않고 제나라를 치려는 데 힘쓰고 있으니, 어찌 잘못된 일이 아니겠습니까?"

　〔그러나〕 오나라 왕은 듣지 않고 제나라를 쳐서 제나라 군사를 애릉艾陵에서 크게 무찌르고 추鄒나라와 노나라 군주까지 협박하고 돌아왔다. 〔그 뒤로 오나라 왕은〕 오자서의 계책을 더욱 멀리하였다.

　4년 뒤에 오나라 왕은 〔또〕 북쪽으로 제나라를 치려고 했다. 〔이때〕 월나라 왕 구천은 〔공자의 제자인〕 자공子貢의 계책을 받아들여 군사를 이끌고 오나라를 도우면서 태재 백비에게는 귀중한 보물을 바쳤다. 태재 백비는 이미 월나라 왕이 주는 뇌물을 여러 차례 받았기 때문에 월나라 왕을 유달리 좋아하고 믿어 밤낮을 가리지 않고 오나라 왕에게 〔월나라 왕을〕 좋게 이야기하였다. 오나라 왕은 백비의 계책을 믿고 따랐다. 오자서가 간언했다.

　"월나라는 배 속에 생긴 병인데도 지금 〔왕께서는 월나라 왕의〕 허황된 말과 황당한 거짓말을 믿고 제나라를 넘보고 있습니다. 제나라를 쳐서 빼앗는다 해도 황폐한 땅이라 아무런 쓸모가 없습니다. 또 『서書』 「반경지고盤庚之誥」에 '옳고 그른 것을 거스르고 공손하지 않은 사람에게는

〔가볍게는〕 코를 베고 〔무겁게는〕 목을 베어 죽이고 자손도 남기지 않아서 이 땅에 악의 씨가 옮겨 가지 못하게 하라.'라고 하였습니다. 이것이 상商나라가 흥성하게 된 까닭입니다. 원컨대 왕께서는 제나라를 치려는 마음을 접어 두고 먼저 월나라를 처리하십시오. 만약 그렇게 하지 않으면 나중에 후회해도 소용이 없을 것입니다."

그러나 오나라 왕은 이 말을 듣지 않고 오자서를 제나라에 사신으로 보냈다. 오자서는 돌아오기에 앞서 아들에게 말했다.

"나는 왕께 여러 차례 간언했으나 왕은 내 말을 듣지 않았다. 이제 곧 오나라가 망하는 날을 보게 될 것이다. 네가 오나라와 함께 죽는 것은 덧없는 일이다."

그러고는 아들을 제나라의 포목鮑牧[5]에게 맡기고, 오나라로 돌아와 제나라 정세를 보고하였다.

오나라의 태재 백비는 일찍부터 오자서와 사이가 나빴으므로 오자서를 이렇게 헐뜯었다.

"오자서는 사람됨이 굳건하고 사나우며 정이 없고 시기심이 강하므로 그는 왕께 원한을 품고 있어 깊은 화근이 될까 걱정스럽습니다. 예전에 왕께서 제나라를 치려고 할 때 오자서는 불가하다고 했지만 왕께서는 결국 제나라를 쳐서 큰 공을 세우셨습니다. 오자서는 자신의 계책이 받아들여지지 않은 것을 부끄럽게 여기며 도리어 원망을 품었습니다. 지금 왕께서 다시 제나라를 치려고 하는데 오자서는 고집스럽게 간언하여 왕

---

5 제나라 대부로서 포숙의 후손으로 알려져 있으나 이 당시 이미 피살된 지 4년이나 지났으므로 포씨鮑氏라고 하는 것이 옳다. 뒤에 나오는 '포씨'라는 자가 같은 사람이다.

께서 병사를 내는 것을 막으려고 합니다. 이것은 오직 오나라가 싸움에 져서 자기 계책이 옳았다는 것이 입증되기를 원하는 것일 뿐입니다. 지금 왕께서 직접 전쟁터로 나가 나라 안의 병력을 모두 동원하여 제나라를 치려고 하는데, 오자서는 자신의 간언이 받아들여지지 않았다 하여 전쟁터로 나가지 않으려고 병을 핑계 삼아 관직에서 물러났습니다. 왕께서는 이에 대한 대비책을 세우셔야만 합니다. 그가 재앙을 일으키는 것은 별로 어려운 일이 아닙니다. 또 신이 몰래 사람을 시켜 알아보니 〔오자서는〕 제나라에 사신으로 갔을 때 자기 아들을 제나라의 포씨鮑氏에게 맡겨 두었다고 합니다. 오자서는 신하가 된 몸으로 나라 안에서 뜻을 이루지 못했다고 하여 밖으로 제후들에게 기대려고 하며, 선왕의 모신謀臣이던 자신이 지금은 버림을 받고 있다고 생각하여 늘 원망하고 있습니다. 원컨대 왕께서는 빨리 이에 대한 대책을 세우십시오.”

오나라 왕이 말했다.

“그대의 말이 아니더라도 나도 그를 의심하고 있었소.”

오나라 왕은 사신을 보내 오자서에게 촉루屬鏤라는 칼을 내리고 이렇게 말했다.

“그대는 이 칼로 자결하라.”

오자서는 하늘을 우러러보며 탄식했다.

“아! 참소를 일삼는 신하 백비가 나라를 어지럽히고 있는데 왕은 도리어 나를 죽이려 하는구나! 나는 그의 아버지를 제후의 우두머리로 만들었고, 그가 임금이 되기 전 공자들끼리 태자 자리를 놓고 다툴 때 죽음을 무릅쓰고 선왕에게 간해 그를 후계자로 정하게 했다. 그렇게 하지 않았다면 그는 태자가 될 수 없었을 것이다. 그가 왕위에 오르고 나서 내게 오나라를 나누어 주려고 하였을 때도 나는 바라지 않았다. 그런데 지금 그는 간사한 신하의 말만 듣고 나를 죽이려 하는구나."

그러고는 가신들에게 말했다.

"내 무덤 위에 가래나무를 심어 왕의 관을 짤 목재로 쓰도록 하라. 아울러 내 눈을 빼내 오나라 동문東門에 매달아 월나라 군사들이 쳐들어와 오나라를 멸망시키는 것을 볼 수 있도록 하라."

그런 뒤 스스로 목을 찔러 죽었다.

오나라 왕은 이 말을 듣고 몹시 화가 나서 오자서의 시체를 가져다가 말가죽으로 만든 자루에 넣어 강 속에 내던져 버렸다. 오나라 사람들은 그를 가엾게 여겨 강 언덕에 사당을 세우고 서산胥山이라고 불렀다.

성공하면 충신이고 실패하면 역적이다

오나라 왕은 오자서를 죽이고 나서 드디어 제나라를 공격했다. [이때] 제나라 포씨가 군주인 도공悼公[제나라 경공의 아들]을 죽이고 양생陽生을 왕으로 세웠다. 오나라 왕은 그 역적들을 없애려고 했으나 이기지 못하고 [자기 나라로] 돌아왔다.

2년 뒤에 오나라 왕은 노나라 애공哀公과 위衛나라 출공出公을 탁고橐皐로 불러 맹약을 맺었다. 그 이듬해에는 북쪽의 황지黃池에서 제후들을 크게 모아 주나라 왕실의 이름으로 명령했다. 이사이에 월나라 왕 구천은 오나라를 습격하여 태자를 죽이고 오나라 군사를 무찔렀다. 오나라 왕은 이 소식을 듣고 돌아와 사신을 통해 많은 선물을 보내 월나라와 화친을 맺었다.

9년 뒤에 월나라 왕 구천은 마침내 오나라를 멸망시키고 부차를 죽였으며 태재 백비도 주살했는데 자기 군주에게 충성하지 않고 다른 나라로부터 많은 뇌물을 받고 구천 자신과 내통하였다는 이유였다.

이보다 앞서 오자서와 함께 달아났던 초나라 태자 건의 아들 승은 오나라에 있었다. 오나라 왕 부차 때, 초나라 혜왕惠王은 승을 초나라로 불러들이려고 했다. 그때 초나라 귀족 섭공葉公이 간언했다.

"승은 용맹스러운 것을 즐겨 하는데, 죽음을 각오한 사람들을 은밀히 찾고 있으니 아마 음모를 꾸미고 있는 듯합니다."

그러나 혜왕은 섭공의 말을 듣지 않고 승을 불러들여 초나라 국경 지역인 언鄢에 살게 하고 백공白公이라고 불렀다. 백공이 초나라로 돌아온 지 3년째 되던 해에 오나라에서는 오자서를 죽였다.

백공 승은 초나라로 돌아온 뒤 아버지를 죽인 정나라에 원한을 품고, 남몰래 죽음을 각오하고 싸울 사람들을 길러 정나라에 원수를 갚으려고 했다. 초나라로 온 지 5년째 되던 해에 정나라 토벌을 요청했다. 초나라의 영윤令尹인 자서子西가 허락했으나 병사를 내기도 전에 진晉나라가 정나라를 공격했다. 정나라에서는 초나라에 도움을 요청했고, 초나라에서는 자서를 보내 돕도록 했다. 자서가 정나라와 맹약을 맺고 돌아오자 백공 승은 화를 내며 말했다.

"원수는 정나라가 아니라 자서이다."

승이 직접 칼을 갈고 있는데 어떤 사람이 물었다.

"어떻게 하려고 하십니까?"

승이 말했다.

"자서를 없애려고 한다."

이 말을 들은 자서는 웃으며 말했다.

"승은 겨우 알〔卵〕 같은 존재에 지나지 않는데 무슨 일을 할 수 있 겠는가?"

4년 뒤에 백공 승은 석기石乞와 함께 조정으로 쳐들어가 영윤 자서와 사마 자기子綦를 죽였다. 석기가 말했다.

"왕을 죽이지 않으면 안 됩니다."

그러고는 초나라 혜왕을 위협하자, 왕은 고부高府도성 안에 있는 창고로 달아났다. 그 뒤 석기의 시종 굴고屈固가 혜왕을 업고 소부인昭夫人의 궁 전으로 달아났다. 섭공은 백공이 난을 일으켰다는 소식을 듣고 자신의 병사들을 이끌고 백공을 공격했다. 백공의 무리는 싸움에서 지자 산속 으로 달아나 자살했다. 〔섭공이〕 석기를 사로잡아 백공의 시체가 있는 곳을 물었으나 석기는 말하지 않았다. 말하지 않으면 삶아 죽이겠다고 하자 석기는 말했다.

"일이 성공하였다면 경卿이 되었겠지만 실패하였으니 삶겨 죽어야 하 는 것은 정녕 그 직분이다."

〔그러고는〕 백공의 시체가 있는 곳을 끝까지 말하지 않았다. 마침내 〔섭공은〕 석기를 삶아 죽이고 혜왕을 찾아내 다시 왕으로 세웠다.

태사공은 말한다.

"원한의 해독이 사람에게 끼치는 것은 심하구나! 왕이 된 자도 신하에 게 원한을 사서는 안 되거늘, 하물며 같은 지위에 있는 사람들끼리야! 일찍이 오자서가 오사를 따라 함께 죽었다면 어찌 땅강아지나 개미와 차이가 있었겠는가? 작은 의를 버리고 큰 치욕을 씻어 후세에까지 이름을 남겼으나 슬프구나! 바야흐로 오자서는 강수에서 오도 가도 못하는 상황에 놓이고, 길에서 빌어먹을 때도 마음속에 어찌 잠깐인들〔초나라의 수도〕영을 잊었겠는가? 그러므로 모든 것을 참고 견뎌 내어 공명을 이룰 수 있었으니 강인한 대장부가 아니면 어느 누가 이런 일을 해낼 수 있겠는가? 백공도 만일 스스로 왕이 되려고만 하지 않았던들 그 공적과 계책도 이루 다 말할 수 없으리라!"

7

중니 제자 열전
仲尼弟子列傳

기원전 500년부터 250년에 이르는 기간은 제자백가의 전성시대이다. 당시 사상가들
은 각국을 돌아다니며 유세를 하였고, 의기투합하여 봉건 제후의 고문이 되거나 외교
관 역할을 하였다. 이들의 위대한 지적知的 전개와 성과는 문화적 진보를 가져왔다.

제자백가는 크게 유가儒家, 도가道家, 묵가墨家, 명가名家, 법가法家 등으로 구분된
다. 특히 유가는 후세 중국 사상뿐 아니라 문화 전반에 걸쳐 지존의 지위를 자랑해
왔다.

공자는 주나라의 신분 사회가 무너지기 시작한 과도기에 살았는데, 오랜 세월 제자들
과 함께 각국을 돌아다니면서 봉건 제후들에게 유세하며 정치적 직책을 갈망하였지만
이루지 못하고 생을 마감했다.

그는 정치가로서의 삶에는 실패했지만 무관無冠의 제왕으로 불릴 만큼 교사로서의 역
할에서는 유례없는 성공을 거두었다. 공자는 교육의 중요성을 부르짖고, 그의 나이 서
른 살을 전후로 하여 제자를 모아 수업을 했는데 그에게 가르침을 받은 핵심 제자들이
여기에 수록된 자들이다.

이 편은 공자의 제자 일흔일곱 명에 관한 내용을 실은 것으로서 「공자 세가孔子世家」
와 자매편이라고 할 수 있으며, 여기에 인용된 말은 대부분 『논어』에 있는 것이다. 여기
서 주목할 부분은 바로 후반부에 상당한 편폭으로 서술되어 있는 자공子貢에 관한 내
용이다. 공자가 매우 아꼈던 제자는 자공이 아니라 안회顏回이었음에도 안회에 대한
내용은 별로 없고 자공이 남긴 업적이 상세히 묘사되어 있기 때문이다. 사마천은 「공
자 세가」와 「화식 열전」에서도 자공에 대해 다루고 있는데, 공자의 이름이 후세에 알

려지게 된 이유가 자공 덕분이라는 사마천 특유의 관점이 반영된 것이다.

생동감 있는 묘사 기법과 사실에 근거한 자료 수집이 돋보이며, 불분명한 내용도 그대로 전한다는 원칙을 보여 주고 있다.

청 대에 새겨진 공자 72제자 신위도神位圖.

공자의 제자들과 공자가 존경한 사람들

공자는 "〔내 문하에서〕 학업에 힘써 〔육예에〕 통달한 사람은 일흔일곱 명이다."라고 말했는데, 〔그들은〕 모두 재능이 뛰어난 사람들이었다. 〔이 가운데〕 덕행으로는 안연顔淵과 민자건閔子騫과 염백우冉伯牛와 중궁仲 弓이 있고, 정치로는 염유冉有와 계로季路가 있으며, 언변으로는 재아宰 我와 자공子貢이 있고, 문학으로는 자유子游와 자하子夏가 있다.『논어』「선 진」〔그러나〕 전손사顓孫師는 생각이 치우친 데가 있었고, 증삼曾參은 노 둔했으며, 고시高柴는 우직하고, 중유仲由계로=자로는 거친 데가 있었고 안회顔回안연는 가난했다. 단목사端沐賜자공는 운명을 받아들이지 않고 재물을 불려 나갔는데, 〔그가 시세를〕 예측하면 자주 적중했다.

공자가 존경한 인물로는 주나라의 노자老子, 위衛나라의 거백옥蘧伯玉, 제나라의 안평중晏平仲, 초나라의 노래자老萊子, 정나라의 자산子産, 노나 라의 맹공작孟公綽이 있다. 〔그리고〕 장문중臧文仲, 유하혜柳下惠, 동제백 화銅鞮伯華진나라 대부 양설적羊舌赤, 개산자연介山子然개지추介之推을 자주 칭찬했는데 〔이 네 사람은〕 모두 공자보다 앞 시대 사람들이어서 세대를 같이하지는 않았다.

밥 한 그릇과 물 한 바가지로 즐거워하는 안회

안회는 노나라 사람으로 자는 자연子淵이며 공자보다 서른 살 아래이다.

안연이 인仁에 대해 묻자, 공자가 말했다.

"자기의 사사로운 욕심을 이기고 바른 예禮로 돌아가면 세상 사람들이 인으로 돌아갈 것이다."『논어』「안연」

공자는 〔또 안회에 대해서〕 말했다.

"어질구나, 회여! 한 통의 대나무 밥과 한 표주박의 마실거리로 누추한 뒷골목에 살고 있으니 다른 사람들은 그 근심을 견뎌 내지 못할 텐데, 안회는 자기가 즐겨 하는 바를 바꾸지 않는구나!"『논어』「옹야」

"안회는 〔배울 때 듣고만 있어〕 어리석은 것 같지만 물러가 홀로 지내는 것을 살펴보면 또한 〔내가 해 준 말들을〕 충분히 발휘하고 있었다. 안회는 어리석지 않구나!"『논어』「위정」

"등용되면 나아가고 버려지면 숨는 사람은 오직 나와 너뿐이구나!"『논어』「술이」

안회는 스물아홉에 머리가 하얗게 세더니 젊은 나이에 죽었다. 공자는 제자의 죽음을 매우 슬퍼하여 소리 내어 울면서 말했다.

"내게 안회가 있은 뒤부터 제자들이 나와 더욱 친숙해졌다."

노나라 애공哀公이 공자에게 물었다.

"제자들 중에서 누가 배우기를 좋아합니까?"『논어』「옹야」

공자가 대답했다.

"안회라는 자가 있어 배우기를 좋아하고 노여움을 〔남에게〕 옮기지 않고, 같은 잘못을 되풀이하지 않았는데, 불행하게도 젊은 나이에 죽었습니다. 지금은 〔세상에 배우기를 좋아하는 자가〕 없습니다."『논어』「옹야」

효성스러운 민자건

민손閔損은 자가 자건子騫이며 공자보다 열다섯 살 아래이다.

공자는 〔그를 두고〕 말했다.

"효자로구나, 민자건이여! 그 부모와 형제들의 이런 말에 트집 잡을 사람이 없구나."『논어』「선진」

〔그는〕 대부를 섬기지 않았으며, 옳지 못한 일을 한 군주의 봉록을 받지 않았다. 〔일찍이 노나라의 대부 계씨季氏가 그를 벼슬에 앉히려 한 적이 있는데, 그때 사자에게 말했다.〕

"만약 다시 나를 찾아온다면 〔나는〕 반드시 〔노나라를 떠나〕 문수汶水제나라를 지칭함 가로 가 있을 것이오."『논어』「옹야」

덕행은 훌륭하나 몹쓸 병에 걸린 염경

염경冉耕은 자가 백우伯牛이다.

공자는 그의 덕행을 칭찬했다. 백우가 악질문둥병에 걸렸을 때 공자가 문병을 갔다가 창문 사이로 손을 잡으며 말했다.

"[하늘의] 운명이구나! 이 사람이 이런 병에 걸리다니, 운명이구나!"
『논어』 「옹야」

얼룩소의 새끼라도 털이 붉고 뿔이 곧으면 제물로 쓸 수 있다

염옹冉雍은 자가 중궁仲弓이다.

중궁이 정치하는 방법을 묻자 공자가 말했다.

"문밖을 나서서는 큰손님을 대접하듯이 하고, 백성을 부릴 때는 큰제사를 받들듯이 하라. [그렇게 하면] 제후의 나라에서도 원망하는 사람이 없을 것이고, [경대부들의] 집에서도 원망하는 사람이 없을 것이다."
『논어』 「안연」

공자는 중궁에게 덕행이 있다고 하면서 말했다.

"옹은 임금을 시킬 만하다."『논어』 「옹야」

중궁의 아버지는 미천한 사람이었으나 공자가 말했다.

"얼룩소의 새끼라도 털이 붉고 뿔이 곧다면 비록 [사람들이 그것을] 제물로 쓰지 않으려고 하여도 산천의 신들이 어찌 내버려 두겠는가?"『논어』 「옹야」

사람의 성격에 따라 조언도 달라야 한다

염구冉求는 자가 자유子有이며 공자보다 스물아홉 살 아래이다.

〔그는 노나라 대부〕 계씨季氏의 〔집안일을 총괄하는〕 재宰가 되었다. 계강자季康子¹가 공자에게 물었다.

"염구는 인仁한 사람입니까?"

공자가 말했다.

"1000호 되는 고을과 전차 100대를 가진 〔대부의〕 집에서 부세를 다스릴 수 있는 사람입니다. 인한 사람인지는 나는 모르겠습니다."

계강자는 또 물었다.

"자로子路는 인한 사람입니까?"

공자가 대답했다.

"염구와 같습니다."

〔한편〕 염구가 〔공자에게〕 물었다.

"〔의로운 일을〕 들으면 바로 행해야 합니까?"

공자가 말했다.

"행해야 한다."

자로가 물었다.

"〔의로운 일을〕 들으면 바로 행해야 합니까?"

---

1 이 대화는 『논어』 「공야장」에 나온다. 그러나 『논어』에는 계강자가 아니라 맹무백孟武伯이 질문한 것으로 되어 있다. 뒤쪽에 계강자가 자로에 대해 질문한 부분도 마찬가지다.

공자가 대답했다.

"아버지와 형이 계신데 어찌 들은 것을 바로 행하겠느냐?"

자화子華가 이를 의아해했다.

"감히 여쭙겠습니다. 〔어째서〕 같은 질문에 달리 대답하십니까?"

공자가 말했다.

"염구는 머뭇거리는 성격이므로 앞으로 나아가게 해 준 것이고, 자로는 다른 사람을 이기려 하므로 물러나게 한 것이다."『논어』「선진」

좋은 말을 듣고 실행하지 못했는데 또 좋은 말을 들을까 두렵다

중유仲由는 자가 자로子路이고 〔노나라〕 변卞 지역 사람이다. 공자보다 아홉 살 아래이다.

자로는 성격이 거칠고 용맹한 힘을 좋아하며 뜻이 강하고 곧았다. 수탉의 깃으로 만든 관을 쓰고 수퇘지의 가죽으로 주머니를 만들어 허리에 차고 다녔다. 〔그는 한때〕 공자를 업신여기며 포악한 짓을 했다. 〔그러나〕 공자가 예의를 다해 자로를 조금씩 바른길로 이끌어 주자, 자로가 나중에는 유자儒者의 옷을 입고 예물을 올리며 공자의 문인들을 통해 제자가 되고 싶다고 했다.

자로가 정치하는 방법을 묻자 공자가 말했다.

"그들(백성)보다 앞장서고 나고, 그들(백성)을 수고롭게 하라."

〔자로가〕 좀 더 말씀해 주시기를 청하자 이렇게 말했다.

"(처음부터 끝까지 그렇게 하고) 게으르지 않으면 된다."『논어』「자로」

자로가 물었다.

"군자도 용기를 숭상합니까?"

공자가 말했다.

"군자는 의義를 최상으로 여긴다. 군자가 용기만을 좋아하고 의가 없다면 세상을 어지럽히게 되고, 소인이 용기만을 좋아하고 의가 없다면 도적이 된다."『논어』「양화」

자로는 (좋은 말을) 듣고 아직 그것을 실행하지 않았는데 또다시 또 다른 것을 듣게 될까 봐 두려워했다.『논어』「공야장」

공자는 (자로에 대해서) 이렇게 말했다.

"한쪽의 말만 듣고 옥사를 판결할 수 있는 자는 아마도 자로일 것이다."『논어』「안연」

"자로는 용기 있는 행동을 좋아하는 데 있어 나를 능가하지만 재주는 취할 것이 없다."『논어』「공야장」

"자로와 같은 자는 제명에 죽기 어려울 것이다."『논어』「선진」

"해진 솜두루마기를 걸치고서 여우나 담비 가죽으로 만든 옷을 입은 자와 함께 서도 부끄러워하지 않을 사람은 아마도 자로일 것이다."『논어』「자한」

"자로는 당대청까지는 올라섰지만 실방 안까지는 들어오지 못했다.『논어』「선진」

계강자가 물었다.

"중유는 어진 사람입니까?"

공자가 대답했다.

"전차 1000대를 가진 나라에서 군사 일을 다스릴 수 있는 인물입니다. 〔그러나〕 그가 인한 사람인지는 모르겠습니다." 『논어』 「공야장」

자로는 공자를 따라 천하를 돌아다니기를 좋아하였다. 길을 가다가 장저長沮, 걸닉桀溺,[2] 삼태기를 멘 노인[3] 등을 만났다.

자로가 〔노나라〕 계씨의 재宰가 되었을 때 계손季孫이 물었다.

"자로는 대신이라고 말할 만합니까?"

공자가 말했다.

"자리만 채우는 〔보통〕 신하라고 할 수 있습니다." 『논어』 「선진」

자로가 〔위衛나라〕 포蒲 지방의 대부가 되어 공자에게 작별 인사를 하러 왔을 때, 공자는 이렇게 말했다.

"포 지방은 힘센 자가 많고 또한 다스리기 어려운 곳이다. 그래서 내 너에게 당부의 말을 하겠노라. 몸가짐을 겸손하게 하면 그 지방의 힘센 자들을 다스릴 수 있을 것이고, 너그럽고 올바르면 그곳 백성을 따르게 할 수 있을 것이며, 공손하고 바르게 정치를 하여 그곳을 안정시키면 임금의 은혜에 보답할 수 있을 것이다."

---

2 장저와 걸닉은 모두 숨어 살던 선비였다. 『논어』 「미자」 편을 보면 하루는 공자와 그의 제자들이 이곳저곳을 떠돌다가 장저와 걸닉이 밭을 갈고 있는 곳을 지나게 되어 자로를 시켜 나루터가 있는 곳을 물었는데, 그들은 공자가 도道를 실행할 수 없는 세상을 돌아다니는 일을 부질없는 행동이라고 풍자했다.

3 삼태기를 멘 노인이 누구인지 뚜렷하지는 않지만 당시 초야에 묻혀 살던 선비임은 틀림없다. 그는 공자가 위나라에서 경쇠를 치자 "마음이 담겨 있구나, 저 경쇠 소리에는."이라 하고, "세상이 알아주지 않으면 그만둘 일이다. 물이 깊으면 벗고 건너고, 얕으면 걷고 건너라고 했는데."라고 하며 공자가 세상을 돌아다니며 유세하는 것을 못마땅하게 여겼다.

군자는 죽더라도 갓을 벗지 않는다

일찍이 위衛나라 영공靈公에게는 남자南子라는 총애하는 부인이 있었다. 영공의 태자 괴외蒯聵가 남자에게 죄를 짓고 처벌이 두려워서 나라 밖으로 달아났다. 영공이 죽자 남자는 공자 영郢을 왕으로 세우려고 하였다. 〔그러나〕 영은 사양하며 말했다.

"달아난 태자의 아들 첩輒이 살아 있습니다."

이리하여 위나라에서 첩을 왕으로 세우니, 그가 바로 출공出公이다. 출공이 왕위에 오른 지 12년이 지나도록 아버지 괴외는 〔여전히〕 나라 밖에서 살면서 나라 안으로는 들어오지 못했다.

〔이 무렵〕 자로는 위나라 대부 공회孔悝의 읍재邑宰로 있었다. 괴외는 공회와 반란을 꾀하고, 공회의 집으로 은밀히 숨어 들어가 마침내 공회의 무리와 함께 출공을 습격하였다. 출공은 결국 노나라로 달아났고, 괴외가 임금 자리에 올라 장공莊公이 되었다.

공회가 난을 일으켰을 때, 나라 밖에 있던 자로는 그 소문을 듣자마자 달려갔다. 〔자로는 때마침〕 위나라 성문을 나오던 자고子羔와 마주쳤다. 자고가 자로에게 말했다.

4 위나라 영공의 태자이지만 영공과의 불화로 송나라로 달아났다. 영공은 태자를 폐위시키고 손자 첩을 그 자리에 앉혔다. 그 뒤 영공이 죽고 첩이 제위에 올랐다. 괴외가 위나라로 돌아오려고 하자 첩은 경솔하게 위나라 사람들을 시켜 아버지를 제거하도록 했다. 그래서 괴외는 위나라로 돌아와 아들과 나라를 놓고 다투게 되었다. 괴외는 음모를 꾸며 위나라를 빼앗아 장공莊公이 되고 첩은 노나라로 달아났다.

"출공은 달아났고 성문은 벌써 닫혔으니 그대는 그냥 돌아가는 것이 좋겠습니다. 공연히 〔들어갔다가〕 화를 당하실 필요는 없습니다."

자로가 말했다.

"출공의 녹을 받아먹은 자로서 그가 어려움에 처한 것을 보고 어찌 피하겠습니까?"

자고는 그대로 떠났으나 〔자로는 그때 마침〕 성으로 들어가는 사자가 있어 성문이 열리자 자로가 따라 들어갔다. 괴외가 있는 곳으로 가니, 괴외는 공회와 함께 누대로 올라가고 있었다. 자로는 괴외를 향해 이렇게 소리쳤다.

"왕께선 어찌 공회를 쓰려 하십니까? 청컨대 그를 죽이도록 허락해 주십시오."

괴외가 〔자신의〕 요청을 들어주지 않자 자로는 누대에 불을 지르려고 하였다. 괴외는 두려워 석기石乞와 호염壺黶을 내려 보내 자로를 공격하게 했다. 〔그들이〕 공격하여 자로의 갓끈을 끊자, 자로는 이렇게 외쳤다.

"군자는 죽을지언정 갓을 벗지 않는다."

마침내 자로는 갓끈을 다시 맨 뒤 죽었다.

공자는 위나라에서 반란이 일어났다는 소문을 듣고 말했다.

"아아, 자로가 죽겠구나!"

그 뒤 얼마 안 되어 정말로 자로가 죽었다. 공자는 탄식했다.

"내가 자로를 제자로 삼은 뒤로 남의 험담을 듣지 않았거늘."

이때 자공은 노나라를 위하여 제나라에 사자로 갔다.

자식은 태어난 지 3년이 지나야 부모 품을 벗어난다

재여宰予는 자가 자아子我이며 말솜씨가 뛰어났다.

그는 공자에게 가르침을 받고 물었다.

"〔부모의〕 상을 3년이나 치르는 것은 너무 길지 않습니까? 군자가 3년 간 예를 닦지 않는다면 예는 반드시 무너질 것이며, 3년 동안 음악을 팽 개친다면 음악도 반드시 무너질 것입니다. 묵은 곡식은 다 없어지고 햇 곡식이 이미 올라오며, 불씨 얻을 나무도 다시 바꾸는 데 1년이면 충분 합니다."

이에 공자가 물었다.

"그렇게 하면 네 마음이 편하겠느냐?"

"예."

"너는 〔그것이〕 편하면 그렇게 해라! 군자는 상중에 있는 동안 맛있는 음식을 먹어도 달지 않고 듣기 좋은 음악을 들어도 즐겁지 않기 때문에 그렇게 하지 않는 것이다."

재여가 밖으로 나가자 공자는 이렇게 말했다.

"재여는 참으로 인하지 못하구나! 자식은 태어나서 3년이 지나야 부 모 품에서 벗어난다. 〔그래서〕 삼년상이 세상에 널리 통하는 의식인 것 이다." 『논어』 「양화」

썩은 나무로는 조각할 수 없다

〔하루는〕 재여가 낮잠을 잤다. 공자가 〔그 모습을 보고〕 말했다.

"썩은 나무는 조각할 수 없고, 더러운 흙으로 쌓은 담장은 흙손질을 할 수 없다."『논어』「공야장」

재여가 오제五帝⁵의 덕을 묻자 공자가 말했다.

"너는 그것을 물을 자격이 없다."

〔그 뒤〕 재여가 〔제나라 도성〕 임치臨菑의 대부가 되었는데, 전상田常과 난을 일으켜 그 일족이 모두 죽음을 당하게 되었으므로 공자는 그것을 매우 부끄러워했다.

종묘의 제사 그릇 같은 자공

단목사端沐賜는 위衛나라 사람으로 자가 자공子貢이며 공자보다 서른한 살 아래이다.

자공은 말재주가 뛰어났지만 공자는 늘 이 점을 꾸짖어 경계시켰다. 한번은 공자가 물었다.

---

5 고대 전설 속의 다섯 제왕으로 황제黃帝, 전욱顓頊, 고신高辛, 요堯, 순舜을 말한다.

"너와 안회 가운데 누가 더 나으냐?"

자공이 대답했다.

"제가 어찌 감히 안회를 따를 수 있겠습니까? 안회는 하나를 들으면 열을 알지만, 저는 하나를 들으면 겨우 둘을 알 뿐입니다."『논어』「공야장」

자공은 가르침을 받은 뒤에 이렇게 물었다.

"저는 어떤 사람입니까?"

공자가 말했다.

"너는 그릇이다."

자공이 물었다.

"어떤 그릇입니까?"

공자가 말했다.

"호련瑚璉이다."『논어』「공야장」

〔어느 날〕 진자금陳子禽이 자공에게 물었다.

"공자께서는 어디에서 배웠습니까?"

자공이 말했다.

"문왕文王과 무왕武王의 도가 아직 땅에 떨어지지 않고 사람에게 있으니, 현명한 자들은 그 큰 것을 알고, 현명하지 못한 자들은 그 작은 것을 압니다. 이처럼 문왕과 무왕의 도가 아닌 것이 없으니, 선생님께서는 어

---

6 종묘 제사 때 기장을 담던 귀중한 그릇으로, 하나라 때는 '호'라 부르고 은나라 때는 '련'이라 불렀다.

7 이름은 진항陳亢으로, 『논어』「자장」 편에 의하면 공자의 제자가 아닌 것 같기도 하다. 『논어』 「자장」 편에는 이 질문을 진자금이 아닌 위나라 공손조가 한 것으로 나온다. 그다음의 질문은 진자금의 말이 맞다.

디서든지 배우지 않으셨겠습니까? 어찌 정해진 스승이 있었겠습니까?"

〔진자금이〕 다시 물었다.

"공자께서는 어떤 나라로 가시든 반드시 그곳의 정치에 대해서 들으시는데, 그것은 요구한 것입니까? 아니면 그들이 제공해 준 것입니까?"

자공은 말했다.

"선생님께서는 온화하고 선량하며 공경하고 검소하며 사양하는 미덕으로써 그것을 얻은 것이니 선생님께서 그것을 구한 것은 아마도 다른 사람들이 그것을 구하는 것과는 다릅니다."『논어』「학이」

자공이 물었다.

"부유하지만 교만하지 않고 가난하지만 아첨하지 않는다면 어떻습니까?"

공자가 말했다.

"괜찮다. 그러나 가난하지만 도를 즐기고 부유하면서도 예를 좋아하는 것만은 못하다."『논어』「학이」

한 번 움직여 세상의 판도를 새로 짠다

〔제나라 대부〕 전상은 제나라에서 반란을 일으키려고 했으나 〔제나라에서 세력이 큰〕 고씨高氏, 국씨國氏, 포씨鮑氏, 안씨晏氏를 두려워하였으므로 그들의 군대를 합쳐 노나라를 치기로 하였다.

공자는 이 소식을 듣고 제자들에게 말했다.

"노나라는 〔조상의〕 무덤이 있는 부모의 나라이다. 나라가 이처럼 위태로운데 그대들은 어찌하여 〔나라를 구하러〕 나서지 않는가?"

〔이 말에〕 자로가 나서기를 청했지만 공자는 그를 제지하였다. 자장子張과 자석子石이 나서기를 청했지만 공자는 〔역시〕 허락하지 않았다. 자공이 나서겠다고 청하자 공자는 그를 허락하였다.

〔자공은〕 드디어 나섰는데 제나라에 이르러 전상을 설득했다.

"당신이 노나라를 치려는 것은 잘못됐습니다. 노나라는 치기 힘든 나라입니다. 그 〔나라의〕 성벽은 얇고 낮으며, 그 해자는 좁고 얕으며, 임금은 어리석고 어질지 못하며, 신하들은 위선적이고 무능하며, 병사들과 백성은 또한 전쟁을 싫어합니다. 이러한 나라는 싸울 상대가 못 되니 당신은 오나라를 치는 것이 낫습니다. 저 오나라는 성벽이 높고 두꺼우며, 해자는 넓고 깊으며, 무기는 새로 만들어 튼튼하며, 병사는 배불리 먹여 뽑았고, 정예 병사가 모두 그 성안에 있고, 또한 현명한 대부들이 그곳을 지키고 있습니다. 이런 나라는 치기 쉽습니다."

〔그러자〕 전상이 벌컥 화를 내며 불쾌한 낯빛으로 말했다.

"당신이 치기 어렵다고 하는 것은 다른 사람들이 보기에 쉬운 것이고, 당신이 쉽다고 하는 것은 다른 사람들이 보기에 어려운 것이오. 이처럼 나를 가르치는 것은 무슨 까닭이오?"

자공이 말했다.

"제가 듣기에 나라 안에 걱정거리가 있으면 강한 적을 공격하고, 나라 밖에 걱정거리가 있으면 약한 적을 공격한다고 합니다. 〔그런데〕 지금 당신의 골칫거리는 나라 안에 있습니다. 저는 당신이 세 번이나 봉해지려 했지만 세 번 모두 이뤄지지 않은 것은 대신들 가운데 반대하는 이가 있었기 때문이라고 들었습니다. 지금 당신이 노나라를 쳐서 제나라 땅을 넓히게 된다면 전쟁에서 이긴 것으로 (제나라) 왕은 더욱 교만해질 것이고, 나라를 무너뜨린 것으로 대신들의 위세는 더욱 높아질 것입니다. 그러면 당신은 공을 인정받지 못하고 오히려 왕과 사이가 날로 소원해질 것입니다. 이렇게 위로는 왕의 마음을 교만하게 만들고 아래로는 여러 신하들을 방자하게 만들면 당신이 뜻하는 큰일을 이루기 어려워집니다. 무릇 왕이 교만해지면 제멋대로 하고 신하들이 방자해지면 (권력을) 다투게 됩니다. 그러면 당신은 위로는 왕과 틈이 벌어지고, 아래로는 대신들과 (권력을) 다투게 될 것입니다. 여차하니 제나라에서 당신의 입지는 위태로워지겠지요. 그래서 오나라를 치는 것만 못하다고 말하는 것입니다. 오나라를 공격하여 이기지 못하면 백성은 나라 밖에서 죽고, 대신들은 나라 안에서 그 지위를 잃게 될 것입니다. 이렇게 되면 당신은 위로는 대적할 만한 강한 신하가 없어지고 아래로는 백성의 비난을 받지 않을 것이니, 왕을 고립시켜 제나라를 마음대로 할 수 있는 사람은 당신밖에 없게 됩니다."

전상이 말했다.

"좋소. 그렇지만 우리 군대는 이미 노나라를 향해 떠났소. (노나라를) 버리고 오나라로 가라고 한다면 대신들이 나를 의심할 것이니 어쩌면 좋겠소?"

자공이 말했다.

"당신은 군대를 붙들어 놓고 노나라를 공격하지 마십시오. (그동안에) 제가 가서 오나라 왕이 노나라를 도와 제나라를 치도록 설득하겠습니다. 그때 당신은 오나라를 맞아 싸우십시오."

전상은 이를 허락하고 자공에게 남쪽으로 가서 오나라 왕을 만나도록 하였다.

〔자공은 오나라 왕을〕 설득하여 말했다.

"신이 들으니 왕자王者는 〔속국의〕 후대를 끊지 않고, 패자霸者는 적국을 강하게 만들지 않는다고 합니다. 1000균鈞1균은 30근의 무게도 1수銖나 1냥兩의 작은 무게를 더하여 움직여집니다. 지금 만승萬乘[8]의 제나라가 천승千乘의 노나라를 끌어들여 오나라와 강함을 다투려 하고 있습니다. 슬그머니 왕을 위험에 빠뜨리고 있는 것입니다. 더군다나 노나라를 구원하는 것은 명분을 살리는 일이고, 제나라를 치는 것은 큰 이익을 얻는 일입니다. 사수泗水 주변의 제후들을 회유하여 포악한 제나라를 벌함으로써 강한 진晉나라까지 굴복시킨다면 이익은 막대할 것입니다. 망해가는 노나라를 존속시킨다는 명분을 내세우되 실제로는 강한 제나라를 곤경에 빠뜨리자는 것입니다. 지혜로운 사람이라면 이런 계책을 의심하지 않을 것입니다."

〔그러자〕 오나라 왕이 말했다.

"좋소. 그렇지만 나는 일찍이 월나라와 싸움을 벌여 〔월나라 왕을〕 회계산會稽山에서 지내게 한 적이 있소. 〔그 일로〕 월나라 왕은 고통을 감내하고 군사를 기르면서 나에게 보복할 마음이 있소. 〔그러니〕 내가 월나라를 칠 때까지 그대가 기다려 주면 그대의 말을 따르겠소."

이에 자공은 말했다.

"월나라의 강함은 노나라에 지나지 않고, 오나라의 강함은 제나라에

8　승乘은 말 네 마리가 끄는 병거인데 만승은 그만큼 많은 병력을 거느린 큰 나라를 뜻한다. 고대 천자들은 만승 이상을 보유하고 있었으므로 나중에는 천자의 상징처럼 쓰이게 되었다.

지나지 않습니다. 왕께서 제나라를 내버려 둔 채 월나라를 친다면 그동안 제나라는 노나라를 평정할 것입니다. 또한 왕께서는 바야흐로 망해 가는 나라를 존속시켜 끊어지려는 후대를 이어 주는 것을 명분으로 삼으려고 합니다. 그런데 작은 월나라를 치고 강한 제나라를 두려워하는 것은 용맹스러운 사람이 할 일이 아닙니다. 용맹스러운 사람은 어려움을 피하지 않고, 어진 사람은 곤경에 빠진 사람을 궁지로 몰아넣지 않으며, 지혜로운 사람은 때를 놓치지 않고, 왕은 〔다른 나라의〕 후대를 끊지 않음으로써 의를 세웁니다. 지금 〔왕께서는〕 월나라를 그대로 둠으로써 제후들에게 어질다는 것을 보이고, 노나라를 구하여 제나라를 정벌한 뒤, 위엄을 진晉나라에 미친다면 제후들은 반드시 서로 거느리고 오나라에 조회할 것이니 패업霸業천하의 우두머리가 되는 것을 이룰 수 있습니다. 만일 왕께서 꼭 월나라가 마음에 걸리신다면 제가 동쪽으로 가서 월나라 왕을 만나 군대를 지원하도록 설득하겠습니다. 이러면 실질적으로는 월나라를 텅 비게 만들면서 제후를 이끌고 〔제나라를〕 친다는 명분을 얻을 수 있습니다."

〔그러자〕 오나라 왕은 매우 기뻐하며 자공을 월나라로 보냈다.

월나라 왕구천은 길을 청소하고 교외까지 나와 〔자공을〕 맞이하고 몸소 수레를 몰아 〔자공을〕 숙소까지 데려다주고는 물었다.

"이곳은 오랑캐 나라인데 대부께서 어인 일로 황공스럽게도 여기까지 오셨습니까?"

이에 자공이 말했다.

"최근에 저는 오나라 왕에게 노나라를 도와 제나라를 치라고 설득했습니다. 오나라 왕은 그럴 뜻이 있으면서도 월나라가 걱정되어 '내가 월나라를 칠 때까지 기다리면 그렇게 하겠소.'라고 하였습니다. 이렇게 되면 〔오나라는〕 반드시 월나라를 공격할 것입니다. 남에게 보복할 뜻이 없으면서도 그런 의심을 받는다면 이는 어리석은 일이고, 남에게 보복할 뜻이 있는데 이것을 알아차리게 한다면 이는 위태로운 일입니다. 또 계획을 행동으로 옮기기도 전에 새어 나간다면 이는 매우 위험한 일입니다. 이 세 가지는 일을 꾀하는 데 큰 걱정거리입니다."

〔월나라 왕〕 구천은 머리를 조아려 두 번 절하고 다음과 같이 말했다.

"저는 일찍이 〔제 자신의〕 힘을 헤아리지 않고 오나라와 싸움을 벌였다가 회계산에서 곤욕을 치렀습니다. 〔그때의〕 고통이 뼛속까지 사무쳐 밤낮으로 〔복수할 생각에〕 입술은 타들어 가고 혀는 마릅니다. 오나라 왕과 맞서 싸우다 죽는 것이 저의 바람입니다."

그러고는 자공에게 〔오나라에 복수할 수 있는 좋은 방법을〕 물었다. 자공이 말했다.

"오나라 왕은 사람됨이 사납고 모질어 모든 신하가 버티기 힘들 지경이고, 나라는 잦은 전쟁으로 황폐해졌으며, 군사들은 견디지 못합니다. 백성은 왕을 원망하고 대신들은 마음이 변하였습니다. 오자서는 간언하다가 죽었고, 태재 백비는 나랏일을 맡고 있으나 임금의 그릇된 명령을 그대로 따르며 안일하게 자기의 사욕만을 채우기에 급급하니 이는 나라를 위태롭게 하는 정치를 하고 있는 것입니다. 지금 왕께서 병사를 보내어 그의 뜻을 선동하고, 귀중한 보물들을 보내 환심을 사며, 〔자신을〕 낮추어 사양함으로써 그를 높여 주면 틀림없이 〔안심하고〕 제나라를 칠 것입니다. 〔그렇게 하여〕 저 오나라가 싸움에서 지면 〔그것은〕 왕의 복이고, 싸움에서 이기더라도 반드시 병력으로써 진晉나라를 칠 것입니다.

〔그러면〕 저는 북으로 가 진나라 임금을 만나 함께 오나라를 치도록 만들 터이니 오나라의 세력은 반드시 약해질 것입니다. 오나라의 정예 병사들은 제나라에서 〔싸울 수 있는 힘을〕 다 쓰고, 튼튼한 무기를 지닌 군사는 진나라에서 〔거의〕 기진맥진할 것입니다. 왕께서 그 해진 틈을 타서 제압한다면 반드시 오나라를 멸할 수 있을 것입니다."

월나라 왕은 크게 기뻐하며 허락하였다. 〔월나라 왕은〕 자공이 떠날 때 황금 100일鎰1일은 20냥 혹은 24냥과 칼 한 자루, 좋은 창 두 자루를 선물하였다. 〔그러나〕 자공은 〔그것을〕 받지 않고 오나라로 갔다.

〔자공은〕 오나라 왕에게 이렇게 보고하였다.

"신이 삼가 왕의 말씀을 월나라 왕에게 전했더니, 월나라 왕은 크게 두려워하면서 '저는 불행히도 어려서 아버지를 잃고 제 자신의 분수도 모르고 오나라에 도전하는 죄를 범했습니다. 군대는 지고 자신은 모욕을 당하여 회계산에서 숨어 살며 나라를 폐허로 만들었습니다. 〔그러나〕 다행히 왕의 은혜로 다시 조상을 받들어 제사를 지낼 수 있게 되었으니 죽어도 그 은혜를 잊을 수 없습니다. 어찌 감히 〔오나라에 대한〕 음모를 꾸밀 수 있겠습니까?'라고 하였습니다."

〔그로부터〕 닷새 뒤에 월나라에서 대부 문종文種을 사신으로 보내 왔는데, 그는 머리를 조아리며 오나라 왕에게 다음과 같이 말했다.

"동해東海동해 가까이 있던 월나라를 말함의 신하 구천의 사자인 신 문종이 삼가 왕의 신하들을 통해서 문안드립니다. 지금 은밀히 듣건대 대왕께서 아주 의로운 군사를 일으켜 강자를 징벌하고 약자를 구원하며 포악한 제나라를 곤경에 빠뜨림으로써 주나라 왕실을 편안케 하신다고 하니, 저희 나라 병사 3000명을 모두 동원하고 월나라 왕이 직접 갑옷을 입고 무기를 들고 맨 앞에 서서 〔적의〕화살과 돌을 받고자 합니다. 월나라의 천한 신하 문종에게 선대로부터 물려받은 숨겨진 가물, 갑옷 스무 벌과 도끼, 굴로屈盧라는 장인이 만든 창, 차고 다니면 빛이 나는 칼을 올려 출정을 축하드리도록 했습니다.”

오나라 왕은 매우 기뻐하며 자공에게 알렸다.

“월나라 왕이 몸소 과인의 제나라 정벌에 따라나서겠다고 하는데 허락해도 괜찮겠소?”

자공이 말했다.

“안 됩니다. 남의 나라를 텅 비게 하고 남의 군대를 모조리 동원시키면서 또 그 나라의 왕까지 〔싸움터로〕 나가게 하는 것은 의롭지 않습니다. 왕께서는 그가 보낸 예물을 받고 군대만 허락하시고 왕의 종군은 사양하십시오.”

오나라 왕은 자공의 권고를 받아들여 월나라 왕이 이 전쟁에 참가하는 것은 사양하였다. 오나라 왕은 드디어 아홉 군의 병사들을 일으켜 제나라 정벌에 나섰다.

자공은 진晉나라로 가서 왕정공定公에게 말했다.

“신은 생각이 먼저 정해지지 않으면 돌발 사태에 잘 대처할 수 없고, 군대가 먼저 잘 갖춰지지 않으면 적을 이길 수 없다고 들었습니다. 지금 제나라와 오나라가 싸우려 하고 있는데, 〔만일〕 저 싸움에서 〔오나라가〕 지면 월나라가 오나라를 공격할 것이 틀림없고 〔오나라가〕 제나라와 싸워서 이기면 반드시 그 병력으로 진나라로 쳐들어올 것입니다.”

진나라 왕은 두려워하며 말했다.

“이 일을 어찌하면 좋겠소?”

자공이 말했다.

"군대를 잘 성비하고 병사들을 쉬게 하고 기다리십시오."

진나라 왕은 (그렇게 하기로) 약속하였다.

자공은 (진나라를) 떠나서 노나라로 갔다. 오나라 왕은 과연 제나라와 애릉艾陵에서 싸워 제나라 군대를 크게 이기고 (적의) 장군 일곱 명이 이끄는 군사들을 사로잡았다. 그리고 (오나라로) 돌아오지 않고 과감하게 무장하여 진나라를 향해 나아가 황지黃池에서 진나라 군대와 마주쳤다. 오나라와 진나라는 (서로) 강함을 다투었으나 진나라가 공격하여 오나라 군대를 대패시켰다. 월나라 왕은 이 소식을 듣자 강을 건너 오나라를 습격하여 도성 밖 7리쯤에 주둔하였다. 오나라 왕은 이 소식을 듣고서 (급히) 진나라와의 싸움을 그만두고 돌아와 오호五湖에서 월나라와 세 차례 싸웠으나 이기지 못하고, (결국 월나라 군대에게) 도성까지 내주었다. 월나라 군대는 궁궐을 에워싼 뒤 (오나라 왕) 부차를 죽이고, 재상 (백비)의 목을 베었다. (월나라는) 오나라를 깨뜨린 지 3년 뒤에 동방 제후들의 우두머리가 되었다.

이처럼 자공은 한 번 나서서 노나라를 보존시키고 제나라를 어지럽게 했으며, 오나라를 멸망시키고 진晉나라를 강국이 되게 하였으며, 월나라를 제후들의 우두머리가 되게 하였다. 자공이 한 번 사신으로 가더니 각국의 형세에 균열이 생겨 10년 사이에 다섯 나라에 커다란 변화가 있었다.

자공은 (또) 싸게 사서 비싸게 파는 일을 좋아하여 때를 보아서 돈을 잘 굴렸다. (그는) 남의 장점을 칭찬하기를 좋아하였으나 남의 잘못을 덮어 주지는 못하였다. (그는) 일찍이 노나라와 위衛나라에서 재상을 지냈으며 집안에 천금을 쌓아 두기도 하였다. (그는) 제나라에서 삶을 마쳤다.

닭 잡는 데 어찌 소 잡는 칼을 쓰랴

언언言偃은 오나라 사람으로 자가 자유子游이며 공자보다 마흔다섯 살 아래이다. 자유는 공자의 가르침을 받고 나서 무성武城의 재상이 되었다. 〔어느 날〕 공자가 〔이곳을〕 지나가다가 거문고를 타며 노래하는 소리를 들었다. 공자는 빙그레 웃으며 말했다.

"닭을 잡는 데 어찌하여 소 잡는 칼을 쓰느냐?"

자유가 말했다.

"예전에 저는 선생님으로부터 '군자가 도를 배우면 남을 사랑하고, 소인이 도를 배우면 〔사람을〕 부리기 쉽다.'라고 하신 말씀을 들었습니다."

〔이에〕 공자는 〔옆에 있던 제자들에게〕 말했다.

"제자들아, 언(자유)의 말이 옳다. 아까 한 말은 농담이었을 뿐이다."『논어』「양화」

공자는 자유가 문학에 뛰어난 재능을 보인다고 생각하였다.

흰 바탕이 있은 뒤에 색을 칠할 수 있다

복상卜商은 자가 자하子夏이고 공자보다 마흔네 살 아래이다.

자하가 물었다.

"고운 미소에 팬 보조개, 아름다운 눈에 또렷한 눈동자, 흰 바탕에 여러 색깔을 칠했구나.'라고 하였는데, 이것은 무슨 뜻입니까?"

공사가 밀했나.

"그림 그리는 일은 흰 바탕 이후의 일이다."

자하가 여쭈었다.

"예禮는 〔인仁보다〕 나중에 온다는 것입니까?"

공자가 말했다.

"비로소 너와 더불어 『시』를 이야기할 수 있게 되었구나."『논어』「팔일」

지나친 것은 미치지 못하는 것과 같다

자공이 물었다.

"사師자장와 상商자하 중 누가 더 현명합니까?"

공자가 말했다.

"사는 지나친 데가 있고, 상은 미치지 못하는 데가 있다."

"그렇다면 사가 더 낫습니까?"

공자가 말했다.

"지나친 것은 미치지 못한 것과 같다."[9]

공자는 자하에게 말했다.

---

9 『논어』「선진」편에 나오는 대화다. 공자의 이런 평가는 중용의 도를 잃었다는 것에 주목한 것이다. 흔히 제자들이 생각하는 관점과 공자의 관점은 분명 온도 차가 있다.

"너는 〔도에 힘쓰는〕 군자의 선비가 되어야지, 〔명성을 좇는〕 소인의 선비가 되어서는 안 된다."『논어』「옹야」

공자가 세상을 떠난 뒤, 자하는 서하西河에 살면서 학생들을 가르치다가 위魏나라 문후文侯의 스승이 되었다. 그는 자식이 죽자 〔너무 슬퍼하여〕 소리 높여 울다가 눈이 멀었다.

많이 듣고 삼가면 실수가 적다

전손사顓孫師는 진陳나라 사람으로 자는 자장子張이며 공자보다 마흔여덟 살 아래이다.

자장이 녹벼슬을 구하는 방법을 묻자 공자는 이렇게 말했다.

"많이 듣되 의심나는 것을 버리고 그 나머지를 신중하게 말한다면 실수가 적을 것이다. 많이 보되 의심나는 것을 버리고 그 나머지를 신중히 실행한다면 뉘우치는 일이 적을 것이다. 말에 실수가 적고 행동에 뉘우침이 적으면 녹은 그 가운데 있다."

훗날 자장이 공자를 따라다니다가 진陳나라와 채蔡나라 사이에서 어려움을 겪게 되었는데, 이때 세상에서 처신할 수 있는 도리를 물으니 공자가 말했다.

"말은 진실되고 미더우며, 행동은 독실하고 공경스러우면 비록 오랑캐의 나라에서도 통용될 것이다. 말에 진실과 믿음이 없고 행동에 독실함과 공손함이 없다면 비록 자기가 태어난 마을이라 하더라도 통용되겠는가? 서 있을 때는 그러한 말이 눈앞에서 보이는 듯하고, 수레를 탈 때도 그러한 말을 수레 끌채의 가로목에 새겨 놓고 보아야 한다. 그렇게 된 이후에 통용될 것이다." 『논어』 「위령공」

자장은 〔이 말을 잊지 않기 위하여〕 허리띠에 적어 두었다.

명망과 달達의 차이

자장이 공자에게 물었다.

"선비는 어떠해야 통달했다고 할 수 있습니까?"

공자가 말했다.

"무엇이냐? 네가 말하는 '통달'이라는 것이냐?"

자장이 대답했다.

"나라 안에서도 반드시 소문이 나고 가문 안에서도 반드시 소문이 나는 것입니다."

그러자 공자는 말했다.

"그것은 소문이지 통달이 아니다. 대체로 통달한 사람은 본바탕이 바르고 의를 좋아하고, 남의 말을 잘 살피고 안색을 잘 관찰하며, 깊이 생각하고 다른 사람에게 자신을 낮춘다. 〔이렇게 하면〕 나라에서나 집에서나 반드시 달하게 된다. 〔그러나〕 소문난 사람은 겉으로는 인을 취하면서도 실제 행동은 어긋나면서도 〔스스로는 인하다고 믿어〕 의심하지 않는 것이다. 〔이렇게 하면〕 나라에서나 집에서나 반드시 소문이 나게 된다." 『논어』 「안연」

『효경』을 지은 증삼

증삼曾參은 남무성南武城 사람으로 자는 자여子輿이며 공자보다 마흔여섯 살 아래이다.

공자는 그가 효성이 지극하다고 여겨 가르침을 베풀어 『효경孝經』을 짓게 했다. 〔그는〕 노나라에서 삶을 마쳤다.

사람은 말과 생김새로만 평가하면 안 된다

담대멸명澹臺滅明은 무성武城 사람으로 자는 자우子羽이고 공자보다 서른아홉 살 아래이다.

〔그는〕 용모가 매우 못생겨서 그가 공자에게 가르침을 받으러 왔을 때 공자는 재능이 모자라는 사람이라고 생각하였다. 〔그러나 그는〕 가르침을 받은 뒤 물러나면 덕행을 닦는 일에 힘쓰고, 길을 갈 때는 사잇길로 가지 않으며, 공적인 일이 아니면 경대부卿大夫들을 만나지 않았다.

〔그가〕 남쪽으로 내려가 강수 근처에 이르렀을 때, 〔그를〕 따르는 제자가 300명이나 되었다. 〔그는 제자들에게 물건을〕 주고받는 것과 〔벼슬에〕 나아가고 물러나는 도리를 〔이치에 맞게〕 가르쳤기 때문에 제후들 사이에서도 이름이 널리 알려졌다. 공자는 이 이야기를 듣고 탄식했다.

"나는 말 잘하는 것으로 사람을 골랐다가 재여에게 실수하였고, 생김

새만을 보고 사람을 가리다가 자우에게 실수하였다."

재능은 빼어난데 몸담고 있는 곳이 작다

복부제宓不齊는 자가 자천子賤이며 공자보다 서른 살 아래이다.

공자는 〔자천을〕 일컬어 이렇게 말했다.

"자천이여, 군자로구나! 〔그러나〕 노나라에 군자가 없었더라면 이 사람이 어디에서 이런 것을 갖게 되었겠는가?"『논어』「공야장」

자천은 선보읍單父邑의 재宰가 되었는데, 공자에게 돌아가 보고하였다.

"이 나라에는 저보다 어진 사람이 다섯 분이나 있습니다. 그분들이 저에게 나라를 어떻게 다스려야 하는지 가르쳐 주셨습니다."

공자는 〔이 말을 듣고〕 말했다.

"안타깝도다. 부제가 다스리는 곳이 너무 작구나! 다스리는 곳이 컸더라면 이상적인 정치를 펼칠 수 있었을 텐데."

배우고도 실행하지 않으면 부끄러운 일이다

원헌原憲은 자가 자사子思이다.

〔어느 날〕 자사가 부끄러움恥에 대해 묻자 공자가 말했다.

"나라에 도가 있을 때 〔자리를 차지하며〕 녹봉을 받는 것이니, 나라에 도가 없는데도 〔물러나지 않고〕 녹봉을 받는 것이 부끄러운 것이다."

자사가 공자에게 물었다.

"〔다른 사람을〕 이기려 하는 것, 〔자기가 이룬 공을〕 자랑하는 것, 〔남을〕 원망하는 것, 탐욕스러운 것, 〔이런 것들을〕 하지 않으면 인하다고 할 수 있습니까?"

공자가 대답했다.

"하기 어려운 일이라고 할 수 있겠지만, 인한지는 나도 알지 못하겠다."

『논어』「헌문」

공자가 죽은 뒤 원헌은 세상을 등지고 풀이 무성한 늪가에 숨어 살았다. 〔어느 날〕 위衛나라 재상으로 있던 자공이 말 네 필이 끄는 마차를 타고 호위병과 함께 잡초를 헤치며 궁핍한 마을로 들어섰다. 지나가다가 원헌에게 인사했다. 원헌은 낡아 빠진 옷차림으로 그를 맞이하였다. 자공은 그의 초라한 행색을 부끄럽게 여겨 이렇게 말했다.

"어쩌다 병이 들었습니까?"

원헌이 말했다.

"내가 듣건대 재물이 없는 것을 가난〔貧〕이라 하고, 도를 배우고도 실행하지 못하는 것을 병들었다고 한다고 했습니다. 저 같은 사람은 가난하기는 하지만 병들지는 않았습니다."

자공은 수치스러워하며 좋지 않은 마음으로 떠났다. 〔그는〕 평생 동안 자신의 말이 지나쳤음을 부끄럽게 여겼다.

공자의 사위가 된 자장

공야장公冶長은 제나라 사람으로 자는 자장子長이다.

공자는 〔일찍이〕 말했다.

"〔딸을〕 자장에게 시집 보낼 만하다. 비록 포승줄로 묶인 채 〔감옥〕 안에 있었으나 그의 죄가 아니었다."

그러고는 자기 딸을 그에게 시집보냈다.『논어』「공야장」

공자의 조카사위가 된 남궁괄

남궁괄南宮括은 자가 자용子容이다.

〔어느 날〕 공자에게 물었다.

"예羿는 활쏘기에 뛰어났고 오奡는 배를 끌고 다닐 만큼 힘이 있었지만 모두 제 목숨대로 살지 못하고 죽었습니다. 우왕禹王과 후직后稷은 몸소 농사를 짓고 살았지만 천하를 차지했습니다."

공자는 〔아무런〕 대답도 하지 않았다. 자용이 나간 뒤에야 〔비로소〕 공자가 말했다.

"군자로구나, 이 사람이여! 덕을 숭상하는구나, 이 사람이여!"『논어』「헌문」

〔그리고 공자는 그를 다음과 같이 평가했다.〕

"〔그는〕 나라에 도가 있으면 버려지지 않을 것이고, 나라에 도가 없더라도 형벌을 면할 것이다."『논어』「공야장」

〔그가『시』를 보다가〕"흰 옥의 티白珪之玷"라는 구를 세 번 되풀이하여 읽자,〔공자가〕형의 딸을 그에게 시집보냈다.

지조를 지킨 공석애와 낭만주의자 증점

공석애公晳哀는 자가 계차季次이다.

공자는 말했다.

"천하가〔도리를〕실천하지 않고 대부분〔대부의〕가신이 되어 도성에서 관리가 되었으나, 계차만은〔남에게〕벼슬한 적이 없다."

증점曾蒧은 자가 석晳이다.

공자를〔가까이〕모시고 있을 때 공자가 말했다.

"네 뜻을 말해 보아라."

증점은 말했다.

"봄옷이 완성되고 나면 관을 쓴 사람어른을 가리킴 대여섯 명과 동자 예닐곱과 함께 기수沂水에서 목욕하고, 무우舞雩기우제를 지내던 누대에서 바람을 쐬며〔노랫가락을〕읊조리다가 돌아오는 것입니다."

공자는 이 말을 한숨을 쉬며 감탄했다.

"나는 점과 함께하겠다."『논어』「선진」

자식을 위하는 마음은 똑같다

안무요顔無繇는 자가 로路이며 안회의 아버지이다. 아버지와 아들이 일찍이 각각 때를 달리하여 공자를 섬겼다.

안회가 죽었을 때, 안로는 집이 가난하니 공자의 수레를 팔아서 제사 지낼 수 있게 해 달라고 청하였다. 〔그러자〕 공자는 이렇게 말했다.

"재주가 있든 없든 역시 저마다 자기 자식을 염려하는 말을 하기 마련이다. 리鯉공자의 아들로 공자 나이 마흔아홉에 죽음가 죽었을 때 〔내〕관만 있었고 덧관은 없었다. 내가 걸어다니고 그를 위해 덧관을 만들어 주면 될 터인데 그러지 않은 것은, 나도 대부의 뒤를 따르는 사람이어서 걸어서 다닐 수는 없었기 때문이다."『논어』「선진」

『역』의 전수는 끊이지 않았다

상구商瞿는 노나라 사람으로 자는 자목子木이고 공자보다 스물아홉 살 아래이다.

공자는 『역』을 상구에게 전수하였고, 상구는 〔그것을〕 초나라 사람 한비자홍馯臂子弘에게 전수하였으며, 한비자홍은 강동江東 사람 교자용자矯子庸疵에게 전수하였고, 교자용자는 연나라 사람 주자가수周子家竪에게 전수하였으며, 주자가수는 순우淳于 사람 광자승우光子乘羽에게 전수하였고, 광자승우는 제나라 사람 전자장하田子莊何에게 전수하였으며, 전자장하는 동무東武 사람 왕자중동王子中同에게 전수하였고, 왕자중동은 치천菑川 사람 양하楊何에게 전수하였다. 양하는 〔한漢나라 무제武帝〕 원삭元朔 연간에 『역』에 능통하다 하여 한나라의 중대부中大夫[10]에 임명되었다.

말만 잘하는 자를 미워한다

고시高柴는 자가 자고子羔이고 공자보다 서른 살 아래이다.

자고는 키가 다섯 자도 채 못 되었다. 공자에게 가르침을 받을 때 공자는 그를 어리석은 사람이라고 생각하였다. 자로가 자고를 비읍費邑의 읍재로 추천하자, 공자가 말했다.

"남의 자식을 해치려 하는구나!"

〔이 말에〕 자로가 말했다.

"백성이 있고 사직이 있는데, 어찌 꼭 책을 읽은 뒤라야 배우는 것이라 할 수 있겠습니까?"

그러자 공자가 말했다.

"이 때문에 〔내가〕 말재주 있는 사람을 미워하는 것이다."『논어』「선진」

---

[10] 대부의 벼슬을 상, 중, 하 세 등급으로 나누었으니 중대부는 그중 가운데 등급에 해당된다.

겸손한 칠조개

칠조개漆彫開는 자가 자개子開이다.

공자가 칠조개에게 벼슬에 나가도록 하자, 칠조개가 대답했다.

"제가 아직 그것에 대해 확신할 수 없습니다."

공자는 〔그가 도에 뜻을 두고 있음을 알고〕 기뻐하였다.『논어』「공야장」

모든 일은 천명에 의해 결정된다

공백료公伯繚는 자가 자주子周이다.

자주가 계손季孫에게 자로를 헐뜯었다. 자복경백子服景伯이 그 사실을 〔공자에게〕 알려 말했다.

"저 사람계손은 진실로 공백료에게 미혹되었습니다. 제 능력이면 오히려 공백료를 죽여 그 시체를 저잣거리나 조정에 내걸 수 있습니다."

이에 공자는 다음과 같이 말했다.

"도가 장차 행해지는 것도 천명이고, 도가 장차 없어지는 것도 천명이다. 공백료 그자가 천명과 같은 것을 어찌하겠느냐?"『논어』「헌문」

어진 사람은 말을 함부로 하지 않는다

사마경司馬耕은 자가 자우子牛이다.

자우는 말이 많고 성질이 조급하였다. 〔한번은〕 공자에게 인仁이란 어떤 것인가를 물었는데 공자는 이렇게 말했다.

"인한 사람은 자신의 말을 어렵게 여겨야 한다."

〔그러자 자우가〕 말했다.

"자신의 말을 어렵게 여긴다면, 이 사람을 곧 인하다고 할 수 있습니까?"

공자가 말했다.

"그렇게 하는 것이 어려운데, 말을 하면서 어렵게 여기지 않을 수 있겠느냐?"

〔또 자우가〕 군자란 어떤 사람인지 묻자 공자가 말했다.

"군자는 근심하지 않고 두려워하지 않는다."

자우가 말했다.

"근심하지 않고 두려워하지 않는다면, 이 사람을 군자라고 할 수 있습니까?"

공자가 말했다.

"안으로 반성하여 꺼림칙하지 않다면 무엇을 근심하고 무엇을 두려워하겠느냐?"『논어』「안연」

예와 의를 좋아하면 사람들이 몰려든다

번수樊須는 자가 자지子遲이며 공자보다 서른여섯 살 아래이다.

번수가 곡물 심는 법을 배우고 싶다고 청하자 공자가 말했다.

"나는 늙은 농사꾼만 못하다."

채소 심는 법을 배우고 싶다고 청하자 공자는 말했다.

"나는 채소를 심는 늙은이만 못하다."

번수가 나가자 공자가 말했다.

"소인이로다, 번수여! 윗사람이 예를 좋아하면 백성은 감히 공경하지 않을 수 없고, 윗사람이 의를 좋아하면 백성은 감히 복종하지 않을 수 없으며, 윗사람이 신의를 좋아하면 백성은 감히 진정으로 행하지 않을 수 없다. 이렇게만 한다면 사방의 백성이 그들의 자식을 포대기에 싸서 업고 찾아올 텐데 농사짓는 법을 배워 어디에 쓰겠는가?" 『논어』「자로」

번수가 인仁이란 어떤 것인가를 묻자 공자는 이렇게 말했다.

"사람을 사랑하는 것이다."

또 지혜로움이 어떤 것인가를 묻자 공자는 말했다.

"사람을 아는 것이다." 『논어』「안연」

유약有若은 공자보다 마흔세 살 아래이다.

유약은 이런 말들을 했다.

"예는 쓰임에 있어 조화를 귀하게 여긴다. 선왕의 도에서도 이것을 아름답게 여겨서 작은 일이든 큰일이든 이것에 따르게 했다. 〔그러나 조화만으로는〕 잘 행해지지 않는 경우도 있으니, 조화를 알아 조화스러울 뿐이니 예로써 그것을 절제하지 않는다면 또한 행해질 수 없는 것이다."

"믿음이 의로움에 가깝다면 그 말을 실행할 수 있고, 공손함이 예에 가깝다면 치욕을 멀리할 수 있다. 친한 관계라도 하더라도 그 친밀함을 잃어버리지 않는다면 또한 으뜸으로 삼을 수 있다."『논어』「학이」

공자가 세상을 떠났어도 〔그를〕 우러러보는 제자들의 마음은 그치지 않았다. 유약의 얼굴이 공자와 닮았다고 하여 제자들은 그를 스승으로 추대하고 공자를 모시듯이 섬겼다.

어느 날 한 제자가 나아가서 다음과 같이 물었다.

"예전에 공자께서는 밖에 나갈 때에 제게 우산을 준비시켰는데 얼마 지나지 않아서 정말 비가 내렸습니다. 제가 '선생님께서는 비가 올 줄을 어떻게 아셨습니까?'라고 물으니, 선생님께서는 '『시』에서 「달이 필畢이라는 별(황소자리)에 걸려 있으면 큰비가 내린다.」라고 하지 않았느냐? 어제 저문 달이 필이라는 별에 없더냐?'라고 말씀하셨습니다. 〔그래서 제가 유심히 살펴보았는데〕 다른 날 달이 필에 걸려 있는데도 비가 내리지 않았습니다. 〔또〕 상구商瞿가 나이가 많도록 자식이 없으므로 그 어머니가 [두 번째] 아내를 얻게 하려고 하였습니다. [그런데] 공자께서 그를 제나라로 심부름을 보내려고 하셨습니다. [그래서] 상구의 어머니는 뒤로 미뤄 달라고 부탁하였습니다. [이에] 공자께서는 '걱정하지 마십시오. 상구는 마흔이 넘으면 반드시 다섯 아들을 두게 될 것입니다.'라고 말씀하셨습니다. [그런데] 그 뒤 정말로 그렇게 되었습니다. 감히 묻습니다. 선생님께서는 어떻게 이것을 알 수 있었을까요?"

유약은 대답할 수 없어 잠자코 앉아 있기만 하였다. [그러자] 어떤 제자가 일어나서 말했다.

"유자有子는 그 자리에서 물러나 주시오. 그곳은 당신이 앉아 있을 자리가 아니오."

군자는 가난한 사람만 돕는다

공서적公西赤은 자가 자화子華이며 공자보다 마흔두 살 아래이다.

자화가 제나라에 사신으로 가게 되었을 때, 염유冉有는 [자화가 없는 동안에] 그 어머니에게 줄 양식을 청하였다. 이에 공자가 말했다.

"그에게 1부釜여섯 말 넉 되를 주어라."

더 달라고 요청하자 공자는 말했다.

"1유庾열여섯 말를 주어라."

[그런데] 염유는 자화의 어머니에게 5병秉800말을 주었다. [이에] 공자가 이렇게 말했다.

"자화는 제나라로 갈 때 살찐 말을 타고 가벼운 갖옷을 입고 있었다. 나는 군자는 다급한 사람을 도와주지만, 부자에게는 보태 주지 않는다고 들었다."『논어』「옹야」

신하는 임금의 잘못을 다른 사람에게 말하지 않는다

무마시巫馬施는 자가 자기子旗이며 공자보다 서른 살 아래이다. 진陳나라 사패司敗법을 관장하는 벼슬로 알려져 있음가 공자에게 물었다.

"노나라 소공昭公은 예를 압니까?"

공자가 말했다.

"예를 압니다."

공자가 물러 나시자, 무마시에게 읍하게 하고서 말했다.

"제가 듣기로 군자는 편을 들지 않는다고 하던데 군자도 편을 가릅니까? 노나라 임금은 오나라 여자를 아내로 맞아들여 맹자孟子라고 불렀습니다. 그것은 맹자의 원래 성이 희姬이므로 같은 성을 꺼려 맹자라고 부른 것입니다. 그러니 노나라 임금이 예를 안다고 한다면 천하에 누가 예를 모른다고 할 수 있겠습니까?"

무마시가 〔이 말을〕 공자에게 전하니 공자가 말했다.

"나는 운이 있구나. 만약 내가 허물이 있어도 다른 사람들이 반드시 알려 준다. 〔그러나〕 신하는 임금의 잘못을 〔다른 사람에게〕 말하지 않는다. 그것을 숨기는 것이 예이다."『논어』「술이」

양전梁鱣은 자가 숙어叔魚이고 공자보다 스물아홉 살 아래이다.

안행顏幸은 자가 자류子柳이고 공자보다 마흔여섯 살 아래이다.

염유冉孺는 자가 자로子魯이고 공자보다 쉰 살 아래이다.

조휼曹卹은 자가 자순子循이고 공자보다 쉰 살 아래이다.

백건伯虔은 자가 자석子析이고 공자보다 쉰 살 아래이다.

공손룡公孫龍은 자가 자석子石이고 공자보다 쉰세 살 아래이다.

이상의 자석까지 서른다섯 명은 나이와 성과 이름이 분명하고, 공자에게 가르침을 받고 또 묻고 대답한 것이 글로 전해지고 있다. 그러나 그밖의 마흔두 명은 나이도 분명하지 않고 글로 전해지는 것도 볼 수 없어다음과 같이 기록한다.

염계冉季는 자가 자산子産이다.

공조구자公祖句玆는 자가 자지子之이다.

진조秦祖는 자가 자남子南이다.

칠조차漆雕哆는 자가 자렴子斂이다.

안고顏高는 자가 자교子驕이다.

칠조도보漆雕徒父.

양사적壤駟赤은 자가 자도子徒이다.

상택商澤.

석작촉石作蜀은 자가 자명子明이다.

임부제任不齊는 자가 선選이다.

공량유公良孺는 자가 자정子正이다.

후처后處는 자가 자리子里이다.

진염秦冉은 자가 개開이다.

공하수公夏首는 자가 승乘이다.

해용잠奚容箴은 자가 자석子皙이다.

공견정公肩定은 자가 자중子中이다.

안조顔祖는 자가 양襄이다.

교선鄡單은 자가 자가子家이다.

구정강句井疆.

한보흑罕父黑은 자가 자색子索이다.

진상秦商은 자가 자비子조이다.

신당申黨은 자가 주周이다.

안지복顔之僕은 자가 숙叔이다.

영기榮旂는 자가 자기子祈이다.

현성縣成은 자가 자기子祺이다.

좌인영左人郢은 자가 행行이다.

연급燕伋은 자가 사思이다.

정국鄭國은 자가 자도子徒이다.

진비秦非는 자가 자지子之이다.

시지상施之常은 자가 자항子恒이다.

안쾌顔噲는 자가 자성子聲이다.

보숙승步叔乘은 자가 자거子車이다.

원항적原亢籍.

악해樂欬는 자가 자성子聲이다.

염결廉絜은 자가 용庸이다.

숙중회叔仲會는 자가 자기子期이다.

안하顏何는 자가 염冉이다.

적흑狄黑은 자가 석晳이다.

방손邦巽은 자가 자렴子斂이다.

공충孔忠.

공서여여公西輿如는 자가 자상子上이다.

공서침公西葳은 자가 자상子上이다.

태사공은 말한다.

"학자들 중에 공자의 70여 제자에 대해 말하는 사람이 많다. 〔그러나〕 기리는 사람 가운데에는 실제보다 지나친 사람도 있고, 헐뜯는 사람 중에는 진실보다 덜한 이들도 있다. 이를 가른 것은 용모를 본 것이 아니라 공자 제자들의 서적들에서 논한 말로, 〔이는〕 공씨의 〔벽 가운데서〕 나온 고문古文에 근거한 것이다. 나는 제자들의 이름과 글을 모두 『논어』에 있는 공자 제자들의 문답에 의거하여 함께 엮어서 만들었으며 의심나는 것은 싣지 않았다."

8

상군 열전

商君列傳

상군은 법가를 대표하는 정치가 상앙商鞅을 말한다. 상앙은 전국 시대 중기 위衛나라의 공자로서 공손앙公孫鞅 또는 위앙魏鞅이라고도 하며, 진秦나라에서 변법을 성공적으로 단행하여 상군에 봉해짐에 따라 역사적으로는 상앙으로 불린다.

상앙은 법가의 선구자라고 할 수 있는 이괴李悝의 영향을 깊이 받아서 개혁적인 성향이 강했으나 위나라에서는 중용되지 못하였다. 그는 진나라 효공이 기원전 361년에 현명한 선비를 구한다는 말을 듣고 진나라로 들어가 효공을 도와 변법을 만들었다.

상앙은 사회 개혁법을 통하여 봉건적인 옛 제도를 철저히 없애고 군주의 절대 권력 확립에 필요한 혁신적인 조치를 강구하였다. 그는 특히 귀족들의 세습적 특권을 박탈하고자 했을 뿐 아니라, 절대 군주의 존재를 위협시하는 지식인들의 자율적이고 비판적인 사상 논의를 엄금하도록 요청하였다. 이러한 일련의 강압적이고 전제주의적 조처로써 상앙은 진나라를 정치적, 경제적, 사회적으로 부강하게 만들고 뒷날 천하를 통일할 수 있는 기초를 다졌다.

법가 사상 자체가 지식인을 탄압하는 전제주의적 성격을 지녔기 때문에 상앙의 사상은 지식인과 관료를 중심으로 하는 전통적 유교 사회에서는 거의 부정적인 평가를 받았고, 사마천도 그의 인물됨에 대해서는 혹평을 했다. 그러나 사마천이 「태사공 자서」에서도 밝혔듯 효공을 강대한 패자로 만들고 훗날 통일 진나라의 기초를 다진 것은 무시할 수 없는 공적이다.

이 편은 상앙이 변법을 주장하게 된 과정과 성과를 체계적으로 서술하여, 후세 사람들이 상앙을 보다 정확하게 평가하도록 귀중한 자료를 제공한다.

나무를 옮긴 사람을 바라보는 상앙.

등용하지 않으려면 죽이십시오

상군商君은 위衛나라 왕의 여러 첩이 낳은 공자로서 이름은 앙鞅이고 성은 공손씨公孫氏이며 그 조상은 성이 희姬였다. 공손앙은 젊어서부터 형명刑名의 학문을 좋아하고 위魏나라 재상인 공숙좌公叔座를 섬겨 중서자中庶子대부의 집안일을 맡아봄가 되었다.

공숙좌는 상앙이 현명한 줄을 알았지만 (위나라 왕에게) 추천할 기회를 얻지 못했다. 마침 공숙좌가 병에 걸리자 위나라 혜왕惠王이 직접 찾아와 병문안을 하며 말했다.

"만일 공숙의 병이 낫지 않는다면 앞으로 사직을 어찌하면 좋겠소?"

공숙좌는 말했다.

"제 중서자로 있는 공손앙은 나이는 비록 어리지만 재능이 빼어납니다. 원컨대 왕께서는 나랏일을 그에게 맡기고 다스리는 이치를 들으십시오."

왕은 아무 말도 하지 않았다. 왕이 가려고 하자, 공숙좌는 주위 사람들을 물러나게 하고 말했다.

"왕께서 공손앙을 등용하지 않으시려거든 반드시 그를 죽여 국경을 넘지 못하게 하십시오."

왕은 그렇게 하기로 하고 돌아갔다.

공숙좌는 공손앙을 불러 사과했다.

"오늘 왕께서 재상이 될 만한 인물을 묻기에 나는 당신을 추천하였으나 왕의 낯빛을 보니 내 말을 받아들이지 않을 것 같았소. 나는 군주가 먼저이고 신하가 나중이어야 한다고 생각하므로 왕께서 당신을 기용하지 않으시려면 죽여야 한다고 하였소. 왕은 나에게 그렇게 하시겠다고 하였소. 그대는 빨리 떠나시오. [그러지 않으면] 곧 붙잡힐 것이오."

공손앙이 말했다.

"저 왕께서는 당신 말을 듣고도 저를 임용하지 않는데, 또 어찌 당신 말을 들어 저를 죽이겠습니까?"

끝내 떠나지 않았다.

혜왕은 돌아와서 주위 신하들에게 말했다.

"공숙좌의 병이 깊어 슬프오. 과인더러 공손앙에게 듣고 나라를 다스리라고 하니 어찌 황당하지 않겠소!"

상대방의 마음을 알아야 성공적인 유세를 할 수 있다

공숙좌가 세상을 떠난 뒤 공손앙은 진秦나라 효공孝公이 전국에 어진 이를 찾는다는 포고령을 내리고 목공穆公의 패업을 이어 잃었던 동쪽 땅을 되찾으려 한다는 말을 듣고, 서쪽 진나라로 들어가 효공이 아끼는 신하 경감景監경景씨 성을 가진 태감太監을 통해 효공을 만났다.

효공은 위앙을 만나 나랏일에 대해 매우 오랫동안 이야기를 나누었으나 효공은 때때로 졸며 듣지 않았다. 위앙이 물러나오자 효공은 경감에게 화를 내며 말했다.

"당신의 빈객은 과대망상에 빠진 사람인데 어떻게 임용할 수 있겠는가!"

경감이 위앙을 꾸짖자 위앙은 말했다.

"제가 효공에게 제도帝道전설 속의 오제가 나라를 다스린 이치와 계책를 말씀드렸는데 그 뜻을 깨닫지 못하신 모양이군요."

닷새 뒤에 한 번 더 효공을 뵐 수 있도록 청하였다. 위앙은 다시 효공을 만나 〔첫 번째 만났을 때보다〕 더 열심히 말씀드렸지만 마음을 얻지는 못했다. 〔위앙이〕 물러나오자 효공은 또 경감을 꾸짖었고, 경감도 위앙을 나무랐다. 위앙이 말했다.

"제가 공에게 왕도王道우왕, 탕왕, 문왕, 무왕이 천하를 통일시킨 이론과 방법를 설명하였는데 마음에 들지 않는 모양이군요. 한 번 더 효공을 만나게 해 주십시오."

위앙은 또다시 효공을 만났다. 효공은 〔그를〕 잘 대했으나 등용하지는 않았다. 〔위앙이〕 물러나가자 효공은 경감에게 말했다.

"그대의 빈객은 괜찮은 사람이니, 〔그와〕 더불어 이야기할 만하오."

〔이 말을 경감에게 전해 들은〕 위앙은 말했다.

"제가 공에게 오패五覇일반적으로 춘추 시대 제나라 환공, 진晉나라 문공文公, 진秦나라 목공, 초나라 장왕, 송나라 양왕襄王을 말함가 나라를 다스린 방법을 설명드렸는데 이것을 쓸 만하다고 생각하셨군요. 진실로 저를 다시 만나게 해 주시면 제가 알려 드리겠습니다."

위앙은 다시 효공을 만났다. 효공은 더불어 이야기하는데, 〔위앙의 말을 들으면 들을수록 흥미가 생겨〕 무릎이 〔위앙〕 자리 앞으로 나오는 것도 알지 못하였다. 〔효공은〕 여러 날 말을 주고받아도 싫증이 나지 않았다. 경감이 물었다.

"그대는 어떤 방법으로 우리 주군의 마음을 사로잡았소? 우리 주군께서 매우 기뻐하고 있으니 말이오."

위앙이 말했다.

"저는 공에게 삼황오제의 도를 실행하면 삼대에 견줄 만한 태평성대를 누릴 것이라고 말씀드렸습니다. 그러자 주군께서는 '너무나 길고 멀어서 나는 기다릴 수 없소. 그리고 어진 군주는 자기가 자리에 있을 때 세상에 이름을 나타내는데 어찌 속을 태우며 수십 년 또는 수백 년 뒤에 제왕의 사업을 이루기를 기다릴 수 있겠소?'라고 하셨습니다. 그래서 제가 강한 나라를 만드는 방법을 주군께 말씀드렸더니 주군께서 기뻐하신 것뿐입니다. 하지만 은, 주 시대 임금의 덕행에 견주기는 어렵습니다."

옛것을 따르는 것만이 능사는 아니다

효공은 위앙을 등용했지만, 위앙이 법을 바꾸려고 하자 세상 사람들이 자기를 비방할까 두려웠다. 위앙이 말했다.

"의심스러워하면서 행동하면 공명이 따르지 않고, 의심스러워하면서 일을 하면 공도 세울 수 없습니다. 또 다른 사람들보다 고상한 행동을 하는 자는 정녕 세상 사람들에게 비난받기 마련이며, 혼자만 아는 지혜를 가진 자는 반드시 사람들에게 오만하다는 말을 듣게 마련입니다. 어리석은 자는 이미 이루어진 일도 모르지만 지혜로운 자는 움트기도 전에 압니다. 백성은 일을 시작할 때에는 더불어 상의할 수 없으나 일이 성공하면 함께 즐길 수 있습니다. 가장 높은 덕을 논의하는 자는 세속과 타협하지 않으며, 큰 공을 이루는 자는 뭇사람과 상의하지 않습니다. 그러므로 성인은 나라를 강하게 할 수 있으면 구태여 옛것을 본뜨지 않고, 백성을 이롭게 할 수 있으면 옛날의 예악 제도를 좇지 않았습니다."

효공이 대답했다.

"옳은 말이오."

감룡甘龍은 말했다.

"그렇지 않습니다. 성인은 백성의 풍속을 바꾸지 않고 교화시키며, 지혜로운 자는 법을 바꾸지 않고 다스립니다. 백성의 풍속에 따라서 교화시키면 힘들이지 않고도 공을 이룰 수 있고, (있는) 법에 따라 다스리면 관리도 익숙하고 백성도 편안할 것입니다."

위앙이 말했다.

"감룡이 말하는 것은 세속에서 하는 말입니다. 평범한 사람들은 옛 풍속에 안주하고 학자들은 자기가 들은 것에만 빠져듭니다. 이 두 부류의 사람은 관직에 있으면서 법을 지키게 할 수는 있지만 법 이외의 문제변법를 더불어 논의할 수는 없습니다. 삼대는 예악을 달리하고도 (천하에서) 왕 노릇을 하였고 오백五伯춘추 오패은 법제를 달리하고도 (천하의) 우두머리가 되었습니다. 지혜로운 자는 법을 만들고 어리석은 자는 통제를 받으며, 현명한 자는 예법을 고치고, 평범한 자는 얽매입니다."

두지杜摯가 말했다.

"이로움이 백 배가 되지 못하면 법을 바꿀 수 없고, 효과가 열 배가 되지 못하면 기물을 바꿔서는 안 됩니다. 옛것을 본받으면 허물이 없고 예법을 따르면 사악함이 없게 됩니다."

위앙이 말했다.

"세상을 다스리는 데는 한 가지 길만 있는 것이 아니므로 그 나라에 편하면 옛날 법을 본받을 필요가 없습니다. 그러므로 탕왕과 무왕은 옛 법을 따르지 않았지만 왕 노릇을 하였고, 하나라 걸왕과 은나라 주왕은 예법을 바꾸지 않았지만 멸망했습니다. 옛날 법을 반대한다고 해서 비난할 것도 아니고 예법을 따른다고 하여 칭찬할 것도 못 됩니다."

효공이 말했다.

"좋소."

〔효공은〕 위앙을 좌서장左庶長으로 삼고 마침내 법을 바꾸라는 명을 확정하였다.

새로 만든 법은 믿음 속에서 꽃필 수 있다

법령에 따르면 백성을 열 집 또는 다섯 집을 한 조로 묶어 서로 잘못을 감시하도록 하고, 〔한 집이〕 죄를 지으면 〔그 조가〕 똑같이 벌을 받는다. 죄 지은 것을 알리지 않는 사람은 허리를 자르는 벌로 다스리고, 또 그것을 알린 사람에게는 적의 머리를 벤 것과 같은 상을 주며, 죄를 숨기는 사람은 적에게 항복한 사람과 똑같은 벌을 준다. 백성 가운데 〔한 집에〕 남자가 두 명 이상인데 세대가 분리되어 있지 않으면 부세를 두 배로 한다. 군대에서 공을 세운 사람은 각각 그 공의 크고 작음에 따라 벼슬을 올려 주고, 사사로이 싸움을 일삼는 자는 각각 가볍고 무거움에 따라 크고 작은 형벌을 받는다. 본업에 힘써 밭을 갈고 길쌈을 하여 곡식이나 비단을 많이 바치는 사람에게는 부역과 부세를 면제한다. 상공업에 종사하여 이익만을 추구하는 자와 게을러서 가난한 자는 모두 체포하여 관청의 노비로 삼는다.[1] 군주의 친척이나 종족이라도 싸워 공을 세우지 못하면 심사를 거쳐 족보에 소속되지 않도록 한다. 〔신분상의〕 존비尊卑, 작위와 봉록의 등급을 분명히 하여 각자 차등을 두고 토지와 집, 신첩臣妾, 의복의 등급을 그 집안의 작위에 따라서 차등을 둔다. 〔군대에서〕 공을 세운 사람은 영예를 누리지만 공을 세우지 못한 사람은 부유해도 존경받을 수 없다.

〔이와 같은〕 법령이 이미 갖추어졌으나 널리 알리기 전이라 백성이 믿지 않을까 염려되었다. 그래서 세 길이나 되는 나무를 도성 저잣거리의 남쪽 문에 세우고 백성을 불러 모아 〔이 나무를〕 북쪽 문으로 옮겨 놓는 자에게는 10금을 주겠다고 하였다.

백성은 그것을 이상히 여겨 아무도 옮기지 않았다. 다시 말했다.

"〔그것을〕 옮기는 자에게는 50금을 주겠다."

어떤 사람이 그것을 옮겨 놓자 즉시 50금을 주어 속이지 않는다는 점을 분명히 했다. 마침내 새 법령을 널리 알렸다.

---

[1] 상공업에 종사하는 사람들은 일정한 거주지를 중심으로 생활하는 농민과는 달리 유동적인 삶을 살아가므로 전쟁 같은 위기 상황이 생기면 그 집이나 마을을 지킬 수 없으므로 이렇게 한 것이다.

법령이 백성에게 시행된 지 1년 만에 진나라 백성 가운데 도성까지 올라와 새 법령이 불편하다고 호소하는 자가 1000명을 헤아릴 정도였다. 바로 그 무렵 태자가 법을 어기자 위앙은 이렇게 말했다.

"법이 시행되지 못하는 것은 위에서부터 그것을 어기기 때문이다."

법에 따라 태자를 처벌하려고 했다. [그러나] 태자는 군주의 뒤를 이을 사람이니 형벌을 가할 수도 없어서 태자의 태부太傅로 있던 공자건公子虔을 처벌하고 태사太師(임금을 보좌하는 관직) 공손가公孫賈의 이마에 글자를 새기는 형벌을 내렸다. 그다음 날부터 진나라 백성은 모두 새로운 법령을 지켰다.

[법령이] 시행된 지 10년이 되자 진나라 백성은 크게 기뻐하면서 만족스러워하고, 길에 물건이 떨어져 있어도 주워 가지 않으며, 산에는 도적이 없고, 집집마다 풍족하며, 사람마다 마음이 넉넉했다. 백성은 공적인 전투에는 용감하고 사사로운 싸움에는 두려워하였으며 시골이나 고을이 잘 다스려졌다. 진나라 백성 가운데 예전에는 법령이 불편했으나 이제 와서는 편하다고 말하는 자가 있었다. 위앙은 말했다.

"이들은 모두 교화를 어지럽히는 백성들이다."

그러고는 그들을 전부 변방 지역으로 쫓아 버렸다. 그 뒤로는 감히 새로운 법에 대해서 논의하는 자가 없었다.

이에 [왕은] 위앙을 대량조大良造로 삼았다. [위앙은] 병사를 이끌고 위魏나라 수도 안읍安邑을 에워싸 항복시켰다. 3년 뒤에는 함양咸陽에 궁궐과 궁정을 짓고 진나라는 도읍을 옹雍에서 함양으로 옮겼다. 그리고 백성은 아버지와 자식 또는 형제가 한집에 사는 것을 금지한다는 명령을 내렸다. 또 작은 고을과 읍邑을 모아 현縣을 만들고 현령縣令이나 현승縣丞을 두니 모두 서른한 현이 있었다. 농지를 정리하여 경지 간의 가로와 세로 경계를 터 농사를 짓게 하고 부세를 공평히 하였으며 도량형도 통일하였다.

〔이러한 일을〕 실시한 지 4년이 지난 어느 날 공자건이 또 법령을 어겨 의형劓刑코를 베는 형벌을 받았다. 5년이 지나자 진나라 백성은 생활이 넉넉해지고 병력이 강해졌다. 〔주나라〕 천자가 조상의 제사에 쓴 고기를 효공에게 보내니 제후가 모두 축하해 주었다.

배 속에 있는 질병을 없애라

그 이듬해에 제나라는 위魏나라 군사를 〔위나라 읍인〕 마릉馬陵에서 물리쳐 위나라 태자 신申을 사로잡고 장군 방연龐涓을 죽였다. 그다음 해에 위앙은 효공에게 유세하여 말했다.

"진나라와 위魏나라의 관계는 마치 사람의 배 속에 속병이 난 것과 같아 위나라가 진나라를 합병하지 못하면 진나라가 위나라를 합병할 것입니다. 무엇 때문이겠습니까? 위나라는 험준한 산맥 서쪽에 자리잡고 안읍을 도읍으로 삼고 있으며, 진나라와는 하수를 경계로 하여 효산崤山 동쪽의 이익을 모두 차지하고 있기 때문입니다. 그래서 유리할 때는 서쪽으로 향하여 진나라를 치고, 지치면 동쪽으로 땅을 넓힙니다. 지금 군주의 현명함과 성스러운 덕에 임입어, 나라는 상하고 넉넉해졌습니다. 그러나 위나라는 지난해에 제나라에게 크게 지자 제후들이 모반하였으니, 이 틈을 타 위나라를 정벌할 수 있습니다. 위나라가 진나라의 공격을 견디지 못하면 반드시 동쪽으로 옮겨 갈 것입니다. 〔위나라가〕 동쪽으로 옮겨 가면 진나라는 하수와 효산의 견고함에 의지하여 동쪽의 제후들을 제압할 수 있으니 이것이 바로 제왕의 대업입니다.”

효공도 옳다고 생각하고 위앙을 장군으로 삼아 위나라를 치게 하였다. 위나라는 공자 앙卬을 장수로 삼아 진나라를 맞아 싸우게 하였다. 〔양쪽〕 군사가 대치하고 있을 때 위앙은 위나라 장군 공자 앙에게 편지를 보내 말했다.

저는 본래 공자와 가까운 사이였습니다. 〔비록〕 지금은 모두 두 나라의 장수가 되었지만 차마 서로 공격할 수 없으니 공자와 직접 만나 서로 마주 보며 맹약을 맺은 뒤 즐겁게 마시고 병력을 거두어 진나라와 위나라를 평안하게 합시다.

위나라 공자 앙도 〔그 말이〕 옳다고 생각하였다. 만나 맹약을 맺고 나서 술을 마셨다. 〔그러나 그때〕 위앙은 미리 숨겨 두었던 무장한 병사들에게 위나라 공자 앙을 습격하게 하여 사로잡고 위나라 군대를 쳐서 모조리 깨뜨리고 진나라로 돌아왔다. 위나라 혜왕은 자신의 군대가 제나라와 진나라에게 여러 차례 져 나라 안이 텅 비고 나날이 땅이 줄어드는 것을 두려워해, 사자를 보내 하수 서쪽 땅을 나누어 진나라에게 바치고 강화를 맺었다. 그리고 위나라는 결국 안읍을 떠나 대량으로 도읍을 옮겼다. 위나라 혜왕은 말했다.

"과인이 공숙좌의 말을 듣지 않은 것이 한스럽구나."

위앙이 위나라 군대를 쳐부수고 돌아오자, 진나라에서는 앙을 오於와 상商의 열다섯 읍에 봉하고 봉호를 상군商君이라 했다.

사람의 마음을 잃는 자는 망한다

상군이 진나라 재상이 된 지 10년이 흐르자, 군주의 종실이나 외척 중에는 [그를] 원망하는 자가 많아졌다. 조량趙良이 상군을 만나러 오자 상군이 말했다.

"내가 [당신을] 만날 수 있게 된 것은 맹난고孟蘭皐의 소개가 있었기 때문입니다. 지금 나는 당신과 사귀고 싶은데 어떻습니까?"

조량이 말했다.

"저는 감히 바라지 못했던 것입니다. 공자는 '어진 이를 추천하여 받드는 자는 번영하고, 어리석은 자를 불러 모아 왕 노릇을 하는 자는 몰락한다.'라고 말하였습니다. 저는 어리석기 때문에 감히 당신의 명을 들을 수 없습니다. [또] 제가 듣건대 '그 자리가 아닌데 그곳에 머무는 것을 자리를 탐한다고 하고, 그 이름이 아닌데 그 이름을 누리는 것을 이름을 탐한다고 한다.'라고 하였습니다. 제가 당신의 뜻을 받아들인다면 자리를 탐하고 이름을 탐하는 사람이 될까 두렵습니다. 그러므로 감히 명을 들을 수 없습니다."

상군이 말했다.

"그대는 내가 진나라를 다스리는 방식이 내키지 않습니까?"

조량이 말했다.

"돌이켜 귀 기울이는 것을 총聰이라 하고, 마음속으로 볼 수 있는 것을 명明이라고 하며, 자신을 이기는 것을 강彊이라고 합니다. 순임금도 '스스로 자신을 낮추면 더욱더 높아진다.'라고 말하였습니다. 당신이 순임금의 도를 따르는 것이 더 나으며, 제 의견 따위는 물을 필요도 없습니다."

상앙이 말했다.

"처음에 진나라는 융적戎翟오랑캐의 풍습을 받아들여 아버지와 아들이 구별 없이 한방에서 살았습니다. 지금 내가 그런 풍습을 고쳐서 남자와 여자의 구별이 있게 하였고, 큰 궁궐 문을 세워 노나라나 위衛나라처럼 경영하였습니다. 당신은 내가 진나라를 다스리는 것을 오고대부五羖大夫[2]와 비교해 볼 때 누가 더 현명하다고 생각합니까?"

조량이 말했다.

"1000마리의 양가죽은 여우 한 마리의 겨드랑이 가죽만 못합니다. 1000사람의 아부는 한 선비의 올바른 직언만 못합니다. 주나라 무왕은 신하들의 올바른 직언으로 창성했고, 은나라 주왕은 신하들이 입을 다물어서 망하였습니다. 당신이 만일 무왕을 나무라지 않는다면 제가 온

---

2 백리해를 말한다. 노예로 진秦나라에 보내졌던 백리해의 사람됨을 알아본 목공이 양가죽 다섯 장을 주고 사 와 대부로 삼은 데서 붙여진 이름이다.

종일 바른말을 하여도 죽이지 않으시는 것이 가능하겠습니까?"

상군이 말했다.

"이런 말이 있습니다. '겉치레 말은 허황되고 속에 있는 말은 진실되며, 괴로운 말은 약이 되고 달콤한 말은 독이 된다.' 선생께서 진정으로 온종일 바른말을 해 주신다면 나에게 약이 될 것입니다. 나는 선생을 (스승으로) 섬기려 하는데 선생께서는 또 어찌하여 사양하려 하십니까?"

조량이 말했다.

"저 오고대부는 형荊초楚 땅의 보잘것없는 사람이었습니다. (그는) 진秦나라 목공이 현명하다는 소문을 듣고 만나 보고 싶었지만 찾아갈 여비가 없자 자신을 진나라로 가는 식객에게 팔아 남루한 홑옷을 입고 소를 치며 따라갔습니다. 그로부터 1년이 지나서야 목공은 그를 알아보고 소의 여물이나 먹이던 미천한 그를 천거하여 백성의 윗자리에 두었는데, 진나라에서는 (이 일에) 감히 원망하는 자가 아무도 없었습니다. (그가) 진나라 재상이 된 지 6~7년이 지나자 동쪽으로 정鄭나라를 치고, 진晉나라의 임금을 세 번이나 세우며,[3] 형나라의 재앙을 (한 차례) 구해 주었습니다.[4] 나라 안 사람들을 가르치니 (진나라 남쪽에 있는) 파巴 땅 사람까지 공물을 바치고, 은덕을 제후들에게 베푸니 (진나라 서쪽에 있는)

---

3 진晉나라 헌공獻公이 죽은 뒤, 진秦나라 목공은 앞뒤로 하여 진晉나라의 세 군주를 세웠다. 즉 기원전 651년에 공자 이오夷吾를 진晉나라로 돌려보내 혜공惠公이 되도록 했고, 기원전 637년에는 진晉나라 공자 어圉가 들어가 회공懷公이 되었으며, 같은 해에 진晉나라 공자 중이重耳를 보내 문공文公이 되도록 했다.
4 기원전 631년에 진秦나라의 목공은 진晉나라의 문공이 초나라를 정벌하려고 전쟁을 일으켰을 때 구해 주었다. 이 싸움이 유명한 성복지전城濮之戰이다.

여덟 곳의 오랑캐까지 와서 복종했습니다. 유여由余[5]도 이 소문을 듣고 관문을 두드리며 만나기를 청하였습니다. 오고대부는 진나라 재상이 된 이래 피곤해도 수레에 걸터앉지 않으며 더워도 수레에 햇빛 가리개를 치지 않았습니다. 나라 안을 순시할 때에도 호위하는 수레를 거느리지 않고 무장한 호위병도 없었습니다. 〔그의〕 공로와 명예는 관부의 창고 안에 보존되고 덕행은 후세에까지 베풀어지고 있습니다. 오고대부가 세상을 뜨자 진나라 사람들은 남자 여자 할 것 없이 눈물을 흘리고, 아이들은 노래를 부르지 않으며, 절구질을 할 때도 방아타령을 부르지 않았습니다. 이것은 오고대부의 덕정德政 때문입니다.

〔그러나〕 당신은 당시 총애받고 있던 신하 경감의 소개를 통해 진나라 왕을 만났습니다. 이것은 명예로운 행위라고 할 수 없습니다. 진나라 재상이 되어서는 백성의 이익을 중요한 일로 삼지 않고 큰 궁궐을 세웠으니 그것은 공적이라 할 수 없습니다. 태자의 태사와 태부에게 형벌을 가하고 이마에 먹물을 들이며 무서운 형벌로 백성을 상하게 한 것은 원한을 사고 재앙을 쌓아 놓은 일입니다. 〔당신은〕 왕의 명령보다도 깊게 백성을 교화시키고 백성은 왕이 명령하는 것보다도 빠르게 당신이 하는

---

5 진晉나라 사람으로 서융西戎으로 달아났다. 융왕은 그를 진秦나라로 보내 그곳의 상황을 살펴보도록 했다. 진秦나라 목공은 유여에게 진나라의 화려한 궁궐과 쌓아 놓은 재물을 보여 주어 국력을 과시하려고 했다. 그러나 유여는 오히려 이렇게 비웃었다. "만일 이것을 귀신이 만든 것이라면 귀신을 수고롭게 한 것이고, 사람들을 써서 만든 것이라면 백성을 해롭게 했을 것입니다." 그러자 진나라 목공은 유여의 재능을 알아보고 머물러 있게 한 뒤, 융왕에게 여자와 가무단을 보내 유여와 관계를 끊도록 했다. 유여는 서융으로 돌아온 뒤 여러 차례 간언했지만 융왕은 받아들이지 않았다. 그래서 유여는 진나라로 투항하여 목공을 도와 서융을 쳤다.

일을 본받습니다. 지금 당신이 또 혁신하여 세운 제도는 도리를 등지고 당신이 고친 국법은 이치에 어긋나니 이것을 교화라고 할 수 있는 것이 못 됩니다. 당신은 또한 〔임금처럼〕 남쪽을 향하여 앉아 과인寡人[6]이라 일컬으며 날마다 진나라의 공자들을 핍박하고 있습니다.

『시』에서는 '쥐한테도 체면이 있는데 사람으로서 예의가 없구나. 사람으로서 예의가 없으면 어찌 빨리 죽지 않을까?'라고 하였습니다. 이 시로 보더라도 〔당신은〕 하늘에서 내려 준 목숨을 다 누릴 수 없는 행동을 했습니다. 공자건은 〔코 베인 것을 부끄럽게 여겨〕 문을 닫고 밖으로 나오지 않은 지 8년이나 되었습니다. 당신은 또 축환祝懽을 죽이고 공손가를 경형으로 다스렸습니다. 『시』에서는 '사람을 얻는 자는 흥하고 사람을 잃는 자는 망한다.'라고 했습니다. 이러한 몇 가지 일은 사람을 얻을 만한 행위가 못 됩니다. 당신이 밖으로 나갈 때에는 뒤따르는 수레가 수십 대이고, 수레에는 무장한 병사들이 뒤따릅니다. 〔수레에는〕 힘세고 신체 건강한 장사가 옆에 타서 수행하며, 창을 가진 병사가 양쪽 옆에서 수레와 함께 달립니다. 이러한 것들 중에서 한 가지라도 갖추어지지 않으면 당신은 정녕 외출하지 못합니다. 『서』에서는 '덕을 믿는 자는 창성하고 힘을 믿는 자는 멸망한다.'라고 하였습니다. 당신은 위태롭기가 아침 이슬과 같은데 아직 목숨을 연장하여 더 오래 살기를 바라십니까?

그렇다면 어찌하여 〔상과 오의〕 성 열다섯 개를 돌려주고, 전원으로 물러나와 꽃과 풀에 물을 주며 살지 않습니까? 동굴 속에 숨어 사는 현

---

6 상앙이 상군商君으로 봉해진 것을 말한다. 춘추 전국 시대에는 군君으로 봉해지면 모두 '과인寡人'이라고 할 수 있었다.

명한 사람을 세상에 나오도록 하여 진나라 왕에게 추천하고, 노인을 받들어 모시고 고아를 보살피며 부모와 형을 공경하고, 공을 세운 자에게 그에 걸맞은 지위를 주고 덕 있는 자를 존중한다면 조금은 편해질 수 있을 것입니다.

〔그런데〕 당신은 아직까지 상과 오의 넉넉함을 탐내고 진나라의 정치를 마음대로 주무르는 것을 영예로 여겨 백성의 원한을 축적하고 있으니 진나라 왕이 하루아침에 세상을 떠나 조정에 서지 못하게 되면 어찌 진나라에서 당신을 제거하려는 명분이 어찌 없다고 하겠습니까? 〔당신의〕 파멸은 한 발을 들고 넘어지기를 기다리는 것처럼 다가올 것입니다."

그러나 상군은 그 말을 따르지 않았다.

다섯 달 뒤에 진나라 효공이 죽자 태자가 그 자리를 이었다. 〔그러자〕 공자건과 그를 따르는 자들이 상군이 반란을 일으키려 한다고 밀고하자 〔왕은〕 관리를 보내 상군을 잡아 오게 했다. 상군은 변방 부근까지 달아나 여관에 머물려 했으나, 여관 주인은 그가 상앙임을 모르고 말했다.

"상군의 법에 의하면 여행증이 없는 손님을 묵게 하면 그 손님과 연좌되어 처벌을 받습니다."

상군은 한숨을 쉬며 말했다.

"아! 법을 만든 폐해가 〔결국〕 이 지경까지 이르렀구나."

〔상군은〕 그곳을 떠나 위魏나라로 갔다. 〔그러나〕 위나라 사람들은 상앙이 공자 앙을 속여 위나라 군대를 친 것을 원망하고 있으므로 받아 주지 않았다. 상군이 다른 나라로 가려고 할 때 위나라 사람이 말했다.

"상군은 진나라의 적이다. 진나라는 강성한 나라로 그 나라의 적이 위나라로 들어왔으니 돌려보내지 않으면 안 된다."

〔위나라는 상군을〕진나라로 마침내 돌려보냈다. 상군은 다시 진나라로 들어가게 되자, 상읍商邑으로 가서 따르는 무리와 봉읍의 병사를 동원하여 북쪽으로 정나라를 쳤다. 진나라에서는 군사를 내어 상군을 치고 정나라의 맹지黽池에서 그를 죽였다. 진나라 혜왕은 상군을 거열형車裂刑[7]에 처해 본보기를 보이고는 말했다.

"상앙처럼 모반하는 자가 되지 말라!"

마침내 상군의 집안을 모두 죽였다.

태사공은 말한다.

"상군은 그 타고난 성품이 각박한 사람이다. 그가 효공에게 벼슬을 얻고자 제왕의 도로 유세한 것을 보면 내용이 없고 화려한 말을 늘어놓은 것이지 마음속으로 하려던 말을 한 것이 아니었다. 게다가 군주의 총애를 받고 있던 신하를 이용하고, 자리에 오른 뒤에는 공자건에게 형벌을 가하고, 위나라 장군 앙을 속이고, 조량의 충언을 따르지 않은 것도 상군이 은혜가 적은 것을 밝히기에 충분하다. 나는 일찍이 상군이 지은 『상군서商君書』에서 「개색開塞」, 「경전耕戰」[8] 편을 읽었는데 〔그 내용도〕 그가 행동한 궤적과 비슷하였다. 결국 상군이 진나라에서 좋지 않은 평판을 얻게 된 데는 까닭이 있구나!"

---

7 사람의 머리와 사지를 다섯 수레에 나누어 묶고 말 다섯 필로 끌어당겨 찢어 죽이는 잔혹한 형벌이다.

8 상앙이 죽은 뒤 법가 학자들이 그의 변법 이론을 묶어 『상군서』를 만들었는데, 『한서』「예문지」에 스물아홉 편이 실려 있었다고 하나 현존하는 것은 스물여섯 편뿐이다. 그중 세 번째 편이 「농전農戰」이고, 일곱 번째 편이 「개색」이다. 여기서 「경전」이라고 한 것은 「농전」을 말한다.

9

소진 열전
蘇秦列傳

『전국책戰國策』에서 자료를 취한 이 편은 소진과 그의 두 동생 소대蘇代, 소려蘇属의 열전을 묶은 것이다. 내용상 이 편은 소진이 합종合縱에 성공하여 잠시나마 여섯 나라의 재상이 되어서 혁혁한 사적을 세우는 부분과, 소대와 소려가 연나라를 위해 모사를 꾸며 제나라를 깨뜨리는 사적을 기록한 부분으로 나누어 볼 수 있다. 앞부분은 소진이 계속 유세에 실패하여 실의에 빠진 모습과 뒷날 유세에 성공하여 득의한 모습을 생동감 있게 대비시킴으로써 문학적 색채를 더했다. 세상에서는 소진을 나라를 팔아먹은 반역의 신하로 일컫지만, 합종에 성공하여 진秦나라 병사가 15년 동안 동쪽으로 나오지 못하게 하는 데 크게 공헌한 점은 부인할 수 없다.

소진의 뒤를 이어 소대와 소려가 잇달아 연나라를 위해 세운 계책도 높이 평가받아야 한다. 이 때문에 사마천도 소씨 형제들이 지혜와 역량 면에서 다른 사람을 능가했음을 인정하고 이 열전을 만든 것으로 보인다. 다음의 「장의 열전」에서 보이듯 장의에 대한 사마천의 평가가 비판적이라는 점을 고려하면 더욱 그러하다.

소진과 장의는 함께 거론된다. 『사기』의 「진 본기秦本紀」, 「연 세가燕世家」, 「위 세가魏世家」, 「육국 연표六國年表」에 두 사람이 활동한 연대가 기록되어 있는데 소진은 기원전 334년부터 기원전 320년까지, 장의는 기원전 328년부터 기원전 309년까지 활동했다. 두 사람은 귀곡 선생을 함께 섬겼고 나이도 서로 비슷하다. 소진이 장의보다 조금 더 일찍 세상에 나왔으나 비명횡사하여 약 11년 먼저 세상을 떠났다.

여섯 나라의 재상을 지내고 금의환향한 소진.

새도 깃털이 자라지 않으면 높이 날 수 없다

소진蘇秦은 동주東周 낙양雒陽 사람으로 스승을 찾아 동쪽의 제나라로 가서 귀곡 선생鬼谷先生[1]에게 배웠다.

소진은 〔동주를 떠나〕 여러 해 동안 유세하러 다녔지만 큰 어려움을 겪고 집으로 돌아왔다. 이때 형제, 형수, 누이, 아내, 첩이 모두 은근히 비웃으며 말했다.

"주나라 사람들의 풍속에 따르면 농사를 주로 하고 물건을 만들고 장사에 힘써서 10분의 2의 이익을 추구하는 것이 임무인데 지금 당신은 본업을 버리고 입과 혀끝만을 놀리고 있으니 곤궁한 것이 당연하지 않습니까!"

소진은 이 말을 듣고 부끄럽고 절로 슬퍼졌다. 그는 그길로 문을 걸어 잠그고 방에 틀어박혀 책을 꺼내 두루 훑어보다가 말했다.

"대체로 선비가 머리를 숙여 가며 배우고도 높은 벼슬과 영화를 얻을 수 없다면 〔책을〕 많이 읽은들 무슨 쓸모가 있겠는가?"

그리하여 주나라 책 『음부陰符』[2]를 찾아내어 머리를 파묻고 읽었다.

---

1 전국 시대에 활동한 종횡가 중 한 사람이다. 그가 귀곡鬼谷에서 살았기 때문에 귀곡 선생 또는 귀곡자鬼谷子라고 불렀다.
2 주나라의 『음부』는 병가에 속하고 황제皇帝 『음부』는 도가에 속한다. 지금 전해 오는 『음부경陰符經』은 황제 『음부』로 384자 총 한 권이며 태공太公, 범려, 귀곡자, 장량張良, 제갈량諸葛亮, 이전李筌이 주를 달았다.

1년쯤 되어서야 〔유세할〕 상대방의 심리를 알아내어 설득하는 방법을 터득하고는 말했다.

"이 방법만 있으면 이 시대의 군주들에게 유세할 수 있을 것이다."

〔그는〕 주나라 현왕顯王을 찾아가 설득하려고 했다. 〔그러나〕 현왕의 주위 사람들은 본디 소진을 알고 있기에 모두 무시하고 믿지 않았다.

그래서 소진은 서쪽 진秦나라로 갔다. 〔때마침〕 진나라 효공이 세상을 떠나서 〔그 아들〕 혜왕惠王에게 유세하여 말했다.

"진나라는 사방이 요새로 이루어진 나라입니다. 산으로 둘러싸여 있으며 위수渭水를 끼고 있으며 동쪽으로는 함곡관과 하수가 있고, 서쪽으로는 한중漢中이 있으며, 남쪽으로는 파군巴郡과 촉군蜀郡이 있고, 북쪽으로는 대군代郡과 마읍馬邑이 있으니 이곳은 하늘이 만들어 준 지역이라고 할 수 있습니다. 진나라 선비와 백성에게 병법을 가르친다면 천하를 삼켜서 제왕이라고 일컬으며 다스릴 수 있을 것입니다."

진나라 왕이 말했다.

"새도 깃털이 자라지 않으면 높이 날 수 없소. 〔우리 나라는〕 다스리는 이치가 밝혀지지 않았으니 천하를 통일할 수 없소."[3]

당시 〔진나라는〕 상앙을 죽인 뒤라서 변론하는 선비들을 싫어하여 〔소진을〕 등용하지 않았다.

---

3 이것은 진나라 혜왕이 무력을 빌려 천하를 합병하려는 소진의 계책에 반대한 말이다. 혜왕은 무력보다는 문리文理가 더 중요하다고 본 것이다.

〔소진은〕 다시 동쪽의 조나라로 갔다. 조나라 숙후肅侯는 그 동생 조성趙成을 재상으로 삼아 봉양군奉陽君이라 불렀는데, 봉양군은 소진을 탐탁하게 여기지 않았다.

〔소진은〕 연나라로 가서 유세하게 되었는데, 1년쯤 지나서야 〔연나라 문후文侯를〕 만날 수 있었다. 그는 연나라 문후에게 유세하여 말했다.

"연나라 동쪽에는 조선과 요동이 있고, 북쪽에는 임호林胡와 누번樓煩이 있으며, 서쪽에는 운중雲中과 구원九原이 있고, 남쪽에는 호타하嘑沱河와 역수易水가 있습니다. 땅은 사방 2000여 리가 되고, 무장한 병력이 수십만 명이며, 수레 600대에 기마 6000필이 있고, 식량은 몇 년을 견딜 수 있습니다. 남쪽에는 갈석碣石이나 안문雁門 같은 풍요로운 땅이 있고,[4] 북쪽에는 대추와 밤에서 얻는 이익이 있어 백성은 밭을 갈지 않아도 대추와 곡식을 넉넉하게 거둘 수 있습니다. 이것은 이른바 하늘이 만들어 준 지역이라고 할 수 있습니다.

대체로 편안하고 별다른 일이 없어 싸움에 지고 장수를 죽이는 일이 없는 곳은 연나라에 지나지 않습니다. 왕께서는 이렇게 된 까닭을 아십니까? 연나라가 무장한 외적의 침입을 받지 않고 피해를 입지 않은 까닭은 조나라가 연나라의 남쪽을 가리고 있기 때문입니다. 진나라와 조나

---

4 갈석은 하북성 창려현昌黎縣 일대로 이곳을 통해 바다에서 얻을 수 있는 온갖 재화가 들어가고, 안문은 산서성 대현代縣에 있던 곳으로 이곳을 통해 사막의 물건들이 유입되었다.

라는 다섯 번 싸워 진나라가 두 번 이기고 조나라가 세 번 이겼습니다. 〔그러나 그 때문에〕 진나라와 조나라는 서로 지지게 되었고, 왕께서는 연나라를 온전하게 하면서 그 배후를 누를 수 있었으니, 이것이 연나라가 적의 침입을 받지 않은 까닭입니다.

또한 진나라가 연나라를 치려면 운중과 구원을 넘어 대代와 상곡上谷을 거쳐 수천 리를 지나 와야 합니다. 설령 진나라가 연나라의 성을 얻는다고 하더라도 진나라의 모든 계책을 다 써도 지킬 수 없습니다. 진나라가 연나라를 해칠 수 없는 것 또한 명백합니다. 지금 조나라가 연나라를 친다면 호령號令을 내린 지 열흘도 못 되어 군사 수십만 명이 동원東垣에 진을 칠 것입니다. 또 호타하와 역수를 건넌 지 나흘이나 닷새도 못 되어 연나라 수도에 다다를 수 있습니다. 따라서 진나라가 연나라를 치면 1000리 밖에서 싸우게 되고, 조나라가 연나라를 치면 100리 안에서 싸우게 되는 것입니다. 100리 안의 근심거리를 걱정하지 않고 1000리 밖을 중시한다면 이보다 더 잘못된 계책은 없을 것입니다. 이런 까닭 때문에 왕께서 조나라와 합종하시기를 바라는 것입니다. 천하가 하나로 통일되면 연나라에는 반드시 걱정거리가 없을 것입니다.”

문후가 말했다.

“그대 말이 옳소. 그러나 우리 나라는 작아서 서쪽에서는 강대한 조나라가 핍박하고, 남쪽으로는 제나라에 가까이 있소. 제나라와 조나라는 강한 나라요. 그대가 반드시 합종을 통하여 연나라를 편안하게 할 수 있다면 과인은 온 나라를 들어 따르겠소.”

그리하여 〔문후는〕 소진에게 수레와 말과 금과 비단을 주어 조나라로 보냈다. 그러나 봉양군이 이미 죽었으므로 〔소진은〕 직접 조나라 숙후를 설득하여 말했다.

　"천하의 공경, 재상, 신하부터 벼슬하지 않은 선비에 이르기까지 모두 왕께서 의義를 행하는 것을 원대하고 어질다고 여겨 모두 왕 앞으로 나가서 마음속에서부터 충성스러운 의견을 올릴 수 있기를 바란 지 오래되었습니다. 비록 그러하더라도 봉양군은 〔어진 선비를〕 질시하여 등용하지 않고, 주군께서는 나랏일을 맡지 않으시므로 빈객이나 유세하는 선비들이 감히 직접 왕 앞으로 나아와 자신들의 생각을 말하지 못했습니다. 지금은 봉양군이 세상을 떠났으니 주군께서는 이제야 다시 선비와 백성과 서로 친할 수 있게 되었으므로 신은 감히 어리석은 생각을 말씀드리고자 합니다.

　〔제가〕 가만히 생각하기에 주군을 위한 계책으로는 백성이 편안하고 나라에 일이 없는 것이 가장 좋습니다. 그러니 새로운 일을 만들어 백성을 수고롭게 해서는 안 됩니다. 백성을 편안히 하는 근본적인 계책은 교류할 만한 나라를 고르는 데 있습니다. 교류할 만한 나라를 알맞게 고르면 백성은 편안할 수 있고, 교류할 만한 나라를 잘못 고르면 백성은 죽을 때까지 편안할 수 없게 됩니다. 〔우선〕 나라 밖의 걱정거리를 말씀드리겠습니다.

　〔만일〕 제나라와 진나라가 둘 다 〔조나라의〕 적국이 된다면 백성은 편

안할 수 없을 것이고, 진나라에 기대어 제나라를 쳐도 백성은 편안할 수 없을 것이며, 제나라에 의지해 진나라를 쳐도 백성은 편안할 수 없을 것입니다. 그러므로 다른 나라의 군주를 회유하여 다른 나라를 치려 하면 늘 비밀이 새 나가 다른 나라와의 외교 관계를 드러내 놓고 끊는 고통을 겪어야 합니다. 신은 주군께서 신중히 하여 이와 같은 마음을 드러내지 않기를 바랍니다. 그러면 〔조나라의 이로움과 해로움을〕 검정색과 흰색, 음과 양의 차이처럼 명확하게 구분하여 말씀드리겠습니다.

주군께서 진실로 신의 말을 받아들인다면 연나라는 모직물과 갖옷과 개와 말 등이 생산되는 땅을 바칠 것이고, 제나라는 물고기와 소금이 생산되는 바다를 바칠 것이며, 초나라는 귤과 유자가 생산되는 전원을 바칠 것이고, 한韓과 위魏와 중산中山 등의 나라는 모두 주군과 후비들에게 부세를 거두는 사읍私邑을 바칠 것이니 주군이 존경하고 귀하게 여기는 친척과 부형도 모두 제후에 봉해질 수 있을 것입니다. 대체로 땅을 빼앗고 그 나라의 이익을 차지하는 것은 오패五霸가 다른 나라의 군대를 쳐서 깨뜨리고 장수를 사로잡아 구했던 것이고, 자기 친척을 제후로 봉하는 것은 은나라 탕왕이나 주나라 무왕이 나라의 임금을 내쫓거나 죽이는 방법으로 쟁취한 것입니다. 지금 주군께서 팔짱을 낀 채로 이 두 가지를 얻을 수 있도록 하는 것이 신이 주군을 위해 이루고자 하는 일입니다.

지금 대왕께서 진나라와 함께한다면 진나라는 틀림없이 한韓나라와 위魏나라를 쇠약하게 만들 것이고, 제나라와 함께한다면 제나라는 반드시 초나라와 위魏나라를 쇠약하게 할 것입니다. 위나라가 약해지면 황하의 남서쪽의 땅을 진나라에 떼어 줄 것이고, 한나라가 약해지면 의양

宜陽을 진나라에 바칠 것입니다. 의양을 바치면 상당上黨[5]에 이르는 길이 끊어질 것이고, 황하의 남서쪽을 떼어 주면 상당으로 통하는 길이 막힐 것입니다. 초나라가 약해지면 〔조나라는〕 도움받을 곳이 없게 됩니다. 이 세 가지 대책은 깊이 생각하지 않을 수 없습니다.

저 진나라가 지도軹道로 쳐내려오면 남양南陽이 위태로울 것이고, 한韓나라를 위협하고 주나라 왕실을 포위하면 조나라는 스스로 무기를 들고 일어설 것이며, 위衛나라를 근거지로 하여 권읍卷邑을 빼앗으면 제나라는 반드시 진나라에 들어가 조회하게 될 것입니다. 진나라의 탐욕스러운 마음이 산동山東[6]에 어느 정도 채워지면 반드시 군대를 일으켜 조나라를 향할 것입니다. 진나라 군대가 하수를 건너고 장수漳水를 넘어 파오番吾를 차지하면 〔진나라와 조나라〕 군대는 반드시 〔조나라 수도〕 한단邯鄲 아래에서 싸울 것입니다. 이것이 신이 주군을 위해 걱정하는 점입니다.

지금 산동에 세워진 나라 가운데 조나라보다 강한 나라는 없습니다. 조나라 땅은 사방 2000여 리가 넘고, 무장한 군사는 수십만 명이며, 수레는 1000대나 되고, 기마는 만 필에 이르며, 식량은 몇 년을 견딜 만합니다. 서쪽에는 상산常山이 있고, 남쪽에는 하수와 장수가 있으며, 동쪽에는 청하淸河가 있고, 북쪽에는 연나라가 있습니다. 연나라는 본래 약소국이니 두려워할 만한 존재가 못 됩니다. 진나라가 천하에서 방해 거리로 여기는 나라로는 조나라만 한 나라가 없습니다. 그러나 진나라가

---

5 원문에는 '상군上郡'으로 되어 있는데 잘못이다. 한나라의 상군은 조나라 쪽에 있다.
6 전국 시대에는 일반적으로 효산崤山 또는 화산華山 동쪽을 산동이라고 불렀는데, 어떤 때는 진나라를 제외한 여섯 나라의 영토를 가리키기도 했다.

감히 병사를 출동시켜 조나라를 치지 못하는 까닭이 무엇이겠습니까? 한나라와 위魏나라가 그 후방을 교란시킬까 봐 두려워하기 때문입니다. 그러므로 한나라와 위나라는 조나라에게 남쪽 장벽인 셈입니다. 진나라가 한나라와 위나라를 치는 데는 큰 산이나 깊은 강 같은 장애가 없기 때문에 누에가 뽕잎을 갉아먹듯이 (야금야금) 수도까지 이르러서야 멈출 것입니다. 한나라와 위나라는 진나라에 저항할 수 없게 되어 반드시 진나라의 신하로 들어올 것입니다. 진나라에게 한나라와 위나라가 후방을 교란할 염려가 없어진다면 그 화는 반드시 조나라로 모일 것입니다. 이것이 신이 주군을 위해서 걱정하는 점입니다.

신이 듣건대 요임금은 300이랑의 땅도 없고, 순임금은 손바닥만 한 땅조차 없었지만 천하를 소유하였으며, 우임금은 100명이 모여 사는 마을도 없지만 제후들의 왕이 되었고, 탕왕과 무왕의 선비는 3000명에 지나지 않고 수레는 300대를 넘지 않으며 병사는 겨우 3만 명이었지만 천자로 세워졌다고 합니다. 이것은 진실로 그들이 천하를 얻는 이치를 터득했기 때문입니다. 이 때문에 현명한 군주는 밖으로는 적의 강함과 약함을 헤아리고 안으로는 병사의 자질이 뛰어난지 모자란지를 헤아려, 두 군대가 서로 싸울 때를 기다리지 않아도 이기고 지는 것과 죽고 사는 관건이 이미 가슴속에 생기게 됩니다. 어찌 평범한 사람들의 말에 가려 어두컴컴한 곳에서 큰일을 결정하겠습니까!

신이 은밀히 천하의 지도를 놓고 살펴보니 제후들의 땅덩어리가 진나라보다 다섯 배나 크고, 제후들의 병사를 헤아려 보니 진나라보다 열 배나 많습니다. 여섯 나라가 하나가 되어 힘을 합쳐 서쪽으로 진나라를 치면 진나라는 반드시 무너질 것입니다. 그러나 지금 (왕께서) 서쪽으로 진나라를 섬기면 진나라의 신하 노릇을 하는 것이 됩니다. 대체로 다른 사람을 깨뜨리는 것과 다른 사람에게 깨지는 것, 다른 사람에게 신하라고 하는 것과 다른 사람을 신하로 거느리는 것을 어떻게 한날에 얘기할 수 있겠습니까!

연횡을 주장하는 사람들은 모두 각 제후들의 땅을 나누어 진나라에게 바치려고 합니다. 진나라가 〔천하의 우두머리가 되는 사업을〕 이루면 누대와 정자를 더욱 높이 세우고 궁실을 아름답게 꾸미고, 생황과 거문고의 소리를 들으며, 앞에는 누대와 궁궐과 큰 수레가 있고 뒤에는 애교 넘치는 미녀들이 있게 할 텐데 각 나라는 진나라에게 재난을 입을지라도 그 근심을 나누려 하지 않습니다. 이 때문에 연횡을 주장하는 자들은 밤낮으로 힘써 진나라의 힘에 기대어 제후를 위협하여 땅을 떼어 달라고 요구할 것이니 대왕께서는 이 문제를 깊이 생각하시기 바랍니다.

신이 들건대 현명한 군주는 의심을 끊고 비방을 버리고 떠도는 말의 흔적을 사라지게 하며 붕당의 문을 막는 데 뛰어나다고 합니다. 그러므로 주군을 존경하고 땅을 넓히고 군사력을 강하게 만드는 계책을 신하가 〔왕〕 앞에서 충심으로 말할 수 있습니다. 그러므로 잠시 대왕을 위해서 계책을 세워 보면 한, 위, 제, 초, 연, 조나라가 하나가 되어 합종하여 함께 진나라에 대항하는 것이 더 낫습니다. 천하의 장수와 재상들로 하여금 원수洹水 근처로 모이도록 하여 인질을 맞바꾸고 백마를 죽여 맹세하고 이렇게 약속해야 합니다.

'진나라가 〔만일〕 초나라를 친다면 제나라와 위나라는 각기 날랜 군대를 보내 초나라를 돕고, 한나라는 진나라가 식량 옮기는 길을 막으며, 조나라는 하수와 장수를 건너고, 연나라는 상산 북쪽을 지킨다. 진나라가 한나라나 위나라를 치면 초나라는 진나라의 뒷길을 끊어 버리고, 제나라는 정예 부대를 보내 두 나라를 돕고, 조나라는 하수와 장수를 건너고, 연나라는 운중雲中을 지킨다. 진나라가 제나라를 치면 초나라는 진나라의 뒷길을 끊고, 한나라는 성고城皐를 지키며, 위나라는 진나라가 제나라를 치는 길을 막으며, 조나라는 하수와 장수를 지나와 박관博關을 건너고, 연나라는 정예 부대를 보내 제나라를 돕는다. 진나라가 연나라를 친다면 조나라는 상산을 지키고, 초나라는 무관武關에 군대를 머물게 하며, 제나라는 발해를 건너고, 한나라와 위나라는 모두 정예 부대를 보내 연나라를 돕는다. 진나라가 조나라를 친다면 한나라는 의양에 군대를 머물게 하고, 초나라는 무관에 군대를 머물게 하며, 위나라는 황하 남서쪽에 군대를 머물게 하고, 제나라는 청하淸河를 건너며, 연나라는 정예 부대를 보내 조나라를 돕는다. 제후 중에 이 약속을 따르지 않는 자가 있으면 다섯 나라의 군대가 함께 그 나라를 정벌한다.'

여섯 나라가 합종하여 함께 진나라에 맞서면 진나라 군대는 틀림없이 감히 함곡관으로 나와 산동을 해하려 하지 못할 것입니다. 이와 같이 하면 천하의 우두머리가 되는 사업이 이루어질 것입니다."

조나라 왕이 말했다.

"과인은 나이가 젊고 나라를 다스린 지도 얼마 되지 않아 일찍이 국가를 잘 다스리는 장구한 계책을 들어 본 적이 없었소. 지금 그대가 천하를 보존하고 제후들을 안정시킬 뜻을 갖고 있으니, 과인은 삼가 나라를 당신 말에 따라 이끌어 가겠소."

그러고는 〔소진에게〕 치장한 수레 100대와 황금 1000일, 백옥 100쌍, 비단 1000필을 갖추어 주고 각 제후들과의 맹약을 추진하게 했다.

이 무렵 주나라 천자가 문왕과 무왕의 제사에 올렸던 고기를 진나라 혜왕惠王에게 보냈다. 혜왕은 서수犀首손연孫衍를 시켜 위魏나라를 쳐 장수 용가龍賈를 사로잡고 위나라의 조음雕陰을 빼앗았으며, 또 병사를 일으켜 동쪽으로 나아가려고 했다. 소진은 진나라 군대가 조나라로 쳐들어올까 걱정되어 곧바로 장의張儀의 화를 돋우어서 진나라로 들어가도록 했다. 그리고 소진은 한韓나라 선왕宣王을 설득하여 말했다.

"한나라는 북쪽에 공읍鞏邑과 성고 같은 튼튼한 고을이 있고, 서쪽에는 의양과 상판商阪 같은 요새가 있으며, 동쪽에는 완읍宛邑과 양읍穰邑과 유수洧水가 있고, 남쪽에는 형산陘山이 있으며, 땅은 사방 900여 리이고, 무장한 병력은 수십만 명이며, 천하의 강한 활과 모진 쇠뇌는 모두 한나라에서 나옵니다. 계자谿子에서 만들어지는 쇠뇌, 소부少府에서 만들어지는 시력時力이나 거래距來 같은 훌륭한 활은 모두 600보 밖까지 쏠 수 있습니다. 한나라 병사들이 발로 쇠뇌를 밟고 [양손으로 기계를 잡아당겨 쏘면] 100발이 쉼 없이 잇달아 발사됩니다. 멀리서 맞은 것도 화살 끝이 보이지 않을 정도로 가슴에 박히고, 가까운 데서 맞으면 화살 끝이 가슴속 깊이 파고 들어갑니다.

한나라 병사들의 칼과 갈래진 창은 모두 명산冥山, 당계棠谿, 묵양墨陽, 합부合賻, 등사鄧師, 완풍宛馮, 용연龍淵, 태아太阿 등에서 나오며, 모든 땅에서는 소나 말을 벨 수 있으며 물에서는 고니나 기러기를 베고 적과 싸울 때에는 튼튼한 갑옷이나 쇠방패를 쪼갤 수 있습니다. [이처럼] 가죽

깍지나 방패의 끈 등 갖추지 않은 것이 없습니다. 한나라 군사들이 용감함에 기대어 튼튼한 갑옷을 입고 강한 쇠뇌를 밟고 날카로운 칼을 차면 한 사람이 〔적〕 100명을 당해 낼 수 있으니 이것은 과장된 말이 아닙니다. 이런 한나라가 강대한 병력과 대왕 같은 현명함으로 서쪽으로 진나라를 섬겨 팔을 맞잡고 복종한다면 〔그것은〕 사직을 부끄럽게 만들고 천하 사람들의 비웃음거리가 되는 일이니 이보다 더 큰 일은 없을 것입니다. 이런 까닭으로 대왕께서는 이 점을 깊이 생각하시기 바랍니다.

대왕께서 진나라를 섬긴다면 진나라는 의양과 성고 땅을 요구할 것입니다. 지금 그 땅을 바치면 내년에는 또다시 다른 땅을 떼어 달라고 요구할 것입니다. 〔그 요구대로 땅을 떼어〕 주면 결국에는 더 이상 줄 땅이 없게 될 테고, 주지 않으면 전에 땅을 바친 공은 버려지고 뒤탈만이 안겨질 것입니다. 또한 대왕의 땅은 다함이 있지만 진나라의 요구는 끝이 없어, 다함이 있는 땅을 가지고 끝이 없는 요구를 맞이해야 하니, 이것은 이른바 원한을 사고 불행을 불러오는 격입니다. 싸워 보지도 못하고 땅은 박탈되어 버리게 됩니다. 신이 듣건대 항간의 속담에 '차라리 닭 부리가 될지언정 쇠꼬리가 되지 말라.'라는 말이 있습니다. 지금 〔대왕께서〕 서쪽으로 팔을 모아 복종해 신하로서 진나라를 섬긴다면 쇠꼬리가 되는 것과 무엇이 다르겠습니까? 무릇 대왕의 현명함과 강한 한나라 군대를 가지고도 오히려 쇠꼬리라는 오명을 얻게 된다면 신이 생각하기에 대왕을 위해서는 부끄러울 뿐입니다.”

그리하여 한나라 왕은 얼굴빛이 바뀌더니 팔을 걷어붙이고 눈을 부릅뜨고 칼을 어루만지며 고개를 쳐들어 하늘을 우러러보고 긴 한숨을 쉬면서 말했다.

"과인이 비록 어리석지만 절대로 진나라를 섬길 수는 없소. 지금 당신은 조나라 왕의 가르침을 알려 나를 깨우쳤으니 공손히 내 사직을 받들어 〔당신 계책에〕 따르겠소."

싹이 돋아날 때 베지 않으면 결국 도끼를 써야 한다

〔소진은〕 또 위魏나라 양왕襄王을 설득했다.

"대왕의 땅은 남쪽으로는 홍구鴻溝와 진陳과 여남汝南과 허許와 언郾과 곤양昆陽과 소릉召陵과 무양舞陽과 신도新都와 신처新郪가 있고, 동쪽에는 회수淮水와 영수潁水와 자조煮棗와 무서無胥가 있으며, 서쪽으로는 장성長城을 경계로 하고, 북쪽으로는 황하의 남서쪽과 권卷과 연衍과 산조酸棗가 있으며 땅은 사방 1000리에 이릅니다. 땅이 비록 작다고는 하나 집이나 농지가 너무 많아 일찍이 꼴을 베고 가축을 풀어 기를 만한 곳이 없을 정도였습니다. 백성들은 많고 수레와 말도 많아서 밤낮을 가리지 않고 끊임없이 오가며, 그 지나는 소리는 삼군三軍의 군사가 행진하는 것처럼 요란합니다. 신이 가만히 헤아려 보니 대왕의 국력은 초나라에 뒤지지 않습니다.

그러나 연횡을 내세우는 사람들은 왕을 위협하여 강한 호랑이나 이리 같은 진나라와 친교를 맺어 진나라가 천하를 침략하여 차지하도록 하려 합니다. 〔그들은〕 갑자기 진나라가 왕의 나라로 〔쳐들어오는〕 근심거리가 있는데도 그 재앙을 돌아보지 않습니다. 무릇 강대한 진나라의 세력에 의지하여 안으로 다른 나라의 군주를 위협하니 이보다 큰 죄가 어디 있겠습니까?

위나라는 천하의 강대한 나라이고 왕께서는 천하의 현명한 왕입니다. 지금 (왕께서는) 서쪽으로 진나라를 섬기며 스스로 (진나라의) 동쪽 속국이라 일컫고 (진나라를 위해서) 제왕의 궁전을 짓고 (진나라의) 복식 제도를 받아들이며, 봄가을로 (진나라에) 제사를 올리려는 뜻을 가지고 있으니 신이 생각하기에 대왕을 위하여 이것을 부끄럽게 여깁니다.

신이 듣건대 월나라 왕 구천은 싸움에 지친 병사 3000명으로 (오나라 왕) 부차를 간수干遂에서 사로잡았고, (주나라) 무왕은 병사 3000명과 전차 300대로 목야牧野에서 (은나라) 주왕을 정복했다고 합니다. 어찌 그들의 병사가 많아서 이긴 것이겠습니까? (그들은) 진실로 자신들의 위세를 충분히 펼쳤을 뿐입니다.

지금 신이 가만히 듣건대 왕의 군사는 정예 병사가 20만이고, 파란 두건을 쓴 병졸이 20만이며, 용감한 병사가 20만, 뒤에서 부대를 위하여 일하는 사람이 10만, 전차 600대, 군마 5000필이 있다고 합니다. 이것은 월나라 왕 구천과 (주나라) 무왕의 병력에 비하면 훨씬 많습니다. (그런데) 지금 왕께서는 신하들의 말만 듣고 진나라를 신하 입장에서 섬기려 하고 있습니다. 만일 진나라를 섬기게 되면 반드시 땅을 떼어 바쳐 성의를 보여야 할 것이므로 군사를 쓰기도 전에 나라가 무너져 버리는 일입니다.

대체로 신하 가운데 진나라를 섬기라고 말하는 자들은 모두 간사한 신하이지 충성스러운 신하가 아닙니다. 대체로 신하 된 자로서 자기 군주에게 땅을 떼어 주고 다른 나라와 우의를 맺도록 요구하여 한때의 성공만을 구하려 들 뿐 그 뒤의 결과는 돌아보지 않는 자들이며, 나라를 무너뜨려 개인적인 이득을 취하고, 밖으로 강대한 진나라의 세력에 기대 안으로 자기 군주를 위협하여 토지를 나누어 주도록 요구하고 있습니다. 왕께서는 이 점을 깊이 살펴보시기 바랍니다.

『주서周書』에서는 '(초목이) 실처럼 끊어지지 않다가 무성해지면 어떻게 하나? 터럭같이 작을 때 치지 않으면 장차 도끼를 써야 한다.'라고 하였습니다. 미리 깊이 생각하고 결정하지 않으면 나중에 큰 재앙이 이르게 되는데 앞으로 어떻게 하시겠습니까? 왕께서 만일 신의 의견을 받아들여 여섯 나라가 합종으로 친교를 맺고 힘을 합쳐 뜻을 하나로 한다면 강력한 진나라를 근심할 필요가 없을 것입니다. 그러므로 저희 조나라 왕께서 신을 보내 어리석은 계책을 제시하여 분명하게 약속을 얻도록 하였습니다. 대왕의 조칙이 있으면 그것으로써 보좌하겠습니다."

위나라 왕은 대답했다.

"과인은 어리석어 일찍이 훌륭한 가르침을 들은 적이 없었소. 지금 당신은 조나라 왕의 조칙을 가지고 나를 깨우쳐 주었으니 삼가 나라를 받들어 (당신 의견을) 따르겠소."

과장된 몸짓 속에 가려진 진실을 보라

소진은 이어 동쪽으로 가서 제나라 선왕宣王을 설득했다.

"제나라는 남쪽으로는 태산泰山이 있고, 동쪽에는 낭야산琅邪山이 있으며, 서쪽에는 청하가 있고, 북쪽에는 발해가 있으니 이것은 이른바 사방이 〔천연의〕 요새로 이루어진 나라입니다. 제나라 땅은 사방 2000여 리이고, 무장한 병사는 수십만 명이며, 식량은 산더미처럼 쌓여 있습니다. 삼군의 정예 부대와 오가五家다섯 명이 한 조가 되는 민병대의 일종으로 관중이 만든 제도의 병사들이 공격할 때에는 날카로운 칼이나 좋은 활을 쏘는 것 같고, 싸움을 할 때에는 우레처럼 빠르고 힘이 있으며, 물러날 때에는 비바람처럼 흩어집니다. 설사 병사들을 불러 모으는 일이 있더라도 태산을 넘고 청하를 건너거나 발해를 건너서까지 징집한 일은 없습니다. 〔제나라의 수도〕 임치臨菑에만 7만 호가 있습니다. 제가 가만히 헤아려 보니 집집마다 남자가 세 명씩 있다고 치면 7만 호에 21만 명이나 됩니다. 먼 현으로부터 병사들을 모을 필요 없이 임치의 병사만 징발해도 21만 명이나 되는 것입니다. 임치는 매우 풍족하고 견고합니다. 그곳 백성은 큰 생황을 불고 비파를 뜯고 거문고를 타고 아쟁을 켜며, 닭싸움을 하고 개경주를 즐기며 윷놀이와 공차기를 즐기지 않는 이가 없습니다. 임치의 길은 수레바퀴가 서로 부딪치고 사람들의 어깨가 서로 부딪칠 만큼 복잡합니다. 옷자락이 서로 이어져서 휘장을 이루고 옷소매를 들면 장막을 이루며, 사람들이 땀을 뿌리면 비가 오는 것 같습니다. 집이 많고 사람들은 풍족하며, 모두 높고 먼 곳에 뜻을 두고 기운이 넘칩니다. 왕의 현명함과 제나라의 강대함은 천하에서 그 누구도 당해 낼 자가 없습니다. 〔그런데〕 지금 왕께서는 서쪽으로 향하여 진나라를 섬기려고 합니다. 신은 가만히 왕을 위하여 그것을 부끄럽게 여깁니다.

하물며 한나라와 위魏나라가 진나라를 몹시 두려워하는 까닭은 그들이 진나라의 변방과 맞닿아 있기 때문입니다. 〔두 나라의〕 군대가 한 번 움직여 서로 맞서 싸우게 되면 열흘을 넘기지 못하고 이기고 지는 것과 국가 존망의 기틀이 정해질 것입니다. 〔설령〕 한나라와 위나라가 진나라를 이긴다 하더라도 병력의 절반을 잃게 될 테니 사방의 국경을 안전하게 지킬 수는 없을 것입니다. 싸워 이길 수 없다면 나라는 위태로워지고 멸망이 뒤따를 것입니다. 이것이 바로 한나라와 위나라가 진나라와 싸우는 것을 매우 어렵게 여기고 진나라의 신하가 되는 것을 가볍게 여기는 이유입니다.

〔그러나〕 지금 진나라가 제나라를 친다면 〔이와는〕 사정이 다릅니다. 진나라는 한나라와 위魏나라의 땅을 등지고 위衛나라 양진陽晉의 길을 거쳐 항보亢父의 험한 땅을 지나야만 합니다. 그곳은 수레 두 대가 나란히 지나갈 수 없고 기마가 나란히 갈 수 없습니다. 100명이 험난한 곳을 지키면 1000명으로도 감히 지나가지 못합니다. 진나라는 비록 깊숙이 쳐들어가려고 하면서도 이리처럼 뒤를 돌아보며 한나라와 위魏나라가 후방을 칠까 봐 염려하고 있습니다. 그러므로 〔진나라는〕 다른 나라에게 허세를 부리며 과장되게 큰소리치고 교만하며 제멋대로 굴면서도 두려워하고 의심하며 감히 앞으로 나가지 못합니다. 그러고 보면 진나라가 제나라를 해칠 수 없는 것도 분명합니다.

진나라가 제나라를 칠 수 없음을 깊이 생각해 보지도 않고 서쪽을 향하여 진나라를 섬기려고 하니 이는 신하들의 생각이 잘못된 것입니다. 지금 신하가 되어 진나라를 섬긴다면 아무런 명분이 없고 나라를 튼튼하게 하는 실제적인 이익도 없으므로 신은 대왕께서 이 문제를 마음에 두어 헤아리시기를 바랍니다.”

제나라 왕이 말했다.

"과인은 영민하지 못한 사람이고, (제나라는) 멀리 치우쳐 외진 곳에 서 바다에 의지하고 있으며, 길이 끊긴 동쪽 먼 누리 나라이기 때문에 여태까지 다른 가르침을 듣지 못하였소. 그런데 지금 당신이 조나라 왕의 조칙을 가지고 와서 나를 깨우쳐 주었으니 삼가 나라를 들어 (당신 의견을) 따르겠소."

우환이 닥친 뒤에는 걱정해도 소용없다

곧 (소진은) 서남쪽으로 가서 초나라 위왕威王에게 설득하며 말했다.

"초나라는 천하에서 강한 나라이고 왕은 천하에서 현명한 왕이십니다. (초나라는) 서쪽에 검중黔中과 무군巫郡이 있고, 동쪽에는 하주夏州와 해양海陽이 있으며, 남쪽에는 동정호洞庭湖와 창오蒼梧가 있고, 북쪽에는 형새陘塞와 순양郇陽이 있으며, 땅은 사방 5000여 리나 되고, 무장한 군대는 100만이며, 전쟁용 수레는 1000대이고, 기마는 1만 필이며, 식량은 10년을 버틸 수 있으니 이것은 패왕霸王이 될 수 있는 바탕입니다. 초나라의 강성함과 왕의 현명함에 기대 떨쳐 일어나면 천하에서 당해낼 나라가 없을 것입니다. 그런데 지금 왕께서 서쪽을 향하여 진나라를 섬긴다면 천하의 제후들 가운데 서쪽을 향하여 진나라의 장대章臺 아래에서 조회朝會하지 않을 자가 없을 것입니다.

진나라는 초나라를 가장 방해되는 나라로 여기고 있습니다. 초나라가 강해지면 진나라는 약해질 것이고, 진나라가 강해지면 초나라가 약해질 것이니 그 형세는 함께 설 수 없습니다. 그러므로 신은 왕을 위해서 계책을 마련했으니 〔여섯 나라가〕 서로 합종하여 화친을 맺어 진나라를 고립시키는 것보다 더 좋은 계책이 없습니다. 대왕께서 합종하여 화친을 맺지 않으시면 진나라는 반드시 군대를 두 곳에서 일으켜 한쪽 군대는 무관武關으로 나가게 하고, 다른 한쪽 군대는 검중으로 내려 보낼 것입니다. 그러면 〔초나라 중심부인〕 언鄢, 영郢 일대가 동요할 것입니다.

신이 듣건대 〔모든 일은〕 혼란스러워지기 전에 다스리고 〔해로운 일은〕 일어나기 전에 대책을 세워 막아야 한다고 합니다. 우환이 닥친 뒤에 걱정하면 미칠 수 없습니다. 그러므로 왕께서는 이 점을 빨리 깊이 생각하시기 바랍니다.

대왕께서 진실로 신의 의견을 들으신다면 신은 산동의 나라들이 왕께 사계절의 예물을 바치고 왕의 밝은 가르침을 받들도록 하며, 그 사직을 〔대왕에게〕 맡기고 종묘를 받들게 하고 병사를 훈련시키고 무기를 만들어 대왕이 그것을 쓰시는 바대로 있겠습니다. 대왕께서 진실로 신의 우매한 계책을 쓰실 수 있다면 한, 위魏, 제, 연, 조, 위衛나라의 절묘한 음악과 미녀가 반드시 왕의 후궁에 가득 차고 연과 대代에서 생산되는 낙타와 훌륭한 말이 반드시 왕의 마구간에 채워질 것입니다. 그러므로 합종이 이루어지면 초나라가 왕 노릇을 하게 되고, 연횡이 이루어지면 진나라가 제왕이 될 것입니다. 〔그런데〕 지금 왕께서 패왕의 사업을 버리고 다른 사람을 섬긴다는 〔부끄러운〕 이름을 있게 하려 하시니 신이 생각하건대 대왕을 위하여 그렇게 취할 수 없습니다.

대체로 진나라는 호랑이나 이리 같은 나라로서 천하를 집어삼킬 야심을 갖고 있으니 진나라는 천하의 원수라 할 것입니다. 연횡을 내세우는 사람은 모두 제후들의 땅을 떼어 진나라를 섬기려고 하는데, 이는 원수를 기르고 원수를 받드는 것입니다. 대체로 신하된 사도시 자기 군주의 땅을 떼어 밖에 있는 강한 호랑이나 이리 같은 진나라와 사귀어 천하를 침략하게 하고, 마침내 진나라 때문에 걱정거리가 생겨도 그 재앙을 돌아보지 않으며, 밖으로 강대한 진나라의 위세를 끼고 안으로 자기 군주를 위협하여 토지를 나누어 주도록 요구하는 것은 나라를 등지고 충성하지 않는 일이니 이보다 더한 것은 없습니다. 그러므로 만일 합종을 하여 화친을 맺게 되면 제후들은 땅을 떼어 주어 초나라를 섬길 것이고, 연횡이 이루어져 합치면 초나라는 땅을 떼어 진나라를 섬겨야 할 것입니다. 이 두 계책은 서로 크게 차이가 나는데 대왕께서는 둘 가운데 어느 쪽을 선택하시겠습니까? 그런 까닭에 저희 조나라 왕에서 신을 보내 어리석은 계책을 말씀드려 명확한 공약을 받들도록 하셨으니 대왕의 조서에 그것이 달려 있습니다."

초나라 왕이 말했다.

"과인의 나라는 서쪽으로 진나라와 경계를 접하고 있는데 진나라는 파巴와 촉蜀을 빼앗고 한중漢中을 자기 나라로 만들려는 야심을 품고 있소. 진나라는 호랑이나 이리 같은 나라이니 친할 수 없소. 한韓나라와 위魏나라는 진나라에게 침략의 위협을 받고 있으므로 그들과는 깊이 있는 일을 깊이 꾀할 수 없소. 만일 그들과 큰일을 깊이 꾀한다면 우리의 계책에 반대하는 사람이 진나라에 알리게 될까 두렵소. 그렇게 되면 꾀한 일을 시작도 하기 전에 나라가 위태로워질 것이오. 과인이 스스로 생각해 볼 때 초나라가 진나라에 맞서는 것은 승산이 없소. 조정에서 신하들과 상의해도 믿을 만한 대책이 없소. 그래서 과인은 자리에 누워도 편하지 않고 음식을 먹어도 단맛을 알지 못하며, 마음은 달아 놓은 깃발처럼 흔들려 의지할 곳이 없었소. 지금 당신이 천하를 하나로 하고 제후들의 힘을 모아 위태로운 나라를 구하고자 한다면 나는 삼가 사직을 들어 〔당신 의견을〕 따르겠소."

부귀하면 우러러보고 가난하면 업신여긴다

이렇게 하여 여섯 나라는 합종하여 힘을 합치게 되었다. 소진은 합종 맹약의 우두머리가 되고 아울러 여섯 나라의 재상을 겸하였다.

〔소진은〕 북쪽으로 조나라 왕에게 〔일의 경과를〕 보고하러 가는 길에 낙양을 지나게 되었다. 기마와 짐을 실은 수레를 비롯하여 제후들마다 〔소진을 모실〕 사자를 보내 주어 전송하는 자가 매우 많아 왕의 행차에 견줄 만하였다. 주나라 현왕顯王은 이런 소문을 듣고 두려워 〔소진이 지나가는〕 길을 쓸도록 하고 교외까지 사람을 보내 위로하게 하였다. 소진의 형제와 아내와 형수가 곁눈으로 볼 뿐 감히 고개를 들어 바라보지 못하고 고개를 숙인 채 식사를 하였다. 소진이 웃으면서 그의 형수에게 말했다.

"어찌하여 전에는 오만하더니 지금은 공손합니까?"

형수는 몸을 굽혀 기어와서 얼굴을 땅에 대고 사죄하며 말했다.

"계자季子소진의 지위가 높고 재물이 매우 많은 것을 보았기 때문입니다."

소진은 길게 탄식하며 말했다.

"이 한 몸도 부귀해지자 친척들이 두려워하고 가난하고 천하면 업신여기는네, 하물며 뭇사람들임에랴! 만일 나에게 낙양성 주변에 밭이 두 이랑만 있었던들 어찌 여섯 나라 재상의 인수印綬를 찰 수 있었을까?"

그리하여 〔소진은〕 천금을 풀어 종족과 친구들에게 나누어 주었다.

처음에 소진은 연나라로 갈 때 다른 사람에게 100전錢을 빌려 노자로 삼은 일이 있었는데 부귀해지자 100금으로 갚았으며, 전날 은덕을 입은 모든 사람에게 골고루 보답하였다. 그 하인 가운데 유독 한 사람만 보답을 받지 못하였는데, 그가 소진 앞으로 나와 스스로 그 사실을 말하니 소진은 대답했다.

"나는 결코 너를 잊지 않았다. 너는 나를 따라 연나라로 갔을 때 역수易水 가에서 여러 차례 나를 버리고 떠나려 하였다. 그때 나는 매우 곤란한 처지라서 너를 깊이 원망했다. 그래서 너에 대한 보답을 맨 뒤로 미루었을 뿐이다. 너에게도 이제 보답하겠다."

소진이 여섯 나라와 합종의 약속을 맺고 조나라로 돌아오자 조나라 숙후는 그를 무안군武安君으로 봉하고 곧 합종 약속 문서를 진나라로 보냈다. 〔그로부터〕 진나라 군대는 15년 동안 감히 함곡관 밖을 넘보지 못했다.

원수를 버리고 든든한 친구를 얻어라

그 뒤 진나라는 서수를 시켜서 제나라와 위魏나라를 속여 함께 조나라를 치게 하여 합종 약속을 깨뜨리려고 하였다.

　제나라와 위나라가 조나라를 치니 조나라 왕이 소진을 꾸짖었다. 소진은 두려워서 연나라에 사신으로 가서 〔연나라 왕을 설득하여 연나라와 함께 제나라를 공격하여〕 반드시 제나라의 배신행위에 보복하겠다고 청했다. 이렇게 하여 소진이 조나라를 떠나자 합종 약속은 완전히 깨져 버렸다.

　진나라 혜왕은 그 딸을 연나라 태자의 아내가 되도록 하였다. 이해에 연나라 문후文侯가 죽고 태자가 왕위를 이었으니, 그가 역왕易王이다. 역왕이 막 왕위에 올랐을 때, 제나라 선왕은 연나라의 국상을 틈타서 연나라를 쳐 성 열 개를 빼앗았다. 역왕이 소진에게 말했다.

　"지난날 선생께서 우리 연나라에 왔을 때 선왕께서는 선생을 도와 조나라 왕을 만나게 하였고, 그 결과 여섯 나라가 합종을 맺게 되었소. 그런데 지금 제나라가 먼저 조나라를 치고, 이어서 또 연나라를 치니 〔연나라는〕 선생 때문에 천하의 웃음거리가 되고 말았소. 선생은 연나라를 위해서 제나라에 빼앗긴 땅을 되찾아 줄 수 있소?"

　소진은 몹시 부끄러워하면서 말했다.

　"왕을 위해서 빼앗긴 땅을 되찾아오겠습니다."

　소진은 제나라 왕을 만나 두 번 절하고 엎드려 축하하고는 고개를 들어 조의를 표하였다. 제나라 왕이 물었다.

　"축하하자마자 조의를 표하는 것은 무엇 때문이오?"

　소진이 말했다.

　"신이 듣건대 굶주린 사람이 굶주리면서도 오훼烏喙라는 독초를 먹지 않는 까닭은 그것으로 배를 채울 수는 있지만 굶어 죽는 것과 똑같은 해

독이 있기 때문이라고 합니다. 지금 연나라는 비록 힘이 약하고 작지만 **연나라** 왕은 진나라 왕의 사위입니다. 왕께서는 연나라의 성 열 개를 얻었으나 강대한 진나라와는 길이 원수가 되었습니다. 지금 힘이 약한 연나라가 기러기 행렬처럼 앞장서고 강대한 진나라가 연나라의 뒤를 봐주며 쳐들어온다면 천하의 정예 병사를 불러들이는 격이니 그것은 오훼를 먹는 것과 같습니다."

제나라 왕은 걱정스러워 얼굴빛이 바뀌어 말했다.

"그렇다면 어떻게 하면 좋겠소?"

소진이 대답했다.

"신이 듣건대 옛날에 일을 잘 처리하는 사람들은 화를 복으로 바꾸고 실패를 기회로 삼아 성공했다고 합니다. 왕께서 진실로 신의 계책을 들으려 한다면 즉시 연나라의 성 열 개를 돌려주십시오. 연나라는 이유 없이 성 열 개를 돌려받게 되면 틀림없이 기뻐할 테고, 진나라 왕도 자기 때문에 연나라의 성 열 개가 되돌려졌음을 알면 또한 틀림없이 좋아할 것입니다. 이것이 이른바 원수를 없애고 돌처럼 단단한 친구를 얻는 길입니다. 연나라와 진나라가 모두 제나라를 한편으로 여긴다면 이 세상에서 감히 왕의 호령을 따르지 않을 자가 없을 것입니다. 이것은 빈말로 진나라를 따르게 하고 성 열 개로 천하를 얻는 것이니 이것은 패왕의 사업이라 하겠습니다."

제나라 왕은 말했다.

"좋소."

그러고는 연나라의 성 열 개를 돌려주었다.

〔그러나〕 소진을 헐뜯는 사람이 이렇게 말했다.

"〔소진은〕 여기저기에 나라를 팔아먹고 다니면서 이랬다저랬다 하는 신하이니 앞으로 반란을 일으킬 것입니다."

소진은 누명을 쓸까 봐 두려워 제나라에서 돌아왔지만 연나라 왕은 그가 지난날 가지고 있던 벼슬을 다시 주지 않았다. 소진은 연나라 왕을 만나서 말했다.

"신은 동주의 비천한 사람입니다. 공을 조금도 세우지 못했지만 선왕께서는 친히 종묘에서 신에게 관직을 주셨고, 조정에서 예로써 대하셨습니다. 지금 신은 왕을 위해서 제나라 군대를 물리치고 성 열 개를 돌려받았으니 마땅히 신을 더욱 아껴 주셔야만 합니다. 지금 신이 연나라로 돌아왔지만 왕께서 신에게 벼슬을 주시지 않는 것은 틀림없이 어떤 사람이 왕에게 신을 신실하지 못한 자라고 모함했기 때문일 것입니다. 그러나 신이 신실하지 않은 것은 왕의 복입니다. 신이 듣건대 충성스럽고 신실한 사람은 모두 자기를 위해서 행동하고, 나아가 이루는 사람은 모두 다른 사람을 위해서 행동한다고 합니다. 또 신이 제나라 왕을 설득한 것은 결코 그를 속인 것이 아닙니다. 신이 늙은 어머니를 동주에 버려두고 이 나라에 온 것은 본래 자기를 위해 행동하기를 버리고 〔다른 사람을 위해〕 나아가 이루기 위해서였습니다. 만일 지금 증삼 같은 효자, 백이 같은 청렴한 인물, 미생尾生 같은 신의 있는 인물이 있다고 합시다. 이 세 사람을 찾아 왕을 섬기도록 하면 어떻겠습니까?"

왕이 대답했다.

"만족하겠소."

소진이 말했다.

"증삼처럼 효성을 다하는 자는 도리상 자기 부모 곁을 떠나 밖에서 하룻밤도 자지 않을 것입니다. 왕께서는 또한 어떻게 그에게 1000리 밖으로 와서 약소한 연나라의 위기에 빠진 국왕을 섬기도록 하실 수 있겠습니까? 백이처럼 청렴한 자는 의리를 지켜 고죽군의 후사가 되지 않았고, 무왕의 신하가 되는 것도 기꺼워하지 않아 봉읍을 받아 제후가 되지 않고 수양산 아래에서 굶어 죽었습니다. 이와 같이 청렴한 사람이 있다면 왕께서는 또 어떻게 이러한 사람을 1000리 밖 제나라로 보내어 [연나라 왕을 위한 일을] 추진하게 할 수 있겠습니까? 또한 미생처럼 신의 있는 자는 다리 밑에서 여인과 만나기로 약속하였으나 그 여인이 오지 않자 물이 불어도 떠나지 않은 채 다리 기둥을 껴안고 죽었습니다. 이와 같이 신의 있는 자를 왕께서는 또 어떻게 1000리 밖으로 보내 제나라의 강한 병사를 물리치게 할 수 있겠습니까? 신은 이른바 충성스럽고 신실하기 때문에 왕께 죄를 지은 것입니다."

연나라 왕은 말했다.

"그대는 충성스럽고 신실하지 않았을 뿐, 어찌 충성스럽고 신실하면서 죄를 지을 수 있겠소?"

소진이 대답했다.

"그렇지 않습니다. 신은 이런 이야기를 들었습니다. 어떤 사람이 관리가 되어 멀리 떠나갔는데, 그 아내가 다른 사람과 사사로이 정을 통했다고 합니다. 남편이 돌아올 때가 되어 정부情夫가 걱정을 하자, 아내는 '걱정하지 마십시오. 나는 이미 독약 탄 술을 만들어 놓고 그를 기다리고 있습니다.'라고 말했습니다. 사흘이 지나 남편이 돌아오자 아내는 첩에게 독이 든 술을 가져다가 그에게 권하도록 하였습니다. 첩은 술에 독이 들어 있다는 말을 하고 싶지만 그러면 주모主母가 내쫓길까 두렵고 말을 안 하자니 주인을 죽이게 될까 두려웠습니다. 그래서 일부러 넘어져 술을 엎질렀습니다. 주인은 몹시 화를 내며 그녀에게 채찍을 50대나 쳤습니다. 첩은 일부러 넘어져 술을 엎어서 위로는 주인을 살리고 아래로는 주모를 쫓겨나지 않게 했습니다. 그러나 그녀는 매 맞는 것만은 피하지 못했습니다. 어찌 충성스럽고 신실하다고 해서 죄가 없다고 할 수 있겠습니까? 대체로 신의 허물은 불행하게도 이러한 것과 비슷합니다."

연나라 왕이 말했다.

"선생은 다시 예전 벼슬에 오르시오."

그리고 그를 더욱더 예우했다.

사람을 속여 원수를 갚는다

〔연나라〕 역왕의 어머니는 〔연나라〕 문후의 아내인데 소진과 사사로이 정을 통하였다. 연나라 역왕은 이 사실을 알았지만 소진을 더욱 잘 대우했다. 소진은 죽게 될까 두려워 연나라 왕을 설득했다.

"신이 연나라에 있으면 연나라의 지위를 높일 수 없지만 제나라로 가면 연나라를 반드시 비중 있는 나라로 만들 것입니다."

연나라 왕이 말했다.

"모든 것은 선생이 하고 싶은 대로 하시오."

그래서 소진은 연나라에서 죄를 지은 것처럼 거짓으로 꾸며 제나라로 망명했다. 제나라 선왕은 그를 객경客卿다른 나라에서 벼슬살이하는 사람으로 삼았다.

제나라 선왕이 죽고 민왕湣王이 왕위에 오르자, 소진은 민왕을 설득하여 선왕의 장례를 성대하게 치러 효심을 밝히고 궁실을 높게 짓고 정원을 넓혀 그 자신이 뜻한 바를 얻게 되었음을 밝히게 했다. 사실 이것은 연나라를 위해서 제나라를 황폐하게 만들려는 계책이었다.

[연나라에서는] 역왕이 죽고 쾌噲가 자리에 올라 왕이 되었다.

그 뒤 제나라 대부 중에는 소진과 왕의 총애를 다투는 자가 많았는데, 그중 한 사람이 사람을 시켜 소진을 죽이려고 했지만 죽이지는 못하고 깊은 상처를 입히고 달아났다. 제나라 왕은 사람을 보내서 소진을 찌른 자를 찾도록 했으나 찾아내지 못하였다. 소진은 죽음을 눈앞에 두었을 때 제나라 왕에게 말했다.

"신이 죽으면 신을 거열형으로 다스려 시장 사람들에게 돌려 보이시고 '소진이 연나라를 위해 제나라에서 반란을 일으켰다.'라고 하십시오. 이와 같이 하면 신을 죽이려던 자를 반드시 잡을 수 있을 것입니다."

제나라 왕이 그 말대로 했더니 소진을 죽이려 한 자가 정말 자수해 왔으므로 제나라 왕은 그를 잡아 죽였다. 연나라에서는 이 소식을 듣고 말했다.

"심하구나, 제나라가 소진 선생을 위해 원수 갚는 방법이여!"

소진이 남긴 사업을 이은 소대와 소려

소진이 죽은 뒤 〔소진이 은밀히 제나라를 황폐하게 만들려고 한〕 사실이 드러났다. 뒤에 제나라가 그 사실을 알고 연나라를 원망하고 노여워하니 연나라는 매우 두려워했다.

소진의 동생은 소대蘇代이고, 소대의 동생은 소려蘇厲이다. 이 두 사람은 형의 성공을 보고 모두 학문에 정진하였다. 소진이 죽자, 소대는 연나라 왕을 만나 소진이 예전에 하던 일을 이어서 하고 싶다며 말했다.

"신은 동주에서 태어난 미천한 사람입니다. 신은 사사로이 왕의 의기가 매우 높다는 말을 듣고 천하고 어리석지만 호미와 괭이를 버리고 왕을 섬기러 왔습니다. 신은 〔처음에〕 한단으로 갔지만 그곳에서 본 것은 동주에서 들은 것과는 거리가 멀어 신은 조용히 그 뜻을 접었습니다. 이제 연나라 조정에 와 왕의 신하들과 하급 관리들을 보니 왕께서는 이 세상의 현명한 왕이십니다."

연나라 왕이 물었다.

"그대가 말하는 현명한 왕이란 어떤 사람이오?"

〔소대가〕 대답했다.

"신이 듣건대 현명한 왕은 자기 허물을 듣는 데 힘쓰고 자신의 뛰어난 점에 관한 칭찬을 듣기는 좋아하지 않는다고 합니다. 신이 왕의 허물을 말씀드리도록 허락해 주십시오. 저 제나라와 조나라는 연나라의 원수이고 초나라와 위魏나라는 연나라의 동맹국입니다. 지금 왕께서는 원수 나라를 끼고 동맹국을 치고 있으니 이것은 연나라를 이롭게 하는 행동이 아닙니다. 왕께서 스스로 잘 생각해 보십시오. 이것은 잘못된 계책입니다. 그런데도 이러한 허물을 왕께 말하지 않는 사람은 중신이 아닙니다."

[연나라] 왕이 말했다.

"저 제나라는 본디 과인의 원수로 깨뜨려야 하지만 나라가 황폐하여 힘이 모자람을 걱정할 뿐이오. 당신이 지금의 연나라로 제나라를 칠 수 있다면 나는 이 나라를 당신에게 맡기겠소."

소대가 대답했다.

"이 세상에서 싸울 만한 나라는 일곱 나라가 있는데, 그중에서 연나라는 약소국의 입장이므로 혼자 힘으로 싸울 수는 없습니다. 그러나 만일 기댈 곳이 있다면 그 나라는 반드시 비중 있는 나라가 될 것입니다. 남쪽으로 초나라에 기대면 초나라가 커질 것이고, 서쪽으로 진나라에 기대면 진나라가 커질 것이며, 중원의 한나라와 위魏나라에 기대면 한나라와 위나라가 커질 것입니다. 또한 연나라가 의지하는 나라가 비중 있는 나라가 되면 반드시 왕께서도 비중 있는 존재가 될 것입니다. 지금 저 제나라는 나이 많은 군주가 모든 일을 혼자 결정합니다. 남쪽으로는 초나라를 5년 동안 쳐서[7] 쌓아 놓은 군량과 재물이 다 없어졌고, 서쪽으로는 진나라를 3년 동안 포위하여[8] 병사들이 견딜 수 없을 정도로 지쳐 있

---

7 주나라 난왕赧王 12년기원전 303년에 제나라와 한나라와 위나라는 초나라가 합종을 어겼다는 이유로 진秦나라와 함께 초나라를 공격하였고, 그로부터 2년 뒤에 이 네 나라는 또 초나라를 대거 공격하여 초나라 장수 당말唐昧을 죽였다. 제나라가 초나라를 친 것은 앞뒤로 5년 동안이었다.

8 주나라 난왕 17년기원전 298년에 제, 한, 위 세 나라가 함곡관에서 진나라를 무너뜨렸다. 이 일은 동쪽의 여섯 나라가 두 번째로 합종하여 진나라를 공격한 것으로 3년 걸렸다.

으며, 북쪽으로는 연나라와 싸워 연나라의 모든 군대를 쳐부수고 장수 두 명을 사로잡았습니다. 그러나 그런 뒤에도 남은 병력으로 남쪽을 향하여 전차 5000대를 가진 큰 송나라를 깨뜨리고, 제후 열두 명을 모두 아우르려고 합니다. 이것은 군주의 욕망을 채우기 위해서 백성의 힘을 다 없애는 일입니다. 어찌 이것을 받아들일 만하겠습니까! 또 신은 자주 싸우면 백성이 피로해지고 오래 싸우면 병사들이 지친다고 들었습니다."

연나라 왕이 말했다.

"내가 들은 바로 제나라에는 청제淸濟제수濟水와 탁하濁河황하가 있어서 요새가 될 수 있고, 장성長城과 거방鉅防이 있어서 요새[9]로 삼기에 충분하다고 하는데 정말 그렇소?"

소대가 대답했다.

"하늘의 시운이 그 나라를 돕지 않으면 비록 청제와 탁하가 있다 한들 어찌 그것으로 튼튼하게 지킬 수 있겠습니까! 백성의 힘이 없어지면 장성과 거방이 있다 한들 어찌 그것을 요새로 삼기에 충분하다고 할 수 있겠습니까! 또 전날 제나라가 제수 서쪽 지역에서 군사를 불러 모으지 않은 것은 조나라에 대비하기 위함이고, 하수 북쪽 지역에서 군사를 불러 모으지 않은 것은 연나라에 대비하기 위해서였습니다. 그런데 이제 제수 서쪽과 하수 북쪽 일대에서 군사를 불러 모아 온 나라가 다 황폐해 있습니다. 대체로 교만한 군주는 반드시 이익을 좋아하고 멸망하는 나라의 신하는 반드시 재물을 탐한다고 합니다. 왕께서 진실로 아끼는 아

---

9 장성은 태산 남쪽에 위치하여 오나라와 초나라의 침입을 막았고 거방은 청제 위쪽을 막았다.

들과 어머니와 동생을 제나라에 인질로 보내고 진주와 보옥과 비단으로 제나라 왕의 좌우 신하들을 섬기는 것을 부끄럽게 여기지 않을 수 있다면, 제나라는 연나라를 덕이 있다고 여겨 (안심하고) 경솔하게 송나라를 멸망시키려고 할 것입니다. 그렇게 하면 제나라를 멸망시킬 수 있을 것입니다."

연나라 왕은 말했다.

"나는 마침내 당신 때문에 하늘의 명을 받게 되었소."

연나라는 공자 한 명을 제나라에 볼모로 보냈다. 소려는 연나라에서 보낸 인질을 통해서 제나라 왕을 뵙기를 청했다. 제나라 왕은 소진에 대한 원망으로 소려를 가두려고 했으나 연나라에서 볼모로 온 공자가 소려를 위해 사과하였다. 이에 드디어 (소려는) 인질을 맡겨 제나라의 신하가 되었다.

연나라 재상 자지子之는 소대와 인척 관계를 맺고 연나라의 실제적인 권력을 쥐려고 생각하여 소대를 제나라에 보내 볼모가 된 공자를 모시도록 했다. 제나라에서는 소대를 연나라로 보내 보고하도록 했다. 이때 연나라 왕 쾌는 소대에게 이렇게 물었다.

"제나라 왕은 천하의 우두머리가 될 수 있소?"

소대가 대답했다.

"될 수 없습니다."

연나라 왕이 말했다.

"무엇 때문이오?"

(소대는) 대답했다.

"(제나라 왕은) 자기 신하를 믿지 않습니다."

연나라 왕이 나라의 정치를 자지에게 맡기고 오래지 않아 왕위까지도 그에게 주므로 연나라는 크게 혼란스러워졌다. 제나라는 연나라를 치고 연나라 왕 쾌와 자지를 죽였다. 연나라에서는 소왕昭王을 세웠다. 이로 부터 소대와 소려는 다시는 연나라로 들어가지 않고 제나라로 망명했다. 제나라에서는 그들을 잘 대우하였다.

자주색 비단이 흰색 비단보다 열 배 비싸다

소대가 위魏나라를 지날 때, 위나라는 연나라를 위해서 소대를 잡아 두었다. 제나라에서는 사람을 보내 위나라 왕에게 말했다.

"제나라가 송나라 땅을 경양군涇陽君의 봉읍지로 바치려 해도 진나라 는 결코 받지 않을 것입니다. 진나라가 제나라와 가깝게 지내 송나라 땅 을 얻는 것을 이익으로 여기지 않아서가 아니라 제나라 왕과 소 선생을 믿지 않기 때문입니다. 지금 제나라와 위나라가 이처럼 불화가 심하면 제나라는 진나라를 속이지 않을 것입니다. 진나라가 제나라를 믿으면 제 나라와 진나라가 합칠 것이고, 경양군은 송나라 땅을 얻을 것입니다. 이 것은 위나라에 이로운 일이 아닙니다. 그러니 왕께서는 소 선생을 동쪽 제나라로 돌려보내 진나라가 반드시 제나라를 의심하고 소 선생을 믿지 않게 하는 것이 낫습니다. 제나라와 진나라가 합치지 않으면 천하의 형 세에는 큰 변화가 없어 제나라를 칠 기회가 올 것입니다."

이에 위나라는 소대를 풀어 주었다. 소대가 송나라에 도착하자, 송나라에서는 그를 잘 대접했다.

제나라가 송나라를 쳐서 송나라가 위급해지자, 소대는 곧바로 연나라 소왕에게 다음과 같은 편지를 써 보냈다.

다 같이 만승의 지위에 있으면서 제나라에 볼모를 보낸 것은 이름을 떨어 뜨리고 권력을 가벼이 여길 일입니다. 만승의 신분으로 제나라를 도와 송나 라를 치면 백성이 지치고 나라의 재물은 다 없어질 것입니다. 제나라를 도 와 송나라를 깨뜨리고 초나라의 회수 북쪽 지역을 쳐서 쇠약하게 하여 강대 한 제나라를 이롭게 하는 것은 적을 강대하게 하고 자기 나라를 해치는 일입 니다. 이 세 가지 계책은 모두 연나라에서 모두 크게 실패하였습니다. 그런데 왕께서 또 이와 같은 일을 계속하려는 것은 제나라의 신임을 얻기 위해서입 니다. 그러나 제나라는 오히려 왕께서 신의를 지키지 않았다며 연나라를 더 욱더 꺼릴 테니, 이는 왕의 계책이 잘못된 것입니다. 저 송나라를 [초나라의] 회수 북쪽 지역과 합친다면 [그것만으로도] 강한 만승의 나라가 될 텐데, 제 나라가 그것을 아울러 가진다면 이는 또 하나의 제나라를 보태는 결과가 될 것입니다. 북이北夷의 땅은 사방 700리인데 여기에 노나라와 위衛나라를 더 하면 강대한 만승의 나라가 될 테고, 제나라가 그것을 아울러 가진다면 제나 라 두 개를 더 보태는 결과가 될 것입니다. 무릇 제나라 하나의 강대함에도 연나라는 이리처럼 두려워하여 뒤돌아보면서 버텨 나가기 어려운데, 앞으로 제나라 세 개의 힘이 연나라를 짓누르게 된다면 틀림없이 그 피해가 클 것입 니다.

비록 이와 같을지라도 지혜로운 자는 일을 처리할 때 화를 복으로 만들고 실패를 성공으로 바꿉니다. 제나라 사람들의 자주색 비단은 질이 나쁜 흰색 비단을 물들인 것이지만 그 값은 열 배나 비싸고, 월나라 왕 구천은 일찍이 회계산으로 쫓겨났지만 오히려 강대한 오나라를 멸망시키고 천하를 제패하였습니다. 이러한 것은 모두 화를 복으로 만들고 실패를 성공으로 바꾼 일입니다.

이제라도 왕께서 화를 복으로 만들고 실패를 성공으로 바꾸려 하신다면, 제나라를 꼬드겨 천하의 우두머리로 만들어 떠받들어 높이는 것보다 더 좋은 방법은 없습니다. 그러자면 주나라 왕실로 사자를 보내 〔제나라를 맹주로 받들기로〕 맹세하게 하고, 진나라와의 서약서를 불태워 버리고 이렇게 말하십시오.

"가장 좋은 계책은 진나라를 쳐부수는 것이고, 그다음 계책은 반드시 진나라를 영원히 배척하는 것입니다."

진나라가 배척을 당해 파멸을 기다린다면 진나라 왕은 반드시 이 일을 걱정할 것입니다. 진나라는 5대 이래로 제후들을 공격해 왔지만 지금은 제나라 밑에 있습니다. 진나라 왕의 마음은 진실로 제나라를 궁지로 몰아넣을 수만 있다면 진나라의 힘이 기우는 것도 꺼리지 않고 성과를 거두려고 할 것입니다. 그런데도 왕께서는 어째서 유세객을 보내어 다음과 같은 말로 진나라 왕을 설득하지 않으십니까?

"연나라와 조나라가 송나라를 깨뜨려 제나라를 살찌우고 제나라를 높여 스스로 그 밑에 있는 것은, 연나라와 조나라가 결코 자기 나라에 유리하다고 여겨서가 아닙니다. 연나라와 조나라가 자기 나라에 이롭지도 않은데 이러한 형세가 된 것은 진나라 왕을 믿지 않기 때문입니다. 그런데 왕께서는 어째서 믿을 만한 사람을 보내 연나라와 조나라를 한편으로 끌어들이지 않고 먼저 경양군과 고릉군高陵君을 연나라와 조나라로 보내셨습니까? 진나라에 변화가 있으면 인질로 삼게 하십시오. 이와 같이 하면 연나라와 조나라는 진나라를 믿게 될 것입니다. (그리하여) 진나라는 서제西帝가 되고 연나라는 북제北帝가 되고 조나라는 중제中帝가 되어 삼제三帝가 서면 천하를 호령할 수 있습니다. 한나라와 위魏나라가 그 호령을 따르지 않으면 진나라가 그들을 치고, 제나라가 그 호령을 따르지 않으면 연나라와 조나라가 그들을 치면 천하의 누가 감히 따르지 않겠습니까? 천하가 복종하여 명령을 듣게 되면 한나라와 위나라를 시켜 제나라를 치게 하고, '반드시 송나라 땅을 돌려주고 초나라의 회수 북쪽 지역을 돌려주시오.'라고 하십시오. (제나라가) 송나라 땅을 돌려주고 초나라 회수 북쪽 지역을 돌려주는 것은 연나라와 조나라에 모두 이익이 되는 일입니다. 그리고 삼제가 나란히 서는 것 또한 연나라와 조나라가 바라는 바입니다.

실제적인 이익을 얻고 마음속으로 바라던 지위에 이른다면 연나라와 조나라는 헌 짚신을 벗어던지듯이 제나라를 버릴 것입니다. 만일 왕이 연나라와 조나라를 한편으로 끌어들이지 못한다면 제나라가 천하의 우두머리가 될 것입니다. 제후들이 한편이 되어 제나라를 돕는데 왕만이 복종하지 않으면 이 나라는 (제후들의) 공격을 대신 받게 될 것입니다. 제후들이 제나라를 돕고 왕도 그 나라를 따른다면 스스로 명성을 떨어뜨리게 됩니다. 만일 진나라가 연나라와 조나라를 한편으로 거두어들이면 왕의 나라는 편안하고 이름이 높이 올라가겠지만, 연나라와 조나라를 한편으로 거두어들이지 못하면 왕의 나라는 위험해지고 이름은 떨어질 것입니다. 대체로 높고 편안한 것을 버리고 위험하고 낮은 것을 선택하는 것은 총명한 사람이 할 일이 아닙니다."

진나라 왕은 이런 말을 들으면 틀림없이 심장을 찔린 듯한 충격을 받을 것입니다. 그런데 왕께서는 어째서 유세객에게 이러한 말로 진나라를 설득하도록 하지 않으십니까? 진나라 왕은 틀림없이 받아들일 테고 제나라는 반드시 정벌될 것입니다.

대체로 진나라와 한편이 되는 것은 중요한 외교이고, 제나라를 치는 것은 정당한 이익입니다. 중요한 외교 사무를 진지하게 처리하고 정당한 이익에 힘쓰는 것은 성왕聖王의 사업입니다.

연나라 소왕은 이 편지를 읽고 말했다.

"선왕께서 일찍이 소진에게 은덕을 베풀었으나 자지의 난으로 소씨 형제는 연나라를 떠났다. 연나라가 제나라에 원수를 갚으려면 역시 소씨 형제가 아니고는 할 수 없다."

그러고는 곧장 소대를 불러들여 다시 잘 대우하고 제나라를 칠 일을 상의하여 마침내 제나라를 깨뜨리니 민왕은 달아났다.

정의로운 행동만이 사람의 마음을 얻을 수 있다

〔그 뒤〕 오랜 시간이 지나 진나라에서 연나라 왕을 초대하여 연나라 왕이 가려고 하자 소대가 연나라 왕을 말리며 말했다.

"초나라는 지枳 땅을 얻고서 나라가 멸망했고, 제나라는 송 땅을 얻고서 나라가 멸망하였습니다. 초나라와 제나라가 지 땅과 송 땅을 차지하였으나 진나라를 섬기지 않은 것은 무엇 때문입니까? 〔싸워서〕 공을 세운 나라는 〔어느 나라든〕 진나라와 큰 원수가 되기 때문입니다. 진나라는 천하를 얻는 데 정의를 따르지 않고 폭력을 썼습니다. 진나라는 폭력을 행사하면서 천하에 정면으로 경고했습니다.

〔예를 들면〕 초나라에게도 경고했습니다.

'촉 땅의 군대가 배를 타고 문강汶江사천성에 있는 강으로 문수汶水 또는 민강岷江이라고도 함에 떠서 여름에 물이 불었을 때를 틈타 강수로 내려오면 닷새 만에 〔수도인〕 영郢에 이를 수 있소. 한중의 군대가 배를 타고 파강巴江을 나와 여름에 물이 불었을 때를 틈타 한수로 내려오면 나흘 만에 오저五渚에 이를 수 있소. 내가 직접 완宛에서 군대를 모아 수읍隨邑을 향하여 내려가면 현명한 사람이라도 계략을 세울 겨를이 없고, 용감한 사람이라도 성내며 맞서 싸울 겨를이 없으므로 나는 매를 쏘는 것처럼 당신들을 재빠르게 칠 것이오. 그런데 왕은 천하의 요새인 함곡관을 치러 오기를 기다리려 하니 그것은 아주 아득한 일이지 않소?'

초나라 왕은 이 때문에 17년간 진나라를 섬겼습니다.

또 진나라는 한韓나라에 정면으로 경고했습니다.

'우리 군대가 소곡少曲에서 일어나면 하루 만에 태항산으로 지나는 길을 끊을 수 있소. 우리 군대가 의양에서 떠나 평양平陽에 이르면 이틀 안에 당신 나라는 전 영토가 흔들릴 것이오. 우리 군대가 동주와 서주를 지나 정鄭에 이르면 닷새 안에 당신 나라는 점령되고 말 것이오.'

한나라는 그렇다고 여겼으므로 진나라를 섬겼습니다.

또 진나라는 위魏나라에 정면으로 경고했습니다.

'우리 군대가 안읍安邑을 치고 여극女戟을 에워싸면 한나라의 태원太原을 점령할 것이오. 우리 군대가 직접 지軹로 내려가 남양南陽과 봉릉封陵과 기읍冀邑을 지나 동주와 서주를 에워싸고 여름에 물이 불어난 틈을 타 가벼운 배를 띄워 강력한 쇠뇌를 앞세우고 예리한 창을 뒤에서 따르게 하여 형택滎澤의 물목[10]을 터놓으면 위나라의 대량은 없어지고 말 것이오. 백마白馬의 물목을 터놓으면 위나라의 외황外黃과 제양濟陽이 없어지고, 숙서宿胥의 물목을 터놓으면 위나라의 허虛와 돈구頓丘가 없어질 것이오. 육지로 공격하면 하내河內를 치고 물길로 치면 대량을 멸망시킬 것이오.'

위나라는 그렇다고 여겼으므로 진나라를 섬겼습니다.

진나라는 위나라의 안읍을 치려고 하였으나, 제나라가 구원하러 올까 봐 두려워서 제나라에게 송나라를 처리해 달라고 부탁하며 말했습니다.

'송나라 왕은 무도하여 과인의 모습과 똑같은 나무 인형을 만들어 놓고 그 얼굴에 화살을 쏜다고 합니다. 과인의 땅은 송나라와는 멀리 떨어져 있어 군대를 보내도 멀어서 [직접] 나아가 칠 수 없습니다. 왕께서 만일 송나라를 깨뜨릴 수 있다면 과인은 스스로 얻은 것처럼 기쁠 것입니다.'

그러나 뒤에 진나라는 안읍을 빼앗고 여극을 에워싼 다음, 송나라를 쳐 깨뜨린 것을 오히려 제나라의 죄라고 했습니다.

또 진나라가 한韓나라를 치려고 할 때는 천하의 제후들이 구원하러 올까 봐 두려워 천하의 제후들에게 제나라를 맡기며 이렇게 말했습니다.

'제나라 왕은 네 번이나 과인과 약속했지만 네 번 모두 과인을 속였으며, 천하의 제후들을 이끌고 우리 나라를 치려고 결심한 것이 앞뒤로 세

---

10 형택의 물목은 변수汴水의 물목과 통하는 부분이 있어 꽤 깊었다. 그래서 위나라 서울인 대량에 물을 댈 수 있었다. 실제로 진시황은 위나라를 공격할 때 변수의 물을 끌어다 대량을 채워 성을 무너뜨렸다고 한다.

차례나 됩니다. 제나라가 있으면 진나라가 망하고, 진나라가 있으면 제나라가 망할 것입니다. 반드시 제나라를 쳐 멸망시켜야 합니다.'

그러나 뒤에 진나라는 의양과 소곡을 빼앗고 인읍藺邑과 이석離石을 차지하자, 또 제나라를 친 죄를 제후들에게 덮어씌웠습니다.

진나라가 위魏나라를 치려고 할 때는 먼저 초나라를 존중하여 한나라의 옛 땅 남양南陽을 초나라에 주고 이렇게 말했습니다.

'과인은 본래 한나라와 교제를 끊으려고 하였습니다. 만일 초나라가 균릉均陵을 빼앗고 맹액鄳阨의 요새를 막아서 [한나라를 빼앗는 것이] 초나라에 유리하다면, 과인은 스스로 그곳을 점령한 것처럼 기쁠 것입니다.'

[그러나 뒤에] 위나라가 동맹국을 저버리고 진나라와 연합하자, 진나라는 또 맹액의 요새를 막은 것을 초나라 탓으로 돌렸습니다.

진나라 군대가 [위나라를 치다가] 임중林中에서 위험해졌을 때 연나라와 조나라가 [위나라와 연합할까 봐 염려하여] 교동膠東을 연나라에 주고, 제수 서쪽 지역을 조나라에 주었습니다. 그런데 뒤에 [진나라가] 위나라와 화해하자 위나라의 공자 연延을 볼모로 잡고, 위나라 장수 서수에게 군대를 조직하여 조나라를 치게 하였습니다.

진나라 군대가 초석譙石에서 [조나라와 싸우다가] 깨지고 양마陽馬에서 지자, 위魏나라가 염려되어 섭葉과 채蔡를 위나라에 맡겼습니다. 그런데 뒤에 진나라가 조나라와 화해하자 위나라를 위협하고 위나라에 땅을 떼어 주지 않았습니다. 싸움에서 져 궁지에 몰리면 태후의 동생 양후穰侯를 시켜 화친을 맺도록 하고, 이기면 외삼촌 양후와 어머니를 겸하여 속였습니다.

연나라를 꾸짖을 때는 교의 동쪽을 빼앗은 것을 구실로 삼고, 조나라를 꾸짖을 때는 제수 서쪽 지역을 빼앗은 것을 구실로 삼으며, 위나라를 꾸짖을 때는 섭과 채를 빼앗은 것을 구실로 삼고, 초나라를 꾸짖을 때는 맹액의 요새를 막은 것을 구실로 삼으며, 제나라를 꾸짖을 때는 송나라를 깨뜨린 것을 구실로 삼았습니다. 이와 같이 진나라 왕의 외교 사령은 둥근 고리처럼 돌고 돌며, 군사를 움직이는 것은 나는 새처럼 재빠르므로 태후도 막을 수 없고 양후도 말릴 수 없었습니다.

〔위魏나라 장수〕 용가龍賈와의 싸움, 한나라 안문岸門에서의 싸움, 위魏나라 봉릉封陵에서의 싸움, 고상高商 싸움, 조장趙莊과의 싸움 등에서 진나라가 죽인 삼진 지역의 백성은 수백만 명이나 되고 지금 살아 있는 자는 모두 진나라가 죽인 자들의 고아입니다. 서하西河 외에도 상락上雒의 땅, 삼천三川동주 때는 하수와 이수伊水와 낙수洛水를 말함 일대, 진국의 재앙, 삼진의 땅 중에서 〔진나라에 침략된 땅이〕 그 절반이나 됩니다. 진나라가 만든 재앙은 이렇게 큽니다. 그런데도 진나라에 갔던 연나라와 조나라의 유세가는 모두 다투어 자기 나라의 군주에게 진나라를 섬겨야 한다며 설득합니다. 이것이야말로 신이 가장 걱정하는 바입니다."

연나라 소왕은 〔진나라로〕 가지 않고, 소대는 다시 연나라에서 중용되었다.

연나라는 소진이 활동하던 때처럼 제후들과 합종의 약속을 맺으려고 하였다. 제후 중에는 합종하는 자도 있고 하지 않는 자도 있지만 천하는 이 일로 인하여 소대의 합종책을 믿고 받들게 되었다. 소대와 소려는 모두 타고난 수명을 누리고 죽었으며, 제후들 사이에 이름을 드날렸다.

태사공은 말한다.

"소진의 형제 세 사람[11]은 모두 제후들에게 유세하여 이름을 드날렸으며, 그들의 술수종횡책는 권모와 변화에 뛰어난 것이었다. 소진이 〔제나라에서〕 반간反間첩자를 이용하여 적의 내부를 이간시켜 자기 쪽이 승리하게 하는 것의 혐의를 받고 죽으니 천하 사람은 모두 그를 비웃고 그 술수 배우기를 꺼려했다. 그러나 세상에 퍼진 소진의 사적에 대해서는 서로 다른 주장이 많은데, 그것은 시대를 달리하는 사적이 〔소진의〕 부류에 있는 것은 모두 소진에게 〔끌어다〕 덧붙였기 때문일 것이다. 소진이 보통 사람의 집에서 일어나 여섯 나라를 연합시켜 합종을 맺게 한 것은 그 지혜가 보통사람보다 뛰어났다는 사실을 뜻한다. 그래서 나는 그의 경력과 사적을 늘어놓으매, 그 시간의 차례로 엮어서 유독 그만이 나쁜 평가를 듣지 않도록 하였다."

---

11 『사기색은史記索隱』에 의하면 소씨 형제는 다섯 명이다. 즉 소진, 소대, 소려, 소벽蘇辟, 소곡蘇鵠이다. 여기서는 소진, 소대, 소려 세 명만을 싣고 있다.

10

장의 열전
張儀列傳

이 편은 연횡가들의 전기로서 장의, 진진陳軫, 서수犀首 세 사람의 사적을 수록하고 있다. 합종파의 대표 인물이 소진이라면 장의는 연횡파의 대표 인물이므로, 합종파와 연횡파의 인물들을 합쳐 각각의 열전을 만들면서 두 사람으로 대표성을 갖게 한 것이다. 또한 이 두 파의 인물들이 서로 날카롭게 대립된다는 점을 인정하고 상대적으로 두었기 때문에 「장의 열전」과 「소진 열전」은 구성이 매우 비슷하다.

전국 시대 중기 진나라는 상앙의 변법에 의거하여 국력을 증강시키는 데 힘썼고, 제나라도 강국으로서 두각을 나타내고 있었다. 진나라에 대항하기 위해 나머지 여섯 나라가 합종으로 맞서자 진나라의 장의는 각 나라와 개별적으로 동맹을 맺어 합종을 깨뜨리고, 제나라와 초나라를 이간시키는 방법을 써서 진나라가 천하를 통일하는 데 결정적으로 이바지했다. 특히 장의가 그 아내와 이야기할 때 혀가 붙어 있는지 물어본 것은, 혀가 없는 장의는 생각할 수 없으며 세 치밖에 안 되는 혀를 무기 삼아 여러 나라를 돌아다니며 부귀를 좇던 당시 유세가들의 모습을 부각시키려 한 것으로 볼 수 있다. 다른 역사가들에게는 관심의 대상일 수 없는 일화들을 기록함으로써 역사의 흐름에 대한 사마천의 통찰력을 엿볼 수 있게 하는 대목이다.

「소진 열전」과 마찬가지로 자료는 주로 『전국책』에서 취했는데, 문헌학적으로 조금 차이가 있는 것도 흥미롭다.

偽獻地
張儀
欺楚

초나라 왕에게 600리의 땅을 주기로 거짓 약속하고는 수레에서 일부러 떨어져 시간을 끈 장의.

작은 이익을 탐내면 큰 뜻을 이루지 못한다

장의張儀는 위魏나라 사람이다. 처음에는 일찍이 소진과 함께 귀곡 선생을 스승으로 모시고 종횡술을 배웠는데, 소진은 스스로 장의에 미치지 못한다고 생각했다.

장의는 학업을 마치자 유세하러 제후들을 찾아갔다. 〔장의는〕 일찍이 초나라 재상과 함께 술을 마신 적이 있는데, 얼마 후 초나라 재상이 구슬을 잃어버렸다. 〔재상의〕 문하 사람들이 장의를 의심하고 이렇게 말했다.

"장의는 가난하고 행실이 좋지 않습니다. 틀림없이 이자가 재상의 구슬을 훔쳤을 것입니다."

그러고는 모두 함께 장의를 붙들어 수백 번 매질을 했으나, 장의가 구슬을 훔쳤다고 말하지 않으므로 풀어 주었다.

장의의 아내가 말했다.

"아! 당신이 글을 읽어 유세하지 않았던들 어찌 이런 수모를 겪었겠습니까?"

그러자 장의는 자기 아내에게 말했다.

"내 혀가 아직 붙어 있는지 아닌지 보시오."

장의의 아내가 웃으면서 말했다.

"혀는 남아 있네요."

장의가 말했다.

"그럼 됐소."

이 무렵 소진은 이미 조나라 임금을 설득하여 합종을 약속받았지만 진나라가 제후들을 공격하여 합종 약속이 깨어져서 서로 등을 돌리지나 않을까 두려웠다. 소진은 아무리 생각해 보아도 진나라에 힘을 쓸 만한 사람이 떠오르지 않았다. 그래서 장의에게 사람을 보내 은밀히 권유하도록 했다.

"선생께서는 처음에 소진과 사이가 좋았습니다. 지금 소진은 이미 요직을 맡고 있는데, 선생은 어째서 그를 찾아가 바라는 바가 이루어질 수 있도록 부탁하지 않으십니까?"

장의는 곧바로 조나라로 가서 이름을 말하고 소진에게 만나 주기를 청했다. 소진은 문지기에게 그를 들여보내지도 말고 돌아가지도 못하게 하라고 하였다. 그렇게 한 지 며칠이 지나서야 장의는 소진을 만날 수 있었다. 소진은 장의를 마루 아래에 앉게 하고 하인이나 첩이 먹는 형편없는 음식을 내주었다. 그러고는 그의 잘못을 하나하나 끄집어내면서 꾸짖었다.

"자네같이 재능을 가진 자가 이처럼 어렵고 부끄러운 처지가 되었는가? 내 어찌 자네를 [왕에게] 추천하여 부귀하게 만들 수 없겠는가? [그러나] 자네는 거두어서 쓸 만한 인물이 아니네."

소진은 장의의 부탁을 거절하고 돌려보냈다. 장의는 이곳에 올 때에는 옛 친구에게 도움을 받을 수 있을 줄로 생각하였는데 도리어 모욕을 당하자 화가 치밀어올랐다. 장의는 제후들 가운데 섬길 만한 자는 없지만 진나라라면 조나라를 곤경에 빠뜨릴 수 있다는 생각이 들어 마침내 진나라로 들어갔다.

한편 소진은 조금 있다가 자기 사인舍人가신에게 말했다.

"장의는 천하에서 현명한 인물이니 나는 그를 뛰어넘을 수 없네. 지금은 운이 좋아 내가 먼저 등용되었을 뿐이지. 진나라의 실권을 잡아 휘두를 사람은 장의뿐일세. 그러나 그는 가난하여 다른 사람에게 등용되지 못했네. 나는 그가 작은 이익을 탐내어 (큰 뜻을) 이루지 못할까 염려스러워서 일부러 그를 불러다 모욕을 주어 그의 뜻을 북돋운 것일세. 자네는 나 대신 은밀히 그를 도와주게."

소진은 조나라 왕에게 금과 폐백과 수레와 말을 청하였다. 그러고는 사인을 시켜 장의를 몰래 뒤따라가 그와 함께 먹고 자면서 차츰 친해지면 그에게 필요한 수레와 말과 금을 주어서 돕게 하고, 장의가 쓰려고 하는 것은 무엇이든 제공해 주되 소진이 시킨 일임은 말하지 않도록 했다. 장의는 마침내 진나라 혜왕惠王을 만날 수 있었다. 혜왕은 그를 객경으로 삼고 함께 제후들을 칠 일을 의논했다.

소진의 사인이 장의에게 작별 인사를 하고 돌아가려 하자 장의가 물었다.

"당신의 도움을 받아 세상에 빛을 보게 되었소. 이제 그 은혜를 갚으려 하는데 무엇 때문에 떠나려 하오?"

사인이 대답했다.

"저는 선생을 모릅니다. 선생을 알아주는 분은 바로 소 군蘇君이십니다. 소 군께서는 진나라가 조나라를 쳐서 합종의 맹약이 깨어질까 봐 걱정하고, 선생이라면 진나라 정권을 마음대로 휘두를 수 있다고 생각하셨습니다. 그래서 선생을 몹시 화나게 만들고, 한편으로는 저를 시켜서 몰래 선생께 필요한 비용을 대 주도록 한 것입니다. 이 모두가 소 군의 계책입니다. 이제 선생께서 등용되셨으니 저는 명령대로 돌아가겠습니다."

장의가 말했다.

"아! 이것은 내가 배운 유세술에 있던 것인데 알지 못했구려! 내가 소진만 못한 것이 분명하오. 이렇게 하여 내가 등용되었는데 어찌 조나라를 칠 계책을 꾸미겠소? 나 대신 소 선생에게 '소 군이 살아 있는 한 내가 무슨 말을 할 수 있으며, 소 군이 있는 한 내가 감히 무엇을 할 수 있겠소.'라고 전해 주시오."

그 뒤 장의는 진나라 재상이 되어 격문檄文[1]을 써서 초나라 재상에게 알렸다.

예전에 내가 당신을 따라 술을 마셨을 때 나는 당신의 구슬을 훔치지 않았건만 당신은 나를 매질하였소. 당신은 나라를 잘 지킬지니, 내가 당신의 성읍을 훔칠 것이기 때문이오.

싸울 때는 명분과 실속을 모두 얻어야 한다

그 무렵 저苴와 촉蜀이 서로 공격하고는 저마다 진나라에 와서 다급함을 호소하고 도움을 청했다. 이때 진나라 혜왕은 군대를 일으켜 촉나라를 치려고 했으나 길이 험하고 좁아서 행군하기 어려울 듯이 여겨졌다.

---

1 특별히 병사를 불러 모으거나 적군을 깨우치거나 꾸짖기 위하여 보내는 편지의 일종이다. 일반적으로 두 자 길이의 짧은 글로 이루어진다.

그런데 이때 또 한나라가 진나라로 쳐들어왔다. 혜왕은 먼저 한나라를 치고 나중에 촉나라를 치자니 형세가 불리해질까 두렵고, 먼저 촉나라를 치자니 한나라가 기습하여 진나라가 패할까 염려되어 그 어느 쪽으로도 선뜻 결정을 내리지 못하고 있었다. 〔진나라 장수〕 사마조司馬錯와 장의는 혜왕 앞에서 이 일에 관하여 논쟁을 벌였다. 사마조는 촉나라를 치려고 했으나 장의는 이렇게 말했다.

"한나라를 치는 편이 낫습니다."

혜왕이 말했다.

"그 까닭을 듣고 싶소."

장의가 대답했다.

"먼저 위나라, 초나라와 모두 가깝게 지내십시오. 우리 군대를 삼천三川으로 내려 보내 십곡什谷의 어귀를 막고 둔류屯留의 길목을 지킵니다. 위나라에게 남양南陽으로 가는 길을 끊도록 하고, 초나라에게는 남정南鄭으로 나아가 공격하게 합니다. 그리고 우리 진나라 군대는 신성新城과 의양宜陽을 치고 동주와 서주의 교외로 진격하여 주나라 왕의 죄를 꾸짖고, 다시 초나라와 위나라 땅을 침략합니다. 그러면 주나라 왕은 외부의 도움을 받을 수 없음을 스스로 깨닫고 틀림없이 〔나라를 상징하는〕 보배로운 기물인 구정九鼎을 내놓고 항복할 것입니다. 구정의 권위

---

2 구정은 우임금이 만든 것으로 구주九州를 상징하여 대대로 보물로 받들었다. 탕임금은 하나라를 멸망시키고 그것을 상읍商邑으로 옮겼고, 주나라 무왕은 상나라를 멸망시키고 낙읍洛邑으로 옮겼다. 진나라는 서주를 멸망시키고 구정을 취하였는데, 하나는 사수泗水에 빠뜨리고 나머지 여덟 개는 소재가 분명하지 않다.

에 의지하여 전국의 토지와 호적을 조사하고, 천자를 끼고서 천하 제후들에게 호령한다면 천하에서 감히 따르지 않는 자가 없을 것입니다. 이는 왕업王業을 이루는 것입니다. 지금 저 촉나라는 서쪽으로 멀리 떨어져 있는 나라로 오랑캐 무리와 다를 바 없습니다. [따라서 촉나라를 치는 것은] 군사를 지치게 하고 백성을 고달프게 할 뿐 명분을 얻기에는 부족합니다. 설령 땅을 손에 넣는다 하더라도 실질적인 이익이 되기에는 부족합니다. 신이 듣건대 명분을 다투는 자는 조정에서 다투고, 이익을 다투는 자는 저잣거리에서 다툰다고 합니다. 지금 삼천과 주나라 왕실은 천하의 조정이며 저잣거리와 같은 곳입니다. 그런데 왕께서 이것을 상대로 다투지 않고 도리어 오랑캐 땅을 다툰다면 이는 왕업과는 거리가 먼 일입니다."

이에 사마조가 말했다.

"그렇지 않습니다. 신은 나라를 잘살게 만들고자 하는 사람은 자신의 땅을 넓히는 일에 힘쓰고, 군대를 강하게 만들고자 하는 사람은 자기 백성을 부유하게 만드는 일에 힘쓰며, 왕업을 이루고자 하는 사람은 덕정德政을 널리 펼치는 일에 힘쓴다고 들었습니다. 이 세 가지 조건만 갖추어지면 왕업은 자연스럽게 이루어집니다.

지금 왕의 땅은 좁고 백성은 가난합니다. 그러므로 신이 바라건대 상대하기 쉬운 나라부터 시작하십시오. 저 촉나라는 서쪽으로 멀리 떨어져 있는 나라로 오랑캐의 우두머리이며 걸桀이나 주紂처럼 난폭한 행동을 합니다. 진나라가 이를 치기란 마치 이리나 승냥이가 양 떼를 쫓는 것처럼 쉬울 것입니다. 그들의 땅을 얻으면 국토는 넓어질 것이고, 그들의 재물을 손에 넣으면 백성은 부유해지며, 무기를 완벽하게 갖출 수 있습니다. 또 많은 사람을 다치지 않게 하고도 저들을 굴복시킬 수 있을 것입니다. 한 나라를 빼앗을지라도 천하가 포악하다고 하지 않으며, 서해西海[3]의 이익을 다 차지하더라도 천하가 탐욕스럽다고 비난하지 않을 것입니다. 이는 우리가 명분과 실속을 한꺼번에 얻을 수 있는 것입니다. 또 난폭한 행동을 그치게 했다는 명분도 얻을 것입니다. 그러나 지금 한나라를 치고 주나라 천자를 위협한다면 이는 나쁜 이름만 남기게 될 뿐이고, 반드시 이익이 된다고 할 수도 없습니다. 게다가 의롭지 못한 일을 하였다는 이름이 남습니다. 천하가 공격하기를 원하지 않는 (주나라를) 치는 것은 위험합니다. 신이 그 까닭을 말씀드리겠습니다.

주나라는 천하의 종실이며, 제나라는 한나라와 동맹을 맺은 나라입니다. 주나라가 구정을 잃고, 한나라가 삼천을 잃게 될 일을 그들 스스로 안다면 두 나라는 힘과 지혜를 한데 모아, 제나라와 조나라를 통해서 초나라와 위나라에 구원을 요청할 것입니다. (주나라가) 구정을 초나라에 넘겨주고, 국토를 위나라에 주더라도 왕께서는 그것을 막을 수 없을 것입니다. 이것이 신이 위태롭다고 하는 바입니다. 그것은 촉나라를 치는 것만큼 완전하지 못합니다."

혜왕이 말했다.

"좋소. 과인은 그대의 말을 듣겠소."

마침내 군대를 일으켜 촉나라를 쳐서 10월에 차지한 다음 촉나라 왕의 지위를 낮추어 후侯라 바꿔 부르고, 진장陳莊을 촉나라 재상으로 삼

---

3 서쪽 지역을 말한다. 고대 사람들은 중국은 사면이 바다로 둘러싸여 있다고 생각했다. 파巴와 촉蜀은 서쪽에 있기 때문에 파와 촉을 얻으면 서해의 이익을 독점할 수 있다고 말한 것이다.

았다. 촉나라가 진나라에 예속되자, 진나라는 더욱 강대하고 부유해졌으며 제후들을 가벼이 여겼다.

깃털도 쌓으면 배를 가라앉힐 수 있다

진나라 혜왕 10년에 공자 화華와 장의를 시켜 위魏나라 포양蒲陽을 에워싸서 항복시켰다. 장의는 진나라에 말하여 그 땅을 위나라에 돌려주고, 진나라 공자 요繇를 위나라에 볼모로 보냈다. 장의는 이렇게 일을 처리하고 위나라 왕을 설득하여 말했다.

"진나라 왕이 위나라를 매우 정성껏 예우하고 있으니, 위나라에서도 답례가 없어서는 안 됩니다."

위나라는 상군上郡과 소량少梁을 진나라에 바쳐 진나라 혜왕에게 보답했다. 진나라 혜왕은 이에 장의를 재상으로 삼고 소량을 하양夏陽으로 고쳐 불렀다.

장의는 진나라 재상을 지낸 지 4년 만에 〔공公으로 있던〕 혜왕을 세워 왕이 되게 하였다. 또 1년 뒤에 그는 진나라 장수가 되어 섬陝 땅을 빼앗고 상군에 요새를 쌓았다.

그로부터 2년 뒤 〔그는〕 사신이 되어 제나라와 초나라 재상을 설상齧桑에서 만났다. 동쪽에서 돌아와서는 진나라 재상 자리를 내놓고 위魏나라 재상이 되어 진나라를 위해 일을 꾀하였다. 장의는 먼저 위나라에게 진나라를 섬기도록 하여 제후들이 그것을 본받게 하려고 했으나, 위나라 왕은 장의의 의견을 따르려고 하지 않았다. 그러자 진나라 왕은 몹시 노하여 위나라를 쳐서 곡옥曲沃과 평주平周를 빼앗고는 은밀히 장의를 더욱 두텁게 대우했다. 장의는 진나라에 보고할 만한 공적이 없음을 부끄러워했다.

장의가 위나라에 머문 지 4년 만에 위나라 양왕襄王이 죽고 애왕哀王이 즉위했다. 장의는 다시 애왕을 설득했지만 애왕도 장의의 생각을 받아들이지 않았다. 이에 장의는 남몰래 진나라를 시켜 위나라를 치게 하였다. 위나라는 진나라와의 싸움에서 지고 말았다.

그 이듬해에는 또 제나라가 쳐들어와 위나라 군사를 관진觀津에서 깨뜨렸다. 진나라는 다시 위나라를 치기 위해 먼저 한韓나라 신차申差가 거느린 군대를 깨뜨리고 팔만 명의 목을 베었다. 그러자 천하의 제후들이 크게 두려워하였다. 이에 장의는 또다시 위나라 왕을 설득하여 말했다.

"위나라 땅은 사방 1000리가 못 되며 병사는 겨우 30만 명입니다. 국토는 평탄하여 제후들이 사방에서 마음대로 쳐들어올 수 있습니다. 이름난 산이나 큰 하천이 가로막고 있지 않으며 신정新鄭에서 대량까지 200여 리는 수레나 말을 몰고 사람이 달려도 쉽게 이를 수 있습니다. 위나라는 남쪽으로 초나라와 국경을 맞대고 있고, 서쪽으로는 한나라와 이웃하고 있으며, 북쪽으로는 조나라와 국경을 맞대고 있고, 동쪽으로는 제나라와 경계를 마주하고 있습니다. 사방을 지키는 병사와 변방의 보루를 지키는 자는 10만 명이 넘어야 합니다. 위나라 땅의 형세는 본래 싸움터가 되기에 알맞습니다. 위나라가 남쪽으로 초나라와 손을 잡아 제나라에 가담하지 않는다면 제나라는 위나라 동쪽을 칠 것입니다. 만일 동쪽으로 제나라와 손을 잡고 조나라 쪽에 서지 않는다면 조나라는 위나라 북쪽을 칠 것입니다. 한나라와 손을 잡지 않는다면 한나라는 위나라 서쪽을 칠 테고, 조나라와 친하게 지내지 않는다면 조나라가 위나라 남쪽을 칠 것입니다. 이것은 이른바 여러 갈래로 나누어지는 지세입니다.

또한 제후들이 합종을 하려는 것은 장차 사직을 편안하게 하고 임금을 높이며 군대를 튼튼하게 하여 이름을 드러내기 위함입니다. 이제 합종하는 자들은 천하를 하나로 통일하여 형제가 되기로 약속하고 원수洹水 가에서 백마를 잡아 〔피를 마시며〕 맹세하여 서로의 결속을 굳게 지키기로 하였습니다. 그러나 같은 부모에게서 난 형제끼리도 서로 재물을 다투는 일이 있는데, 간사하고 거짓을 일삼으며 이랬다 저랬다 하는 소진의 쓸데없는 술책을 믿으려고 하니 그것이 이루어질 수 없음은 또한 명백합니다.

만일 대왕께서 진나라를 섬기지 않으면 진나라가 군대를 동원하여 황하의 남서쪽을 치고 권卷, 연衍, 연燕, 산조酸棗를 근거지로 하여 위衛나라를 겁박하면서 양진陽晉을 취할 것입니다. 그렇다면 조나라는 남쪽으로 내려와 위나라를 돕지 않을 것입니다. 조나라가 남쪽으로 내려오지 않는다면 위나라도 북쪽으로 올라가 돕지 않을 테고, 위나라가 북쪽으로 올라가지 않는다면 합종의 길은 끊어질 것입니다. 합종의 길이 끊어진다면 왕의 나라는 아무리 안전을 바라더라도 위태로울 수밖에 없습니다. 진나라가 한나라를 꺾고 위나라를 친다면 한나라는 진나라를 두려워하여 순종할 테고, 진나라와 한나라가 한편이 되면 위나라는 선 채로 단숨에 멸망으로 치달을 것입니다. 이것이 신이 왕을 위하여 걱정하는 바입니다.

대왕을 위한 계책으로는 진나라를 섬기는 것이 가장 좋습니다. 진나라를 섬기게 되면 틀림없이 초나라와 한나라는 감히 움직이지 못할 것입니다. 초나라와 한나라의 근심이 없다면 대왕께서는 베개를 높이 하고 편히 주무실 수 있고, 나라에는 틀림없이 아무런 근심이 없을 것입니다.

또한 진나라가 약화시키려고 하는 나라는 초나라뿐이고 초나라를 약화시킬 수 있는 나라는 위나라밖에 없습니다. 초나라는 부유하고 강대한 나라로 알려져 있지만 실상은 그렇지 않습니다. 초나라 군사가 많다고는 하나 쉽게 달아나고 쉽게 패배하여 굳게 지켜 싸우는 끈기가 없습니다. 위나라 군대를 모두 동원하여 남쪽으로 초나라를 친다면 분명히 이길 것입니다. 초나라 땅을 떼어서 위나라에 보태고, 초나라 땅을 갈라 진나라에 돌려주면 재앙을 다른 나라로 돌려 위나라는 편안해질 테니 이것이 가장 좋은 방법입니다. 왕께서 만일 신의 의견을 따르지 않으신다면 진나라는 무장한 군사를 동원하여 동쪽으로 위나라를 칠 것입니다. 그렇게 되면 진나라를 섬기려고 해도 [때가 늦어] 섬길 수 없을 것입니다.

또 합종을 내세우는 사람들은 과장되게 큰소리만 쳐 믿을 만한 내용이 적습니다. 제후 한 사람만 설득하면 후侯에 봉해지기 때문에 천하의 유세하는 사람은 모두 밤낮없이 팔을 걷어붙이고 눈을 부릅뜨고 이를 갈면서 합종의 이로움을 말하여 남의 군주를 설득하려 합니다. 군주들은 그들의 교묘한 말을 현명하다고 여겨 그 유세에 속아 넘어갑니다. 어찌 현혹되지 않을 수 있겠습니까?

신이 듣건대 깃털도 많이 쌓으면 배를 가라앉히고, 가벼운 물건도 많이 실으면 수레의 축이 부러지며, 여러 사람의 입은 무쇠도 녹이고, 여러 사람의 비방이 쌓이면 뼈도 녹인다고 합니다. 그러므로 왕께서는 잘 살펴서 계책과 의논을 결정하시기 바랍니다. 그리고 신은 잠시 휴가를 얻어 위나라를 떠나 있고 싶습니다."

위나라 애왕은 그리하여 곧 합종의 맹약을 저버리고 장의를 통해 진나라에 화친을 청하였다. 장의는 〔진나라로〕 돌아가서 재상 자리를 되찾았다. 3년 만에 위나라는 다시 진나라를 등지고 합종에 가담했다. 이에 진나라는 위나라를 쳐서 곡옥을 빼앗았다. 이듬해에 위나라는 다시 진나라를 섬겼다.

6리인가 600리인가

진나라가 제나라를 치려고 하자, 제나라와 초나라는 합종을 맺었으므로 이에 장의는 초나라로 가서 상황을 살펴보려고 했다. 초나라 회왕懷王은 장의가 온다는 소식을 듣고 가장 좋은 숙소를 비워 놓았다. 〔장의가 도착하자 회왕은〕 몸소 장의를 숙소로 안내하고 이렇게 물었다.

"이곳은 외지고 누추한 나라입니다. 선생은 이 나라에 무엇을 가르쳐 주려고 하십니까?"

장의는 초나라 왕을 설득하여 말했다.

"대왕께서 진정 신의 말을 옳다고 여겨 관문關門을 닫아걸고 제나라와 맺은 합종의 약속을 깨신다면 신은 상과 오 일대의 땅 600리를 초나라에 바치고, 진나라 공주를 왕의 첩이 되게 하며, 진나라와 초나라는 서로 며느리를 맞아 오고 딸을 시집보내는 사이가 되어 영원히 형제 나라가 되게 하겠습니다. 이는 북쪽으로는 제나라를 약화시키고 서쪽으로는 진나라를 이롭게 하는 계책으로 이보다 더 좋은 방법은 없습니다."

초나라 왕은 매우 기뻐하며 이를 받아들였다. 신하들도 모두 축하하였지만 진진陳軫은 이것을 불행한 일로 보고 걱정했다. 초나라 왕은 노여워하며 말했다.

"과인이 전쟁을 일으켜 군사를 동원하는 일 없이 땅 600리를 얻게 되어 신하들이 모두 축하하거늘 유독 그대만이 걱정하는 것은 무슨 까닭이오?"

진진이 대답했다.

"그렇지 않습니다. 신이 보기에는 상과 오 일대의 땅은 얻을 수 없고 제나라와 진나라는 힘을 합칠 것이니 제나라와 진나라가 합치면 재앙이 반드시 닥칠 것입니다."

초나라 왕이 물었다.

"근거 있는 말이오?"

진진이 대답했다.

"진나라가 초나라를 중시하고 어려워하는 까닭은 제나라와 사이가 좋기 때문입니다. 이제 관문을 잠그고 제나라와 맺었던 합종 약속을 깨면 초나라는 고립될 것입니다. 진나라가 어찌 고립된 나라를 자기편으로 끌어들이기 위해 600리나 되는 상과 오 일대의 땅을 주겠습니까? 장의는 진나라로 돌아가면 분명 왕과의 약속을 저버릴 것입니다. 이는 북쪽으로는 제나라와 친교를 끊게 하고, 서쪽으로는 진나라에서 걱정거리를 불러오는 일이므로 진나라와 제나라의 군대가 함께 쳐들어올 것이 분명합니다. 왕을 위한 가장 좋은 방법은 겉으로는 제나라와 교류를 끊는 척하면서 은밀히 손을 잡고 장의에게 사람을 딸려 보내는 것입니다. 실제로 우리에게 땅을 내주면 그때 제나라와 관계를 끊어도 늦지 않습니다. 만일 우리에게 땅을 주지 않으면 당초 제나라와 은밀하게 협력하였으므로 안전할 것입니다."

초나라 왕은 말했다.

"진자陳子는 입을 닫아 더 이상 말하지 말고 과인이 땅을 얻는 것이나 기다리시오."

그러고는 초나라 왕은 장의에게 초나라 재상의 인수와 함께 많은 선물을 주었다. 그러고는 관문을 걸어 잠그고 제나라와의 약속을 깬 다음 장군 한 명을 장의에게 딸려 보냈다.

장의는 진나라에 도착하자 수레에 오를 때 잡는 줄을 일부러 놓쳐 수레에서 떨어져서는, 이것을 빌미로 석 달 동안이나 조정에 나아가지 않았다. 초나라 왕은 그 소식을 듣고 말했다.

"장의는 과인이 제나라와 완전히 교류를 끊지 않았다고 생각하고 있는 것인가?"

초나라 왕은 날랜 군사를 송나라로 보내 송나라 통행증을 빌려서 북쪽으로 가서 제나라 왕을 꾸짖게 하였다. 제나라 왕은 몹시 화를 내면서 초나라와 약속할 때 나눠 가진 부절을 꺾어 버리고 진나라에 화친을 청했다. 이렇게 하여 진나라는 제나라와 국교를 맺었다. 그러자 장의는 조정에 나아가 초나라 사신에게 이렇게 말했다.

"신의 봉읍 6리를 왕의 측근께 바치고 싶습니다."

초나라 사신이 말했다.

"신은 우리 왕으로부터 상과 오 일대의 땅 600리를 받아 오라는 명령을 받았습니다. 6리라는 말은 들은 적이 없습니다."

사신이 돌아가 초나라 왕에게 보고하니, 초나라 왕은 몹시 노여워하면서 군사를 일으켜 진나라를 치려고 하였다. 진진이 말했다.

"신이 입을 열어 말씀을 드려도 되겠습니까? 진나라를 치기보다는 땅을 떼어 진나라에 주는 편이 낫습니다. 진나라에 뇌물을 주고 힘을 합쳐 제나라를 친다면 우리는 땅을 진나라에 내주고 제나라에서 보상받는 셈이니 왕의 나라를 보존할 수 있습니다."

초나라 왕은 [진진의 말을] 듣지 않고 결국 군사를 일으켜 장군 굴개屈丐에게 진나라를 치도록 하였다. 진나라는 제나라와 함께 초나라를 공격하여 8만 명의 목을 베고 굴개를 죽였으며, 마침내 단양丹陽과 한중까지 빼앗아 갔다. 초나라는 다시 더 많은 군사를 내어 진나라를 습격했으나 남전藍田에서 크게 지고 말았다. 이에 초나라는 두 성을 떼어 주고 진나라와 화친을 맺었다.

진나라가 초나라 검중 땅을 얻으려고 무관武關 밖의 상, 오와 바꾸기를 요구하자 초나라 왕은 말했다.

"땅을 바꾸는 것을 원치 않고, 장의를 보내 준다면 검중 땅을 그냥 바치겠소."

진나라 왕은 장의를 보내고 싶지만 차마 말을 꺼내지 못했다. 장의가 스스로 앞으로 나와 가겠다고 나섰다. 혜왕이 말했다.

"초나라 왕은 그대가 상과 오 땅을 주겠다고 한 약속을 저버린 것에 화가 나 있소. 이는 그대에게 화풀이를 하려는 것이오."

장의는 말했다.

"진나라는 강하고 초나라는 약합니다. 또 신은 근상斳尙과 사이가 좋은데 그는 초나라 왕의 부인인 정수鄭袖의 신임을 받고 있습니다. 초나라 왕은 정수의 말이라면 무엇이든 들어줍니다. 게다가 신은 왕의 부절을 가지고 사신으로 가는데 초나라가 어찌 감히 함부로 죽일 수 있겠습니까? 설령 신이 죽더라도 진나라가 검중 땅을 얻을 수 있다면 그것은 신이 가장 바라는 바입니다."

그래서 장의는 결국 초나라에 사신으로 갔다. 초나라 회왕은 장의가 오자마자 곧바로 옥에 가두고 죽이려고 했다. 근상이 정수에게 말했다.

"부인께서는 왕의 총애가 식어 홀대받게 될 것을 아십니까?"

정수가 물었다.

"무슨 말씀이오?"

근상이 대답했다.

"진나라 왕은 장의를 몹시 아끼므로 틀림없이 그를 감옥에서 구하려고 할 것입니다. 그래서 진나라에서는 지금 상용上庸의 여섯 고을을 초나라에 뇌물로 주고, 초나라 왕에게 미인을 바치며, 궁중의 노래 잘하는 여인을 궁녀로 보내려고 합니다. 초나라 왕은 땅을 몹시 중시하고, 또 진나라를 존중하므로 진나라 여인을 귀하게 대우할 것이 분명합니다. 그렇게 되면 부인께서는 버림받기 십상입니다. 그러니 왕께 말씀을 드려서 장의를 풀어 주는 편이 낫습니다."

이에 정수는 회왕에게 밤낮으로 말했다.

"신하 된 자는 제각기 주군을 위하여 힘을 다합니다. 지금 약속한 검중 땅을 아직 진나라에 떼어 주지 않았는데도 진나라가 장의를 보내 온 것은 왕을 지극히 존중하기 때문입니다. 〔그런데〕 왕께서 진나라에 답례도 하지 않고 장의를 죽인다면 진나라는 분명 매우 화가 나 초나라를 칠 것입니다. 우리 모자가 함께 강남으로 옮겨 가 진나라에 의해 어육魚肉

의 신세가 되는 일이 없게 해 주십시오."

회왕은 후회하고는 장의를 풀어 주고 예전처럼 정성을 다해 예우하였다.

양 떼 편인가 호랑이 편인가

장의는 (옥에서) 풀려나 (초나라를) 떠나기 전에 소진이 죽었다는 소식을 들었다.[4] 그래서 초나라 왕을 설득하여 말했다.

"진나라의 땅은 천하의 절반을 차지하고 있고, 병력은 네 나라의 병력과 맞먹습니다. 험준한 산으로 둘러싸여 있고 하수가 띠처럼 둘러쳐져 있어 사방이 막힌 천연의 요새입니다. 호랑이처럼 용맹한 군사가 100만여 명 있고, 전차가 1000승乘이나 되며, 기마가 1만 필이고, 식량은 산더미처럼 쌓여 있습니다. 법령이 엄격하여 병사들은 어려운 것도 편안하게 여기고 죽는 것도 마다하지 않습니다. 임금은 현명하고도 준엄하며, 장수는 지혜롭고도 용감하여 병력을 내지 않고도 상산常山의 요새를 석권하여 천하의 척추를 꺾을 수 있습니다. 그러므로 천하의 제후 가운데 남보다 늦게 복종하는 자는 먼저 망할 것입니다. 또 합종에 참가하는 나라들은 양 떼를 몰아 사나운 호랑이를 공격하는 꼴과 다르지 않습니다. 호

---

4 진나라 혜왕 후원後元 14년, 연나라 소왕 원년元年은 기원전 311년이다. 이때 소진은 이미 죽은 지 10년이 지났다. 이 구절은 사마천이 잘못 기록한 것이다.

랑이와 양은 서로 적수가 될 수 없음이 명백한데도 왕께서는 사나운 호랑이와 손잡지 않고 양 떼 편에 섰습니다. 신은 왕의 계책이 잘못되었다고 생각합니다.

대체로 천하의 강한 나라는 진나라가 아니면 초나라이고, 초나라가 아니면 진나라입니다. 두 나라가 서로 다툰다면 그 형세는 양립할 수 없을 것입니다. 대왕께서 진나라 편이 되지 않으면 진나라는 군대를 보내 의양宜陽을 칠 테고, 그렇게 되면 한나라의 상지上地상당군와는 길이 끊어질 것입니다. 진나라 군대가 황하의 동쪽으로 내려와 성고를 빼앗으면 한나라는 틀림없이 진나라의 신하가 될 테고, 위나라는 대세를 따라 진나라를 따르게 될 것입니다. 진나라가 초나라의 서쪽을 치고, 한나라와 위나라가 초나라의 북쪽을 치면 나라가 어찌 위태롭지 않겠습니까?

또한 합종론자들은 힘이 약하고 작은 나라만을 모아서 제일 강한 나라를 치기로 하고는 적을 헤아리지 않고 섣불리 싸움을 벌이고 있습니다. 나라가 가난한데도 자주 전쟁을 일으킨다면 위험에 빠지고 망할 수밖에 없습니다. 신은 '병력이 부치면 싸워서는 안 되고, 식량이 부치면 오래 싸우지 말라.'라는 말을 들었습니다. 합종을 주장하는 자들은 말을 부풀려 꾸미고 거짓말로 임금의 절개를 높이 추어올리면서 이로운 점만 말하고 해로운 점은 말하지 않습니다. 이 때문에 결국은 진나라의 공격을 받는 재앙을 불러오더라도 어쩔 도리가 없는 것입니다. 그러므로 왕께서는 이 점을 깊이 생각해 보시기 바랍니다.

진나라는 서쪽으로는 파와 촉을 차지하고 있으므로 큰 배에 식량을 싣고 문산汶山민산岷山이라고도 함을 떠나 강을 따라 내려와 초나라에 이르기까지 3000여 리가 됩니다. 배를 두 척씩 짝지우고 배 한 쌍에 사졸 쉰 명과 석 달치 식량을 싣고 물결을 타고 내려온다면 하루에 500리는 갈 수 있습니다. 그러니 거리가 멀다고는 하지만 소나 말의 힘을 빌리지 않고도 열흘이 못 되어 간관扞關에 이를 것입니다. 간관이 놀라 흔들리면 국경 동쪽은 에워싸여 모두 성을 지키는 형세가 되고, 검중과 무군은 왕의 손에서 벗어날 것입니다. 진나라가 군대를 이끌고 무관을 빠져나와 남쪽으로 향한다면 초나라 북쪽 지역은 고립되고 말 것입니다. 진나라 군대가 초나라를 치면 석 달 안에 위기가 닥치는데, 초나라가 제후들의 도움을 받으려면 반년 이상 기다려야 됩니다. 이러하므로 그 세력이 필요한 때에 미치지 못합니다. 약하고 작은 나라의 도움을 기다리면서 강한 진나라의 재앙을 잊고 있는 것, 이것이 신이 왕을 위해 걱정하는 바입니다.

대왕께서는 일찍이 오나라와 싸운 일이 있는데 다섯 번 싸워서 세 번 이겼지만 싸움에 나선 병사를 모두 잃었고, 한쪽 구석의 신성新城을 지키느라고 백성만 고달파하고 있습니다. 신이 듣건대 공이 크면 위험에 빠지기 쉽고 백성이 고달프면 윗사람을 원망한다고 하였습니다. 위험에 빠지기 쉬운 공을 지키느라 강한 진나라의 비위를 거스르는 것은 신이 생각건대 왕께 위험한 일입니다.

진나라가 15년 동안이나 군사를 함곡관 밖으로 보내 제나라나 조나라를 치지 않은 것은 천하를 삼키려는 속내가 있기 때문입니다. 초나라는 일찍이 진나라와 부딪혀 한중에서 싸운 일이 있습니다. 초나라 사람들은 이 싸움에서 이기지 못하여 열후列侯나 집규執珪의 작위를 가진 자 가운데 죽은 자가 70여 명이나 되었으며, 결국 한중을 빼앗기고 말았습니다. 초나라 왕은 너무 화가 나서 군사를 일으켜 진나라를 습격하여 남전에서 싸웠으니, 이것이야말로 호랑이 두 마리가 서로 싸우는 격이었습니다. 결국 신나라와 조나라 모두 타격을 입고, 한나라와 위나라가 온전한 채로 있다가 그 뒤를 친다면 이보다 더 위험한 계책은 없습니다. 왕께서는 이 점을 깊이 헤아리시기 바랍니다.

진나라가 군사를 보내 위衛나라의 양진陽晉을 치면 이는 천하 제후들의 가슴을 억누르는 꼴이 됩니다.[5] 만일 왕께서 병력을 다 일으켜 송나라를 치면 몇 달 안으로 송나라를 빼앗을 수 있을 테고, 송나라를 이끌고 동쪽으로 나아가 친다면 사수 주변의 열두 제후국은 모두 왕의 차지가 될 것입니다.

무릇 천하의 제후들이 신의를 바탕으로 합종하기로 약속하여 서로를 든든하게 하자고 주장한 자가 소진입니다. 소진은 무안군에 봉해져 연나라 재상이 되자, 남몰래 연나라 왕과 짜고 제나라를 친 뒤 그 땅을 나누어 가지려고 꾀했습니다. 이 때문에 그는 연나라에 죄를 지은 것처럼 꾸며 제나라로 달아났는데, 제나라 왕은 그를 받아들여 재상으로 삼았습니다. 그로부터 2년 뒤에 그 음모가 발각되었고, 제나라 왕은 몹시 화가 나 소진을 저잣거리에서 거열형에 처하였습니다. 한낱 사기꾼인 소진이 천하를 다스려 제후들을 하나가 되게 할 수 없었다는 것은 분명합니다.

지금 진나라는 초나라와 국경을 마주하고 있으니 진실로 그 땅의 형세로 보아도 가까운 나라입니다. 왕께서 진심으로 신이 드리는 말씀을

5 상산을 천하의 등이라고 하면 양진은 천하의 가슴이라고 할 수 있다. 이곳은 진秦, 진晉, 제, 초의 교통 요충지로서 만일 진秦나라 병사가 양진으로 쳐들어와 차지한다면 천하의 가슴이 막히는 것과 같아 감히 다른 나라들이 난을 일으키지 못한다는 뜻이다.

받아들이실 수 있다면 신은 진나라 태자를 초나라에 볼모로 보내고 초나라 태자를 진나라에 볼모로 보내겠습니다. 또 진나라의 왕녀를 왕의 시첩으로 삼게 하고, 만 호戶의 도읍을 바쳐서 왕의 탕목읍湯沐邑[6]으로 삼도록 하겠습니다. (이렇게 되면 초나라와 진나라는) 형제 나라가 되어 영원히 서로 치고 정벌하는 일이 없을 것입니다. 신의 생각으로는 이보다 나은 계책이 없습니다."

이에 초나라 왕은 이미 장의를 데려왔기 때문에 다시 검중 땅을 떼어 진나라에 주기가 아까워 장의의 말을 받아들이려 하였다. (그때) 굴원屈原[7]이 말했다.

"전날 왕께서는 장의에게 속으셨습니다. 신은 장의가 오면 왕께서 그를 삶아 죽이리라고 생각하였습니다. 지금 차마 그를 죽일 수는 없다 하더라도 또다시 그의 간사한 말을 따라서는 안 됩니다."

회왕이 말했다.

"장의를 용서해 주고 검중을 얻는 것이 큰 이득이오. 한번 약속하고 나서 그것을 어겨서는 안 되오."

그러므로 마침내 장의를 용서하고 진나라와 친교를 맺었다.

---

6 고대에는 제왕들이 자신이 다스리던 땅의 일부를 제후에게 하사하여 여러 가지 비용으로 쓰도록 하는 것을 가리켰는데, 시간이 흐른 뒤에는 황제, 황후, 공주 등의 개인 소유 토지를 가리키게 되었다. '탕목'은 조세 수입이 목욕이나 할 정도로 적다는 겸양의 뜻에서 비롯된 말이다.
7 전국 시대 초나라 회왕의 대부로 시인으로도 이름이 높다. 초나라 회왕이 참언을 믿고 그를 쫓아내자 멱라강에 몸을 던져 죽었다.

달콤한 말이 나라를 망친다

장의는 초나라를 떠나 그 틈에 한나라로 가서 한나라 왕을 설득하여 말했다.

"한나라 땅은 험난하고 열악한 산에 거처하고 있습니다. 〔그 땅에서〕 나는 오곡은 콩 아니면 보리 정도이고, 백성은 대부분 콩밥에 콩으로 끓인 국을 먹습니다. 단 한 해라도 농사를 그르치면 백성은 술지게미와 쌀겨조차 배불리 먹지 못합니다. 땅은 사방 900리에 지나지 않으며, 두 해를 견딜 만한 식량도 쌓아 놓고 있지 못합니다. 왕의 군대를 미루어 헤아려 보니 모두 30만 명에 지나지 않는데, 그 가운데에는 막일을 하는 병사와 물건을 져 나르는 잡부까지 포함되어 있습니다. 변방의 역참과 관문의 요새를 지키는 자를 빼고 나면 병력은 20만 명에 지나지 않을 것으로 보입니다. 반면에 진나라는 무장한 군사가 100만 명이 넘고, 전차가 1000대에 이르며, 기마는 1만 필이나 됩니다. 호랑이처럼 용맹한 병사, 맨발에 투구도 쓰지 않은 채 적진으로 뛰어드는 병사, 화살이 턱을 꿰뚫어도 창을 휘두르며 적진으로 달려가는 병사가 셀 수 없을 만큼 많습니다. 진나라 말은 훌륭하고 기병이 많으며, 앞발을 쳐들고 뒷발로 땅을 차면 단번에 세 길을 내닫는 말만도 셀 수 없을 정도입니다. 산동의 군사는 갑옷을 입고 투구를 쓰고 싸우지만, 진나라 군사들은 갑옷을 벗어던지고 맨발에 어깨를 드러낸 채 적진으로 뛰어들어 왼손으로는 적군의 머리채를 잡아끌고 오른쪽 옆구리에는 포로를 잡아 낍니다. 진나라 군사와 산동의 군사는 마치 용사 맹분孟賁과 겁쟁이의 대결 같습니다. 〔진나라 군사가 산동 군사를) 무거운 힘으로 억누르는 것은 마치 〔힘센〕 오획烏獲이 어린아이와 싸우는 꼴입니다. 맹분이나 오획 같은 용맹스러운 무사들을 전쟁터로 보내 복종하지 않는 약소국을 치는 것은 마치 3만 근 무게를 새알 위에 내려놓는 것과 다를 바가 없어 무사할 가능성이 없습니다.

신하들과 제후들은 땅이 작은 것은 생각지 않고 합종을 주장하는 유세객의 달콤하고 아름다운 말에 빠져 한패가 되어 서로 말을 꾸며 대면서 하나같이 '우리 계책을 따르면 강성해져서 천하의 우두머리가 될 수 있다.'라고 큰소리를 칩니다. 나라의 오랜 이익을 돌아보지 않고 한순간의 달콤한 말을 듣는다면 이보다 더 남의 임금을 망치는 일은 없을 것입니다.

대왕께서 진나라를 섬기지 않으면 진나라는 군대를 내서 의양을 차지하고 한나라의 높은 곳을 끊으며, 동쪽으로 성고와 형양滎陽을 빼앗을 것입니다. 그러면 홍대鴻臺의 궁전과 상림桑林의 궁궐 정원은 왕의 소유가 아니게 될 것입니다. 성고를 막아 버리고 높은 곳을 고립시키면 왕의 나라는 나누어질 것입니다. 〔다른 나라보다〕 먼저 진나라를 섬기면 편안할 테고 진나라를 섬기지 않으면 위태로울 것입니다. 대체로 화를 만들어 놓고 복이 돌아오기를 바란다면 그 계책이 성글어서 〔진나라에〕 깊은 원한만 사게 됩니다. 진나라를 거스르고 초나라를 따른다면 멸망하지 않으려고 해도 안 할 수 없습니다.

그러므로 대왕을 위한 계책으로는 진나라를 섬기는 것이 가장 좋습니다. 진나라가 하려는 일은 초나라를 약화시키는 것이 최우선이고, 초나라를 약화시킬 나라로는 한나라가 적격입니다. 이는 한나라가 초나라보다 강해서가 아니라 땅의 형세가 그러하기 때문입니다. 지금 왕께서 서쪽으로 진나라를 섬기고 초나라를 친다면 진나라 왕은 틀림없이 기뻐할 것입니다. 초나라를 쳐서 그 땅을 얻고, 화를 놀려서 진나라를 기쁘게 하는 방법으로 이보다 좋은 것은 없습니다."

한나라 왕은 장의의 계책을 따르기로 했다. 장의가 (진나라로) 돌아가 보고하니, 진나라 혜왕은 장의를 다섯 고을에 봉하고 무신군武信君이라고 불렀다.

한때의 이익에 끌려 백대의 이익을 돌아보지 않는다

(진나라 혜왕은) 장의를 (동쪽 제나라로) 보내 민왕湣王을 설득하여 말하게 했다.

"천하의 강한 나라 가운데 제나라를 뛰어넘을 나라는 없습니다. 제나라의 대신들이나 왕족들은 그 수도 많고 부유하고 편안한 삶을 누리고 있습니다. 그러나 왕을 위하여 계책을 내는 자는 모두 한때의 이익에 끌려서 백대百代의 이익을 돌아보지 않고 있습니다. 합종을 내세우며 왕을 설득하는 자들은 틀림없이 '제나라 서쪽에는 강한 조나라가 있고, 남쪽에는 한나라와 위나라가 있습니다. 제나라는 바다를 등지고 있는 데다 땅은 넓고 백성이 많으며 군대는 강하고 용감하니 진나라가 100개 있더라도 제나라를 어떻게 할 수 없습니다.'라고 말할 것입니다. 대왕께서는 그 말을 현명하다고 하고 그 실제 상황을 따져 보지 않으십니다. 합종을 주장하는 사람들은 붕당을 만들어 서로 두둔하면서 합종하는 일을 옳다고 하지 않는 이가 없습니다.

　신은 제나라와 노나라의 세 차례 싸움에서 노나라가 모두 이겼지만 나라가 위태로워져 곧 멸망하고 말았다고 들었습니다. 비록 전쟁에서 이겼다는 명성은 얻었지만 실제로는 나라가 망했습니다. 이것은 무엇 때문입니까? 제나라는 크고 노나라는 작았기 때문입니다. 지금 진나라와 제나라는 마치 제나라와 노나라의 관계와 같습니다. 진나라와 조나라가 하수와 장하漳河에서 싸운 적이 있는데, 두 차례 싸워서 조나라가 두 번 다 진나라를 깨뜨렸습니다. 조나라 파오의 성 아래에서도 두 차례 싸워서 모두 진나라를 깨뜨렸습니다. 그러나 네 차례 싸운 뒤에 조나라가 잃은 군사는 수십만 명에 이르고, 겨우 수도 한단만을 지켰을 뿐입니다. 싸움에서 이겼다는 이름은 얻었지만 나라는 이미 다 파괴되었습니다. 이것은 무엇 때문입니까? 진나라는 강하고 조나라는 약했기 때문입니다.

　지금 진나라와 초나라는 딸을 보내고 며느리를 데려오는 형제의 나라가 되었습니다. 그리고 한나라는 의양을 진나라에 바치고, 위나라는 황하 남서쪽 땅을 바쳤으며, 또 조나라는 민지에 입조入朝하여 하간河間 땅을 떼어 주고 진나라를 섬기고 있습니다. 만일 왕께서 진나라를 섬기지 않는다면 한나라와 위나라를 시켜 제나라 남쪽을 칠 것이며, 조나라 군대를 다 동원하여 청하淸河를 건너 박관博關으로 쳐들어올 것입니다. 그러면 임치와 즉묵卽墨은 왕의 소유가 아닐 것입니다. 나라가 일단 공격을 받게 되면 진나라를 섬기려 하더라도 그렇게 할 수 없습니다. 그러므로 왕께서는 이 점을 잘 헤아리시기 바랍니다."

　제나라 왕이 말했다.

　"제나라는 외지고 보잘것없는 나라로서 동해 가에 숨어 있으므로 일찍이 사직에 주는 오랜 이익에 대한 말을 들은 적이 없소."

그러고는 상의의 의견을 따르기로 하였다.

오른팔을 잘리면 싸울 수 없다

장의는 (제나라를) 떠나 서쪽으로 가서 조나라 왕을 설득하여 말했다.

"저희 진나라 왕께서는 신을 사자로 보내 왕께 어리석은 계책을 말씀드리도록 하였습니다. 왕께서 천하의 제후들을 거두어 진나라를 등진 뒤 진나라 군대는 15년 동안이나 함곡관을 넘어오지 못하고 있습니다. 지금 왕께서는 위엄을 산동 지역에 두루 떨치고 계십니다. 저희 진나라는 두려움에 움츠린 채 무기를 정비하고 군사를 훈련시키며, 전차를 꾸미고, 말타기와 활쏘기를 익히며, 농사에 힘을 써서 군량미를 쌓아 놓고 있습니다. 사방의 국경을 지키면서 근심과 두려움에 싸여 감히 움직일 엄두도 내지 못하였습니다. 이것은 왕께서 진나라의 허물을 깊이 꾸짖는 데에 마음을 두고 있기 때문입니다.

이제 진나라는 왕의 힘으로 파와 촉을 얻고 한중을 통일하였으며, 동주와 서주를 손에 넣어 구정을 옮기고 백마白馬의 나루터를 지키게 되었습니다. 진나라는 한쪽에 치우쳐 있는 먼 벽지의 나라이기는 하지만 오랜 세월 동안 분노와 원한을 품어 왔습니다. 이제 진나라는 해진 갑옷을 걸친 지치고 초라한 군대를 거느리고 민지에 주둔하고 있습니다. 하수와 장하를 건너 파오를 차지하고, 갑자일甲子日에 한단성 아래에서 서로 만나 싸워 은나라 주왕을 정벌한 것처럼 잘못된 일을 바로잡기를 바라고 있습니다. 삼가 신을 사자로 보내서 미리 측근에 알려 드리는 바입니다.

왕께서 합종을 신뢰하신 것은 소진을 믿었기 때문입니다. 소진은 제후들을 현혹시켜 옳은 것을 그르다 하고 그른 것을 옳다고 하였습니다. 그는 제나라를 등지려다가 저잣거리에서 거열형으로 다스려지는 결과를 자초했습니다. 〔그러니 그런 사람의 힘으로〕 천하가 하나로 묶일 수 없음은 명백한 일입니다. 지금 초나라는 진나라와 형제 나라가 되었고, 한나라와 위나라는 스스로 동쪽 울타리가 되는 신하라고 하며, 제나라는 물고기와 소금이 나는 땅을 바쳤습니다. 이것은 조나라의 오른팔을 잘라 버린 셈입니다. 정말 오른팔을 잘리고 남과 싸우려 하고, 자기 쪽의 지원군도 없이 고립되어서 위태롭지 않기를 바란다면 그것이 어찌 가능하겠습니까?

이제 진나라가 장차 세 군軍을 보낸다면 한 군은 오도午道를 막고 제나라에 알려서 군사를 일으켜 청하를 건너 한단 동쪽에 진을 치게 할 것입니다. 또 다른 한 군은 성고에 진을 쳐서 한나라와 위나라의 군대를 몰아 하수 남서쪽에 주둔하게 하고, 나머지 한 군은 민지에 주둔시킬 것입니다. 〔진, 제, 한, 위〕 네 나라가 힘을 합쳐 조나라를 치고 조나라가 항복하면 조나라 땅을 틀림없이 네 나라가 나누어 가질 것입니다. 그러므로 우리의 생각이나 상황을 숨기지 않고 먼저 왕의 측근에 알립니다. 신이 왕을 위하여 계책을 생각하건대 왕께서는 진나라 왕과 민지에서 만나 얼굴을 맞대고 직접 입으로 우호를 맺어 군대를 무마시켜 공격하는 일이 없도록 하시는 것이 제일 좋습니다. 왕께서는 계책을 정하시기 바랍니다."

조나라 왕은 말했다.

"선왕 때에는 아우 봉양군奉陽君이 마음대로 권세를 휘둘러 선왕의 총명함을 가려 속이고 일을 제멋대로 처리하였소. 과인은 그때 나이가 어려 스승의 가르침을 받고 있을 뿐 나라의 계책에는 관여하지 않았소. 그 뒤 선왕께서 여러 신하를 남겨 둔 채 세상을 떠나셨고 나이 어린 과인이 새로 왕위에 올라 종묘의 제사를 받들게 되었소. (그로부터 얼마 안 된 어느 날) 마음속으로 어떻게 하면 좋을지 되물으니 합종하여 진나라를 섬기지 않는 것은 나라의 장구한 이익이 아니라고 생각하여 마음을 바꿔서 땅을 쪼개어 지난날의 잘못을 사과하고 진나라 섬기기를 원하였소. 마침 수레를 마련하여 서둘러 진나라로 떠나려던 참인데 이렇게 사자의 고명한 가르침을 듣게 되었소."

조나라 왕이 장의의 진언을 받아들이자, 장의는 바로 조나라를 떠났다.

허우대는 어른, 생각은 어린아이

북쪽으로 연나라에 간 장의는 연나라 소왕昭王을 설득하여 말했다.

"대왕께서는 조나라와 가장 가깝게 지내십니다. 지난날 조양자趙襄子는 일찍이 자신의 손위 누이를 대代나라 왕의 아내로 보내어 대나라를 자기 나라의 영토로 만들려고 하여 대나라 왕과 구주산句注山의 요새지에서 만나기로 약속하는 한편, 대장장이에게 사람을 칠 수 있도록 자루가 긴 금두金斗쇠붙이로 만든 술 그릇인데 그 모양이 마치 국자 같음를 만들게 하였습니다. 그는 대나라 왕과 술을 마실 때 몰래 요리사에게 '술자리에 한창 흥이 오르거든 뜨거운 국을 올리면서 금두를 거꾸로 쥐어 그를 쳐라.'라고 하였습니다. 이에 술자리가 한창 흥겨울 무렵, 요리사는 뜨거운 국을 올리고 술을 따르는 척하다가 금두를 돌려 잡고 대나라 왕을 쳐 죽였습니다. 결국 대나라 왕의 골이 땅바닥에 쏟아져 흩어졌습니다. 그 누이는 이 소식을 듣고 비녀를 날카롭게 갈아서 스스로 목을 찔러 죽었습니다. 이 때문에 지금까지 마계산摩笄山이라는 이름이 전해지고 있습니다. 대나라 왕이 죽은 이야기는 세상 사람들이 모두 들어 알고 있습니다.

조나라 왕이 승냥이와 이리처럼 포악하고 인정이 없음은 왕께서도 잘 아실 것입니다. 그런데도 조나라 왕을 가까이할 만한 사람이라고 보십니까? 일찍이 조나라는 군사를 일으켜 연나라를 쳐서 두 번이나 연나라 도읍을 에워싸고 왕을 위협하였습니다. 그때 왕께서는 성 열 개를 떼어 주고 사과하였습니다. 그런 조나라 왕이 이제는 민지에서 입조하여 하간 땅을 바치고 진나라를 섬기고 있습니다. 이제 왕께서 진나라를 섬기지 않는다면 진나라는 운중雲中과 구원九原으로 군사를 보내어 조나라 군대를 시켜 연나라를 칠 것입니다. 그렇게 된다면 역수易水와 장성長城은 왕의 손에 남지 않게 될 것입니다.

또한 지금 조나라는 진나라의 군이나 현과 같아서 함부로 군사를 일으켜 칠 수도 없습니다. 지금 왕께서 진나라를 섬기면 진나라 왕은 분명히 기뻐할 것이고 조나라는 함부로 움직이지 못할 테니, 이는 서쪽으로는 강한 진나라의 원조가 있고 남쪽으로는 제나라와 조나라의 근심이 사라지는 일입니다. 그러므로 왕께서는 이 점을 잘 헤아리시기 바랍니다."

연나라 왕이 말했다.

"과인은 오랑캐처럼 벽지에 살고 있는 탓에 허우대는 다 큰 어른이지만 생각은 어린아이나 다름없소. 게다가 올바른 계책을 얻기에는 [주위] 여론이 부족하였소. 이제 다행히 상객上客께서 가르쳐 주었으니 서쪽으로 진나라를 섬기기 바라며, 항산恒山의 끝에 있는 다섯 성을 바치겠소."

연나라 왕이 장의의 말에 따르기로 하여 장의는 이 일을 알리기 위해 진나라로 갔다. 그가 미처 함양에 이르기 전에 진나라에서는 혜왕이 죽고 무왕武王이 왕위에 올랐다.

무왕과 틈이 벌어진 장의

진나라 무왕은 태자 때부터 장의를 달가워하지 않았으므로 그가 즉위하게 되자 신하 대부분이 장의를 헐뜯어 말했다.

"[장의는 말과 행동에] 믿음이 없고 여기저기에 나라를 팔며 제 주장이 받아들여지기만을 구하고 있습니다. 만일 진나라가 다시 그를 등용한다면 천하의 웃음거리가 될 것입니다."

제후들은 장의와 무왕 사이에 틈이 있다는 말을 듣고는 모두 연횡 약속을 어기고 다시 합종하였다.

진나라 무왕 원년, 신하들이 밤낮으로 장의를 헐뜯는 데다 제나라에서도 사신을 보내 장의의 신의 없는 행위를 꾸짖었다. 장의는 죽게 될까 봐 두려워 진나라 무왕에게 이렇게 말하였다.

"신이 비록 어리석지만 계책을 말씀드리게 해 주십시오."

왕이 말했다.

"어떤 계책이오?"

〔장의는〕 대답했다.

"진나라 사직을 위한 계책입니다. 동쪽에 큰 정치적 변화가 있고 난 다음이라야 왕께서 제후들의 많은 땅을 얻을 수 있습니다. 지금 듣기로 제나라 왕이 신을 무척 미워한다고 하니 신이 있는 곳이면 어디든 반드시 군사를 이끌고 와서 칠 것입니다. 그러므로 신이 이 못난 몸을 이끌고 위魏나라로 가면 제나라는 반드시 군사를 일으켜 위나라를 칠 것입니다. 위나라와 제나라의 군대가 성 아래에서 맞붙어 싸우느라 그곳을 떠나지 못할 때 왕께서는 그 틈을 타 한나라를 쳐서 삼천으로 들어가시고, 군사를 함곡관 밖으로 내보내어 공격을 멈추고 주나라로 다가가면 주나라는 틀림없이 〔왕권을 나타내는〕 제기祭器를 내놓을 것입니다. 천자를 끼고 천하의 토지와 호적을 살펴서 제후들을 호령하는 것, 이것이 왕자王者의 사업입니다."

진나라 왕은 장의의 말을 그럴듯하게 여기고 드디어 전차 30대를 갖추어 장의를 위나라로 들여보냈다. 제나라는 정말 군사를 일으켜 위나라를 공격하였다. 위나라 애왕哀王이 두려워하자 장의가 말했다.

"왕께서는 염려하지 마십시오. 제나라가 싸움을 멈추도록 하겠습니다."

장의는 자기 사인인 풍희馮喜를 초나라로 보내, 초나라 왕의 사신이라는 이름을 빌려 제나라로 가서 제나라 왕에게 〔이렇게〕 말하도록 했다.

"왕께서는 장의를 탐탁하게 여기지 않고 계십니다. 그러면서도 왕께서는 진나라보다 더 장의에게 의지하고 계십니다."

제나라 왕이 말했다.

"과인은 장의를 미워하오. 그래서 장의가 있는 곳이면 어디든 반드시 군사를 일으켜 그를 칠 것이오. 무슨 근거로 장의에게 의지한다고 말하오?"

〔그러자〕 대답했다.

"그 점이 바로 왕께서 장의에게 의지하는 것입니다. 장의는 진나라를 떠나올 때 진나라 왕과 이렇게 약속하였다고 합니다. '왕을 위한 계책인데, 동쪽에 큰 변고가 있은 뒤라야 왕께서 제후들의 많은 땅을 얻을 수 있습니다. 지금 듣기로 제나라 왕이 신을 무척 미워한다고 하니 신이 있는 곳이면 어디든 반드시 군사를 이끌고 와서 칠 것입니다. 그러므로 신이 이 못난 몸을 이끌고 위나라로 가면 제나라는 반드시 군사를 일으켜 위나라를 칠 것입니다. 위나라와 제나라 군대가 성 아래에서 맞붙어 싸우느라 그곳을 떠나지 못할 때 왕께서는 그 틈을 타 한나라를 쳐서 삼천으로 들어가시고, 군사를 함곡관 밖으로 내보내어 공격을 멈추고 주나라로 다가가면 주나라는 틀림없이 제기를 내놓을 것입니다. 천자를 끼고 천하의 토지와 호적을 살펴서 제후들을 호령하는 것, 이것이 왕의 사업입니다.' 진나라 왕은 그럴듯하다고 여겨서 전차 30대를 갖추어 장의를 위나라로 들여보낸 것입니다. 지금 장의는 위나라로 들어갔고, 왕께서는 정말로 위나라를 쳤습니다. 이는 왕께서 안으로는 나라를 황폐하게 만들고, 밖으로는 동맹국을 쳐서 이웃 적의 땅을 넓히는 데 직접 몸담아 진나라 왕이 장의를 신임하도록 한 것입니다. 신은 이 점이 바로 왕께서 장의에게 의지하고 있는 증거라고 말씀드리는 것입니다."

제나라 임금이 말했다.

"그 말이 옳소."

그러고는 군대를 철수하게 했다.

장의는 위나라 재상이 된 지 1년 만에 위나라에서 죽었다.

좋은 노비는 팔리기 마련이다

진진陳軫은 유세하는 선비이다. 장의와 함께 진나라 혜왕을 섬겨 모두 중용되어 총애를 다투었다. 장의는 진나라 왕에게 진진을 헐뜯어 이렇게 말했다.

"진진이 많은 예물을 가지고 진나라와 초나라 사이에 사신으로 다니는 것은 두 나라의 교류를 위해서입니다. 지금 초나라가 진나라를 가까이하지 않으면서 진진을 극진하게 대우하는 것은 진진이 자신의 영리를 우선시하고 왕을 위하는 일을 제대로 하지 않았기 때문입니다. 또한 진진은 진나라를 떠나 초나라로 가려고 합니다. 왕께서는 어째서 〔그 이유를〕 들으려 하지 않으십니까?"

왕이 진진에게 물었다.

"내가 들으니 그대는 진나라를 떠나 초나라로 가려고 한다는데 그런 일이 있는 것이오?"

진진이 대답했다.

"그렇습니다."

왕이 말했다.

"장의의 말이 정말로 옳구나!"

진진은 대답했다.

"단지 장의만이 아는 것이 아니라 길 가는 선비도 다 압니다. 예전에 오자서는 그 임금에게 충성하였기 때문에 온 천하가 그를 자기 신하로 삼으려고 서로 다투었고, 증삼은 자기 부모에게 효도하였기 때문에 온 천하가 그를 자식으로 삼고자 하였습니다. 그러므로 노비가 그 마을을 벗어나기 전에 팔리면 좋은 노비입니다. 소박 맞고 쫓겨 온 여자가 그 마을에서 다시 결혼한다면 좋은 아내입니다. 지금 신이 자기 임금에게 충성스럽지 않다면 초나라도 어떻게 신을 충성스럽다고 여기겠습니까? 충성을 다해도 버림받으려 하는데 신이 초나라로 가지 않으면 어디로 가겠습니까?"

혜왕은 그 말을 옳다고 여기고 그 뒤부터 그를 잘 대우하였다.

할 일 없이 술만 마신 서수

진나라에 온 지 1년 만에 진나라 혜왕은 마침내 장의를 재상으로 등용하자 진진은 초나라로 달아났다. 초나라에서는 진진을 중용하기 전에 진나라에 사신으로 보냈다. 진진은 위나라에 들러 서수犀首를 만나려고 하였으나, 서수는 핑계를 대면서 만나 주지 않았다. 진진이 말했다.

"나는 일 때문에 왔는데 공이 나를 만나 주지 않으니 떠나야겠소. 다른 날은 기대할 수 없을 것이오."

서수가 진진을 만나자 진진이 물었다.

"공은 어째서 술만 즐겨 마시오?"

서수가 대답했다.

"일이 없기 때문이오."

〔진진이〕 말했다.

"내가 공을 일에 신물이 나도록 해 드려도 괜찮겠소?"

〔서수가〕 물었다.

"어떻게 말이오?"

〔진진은〕 대답했다.

"〔위魏나라 재상〕 전수田需가 제후들과 합종을 맺으려고 하지만 초나라 왕은 그를 의심하며 믿지 않고 있소. 공이 위나라 왕에게 '신은 연나라, 조나라 왕과 오랜 교분이 있습니다. 그런데 그들이 여러 차례 사람을 보내와서는 위나라에서 일이 없으면서 왜 만나러 오지 않느냐고 합니다. 바라건대 가서 만나도록 해 주십시오.'라고 하시오. 왕이 공에게 허락하더라도 공은 많은 수레를 요구하지 말고, 30대쯤 뜰에 늘어놓고서 연나라와 조나라에 간다고 떠벌리시오."

연나라와 조나라의 유세객들이 이 소식을 듣고는 수레를 달려 자기 왕에게 알렸다. 연나라와 조나라에서는 사람을 시켜 서수를 맞이하게 하였다. 초나라 왕은 이 소문을 듣고 크게 노여워하면서 말했다.

"전수는 과인과 약속을 했음에도 서수가 연나라와 조나라에 갔으니 과인을 속인 것이다."

〔초나라 왕은〕 노여워하며 전수의 합종설을 듣지 않았다. 제나라는 서수가 북쪽으로 간다는 말을 듣고, 사람을 시켜 그에게 제나라의 일을 맡겼다. 서수가 드디어 그 일을 하게 되니 〔제, 연, 조〕 세 나라 재상의 일을 모두 그가 결정했다. 진진은 드디어 진나라에 도착했다.

호랑이 두 마리를 잡는 법

이때 한나라와 위나라는 서로 싸운 지 1년이 지나도록 풀지 못하고 있었다. 진나라 혜왕이 화해를 주선하기 위해 주위 신하들에게 물었다. 어떤 사람은 주선하는 편이 낫다고 하고, 어떤 사람은 주선하지 않는 편이 낫다고 하였다. 혜왕이 결정을 내리지 못하고 망설이고 있는데, 마침 진진이 진나라에 도착했다. 혜왕이 〔그에게〕 말했다.

"그대는 과인을 떠나 초나라에 가서도 과인을 생각하지 않았소?"

진진이 대답했다.

"왕께서는 월나라 사람 장석莊舃이란 자에 관해 들어 보신 적이 있습니까?"

혜왕이 말했다.

"듣지 못했소."

〔진진이〕 말했다.

"월나라 사람 장석은 초나라를 섬겨 집규가 되었는데 얼마 뒤에 병이 났습니다. 초나라 왕은 '장석은 본래 월나라의 미천한 사람이다. 지금은 초나라를 섬겨 집규가 되어 신분이 귀해지고 잘살게 되었지만 아직도 월나라를 생각하고 있는 게 아닐까?'라고 물었습니다. 중야中謝(시종관)가 '대체로 사람이 고향을 생각하는 것은 병이 났을 때입니다. 그가 월나라를 생각한다면 월나라 말을 하고 월나라를 생각하지 않는다면 초나라 말을 할 것입니다.'라고 대답하였습니다. 사람을 시켜 가서 들어 보게 하였더니 월나라 말을 하였다고 합니다. 지금 신은 버림받고 쫓겨서 초나라로 갔지만 어찌 진나라 말을 쓰지 않을 수 있겠습니까?"

혜왕이 말했다.

"좋소. 지금 한나라와 위나라가 싸움을 벌인 지 한 해가 넘었는데 그치지 않고 있소. 어떤 사람은 과인이 그들을 화해시키는 편이 낫다고 하고, 어떤 사람은 화해시키지 않는 편이 낫다고 하오. 과인으로서는 결정을 내릴 수가 없소. 그대는 그대의 왕초나라 왕을 위하여 계책을 내는 것처럼 과인을 위하여 계책을 생각해 보시오."

그러자 진진이 대답했다.

"일찍이 왕께 변장자卞莊子라는 이가 호랑이를 찔러 죽인 일을 들려 드린 사람이 있었습니까? 변장자가 호랑이를 찌르려고 하자, 묵고 있던 여관의 심부름하는 아이가 말리면서 '호랑이 두 마리가 소를 잡아먹으려 합니다. 먹어 봐서 맛이 좋으면 분명히 서로 다툴 것입니다. 다투게 되면 반드시 싸울 테고, 서로 싸우게 되면 큰 놈은 상처를 입고 작은 놈은 죽을 것입니다. 상처 입은 놈을 찔러 죽이면 한꺼번에 호랑이 두 마리를 잡았다는 명성을 얻을 것입니다.'라고 하였습니다. 변장자도 그럴 것이라고 생각하고 서서 기다렸습니다. 조금 있으니 정말 두 호랑이가 싸워서 큰 놈은 상처를 입고 작은 놈은 죽었습니다. 이때 변장자가 상처 입은 놈을 찔러 죽이니 한 번에 호랑이 두 마리를 잡는 공을 세웠다고 합니다.

지금 한나라와 위나라가 싸움을 벌인 지 한 해가 넘도록 해결이 나지 않았다면 큰 나라는 타격을 입고 작은 나라는 멸망할 것입니다. 타격 입은 나라를 치면 한꺼번에 둘을 얻는 이득이 있을 것입니다. 이는 변장자가 호랑이를 찔러 죽인 것과 같은 일입니다. 신이 왕께 바치는 계책과 초나라 왕을 위해 바치는 계책에 무슨 차이가 있겠습니까?"

혜왕이 말했다.

"옳은 말이오."

끝까지 화해시키지 않았다. 큰 나라는 손상을 입었고 작은 나라가 멸
망하자, 진나라는 군사를 일으켜 크게 쳐부쉈다. 이것은 진진의 계책에
서 나왔다.

자기보다 나은 자를 밟고 일어선다

서수犀首는 위魏나라 음진陰晉 사람으로 이름은 연衍이고 성은 공손씨
公孫氏인데, 장의와는 사이가 좋지 않았다.

장의가 진나라를 위하여 위나라로 가자, 위나라 왕은 장의를 재상으
로 삼았다. 서수는 그것을 이롭지 않은 일이라고 여겨서 사람을 시켜 한
나라 태자 공숙公叔에게 말했다.

"장의는 벌써 진나라와 위나라가 힘을 합치도록 하였습니다. 그는 '위
나라는 [한나라의] 남양을 치고 진나라는 삼천을 칠 것이다.'라고 하였
습니다. 위나라 임금이 장의를 아끼는 것은 한나라 땅을 얻고 싶어서입
니다. 또 한나라의 남양은 이미 빼앗길 위기에 놓여 있습니다. 당신은 어
찌하여 소인에게 작은 일이라도 맡겨 한나라에 공을 세우게 하지 않으십
니까? 그렇게 하면 진나라와 위나라의 친밀한 관계를 끊을 수 있을 것입
니다. 게다가 위나라는 분명히 진나라를 칠 생각으로 장의를 버리고 한
나라와 한편이 되어 저를 재상으로 삼을 것입니다."

공숙은 그 말대로 하는 것이 이롭겠다고 생각하여 〔남양 땅을〕 서수에게 맡겨 공을 세우게 하였다. 서수는 결국 위나라 재상이 되었고, 장의는 위나라를 떠났다.

의거義渠서융의 한 지역의 왕이 위나라에 입조하였다. 서수는 장의가 또 진나라 재상이 되었다는 소식을 듣고 불리할 것으로 생각하여 의거의 왕에게 말했다.

"당신 나라는 먼 곳에 있어 다시 우리 위나라에 오기 어려울 테니 이곳 사정을 말씀드리겠습니다. 중원의 여러 나라가 합동하여 진나라를 치지 않으면 진나라는 분명 당신 나라를 쳐서 불사르고 짓밟을 것입니다. 그러나 중원의 여러 나라가 진나라를 치면 진나라는 서둘러 사신들 편에 많은 예물을 보내서 당신 나라를 섬길 것입니다."

그 뒤 다섯 제후국이 진나라를 공격하였다. 마침 진진이 진나라 왕에게 말했다.

"의거의 왕은 오랑캐 가운데 현명한 군주입니다. 그에게 뇌물을 보내 그 마음을 달래 놓는 것이 좋습니다."

진나라 왕이 대답했다.

"좋소."

그러고는 의거의 왕에게 채색 비단 1000필과 여인 100명을 예물로 보냈다.

의거의 왕이 신하들을 모아 놓고 의논하였다.

"이것이 바로 공손연이 말하던 것인가?"

곧 군사를 일으켜 진나라를 습격하여 진나라 군대를 이백李伯의 기슭에서 크게 깨뜨렸다.

장의가 죽은 뒤 서수는 진나라로 들어가 재상이 되었다. 〔그는〕일찍이 다섯 나라 재상의 인수를 차고 맹약의 우두머리가 되었던 사람이다.

태사공은 말한다.

"삼진에는 권모술수와 임기응변에 능한 유세가가 많았다. 합종과 연횡을 주장하여 진秦나라를 강하게 만든 자들은 모두 삼진 사람이다. 장의가 일을 꾸민 것은 소진보다 더 심한 데가 있다. 그런데도 세상 사람들이 소진을 더욱 미워하는 까닭은 그가 먼저 죽었기 때문에 장의가 그의 단점을 부풀려 들추어내고 자신의 주장을 유리하게 하여 연횡론을 이루었기 때문이다. 요컨대 이 두 사람은 참으로 나라를 기울게 하는 위험한 인물이었다고 하겠다!"

11

저리자 감무 열전

樗里子甘茂列傳

전국 시대 진나라의 대표적인 종횡가의 면모를 보인 사람으로는 저리자, 감무, 양후穰侯, 사마조司馬錯, 백기白起, 왕전王翦, 왕분王賁 등이 있다. 이 가운데 진시황이 여섯 나라를 통일하기까지 매우 큰 공을 세운 자로는 단연 저리자와 감무를 꼽을 수 있다. 그다음으로 공을 세운 자는 양후와 백기와 사마조이고, 그다음이 왕전이다.

이 편은 지혜주머니라고 불린 저리자를 통해 혜왕을 만나 천하의 일을 언급한 감무, 그리고 그의 손자 감라甘羅의 전기를 다루었다. 진나라 혜왕의 척신戚臣인 저리자에 대해서 호평한 것을 보면 사마천은 척신 정치를 그다지 반대하지 않았음을 알 수 있다. 역사적 맥락에서 척신 정치의 횡행이 진나라의 기강 문란과 왕실의 정치 독점을 강화했다는 점을 생각해 볼 때 이러한 사마천의 관점은 독특하다.

진나라 속담에 "힘은 임비任鄙요, 지혜는 저리자."라는 말이 있듯이 저리자는 동쪽의 여섯 나라 사이에 싸움을 붙여 진나라가 가만히 앉아서 그 이익을 챙기도록 하였다. 반면 책사 감무는 기지가 많고 권모술수로서 이름이 뛰어났지만 포부를 펼치지 못하고 비극적인 최후를 맞이하여 군자다운 풍모를 보여 주지는 못한 것으로 평가되었고, 이 점을 사마천도 아쉬워하고 있다.

甘羅董車取高位

어린 나이로 기묘한 계책을 내어 높은 지위에 오른 감라.

지혜주머니라고 불린 저리자

저리자樗里子의 이름은 질疾이고 진나라 혜왕의 배다른 동생으로, 어머니는 한韓나라 여자이다. 그는 우스갯소리나 행동을 잘하고 지혜도 풍부하여 진나라 사람들이 '지혜주머니〔智囊〕'라고 불렀다.

진나라 혜왕 8년에 저리자에게 우경右更이라는 작위를 주고 장군으로 삼아 〔위魏나라〕 곡옥을 치게 했다. 그는 그곳 백성을 모조리 내쫓고 성을 차지하여 진나라 영토로 만들었다.

진나라 혜왕 25년에는 다시 저리자를 장군으로 삼아 조趙나라를 치게 했다. 그는 조나라 장군 장표莊豹를 사로잡고 인繭을 함락시켰다. 그 이듬해에는 위장魏章을 도와 초나라를 쳐서 초나라 장군 굴개를 깨뜨리고 한중 지역을 차지했다. 진나라는 저리자를 봉하여 엄군嚴君이라고 불렀다.

진나라 혜왕이 죽고 태자 무왕이 즉위했다. 무왕은 장의와 위장을 내쫓고 저리자와 감무甘茂를 좌승상과 우승상으로 삼았다. 진나라는 감무를 시켜 한나라를 쳐서 의양宜陽을 빼앗고, 저리자를 시켜 전차 100대를 이끌고 주나라로 들어가게 했다. 주나라에서는 군사를 내보내 맞이하여 깊은 공경의 뜻을 표했다. 초나라 왕은 〔이 소문을 듣고〕 화를 내며 주나라가 진나라를 지나치게 받든다고 나무랐다. 이때 유등游騰이라는 유세객이 주나라를 위하여 초나라 왕을 이렇게 달랬다.

"〔옛날 진晉나라〕 지백知伯은 〔오랑캐 나라인〕 구유仇猶를 칠 때, 그나라에 〔큰 종을〕 폭이 넓은 큰 수레에 실어 보내고 난 뒤 군대가 〔그 길을) 따라가게 하자 구유는 마침내 멸망했습니다.[2] 무엇 때문에 그렇게 되었겠습니까? 구유는 내비하시 않았기 때문입니다. 제나라 환공桓公이 채나라를 칠 때도, 초나라를 친다는 핑계를 대고 실제로는 채나라를 덮쳤습니다. 지금 진나라는 호랑이나 이리 같은 나라입니다. 그러한 진나라가 저리자에게 전차 100대를 이끌고 주나라로 들어가게 했습니다. 주나라에서는 구유와 채나라의 일을 거울삼아 바라보고 있습니다. 그렇기 때문에 갈래진 긴 창을 든 병사들을 앞세우고 강한 쇠뇌를 가진 병사를 뒤에 두어 저리자를 호위한다고 했지만 실제로는 그를 가둔 것입니다. 주나라라고 하여 어찌 그 사직을 걱정하지 않겠습니까? 하루아침에 나라를 잃어버려 왕에게까지 걱정을 끼치게 될까 두려워한 것입니다."

초나라 왕은 이 말을 듣고 기뻐했다.

진나라 무왕이 죽고 소왕昭王이 왕위에 오르자, 저리자는 더욱 존경받는 인물이 되었다. 소왕 원년에 저리자는 장군이 되어 〔위衛나라의〕 포읍蒲邑을 치려고 했다. 포읍 태수는 겁에 질려 호연胡衍에게 도움을 요청했

---

1 춘추 시대 말기와 전국 시기 초 진晉나라 육경六卿의 하나로, 이름은 요瑤이고 세력이 강성하며 교만했다. 그는 한, 조, 위나라를 협박하여 성을 내놓도록 하였는데 한나라와 위나라는 성을 주었지만 조나라에서는 거절하였다. 이에 지백은 화가 나서 한, 위와 연합하여 조나라를 공격하려 했다. 조양자가 진양晉陽으로 달려가자 지백은 그곳으로 물을 끌어들였다. 나중에 한, 조, 위 세 나라는 모의하여 지백을 소멸시키고 그 영토를 나눠 가졌다.
2 『한비자』 「설림 하說林下」에 나오는 고사이다. 지백이 구유를 치려 했는데 도로가 좁아 공격하기에 어려움이 있자, 먼저 의중을 숨긴 채 큰 종을 만들어 구유에 선물하겠다고 알렸다. 이에 주위의 신하가 지백의 속셈을 눈치채고 길을 넓혀 주면 화근이 될 것이라고 했으나 구유의 왕은 듣지 않았다. 결국 큰 종을 받을 수 있도록 길을 넓혀 주었는데 지백이 그 길을 통해 쳐들어와 구유는 멸망당하고 말았다.

고, 호연은 포읍을 지켜 주려고 저리자에게 이렇게 말했다.

"공이 포읍을 치는 것은 진나라를 위해서입니까? 위魏나라를 위해서입니까? 위나라를 위해서라면 좋습니다만 진나라를 위해서라면 이로울 것이 없습니다. 저 위衛나라가 위나라로 존립할 수 있는 것은 포읍이 있기 때문입니다. 지금 포읍을 친다면 포읍은 재앙을 피하기 위해 위魏나라에 귀속할 것입니다. 그렇게 되면 위衛나라는 틀림없이 사기를 잃고 위魏나라를 따를 것입니다. 지난날 위魏나라가 서하의 바깥쪽 땅을 (진나라에게) 빼앗기고 여태껏 되찾지 못한 것은 군사력이 약하기 때문입니다. 그런데 지금 위衛나라가 위魏나라에 합병된다면 위魏나라는 강해질 것이 분명합니다. 위나라가 강해지는 날에는 서하의 바깥쪽 땅은 틀림없이 위태로워질 것입니다. 또 진나라 왕이 공의 이번 군사 행동이 진나라를 위태롭게 하고 위나라를 이롭게 한 줄을 알면 반드시 공에게 벌을 내릴 것입니다."

저리자가 말했다.

"어떻게 하면 좋겠소?"

호연이 말했다.

"공께서는 포읍을 내버려 두고 치지 마십시오. 대신 제가 공을 위해 포읍으로 들어가 공의 생각을 전하고 위衛나라 군주께 공이 덕을 베풀었다고 말하겠습니다."

저리자가 말했다.

"좋소."

호연은 포읍으로 들어가서 태수에게 일러 말했다.

"저리자는 포읍이 약한 줄을 알고 '반드시 포읍을 함락시키겠다.'라며 벼르고 있습니다. 제가 말을 잘해서 공격하지 않도록 하겠습니다."

포읍 태수는 두려워하며 두 번이나 절하고 말했다.

"부디 그렇게 해 주십시오."

그리고 금 300근을 내주면서 말했다.

"진나라 병사가 정말 물러간다면 위衛나라 군주에게 말씀드려 당신이 높은 지위를 얻을 수 있도록 하겠소."

이리하여 호연은 포읍에서는 금을 받고 위衛나라에서는 저절로 귀한 신분이 되었다.

저리자는 포읍의 포위를 풀고 돌아가면서 (위魏나라의) 피지皮氏를 쳤으나 피지가 항복하지 않자 또 그대로 돌아갔다.

소왕 7년에 저리자가 죽자, 위하渭河 남쪽의 장대章臺진나라 궁궐 이름 동쪽에 장사를 지냈다. 저리자는 이런 말을 했다.

"(내가 죽으면) 100년 뒤에 이곳에 천자의 궁궐이 들어서서 내 무덤을 둘러쌀 것이다."

저리자 질의 집은 소왕의 무덤 서쪽, 위하渭河 남쪽의 음향陰鄕 저리에 있었다. 그래서 세상에서는 그를 저리자라고 불렀다. 한漢나라가 세워지자 장락궁長樂宮이 그의 무덤 동쪽에 서고, 미앙궁未央宮이 그 서쪽에 자리하고, 무기고가 무덤 바로 앞에 세워졌다. 진나라 속담에 "힘은 임비任鄙요, 지혜는 저리이다."라는 말이 있다.

아들이 살인했다는 말을 듣고 북을 내던진 어머니

감무甘茂는 하채下蔡 사람이다. 그는 하채의 사거史擧 선생을 모시면서 백가百家의 술책을 배우고, 그 뒤 장의와 저리자를 통해 진나라 혜왕을 만났다. 혜왕은 그를 만나 보고 기꺼이 장군으로 삼아 위장魏章을 도와서 한중 땅을 정벌하도록 했다.

혜왕이 죽고 무왕이 왕위에 오르자, 장의와 위장이 (진나라를) 떠나 동쪽의 위魏나라로 갔다. 촉후蜀侯 휘輝와 그 재상 진장陳壯이 반란을 일으키자 진나라는 감무를 시켜 촉을 평정하게 하였다. 그들이 돌아오자 감무를 좌승상으로 삼고, 저리자를 우승상으로 삼았다.

진나라 무왕 3년에 왕이 감무에게 말했다.

"과인은 삼천三川[여기서는 한韓나라를 의미함]까지 길을 넓혀 휘장이 쳐진 수레를 타고 가서 주나라 왕실(이 있었던 낙읍洛邑)을 보고 싶소. 그렇게만 되면 과인은 죽어도 썩지 않을 것이오."

감무가 말했다.

"청컨대 신이 위魏나라로 가서 약속을 맺어 한나라를 치도록 해 주시고, 상수向壽에게 저를 돕도록 해 주십시오."

감무는 위나라에 이르자 상수에게 말했다.

"당신은 돌아가서 왕께 '위나라는 신의 말을 들어주었습니다. 그렇지만 왕께서는 한나라를 치지 마십시오.'라고 하더라고 말씀드리시오. 이번 일이 이루어지면 모두 당신 공으로 돌리겠소."

이에 상수는 돌아가 왕에게 감무의 말을 전했다. 왕은 식양息壤까지

나가 감무를 맞아 한나라를 치면 안 되는 까닭을 물었다. 감무는 다음과 같이 대답했다.

"〔한나라의〕 의양은 큰 현입니다. 상당上黨과 남양南陽에서 이곳에 많은 재물과 식량을 쌓아 놓은 지 오래입니다. 현이라고는 하나 실상 군입니다. 지금 왕께서는 수많은 험준한 곳을 넘어 1000리 길을 가서 공격하려 하십니다. 이것은 어려운 일입니다.

옛날 〔효자로 유명한〕 증삼이 비읍費邑에 있을 때 일입니다. 노나라 사람 가운데 증삼과 이름과 성이 똑같은 자가 사람을 죽였습니다. 어떤 사람이 증삼의 어머니에게 '증삼이 사람을 죽였습니다.'라고 했지만 그 어머니는 조금도 흔들림이 없이 태연하게 베를 짰습니다. 조금 뒤 또 한 사람이 와서 '증삼이 사람을 죽였습니다.'라고 했지만 그 어머니는 역시 태연하게 베를 짰습니다. 그러나 조금 뒤 또다시 한 사람이 와서 증삼의 어머니에게 '증삼이 사람을 죽였습니다.'라고 하자 그 어머니는 베 짜던 북을 내던지고 베틀에서 내려와 담을 넘어 달아났다고 합니다. 어머니는 어진 증삼에 대한 믿음이 있었지만 세 사람이나 그를 의심하자 겁을 먹었습니다. 지금 신은 증삼처럼 어질지 못하고, 왕께서 신을 믿는 마음도 증삼의 어머니가 아들을 믿는 마음만 못한데, 신을 의심하는 자가 어디세 사람뿐이겠습니까? 신은 왕께서 북을 내던지지는 않을까 두렵습니다.

지난날 장의가 서쪽으로는 파와 촉 땅을 병합하고 북쪽으로는 서하西河의 바깥쪽 땅을 개척하고 남쪽으로는 상용上庸을 얻었지만 세상 사람들은 장의가 위대한 공을 세웠다고 하지 않고 선왕惠왕이 현명하다고 했습니다. 〔또〕 위魏나라 문후文侯 때 악양樂羊은 장군이 되어 중산中山을 쳐서 3년 만에 빼앗았습니다. 악양이 돌아와 공적을 논할 때 문후는 악양을 헐뜯는 문서 상자를 내보였습니다. 악양은 두 번이나 무릎을 꿇어 절하고 고개를 조아리며 '이번 승리는 신의 공이 아니고 주군의 힘입니다.'라고 말했습니다.

그런데 신은 떠돌아다니며 벼슬살이하는 몸에 지나지 않습니다. 저리자와 공손석公孫奭 두 사람이 한나라를 지킬 생각으로 신의 계책을 이러쿵저러쿵 헐뜯으면 왕께서는 반드시 저들의 말을 듣게 될 것입니다. 그러면 왕께서는 위魏나라 왕을 속이게 되고, 신은 〔한나라 재상〕 공중치公仲侈의 원망을 사게 될 것입니다."

왕이 말했다.

"과인은 그들의 비방을 듣지 않기로 그대와 맹약하겠소."

마침내 승상 감무를 시켜 병사를 이끌고 의양을 치게 했다. 다섯 달이 지나도 빼앗지 못하자 정말 저리자와 공손석이 감무를 비난하고 나섰다. 무왕이 감무를 불러들여 군대를 물러나게 하려고 하자 감무가 말했다.

"식양이 저기에 있습니다."

무왕이 말했다.

"맹약한 것이 있소."

무왕은 크게 군사를 일으켜 감무에게 다시 공격하도록 했다. 그렇게 해서 적군 6만 명의 머리를 베고 마침내 의양을 빼앗았다.

한나라 양왕襄王은 공중치를 사자로 보내 용서를 구하고 진나라와 화친을 맺었다.

짐승도 궁지에 몰리면 수레를 뒤엎는다

진나라 무왕이 마침내 주나라에 이르렀으나 그곳에서 죽자, 그 동생이 왕위에 올라 소왕이 되었다. 소왕의 어머니 선 태후宣太后는 초나라 사람이었다.

초나라 회왕懷王은 전날 초나라가 단양丹陽에서 진나라에게 졌을 때, 한나라가 도와주지 않은 것을 원망하여 병사를 일으켜 한나라 옹지雍氏를 에워쌌다. 한나라는 재상 공중치를 시켜 진나라에 위급한 상황을 알렸다. 그러나 진나라에서는 소왕이 새로 왕위에 오른 데다 태후가 초나라 사람이므로 한나라를 도와주려 하지 않았다. 그러자 공중치는 감무에게 매달렸다. 감무는 한나라를 위하여 진나라 소왕에게 말했다.

"공중치는 지금 진나라의 도움을 받을 수 있다고 믿기 때문에 감히 초나라와 맞섰습니다. 그런데 지금 옹지가 포위되었는데도 진나라 군사가 효殽로 내려가지 않으면, 공중치 또한 머리를 들고 진나라에 입조하지 않으려 할 것입니다. 〔한나라 공자〕 공숙도 나라를 들어 남쪽으로 초나라와 합칠 것입니다. 초나라와 한나라가 하나로 합치면 위魏나라도 그들의 말을 듣지 않을 수 없습니다. 이렇게 되면 제후들이 진나라를 치는 형세가 됩니다. 앉아서 상대가 쳐들어오기를 기다리는 것과 이쪽에서 상대를 치는 것 중 어느 쪽이 더 유리하겠습니까?"

소왕이 말했다.

"알겠소."

소왕이 군사를 효로 내려 보내 한나라를 구원하니 초나라 병사는 물러갔다.

진나라는 상수를 시켜 의양을 평정하고, 또 저리자와 감무에게 위나라의 피지를 치도록 했다. 상수는 선 태후의 외척으로 소왕과는 어려서부터 함께 자랐으므로 임용되었다. 상수가 초나라에 갔을 때, 초나라에서는 진나라가 상수를 소중히 여긴다는 말을 듣고 극진히 대접했다. 상수가 진나라를 위하여 의양을 지키고 한나라를 치려 하자, 한나라 공중치는 소대를 시켜 상수에게 이렇게 말했다.

"짐승도 궁지로 몰리면 수레를 뒤엎는다고 합니다. 공은 한나라를 깨뜨리고 공중치를 욕보이려 합니다. 공중치는 지금 한나라를 들어 다시 진나라를 섬기고 봉토를 받으려 생각하고 있습니다. 공은 지금 초나라에 해구解口 땅을 주고 초나라 소영윤小令尹을 두양杜陽에 봉했습니다. 이렇게 해서 진나라와 초나라가 힘을 합쳐 다시 한나라를 친다면 한나라는 반드시 멸망할 것입니다. 그러나 한나라가 멸망하면 공중치는 자신의 사병을 이끌고라도 진나라에 맞설 것입니다. 공께서는 이 점을 깊이 생각하십시오."

상수가 말했다.

"내가 진나라와 초나라의 힘을 합치려는 것은 그것으로 한나라를 치려 함이 아니오. 그대는 나를 대신해서 공중치에게 진나라와 한나라는 화합할 여지가 있다고 전해 주시오."

소대가 대답했다.

"저도 공께 말씀드리겠습니다. 세상 사람들은 '존귀하게 된 까닭을 소중하게 여기는 자가 존귀하다.'라고 말합니다. 그러나 왕께서는 공을 공손석만큼 아끼지 않고, 또 공의 지혜와 능력이 감무만 못하다고 평가하고 있습니다. 그런데도 그 두 사람이 진나라의 일에 직접 관여하지 못하고, 늘 혼자만 왕과 함께 나랏일을 논의할 수 있는 까닭이 무엇이겠습니까? 그 두 사람에게는 왕의 신임을 잃을 만한 까닭이 있기 때문입니다. 공손석은 한나라와 내통하고 감무는 위魏나라와 내통하고 있기 때문에 왕께서 신임하지 않습니다. 지금 진나라와 초나라가 힘겨루기를 하고 있는 상황에서 공이 초나라 편을 든다면 그것은 공손석이나 감무와 같은 길을 걷는 것입니다. 공이 그들과 다른 게 무엇이겠습니까? 사람들은 모두 초나라가 곧잘 변절한다고 하는데 공만은 극구 그렇지 않다고 하십니다. 이는 공께서 스스로 책임져야 되는 것입니다. 그러니 공은 진나라 왕과 함께 초나라의 변덕스러운 태도에 대응할 만한 대책을 세우고 한나라와 친하게 지냄으로써 초나라에 대비하는 것이 낫습니다. 이렇게 하면 근심이 없을 것입니다. 한나라는 분명 처음에는 나라를 들어 공손석을 따르고, 뒤에는 감무에게 나라를 맡겼습니다. 한나라는 공의 원수라고 할 수 있습니다. 그러나 지금 공이 한나라와 친하게 지냄으로써 초나라에 대비한다면, 이것은 외부에서 사람을 추천할 때 자기 원수라도 〔쓸 만한 사람이면〕 꺼리지 않는 것과 같습니다."

상수가 말했다.

"그렇소. 나는 〔진나라와〕 한나라가 연합하기를 매우 바라오."

소대가 대답했다.

"감무는 공중치에게 〔진나라가 빼앗은 한나라의〕 무수武遂를 되돌려주고, 또 의양에서 포로가 된 백성을 돌려보내기로 약속했습니다. 그런데 공의 무리로 한나라의 마음을 얻으려 하니 매우 어려운 일입니다."

상수가 말했다.

"그럼 어떻게 하면 좋겠소? 끝내 무수를 얻을 수는 없는 것이오?"

소대가 대답했다.

"공은 어찌하여 진나라의 위세를 빌려 한나라를 위해서 초나라에 영천潁川을 요구하지 않습니까? 영천은 본래 한나라가 의탁한 땅이었습니다. 공이 그것을 요구해서 얻게 된다면 진나라의 명령이 초나라에서 시행된 것이고, 그 땅을 되찾아 주어 한나라에 덕을 베푼 셈이 됩니다. 그러나 만약 그것을 요구해서 돌려받지 못하면 한나라와 초나라의 원한은 풀리지 않고, 두 나라 모두 서로 진나라의 환심을 사려고 달려올 것입니다. 진나라와 초나라가 서로 힘을 겨루고 있는 때에 공이 조용히 초나라의 죄를 나무라고 한나라의 마음을 얻는다면, 이것이 진나라에 유리할 것입니다."

상수가 말했다.

"어떻게 하면 좋겠소?"

소대가 대답했다

"이렇게 하는 것이 좋은 방법입니다. 감무는 위나라의 마음을 얻어 제나라를 치려 하고, 공손석은 한나라의 마음을 얻어 제나라를 치려 하고 있습니다. 지금 공은 의양을 공략하여 공을 세웠으니 초나라와 한나라의 마음을 끌어들여 안심시키고, 제나라와 위나라의 죄를 주벌하십시오. 이렇게 하면 공손석과 감무는 할 일이 없을 것입니다."[3]

---

3 감무와 공손석은 위나라와 한나라를 끼고 제나라를 공격함으로써 진나라 정사에 참여하려고 했다. 만일 상수가 한나라와 초나라를 끌어들여 진나라와 화친을 맺게 하고 제나라와 위나라를 정벌할 수 있으면 그들을 배척하여 아무 일도 할 수 없도록 만들기 때문이다.

감무는 마침내 진나라 소왕에게 말해서 무수를 다시 한나라에 돌려주었다. 상수와 공손석이 이것을 반대했지만 이들의 주장은 받아들여지지 않았다. 이 두 사람이 이로 인해 감무를 원망하고 헐뜯자 감무는 두려워서 위나라 포판蒲阪을 치는 일을 멈추고 진나라에서 도망쳤다. 저리자는 위나라와 화친을 맺고 군대를 거두었다.

남는 빛을 나누어도 밝음은 줄지 않는다

감무는 진나라에서 도망쳐 제나라로 달아났는데 우연히 소대를 만났다. 소대는 제나라를 위해 진나라에 사신으로 가려던 참이었다. 감무가 말했다.

"저는 진나라에서 죄를 짓고 처벌될까 두려워서 도망쳐 나왔지만 몸을 안전하게 둘 만한 곳이 없습니다. 제가 듣건대 못사는 여자와 잘사는 여자가 함께 길쌈을 하였는데, 못사는 여자가 '나는 초를 살 돈이 없습니다. 그렇지만 다행히 당신의 촛불에는 남는 빛이 있으니 그 남는 빛을 나에게 나누어 주십시오. 당신의 밝음에 해를 끼치지 않고 나도 이익을 얻을 수 있습니다.'라고 말했습니다. 지금 저는 곤궁합니다. 그런데 당신은 바야흐로 진나라에 사신으로 가는 길입니다. 제 아내와 자식은 진나라에 있습니다. 부디 당신의 남는 빛으로 그들을 구제해 주십시오."

소대는 허락하고 드디어 진나라에 사신으로 도착했다. 얼마 있다가 소대는 이 일로 왕에게 설득하여 말했다.

"감무는 보통 인물이 아닙니다. 그가 진나라에 머물 때는 대대로 크게 쓰였고, 효의 요새에서 귀곡鬼谷에 이르기까지 지세가 험준한지 아니면 평탄한지를 정확히 알고 있습니다. 그가 만일 제나라에게 한나라, 위나라와 맹약을 맺어 도리어 진나라를 치도록 한다면 진나라에 이롭지 않을 것입니다."

"그럼 어떻게 하면 좋겠소?"

"왕께서 많은 예물을 보내고 봉록을 후하게 주어 감무를 맞아들이는 것이 더 좋습니다. 그가 돌아오면 귀곡에 머물게 하고 죽을 때까지 그곳에서 나오지 못하게 하십시오."

"좋소."

〔진나라 소왕은〕 곧바로 감무에게 상경 벼슬을 주고 재상의 인을 보내어 제나라로부터 맞아 오려고 했으나 감무는 가지 않았다. 소대가 제나라 민왕에게 말했다.

"감무는 어진 사람입니다. 지금 진나라가 그에게 상경 벼슬을 주고 재상의 인을 가지고 와서 맞아들이려 하고 있습니다. 그러나 감무는 왕께서 내려 주신 큰 은덕을 고맙게 여기며, 기꺼이 왕의 신하가 되고자 사양하고 진나라로 가지 않고 있습니다. 지금 왕께서는 무엇으로 그를 예우하시겠습니까?"

제나라 왕이 말했다.

"좋소."

그러고는 즉시 감무에게 상경 벼슬을 주고 제나라에 머물게 했다. 진나라에서는 이 일로 해서 감무의 집안을 회복시켜 주고 〔그를 데려오려고〕 제나라와 경쟁하였다.

제나라는 감무를 초나라에 사신으로 보냈다. 초나라 회왕은 새로 진나라와 혼인 관계를 맺고 친하게 지내고 있었다. 진나라는 감무가 초나라에 있다는 말을 듣자, 사람을 시켜 초나라 왕에게 말했다.

"감무를 진나라로 보내 주십시오."

초나라 왕이 범연范蝝에게 물었다.

"과인이 재상을 진나라에 추천하려는데 누가 좋겠소?"

범연이 대답했다.

"신은 그런 인물을 추천할 만한 식견이 없습니다."

초나라 왕이 말했다.

"과인이 감무를 재상으로 추천하려는데 어떻겠소?"

범연이 대답했다.

"그건 안 됩니다. [감무의 스승인] 사거는 하채의 문지기로 크게는 임금을 섬기지 못하고 작게는 가정도 돌보지 못했습니다. 그는 그럭저럭 되는대로 사는 미천한 신분이면서 청렴하지 않은 것으로 세상에 알려졌습니다. 감무는 그런 인물을 묵묵히 따르고 스승으로 섬겼습니다. 그러므로 현명한 혜왕, 명철한 무왕, 변론에 뛰어난 장의까지도 잘 섬기고 여러 관직을 맡으면서도 죄를 지은 적이 없습니다. 감무는 참으로 현명한 인물입니다.

그렇지만 감무를 진나라 재상으로 추천해서는 안 됩니다. 진나라에 현명한 재상이 있으면 초나라에 이로울 것이 없습니다. 왕께서는 얼마 전에 소활召滑을 월나라에서 임용하게 한 적이 있습니다. 소활은 왕의 은혜를 생각하여 〔월나라 사람〕 장의章義에게 내란을 일으키게 함으로써 월나라가 어지러워졌습니다. 이 때문에 초나라는 남쪽으로 여문厲門을 막고 월나라의 강동江東을 우리 군으로 끌어들였습니다. 왕께서 이러한 공적을 쌓을 수 있었던 것은 월나라가 어지러운 반면 초나라는 잘 다스려졌기 때문입니다. 지금 왕께서는 이런 계책을 월나라에 쓰실 줄은 알면서 진나라에 쓴다는 사실은 잊고 계십니다. 신은 왕께서 하시는 일이 크게 잘못되었다고 생각합니다. 그러니 왕께서 만일 진나라에 재상을 추천하려고 한다면 상수가 가장 적임자입니다. 생각해 보면 상수는 진나라 왕과 가까운 사이로 어릴 때는 서로 옷을 나누어 입고, 자라서는 수레를 함께 타고 나랏일을 의논했습니다. 왕은 반드시 상수를 진나라 재상이 되게 하십시오. 그렇게 하는 것이 초나라에 이로울 것입니다."

이리하여 초나라 왕은 진나라에 사자를 보내 상수를 재상으로 삼게 했다. 진나라가 마침내 상수를 재상으로 삼자 감무는 끝내 다시 진나라로 들어가지 못하고 위魏나라에서 죽었다.

감무에게는 감라甘羅라는 손자가 있었다.

지혜는 나이와 관계없다

감라는 감무의 손자이다. 감무가 죽은 뒤, 감라는 열두 살에 진나라 재상이던 문신후文信侯 여불위呂不韋를 섬겼다.

진시황秦始皇[4]은 (연燕나라를 회유하려고) 강성군剛成君 채택蔡澤을 연나라에 사신으로 보냈다. 3년 뒤 연나라 왕 희喜가 태자 단丹을 진나라에 볼모로 보냈다. 진나라는 장당張唐을 연나라에 보내 재상 자리에 앉히고 연나라와 함께 조나라를 쳐서 하간 땅을 넓히려고 했다. 장당이 문신후에게 말했다.

"저는 일찍이 진나라 소왕을 위하여 조나라를 쳤는데, 조나라가 저를 원망하여 '장당을 잡아 오는 자에게는 사방 100리 땅을 주겠다.' 말하고 있습니다. 지금 연나라로 가려면 반드시 조나라를 지나야 되므로 저는 도저히 갈 수 없습니다."

문신후는 불쾌하지만 강요할 수는 없었다. 그때 감라가 말했다.

"어르신께서는 무슨 일 때문에 안색이 좋지 않으십니까?"

문신후가 말했다.

"내가 강성군 채택에게 연나라를 섬기게 한 지 3년 만에 연나라 태자 단을 진나라에 볼모로 보내왔다. 그래서 내가 직접 장경張卿(장당)에게 연나라로 가서 재상이 되라고 하였지만 가지 않으려고 한다."

감라가 말했다.

---

4 진나라 장양왕莊襄王의 아들로 기원전 230년부터 기원전 221년까지 여섯 나라를 병합하고 북쪽으로는 흉노를 내쫓으며, 남쪽으로는 민閩과 월越을 겸병하여 중국 역사상 처음으로 통일 국가를 세웠다. 그는 군현제를 실시하여 온 나라를 서른 개 군으로 나누고, 각 군 아래에는 현을 두었다. 그리고 법률, 도량형, 화폐, 문자 등을 하나로 만들었다. 그는 자신의 공이 삼황을 덮고 덕은 오제보다 높다고 주장하며 스스로 시황제라고 일컬었다. 그러나 그는 분서갱유를 단행하고, 형벌을 가혹하게 시행하며, 부역을 너무 무겁게 하여 백성을 고달프게 했다. 그가 죽은 뒤 이세황제 호해가 제위를 이었으나 오래지 않아 봉기가 일어나 멸망했다.

"제가 그를 가도록 만들겠습니다."

문신후가 큰소리로 꾸짖었다.

"물러가라. 내가 직접 부탁해도 듣지 않는데, 네까짓 것이 어떻게 가게 할 수 있단 말이냐?"

감라가 말했다.

"항탁項橐은 일곱 살에 공자의 스승이 되었습니다. 지금 저는 그보다 많은 열두 살입니다. 어르신께서는 저를 한번 시험해 보십시오. 어찌 그리 야단만 치십니까?"

이에 감라가 장경을 만나 말했다.

"당신과 무안군武安君백기 중 누구의 공이 더 큽니까?"

장경이 말했다.

"무안군은 남쪽으로 강한 초나라를 꺾고, 북쪽으로 연나라와 조나라를 위협하며 싸우면 이기고 공격하면 얻기를 거듭했소. 성을 쳐부수고 읍을 무너뜨린 것이 이루 헤아릴 수 없이 많소. 내 공적은 그와 비교도 안 되오."

감라가 말했다.

"응후應侯범저가 진나라에서 나랏일을 마음대로 처리한 것과 문신후가 정권을 마음대로 휘두르는 것 중 어느 쪽이 더 큽니까?"

장경이 말했다.

"응후의 전횡이 문신후를 따를 수는 없소."

"당신은 응후의 전횡이 문신후가 정권을 마음대로 휘두르는 데 미치지 못함을 분명히 아십니까?"

장경이 말했다.

"알고 있소."

삼라가 말했다.

"응후가 조나라를 치려고 할 때, 무안군은 그것을 비난했다가 관직에서 쫓겨나 함양에서 7리 떨어진 두우杜郵에서 피살되었습니다. 지금 문신후가 몸소 당신에게 연나라 재상이 되기를 부탁했는데도 당신은 연나라로 가지 않으려 합니다. 저는 당신이 어디서 죽게 될지 짐작도 못하겠습니다."

장당이 말했다.

"젊은이 말대로 가겠소."

장당은 길 떠날 채비를 하였다.

떠나는 날이 정해지자 감라가 문신후에게 말했다.

"저에게 우선 수레 다섯 대를 빌려 주십시오. 장당을 위하여 미리 조나라에 일러 두겠습니다."

그러자 문신후는 궁궐로 들어가 시황제에게 말했다.

"예전 감무의 손자 감라는 나이가 어리나 이름난 집안의 자손으로서 제후들은 그 이름을 들어서 다 알고 있습니다. 이번에 장당이 병을 핑계로 연나라에 가려 하지 않는 것을 감라가 설득해서 가도록 만들었습니다. 지금 감라가 먼저 가서 장당이 연나라로 떠난다는 것을 조나라에 알리려고 합니다. 그를 보내도록 허락해 주십시오."

시황제는 감라를 불러서 보고 조나라에 사자로 보냈다. 조나라 양왕은 교외까지 나아와 감라를 맞이했다. 감라가 조나라 왕에게 말했다.

"왕께서는 연나라 태자 단이 진나라에 들어와 인질이 되었다는 사실을 들으셨습니까?"

"들었소."

"장당이 연나라 재상으로 간다는 말을 들으셨습니까?"

"들었소."

"연나라 태자 단이 진나라에 인질로 들어온 것은 연나라가 진나라를 속이지 않는다는 뜻이고, 장당이 연나라 재상으로 간다는 것은 진나라가 연나라를 속이지 않는다는 뜻입니다. 연나라와 진나라가 서로 속이지 않으면 조나라를 칠 테니 조나라에는 위험한 일입니다. 연나라와 진나라가 서로 속이지 않는 이유는 다름이 아니라 조나라를 쳐서 하간의 땅을 넓히기 위함입니다. 왕께서는 이 기회에 신을 통해서 진나라에 성다섯 개를 넘겨주어 하간 땅을 넓게 하십시오. 그러면 연나라 태자를 돌려보내〔연나라와 진나라 국교를 끊은 다음〕진나라가 강한 조나라와 함께 약한 연나라를 치도록 하겠습니다."

조나라 왕은 그 자리에서 성 다섯 개를 진나라에게 나누어 주고 하간 땅을 넓게 하였다. 진나라는 연나라 태자를 돌려보냈다. 조나라는 연나라를 쳐서 상곡上谷의 성 서른 개를 빼앗아 열한 개를 진나라에 주었다.

감라가 진나라로 돌아와 보고하니, 이에 감라를 상경上卿으로 삼고 예전에 감무가 가지고 있던 전답과 저택을 감라에게 내려 주었다.

태사공은 말한다.

"저리자는〔진나라 혜왕의〕골육지친이니 중용되었던 것은 진실로〔세상의〕이치이다. 그러나 진나라 사람들이 그의 지혜를 칭찬하였으므로〔나는〕그 사적을 많이 실었다. 감무는 하채의 미천한 집안 출신으로 몸을 일으켜 그 이름을 제후들 사이에 떨치고 강한 제나라와 초나라에서 중용되었다. 감라는 나이가 어리지만 한 가지 기묘한 계책을 생각해 내어 우세에 이름이 일컬어지게 되었다. 이들은 행실이 성실한 군자는 아니지만 전국 시대의 책사策士였다. 바야흐로 진나라가 강성해졌을 때 천하는 더욱 권모와 술수로 치달으려 했던 것이다."

12
◎
양후 열전
穰侯列傳

전국 시대 중기 이후는 진秦나라가 동쪽으로 더욱 세력을 넓히면서 제후들을 잠식해 나가던 때이다. 진나라 무왕武王이 죽고 소왕昭王이 어린 나이에 왕위에 오르자 선 태후가 섭정하고, 선 태후의 동생 양후가 실권을 휘둘렀다. 양후 위염魏冉은 처음에 장군으로 임명되었다가 뒤에 큰 공을 세워 양 땅에 봉해졌기 때문에 양후로 부르게 되었다. 이 편의 제목도 이로부터 따온 것이다. 양후는 재상이 되어 백기를 장수로 삼아 한韓, 위魏, 제, 초를 차례로 쳐서 진나라의 세력을 더욱 키웠다. 그는 세 번이나 진나라 재상이 되어 소왕이 서제西帝가 되도록 한 인물이다. 그러나 양후의 공과 권력이 커져 가면서 범저의 비방을 받고 소왕과 사이가 멀어지더니 결국 울분이 쌓인 채 살다가 죽었다. 그래서 사마천은 논찬 부분에서 인생무상을 언급한다.

양후에 관해서는 「범저 채택 열전」에도 보인다. 이 편은 비교적 간략하게 구성되었으므로 「백기 왕전 열전」과 함께 읽으면 이해하는 데 도움이 된다. 수고須賈가 양후를 설득하는 말과 소대가 쓴 간절한 편지 부분이 특히 감동을 자아낸다.

외척의 정치 참여

양후穰侯 위염魏冉은 진나라 소왕의 어머니 선 태후의 동생이다. 그 조상은 초나라 사람으로 성은 미羋씨이다.

진나라 무왕이 죽었으나 아들이 없으므로 그 동생이 왕위를 이어 소왕이 되었다. 소왕의 어머니는 예전에 미팔자羋八子로 불렸으나 소왕이 왕위에 오르자 선 태후로 올려 불렀다. 선 태후는 무왕의 어머니가 아니다. 무왕의 어머니는 혜문후惠文后로 무왕보다 먼저 죽었다.

선 태후에게는 동생이 두 명 있었다. 그중 큰 동생은 아버지가 다른 양후인데, 성은 위이고 이름은 염이다. 둘째 동생은 아버지가 같은 미융羋戎으로 화양군華陽君이다. 또 소왕과 어머니가 같은 동생으로는 고릉군高陵君과 경양군涇陽君이 있다. 이들 가운데 위염이 가장 현명하여 혜왕과 무왕 때부터 중요한 관직에 임명되어 나랏일에 관여했다. 무왕이 죽자 여러 동생이 임금 자리를 놓고 다투었으나 위염의 힘으로 소왕이 즉위할 수 있었다. 소왕이 즉위하자 위염을 장군으로 삼아 수도 함양을 지키도록 하였다. 〔위염은〕 계군季君의 난¹을 평정하고 무왕의 후后를 위魏나라로 내쫓았으며, 소왕의 여러 형제 중 선하지 못한 자를 모조리 없애 그 위세를 온 진나라에 떨쳤다. 소왕이 어리므로 선 태후가 몸소 조정

---

1 계군은 공자 장壯을 말한다. 소왕 2년에 여러 공자와 반란을 꾀하고 스스로 계군이라고 불렀으나 위염에 의해서 죽게 되었다.

에 나가 국정을 돌보고 위염에게 정치를 맡겼다.

천명은 정해져 있지 않다

소왕 7년에 저리자가 죽자 경양군을 제나라에 볼모로 보냈다. 조나라 사람 누완樓緩이 와서 진나라 재상이 되었다. 조나라는 〔누완이 진나라 재상이 된 것이 자기 나라에〕 이롭지 않다고 여겨서 구액仇液을 진나라로 보내 위염을 진나라 재상으로 앉히도록 요청하려고 했다. 구액이 떠나려 할 즈음, 그의 식객 송공宋公이 구액에게 다음과 같이 말했다.

"〔만일〕 진나라에서 당신 말을 듣지 않는다면 누완은 반드시 당신을 원망할 것입니다. 〔그러니〕 당신은 먼저 누완에게 '〔저는〕 공을 위하여 진나라 왕에게 서둘러 부탁하지는 않겠습니다.'라고 말해 두시는 게 낫습니다. 위염을 재상으로 삼아 달라는 조나라의 요청이 그다지 급하지 않다는 것을 진나라 왕이 알면 도리어 당신 말을 듣지 않을 것입니다. 당신이 말을 하여 그대로 되지 않으면 누완에게는 덕을 베푼 것이 되고, 그대로 되면 위염은 당신에게 고마워할 것입니다."

구액이 그 말대로 하니 진나라는 정말 누완을 파면하고 위염을 진나라 재상으로 삼았다.

〔그 뒤 위염이 자신의 재상 임명을 반대했던〕 여례呂禮를 죽이려 하자, 여례가 제나라로 달아났다.

소왕 14년에 위염이 백기를 추천하여 상수 대신 장군으로 삼아 한韓

나라와 위魏나라를 치게 했다. 〔백기는 한나라와 위나라의 군사를〕 이궐伊闕에서 깨뜨려 적군 24만 명의 목을 베고, 위나라 장군 공손희公孫喜를 사로잡았다. 그 이듬해에 또 초나라의 완宛과 섭葉을 빼앗았다. 위염이 병을 핑계로 재상직을 그만두니 객경 수촉壽燭을 재상으로 삼았다. 그다음 해에 수촉이 해임되고 위염이 다시 재상이 되었다. 이에 진나라는 위염을 양穰에 봉하고 다시 도陶에 봉하여 양후라고 불렀다.

〔위염이〕 양후로 봉해진 지 4년 뒤에 진나라 장수가 되어 위나라를 치자 위나라는 황하 동쪽 땅 사방 400리를 바쳤다. 또 위나라 황하 이북을 쳐서 크고 작은 성 60여 개를 빼앗았다. 소왕 19년에 진나라는 서제西帝라 일컫고 제나라는 동제東帝라고 일컬었다. 이로부터 한 달 남짓 지나서 여례가 돌아왔다. 제나라와 진나라는 각각 제帝라는 호칭을 버리고 다시 왕이라고 했다. 위염은 다시 진나라 재상이 된 지 6년 만에 그자리에서 물러났다. 그로부터 2년 뒤에 다시 진나라 재상이 되었고, 4년째 되던 해에는 백기에게 초나라 수도 영을 쳐서 함락시키도록 하여 남군南郡을 새로 두고 백기를 봉하여 무안군이라 했다. 백기는 양후가 추천한 인물로서 두 사람은 사이가 좋았다. 이즈음에 양후는 왕실보다 더부유했다.

소왕 32년에 양후는 상국相國이 되었다. 군대를 이끌고 위나라를 쳐서 위나라 장수 망묘芒卯를 〔싸움에서 져〕 달아나게 하고, 북택北宅까지 들어가 대량을 에워쌌다. 위나라 대부 수고須賈가 양후를 설득하여 말했다.

"저는 위나라 높은 관리들이 위나라 왕에게 이런 말을 했다고 들었습니다. '옛날 양위나라 혜왕은 조나라를 쳐 삼량三梁남량南梁에서 이기고 한단을 빼앗았지만 조나라는 [끝내] 위나라에게 땅을 떼어 주지 않았고, 한단은 결국 조나라가 되자지하였습니다. 제나라 사람들이 위衛나라를 쳐서 옛 도읍을 뺏고 대부 자량子良을 죽였지만, 위나라 사람들이 땅을 떼어 주지 않아서 그 땅은 다시 위나라로 돌아왔습니다. 조나라와 위나라가 나라를 온전하게 보존하고 군사들은 강인하며 그 땅을 다른 제후에게 빼앗기지 않는 것은 어려움을 참고 다른 나라에 땅을 내놓는 것을 심각한 문제로 여겼기 때문입니다. 그러나 송나라와 중산中山은 침략을 받고는 자주 다른 나라에 땅을 떼어 주었기 때문에 나라도 함께 멸망했습니다. 제가 생각하기에 조나라와 위나라를 본받고 송나라와 중산을 경계로 삼아야 합니다. 진나라는 탐욕스럽고 포악한 나라이니 가까이하지 마십시오. 진나라는 우리 위魏나라를 잠식하고, 또 [위나라에 속해 있던] 옛 진晉나라 땅을 모두 빼앗았습니다. 그들은 [우리 장군] 포자暴子포연暴鳶를 이기고 여덟 현을 떼어 갔는데, 그것이 진나라 땅이 되기도 전에 또다시 군대를 출동시켰습니다. 진나라에게 어찌 만족이라는 것이 있겠습니까? 지금 또 망묘를 무찔러 달아나게 하고 북택까지 쳐들어왔지만, 이것은 구태여 위나라를 침략한다기보다 왕을 위협하여 보다 많은 땅을 떼어 가려는 속셈입니다. 왕께서는 무슨 일이 있어도 들어주면 안 됩니다. 지금 왕이 초나라와 조나라를 저버리고 진나라와 친교를 맺으면, 초나라와 조나라는 화가 나서 왕을 배신하고 앞다투어 진나라를 섬기려 할 것이고 진나라는 반드시 초나라와 조나라를 받아들일 것입니다. 진나라가 초나라와 조나라의 군사를 합쳐서 다시 위나라를 친다면 위나라는 망하지 않으려고 해도 망하지 않을 수 없습니다. 부디 왕께서는 절대로 진나라와 화친을 맺지 마십시오. 왕께서 군이 화친을 맺으려고 한다면 땅을 조금 떼어 주는 대신 진나라로부터 인질을 받도록 하십시오. 그렇게 하지 않으면 반드시 속을 것입니다.' 이것이 제가 위나라에서 들은 이야기입니다. 장군께서는 이 점을 고려하여 일을 처리하십시오.

『주서周書』에 '천명은 변하지 않는 것이 아니다.'라고 했으니, 이것은 요행은 자주 있는 일이 아니라는 말입니다. 포자와 싸워 이겨 현 여덟 개를 얻은 것은 병사가 정예로워서도 아니요 계략이 교묘해서도 아니고 하늘이 큰 행운을 내려 주었기 때문입니다. 지금 또 망묘를 싸움에서 져 달아나게 하고 북택으로 침입하여 대량을 치고 있습니다만, 이것도 하늘이 내려 준 행운이 늘 자기 곁에 있다는 믿음 때문입니다. 그러나 지혜로운 사람들은 그렇게 생각하지 않습니다.

제가 듣건대 위나라는 100개 현에서 뽑은 정예 병사를 모두 동원해서 대량을 지킨다고 합니다. 제 생각에 그들의 병력은 30만은 족히 될 것입니다. 정예 병사 30만 명으로 대량의 일곱 길 높이의 성을 지키고 있으니 은나라 탕왕이나 주나라 무왕이 다시 살아난다 해도 쉽사리 함락시키지는 못할 것입니다. 무릇 초나라와 조나라의 병력이 뒤에서 위협하고 있는데도 이를 가볍게 여기고 일곱 길이나 되는 성벽을 기어 올라가 30만 대군과 싸워서 반드시 함락시키려고 하는 것은 하늘과 땅이 생긴 이래로 여태껏 한 번도 없었던 일입니다. 만일 쳐서 함락시키지 못할 경우에는 틀림없이 진나라 병사는 지칠 대로 지치고 도읍陶邑은 망할 것입니다. 그러면 당신이 지금까지 쌓은 공로는 물거품이 되고 말 것입니다.

지금 위나라는 망설이고 있으므로 땅을 조금 얻고 사태를 수습할 수 있습니다. 원컨대 초나라와 조나라 병사가 위나라에 이르기 전에 빨리 땅을 조금 얻고 위나라와의 관계를 수습하십시오. 위나라는 지금 결정하지 못하고 망설이고 있으므로 땅을 조금 떼어 주는 것이 이롭다고 생각하면 반드시 그렇게 할 것입니다. 그렇게 되면 당신이 원하는 땅을 얻을 수 있습니다. 초나라와 조나라는 위나라가 자기들보다 먼저 진나라와 화친한 것을 두고 화를 내며 다투어 진나라를 섬길 것입니다. 이로써 합종 약속은 깨질 것입니다. 당신은 그렇게 하고 나서 하고 싶은 일을 골라 하십시오. 당신이 땅을 얻기 위해 반드시 병력을 출동시킬 필요가 어디 있습니까? 옛 진晉나라 땅을 손에 넣고 싶으면 진秦나라 군사가 공격하지 않아도 위나라는 반드시 강絳과 안읍安邑을 내주고, 도陶로 통하는 〔남북의〕 두 길을 열 것입니다. 이렇게 하여 예전의 송나라 땅을 거의 차지하면 위衛나라는 반드시 선보單父를 내줄 것입니다. 진나라는 군사를 하나도 잃지 않고 천하를 제어할 수 있으니 무엇을 구한들 얻지 못하며, 무슨 일을 한들 이루지 못하겠습니까? 부디 이 점을 깊이 헤아려 대량을 에워싸는 위험한 일은 하지 마십시오.”

“좋소.”

양후는 이렇게 말하고 대량의 포위를 풀었다.

잃는 게 없는 싸움을 하라

그 이듬해에 위나라는 진나라를 등지고 제나라와 합종을 맺었다. 진나라는 양후에게 위나라를 치게 하여 4만 명의 목을 베고 위나라 장군 포연을 도망치도록 했으며, 위나라의 세 현을 손에 넣었다. 양후는 봉지를 더하게 되었다.

이듬해에 양후는 백기, 객경 호양胡陽과 함께 다시 조나라, 한나라, 위魏나라를 치고 망묘를 화양華陽성 밑에서 쳐부숴 10만 명의 목을 베고 위魏나라의 권卷, 채양蔡陽, 장사長社, 조나라의 관진觀津을 빼앗았다. 그 뒤 조나라에 관진을 돌려주는 대신 조나라에 군사를 지원하여 제나라를 치게 했다. 제나라 양왕襄王은 두려운 나머지 소대를 시켜 몰래 양후에게 다음과 같은 편지를 보내게 했다.

저는 길 가는 사람들이 "진나라는 앞으로 조나라에 군사 4만 명을 보내 제나라를 치려고 한다."라고 말하는 것을 들었습니다. 저는 아무도 몰래 우리 제나라 왕에게 "진나라 왕은 현명하여 계책에 뛰어나고 양후는 지혜로워 일 처리에 능숙하므로, 결코 조나라에 병사 4만 명을 주어 제나라를 치게 하지 않을 것입니다."라고 단언했습니다. 왜냐하면 대체로 삼진이 힘을 합쳐 한편이 되는 것은 진나라에게는 심각한 위협이 되기 때문입니다. 삼진은 진나라를 백 번 배반하고 백 번 속였으면서도 〔그들 스스로는〕 신의가 없다고 생각하지 않고 정의롭지 못하다고도 생각하지 않습니다. 그런데 지금 진나라가 제나라를 쳐서 조나라를 살찌운다면 조나라는 진나라에게 큰 적이 되니 결코 이로움이 없습니다. 이것이 첫 번째 이유입니다.

진나라의 참모는 반드시 이렇게 말할 것입니다. "〔삼진과 초나라가 제나라를 쳐서〕 제나라를 깨뜨린다 해도 삼진과 초나라도 지칠 것입니다. 그러고 나면 삼진과 초나라를 이길 수 있을 것입니다." 그러나 제나라는 황폐한 나라입니다. 천하의 여러 나라가 힘을 합쳐 제나라를 친다는 것은 1000균鈞이나 나가는 쇠뇌로 곪아 터지려는 종기를 터뜨리는 것과 같아서 제나라를 쉽게 깨뜨리겠지만 삼진과 초나라를 지치게 만들 수는 없습니다. 이것이 두 번째 이유입니다.

진나라가 병사를 적게 보내면 삼진과 초나라가 믿지 않을 테고, 병사를 많이 보내면 삼진과 초나라는 진나라에게 압도되어 결국 진나라가 제나라를 치는 격이 됩니다. 제나라는 겁이 나서 진나라를 좇지 않고 삼진과 초나라를 좇을 것입니다. 이것이 세 번째 이유입니다.

진나라가 제나라 땅을 떼어 삼진과 초나라에게 주면 삼진과 초나라는 이곳에 병사를 두어 지킬 것입니다. 그렇게 되면 진나라는 도리어 적을 만들어 놓는 셈이 됩니다. 이것이 네 번째 이유입니다.

진나라가 삼진과 초나라를 도와 제나라를 치는 것은 삼진과 초나라가 진나라를 이용하여 제나라 땅을 빼앗고, 제나라를 이용하여 진나라 땅을 빼앗는 결과가 됩니다. 이는 삼진과 초나라가 얼마나 지혜로우며 진나라와 제나라가 얼마나 어리석은 것입니까? 이것이 다섯 번째 이유입니다.

그러므로 진나라는 안읍을 얻어 잘 다스리면 반드시 아무런 근심이 없을 것입니다. 만일 진나라가 안읍을 차지한다면 한나라는 반드시 상당上黨을 지키지 못할 것입니다. 천하의 위장에 해당하는 상당을 얻는 것과 군대를 출동시켜 놓고 돌아오지 못할까 봐 걱정하는 것 중 어느 쪽이 유리합니까? 그래서 저는 "진나라 왕은 현명하여 계책에 뛰어나고 양후는 지혜로워 일 처리에 능숙하므로, 결코 조나라에 병사 4만 명을 주어 제나라를 치게 하지 않을 것입니다."라고 말했습니다.

이 편지를 읽은 양후는 나아가지 않고 병사를 이끌고 돌아왔다.

소왕 36년에 상국相國 양후는 객경 조竈와 상의하여 제나라를 쳐서 강읍剛邑, 수읍壽邑을 빼앗아 자기의 도읍陶邑을 넓히려고 했다. 이때 위魏나라 사람 범저范雎가 스스로를 장록張祿 선생이라 하면서 양후가 제나라를 공격하는데, 삼진을 넘어서 제나라를 치는 것을 비난하고는, 이 기회를 틈타 자기의 주장을 진나라 소왕에게 말했다. 이에 소왕은 곧바로 범저를 등용했다. 범저는 선 태후가 제멋대로 정권을 휘두르는 일, 양후가 제후들 사이에서 권세를 떨치는 일, 경양군과 고릉군의 무리가 지나치게 사치스러워 왕실보다도 부유한 일 등을 말했다. 이에 소왕도 깨달은 바가 있어 상국 양후를 파면시키고 경양군 등 그 일족을 모두 함곡관 너머 자기들의 봉읍으로 가서 살도록 했다. 양후가 함곡관을 나갈 때 짐수레가 1000대도 넘었다.

양후는 도읍에서 죽어 그곳에 장사 지냈다. 그 뒤 진나라에서는 도읍을 거두고 군을 두었다.

태사공은 말한다.

"양후는 소왕의 친외삼촌이다. 진나라가 동쪽으로 땅을 넓히고 제후의 세력을 약화시키면서 한때 천하에서 제帝라 일컫고,[2] 천하의 제후들

---

[2] 기원전 288년에 진나라 소왕과 제나라 민왕이 다투어 '제'라 일컬었는데 진나라는 서제西帝, 제나라는 동제東帝라 했다. 그러나 곧 제나라가 '제'라는 호칭을 버렸고 진나라도 취소했다.

에게 서쪽을 향해 머리를 숙이게 한 것은 양후의 공적이다. 그러나 그는 부유하고 존귀함이 최고에 이르렀을 때, 한 남자범저를 지칭가 유세를 펼치자 신분이 꺾이고 권세를 빼앗겨 근심과 번민 속에서 살다가 죽었다. 〔왕족의 한 사람이 이렇거늘〕 하물며 〔진나라에서 벼슬아치가 된〕 객경이야 어떠하겠는가?"

13

백기 왕전 열전
白起王翦列傳

백기는 전국 시대 진나라의 유명한 장수로 공손기公孫起라고도 하며, 소왕 때 벼슬이 대량조까지 이르렀다. 그는 전쟁에서 여러 차례 이겨 한韓, 조, 위魏, 초 등의 영토를 빼앗았다. 진나라 소왕 29년에는 초나라 수도 영을 쳐서 무안군으로 봉해졌으나 나중에 상국 범저의 시기를 받아 죽게 된다.

왕전은 진시황 때 장수이다. 그는 아들 왕분王賁과 함께 진시황이 천하를 통일하는 데 한몫했다. 사마천은 백기와 왕전이 모두 용병에 뛰어났으므로 이들의 사적을 이 한 편에 묶어 놓음으로써 진나라가 천하를 통일하는 과정을 분명하게 보여 주고 있다.

사마천은 이 편 끝에 『초사楚辭』 「복거卜居」의 "자(尺)에도 짧은 데가 있고, 치(寸)에도 긴 데가 있다."라는 말을 인용하면서 새로운 뜻으로 풀이한다. 백기와 왕전은 보통 사람을 뛰어넘는 재능을 갖추어 천하를 무찔렀지만 진나라를 위해 천하를 지킬 수는 없었고, 심지어 자기 몸조차 온전하게 지키지 못했다는 말이다. 백기는 패배하여 항복하는 조나라 군대를 땅속에 묻어 죽인 일로 자신도 비명횡사를 피하지 못했고, 왕전은 진시황에게 어진 행실을 하도록 간언하지 않아서 그 손자가 재앙을 받았다는 것이다. 더불어 백기의 공로가 커질수록 그에 따른 진나라 소왕의 시기도 더욱 심해지는 과정이 묘사되는 등 진나라 통치자들의 잔혹한 모습과 군주와 대신들 간의 긴장 관계도 드러나 있다.

敗長
平白
起坑
趙卒

장평을 함락한 후 조나라 사람들을 산 채로 묻어 죽이는 백기.

마음을 잘 바꾸는 자는 난을 일으킨다

　백기白起는 미郿 땅 사람으로 병사를 다루는 데 뛰어나 진나라 소왕을 섬겼다. 소왕 13년에 백기는 좌서장左庶長[1]이 되어 군대를 이끌고 한나라 신성新城을 공격했다. 이해에 양후가 진나라 재상이 되어 임비任鄙를 한중군漢中郡 태수로 기용했다. 그 이듬해에 백기는 좌경左更에 올라 한韓나라와 위魏나라를 이궐伊闕에서 공격하여 24만 명의 목을 베고, 적의 장수 공손희公孫喜를 사로잡았으며 다섯 성을 함락시켰다. 백기는 국위國尉[2]로 승진하여 하수를 건너 한韓나라 안읍에서 동쪽으로 건하乾河에 이르는 땅을 함락시켰다. 이듬해에 백기는 대량조大良造에 올랐고, 위魏나라를 쳐서 크고 작은 성 예순한 개를 차지했다. 그다음 해에 백기는 객경 사마조司馬錯와 함께 원성垣城을 쳐 손에 넣었다. 그로부터 5년 뒤에 백기는 조나라를 쳐서 광랑성光狼城을 점령했다. 7년 뒤에 백기는 초나라를 쳐서 언鄢과 등鄧의 다섯 성을 차지했다.[3] 그 이듬해에도 초나라를 쳐서 영을 점령하고 이릉夷陵을 불살랐으며, 마침내 동쪽으로 경릉竟

1　진한秦漢 시대 작위 이름이다. 그 무렵 작위에는 스무 단계가 있었는데 좌서장은 그중 열 번째에 해당한다. 열한 번째가 좌경이고, 열여섯 번째가 대량조이다.
2　진나라의 가장 높은 군사 전문가이다. 진시황은 여섯 나라를 통일한 뒤 이것을 태위太尉로 고쳤다.
3　「진 본기」와 「육국 연표」에 의하면 백기가 초나라의 언과 등을 칠 때는 진나라 소왕 28년, 즉 기원전 279년이므로 이 부분은 잘못이다.

陵에 이르렀다. 초나라 왕은 영을 버리고 동쪽에 위치한 진陳으로 수도를 옮겼다. 그러자 진나라는 영을 남군南郡으로 삼았다. 백기는 승진하여 무안군武安君이 되었다. 무안군은 초나라를 점령하고 무군巫郡, 검중군黔中郡을 평정했다.

소왕 34년에 백기는 위魏나라를 쳐서 화양華陽을 함락시키고, 〔적장〕망묘芒卯를 달아나게 하였으며, 삼진의 장군들을 사로잡고 적병 13만 명의 목을 베었다. 조나라 장군 가언賈偃과 싸워 그의 군사 2만 명을 하수에 빠뜨려 죽였다. 소왕 43년에 백기는 한韓나라 형성陘城을 쳐 다섯 성을 점령하고 5만 명의 목을 베었다. 〔소왕〕 44년에 백기는 남양南陽을 쳐서 태항산의 길을 끊었다.

〔소왕〕 45년, 한나라 야왕野王이라는 곳을 치니, 야왕이 진나라에 항복하므로 상당으로 가는 길이 끊겼다. 상당 태수 풍정馮亭은 백성과 이렇게 모의했다.

"〔한나라 수도〕 신정新鄭으로 가는 길이 이미 끊겼으니, 한나라는 이곳의 우리 백성을 보호할 수 없을 것이다. 진나라 군대가 쳐들어오고 있는데도 한나라는 상대조차 못하니 상당을 바쳐 조나라에 귀속되는 편이 낫다. 조나라가 만일 우리를 받아들이면 진나라는 화가 나서 반드시 조나라를 칠 것이다. 조나라가 진나라의 공격을 받으면 반드시 한나라와 가까워질 테고, 한나라와 조나라가 하나로 뭉치면 진나라에 대항할 수 있다."

풍정은 조나라에 사람을 보내 이 뜻을 알렸다. 조나라 효성왕孝成王은 평양군平陽君조표趙豹과 평원군平原君조승趙勝을 불러 이 일을 의논하였다. 평양군이 말했다.

"받아들이지 않는 편이 좋습니다. 받아들이면 이득보다 재앙이 클 것입니다."

그러나 평원군은 말했다.

"아무 조건 없이 군 하나를 얻는 일이니 받는 편이 좋습니다."

조나라 왕은 평원군의 말을 받아들여 풍정을 화양군華陽君에 봉했다.

[소왕] 46년에 진나라는 한나라의 구지緱氏와 인藺을 쳐서 점령했다. [소왕] 47년에 진나라는 좌서장 왕홀王齕에게 한나라를 치도록 하여 상당을 점령했다. 그러자 상당의 백성이 조나라로 달아났다. 조나라는 장평長平에 진을 치고 상당의 백성을 보호했다. 그해 4월에 [진나라는] 왕홀에게 조나라를 치도록 했다. 조나라는 염파廉頗를 장군으로 삼았다. 조나라 군대의 사졸이 진나라의 정찰병에게 싸움을 걸었는데, 오히려 진나라의 정찰병이 조나라 비장裨將 가茄를 죽였다. 6월에 진나라 군대가 조나라 군대를 꺾고 보루 두 개를 빼앗았으며, 도위都尉 네 명을 포로로 잡았다. 7월에 조나라 군대는 보루를 쌓아 지켰으나 진나라 군대가 다시 그 보루를 공격하여 도위 두 명을 사로잡고 그 진지를 깨뜨렸으며 서쪽 보루를 빼앗았다. 염파 장군은 보루를 더욱 튼튼하게 쌓고 진나라 군대에 대비했다. 진나라 군대가 여러 차례 싸움을 걸었지만 조나라 군대는 보루에서 나가 싸우지 않았다. 그러자 조나라 왕은 [염파에게 나가 싸우지 않는다며] 수차례 꾸짖었다. 한편 진나라 재상 응후는 조나라에 사람을 보내 많은 돈을 뿌려 가며 다음과 같이 이간질하는 말을 퍼뜨리게 했다.

"진나라가 두려워하는 것은 마복군馬服君조나라의 명장인 조사趙奢의 아들 조괄趙括이 장군이 되는 것뿐이다. 염파는 상대하기 쉽다. 그는 앞으로 진나라에 항복할 것이다."

조나라 왕은 이미 염파의 군대에 죽은 자나 달아나는 자가 많고 싸움에서 여러 번 졌는데도 보루를 튼튼히 할 뿐 대담하게 싸우지 않음을 불만스럽게 여기고 있었다. 그러던 중 진나라 첩자들이 퍼뜨린 말을 듣자 염파 대신 조괄을 장군으로 임명하여 진나라를 치게 했다. 진나라는 마복군의 아들이 장군이 되었다는 소식을 듣고 은밀히 무안군 백기를 상장군上將軍으로 삼고, 왕흘을 위비장尉裨將으로 삼고는 군중에 명령을 내렸다.

"감히 무안군이 장군이 되었다는 말을 입 밖에 내는 자가 있으면 목을 베겠다."

조괄은 보루에 이르자마자 군사를 내어 진나라 군대를 치게 했다. 그러자 진나라 군대는 싸움에서 지는 척하며 달아났다. 진나라 군대는 두 갈래로 복병을 두었다가 조나라 군대를 에워싸 습격할 계획이었다. 조나라 군대는 승세를 타고 뒤를 쫓아 진나라 보루까지 다가갔지만 보루를 워낙 튼튼하게 지키고 있어 들어갈 수가 없었다. 이때 진나라 복병 2만 5000명이 조나라 군대의 뒤를 끊고 5000기병이 조나라 군대와 보루 사이를 끊었다. 그래서 조나라 군대는 둘로 나뉘고 식량 보급로도 끊어지고 말았다. 진나라 군대는 가볍게 무장한 날랜 병사를 내어 조나라 군대를 쳤다. 조나라 군대는 상황이 불리해지자 보루를 쌓고 굳게 지키며 도와줄 군대가 오기만을 기다렸다. 진나라 왕은 조나라 군대의 식량 보급로가 끊어졌다는 소식을 듣고 직접 하내로 들어가서 백성에게 각각 작위 한 계급씩을 내리고, 열다섯 살 이상인 사람을 뽑아서 모두 장평으로 보내 조나라의 구원병과 식량이 들어오지 못하게 막도록 했다.

9월이 되자 조나라 군대는 식량을 보급받지 못한 지 46일이나 되었으므로 내부에서 서로 죽여 살을 먹는 지경에 이르렀다. 조나라 군대는 탈출하려고 네 부대를 만들어 진나라 보루를 네댓 번 공격했지만 포위망을 벗어날 수 없었다. 장군 조괄은 직접 정예군을 이끌고 맨 앞에 나가 싸웠으나 진나라 군사가 쏜 화살에 맞아 죽었다. 마침내 조괄의 군사가 패배하니 병졸 40만 명이 무안군에게 항복했다. 이때 무안군은 말했다.

"전에 진나라가 상당을 점령한 일이 있는데, 상당 백성은 진나라로 귀속되기를 싫어하여 조나라로 돌아갔다. 조나라 병사들은 마음을 잘 바꾸기 때문에 모두 죽여 버리지 않으면 뒤에 반란을 일으킬지도 모른다."

백기는 사람들을 속여 모조리 산 채로 땅속에 묻어 죽이고, 남은 어린아이 240명만을 조나라로 돌려보냈다. 머리가 베이거나 포로로 사로잡힌 자가 이때를 전후로 하여 45만 명이나 되었다. 조나라 사람들은 두려워 벌벌 떨었다.

하늘에 죄를 지으면 죽음만이 있을 뿐이다

〔소왕〕 48년 10월에 진나라는 다시 상당군을 평정했다. 진나라는 군대를 둘로 나누어 왕흘이 피뢰皮牢를 쳐서 점령하고, 사마경司馬梗이 태원太原을 평정했다. 한나라와 조나라는 두려운 나머지 소대에게 많은 예물을 가지고 가서 진나라 재상 응후의 마음을 달래게 했다.

"무안군께서 마복군의 아들을 잡았습니까?"

"그렇소."

"곧바로 한단을 포위할 것입니까?"

"그렇소."

"조나라가 멸망하면 진나라 왕은 천하의 제왕이 되고, 무안군은 삼공三公천자를 보좌하는 태사太師와 태부太傅와 태보太保의 자리에 오르겠지요. 무안군께서 진나라를 위하여 빼앗은 성만 해도 70여 개나 됩니다. 남쪽으로는 언과 영과 한중을 평정하고, 북쪽으로는 조괄의 군사를 잡아 죽였습니다. 주공周公 단旦, 소공召公 석奭, 태공망太公望여상呂尙의 공적도 이만은 못합니다. 이제 조나라가 망하고 진나라 왕이 제왕이 되면 무안군은 틀림없이 삼공의 자리에 오를 것입니다. 승상께서는 무안군의 밑에 있어도 참을 수 있습니까? 비록 그 밑에 있지 않으려 해도 어쩔 수 없는 일입니다. 진나라는 한때 한나라를 쳐서 형구邢丘를 에워싸고 상당을 괴롭혔지만 상당 백성은 모두 조나라로 귀속했습니다. 천하 백성이 진나라 백성이 되기를 달가워하지 않은 지가 이미 오래되었습니다. 이제 진나라가 조나라를 멸망시키면 그 북쪽 땅은 연나라로 들어가고, 동쪽 땅은 제나라로 들어가며, 남쪽 땅은 한나라와 위魏나라로 들어갈 것입니다. 그러나 승상이 얻게 되는 백성은 얼마 되지 않습니다. 차라리 한나라와 조나라에서 땅을 받고 화친을 맺어 무안군의 공로로 돌리지 않는 편이 낫다고 봅니다."

이에 응후가 진나라 왕에게 말했다

"진나라 군대는 지쳐 있습니다. 한나라와 조나라에서 땅을 받고 화친을 맺어 잠시 병사들을 쉬게 하십시오."

진나라 왕은 이 말을 받아들여 한나라의 원옹垣雍과 조나라의 성 여섯 개를 받는 조건으로 화친을 맺고 정월에 병사들을 모두 물렀다. 무안군은 이 일로 응후와 사이가 벌어졌다.

그해 9월에 진나라는 다시 병사를 내어 오대부五大夫 왕릉王陵에게 조나라의 한단을 치게 했다. 이때 무안군은 병이 들어 전쟁에 나갈 수 없었다.

〔소왕〕 49년 정월에 왕릉이 한단을 쳤지만 그다지 유리한 상황이 아니었다. 진나라는 더 많은 병사를 보내 왕릉을 도왔으나 오히려 장수 다섯을 잃었다. 무안군의 병이 나아 진나라 왕은 왕릉 대신 무안군을 장군으로 삼으려 했다. 그러자 무안군은 이렇게 말했다.

"한단은 쉽게 빼앗을 수 없습니다. 게다가 다른 제후국의 구원병이 곧 도우러 올 것입니다. 저 제후들은 진나라를 원망한 지 오래되었습니다. 진나라가 장평의 적군을 무찌르기는 했지만 진나라 군사도 절반 넘게 죽어 나라가 비어 있습니다. 그런데 멀리 산과 물을 건너 남의 나라 수도를 치려고 하니, 조나라 군대가 안에서 호응하고 제후들이 밖에서 친다면 진나라 군대는 반드시 무너질 것입니다. 〔한단을 쳐서는〕 안 됩니다."

〔무안군은〕 진나라 왕이 직접 명령해도 가지 않았다. 왕은 응후를 보내 이 일을 부탁하도록 했지만 무안군은 끝내 사양하고 가려 하지 않았다. 그는 병을 핑계로 집에 들어앉았다.

진나라 왕은 어쩔 수 없이 왕릉 대신 왕흘을 장군으로 삼아 8월과 9월에 한단을 에워쌌지만 함락시키지는 못했다. 그런데 초나라가 춘신군春申君과 위魏나라의 공자 신릉군信陵君에게 수십만 병력을 이끌고 진나라 군대를 치도록 했다. 진나라 군대는 많은 전사자와 도망자를 냈다. 그러자 무안군이 말했다.

"진나라 왕이 내 계책을 듣지 않은 결과 지금 어떻게 되었는가?"

진나라 왕은 이 말을 듣고 화가 나서 무안군을 억지로라도 출전시키려고 하였지만 무안군은 병이 위독하다며 듣지 않았다. 진나라 왕이 다시 응후를 시켜 간청하게 했으나 소용없었다. 이에 〔진나라 왕은 화가 치밀어〕 무안군을 관직에서 내치고 일개 병졸로 만들어 벽지인 음밀陰密로 옮겨 살게 했다. 그러나 무안군은 병이 들어 옮겨 가지 못했다. 석 달이 지나자 제후들의 군대가 일제히 공격하기 시작하여, 진나라 군대는 다급해져 여러 차례 물러나야 했다. 〔위급한 상황을 알리는〕 사자가 날마다 〔수도 함양에〕 잇달았다. 그러자 진나라 왕은 사람을 시켜 백기를 함양에 더 이상 머물지 못하게 했다. 무안군이 길을 나서 함양의 서문에서 10리 거리에 있는 두우杜郵에 이르렀을 무렵, 진나라 소왕은 응후와 다른 신하들과 상의한 끝에 다음과 같이 말했다.

"백기는 사는 곳을 옮겨 가면서 속으로는 복종하지 않고 뼈 있는 말을 했소."

진나라 왕은 곧 사자를 보내 무안군에게 칼을 내려 스스로 목숨을 끊도록 했다. 무안군은 칼을 받아 들고 자신의 목을 찌르려다가 이렇게 말했다.

"내가 하늘에 무슨 죄를 지었기에 이 지경에 이르렀는가?"

잠시 동안 그렇게 있다가 말을 이었다.

"나는 죽어 마땅하다. 장평 싸움에서 항복한 조나라 병사 수십만 명을 속여서 모두 산 채로 땅속에 묻었으니 이것만으로도 죽어 마땅하다."

그러고는 끝내 스스로 목숨을 끊으니 진나라 소왕 50년 11월의 일이다. 그는 죽었지만 죄를 지은 것은 아니므로 진나라 사람들은 그를 가엾게 여겨 마을이 모두 제사를 지내 주었다.

3대에 걸쳐 장군이 된 자는 싸움에서 진다

왕전王翦은 빈양頻陽 동향東鄕 사람이다. 젊어서부터 병법을 좋아하여 진나라 시황제를 섬겼다. 시황제 11년에 왕전은 장군이 되어 조나라 연여關與를 공격하여 무찌르고 성 아홉 개를 함락시켰다. 〔시황제〕18년에 왕전은 장군이 되어 1년 남짓 조나라를 공략하여 깨뜨리고 조나라 왕을 항복시키고, 조나라 땅을 모두 평정하여 진나라의 군으로 만들었다. 이 듬해에 연나라에서 형가荊軻[4]를 보내 진나라 왕을 찔러 죽이려고 했다. 진나라 왕은 왕전에게 연나라를 치게 했다. 연나라 왕 희喜는 요동으로 달아나고, 왕전은 연나라 수도 계薊를 평정하고 돌아왔다. 진나라는 왕전의 아들 왕분王賁에게 형荊초나라를 치게 하여 깨뜨리고, 다시 군사를 돌려 위魏나라를 치게 하여 결국 위나라 왕의 항복을 받고 위나라 땅을 평정했다.

진시황은 삼진을 멸하고, 연나라 왕을 달아나게 했으며, 형나라 군대를 자주 무찔렀다. 진나라 장군 이신李信은 나이가 젊고 용맹스러워 한때 군사 수천 명을 이끌고 연나라 태자 단을 뒤쫓아 가 연수衍水에서 단의 군사를 무찌르고 단을 사로잡은 적이 있었다. 시황제는 이신을 어질

---

4 형가는 연나라 태자 단丹의 명령을 받고 진시황을 죽이기 위해 진나라로 갔다. 형가는 태자와 헤어지면서 "바람 소리 소슬하고, 역수는 차갑구나! 장사가 한번 떠나면, 다시는 돌아오지 못하리."라는 노래를 불러 배웅 나온 사람이 모두 눈을 부릅떴고 머리카락은 관을 찌를 듯 치솟았다고 한다. 그러나 형가는 비수로 진시황을 찌르지도 못하고 죽었다. 보다 자세한 내용은 「자객 열전」에 나온다.

고 용감한 인물이라고 생각하여 이렇게 물었다.

"내가 형나라를 쳐서 빼앗으려고 하는데 장군 생각으로는 군사가 몇 명 정도 있으면 되겠소?"

이신이 대답했다.

"20만 명이면 충분합니다."

시황제가 왕전에게 묻자, 왕전은 이렇게 대답했다.

"60만 명은 되어야 합니다."

시황제가 말했다.

"왕 장군은 늙었구려. 무엇을 그리 겁내시오! 이 장군은 정말 기세가 용맹하다더니 그 말이 옳소."

드디어 이신과 몽염蒙恬에게 군사 20만 명을 이끌고 남쪽으로 형나라를 치게 했다. 왕전은 자기 의견이 받아들여지지 않자 병을 핑계 삼아 빈양에 숨어 살았다. 이신은 평여平與를 치고, 몽염은 침寢을 쳐 형나라 군사를 크게 무찔렀다. 이신은 또 언과 영을 쳐서 깨뜨리고 군대를 이끌고 서쪽으로 가서 성보에서 몽염과 만나려 했다. 그러나 형나라 군대가 사흘 밤낮을 쉬지 않고 뒤쫓아 와 이신의 군대를 크게 깨뜨리고 진영 두 곳에 침입하여 도위 일곱 명을 죽였다. 결국 진나라 군대는 (싸움에서 져) 달아나고 말았다.

시황제는 이 소식을 듣고 매우 화를 내며 몸소 말을 달려 빈양으로 가 왕전을 만나 사과하며 말했다.

"내가 장군의 계책을 쓰지 않아 결국 이신이 진나라 군대의 명예를 떨어뜨렸소. 들리는 말로는 지금 형나라 병사가 날마다 서쪽으로 쳐들어온다고 하니, 장군이 병들었다고는 하나 어찌 차마 나를 저버릴 수 있겠소?"

왕전이 사양하면서 말했다.

"노신老臣은 병들고 지쳐 정신마저 어둡습니다. 왕께서는 다른 어진 장군을 택하십시오."

시황제는 말했다.

"그만두시오. 장군은 다시는 그런 말을 하지 마시오."

왕전이 말했다.

"왕께서 어쩔 수 없이 신을 꼭 쓰셔야겠다면 군사 60만 명이 아니면 안 됩니다."

시황제가 대답했다.

"장군의 계책을 따르겠소."

결국 왕전은 병사 60만 명을 이끄는 장수가 되었다. 시황제는 몸소 파수灞水 가까지 나와 왕전을 전송했다. 왕전은 가는 도중에 훌륭한 논밭과 택지와 정원과 연못을 내려 달라고 거듭 요청했다. 그러자 시황제가 말했다.

"장군은 빨리 떠나시오. 어찌 가난 따위를 걱정하시오?"

왕전이 말했다.

"왕의 장군이 되어 공이 있어도 끝내 후侯로 봉해지지 못했습니다. 그래서 왕의 관심이 신에게 쏠려 있을 때를 빌려 신도 정원과 연못을 부탁드려 자손들의 재산을 만들어 두려는 것뿐입니다."

시황제는 크게 웃고 말았다.

그러나 왕전은 함곡관에 이른 뒤에도 다섯 번이나 사람을 보내 좋은 논밭을 청했다. 그러자 어떤 사람이 말했다.

"장군의 요청은 너무 지나칩니다."

왕전이 말했다.

"그렇지 않소. 진나라 왕은 포악하고 다른 사람을 믿지 않소. 그런데 지금 진나라 군사를 모두 나에게 맡겼소. 내가 자손을 위한 재산을 만들려고 많은 논밭과 정원과 연못을 요청함으로써 다른 뜻이 없음을 보여 스스로를 안전하게 하지 않는다면 진나라 왕은 가만히 앉아서 나를 의심할 것이오."

왕전은 이신을 대신하여 형나라를 공격했다. 형나라는 왕전이 병사를 늘려 쳐들어온다는 소식을 듣고 곧바로 나라 안의 병사를 총동원하여 진나라 군대에 대항했다. 왕전은 도착하자 보루를 굳게 하고서 지키기만 할 뿐 싸우려 하지 않았다. 형나라 군대가 자주 나와 싸움을 걸어도 끝내 나가지 않았다. 왕전은 매일 병사를 쉬게 하고 목욕을 시키고 잘 먹여 정성껏 보살피며, 자신도 사졸들과 함께 음식을 먹었다. 시일이 오래 지나자 왕전은 사람을 보내 진중을 둘러보게 하고 이렇게 물었다.

"무엇을 하고 놀던가?"

대답은 이러했다.

"돌 던지기와 멀리뛰기 시합을 합니다."

왕전이 말했다

"사졸은 이제 쓸 만하구나."

형나라 군대는 자주 싸움을 걸어도 진나라 군대가 나오지 않자 군사를 이끌고 동쪽으로 물러났다. 왕전은 바로 온 군사를 일으켜 뒤쫓고 장사들을 시켜 형나라 군대를 크게 깨뜨렸다. 기수蘄水 남쪽에 이르러 형나라 장군 항연項燕을 죽이자, 형나라 군대는 마침내 싸움에서 져 달아났다. 진나라 군대는 승기를 잡고 형나라 땅의 성과 읍을 공략하여 평정했다. 1년 남짓해서 형나라 왕 부추負芻를 사로잡고 끝내 형나라 땅을 평정하여 군현으로 만들었다. 또한 이곳을 발판으로 해서 남쪽으로 백월百越의 군주를 정복했다. 왕전의 아들 왕분은 이신과 더불어 연나라와 제나라 땅을 평정했다.

진시황 26년에 천하를 모두 평정했는데 왕씨와 몽씨의 공로가 컸으며, 이들의 명성은 후세까지 드날렸다.

진 이세황제 때 왕전과 그 아들 왕분은 이미 다 죽고 몽씨도 죽었다. 진승陳勝이 진나라에 반기를 들자, 진나라는 왕전의 손자 왕이王離에게 조나라를 치도록 했다. 왕이는 조나라 왕과 장이張耳를 거록성鉅鹿城에서 포위했다. 어떤 사람이 말했다.

"왕이는 진나라의 뛰어난 장수이다. 지금 강한 진나라 군대로 새로 일어난 조나라를 치면 반드시 성공할 것이다."

그의 객客이 말했다.

"그렇지 않소. 무릇 3대에 걸쳐 장군이 된 자는 반드시 싸움에서 지게 되오. 반드시 싸움에서 지는 것은 무엇 때문이겠소? 그 할아버지나 아버지가 사람을 죽이고 쳐부순 것이 많아서 그 후손이 상서롭지 못한 기운을 받았기 때문이오. 이제 왕이는 이미 3대째 장군이 되었소."

그 뒤 얼마 안 가서 항우項羽가 조나라를 도와 진나라 군대를 쳐 왕

---

5 항우의 이름은 적籍이고, 우는 그의 자이다. 그는 초나라 귀족 출신으로 진나라 말기에 농민을 주축으로 하는 군대의 우두머리가 되었다. 그는 진 이세 원년에 진승陳勝과 오광吳廣이 병사를 일으키자, 숙부 항량項梁을 따라 지금의 소주蘇州 지방에서 병사를 일으켰다. 항량이 싸우다

이를 사로잡았다. 왕이의 군대는 결국 제후에게 항복했다.

　태사공은 말한다.

　"속담에 '자[尺]에도 짧은 데가 있고, 치[寸]에도 긴 데가 있다.'라는 말이 있다. 백기는 적의 전력을 헤아려 날쌔게 대응하고 끊임없이 기이한 계책을 생각해 천하에 명성을 떨쳤지만, 응후와의 사이에서 생긴 근심은 없애지 못했다. 왕전은 진나라 장군이 되어 여섯 나라를 평정했다. 당시 왕전은 노련한 장수가 되어 시황제조차도 그를 스승으로 받들었다. 그러나 진나라를 보필해서 덕을 세워 천하의 근본[인의]를 베푸는 것을 튼튼하게 하지 못하고, 그럭저럭 시황제에게 아첨하여 편하게 있을 곳을 구하다가 늙어서 죽음에 이르렀다. 손자 왕이 때에 이르러 항우에게 사로잡힌 것도 마땅하지 않은가! 그들에게는 각기 단점이 있었기 때문이다."

죽자, 진나라 장수 장한章邯은 조나라를 에워쌌다. 초나라에서는 송의宋義를 상장군上將軍으로 임명하고, 항우를 부장으로 삼아 병사를 이끌고 조나라를 돕도록 했다. 송의가 안양安陽에 이르러 앞으로 나아가지 못하자 그는 송의를 죽이고 장수漳水를 건너 조나라를 구하고, 거록 싸움에서 진나라의 주력부대를 전멸시켰다. 진나라는 멸망하고, 그는 스스로 서초西楚 패왕으로 일어섰다. 그 후 천하의 패권을 두고 유방과 오랫동안 싸웠는데 결국 패하여 자살했다.

6 자는 약 30센티미터, 치는 약 3센티미터 길이에 해당한다. 이 말은 굴원屈原의 『초사』「복거」에 나오는데, 그가 참소를 당하여 점을 쳐 보니 이런 말이 나왔다. 이 말은 무슨 일을 처리할 때 장단점이 있음을 뜻하며, 백기와 왕전의 능력에 서로 장단점이 있음을 비유한 것이다.

14
맹자 순경 열전
孟子荀卿列傳

이 편은 제목과는 달리 잡가들에 관한 열전이라 해도 과언이 아니다. 사마천은 음양가와 황로黃老 사상의 학문이 사실상 근본이며 기강이라고 생각했기 때문에, 유가의 위대한 두 스승 맹자와 순자의 사적에 관해서는 짧게 다루고 음양오행가와 황로 사상에 대해서는 상세하게 다루었기 때문이다. 진나라가 멸망하고 한나라가 들어서 한 무제가 존유尊儒의 기치를 내건 지 100여 년이 지났으나 조정에서도 맹자를 언급조차 하지 않은 점을 사마천이 염두에 둔 듯하다. 그런 면에서 황로 사상의 면모가 엿보인다.

맹자는 공자 학설의 단순한 계승자라기보다는 유가 사상에 특정한 의미를 부여함으로써 유가 사상을 더욱 드러내고 발전시킨 인물로 평가된다. 순자는 전국 시대 말기 사람으로 맹자를 이어 유가 사상을 더욱 체계화시킨 대표 인물이지만 맹자의 사상과는 다른 각도에서 이해해야 한다. 순자가 내세운 학설은 기본적으로 '예'가 계층 간의 불화와 갈등을 조정할 수 있다는 믿음에서 출발한다.

묵자는 유학을 배웠지만 유가 학설이 귀족들의 예禮, 상喪, 악樂, 장葬을 옹호하여 백성을 상하게 한다고 보고 유가의 반대파에 서게 되었다. 묵자가 유가를 집중 공격한 것은 그가 유가의 한 이단적 지파를 대표함을 시사하지만, 그가 논리학에 가지는 관심은 명가名家를 생겨나게 하는 원인 가운데 하나가 되었다.

이 편에서 맹자와 순경의 이야기는 소략하고 이 밖에 추기騶忌와 추연騶衍과 추석騶奭, 제나라 직하稷下 학자인 순우곤淳于髡, 신도慎到, 전변田駢, 접자接子, 환연環淵, 그리고 공손룡公孫龍, 이괴李悝, 시자尸子, 장로長盧, 우자吁子 등의 사적도 다루고 있다.

사욕은 혼란의 시작이다

태사공은 말한다.

"나는 『맹자』라는 책을 읽다가 양梁위魏나라 혜왕이 맹자에게 '어떻게 하면 우리 나라를 이롭게 할 수 있습니까?'라고 묻는 구절에 이르러 일찍이 책 읽기를 멈추고 '아! 이익이란 진실로 혼란의 시작이로구나.'라고 탄식하지 않은 적이 없었다. 공자가 이익에 대해서 거의 말하지 않은 것은 언제나 그 혼란의 근본 원인을 막기 위함이었다. 그래서 공자는 '이익에 따라 행동하면 원한을 사는 일이 많다.'라고 했던 것이다. 천자부터 일반 백성에 이르기까지 이익을 좋아하는 데서 생긴 폐해가 어찌 다르겠는가!"

시대 흐름에 들어맞지 않는 주장은 쓰이지 못한다

맹가孟軻는 추騶나라 사람이다. 그는 자사子思의 제자에게서 학문을 배웠다. (맹가는) 학문의 이치를 깨우친 뒤 제나라 선왕宣王을 섬기려고 했지만, 선왕이 자신의 주장을 실행하지 않으므로 양나라로 갔다. 양나라 혜왕도 (맹가의 주장을) 입으로만 찬성하고 실제로는 받아들이지 않았는데, 그의 주장이 현실과 너무 동떨어져서 실제 상황에 들어맞지 않는다고 생각했기 때문이다.

이 무렵 진나라는 상군商君상앙을 등용하여 나라를 부유하게 하고 병력을 강화했으며, 초나라와 위魏나라는 오기吳起를 등용하여 싸움에서 이겨 적국을 약화시켰다. 제나라 위왕威王과 선왕宣王이 손자손빈와 전기田忌 같은 인물을 기용해서 세력을 넓혔으므로 제후들은 동쪽으로 제나라에 조공을 바쳤다. 천하는 바야흐로 합종과 연횡에 힘을 기울이고 남을 침략하고 정벌하는 것만을 현명하다고 여기는 때였다.

그런데 맹가는 요임금과 순임금과 〔하, 은, 주〕 삼대 성왕들의 덕치만을 부르짖으므로 가는 곳마다 받아들여지지 않았다. 〔맹가는〕 물러나 〔제자〕 만장萬章의 무리와 『시』, 『서』를 순서대로 정리하고 공자의 사상을 서술하여 『맹자』 일곱 편을 썼다. 그의 뒤를 이어 추자騶子의 무리가 나타났다.

추씨 성을 가진 세 학자

제나라에는 추자가 셋 있었다. 시대가 앞선 이는 추기騶忌이다. 그는 거문고를 타는 것으로 위왕을 만나 벼슬을 구했으며, 곧바로 나라의 정치에 참여하여 성후成侯에 봉해지고 재상의 인수를 받았다. 그는 맹자보다 앞 시대 사람이다.

그다음은 추연騶衍이라는 학자로서 맹자보다 후대 사람이다. 추연은 시간이 흐를수록 제후들이 사치스럽고 음란해져 덕을 숭상할 수 없으므로 〔『시』〕 「대아大雅」 편에서 말한 것처럼 자신에게 엄격하게 요구하여 일반 백성에게 펼칠 수 없음을 보았다. 그래서 음양陰陽의 소멸과 성장, 변화하는 이치와 기이한 변화를 깊이 관찰하여 「종시終始」와 「대성大聖」 편 등 10여만 자를 지었다.

그의 학설은 넓고 커서 〔유가의〕 이치에 맞지 않으니, 먼저 반드시 〔주변의〕 작은 사물을 살핀 뒤에 이것을 추론하고 확대시켜 무한한 곳까지 이르렀다. 〔시대를 살필 때도〕 먼저 현재부터 시작하여 〔태고의〕 황제黃帝까지 거슬러 올라가 학자들이 공통적으로 서술한 바를 펼치고, 대체로 세상의 흥함과 쇠함을 논하고 그 길흉의 조짐과 제도를 기재하고 나서 미루어 멀리 이르게 하였는데, 이로부터 하늘과 땅이 만들어지기 전의 멀고 혼돈스러워 그 근원을 알 수 없는 시대까지 이른다.

〔지리적인 면을 살필 때에는〕 먼저 중원의 이름난 산과 큰 강, 깊은 계곡의 새와 짐승, 물과 뭍에서 번식하는 것들, 각종 물건 중에서 진기한 것을 열거하고, 이로부터 유추하여 사람들이 볼 수 없는 나라 밖의 사물까지 논했다. 또한 하늘과 땅이 갈라져서 세상이 만들어진 이래 오덕五德목木, 화火, 토土, 금金, 수水[1]이 차례대로 움직여 각 시대에 알맞은 국가의 정치가 각각 이루어지며, 길하고 흉한 조짐이 이에 부합되고 상응하는

---

1 오행五行을 말한다. 오덕의 순환 순서에는 두 가지 설이 있는데 화, 수, 토, 목, 금의 순서로 왕조가 교체된다는 오행상승五行相勝과 목, 화, 토, 금, 수의 순서로 바뀐다는 오행상생五行相生이 그것이다. 고대 중국인들은 이 세상에 존재하는 모든 물질을 다섯 가지 요소의 구조체로 파악하였을 뿐만 아니라 인간의 정신적, 현실적, 이상적인 관념까지도 다섯 가지 구조로 귀납시키려고 했다. 추연은 '오덕종시설五德終始說'을 주장했는데, 이것은 오행상승 학설을 사용하여 각 왕조의 흥망성쇠를 설명한 것으로 모든 왕조는 오행 가운데 한 개의 덕德을 대표한다는 것이다. 예를 들면 토덕土德을 숭상한 황제黃帝는 목덕木德을 숭상한 하夏에 멸망했고, 금덕金德을 숭상한 은殷은 화덕火德을 숭상한 주周에게 멸망했다는 것이다.

것을 설명하였다.

그는 말했다.

"유자儒者들이 말하는 중국이란 천하의 81분의 1을 차지할 뿐이다. 그들은 중원을 적현신주赤縣神州라고 이름하였다. 적현신주 안에는 저절로 구주九州가 있었다. 우임금이 정리한 구주가 바로 그것이지만, 본래의 〔추연이 말한 아홉 개의〕 주로 셀 만한 것이 못 된다. 중국 말고도 적현신주와 같은 것이 아홉 개가 있는데, 이것이 구주이다. 거기에는 비해裨海라는 작은 바다가 있어서 구주 하나하나를 에워싸고 있다. 백성과 짐승들이 서로 통할 수 없는 하나의 독립된 구역을 이룬 것이 한 주이다. 이러한 주가 아홉 개 있고, 끝없이 넓은 바다가 그 밖을 에워싸고 있다. 이것이 하늘과 땅이 서로 만나는 끝이다."

추연의 학설은 다 이런 내용들이다. 그러나 그 결론을 요약하면 반드시 인의와 절약과 검소, 군주와 신하, 위와 아래, 육친六親 사이의 일로 귀착되는데 그 시작은 너무 크고 넘친다. 〔신분 높은〕 왕공대인王公大人들은 추연의 학설을 처음 들을 때는 몹시 놀라 감화되는 듯하나 그 뒤로 실행할 수는 없었다.

이리하여 추연은 제나라에서 중용되었다. 〔그가〕 양나라로 가자, 혜왕은 교외까지 나와 맞이하여 주인과 손님의 관계로 예우했다. 추연이 조나라로 갔을 때, 평원군은 옆에서 걸어가다가 〔그가 앉을〕 자리를 〔직접〕 털어 주기도 했다. 연나라로 갔을 때는 소왕이 비를 들고 길을 쓸면서 앞에서 길잡이가 되고, 제자들 자리에 끼여 앉아 가르침을 받을 수 있도록 해 달라고 부탁했다. 또한 소왕은 갈석궁碣石宮을 지어 몸소 찾아가 가르침을 받았다. 추연은 이곳에서 「주운主運」편을 지었다.

그가 제후들 사이에서 유세하며 존중을 받음이 이 정도였다. 어찌 중니공자가 진陳이나 채蔡에서 굶주려 얼굴빛이 창백해졌던 일이나 맹가가 제나라와 양나라에서 곤욕을 치른 것 같은 일이 있었겠는가? 그런 까닭에 주나라 무왕이 인의仁義를 내세워 〔포악한〕 은나라 주왕을 치고 왕위에 올랐지만 백이는 굶어 죽으면서도 주나라 곡식을 먹지 않았고, 위衛나라 영공靈公이 진을 치는 법을 물었을 때 공자가 대꾸하지 않았으며, 양나라 혜왕이 조나라를 칠 계획을 짤 때 맹가는 〔지난날 주나라〕 태왕太王고공단보이 〔만족蠻族의 침략을 받고 인명 피해를 줄이기 위하여〕 빈邠을 버리고 떠난 일을 칭찬한 것이다. 이러한 일들이 어찌 사회 기풍에 영합하여 구차스럽게 상대방의 비위를 맞추려는 생각이 있어서였겠는가? 네모난 각목을 둥근 구멍에 아무리 넣으려고 한들 들어갈 리가 있겠는가?

누군가 이런 말을 했다.

"이윤伊尹은 솥을 짊어지고 〔요리사가 되어〕 은나라 탕왕湯王에게 힘을 다해 제왕의 일을 이루게 하였고, 백리해百里奚도 수레 밑에서 소를 치다가 목공에게 등용되어 목공을 천하의 우두머리로 만들었다. 이 두 사람은 처음에는 상대방의 비위를 맞춘 뒤에 바른길로 가게 했다. 추연의 말은 일반적인 법칙을 벗어났지만, 그도 소를 친 백리해나 솥을 짊어진 이윤과 같은 의도를 가지고 있지 않았을까?"

추연과 제나라의 직하稷下[2] 선생들인 순우곤淳于髡, 신도愼到, 환연環

---

2 직하는 제나라의 성문이라는 뜻이다. 제나라 선왕이 이곳에 학문의 전당學堂을 세워 천하의 선비들을 불러 모았는데, 이들을 직하 선생 또는 직하 학사稷下學士라고 불렸으며 중국 고대 사상 논쟁의 출발점이 된다.

淵, 접자接子, 전변田駢, 추석騶奭 같은 무리들은 저마다 글을 써서 어지러운 나라를 다스리는 문제를 말함으로써 당시 군주에게 등용되기를 원했다. 이것을 어떻게 이루 다 말할 수 있겠는가?

양나라 혜왕이 순우곤을 만나 한마디도 듣지 못한 까닭

순우곤은 제나라 사람으로 견문이 넓고 기억력이 뛰어나며 어느 한 학설에 국한하여 배우지 않았다. 그는 군주에게 충고하고 설득하는 면에서는 안영의 사람됨을 흠모하면서도 군주의 뜻에 따르고 그 얼굴빛을 살피기에 급급했다. 어떤 식객이 순우곤을 양나라 혜왕과 만나게 해 준 일이 있었다. 혜왕은 주위의 측근들을 물리치고 혼자 앉아서 두 번이나 순우곤을 만나 보았으나 (순우곤은) 끝내 아무 말도 하지 않았다. 혜왕은 이를 괴상하게 여겨 그를 소개한 식객을 꾸짖었다.

"그대는 순우 선생이 관중이나 안영도 따를 수 없는 인물이라고 칭찬했소. 그런데 과인은 그를 만나 말 한마디 얻어 듣지 못했소. 과인이 그와 말할 만한 가치가 없다는 말이오? 무슨 까닭이오?"

식객이 순우곤에게 이 말을 하자 순우곤은 이렇게 대답했다.

"그렇소. 내가 전에 왕을 만났을 때 왕은 말을 쫓아가는 데 정신이 팔려 있었고, 그다음에 만났을 때는 왕이 음악에 정신이 쏠려 있었소. 그래서 나는 말없이 있었소."

식객이 이 말을 왕에게 보고하니 왕은 크게 놀라면서 말했다.

"아! 순우 선생은 정녕 성인이오. 전에 순우 선생이 나를 찾아왔을 때 어떤 사람이 좋은 말을 바쳤는데, 내가 그것을 타 보기 전에 마침 선생께서 오셨소. 선생이 두 번째 왔을 때는 어떤 사람이 노래를 잘하는 사람을 바쳤는데, 사람을 물리치기는 했지만 그쪽으로 정신이 쏠려 있었소. 그것은 사실이오."

그 뒤 순우곤이 혜왕을 만나 한 번 입을 열자 사흘 밤낮을 이어서 말했는데도 혜왕은 피곤한 줄을 몰랐다. 혜왕은 그에게 공경이나 재상 자리를 주어 예우하려고 했지만, 순우곤은 사양하고 물러갔다. 그래서 혜왕은 편안한 의자가 있는 사두마차와 비단 다섯 필, 벽옥, 황금 100일을 주었다. 그는 평생 동안 벼슬하지 않았다.

신도는 조나라 사람이며, 전변과 접자는 제나라 사람이고, 환연은 초나라 사람이다. 이들 모두가 황제黃帝와 노자의 도덕에 관한 학술을 배워 나름대로의 견해에 따라 체계화했다. 이렇게 해서 신도는 글 열두 편을 썼고, 환연은 상편과 하편을 지었으며, 전변과 접자도 논한 바가 있다.

추석은 제나라 추자 일파로서 그도 추연의 학설을 많이 받아들여 글을 썼다.

따라서 제나라 왕은 그들의 학설에 흡족하여 순우곤 이하 모든 학자에게 열대부列大夫라는 작위를 주고, 번화한 길가에 높은 문이 달린 커다란 집을 지어 주어 살게 하면서 존경하고 총애했다. 제나라 왕은 천하의 제후들과 빈객들에게 제나라에서 천하의 현명한 선비들을 불러왔다고 말했다.

순경과 그의 제자 이사

순경荀卿은 조나라 사람인데 쉰 살이 되어서야 비로소 제나라에 건너 와 학문을 닦았다. 추연의 학설은 광대하며 변론에 뛰어났고, 추석의 문 장은 매우 완벽하지만 실행하기 어려웠으며, 순우곤과는 오랫동안 같이 지내면 때때로 좋은 말을 들을 수 있었다. 그래서 제나라 사람들은 이 세 사람을 칭송해서 "하늘을 말하는 추연, 용을 아로새기는 추석, 곡과 穀科를 지지는 순우곤!"[3]이라고 노래했다.

전변의 무리는 모두 세상을 떠났으므로 제나라 양왕 때에는 순경이 가장 나이 많은 스승이었다. 제나라에서는 열대부 자리가 모자라면 그 때마다 채워 넣었는데 순경은 세 차례나 좨주祭酒[4]가 되었다. 제나라 사 람 중에서 어떤 이가 순경을 참소하자 그는 초나라로 떠났다. 초나라의 춘신군은 그를 난릉蘭陵의 현령으로 임명했다. 춘신군이 죽자 순경도 관 직에서 쫓겨났지만 이 일로 집안 대대로 난릉에서 살았다.

이사李斯는 일찍이 순경의 제자였는데 훗날 진秦나라 재상이 되었다. 순경의 시대에는 세상의 정치가 혼탁했으며 멸망하는 나라와 난폭한 군 주가 잇달아 나오고, 성인의 기본적인 도리를 닦아 몸으로 실천하려 하

---

3 곡과는 수레의 기름을 담는 그릇으로 이것을 지지면 기름이 끊임없이 나온다. 순우곤의 지혜 는 곡과를 지지면 나오는 기름처럼 끝이 없다는 뜻이다.
4 제나라 왕은 직하 선생들을 존경하여 열대부라는 작위를 주었는데 그들의 우두머리를 '좨주' 라고 했다.

지도 않았다. 그는 무속에 빠져 길흉화복의 징조를 믿고 못난 유학자들이 하찮은 일에 얽매이며 장주莊周 같은 이들이 우스갯소리 주장으로 풍속을 어지럽히는 것을 미워했다. 그래서 순경은 유가, 묵가, 도가의 학설이 펼쳐진 결과 이룬 것과 실패한 것을 살펴 차례로 정리해서 수만 자의 책을 남기고 죽었다. 이런 인연으로 그는 난릉에 묻혔다.

조나라에서는 공손룡公孫龍이라는 자가 나타나 견백동이堅白同異의 변辯을 주장하였으며,[5] 또 (법가인) 극자劇子의 견해가 있었다. 위魏나라에는 이괴李悝[6]가 있었는데 땅의 힘을 다 이용하도록 가르쳤다. 초나라에

---

5 공손룡은 장자와 같은 시대 사람으로, 당시 사상가들과 마찬가지로 봉건 제후들에게 조언을 하고 제자들에게 논리학적 훈련을 시키는 일을 하였는데 어떠한 삶을 살았는지는 상세한 기록을 볼 수 없다. 다만 그가 조나라 평원군平原君의 문객으로서 '무장 폐지偃兵'론을 주장하였으며, 현재 전해 오는 그의 저작으로는 『공손룡자公孫龍子』한 권이 있다는 것만을 알 수 있다. 공손룡의 대표적인 학설은 견백론堅白論과 백마비마설白馬非馬說이다. 견백론이란 견堅과 백白이 분리될 수 있다는 것으로 『공손룡자』 「견백」 편에 나온다. "'견堅, 백白, 석石은 셋이라고 할 수 있을까?' '할 수 없다.' '둘이라고 할 수 있을까?' '할 수 있다.' '왜 그런가?' '굳은 것을 얻지 못하고 흰색만을 얻고서 흰색과 돌을 함께 들어서 말하면 둘이 된다. 흰색을 얻지 못하고 굳은 것만을 얻고서 굳은 것과 돌을 함께 들어서 말하면 곧 둘이 될 것이다. …… 보아서 굳은 것은 얻을 수 없으나 흰 것은 얻을 수 있으니 굳은 것이 없는 셈이다. 어루만져서 그 흰 것은 얻을 수 없으나 그 굳은 것은 얻을 수 있으니 그 굳음은 얻고 흰 것은 없는 것이다.'" 그리고 백마비마설이란 "말이란 것은 형체를 명명하려는 것이며, 백白이란 것은 색채를 명명하는 것이다. 색채를 명명하는 것은 형체를 명명하는 것이 아니다. 그러므로 백마는 말이 아니다."라는 것이다. 즉 '희다'라는 형용어로 인해 '흰 말'은 더 이상 '말'이라는 일반 개념과는 일치하지 않는다는 것이다. 이처럼 공손룡은 구체적인 개념들이란 서로 범주가 다르기 때문에 하나로 통합될 수 없다는 논리를 내세웠다.

6 전국 시대 위魏나라 초기 정치가이다. 그는 기원전 406년에 위나라 문후의 재상이 되어 변법과 개혁을 주도했다. 농민들의 토지를 분배했으며, 곡물을 수매하여 농업 생산을 발전시켰다. 정치적인 측면에서는 노동을 한 자만이 먹을 수 있고, 공로가 있는 자만이 봉록을 받으며, 어진 사람만이 상을 받고, 형벌을 시행함에는 타당성이 있어야 한다는 입장을 견지하고 시행하여 세습 귀족의 특권을 폐지시켰다.

는 시자尸子[7]와 장로長盧[8]의 책이 있었고, 아阿에는 우자吁子[9]라는 이의 책도 있었다.

맹자에서 우자에 이르기까지 세상에는 그런 사람들의 책이 많이 있어 그들의 전기에 대해서는 논하지 않았다.

그리고 묵적墨翟은 송나라의 대부로 전쟁에 대비하고 성을 지키는 기술에 뛰어났고, 비용을 절약해야 한다고 주장했다. 어떤 이는 그가 공자와 같은 시대 사람이라고도 하고 나중 사람이라고도 한다.

---

7 진秦나라 사람으로 시교尸僑로서 일찍이 상앙의 변법을 도왔다가 상앙이 죽자 촉으로 달아났다.
8 초나라 사람으로 글 아홉 편이 있으나 이미 일실되어 전하지 않는다.
9 이름은 영嬰이며 제나라 사람으로 글 열아홉 편이 있다고 하나 전하지 않는다.

15

맹상군 열전
孟嘗君列傳

제나라 맹상군 전문田文, 조나라 평원군平原君 조승趙勝, 위나라 신릉군信陵君 무기無忌, 초나라 춘신군春信君 황헐黃歇은 선비를 양성하기로 이름이 널리 알려졌는데, 각기 식객 3000여 명을 거느려 흔히 '전국 사공자戰國四公子'라고 부른다. 사마천은 사공자 각자의 전을 만들어 전국 시대에 각국에서 다양한 개성을 지닌 인재를 초빙하던 모습과 정치적 싸움이 벌어진 면모를 날카로운 시각에서 평가하고 있다.

맹상군은 제나라 종실 대신인 전영田嬰의 서자로 빈객과 선비들을 좋아했다. 그는 명성과 이익만을 좇았을 뿐이므로 인물 됨됨이는 볼 것이 없다. 맹상군이 풍환馮驩을 비롯해 개 짖는 소리와 닭 울음소리를 흉내 내던 무리를 빈객으로 불러들였을 때, 그들이 맹상군을 절체절명의 위기에서 구하리라고 생각한 사람은 아무도 없었다. 이런 점에서 맹상군의 인물 평가 능력을 엿볼 수 있다. 사마천이 맹상군을 냉소적으로 보는 면이 없지 않으나 맹상군이 선비를 우대하는 모습에 대해서만은 꽤 우호적이다. 이는 사마천이 하층 인물의 능력과 재능에 대해서도 좋은 인식을 하고 있다는 것을 보여 준다. 이 편의 문장에도 『전국책』의 맛이 많이 배어 있다.

그러나 『사기』에 기술된 전국 시대의 사건은 연대 착오도 적지 않은데 제나라와 위나라가 특히 심하며, 맹상군에 관한 내용도 예외가 아니다.

孟嘗君
偸過
函谷
關

식객의 도움으로 함곡관을 빠져나오는 맹상군.

사람의 운명은 어디로부터 받는가?

맹상군孟嘗君은 이름이 문文이고 성은 전田이다.

문의 아버지는 정곽군靖郭君 전영田嬰이다. 전영은 제나라 위왕威王의 첩에게서 태어난 아들로, 제나라 선왕宣王의 배다른 동생이다. 전영은 위왕 때부터 관직에 나아가 나랏일에 관여하였으며, 성후成侯 추기鄒忌, 전기田忌와 더불어 장수가 되어 한나라를 구하고 위魏나라를 친 적이 있었다. 성후 추기는 전기와 임금의 총애를 다투는 사이인데 성후가 전기를 매도하였다. 전기는 두려워서 제나라의 변방 고을을 습격했지만 이기지 못하자 도망쳤다. 때마침 위왕이 죽고 선왕이 왕위에 올랐다. 선왕은 성후가 전기를 모함한 것을 알고 다시 불러들여 장군으로 삼았다.

선왕 2년에 전기는 손빈, 전영과 함께 위魏나라를 마릉馬陵에서 쳐부수고 위나라 태자 신申을 사로잡았으며 위나라 장군 방연을 죽였다.

선왕 7년에 전영은 사자로서 한韓나라와 위魏나라에 가서 한나라와 위나라를 제나라에 복종하게 했다. 전영은 한나라 소후昭侯, 위나라 혜왕이 동아東阿 남쪽에서 제나라 선왕과 만나 맹약을 맺고 돌아가도록 했다. 그 이듬해에 다시 양梁나라 혜왕과 제나라 견甄에서 만났다. 이해에 양나라 혜왕이 죽었다.

선왕 9년에 전영은 제나라 재상이 되었다. 제나라 선왕이 위나라 양왕과 서주徐州에서 만나 서로 왕으로 부르기로 했다.[1] 초나라 위왕威王은 이 소식을 듣고 전영에게 화를 냈다. 그 이듬해에 초나라는 서주에서 제

나라 군대를 물리치고 사자를 보내 전영을 내쫓으려고 했다. 전영은 장
추張丑를 시켜 초나라 위왕을 설득하여 (선영을 내쫓으려던 생각을 거두
게 만들었으니) 위왕이 마침내 그만두었다. 전영이 제나라 재상 자리에
있은 지 11년이 되었을 때 선왕이 죽고 민왕湣王이 즉위했다. 민왕은 즉
위한 지 3년 만에 전영을 설薛에 봉했다.

본래 전영에게는 아들이 40여 명 있었다. 그중 천한 첩이 낳은 문文이
라는 아들이 있었는데, 그는 5월 5일에 태어났다.[2] 전영은 문의 어머니에
게 아이를 키우지 말라고 했지만 문의 어머니는 몰래 거두어 길렀다. 문
이 장성하자 그 어머니는 문의 형제들을 통해 전영에게 그의 아들인 문
을 만나게 했다. 그러자 전영이 문의 어머니에게 성내어 말했다.

"내 너에게 이 아이를 버리라고 했는데 감히 키운 것은 무엇 때문
이냐?"

문이 머리를 조아리며 (어머니) 대신 말했다.

"아버님께서 5월에 태어난 아들을 키우지 못하게 한 까닭이 무엇입
니까?"

전영이 대답했다.

"5월에 태어난 아들은 키가 지게문 높이만큼 자라면 부모에게 해롭다
고 하기 때문이다."

---

1 주나라 제도에 의하면 천자만이 왕王으로 일컬을 수 있고 제후국의 군주는 봉해진 작위에 따
라 공公, 후侯, 백伯 등으로 일컬었다. 여기서 제나라와 위나라는 서로 신분을 뛰어넘는 행위를
하는 데 의견을 같이했다는 말이다.
2 5월 5일에 태어난 아이가 남자면 그 아버지를 해롭게 하고, 여자면 그 어머니를 해롭게 한다는
속설이 있었다.

문이 〔또〕 물었다.

"사람이 태어날 때 그 운명을 하늘로부터 받습니까? 〔아니면〕 지게문으로부터 받습니까?"

전영이 대답하지 않자 문이 다시 말했다.

"사람의 운명을 하늘에서 받는다면 아버님께서는 무엇을 걱정하십니까? 그렇지 않고 운명을 지게문에서 받는다면 지게문을 계속 높이면 그만입니다. 어느 누가 그 지게문 높이를 따라 계속 클 수 있겠습니까?"

전영이 말했다.

"너는 그만하여라."

그 뒤 얼마 지나서 문은 한가한 틈을 타 아버지 전영에게 물었다.

"아들의 아들을 뭐라고 합니까?"

전영이 대답했다.

"손자라고 한다."

문이 물었다.

"손자의 손자는 무엇이라고 합니까?"

전영이 대답했다.

"현손이라고 한다."

또 문이 물었다.

"현손의 현손은 무엇이라고 합니까?"

전영이 대답했다.

"알 수 없다."

문이 말했다.

"아버님께서는 나랏일을 맡고 제나라 재상이 되어 지금까지 〔위왕, 선왕, 민왕) 세 왕을 섬겼습니다. 그동안 제나라 땅은 넓어지지 않았는데 아버님께서는 사사로이 전만금이나 되는 부를 쌓았으며, 그러고도 문하에는 어진 사람 한 명 볼 수 없습니다. 제가 듣건대 장수의 가문에는 반드시 장수가 있고, 재상의 가문에는 반드시 재상이 있다고 합니다. 지금 아버님의 후궁들은 아름다운 비단옷을 질질 끌고 다니지만 선비들은 짧은 베옷 하나 걸치지 못하고 있습니다. 아버님의 하인들과 첩들은 쌀밥과 고기를 실컷 먹고도 남아돌지만 선비들은 쌀겨나 술지게미조차 마다하지 않고 있습니다. 지금 아버님께서는 쌓아 둔 것이 남아돌지만 더욱 많이 쌓아 두고 모르는 어떤 이에게 남겨 주려고 하여 나라의 힘이 날로 쇠약해지는 것은 잊고 계십니다. 저는 이 점이 이상합니다."

이 말을 듣고 전영은 문을 높이 사 집안일을 돌보게 하고 빈객 접대하는 일을 맡겼다. 그러자 빈객이 날로 불어나고 (문의) 이름이 제후들에게 알려졌다. 제후들이 모두 사자를 시켜 설공薛公 전영에게 문을 후계자로 삼도록 청하자 전영이 이를 허락했다. 전영이 죽자 시호를 정곽군이라 했다. 문이 과연 아버지의 대를 이어 설 땅의 영주가 되니, 이 사람이 맹상군이다.

맹상군이 설 땅에 있으면서 제후들의 빈객을 불러 모으자, 죄를 짓고 도망친 자까지 모두 맹상군에게 모여들었다. 맹상군이 집의 재산을 기울여서 그들을 정성껏 대우하자 천하의 인물이 거의 다 모여들어 식객이 수천 명이나 되었다. (맹상군은) 신분이 귀하고 천함을 가리지 않고 한결같이 자신과 똑같이 대우해 주었다. 맹상군은 손님과 앉아 이야기할 때 늘 병풍 뒤에 시사侍史(기록하는 사람)를 두어 손님의 친척이 있는 곳을 묻고 그 내용을 적어 두도록 했다. 손님이 나가면 맹상군은 바로 심부름꾼을 보내 그의 친척을 찾아가 예를 갖추고 선물을 주곤 했다.

맹상군이 손님과 이야기를 나누며 밤참을 대접한 적이 있었다. 그런데 누군가 불빛을 가린 탓에 방 안이 어두웠다. 손님은 자신의 음식이 맹상군의 것과 다른 것을 감추려고 일부러 어둡게 한 줄 알고 기분이 상해서 식사를 하지 않고 돌아가려 했다. 맹상군이 일어서서 몸소 자신의 밥그릇을 들어 손님의 것과 비교해 보이자 손님은 부끄러워 스스로 목숨을 끊었다. 선비들이 이 일 때문에 맹상군에게 많이 모여들었다. 맹상군이 손님을 가리지 않고 누구에게나 잘 대우하므로 사람들은 저마다 맹상군이 자기하고만 친하다고 생각하였다.

닭 울음소리와 개 짖는 소리로 위기를 벗어나다

진나라 소왕이 맹상군이 현명하다는 소문을 듣고 먼저 자기 아우인 경양군을 제나라에 볼모로 보내어 맹상군을 만나고자 했다. 맹상군이 초대를 받아들여 진나라로 가려고 하는데, 빈객 중에서 그가 진나라로 가기를 바라는 사람은 아무도 없었다. 그들이 가지 말라고 간청했지만 맹상군은 듣지 않았다. 소대가 말했다.

"오늘 아침 저는 밖에서 이곳으로 오는 길에 나무 인형과 흙 인형이 서로 주고받는 말을 들었습니다. 나무 인형이 '하늘에서 비가 내리면 너는 허물어질 거야.'라고 말하자 흙 인형이 '나는 원래 흙에서 태어났으니 허물어지면 흙으로 돌아가면 그뿐이지만 하늘에서 비가 내리면 너는 어디까지 떠내려가야 할지 몰라.'라고 대답했습니다. 지금 진나라는 호랑이나 이리처럼 사나운 나라입니다. 그런데 당신이 굳이 가려고 하시니 돌아오지 못하는 일이라도 생기면 당신은 흙 인형의 비웃음을 받지 않겠습니까?"

맹상군은 [진나라로 가려던 생각을] 곧 그만두었다.

제나라 민왕 25년에 왕은 결국 맹상군을 다시 진나라로 들어가도록 했다. 진나라 소왕은 맹상군을 곧바로 진나라 재상으로 삼으려고 했다. 그러자 어떤 사람이 진나라 소왕에게 이렇게 말했다.

"맹상군은 훌륭한 인물로서 제나라의 일족입니다. 지금 그를 진나라 재상으로 삼으면 반드시 제나라의 이익을 먼저 생각하고 진나라의 이익을 뒤로 미룰 것입니다. 그러면 진나라는 위태로워집니다."

진나라 소왕은 맹상군을 재상으로 삼으려던 생각을 그만두고, 그를 가두고 계략을 짜내 죽이려고 했다. 이에 맹상군은 사람을 시켜 소왕이 아끼는 첩에게 가서 풀어 주기를 청하도록 했다. 소왕의 첩은 이렇게 말했다.

"저는 맹상군이 가지고 있는 여우 겨드랑이의 흰 털로 만든 가죽옷狐白裘을 갖고 싶습니다."

이때 맹상군은 여우 겨드랑이의 흰 털로 만든 가죽옷을 한 벌 가지고 있었는데, 그 값은 천금이나 되고 천하에 둘도 없는 것이었다. 그러나 이것은 진나라에 와서 소왕에게 이미 바쳤고 또 다른 옷은 없었다. 맹상군은 고민에 싸여 빈객들에게 널리 그 대책을 물었지만 시원하게 대답하는 이가 없었다. 그런데 맨 아랫자리에 앉아 있는 사람 중에 개 흉내를 내어 좀도둑질을 하던 자가 있었는데, 그가 이렇게 말했다.

"제가 여우 가죽옷을 구해 올 수 있습니다."

밤이 이슥해지자 그는 개 흉내를 내어 진나라 궁궐의 창고 속으로 들어가 전날 소왕에게 바쳤던 여우 가죽옷을 훔쳐 돌아왔다. 맹상군이 이것을 진나라 소왕의 첩에게 바치니, 소왕의 첩이 맹상군을 위해 소왕에게 말하자 소왕은 맹상군을 풀어 주었다.

맹상군은 풀려나자 바로 말을 몰아 달아났다. 국경 통행증을 위조하고 이름과 성을 바꾸어 국경을 빠져나오려고 했다. 한밤중이 되어서야 함곡관에 다다랐다. 진나라 소왕은 뒤늦게 맹상군을 풀어 준 것을 후회하고 그를 찾았으나 이미 달아난 뒤이므로 사람을 시켜 말을 달려 그를 뒤쫓게 했다.

한편 맹상군은 함곡관까지 왔지만 국경의 법으로는 첫닭이 울어야만 객들을 내보내게 되어 있었다. 맹상군은 뒤쫓아 오는 자들이 닥칠까 봐 어쩔 줄을 몰랐다. 빈객 가운데 맨 끝자리에 앉은 자가 닭 울음소리를 흉내 내자 〔근처의〕 닭들이 다 울었다. 그래서 통행증을 보이고 함곡관을 빠져나왔다. 시간이 조금 지나서 정말로 맹상군을 뒤쫓던 진나라 사람들이 국경에 이르렀으나 맹상군이 이미 빠져 나간 뒤이므로 되돌아갈 수밖에 없었다.

처음 맹상군이 좀도둑과 닭 울음소리를 잘 내는 사람을 빈객으로 삼았을 때, 다른 빈객들은 모두 같은 자리에 앉는 것을 부끄러워했다. 그런데 맹상군이 진나라에서 곤경에 처했을 때 결국 이 두 사람이 그를 구하였다. 그 뒤 빈객들은 너 나 할 것 없이 맹상군을 따르게 되었다.

맹상군이 조나라를 지나자 조나라 평원군은 맹상군을 빈객으로 대접했다. 조나라 사람들은 맹상군의 사람됨이 어질다는 소문을 듣고 있던 터라 몰려나와서 그를 보았는데, 모두 웃음을 터뜨리며 이렇게 말했다.

"지금까지 설공맹상군은 키가 훤칠하리라고 생각했는데 이제 보니 왜 소한 사내로구나."

맹상군이 이 말을 듣고 노여워하자 [그와 함께 길을 가던] 빈객들이 [수레에서] 뛰어내려 칼을 빼서 수백 명을 베어 죽이고, 마침내 현 하나를 없애 버린 뒤에 떠났다.

모든 일에는 보답이 따른다

제나라 민왕은 자신이 맹상군을 진나라로 보내 곤경에 빠뜨렸기 때문에 마음이 편치 않았다. 그래서 맹상군이 돌아오자 제나라 재상으로 삼고 모든 정치를 그에게 맡겼다.

맹상군은 진나라에 원한을 품었다. 그는 마침 제나라가 한나라와 위나라를 위해 초나라를 치게 된 것을 기회로 한나라, 위나라와 함께 진나라를 치기로 하고 서주西周에서 군사와 식량을 빌리려 했다. 소대가 서주를 위해 맹상군에게 다음과 같이 말했다.

"당신은 제나라의 힘을 이용하여 한나라와 위나라를 돕기 위해 초나라를 공격한 지 벌써 9년째나 됩니다. 그동안 완宛과 섭葉 북쪽 지역을 빼앗아 한나라와 위나라의 국력을 튼튼하게 만들었습니다. 그런데 지금 또 진나라를 쳐서 한나라와 위나라를 더욱더 이롭게 하려고 하십니다. 한나라와 위나라가 남쪽으로는 초나라에 대한 근심이 없어지고 서쪽으로는 진나라에 대한 근심이 없어지면 오히려 제나라가 위험에 처하게 될 것입니다. 한나라와 위나라는 틀림없이 제나라를 하찮게 보고 진나라를 두려워하게 될 것입니다. 제가 보기에 이렇게 되는 것은 당신에게 위험한 일입니다. 주나라나 진나라와 관계를 긴밀히 하고, 서주를 치지도 말고 또 군대나 식량을 빌리지도 마십시오. 당신이 함곡관까지 가더라도 진나라를 공격하지 말고, 저희 주나라를 시켜서 당신 마음을 진나라 소왕에게 다음과 같이 전하십시오. '설공 맹상군은 결코 진나라를 무너뜨려 한나라와 위나라를 강하게 만들지 않을 것입니다. 그가 진나라를 치려고 하는 것은 당신이 초나라 회왕을 설득해서 초나라 동쪽 땅을 제나라에 떼어 주게 하고, 또한 진나라가 초나라 회왕을 풀어 주어 제나라와 진나라가 화목하게 지내기를 원하기 때문입니다.' 이렇게 해서 당신이 저희 주나라로 하여금 진나라에 은혜를 베풀게 하면, 진나라는 초나라 동쪽 땅을 떼어 주게 한 대가로 자기 나라의 군대를 손상시키지 않고도 제나라의 공격을 면할 수 있으니 틀림없이 그렇게 하기를 바랄 것입니다. 한편 초나라 왕도 진나라의 억류에서 풀려나면 반드시 제나라에 고마워할 것입니다. 제나라가 초나라 동쪽 땅을 손에 넣으면 더욱더 막강해지고 당신 영지인 설 땅은 대대로 안전할 것입니다. 진나라가 그다지 약화되지 않은 채 한, 위, 조 세 나라의 서쪽에 있으면 이 세 나라는 틀림없이 제나라를 중시할 것입니다."

설공이 말했다.

"좋소."

그는 한나라와 위나라에게 진나라로 예물을 보내 축하하도록 하고, 한과 위와 조 세 나라가 진나라를 치는 일이 없도록 하였으며, 군사와 식량을 서주에서 빌리지 않기로 했다. 이 무렵 초나라 회왕은 진나라로 들어갔다가 붙들려 있었기 때문에 제나라에서는 회왕을 꼭 풀려나게 하려고 했다. 진나라에서는 초나라 회왕을 풀어 주지 않을 수 없었다.

맹상군의 결백을 위해 목숨을 바친 사람

맹상군이 제나라 재상일 때, 그의 사인舍人 위자魏子가 맹상군을 위해 봉읍의 조세를 거두었다. 위자는 한 해 동안 봉읍을 세 차례나 오고 갔지만 그해의 조세 수입을 한 번도 가져오지 않았다. 맹상군이 그 까닭을 묻자 위자는 이렇게 대답했다.

"어진 사람이 있어서 아무도 모르게 그에게 빌려 주었습니다. 이 때문에 수입을 가져오지 못했습니다."

맹상군은 화가 나서 위자를 그 자리에서 물러나게 했다.

그로부터 몇 년 뒤, 어떤 사람이 제나라 민왕에게 맹상군을 이렇게 헐뜯었다.

"맹상군이 반란을 일으키려고 합니다."

마침 전갑田甲이 민왕을 위협하자, 민왕은 속으로 맹상군을 의심하자 맹상군은 곧 도망쳤다. 그러나 전에 위자에게 조세를 빌린 어진 사람이 이 소문을 듣고 민왕에게 글을 올렸다. 맹상군은 반란을 꾀하지 않았고, 〔자신이〕 이 한 몸을 바쳐 맹세하였다.

그러고는 궁궐 문 앞에서 스스로 목을 찔러 죽음으로써 맹상군이 결백함을 밝히려 했다. 민왕이 깜짝 놀라 맹상군의 행적을 조사해 보니 정말로 맹상군은 반란을 꾀하지 않았음이 드러났다. 민왕이 다시 맹상군을 불렀지만 맹상군은 병을 핑계로 벼슬에서 물러나 설 땅에서 조용히 살고자 하였다. 민왕은 이를 허락했다.

그 뒤 진나라에서 망명해 온 장군 여례呂禮가 제나라 재상이 되어 소대를 곤경에 빠뜨리려고 했다. 소대는 맹상군에게 이렇게 말했다.

"[주나라 공자] 주최周最는 제나라에서 아주 두터운 신임을 받고 있습니다. 제나라 왕이 그를 쫓아내고 친불親弗의 말을 들어 여례를 재상으로 삼은 것은 진나라의 환심을 사기 위함입니다. 제나라와 진나라가 마음을 합치면 친불과 여례는 중용될 것입니다. 그들이 중용되면 제나라와 진나라는 반드시 당신을 하찮게 여길 것입니다. 당신은 서둘러 [제나라 군사를] 북쪽으로 이끌고 가서 조나라를 도와 진나라와 위나라가 화친하게 함으로써 주최를 불러들여 정성스레 대하고, 제나라의 신임을 되돌리도록 하여 천하 제후들이 제나라를 등지는 사태를 미리 막는 것이 좋습니다. 제나라가 진나라와 친교를 맺지 않으면 천하의 제후들은 제나라로 모여들고 친불은 틀림없이 달아날 것입니다. 이렇게 되면 제나라 왕은 당신 없이 누구와 함께 나랏일을 해 나가겠습니까?"

이리하여 맹상군이 그 계책에 따르자 여례는 맹상군을 미워하게 되었다. 맹상군은 두려움을 느끼고 진나라 재상 양후 위염에게 다음과 같은 편지를 보냈다.

저는 진나라가 여례의 힘을 빌려 제나라의 환심을 사려 한다고 들었습니다. 제나라는 천하에서 강한 나라입니다. [여례가 제나라의 환심을 산다면]

당신은 반드시 진나라에서 하찮은 존재로 여겨질 것입니다. 제나라와 진나라가 손을 잡고 삼진三晉에 맞선다면 여례는 제나라와 진나라의 재상을 겸하게 될 것이 틀림없습니다. 이는 당신이 제나라를 통해서 여례를 높은 자리에 쓰이게 만드는 것입니다. 만일 제나라가 진나라와 친교하여 천하의 공격을 피할 수 있다면 제나라는 당신을 기필코 원수로 여길 것입니다. 그러니 당신은 진나라 왕에게 제나라를 치도록 권하는 편이 낫습니다. 제나라가 지면 저는 진나라가 제나라에서 얻은 땅에 당신을 봉하도록 요청하겠습니다. 또 제나라가 지면 진秦나라는 진晉나라가 강해질까 봐 두려워 반드시 당신을 중용하여 진晉나라와 관계를 맺으려고 할 것입니다. 한편 진晉나라도 제나라와 싸워 지치면 진秦나라를 겁내어 진晉나라는 반드시 당신을 중용해서 진秦나라와 화친하려 할 것입니다. 이렇게 되면 당신은 제나라를 깨뜨려서 공을 세우고 진晉나라를 이용해서 중용되는 것입니다. 이것은 당신이 제나라를 깨뜨려 봉읍을 얻고 진秦나라와 진晉나라가 모두 당신을 중히 여기게 하는 계책입니다. 만일 제나라가 망하지 않고 여례가 다시 기용된다면 당신은 틀림없이 몹시 난처해질 것입니다.

이에 양후가 진나라 소왕에게 말하여 제나라를 치자 여례는 달아나 버렸다.

그 뒤 제나라 민왕이 송나라를 멸망시키고 더욱더 교만해져서 맹상군을 없애려고 하자 맹상군은 두려워서 곧 위魏나라로 갔다. 위나라 소왕은 그를 재상으로 삼았다. 그는 서쪽의 진나라, 조나라와 동맹을 맺고 연나라 군대와 함께 제나라를 쳐서 깨뜨렸다. 제나라 민왕은 달아나 거莒에 머물러 있다가 그곳에서 죽고, 제나라 양왕襄王이 즉위했다. 맹상군은 제후들 사이에서 중립을 지키며 어디에도 속하지 않았다. 제나라 양왕은 막 자리에 서게 되자 맹상군을 두려워하여 여러 제후와 화친하고 설공 맹상군과도 화해했다.

전문이 죽으니 시호를 맹상군이라 했다. 여러 아들이 자리를 다투고 있는 동안 제나라와 위나라가 함께 설 땅을 멸망시켰다. 맹상군은 후사가 없어져서 대가 끊겼다.

군주가 이익에 눈멀면 백성은 떠난다

일찍이 풍환馮驩은 맹상군이 빈객을 좋아한다는 말을 듣고 짚신을 신고 찾아왔다. 맹상군이 말했다.

"선생, 먼 길을 오느라 고생하셨소. 나에게 무엇을 가르쳐 주시겠소?"

풍환이 대답했다.

"당신이 선비를 좋아한다기에 가난한 이 몸을 당신에게 맡기고자 왔습니다."

맹상군은 풍환을 전사傳舍신분이 낮은 손님들을 위해 마련한 숙소에 머물게 한 지 열흘 뒤에 전사 책임자에게 물었다.

"저 손님은 무엇을 하고 있는가?"

〔전사 책임자가〕 대답했다.

"풍환 선생은 매우 가난하여 칼 한 자루를 가지고 있을 뿐입니다. 그 칼도 자루를 방울고랭이풀로 꼰 노끈을 감은 보잘것없는 것입니다. 그 칼을 손으로 두드리면서 '긴 칼아, 돌아가자. 식사에 생선 반찬이 없구나.'라고 노래를 부르고 있습니다."

맹상군은 그를 행사幸舍중간 계층의 빈객이 드는 숙소로 옮겨 주었다. 그곳에서는 식사에 생선이 나왔다. 닷새가 지나서 또 숙소 책임자에게 물으니 이렇게 대답했다.

"저 손님은 또 칼을 두드리며 '긴 칼아, 돌아가자. 나가려 해도 수레가 없구나.'라고 노래를 불렀습니다."

맹상군이 그를 대사代舍상등의 빈객이 드는 숙소로 옮겨 주었다. 그곳에서는 드나들 때 수레를 탈 수 있었다. 닷새가 지난 뒤 맹상군이 다시 숙소 책임자에게 물으니 이렇게 대답했다.

"선생은 여전히 칼을 두드리면서 '긴 칼아, 돌아가자. 집이 없구나.'라고 노래를 불렀습니다."

맹상군은 이 말을 듣고 언짢았다. 1년이 지나도록 풍환은 아무런 말도 하지 않았다.

맹상군은 그 무렵 제나라 재상으로 1만 호의 설읍을 봉지로 받았으나, 그 식객이 3000명이나 되어 봉읍의 조세 수입만으로는 식객들을 보살피기에 넉넉지 못했다. 그래서 사람을 시켜 설 땅 사람들에게 돈놀이를 했다. 그런데 1년이 지나도 수입이 없고, 돈을 빌려 간 자 대부분이 그 이자조차 내지 못했다. 맹상군은 머지않아 식객을 대접할 돈이 떨어질 형편이었다. 맹상군은 걱정 끝에 주위 사람들에게 물었다.

"누가 설 땅에 빌려 준 돈을 거둬들일 수 있겠소?"

숙소 책임자가 이렇게 말했다.

"대사에 머물고 있는 빈객 풍공은 용모도 훌륭하고 말도 잘합니다. 나이는 많지만 별다른 재능은 없으니 그를 보내 빚을 거둬들이도록 하면 좋을 듯싶습니다."

맹상군은 풍환을 불러 이 일을 부탁했다.

"빈객들은 내 어리석음을 모르고 다행히 나에게 몸을 맡긴 분이 3000명이나 됩니다. 봉읍의 조세 수입만으로는 도저히 빈객을 대접할 수 없어서 설 땅 사람들에게 이자를 얻으려고 돈을 빌려 주었습니다. 그런데 설 땅에서는 해마다 조세가 들어오지 않고 백성 대부분이 이자조차도 내지 못하고 있습니다. 이제 빈객들에게 식사마저 접대하지 못하게 될까 걱정입니다. 선생께서 돈을 받아 주십시오."

풍환이 대답했다.

"알겠습니다."

그는 떠난다는 인사를 하고 설 땅에 이르러 맹상군에게 돈을 빌린 자들을 불러 모아 이자를 10만 전錢이나 거두었다. 이 돈으로 많은 술을 빚고 살찐 소를 사들여서 돈을 빌려 간 자들을 불렀다. 이자를 낼 수 있는 자도 모두 오게 하고 이자를 낼 수 없는 자도 다 오게 했다. 모두 돈을 빌린 차용 증서를 가져오게 하여 이쪽 것과 맞추어 보고 함께 모일 날을 정했다.

약속한 날이 되자 소를 잡고 술자리를 열었다. 술자리가 한창 무르익자 가지고 온 차용 증서를 전처럼 맞추어 보고 나서 이자를 낼 수 있는 자에게는 원금과 이자를 갚을 날을 정하고, 가난해서 이자를 낼 수 없는 자에게는 그 증서를 받아서 불살라 버리고 이렇게 말했다.

"맹상군께서 [여러분에게] 돈을 빌려 준 까닭은 돈이 없는 백성도 본업에 힘쓰게 하기 위함이었습니다. 또 이자를 요구한 까닭은 빈객들을 접대할 돈이 없기 때문입니다. 지금 부유한 사람에게는 갚을 날을 정해 드리고, 가난한 사람에게는 차용 승서를 불태워 버리도록 했습니다. 여러분은 마음껏 마시고 드십시오. 이런 군주가 있는데 어찌 그 뜻을 저버릴 수 있겠습니까?"

그 자리에 앉아 있던 사람은 모두 일어나 두 번 절했다.

맹상군은 풍환이 차용 증서를 불살라 버렸다는 말을 듣고 화가 치밀어 사자를 보내 풍환을 불러들였다. 풍환이 들어오자 맹상군은 이렇게 말했다.

"나는 식객이 3000명이나 되기 때문에 설 땅 사람들에게 돈을 빌려 준 것이오. 나는 봉읍이 작아 세금 수입이 적은데 백성 대부분은 때가 되어도 그 이자를 내지 않고 있소. 그래서 식객의 식사에 소홀할까 봐 선생에게 그것을 책임지고 거둬들이도록 부탁했소. 그런데 선생은 돈을 받아서 곧바로 많은 소와 술을 마련하고 차용 증서를 불살라 버렸다고 들었소. 어찌 된 일이오?"

풍환이 대답했다.

"그렇게 했습니다. 술과 소를 많이 마련하지 않고는 돈 빌린 사람을 다 모이게 할 수 없고, 돈이 있는 자와 없는 자를 알 수 없었습니다. 여유 있는 자에게는 갚을 날짜를 정하게 하였습니다. (그러나) 가난한 자는 차용증서를 10년 동안 가지고 있어도 이자만 더욱 쌓여 갈 뿐이라 성급하게 독촉하면 바로 달아날 테니 영원히 받을 수 없게 됩니다. 만일 성급하게 재촉하여 돌려받지 못한다면 위로는 군주가 이익에 눈멀어 백성을 사랑하지 않는 꼴이 되고, 아래로는 백성이 빚을 갚지 않으려 군주를 떠난다는 말을 듣게 될 것입니다. 이렇게 하는 것은 백성을 격려하고 군주의 이름을 드러내는 일이 아닙니다. 쓸모없는 차용 증서를 불살라 받을 수 없는 빚을 없애 설 땅의 백성이 군주를 가까이하고 군주의 이름을 칭송하게 하려고 한 일입니다. 당신께서는 무엇을 의심하십니까?"

맹상군은 손을 부여잡고 고마워했다.

가난하고 지위가 낮으면 벗이 적어진다

제나라 왕은 진나라와 초나라의 비방에 현혹되어 맹상군의 명성이 군주보다 높아서 제나라 정권을 제 마음대로 휘두른다고 여기고 마침내 맹상군을 [벼슬에서] 물러나게 했다. 여러 빈객은 맹상군이 벼슬에서 물러나는 것을 보자 모두 떠나갔다. 풍환이 말했다.

"저에게 진나라로 타고 들어갈 만한 수레 한 대만 빌려 주십시오. [그렇게 해 주시면] 반드시 당신을 제나라에서 중용되게 하여 봉읍을 더욱 더 넓혀 드리겠습니다. 어떻습니까?"

맹상군은 즉시 수레와 예물을 갖추어 그를 진나라로 떠나보냈다. 풍환은 서쪽으로 가서 진나라 왕을 이렇게 설득했다.

"천하에 유세하는 선비로서 수레를 몰고 말을 달려 서쪽 진나라로 들어오는 사람치고 진나라를 강하게 하고 제나라를 약하게 만들려고 하지 않는 이가 없습니다. 또 수레를 몰고 말을 달려 동쪽 제나라로 들어가는 사람치고 제나라를 강하게 하고 진나라를 약하게 만들려고 하지 않는 이가 없습니다. 이 두 나라는 암수를 겨루는 나라이므로 형세가 양립하여 둘 다 수컷이 될 수는 없습니다. 수컷이 되는 나라가 천하를 얻게 될 것입니다."

진나라 왕은 무릎을 꿇어앉아 풍환에게 물었다.

"어떻게 하면 진나라가 암컷이 되지 않겠소?"

풍환이 물었다.

"왕께서는 제나라가 맹상군을 벼슬에서 내친 일을 아십니까?"

진나라 왕이 대답했다.

"소문은 들었소."

그러자 풍환은 다음과 같이 말했다.

"제나라를 천하에서 비중 있는 나라로 만든 이가 맹상군인데 지금 제나라 왕은 다른 사람이 헐뜯는 말을 듣고 그를 내쳤습니다. 맹상군은 마음속으로 원망하며 반드시 제나라를 배반할 것입니다. 그가 제나라를 등지고 진나라로 들어오기만 한다면 제나라의 속사정을 진나라에게 다 털어놓을 테니 제나라 땅을 얻을 수 있습니다. 그러면 어찌 수컷이 되는 정도뿐이겠습니까? 대왕께서는 서둘러 사자를 시켜 예물을 실어 보내 아무도 모르게 맹상군을 맞아들이십시오. 때를 놓치지 마십시오. 만일 제나라가 잘못을 깨닫고 다시 맹상군을 기용하면 암수는 진나라와 제나라 중 어느 쪽이 될지 예측할 수 없습니다."

진나라 왕은 매우 기뻐하면서 수레 열 대, 황금 100일을 보내서 맹상군을 맞이하게 했다.

(한편) 풍환은 (진나라 왕과) 헤어져 사자보다 한 발 앞서서 제나라에 이르러 제나라 왕을 설득하여 말했다.

"천하에 유세하는 선비로서 수레를 몰고 말을 달려 동쪽 제나라로 들어오는 사람치고 제나라를 강하게 하고 진나라를 약하게 하려고 하지 않는 이가 없습니다. 수레를 몰고 말을 달려 서쪽 진나라로 들어가는 사람치고 진나라를 강하게 하고 제나라를 약하게 하려고 하지 않는 이가 없습니다. 진나라와 제나라는 암수를 겨루는 나라로 진나라가 강해지면 제나라는 약해지게 마련입니다. 이러한 형세로는 두 나라가 모두 수컷이 될 수는 없습니다. 신이 가만히 들어 보니 진나라는 사자를 보내 수레 열 대에 황금 100일을 싣고 맹상군을 맞이하려 한다고 합니다. 맹상군이 서쪽으로 안 가면 그만이지만 서쪽 진나라로 들어가 재상이 되면 천하가 그에게 쏠려 진나라는 수컷이 되고 제나라는 암컷이 되고 말 것입니다. 암컷이 되면 〔수도〕 임치와 즉묵까지 위험해집니다. 대왕께서는 어째서 진나라 사자가 오기 전에 먼저 맹상군을 재상으로 복직시키고 봉읍을 넓혀 주어 사과하지 않습니까? 〔그렇게 하면〕 맹상군은 반드시 기뻐하며 받아들일 것입니다. 진나라가 제아무리 강한 나라일지라도 어찌 남의 나라 재상을 맞아 가겠다고 청하겠습니까? 〔이것이〕 진나라의 음모를 꺾어 그들이 강력한 힘을 지닌 우두머리가 되려는 책략을 끊어 버리는 길입니다."

제나라 왕이 말했다.

"알겠소."

그러고는 곧바로 사자를 국경으로 보내 진나라 사자의 동정을 살피게 했더니, 때마침 진나라 사자의 수레가 국경으로 들어오고 있었다. 〔제나라〕 사자는 급히 돌아와 이 사실을 왕에게 알렸다. 〔제나라〕 왕은 맹상군을 불러 다시 재상 자리에 앉히고 옛 봉읍의 땅을 주고도 1000호를 늘려 주었다. 진나라 사자는 맹상군이 다시 제나라 재상이 되었다는 소식을 듣고 수레를 돌려 돌아갔다.

〔지난날〕 세나라 왕이 〔다른 나라의〕 비방으로 맹상군을 벼슬에서 쫓아내자 모든 빈객이 맹상군을 떠났다. 나중에 〔제나라 왕이〕 맹상군을 불러 다시 재상 자리에 앉히자 풍환이 〔빈객들을〕 맞아들이려고 했다. 〔빈객들이〕 이르기 전에 맹상군은 크게 한숨을 토하며 탄식했다.

"나는 언제나 빈객을 좋아하여 그들을 대접하는 데 실수가 없도록 힘썼소. 식객이 3000여 명이나 있었음은 선생도 아는 바요. 그러나 식객들은 하루아침에 내가 재상 자리에서 물러나는 것을 보자 나를 버리고 떠나가 나를 돌봐 주는 사람이 없었소. 이제 선생의 힘으로 다시 재상 자리에 복귀할 수 있었지만 다른 식객들은 또 무슨 낯으로 나를 볼 수 있겠소. 만약 다시 나를 만나려고 하는 이가 있으면 반드시 그 얼굴에 침을 뱉어 크게 욕을 보이겠소."

풍환은 〔이 말을 듣자〕 말고삐를 매어 놓고 〔수레에서〕 내려와 절을 했다. 맹상군도 수레에서 내려와 마주 절하고 말했다.

"선생께서는 식객들 대신 사과하는 것이오?"

풍환이 대답했다.

"식객들 대신 사과하는 것이 아닙니다. 당신 말이 잘못되었기 때문입니다. 만물에는 반드시 그렇게 되는 결과가 있고, 일에는 당연히 바뀌지 않는 도리가 있습니다. 선생은 이런 원리를 아십니까?"

맹상군이 대답했다.

"어리석어 선생이 말하는 바를 잘 모르겠소."

〔풍환이〕 말했다.

"살아 있는 것이 반드시 죽게 되는 것은 만물의 필연적인 결과입니다.

부유하고 귀하면 사람들이 많이 모여들고, 가난하고 지위가 낮으면 벗이 적어지는 것은 일의 당연한 이치입니다. 당신은 혹시 아침 일찍 시장으로 가는 사람들을 본 적이 없습니까? 새벽에는 어깨를 맞대면서 앞다투어 문으로 들어가지만 날이 저물고 나서 시장을 지나는 사람들은 팔을 휘저으면서 〔시장은〕 돌아보지도 않습니다. 그들이 아침을 좋아하고 날이 저무는 것을 싫어해서가 아닙니다. 날이 저물면 마음속으로 생각했던 물건이 시장 안에 없기 때문입니다. 이제 당신이 지위를 잃자 빈객이 모두 떠나가 버렸다고 해서 선비들을 원망하여 일부러 빈객들이 오는 길을 끊을 필요는 없습니다. 당신은 예전과 마찬가지로 빈객들을 대우하십시오."

맹상군은 두 번 절하고 말했다.

"삼가 말씀대로 하겠소. 선생의 말씀을 들은 이상 그 가르침을 받들어 따르겠소."

태사공은 말한다.

"나는 일찍이 설 땅에 들른 적이 있는데, 그곳 풍속은 마을에 난폭하고 사나운 젊은이가 아주 많아 〔맹자의 고향인〕 추나라나 〔공자의 고향인〕 노나라의 풍속과는 사뭇 달랐다. 그 까닭을 물으니 '맹상군이 천하의 협객들과 간사한 자들을 불러들여 설 땅으로 들어온 자가 6만여 가家나 되기 때문이오.'라고 했다. 세상에 전해지기를 맹상군은 빈객을 좋아하여 스스로 즐겼다고 했는데, 그 명성이 헛된 것만은 아니구나!"

16

평원군 우경 열전
平原君虞卿列傳

이 편은 평원군과 우경 두 사람의 열전을 합쳐 놓은 것이다. 평원군 조승은 전국 시대의 사공자 중에서 비교적 평범한 인물이다. 사마천은 평원군이 다른 사람의 간언을 받아들이고 나라에 충성을 다하여 이웃 나라에 명망을 떨친 점에서 "평원군은 혼탁한 세상에서 새가 하늘 높이 날듯이 재능과 지혜가 있는 훌륭한 공자"라며 칭찬을 아끼지 않았다. 그렇지만 처음부터 지혜로운 사람은 아니었음을 묘사한 부분도 많다. 절름발이를 비웃은 애첩을 처음에는 두둔하다가 1년이 지나 빈객들이 점점 떠나간 뒤에야 그녀를 죽여 빈객들이 다시 모여들게 한 일이라든지, 모수毛遂를 무능한 인물로 평가했다가 그의 도움을 받아 문제를 해결한 것 등이 그러한 예이다.

여기서 눈여겨볼 곳은 모수라는 인물이 나오는 대목이다. 그가 평원군에게 자신을 천거하고 사신으로 나가 초나라 왕을 꾸짖는 용기나 국제 정세에 대한 식견과 말재주는 오히려 이 열전이 모수를 위해 평원군을 덧붙인 것 같다는 생각마저 들게 한다.

우경은 시대의 흐름을 타고 진나라를 섬기다 조나라를 섬기다 하는 지조 없는 일부 빈객과는 달리 끝까지 합종을 지키며 진나라에 대항하고 조나라에 충성을 다하였다. 사마천은 구차한 삶을 감추고 발분하여 글을 지었기 때문에 우경을 기록한 부분에서 동병상련의 마음을 나타내고 있다. 따라서 이 편은 지나치리만큼 찬미하는 내용으로 일관하고 있다.

애첩 때문에 선비가 떠난다

평원군平原君 조승趙勝은 조나라의 여러 공자 가운데 한 사람이다. 공자들 중에서 조승이 가장 어질고 빈객을 좋아하여 그 밑으로 모여든 빈객이 대략 수천 명에 달했다. 평원군은 조나라 혜문왕惠文王과 효성왕孝成王의 재상으로 있었는데, 세 차례 재상 자리를 떠났다가 세 차례 다시 재상 자리에 올랐다. 그는 동무성東武城에 봉해졌다.

평원군의 집 누각에서는 민가가 내려다보였다. 민가에는 절름발이가 살고 있었는데 절뚝거리며 물을 길으러 다녔다. 평원군의 애첩이 누각 위에 앉아 있다가〔그 광경을〕내려다보고 큰 소리로 웃었다. 그다음 날 절름발이가 평원군의 집 문 앞에 와서 말했다.

"저는 당신이 선비를 좋아한다고 들었습니다. 선비들이 1000리를 멀다 않고 찾아오는 것은 당신이 선비를 소중히 여기고 애첩을 하찮게 여긴다고 생각하기 때문입니다. 저는 불행히 다리를 절뚝거리고 등이 굽는 병이 있는데 당신 애첩이 저를 내려다보고 비웃었습니다. 원컨대 저를 비웃은 자의 목을 베어 주십시오."

평원군이 웃으며 대답했다.

"알았소."

절름발이가 돌아가자 평원군은 웃으면서 말했다.

"이 작자 좀 보게. 한 번 웃었다는 이유로 내 애첩을 죽이라고 하니 너무하지 않은가?"

평원군은 끝내 애첩을 죽이지 않았다. 그 뒤 1년 남짓한 사이에 빈객과 문하, 사인舍人들이 조금씩 떠나가더니 떠난 자가 절반이 넘었다. 평원군은 이를 이상히 여겨 말했다.

"나는 여러분을 예우하는 데 크게 실수한 적이 없거늘 떠나가는 자가 어째서 많은 것이오?"

문하의 한 사람이 앞으로 나와 대답했다.

"당신이 절름발이를 비웃은 자를 죽이지 않았기 때문입니다. 선비들은 당신이 여색을 좋아하고 선비를 하찮게 여기는 인물로 생각하여 떠나는 것입니다."

이에 평원군은 곧 절름발이를 비웃은 애첩의 목을 베고, 직접 문 앞까지 가서 절름발이에게 그 목을 내 주면서 사과했다. 그 뒤 문하에 다시 조금씩 [선비들이] 오기 시작했다.

이 무렵 제나라에는 맹상군, 위魏나라에는 신릉군信陵君, 초나라에는 춘신군春申君이 있어서 서로 다투어 선비를 정성껏 예우하였다.

주머니 속의 송곳

진나라가 [조나라의 수도] 한단을 포위하자, 조나라는 평원군을 보내 초나라에 도움을 청하고 합종하도록 하였다. 평원군은 식객과 문하 중에서 용기와 힘이 있고 문학적 소양과 무예를 두루 갖춘 사람 스무 명과 함께 가기로 약속했다. 평원군이 말했다.

"평화롭게 담판을 지어 승리를 얻을 수 있다면 좋은 일입니다. [그러나] 평화롭게 담판을 지어 승리를 얻을 수 없다면 초나라 궁전 밑에서 [희생의] 피를 마셔서라도 반드시 합종을 맺고 돌아오겠습니다. [같이 갈] 선비들은 다른 데서 구하지 않고 제 식객과 문하에서 뽑아도 충분합니다."

[평원군은] 열아홉 명을 뽑고 나머지 한 명은 뽑을 만한 사람이 없어서 스무 명을 채우지 못했다. 문하에 모수毛遂라는 이가 있었는데, 앞으로 나서서 스스로 자신을 추천하며 평원군에게 말했다.

"당신은 초나라와 합종 맹약을 맺기 위하여 식객과 문하 스무 명과 함께 가기로 약속하고, 사람을 밖에서 찾지는 않는다고 들었습니다. 지금 한 사람이 모자라니 저를 그 일행에 끼워 주십시오."

평원군이 말했다.

"선생은 내 문하에 있은 지 몇 해나 되었소?"

모수가 말했다.

"이미 3년 됐습니다."

평원군이 말했다.

"대체로 현명한 선비가 세상에 있는 것은 비유하자면 주머니 속에 있는 송곳 같아서 그 끝이 금세 드러나 보이는 법이오. 지금 선생은 내 문하에 3년이나 있었지만 내 주위 사람들은 선생을 칭찬한 적이 한 번도 없으며, 나도 선생에 대해 들은 적이 없소. 이것은 선생에게 이렇다 할 재능이 없다는 뜻이오. 선생은 같이 갈 수 없으니 남아 있으시오."

모수가 말했다.

"저는 오늘에야 당신의 주머니 속에 넣어 달라고 부탁드리는 것입니다. 만일 저를 좀더 일찍 주머니 속에 있게 하였더라면 그 끝만 드러나 보이는 게 아니라 송곳 자루까지 밖으로 나왔을 것입니다.”

평원군은 결국 모수와 함께 가기로 했다. 열아홉 명은 모수를 업신여겨 서로 눈짓하며 비웃었으나 (그러한 마음을) 밖으로 드러내지는 않았다.

모수는 초나라에 가는 동안 열아홉 명과 논쟁을 벌였는데 그들이 모두 탄복했다. 평원군이 초나라와 합종하기 위하여 그 이로운 점과 해로운 점을 이야기하는데, 해가 뜰 무렵부터 시작하여 중천에 이르도록 결정을 짓지 못했다. 열아홉 명이 모수에게 말했다.

“선생이 당堂 위로 올라가시오.”

모수는 칼자루를 잡고 계단을 올라 평원군에게 말했다.

“합종의 이로운 점과 해로운 점은 두 마디면 결정됩니다. 지금 해 뜰 무렵부터 이야기를 시작하여 한낮이 되도록 결정을 내리지 못하는 까닭이 무엇입니까?”

초나라 왕이 평원군에게 말했다.

“저 손님은 누구입니까?”

평원군이 대답했다.

“저 사람은 제 사인입니다.”

초나라 왕은 큰소리로 꾸짖으며 말했다.

“어찌하여 내려가지 않는가! 나는 그대 주인과 이야기하는 중인데 그대는 무엇을 하고 있는가!”

모수는 칼자루를 잡고 앞으로 다가가서 말했다.

“왕께서 저를 꾸짖는 것은 초나라 병사가 많다고 생각하기 때문입니다. 〔그러나〕 지금 열 걸음 안에서는 왕께서 초나라 병사가 많은 것을 믿을 수 없습니다. 왕의 목숨은 제 손에 달려 있습니다. 제 주인이 앞에 있는데 〔저를〕 꾸짖는 것은 무슨 까닭입니까? 또 은나라 탕왕은 땅 70리를 가지고 천하의 왕이 되었고, 주나라 문왕은 땅 100리를 가지고 제후를 신하로 삼았다고 들었습니다. 이것이 어찌 병사가 많았기 때문이겠습니까? 정녕 세력에 의지하여 그 위엄을 떨쳤기 때문입니다. 지금 초나라 땅은 사방 5000리이고 창을 가진 병사가 100만이나 됩니다. 이것은 천하의 우두머리가 될 수 있는 바탕입니다. 천하에 초나라의 강대함에 맞설 만한 나라는 없습니다. 그런데 〔진나라 장군〕 백기처럼 형편없는 자가 병사 수만 명을 이끌고 군대를 일으켜 초나라와 한 번 싸워 언과 영을 빼앗고, 두 번 싸워서 이릉夷陵초나라 선왕의 능묘을 불사르고, 세 번 싸워서 왕의 조상을 욕보였습니다. 이것은 〔초나라에게〕 100대가 지나도 잊을 수 없는 원통한 일이며, 조나라에도 수치스러운 일입니다. 그런데 왕께서는 이것을 부끄러워할 줄 모르고 계십니다. 합종은 초나라를 위한 일이지 조나라를 위한 일이 아닙니다. 제 주인이 앞에 있는데 〔저를〕 꾸짖는 것은 무엇 때문입니까?"

초나라 왕이 말했다.

"옳은 말이오. 참으로 선생의 말씀이 맞소. 삼가 사직을 받들어 합종하겠소."

모수가 물었다.

"합종이 결정된 것입니까?"

초나라 왕이 대답했다.

"결정됐소."

그러자 모수는 초나라 왕의 좌우 신하들에게 말했다.

"닭과 개와 말의 피를 가져오시오."[1]

모수는 구리 쟁반을 받쳐 들고 무릎을 꿇은 채 초나라 왕에게 올리면서 말했다.

"왕께서 먼저 피를 마셔 합종을 약속하셔야 합니다. 다음 차례는 제 주인이고, 그다음 차례는 접니다."

이렇게 하여 어전 위에서 합종 약속을 맺었다. 그러자 모수는 왼손으로는 구리 쟁반의 피를 들고 오른손으로는 열아홉 명을 불러 이렇게 말했다.

"그대들은 당 아래에서 서로 이 피를 마시시오. 그대들은 범속하고 무능하며 남의 힘으로 일을 이루는 자들에 불과합니다."

평원군은 합종을 결정짓고 조나라로 돌아와 말했다.

"나는 다시는 감히 선비를 고르지 않겠다. 내가 지금까지 선비를 고른 수는 많다면 1000명이 되겠고 적어도 100여 명은 될 것이다. 나는 스스로 천하의 선비를 잃은 적이 없다고 생각해 왔다. 그런데 이번 모 선생의 경우에는 실수하였다. 모 선생은 한 번 초나라에 가서 조나라를 구정九鼎이나 대려大呂[2]보다도 무겁게 만들었다. 모 선생의 세 치 혀는 군사

---

1 고대 사람들은 피를 입술에 묻히거나 마셔서 맹세를 했는데 제왕들은 소와 말의 피를 쓰고, 제후들은 돼지와 개의 피를 쓰며, 대부 이하는 닭의 피를 썼다. 여기서는 맹약을 맺는 자들의 신분에 걸맞은 가축의 피를 논하지 않고 서둘러 맹약할 것을 뜻하는 내용으로 보면 된다.

2 구정은 우임금이 만든 것으로 삼대三代 때 나라의 보물로 전해졌고, 대려는 주나라 왕실 종묘에 있던 큰 종을 말한다. 구정과 대려는 모두 고대에 나라의 권력을 상징하던 가장 귀중한 물건으로, 여기서는 모수가 비중이 큰 인물임을 비유한 것이다.

100만 명보다도 강했다. 나는 다시는 감히 선비를 고르지 않겠다."

그러고는 마침내 모수를 상객上客으로 삼았다.

나라가 망하면 포로가 될 수밖에 없다

평원군이 얼마 뒤에 조나라로 돌아오자 초나라는 춘신군에게 병사를 이끌고 가서 조나라를 도와주도록 했다. 위나라의 신릉군도 〔위나라 장수〕진비晉鄙의 군대를 속여 빼앗아 조나라를 도우러 갔다. 그러나 구원군이 다 이르기 전에 진나라가 재빨리 한단을 에워싸 한단은 항복을 눈앞에 둔 위급한 상황이었다. 평원군의 걱정은 이만저만이 아니었다. 한단의 전사傳舍〔고대 나그네들이 머물던 관청 소유의 여관〕를 관리하는 자의 아들 이동李同[3]이 평원군에게 말했다.

"당신은 조나라가 망할까 봐 걱정하고 있지 않습니까?"

평원군이 대답했다.

---

3 본명은 이담李談이다. 사마천은 아버지 사마담司馬談의 이름과 같은 것을 피휘하여 이동이라고 하였다. 피휘란 임금이나 존경하는 어른의 이름을 직접 부르지 않는 것으로 그들의 이름 대신 글자를 바꿔 쓰는 개자改字 또는 획수를 줄여 쓰는 결필缺筆, 글자를 빼고 그 자리를 비워 두는 공자空字 등의 방법으로 이루어졌다. 한漢나라 고조高祖의 이름이 방邦이므로 국國으로 고쳐 부르고, 한나라 문제文帝의 이름이 항恒이므로 상常으로 고쳐 불러 항산恒山을 상산常山이라 한 것이 그 예이다. 또 피휘하기 위해 성을 바꾼 경우도 있는데, 송 대의 문언박文彦博은 송나라 태조의 조부가 조경趙敬이므로 본래 성인 경敬을 문文으로 고쳤다.

"조나라가 망하면 나는 포로가 될 텐데 어찌 걱정이 안 되겠소?"

이동이 말했다.

"한단의 백성은 [땔감이 없어서] 죽은 사람의 뼈를 때고, [먹을 것이 없어서] 서로 자식을 바꾸어 먹고 있으니 위급하다고 할 수 있습니다. 그런데 당신의 후궁은 100여 명을 헤아리고, 노비들까지 무늬 있는 비단옷을 입으며 쌀밥과 고기가 남아돕니다. 백성은 갈베옷조차 제대로 입지 못하고 쌀겨나 술지게미조차 배불리 먹지 못합니다. 백성은 가난한 데다가 무기까지 바닥나서 나무를 깎아 창과 화살을 만듭니다. 그런데 당신의 기물과 종, 경磬 같은 악기는 그대로입니다. 진나라가 조나라를 무너뜨린다면 당신이 어떻게 이런 것들을 가질 수 있겠습니까? 조나라가 안전할 수만 있다면 어찌 당신이 이런 것이 없음을 걱정할 필요가 있겠습니까? 지금 당신이 부인과 아랫사람들을 사졸 사이에 편성해 일을 나누어 하게 하고 집 안에 가진 것을 다 풀어 사졸들을 먹이면, 위태롭고 고통스러운 시기에 맞닥뜨린 사졸들은 쉽게 고마움을 느낄 것입니다."

평원군은 이동의 말에 따라 죽음을 각오한 용맹스러운 병사 3000명을 얻었다. 이동이 드디어 3000명과 함께 진나라 군대를 향해 내달리니 진나라 군대는 30리를 물러났다. 때마침 초나라와 위나라의 구원병이 도착하여 진나라 군대는 물러가고 한단은 다시 보존되었다. 이동은 싸우다 죽었으므로 그 아버지를 이후李侯로 봉했다.

우경虞卿은 신릉군이 구원병을 이끌고 와 한단을 지킬 수 있었던 것은 평원군의 공이라며 평원군에게 식읍을 더 봉해 달라고 청하려고 했다. 공손룡은 이 소문을 듣고 밤중에 수레를 몰고 와서 평원군을 만나 말했다.

"제가 듣기로 우경은 신릉군이 한단을 보존할 수 있도록 한 공을 가지고 당신을 위해 식읍을 청하려고 한다는데 그런 일이 있습니까?"

평원군이 말했다.

"그렇소."

공손룡이 말했다.

"그것은 대단히 옳지 않은 일입니다. 왕이 당신을 조나라 재상으로 삼은 것은 당신만 한 지혜와 재능을 가진 이가 조나라에 없어서가 아닙니다. 동무성을 떼어 내어 그곳에 당신을 봉한 것도 당신만 공이 있고 다른 사람들은 공이 없기 때문이 아닙니다. 당신이 조나라 왕의 친척이기 때문입니다. 당신이 재상의 인수를 받으면서 능력이 없다며 사양하지 않고, 땅을 봉해 받고도 공이 없다며 사양하지 않은 것도 당신 스스로 친척이라고 생각했기 때문입니다. 그런데 지금 신릉군의 힘을 빌려 한단을 보존했다 하여 봉읍을 청하는 것은 전에는 친척으로서 성을 받고 이번에는 조나라 사람으로서 공로를 헤아리는 것입니다. 그러므로 이것은 심히 옳지 않습니다. 그리고 우경은 양다리를 걸치고 있는데, 일이 이루어지면 우권右券[4]을 쥐고서 보상을 요구할 테고, 일을 이루지 못하면 봉읍을 받도록 청했다는 헛된 이름으로 당신에게 생색낼 것입니다. 당신은 〔우경의 말을〕 절대로 듣지 마십시오."

평원군은 결국 우경의 말을 듣지 않았다.

---

4 우권은 채권자가 가지고 있던 오른쪽 절반을 가리킨다. 고대에는 계약할 때 계약서를 둘로 나누어 왼쪽은 채무자가 갖고 있었으며, 채권자는 오른쪽을 가지고 채무자에게 돈을 요구했다.

평원군은 조나라 효성왕 15년에 죽었다. 자손이 대를 이었으나 뒤에 결국 조나라와 함께 멸망했다.

평원군은 공손룡을 극진히 대우했다. 공손룡은 견백지변堅白之辯에 뛰어났다. 그러나 추연이 조나라를 지나다가 지극한 도가 어떤 것인가를 말하고 난 다음부터 (평원군은) 공손룡을 멀리했다.

강한 자는 공격을 잘하고 약한 자는 지키지 못한다

우경虞卿[5]은 유세하는 선비이다. 그는 짚신을 신고 어깨까지 걸치는 챙이 긴 삿갓을 쓰고 와서 조나라 효성왕에게 유세했다. (효성왕은 그를) 처음 만나 보고 황금 100일과 흰 옥 한 쌍을 내리고, 두 번째 만나서는 조나라 상경으로 삼았다. 그래서 우경이라 불렀다.

진나라와 조나라는 장평長平에서 힘을 겨루었는데, 조나라는 싸움에 이기지 못하고 도위都尉 한 명을 잃고 말았다. 조나라 왕은 장군 누창樓昌과 우경을 불러서 말했다.

"(우리) 군대는 싸워 이기지 못하고 도위마저 잃었소. 과인이 가벼운 차림의 (날랜) 군대를 데리고 진나라 진영으로 쳐들어가려고 하는데 어떻게 생각하시오?"

---

5 우虞는 성이다. 그 이름을 알 수 없기 때문에 그가 지닌 관직 명칭을 붙여 우경이라고 부르게 되었다.

누창이 대답했다.

"이롭지 않습니다. 비중 있는 사신을 보내 화친하는 것만 못합니다."

우경이 말했다.

"누창이 화친하자는 것은 그렇게 하지 않으면 우리 군대가 반드시 지리라고 생각하기 때문입니다. 그러나 화친하느냐 안 하느냐 하는 것은 진나라에 달려 있습니다. 왕께서는 진나라를 볼 때 조나라 군대를 깨뜨리려 한다고 보십니까? 그렇지 않다고 보십니까?"

왕이 말했다.

"진나라는 힘을 다해 반드시 조나라 군대를 깨뜨리려 할 것이오."

〔그러자〕 우경이 말했다.

"왕께서는 신의 의견을 들으시고 사신을 통해 초나라와 위나라에 귀중한 보물을 보내 우리 편으로 끌어들이십시오. 초나라와 위나라는 왕의 귀중한 보물을 얻기 위해서 반드시 우리 사신을 받아들일 것입니다. 조나라 사자가 초나라와 위나라로 들어가면 진나라는 반드시 천하의 제후들이 합종하려는 줄로 의심하고 틀림없이 두려워할 것입니다. 이렇게 되면 〔진나라와〕 화친할 수 있을 것입니다."

그러나 조나라 왕은 우경의 말을 받아들이지 않았다. 그는 평양군과 상의하여 화친하기로 하고, 정주鄭朱를 진나라에 〔사자로〕 들여보냈다. 조나라 왕은 우경을 불러 말했다.

"과인은 평양군에게 진나라와 화친하도록 하였고, 진나라는 이미 정주를 받아들였소. 그대는 이 일을 어떻게 생각하시오."

우경이 대답했다.

"왕께서는 화친할 수 없고 우리 군대는 반드시 깨질 것입니다. 〔지금〕

전쟁의 승리를 축하하는 천하 제후들의 사절이 진나라에 가 있습니다. 정주는 신분이 높은 분이므로 진나라로 들어가던 신나라 왕은 응후와 상의하여 (그가 온 것을) 반드시 천하에 알려 존중함을 표할 것입니다. (이렇게 되면) 초나라와 위나라는 조나라가 화친한다고 생각하여 틀림없이 왕을 돕지 않을 것입니다. 천하가 왕을 돕지 않을 줄을 진나라가 알면 화친은 이뤄질 수 없습니다."

응후는 정말로 정주를 정중히 대우하여 전쟁의 승리를 축하하러 온 천하의 사절들에게 보여 주기만 할 뿐 끝내 화친을 허락하지 않았다. (조나라 군대는) 장평에서 크게 패하고, 마침내 한단까지 포위당하여 천하의 웃음거리가 되었다.

진나라가 한단의 포위를 풀자, 조나라 왕은 (진나라에) 입조入朝하며 조석趙郝을 시켜 진나라에 현 여섯 개를 떼어 주고 화친을 맺도록 하려고 했다. 우경이 조나라 왕에게 말했다.

"(이번에) 진나라가 왕을 공격했다가 싸움에 지쳐서 돌아갔다고 생각하십니까? 아니면 오히려 진격할 힘이 남아 있지만 왕을 아껴 공격을 멈추었다고 생각하십니까?"

왕이 대답했다.

"진나라는 우리 나라를 치는 데 온 힘을 기울였소. (그들은) 틀림없이 지쳐서 돌아갔을 것이오."

우경이 말했다.

"진나라는 그들의 힘으로 얻을 수 없는 것을 공격하다가 지쳐서 돌아갔습니다. 그런데 지금 왕께서는 그들의 힘으로 얻을 수 없었던 현 여섯 개를 진나라로 보내려 하십니다. 이것은 진나라를 돕고 자신을 공격하는 일입니다. 내년에 진나라가 다시 왕을 공격해 온다면 왕께서는 구원받을 방법이 없을 것입니다."

왕이 우경의 말을 조석에게 전하자, 조석이 말했다.

"우경이 진나라의 힘이 어디까지 미칠 수 있는지 어찌 알겠습니까? 진정 진나라가 계속 진격할 힘이 없음이 확실하다면 탄환만큼 작은 땅도 줄 수 없습니다. 그러나 만일 내년에 다시 진나라가 왕을 친다면 왕께서는 나라 안의 땅을 떼어 주고 화친하지 않을 수 있겠습니까?"

〔조나라〕 왕이 말했다.

"그럼 그대 의견을 받아들여 현 여섯 개를 떼어 준다면, 그대는 기필코 내년에 진나라가 다시 우리 나라로 쳐들어오지 않게 할 수 있소?"

조석이 대답했다.

"그것은 신이 감히 책임질 수 없습니다. 옛날 삼진은 진나라와 사귀어 서로 가까웠습니다. 그러나 지금 진나라가 한나라, 위나라와는 친하게 지내면서 왕을 친 까닭은 왕께서 진나라를 섬기는 것이 반드시 한나라나 위나라만 못하기 때문입니다. 지금 신이 왕을 위하여 동맹국을 등져서 받게 된 공격을 풀고 관문을 열고 예물을 통하게 하여 한나라나 위나라와 똑같게 하였는데, 내년에 왕만이 진나라에게 공격을 받게 된다면 그것은 왕께서 진나라를 섬기는 것이 한나라나 위나라만 못하기 때문입니다. 이것은 신이 책임질 수 있는 일이 아닙니다."

왕이 이 말을 우경에게 전하자 우경은 이렇게 대답했다.

"조석의 말은 '화친하지 않으면 내년에 진나라가 다시 왕을 칠 테고, 그렇게 되면 왕은 다시 나라 안의 땅을 떼어 주고 화친하지 않을 수 없다.'라는 것입니다. 지금 화친한다 해도 조석은 진나라가 또다시 쳐들어오지 않으리라 반드시 장담할 수 없다고 보았습니다. 그렇다면 지금 진나라에 현 여섯 개를 떼어 준다 해도 무슨 이익이 있습니까? 내년에 진나라가 다시 쳐들어오면 또 진나라의 힘으로 얻을 수 없는 땅을 떼어 주고 화친하게 될 것입니다. 이것은 스스로 멸망하는 길입니다. (그러므로) 화친하지 않는 편이 낫습니다. 진나라가 제아무리 공격을 잘한다 해도 여섯 현을 빼앗아 갈 수는 없을 테고, 조나라가 잘 지킬 수 없을지라도 끝내 현 여섯 개를 다 잃지는 않을 것입니다. 진나라는 싸움에 지쳐서 돌아갔으니 병사들은 반드시 피곤할 것입니다. (그러므로) 현 여섯 개로 천하 제후들의 마음을 모아 지쳐 있는 진나라를 치면, 천하 제후에게 현 여섯 개를 주고 진나라에서 그 대가를 받게 되니 우리 나라는 오히려 유리합니다. 가만히 앉아 땅을 떼어 주어서 자신을 약하게 하고 진나라를 강하게 만드는 것과 비교하면 어느 편이 더 낫습니까?

지금 조석은 '진나라가 한나라, 위나라와 친하게 지내며 조나라를 공격하는 것은 반드시 왕께서 진나라를 섬기는 것이 한나라와 위나라만 못하기 때문이다.'라고 하였는데, 이는 왕에게 해마다 현 여섯 개를 떼어 주어 진나라를 섬기게 만들 것입니다. 그러면 앉아서 조나라 성을 다 잃게 됩니다. 내년에 진나라가 또 땅을 떼어 달라고 요구하면 왕께서는 주시겠습니까? 주시지 않는다면 지금까지 땅을 떼어 준 효과는 없어지고 진나라가 쳐들어오는 화만 부르게 될 것입니다. 만일 땅을 준다고 해도 결국에는 줄 땅이 없어질 것입니다.

옛말에 '강한 자는 공격을 잘하고 약한 자는 제대로 지키지 못한다.'라고 했습니다. 지금 앉아서 진나라의 요구를 들어주면 진나라 군사는 애쓰지 않고 땅을 얻게 될 것입니다. 이는 진나라를 강하게 하고 조나라를 약하게 만듭니다. 더욱더 강해지는 진나라가 더욱더 약해지는 조나라 땅을 떼어 받는 일이니 진나라의 요구는 그치지 않을 것입니다. 또 왕의 땅은 끝이 있지만 진나라의 요구는 이 때문에 끝이 없을 것입니다. 한정된 땅을 가지고 끝없는 요구에 응하면 그 기세로는 조나라의 멸망뿐입니다."

조나라 왕이 어쩌면 좋을지 계책을 정하지 못하고 있는데 누완樓緩이 진나라에서 돌아왔다. 조나라 왕은 누완과 이 일을 상의했다.

"진나라에 땅을 주는 게 낫소? 주지 않는 게 낫소?"

누완이 사양하여 말했다.

"이것은 신이 알 수 있는 일이 아닙니다."

왕이 말했다.

"그래도 그대 생각을 말해 보시오."

누완은 다음과 같이 대답했다.

"왕께서도 저 공보문백公甫文伯의 어머니 이야기를 들으셨습니까? 공보문백이 노나라에서 벼슬을 하다가 병들어 죽자, 그 죽음을 슬퍼하여 규방에서 스스로 목숨을 끊은 여자가 둘 있었습니다. 문백의 어머니는 그 소식을 듣고도 소리 내어 울지 않았습니다. 문백의 유모가 '아들이 죽었는데 소리 내어 울지 않는 사람이 어디 있습니까?'라고 하니, 어머니는 '공자는 어진 사람인데 노나라에서 쫓겨났을 때 내 아들은 쫓아가지 않았소. 그런데 지금 아들이 죽으니 그를 위하여 스스로 목숨을 끊은 여자가 둘이나 있소. 이와 같이 된 것은 그는 반드시 덕 있는 사람에게는 정을 주지 않고 부인들에게는 다정했기 때문이오. 〔그래서 소리 내어 울지 않는다오.〕'라고 했습니다. 이 말이 어머니의 입에서 나오면 어진 어머니라고 하겠지만 아내의 입에서 나오면 반드시 질투심이 많은 여자라는 말을 듣게 될 것입니다. 그러므로 그 말은 같지만 말하는 사람에 따라 듣는 사람의 마음도 바뀝니다. 지금 신은 진나라에서 돌아온 지 얼마 안 되었으니 '주지 마십시오.'라고 말씀드린다면 그것은 좋은 계책이 아니고 '주십시오.'라고 말씀드린다면 왕께서는 신이 진나라를 위한다고 여길 것입니다. 이것이 두려워서 감히 대답하지 못한 것입니다. [그렇지만] 신이 대왕을 위하여 계책을 말씀드린다면 주는 편이 낫습니다."

왕이 말했다.

"알았소."

우경은 이 말을 듣고 궁궐로 들어가 왕을 만나 말했다.

"누완의 말은 겉만 번드르르할 뿐입니다. 왕께서는 부디 진나라에 땅을 주지 마십시오."

누완이 이 말을 듣고 가서 왕을 만났다. 왕이 또 우경이 한 말을 누완에게 전하자, 누완이 대답했다.

"그렇지 않습니다. 우경은 하나만 알고 둘은 모릅니다. 대체로 진나라와 조나라가 적이 되어 싸우면 천하 제후가 모두 기뻐하는데 왜 그럴까요? 말하자면 '나 또한 강한 자에 기대어 약한 자를 누르겠다.'입니다. 지금 조나라 군대가 진나라 군대에게 시달리고 있으므로 승리를 축하하는 천하의 사절들은 틀림없이 다 진나라에 가 있을 것입니다. 그러므로 빨리 땅을 떼어 주고 화친을 맺어 제후들을 당황하게 만들고 진나라의 마음을 달래는 편이 낫습니다. 그러지 않으면 천하 제후들은 진나라의 노여움을 이용하여 조나라가 지친 틈을 타 참외를 쪼개듯 조나라를 나눠 먹으려 들 것입니다. 조나라는 바로 망할 텐데 어찌 진나라를 도모하겠습니까? 그래서 '우경은 하나만 알고 둘은 모른다'라고 한 것입니다. 원컨대 왕께서는 이것으로 결정하시고 더 이상 의논하지 마십시오.”

우경은 이 말을 듣고 가서 왕을 만나 말했다.

“실로 위험한 일입니다. 누완이 진秦나라를 위해서 세운 계책은 천하 제후들에게 더욱더 〔조나라를〕 의심하게 할 뿐인데, 어찌 진나라의 마음을 달랠 수 있겠습니까? 어찌 그러한 일이 천하에 조나라가 약함을 보이는 것이라고 하지 않겠습니까? 신이 진나라에 땅을 주지 말라고 한 것은 그저 주지 말라는 것이 아닙니다. 진나라가 여섯 현을 요구하니 왕께서는 차라리 여섯 현을 제나라에 뇌물로 주십시오. 제나라는 진나라에 깊은 원한을 가지고 있습니다. 제나라가 왕의 여섯 현을 얻는다면 〔조나라와〕 힘을 합쳐 서쪽으로 진나라를 칠 것입니다. 제나라는 사자의 말이 끝나기도 전에 왕의 제안을 따를 것입니다. 이렇게 되면 왕은 여섯 현을 제나라에 주고 그 대가를 진나라에서 받을 수 있습니다. 그러면 제나라와 조나라는 진나라에 대한 깊은 원한을 갚고, 조나라의 일 처리 능력이 뛰어남을 천하에 보일 수 있습니다. 왕께서 이러한 방침을 선언하면 〔제나라와 조나라의〕 군사가 〔진나라의〕 국경을 넘보기 전에 진나라의 많은 뇌물이 조나라에 이르고, 도리어 진나라에서 왕께 화친을 요청해 올 것입니다. 진나라가 화친을 요청해 오면 한나라와 위나라는 이 소식을 듣고 반드시 왕을 중히 여길 것입니다. 왕을 중히 여기면 틀림없이 귀중한 보물을 가지고 앞을 다투어 왕께 찾아올 것입니다. 그렇게 되면 왕께서는 한 번에 〔제, 한, 위〕 세 나라와 화친을 맺게 되니 진나라와 자리를 바꾸게 됩니다.”

조나라 왕이 말했다.

“좋소.”

조나라 왕은 우경을 동쪽으로 보내 제나라 왕을 만나 함께 진나라를 칠 일을 꾀하게 했다. 우경이 제나라에서 돌아오기도 전에 진나라 사자가 이미 조나라에 왔다. 누완은 이 소식을 듣고 도망치고 말았다. 조나라는 우경에게 성 한 개를 주어 봉했다.

그 뒤 얼마 안 되어 위나라가 〔조나라에게〕 합종을 청하였다. 조나라 효성왕孝成王은 우경을 불러 이 일을 상의하려고 했다. 〔우경은〕 궁궐로 가는 길에 평원군에게 들렀다. 평원군이 말했다.

"부디 그대는 위나라와 합종하는 것이 좋다고 왕께 말씀드려 주시오."

우경은 궁궐로 들어가 왕을 만났다. 왕이 말했다.

"위나라가 합종을 청해 왔소."

〔우경이〕 대답했다.

"위나라는 잘못하고 있습니다."

왕이 말했다.

"과인은 아직 허락하지 않았소."

〔우경이〕 대답했다.

"왕께서도 잘못하고 계십니다."

왕이 말했다.

"위나라가 합종을 요청했다 하니 그대는 위나라가 잘못이라 하고, 과인이 아직 이를 허락하지 않았다는데 또 과인이 잘못이라고 하니 그럼 결국 합종하면 안 된다는 말이오?"

〔우경이〕 대답했다.

"신이 듣기로 작은 나라와 큰 나라가 함께 일을 하면 이로운 것이 있을 때에는 큰 나라가 그 복을 받고, 일이 잘못되면 작은 나라가 그 화를 입게 된다고 합니다. 지금 위나라는 작은 나라인데 스스로 화를 부르고 있고, 왕은 큰 나라인데 복을 사양하고 있습니다. 그래서 신은 왕께서도 잘못하고 위나라도 잘못하고 있다고 말한 것입니다. 가만히 생각해 보면 합종하는 편이 낫습니다."

왕이 말했다.

"알겠소."

왕은 곧 위나라와 합종했다.

그 뒤 우경은 [위나라 재상] 위제魏齊[6]와의 관계 때문에 만호후萬戶侯 지위와 경상卿相의 인수를 내던지고 위제와 함께 사람의 눈을 피하여 조나라를 떠나 대량으로 가서 고달프게 살았다. 위제가 죽은 뒤에 [우경은] 이루지 못한 뜻을 책으로 엮었다. 이 책은 위로는 『춘추春秋』에서 따오고 아래로는 근세를 살핀 것으로 「절의節義」, 「칭호稱號」, 「췌마揣摩」, 「정모政謀」 등 모두 여덟 편이다. 여기에서 그는 나라가 얻는 것과 잃는 것을 비판했다. 세상에서 이것을 전하여 『우씨춘추虞氏春秋』라고 한다.

태사공은 말한다.

"평원군은 새가 하늘 높이 날듯이 혼탁한 세상에서 벗어난 훌륭한 공자였으나 [나라를 다스리는] 큰 이치를 알지는 못했다. 속담에 '이익에

---

6 위나라 재상이다. 위제는 범저가 제나라로부터 많은 선물을 받게 된 일을 가지고 나라의 비밀을 넘겨주었으리라 여겨 가혹하게 매질하였다. 뒷날 범저는 구사일생으로 진나라로 달아나 재상이 되어 위제의 목을 요구한다. 이때 위제는 조나라 재상으로 있던 우경에게 도움을 요청하였고, 우경은 그를 위해 갖은 애를 쓰다 능력의 한계를 느끼고 위제와 함께 몰래 도망친다. 그러나 결국 위제는 스스로 목숨을 끊고 우경은 어렵게 살아간다.

사로잡히면 지혜가 흐려진다.'라고 하였다. 평원군은 풍정馮亭의 그릇된 말[7]에 빠져 조나라 상병의 40여 만 병사를 산 채로 매장되게 하고 한단을 거의 멸망시킬 뻔했다. 우경이 사태를 헤아리고 상황을 추측하여 조나라를 위해 꾀한 계책들은 얼마나 주도면밀했던가! 그러나 위제의 불행을 차마 볼 수 없어 결국 대량에서 고통을 받았다. 평범한 사람도 그것이 옳지 않음을 아는데 하물며 어진 우경이 몰랐으랴! 그러나 우경에게 고통과 근심이 없었다면 또한 책을 지어 후세에 자신을 드러낼 수 없었을 것이다."

---

7 기원전 262년 풍정이 상당을 조나라에 귀속시키려 하다가 장평 싸움이 일어난 것을 빗댄 말이다. 자세한 내용은 「조 세가趙世家」에 나온다.

17
◎
위 공자 열전
魏公子列傳

신릉군 무기無忌는 전국 시대 사공자 중 가장 어질고 능력 있는 사람으로서 걸출한 인물을 많이 배출했는데, 이는 그가 선비를 대하는 남다른 태도에서 비롯되었다. 그는 사士로 일컬어지는 지식인들의 능력을 알아보는 혜안을 갖고 있었다. 이 열전에 함께 나오는 후영侯嬴, 주해朱亥, 모공毛公, 설공薛公도 평범한 인물이 아니다. 신릉군의 일생에서 가장 두드러진 공적은 조나라를 도와 진나라를 무찌른 일인데, 이는 빈객들의 도움이 있기에 가능했다. 그는 빈객들로부터 충성과 존경을 얻는 방법을 터득한 사람이었다.

이 편은 내용 대부분이 『전국책』 등 관련 서적에 보이지 않고 선진 시기의 다른 책에도 나타나지 않아 사마천이 그 무렵 장로長老들의 말을 참조하여 쓴 흔적이 역력하다.

이 편에는 "선비는 자신을 알아주는 사람을 위해 죽는다."라는 유명한 말이 등장하는데, 이 명제를 내세워 후영을 중심축으로 삼아 사마천의 인재관을 서술해 나간다. 선비를 예우하는 위 공자의 자세와 의기투합된 인물들의 활약상이 재미있는 일화와 함께 생동감 있게 그려지고 있다.

사마천은 신릉군이 예의 바르고 어질며 나랏일을 중시한 것을 이상적으로 평가하여 높이 존경했다. 어떤 사람들은 그의 작위에 근거하여 「위 공자 열전」을 '신릉군 열전'으로 부르기도 한다.

信陵君竊符救趙

진비의 병부를 훔쳐 조나라를 구하다.

어진 사람을 얻으려면 정성을 다하라

위나라 공자 무기無忌는 위나라 소왕昭王의 막내아들로 위나라 안희왕安釐王의 배다른 동생이다. 소왕이 죽고 안희왕이 즉위하면서 공자를 신릉군信陵君에 봉했다. 이 무렵 범저가 위나라에서 망명해 진나라 재상이 되었는데, [위나라 재상] 위제에 대한 원한으로 진나라 군대를 내어 대량을 에워싸게 하고 화양華陽에 진을 치고 있는 위나라 군대를 무찔러 [위나라 장군] 망묘芒卯를 달아나게 하였다. 위나라 왕과 공자는 이런 사태를 걱정했다.

공자는 사람됨이 어질고 선비들에게 예의로 대우했다. 선비가 어질든 그렇지 않든 구별하지 않고 누구에게나 겸손하게 예를 갖추어 사귀고, 자기가 부귀하다고 해서 교만하게 구는 일이 없었다. [그의 어짊에] 선비들이 사방 수천 리에서 앞을 다투어 몰려와 공자에게 몸을 의지하여 식객이 3000명이나 되었다. 그 무렵 제후들은 공자가 어질고 식객이 많음을 알고 섣불리 위나라를 공격하려 하지 않은 지 10여 년이나 되었다.[1]

[어느 날] 공자가 위나라 왕과 박博[2] 놀이를 하고 있는데, 북쪽 변방에

---

1 이 기간은 안희왕 12년부터 30년까지 18년이다. 그런데 안희왕은 즉위했을 때 병사들을 모으는 데 힘을 기울였지 감히 진나라에 대항할 생각은 하지 못했으니, 이는 과찬하는 말일 뿐이다.
2 중국에 전해 내려온 놀이로서 노름의 하나다. 윷놀이와 비슷하게 다섯 개의 나뭇가지를 던져 떨어진 모양에 따라 효梟, 노盧, 치雉, 독犢, 새塞의 등급을 매기고 국局 위의 말을 움직여 승부를 정했다.

서 봉화가 올랐다는 보고가 들어왔다.

"조나라 군대가 쳐들어오는데 이제 막 국경을 넘어서려 하고 있습니다."

위나라 왕이 박 놀이를 멈추고 대신들을 불러 모아 상의하려고 하자, 공자가 왕을 말리며 말했다.

"조나라 왕은 사냥을 할 뿐 침략하려는 것이 아닙니다."

그러고는 다시 그대로 박 놀이를 했다. 왕은 걱정이 되어 박 놀이에는 마음이 없었다. 조금 뒤에 또 북쪽 지방에서 말을 전해 왔다.

"조나라 왕은 사냥을 할 뿐 침략한 것이 아닙니다."

위나라 왕은 매우 놀라 물었다.

"공자는 어떻게 그것을 알았소?"

공자가 대답했다.

"신의 객客 중에 조나라 왕의 은밀한 일까지 정탐할 수 있는 이가 있습니다. 그는 조나라 왕이 하는 일마다 하나하나 신에게 알려 줍니다. 그래서 신은 이번 일도 알 수 있었습니다."

그 뒤로 위나라 왕은 공자가 어질고 능력 있음을 꺼려 그에게 나랏일을 맡기려 하지 않았다.

숨어 사는 선비 후영과 주해

위나라에 숨어 사는 한 선비가 있었는데 그 이름은 후영侯嬴이다. 그는 나이 일흔에 집이 가난해서 대량성의 이문夷門동문東門을 지키는 감독관으로 있었다. 공자는 그의 이야기를 듣고 찾아와 주기를 청하여 후한 선물을 보내려 했다. 그러나 후영은 받지 않고 말했다.

"저는 몸을 닦고 행실을 깨끗이 하면서 수십 년을 지내 왔습니다. 지금 새삼스레 성문을 지키는 일이 고달프고 가난하다 해서 공자의 재물을 받을 수는 없습니다."

공자는 이에 곧 술자리를 열어 빈객들을 많이 모이게 했다. 연회장의 자리가 정해지자, 공자는 수레와 기마를 거느리고 왼쪽 자리를 비운 채[3] 몸소 이문으로 후영을 맞이하러 갔다. 후영은 다 해진 옷과 모자를 걸치고 곧바로 공자의 윗자리에 올라타고는 조금도 사양하지 않았다. 후영은 이렇게 해서 공자의 태도를 살펴볼 속셈이었다. 그러나 공자는 말고삐를 잡은 채 더욱더 공손하게 대했다. 후영은 또 공자에게 이렇게 말했다.

"제게는 시장의 푸줏간에 친구가 하나 있습니다. 수고스럽지만 수레를 돌려 그곳에 들러 주었으면 합니다."

공자는 수레를 몰아 시장으로 들어갔다. 후영은 수레에서 내려 그의 친구 주해朱亥를 만나 일부러 오랫동안 서서 이야기를 나누며 곁눈질로 가만히 공자를 살폈다. 그러나 공자의 낯빛은 더욱더 부드럽기만 했다. 이때 공자의 집에는 장군, 재상, 왕족, 빈객이 다 모여 공자가 돌아와 술잔을 들기만 기다리고 있었다. 시장 사람은 모두 공자가 말고삐를 잡고 있는 것을 보았다. 〔공자의〕 기마를 따르던 자는 모두 마음속으로 후영

---

3 본래 왼쪽은 결코 좋지 않다고 생각하는 것이 중국 고대의 오래된 풍속이었으나 유독 수레를 탈 때만은 예외였다. 신릉군이 후영에게 존경을 나타낸 것이다.

을 욕했다. 후영은 공자의 낯빛이 끝내 변하지 않음을 보고 친구와 헤어져 수레에 올랐다. 집에 이르자 공자는 후영을 윗자리로 이끌어 앉히고 빈객들에게 두루 소개했다. 빈객은 모두 놀랐다. 술자리가 한창 무르익어 갈 무렵 공자는 일어나 후영 앞으로 나아가 장수를 기원하는 술잔을 올렸다. 그러자 후영이 공자에게 말했다.

"오늘 저도 공자를 위하여 일을 할 만큼 했습니다. 저는 한낱 이문의 문지기에 지나지 않습니다. 그런데도 공자께서는 몸소 수레와 기마를 끌고 오셔서 많은 사람이 모인 자리로 맞아 주셨습니다. 마땅히 지나지 않아도 될 곳임에도 오늘 공자께서는 주해에게 들러 주셨습니다.

그래서 저는 공자의 이름을 높여 드리기 위하여 일부러 오랫동안 공자의 수레와 기마를 시장 가운데 세워 두고 친구에게 들러 공자의 태도를 살펴보았는데 공자께서는 더욱더 공손했습니다. 시장 사람은 모두 저를 소인이라 하고, 공자를 선비에게 몸을 낮출 줄 아는 장자長者덕망이 뛰어난 어른라고 했을 것입니다."

이리하여 술자리가 끝나고 후영은 마침내 공자의 상객이 되었다. 후영이 공자에게 말했다.

"제가 들러 만났던 백정 주해는 어진 사람입니다만 세상에는 그것을 아는 사람이 없습니다. 그래서 푸줏간 사이에 숨어 살고 있습니다."

공자가 수차례 찾아가서 [빈객이 되어 달라] 청했지만 주해는 일부러 답례조차 하지 않았다. 공자는 이를 이상하게 여겼다.

굶주린 호랑이에게 고기를 던져 주지 말라

위나라 안희왕 20년에 진나라 소왕[4]은 조나라 군대를 장평에서 깨뜨리고, 다시 군사를 몰아 〔조나라 수도〕 한단을 둘러쌌다. 공자의 누이는 조나라 혜문왕의 아우인 평원군의 아내였다. 〔평원군은〕 위나라 왕과 공자에게 여러 차례 편지를 보내 도움을 요청했다. 위나라 왕은 장군 진비晉鄙를 시켜 군사 10만 명을 이끌고 가서 조나라를 돕게 했다. 그러자 진나라 왕이 위나라 왕에게 사자를 보내 다음과 같이 통보했다.

"나는 조나라를 쳐서 머지않아 항복을 받을 것이다. 제후 중에서 감히 〔조나라를〕 돕는 이가 있으면 조나라를 무너뜨린 뒤 반드시 군사를 옮겨 먼저 그를 치겠다."

위나라 왕은 이 말에 겁을 먹고 사자를 시켜 진비의 진격을 멈추게 한 뒤 군대를 머무르게 하며 업鄴에 보루를 쌓게 했다. 명분상으로는 조나라를 구원한다고 하면서, 실제로는 진나라와 조나라의 형세를 관망하자는 것이었다. 이에 평원군은 위나라에 계속 사자를 보내 위나라 공자를 이렇게 꾸짖었다.

"내가 스스로 〔공자와〕 인척 관계를 맺은 이유는 공자가 의를 중하게 여겨 다른 사람이 위급한 상황에 처한 것을 보면 망설이지 않고 구해 줄 수 있으리라고 생각했기 때문입니다. 지금 한단은 함락 직전에 놓여 있

---

4 소양왕昭襄王을 가리킨다. 그는 위염, 범저, 사마조, 백기 등과 더불어 합종책을 저지하여 진나라의 천하 통일에 절대적으로 이바지했다.

는데 위나라의 구원병은 오지 않고 있습니다. 이렇게 하고도 어찌 공자가 다른 사람의 어려움을 보고 구해 줄 수 있는 인물이라고 하셨습니까? 또 공자께서는 나를 업신여겨 진나라에 항복하도록 내버려 두고 있는데, 공자의 누이가 가엾지도 않습니까?"

공자는 이를 근심하여 여러 번 위나라 왕에게 청원하기도 하고 빈객과 변사를 시켜 온갖 수단을 써서 설득했지만 위나라 왕은 진나라를 두려워하여 끝내 공자의 부탁을 들어주지 않았다. 공자는 도저히 왕의 허락을 얻을 수 없다고 보고, 조나라를 망하게 하고 자기 혼자만 살아남을 수는 없다는 결심을 했다. 그래서 빈객들에게 청하여 수레와 기마 100여 승乘을 마련하고 빈객들을 이끌고 진나라 군대와 부딪쳐 조나라와 같이 죽기로 했다.

공자는 가는 길에 이문에 들러 후영을 만나 진나라 군대와 싸워 죽고자 하는 까닭을 자세하게 설명했다. 그러고는 헤어져 가려고 하는데 후영이 말했다.

"공자께서는 부디 힘껏 해보십시오. 이 늙은이는 따라갈 수 없습니다."

공자는 몇 리를 가는 동안 마음이 불쾌했다.

"내가 후영을 부족함 없이 대우한 것은 천하가 다 아는 일이다. 그런데 후영은 지금 내가 죽으러 길을 떠나는데도 헤어지는 인사 한 마디 하지 않았다. 내가 무슨 실수라도 했는가?"

[공자는] 다시 수레를 돌려 후영을 찾아가 물었다. 그러자 후영은 웃으며 말했다.

"저는 본래 공자께서 되돌아오실 줄 알고 있었습니다."

그러고는 다시 말을 이어 나갔다.

"공자께서는 선비를 아껴 명성이 천하에 알려졌습니다. 지금 어려운 일을 당하여 이렇다 할 계책도 없이 진나라 군대를 향해 뛰어들려고 하니, 이는 비유하자면 굶주린 호랑이에게 고기를 던져 주는 것과 같은데 무슨 효과가 있겠습니까? 그렇다면 어찌 평소에 빈객을 기를 필요가 있겠습니까? 공자께서는 저를 후히 대해 주셨지만 공자께서 죽을 길을 떠나는데도 아무런 말씀도 드리지 않았습니다. 그래서 공자께서 원망하여 되돌아오실 줄 알았습니다."

공자가 두 번 절하고 방법을 물었다. 후영은 주위 사람들을 물리치고 낮은 소리로 말했다.

"제가 들으니 진비의 병부兵符⁵ 한쪽은 언제나 왕의 침실 안에 있는데 여희如姬는 왕에게 가장 사랑을 받아 왕의 침실에 자유롭게 드나들 수 있다고 합니다. 여희의 힘이라면 병부를 훔쳐 낼 수 있습니다. 또 제가 들으니 여희의 아버지가 다른 사람에게 피살되었을 때 여희는 3년 동안 재물을 써 가며 원수를 찾게 했고, 왕 이하 여러 사람도 여희 아버지의 원수를 갚으려고 했지만 그 원수를 찾지 못했습니다. 그런데 여희가 공자께 울면서 부탁하니, 공자께서 빈객들에게 부탁하여 그 원수의 목을 베어 여희에게 바치셨지요. 그러니 여희는 공자의 은혜를 갚는 일이라면 죽음도 마다하지 않을 것입니다. 이제껏 그럴 기회가 없었을 뿐입니다. 공자께서 진정 한 번 입을 열어 부탁하면 여희는 반드시 받아들일 것입니다. 그렇게 해서 호부虎符를 손에 넣고 진비의 군사를 빼앗아 북쪽으

---

5 이 무렵 왕이 신하에게 병권을 넘길 때 주었던 부절符節로서 주로 호랑이 모양을 구리로 만들어서 호부虎符라고도 하며, 반으로 쪼개어 조정과 신하가 절반씩 보관하였다.

로 가서 조나라를 구하고 서쪽으로 가서 진나라를 물리치면, 이것은 오패五覇와 견줄 만한 공로입니다."

공자가 후영의 계책대로 여희에게 부탁하자 여희는 정말 진비의 병부를 훔쳐 내 공자에게 건네주었다.

공자가 떠나려고 하자 후영이 말했다.

"장수가 싸움터로 나갔을 때는 군주의 명령도 듣지 않는 경우가 있습니다. 그렇게 해서 나라의 이익을 도모하는 것이지요. 공자께서 병부를 맞추어 보이더라도 진비가 군사를 넘겨주지 않고 다시 왕에게 명령을 요청한다면 사태는 반드시 위급해질 것입니다. 그러니 제 친구 백정 주해를 데려가십시오. 그는 힘이 센 장사입니다. 진비가 이쪽 요구를 들어주면 다행스러운 일이지만 들어주지 않으면 주해를 시켜 쳐 죽이십시오."

이 말을 듣고 공자가 울먹거리자 후영이 물었다.

"공자께서는 죽는 게 두렵습니까? 어째서 울먹이십니까?"

공자가 대답했다.

"진비는 용맹스러운 노장이니 내가 가도 명령을 듣지 않을 테고, 그러면 그를 반드시 죽여야 하기 때문에 우는 것이지 어찌 죽음 따위를 두려워하겠소?"

공자는 주해에게 같이 가자고 부탁했다. 주해가 웃으며 말했다.

"저는 시장에서 칼을 휘둘러 짐승을 잡는 백정입니다. 그럼에도 불구하고 공자께서 몸소 자주 찾아 주셨습니다. 일일이 답례하지 않은 까닭은 하찮은 예의 같은 것은 아무 쓸모가 없다고 생각했기 때문입니다. 그런데 이제 공자께서 위급한 처지에 있으니 지금이야말로 제가 목숨을 바칠 때입니다."

드디어 주해는 공자와 함께 가기로 했다. 공자가 후영에게 들러 인사하자 후영이 말했다.

"저도 마땅히 따라가야 하지만 늙어서 갈 수 없습니다. 그렇더라도 공자의 일정을 헤아려, 공자께서 진비의 군대에 이르는 날에 북쪽을 향하여 스스로 목숨을 끊는 것으로 대신하겠습니다."

공자는 드디어 떠났다.

공자는 업 땅에 이르자 위나라 왕의 명령이라고 속여 진비를 대신하려고 했다. (그러나) 진비는 병부를 맞추어 보고도 의심하며 손을 들어 공자를 노려보면서 말했다.

"지금 나는 대군 10만 명을 거느리고 국경에 주둔하여 나라의 중대한 임무를 맡고 있습니다. 그런데 겨우 수레 한 대로 와서 나를 대신하겠다니 어찌 된 일입니까?"

(진비는) 공자의 말을 들으려 하지 않았다. 이에 주해가 소매 속에 숨겼던 40근짜리 철퇴를 꺼내 진비를 쳐 죽였다.

공자는 드디어 진비의 군사를 이끌고 군사들을 각각 부서에 배치시킨 뒤, 군중에 다음과 같이 명령을 내렸다.

"아버지와 아들이 함께 군대 안에 있으면 아버지가 돌아가고, 형과 동생이 함께 군대 안에 있으면 형이 돌아가라. 외아들로서 형제가 없는 자는 돌아가 부모를 모시도록 하라."

이렇게 하여 선발한 병사 8만 명을 진격시켜 진나라 군대를 치자 진나라 군대는 (한단의 포위를) 풀고 물러났다. (공자는) 마침내 한단을 구하여 조나라를 지켜 냈다. 조나라 왕과 평원군은 몸소 국경까지 나와 공자를 맞이했다. 평원군은 자신이 직접 화살통을 메고 공자를 위하여 앞에서 길을 안내했다. 조나라 왕은 두 번 절하고 말했다.

"예로부터 어진 사람은 많았지만 공자만 한 분은 없었습니다."

이때 평원군은 감히 공자와 겨루려 하지 않았다.

〔한편〕 공자가 후영과 헤어져 진비의 군대에 이르렀을 무렵에 후영은 정말로 북쪽을 향하여 스스로 목숨을 끊었다.

잊으면 안 되는 일과 잊어야 할 일

위나라 왕은 공자가 병부를 훔쳐 왕명이라 속이고 진비를 죽인 것에 화를 냈다. 공자도 자기가 저지른 죄를 알기 때문에 진나라 군대를 물리쳐서 조나라를 존속시킨 뒤에는 부하 장수들에게 군사를 이끌고 위나라로 돌아가도록 명령하고 자신은 빈객들과 조나라에 머물렀다.

조나라 효성왕은 공자가 진비의 군사를 속여 빼앗아 조나라를 존속시켜 준 일을 고맙게 여겨 평원군과 상의하여 성 다섯 개를 공자의 봉읍으로 주려고 했다. 공자는 이 이야기를 듣고 교만한 마음이 생겨 공을 자랑하는 안색을 보였다. 그러자 빈객 중 한 사람이 공자에게 말했다.

"세상일에는 잊으면 안 되는 것이 있고, 또 잊어야만 하는 것이 있습니다. 남이 공자에게 베푼 은덕은 잊으면 안 됩니다. 그러나 공자께서 다른 사람에게 베푼 은덕은 잊으시기 바랍니다. 또 위나라 왕의 명령이라 속여 진비의 군사를 빼앗아 조나라를 구한 것은 조나라 입장에서는 공을 세운 것이지만 위나라 입장에서 보면 〔틀림없이〕 충신이 될 수 없습니다.

그런데 공자께서는 스스로 교만해져 공로가 있다고 하시니, 이는 공자로서 취할 태도가 아닙니다."

이 말을 듣는 순간 공자는 자책하며 부끄러워 몸 둘 바를 몰라 했다. 조나라 왕은 몸소 길을 청소하고 직접 나와 공자를 맞이하여 주인의 예로 공자를 서쪽 층계로 오르게 하였다. 그러나 공자는 가로 비켜서 걸으며 사양하고 동쪽 층계로 올라갔다. 그리고 스스로 말하기를 죄를 지어 위나라를 저버렸고 조나라에는 공을 세우지 못했다고 했다. 조나라 왕은 날이 저물 때까지 공자와 함께 술을 마셨지만 차마 성 다섯 개를 바치겠다는 말을 꺼내지 못했다. 공자가 너무나도 겸손한 태도를 보였기 때문이다. 그러나 공자는 결국 조나라에 머무르게 되었다. 조나라 왕은 호鄗를 공자의 탕목읍으로 주었고, 위나라도 신릉信陵을 공자의 봉읍으로 주었다. 공자는 조나라에 머물렀다.

노름꾼과 술 파는 자라도 어질면 찾아가리

공자는 조나라에 처사處士 두 명이 있는데 모공毛公이라는 사람은 노름꾼 사이에 숨어 살고, 설공薛公이라는 사람은 술집에 숨어 산다고 들었다. 공자가 두 사람을 만나려고 해도 그들은 스스로 몸을 숨기고 공자를 만나려 하지 않았다. 공자는 그들이 있는 곳을 수소문하여 남몰래 가서 이 두 사람과 사귀게 되자 매우 기뻐했다. 평원군이 이 소식을 듣고 그 아내에게 말했다.

"처음에 나는 당신 아우 공자가 천하에 둘도 없는 인물이라고 들었소. 그런데 지금 늘리는 말로는 노름꾼이나 술 파는 자와 사귀고 있다니 공자는 망령된 사람일 뿐이오."

부인이 이 말을 공자에게 하니, 공자는 부인에게 인사하고 떠나려 하면서 말했다.

"처음에 나는 평원군이 어질다고 들었기 때문에 위나라 왕을 저버리면서까지 조나라를 구해서 평원군의 마음에 들도록 했습니다. 그런데 평원군은 사람을 사귀는 데 그저 호걸인 척하는 몸짓만 있을 뿐 참다운 선비를 구하는 게 아닙니다. 제가 대량에 있을 적부터 줄곧 이 두 사람이 어질다고 들은 터라 조나라에 온 이래로 그들을 만나지 못할까 봐 두려웠습니다. 내가 좇아 사귀려고 해도 그들이 나를 좋아하지 않을까 봐 두려웠습니다. 그런데 평원군은 그들과 사귀는 것을 부끄럽게 여기니, 그는 사귈 만한 인물이 못 됩니다."

그러고는 짐을 꾸려 떠나려고 했다. 부인이 이런 말을 평원군에게 상세히 하자 평원군은 관을 벗어 용서를 빌며 공자를 붙들었다. 한편 평원군의 문하 사람들은 이 말을 듣고 절반 넘게 평원군을 떠나 공자에게로 왔으며, 천하의 선비들도 공자에게로 왔다. 공자는 평원군 빈객들의 마음을 기울게 했다.

공자는 조나라에 머문 지 10년이 되었지만 〔위나라로〕 돌아가지 않았다. 진나라는 공자가 조나라에 있음을 알고 밤낮으로 군사를 일으켜 동쪽으로 위나라를 쳤다. 위나라 왕은 이를 걱정하여 사자를 보내 공자에게 돌아오도록 요청했다. 공자는 위나라 왕이 지난 일로 화를 낼까 봐 두려워서 문하의 빈객들에게 단단히 경계시키며 다음과 같이 지시했다.

"감히 위나라 왕의 사자를 나에게 데려오는 자가 있으면 죽여 버리겠다."

빈객들도 모두 위나라를 저버리고 조나라로 온 사람들이기 때문에 감히 공자에게 돌아가도록 권하는 이는 한 사람도 없었다. 모공과 설공 두 사람이 가서 공자를 만나 말했다.

"공자가 조나라에서 소중히 여겨지고 천하 제후들에게 이름을 떨치게 된 것은 위나라라는 배경이 있었기 때문입니다. 지금 진나라가 위나라를 쳐서 위나라가 위급해졌는데도 공자께서는 괘념치 않고 있습니다. 만약 진나라가 대량을 깨뜨리고 선왕의 종묘라도 파헤친다면 공자께서는 앞으로 무슨 낯으로 천하에 나서시렵니까?"

이 말이 채 끝나기도 전에 공자는 낯빛이 바뀌더니 급히 수레를 준비시키고 돌아가 위나라를 구하려고 했다.

비방 한마디가 인재를 죽음으로 몰아넣는다

위나라 왕은 공자를 보고 반가워 울면서 상장군上將軍의 인수를 주어 드디어 공자를 장군으로 삼았다. 위나라 안희왕 30년에 공자는 제후들에게 사자를 보내 자신이 위나라 장군이 되었음을 두루 알렸다. 제후들은 공자가 (위나라) 장군이 되었다는 소식을 듣고 각각 군사를 보내 위나라를 구하게 했다. 공자는 다섯 나라위, 초, 연, 한, 조의 군사를 이끌고 진나라 군사를 황하의 남서쪽에서 깨뜨려 (진나라 장수) 몽오蒙驁를 달아나게 했다. 이 승세를 타고 진나라 군대를 뒤쫓아 함곡관에 이르러 진나라 병사를 압박하니 진나라 병사들은 감히 함곡관에서 나오지 못했다. 이때 공자는 천하에 위세를 떨쳤다. 제후의 빈객들이 공자에게 병법을 올리자 공자가 그것에 모두 이름을 붙였는데, 세상에서는 이것을 『위공자병법魏公子兵法』이라 불렀다.

진나라 왕은 이러한 상황을 근심하여 위나라에 많은 재물을 풀어 (위공자와 원수를 진) 진비의 옛 빈객을 찾아내, 위나라 왕에게 공자를 헐뜯도록 했다.

"공자는 (위나라에서) 달아나 나라 밖에서 10년 동안 있었으나 지금은 위나라 장군이 되어 제후의 장군들까지 모두 그의 통솔을 받고 있습니다. 제후들은 위나라 공자가 있는 것만 알 뿐 위나라 왕이 있음은 알지 못합니다. 공자도 이를 이용해 남면南面하여 왕이 되려 하고 있습니다. 제후들도 공자의 위세가 두려워 모두 공자를 왕위에 추대하려고 합니다."

진나라는 (또한) 자주 첩자를 시켜 (공자에게) 거짓으로 이렇게 축하하도록 했다.

"공자가 위나라 왕으로 즉위했습니까? 아직 안 했습니까?"

위나라 왕은 날마다 공자를 헐뜯는 말을 듣다 보니 믿지 않을 수 없게 되었다. (위나라 왕은) 결국 공자 대신 다른 사람을 장군으로 임명했다. 공자는 자기가 모함 때문에 쫓겨난 것을 알고 병을 핑계로 조정에 나가지 않았다. 그러고는 빈객들과 밤낮으로 술자리를 벌여 좋은 술을 마시고 많은 여자를 가까이했다. 이렇게 밤낮으로 즐기고 마시기를 4년이나 계속하더니 결국 술병으로 죽고 말았다. 그해에 위나라 안희왕도 죽었다.

진나라는 공자가 죽었다는 소식을 듣자 장군 몽오를 보내 위나라를 쳐서 성 스무 개를 함락하고 처음으로 동군東郡을 설치했다. 그 뒤 진나라는 점점 위나라를 잠식하여 18년 뒤에는 위나라 왕을 사로잡고 대량을 쳐부쉈다.

〔한漢나라〕 고조高祖유방劉邦는 아직 미천하고 젊을 때 공자가 현명하다는 말을 자주 들었다. 〔그는〕 천자 자리에 오른 뒤 대량을 지날 때마다 언제나 공자에게 제사를 지내 주었다. 고조 12년에는 경포黥布[6]를 치고 돌아오는 길에 공자를 위하여 묘지기의 집 다섯 채를 짓고 대대로 해마다 사계절에 공자에게 제사를 지내게 했다.

태사공은 말한다.

"나는 대량의 옛터를 지나다가 이문이라는 곳을 물어서 찾아보니 이문이란 성의 동쪽 문이었다. 천하의 여러 공자들맹상군, 평원군, 춘신군, 신릉군도 선비들을 좋아했다. 그러나 신릉군만이 깊은 산과 계곡에 숨어 사는 사람들을 만나고, 신분이 낮고 천한 사람들과 사귀는 것을 부끄럽게 여기지 않은 것은 일리가 있다. 〔그의〕 명성이 제후들 사이에서 으뜸이었던 것도 헛소문만은 아니었다. 고조도 대량을 지날 때마다 백성이 〔신릉군을〕 제사하게 하고, 〔그 제사를〕 끊기지 않게 했다."

---

6 본명은 영포英布인데 어려서 경형黥刑을 받았으므로 바뀐 이름으로 불린다. 유방을 도왔다가 다시 배반한 인물로서 자세한 것은 「경포 열전」에 나온다.

18

춘신군 열전
春申君列傳

진秦나라는 끊임없이 인재를 모으면서 능력 있는 자에게는 벼슬을 주고 어질지 못한 자는 내침으로써 서쪽 변방의 지리적 한계를 극복하고, 나라를 부유하게 하고 병력을 강하게 만들었다. 위염, 범저, 채택 등이 떠나간 것을 보면 겉으로는 진나라 왕이 은혜로운 마음이 적고 지나간 은덕을 생각지 않는 듯하지만, 사실상 진나라가 천하를 제패할 수 있었던 것은 유능한 인재들을 계속 받아들였기 때문이다.

이 편의 주인공 춘신군 황헐은 사공자 중 한 사람으로 변설에 뛰어난 재능을 보였다. 황헐은 국력이 쇠약해져 가던 경양왕 때에 진나라 소왕에게 글을 올려 곤경에 빠진 초나라를 공격하지 않고 도와주도록 하였다. 뒤에는 진나라에 볼모로 갔다가 자신의 생명을 담보로 하여 태자를 귀국시킴으로써 초나라의 대통을 잇게 하였는데, 이 태자가 바로 초나라 고열왕이다.

황헐은 20여 년 동안 재상 자리에 있으면서 합종책을 추진하여 진나라에 맞서는가 하면 노나라를 멸망시켜 초나라를 다시 한번 일으키는 데 이바지했다. 그렇지만 말년에는 권세와 부귀를 지키려다 이원의 간사한 음모에 걸려 비참하게 살해된다.

이 열전은 『전국책』에서 문장을 따온 것이 많으며, 「양후 열전」과 나란히 놓고 읽으면 묘미가 더해진다.

한편으로 춘신군 아래 있던 빈객들의 성격적 문제점도 노출되고 있으며 춘신군과 이선의 누이동생과의 이야기는 지나치게 소설적으로 설정되어 있어 이 편의 사료적 가치에 의문을 제기하는 연구자들도 있다.

춘신군春申君은 초나라 사람으로 이름은 헐歇이고 성은 황黃이다. 여러 나라를 두루 다니며 배워서 보고 들은 것이 넓었으며 초나라 경양왕頃襄王을 섬겼다. 경양왕은 그가 변론에 뛰어남을 알고 진나라에 사자로 보냈다.

진나라 소왕은 백기에게 한나라와 위나라를 치도록 하여 그들을 화양華陽에서 깨뜨리고 위나라 장군 망묘를 사로잡으니 한나라와 위나라는 항복하고 진나라를 섬겼다. 진나라 소왕은 백기에게 명하여 한나라, 위나라와 함께 초나라를 치려고 하였다. 〔그 군사가〕 아직 떠나기 전에 초나라 사자 황헐이 때마침 진나라에 와서 이 계획을 들었다. 그 무렵 진나라는 그에 앞서 백기에게 초나라를 치게 하여 무군巫郡과 검중군黔中郡을 빼앗고 언과 영을 함락했으며, 동쪽으로 경릉竟陵까지 쳐들어갔으므로 초나라 경양왕은 동쪽으로 옮겨 가서 진현陳縣에 도읍을 정했다.

황헐은 〔일찍이〕 초나라 회왕이 꾀임에 빠져 진나라로 들어갔다가 속아서 그곳에서 죽는 것을 보았다. 경양왕은 그 아들이므로 진나라는 그를 업신여기고 있었다. 그래서 황헐은 진나라가 한번 병사를 일으키면 초나라가 망하게 될 것 같아 두려워서 진나라 소왕에게 글을 올려 말했다.

천하에 진나라와 초나라보다 더 강한 나라는 없습니다. 지금 들리는 말로는 대왕께서 초나라를 치려고 한다는데 이것은 호랑이 두 마리가 서로 싸우는 것과 같습니다. 호랑이 두 마리가 서로 싸우면 힘이 약한 개가 그 지친 것을 틈타 이익을 차지할 것입니다. 그러므로 초나라와 친하게 지내는 편이 더 낫습니다. 신이 그 까닭을 설명해 드리겠습니다. 신은 "사물은 한쪽 끝까지 가면 다시 처음으로 되돌아간다. 겨울과 여름은 서로 바뀌게 마련이다. 쌓인 것이 극에 이르면 위태롭다. 바둑돌을 쌓아 올리면 무너지게 마련이다."라고 들었습니다. 지금 진나라 땅은 천하에 두루 퍼져 〔서쪽과 북쪽의〕 두 변방 지역을 차지하고 있습니다. 사람이 태어난 이래로 〔진나라처럼〕 전차 만 대를 갖춘 땅을 가진 나라는 일찍이 없었습니다. 선제先帝인 혜문왕惠文王, 무왕武王,[1] 〔그리고 대왕에 이르기까지〕 3대에 걸쳐 〔진나라는〕 땅을 제나라와 이어서 제후들끼리 합종하는 허리를 끊으려는 생각을 잊은 적이 없습니다. 지금 왕께서는 성교盛橋를 한나라로 보내 벼슬하게 하였고, 그가 한나라 땅을 가지고 진나라로 들어오게 하였습니다. 이것은 왕께서 병사를 쓰거나 위엄을 떨치는 일 없이 100리 땅을 손에 넣은 것입니다. 왕께서는 유능하다고 할 만합니다. 왕께서는 다시 병사를 일으켜 위나라를 쳐서 대량의 성문을 막고 하내를 공략하고 연읍燕邑, 산조酸棗, 허읍虛邑, 도읍桃邑을 얻어 형읍邢邑으로 들어가자 위나라 군사는 구름처럼 흩어져 감히 구할 생각조차 못했습니다. 왕의 공적 또한 많습니다. 〔그리고〕 왕은 병사를 쉬게 하여 서민으로 지내게 하고 2년 뒤에 다시 군사를 일으켜 포읍蒲邑, 연읍衍邑, 수원首垣을 병합하고 인仁과 평구平丘에 이르렀으며, 황읍黃邑과 제양濟陽을 포위함으로써 위나라를

---

[1] 원문에는 '장왕莊王'으로 되어 있는데, 이는 '무왕'을 잘못 적은 것이다. 진나라 소왕의 앞 시기에 장왕은 없었다. 그리고 '장왕' 다음에 '왕王' 자가 빠졌는데, 이는 소왕을 가리킨다. 따라서 3대는 혜문왕, 무왕, 소왕을 말한다.

복종시켰습니다. 왕은 다시 복수濮水와 마산磨山의 북쪽을 떼어 제나라와 진나라 사이의 허리 부분을 빼앗고, 초나라와 조나라 사이의 등뼈 부분을 끊어 버렸습니다. 천하 제후들은 다섯 번 합종하고 여섯 차례나 모였으면서도 감히 구하지 못했습니다. 왕의 위엄은 역시 극에 이르렀습니다.

왕께서 만약 〔지금까지 쌓아 올린〕 공을 유지하고 위엄을 지키면서 공격하여 빼앗으려는 야심을 버리고 인의의 마음을 살찌워 뒤탈을 없앤다면 삼왕三王^{2}에 〔왕을 더하여〕 사왕四王이 되기에 어렵지 않으며, 오패에 〔왕을 더하여〕 육패가 되기에 어렵지 않을 것입니다. 〔그러나〕 왕께서 만약 백성이 많음을 믿고 강한 병력에 기대며 위나라를 깨뜨린 위세를 타고 무력으로 천하의 제후들을 신하로 삼으려 한다면 뒤탈이 있을까 두렵습니다. 『시』에 "시작이 없는 것은 없으나 끝이 좋기란 드문 일이다."라고 했고, 『역』에서는 "여우가 물을 건너가려면 그 꼬리를 적시게 마련이다."라고 했습니다. 이 말은 시작은 쉽지만 끝맺음은 어렵다는 것을 뜻합니다. 어떻게 그 이치를 알 수 있겠습니까?

옛날 지씨智氏지백智伯는 조나라를 치는 이익만 보고, 유차楡次에서의 화는 〔미리〕 알지 못했습니다. 오나라는 제나라를 치는 것의 좋은 점만 보았지 간수干隧에서의 패배는 〔미리〕 알지 못했습니다. 지씨와 오나라는 큰 공적을 얻지 않은 것은 아니지만 눈앞의 이익에 급급하여 뒤에 올 재난을 가볍게 여겼습니다. 오나라 왕은 월나라를 믿고 〔월나라 군사를〕 이끌어 제나라를 쳤습니다. 그렇게 하여 제나라 군대를 애릉艾陵에서 이기기는 했지만 돌아와 삼저三渚에서 월나라 왕에게 사로잡혔습니다. 지씨는 한나라와 위나라를 믿고 〔한

---

2 하, 은, 주를 창업한 주역인 우임금, 탕임금, 문왕과 무왕을 말한다. 문왕과 무왕은 아버지와 자식 사이이므로 한 임금으로 본다.

나라와 위나라의 군사를) 이끌어 조나라를 쳤습니다. 그리고 진양성晉陽城을 쳐서 승리가 며칠 남지 않았을 때, 한나라와 위나라가 만기를 들어 시백요智伯瑤를 착대鑿臺 밑에서 죽였습니다. 지금 왕께서는 초나라가 망하지 않는 것만을 시기할 뿐 초나라를 망하게 하는 것이 한나라와 위나라를 강하게 만든다는 것을 잊고 계십니다. 신은 왕을 위하여 걱정하므로 찬성할 수 없습니다.

『시』에 "위대한 장수는 집을 멀리 떠나가서 정벌하지 않는다."라고 했습니다. 이것으로 보면 초나라는 (진나라의) 구원병이고, 한나라와 위나라는 (진나라의) 적입니다. 『시』에 "날뛰는 교활한 토끼도 사냥개를 만나면 잡힌다. 다른 사람이 무언가 마음에 두고 있으면 내 마음으로 그걸 헤아릴 수 있다."라고 했습니다. 지금 왕께서 (한나라와 위나라를) 치는 도중에 한나라와 위나라가 왕께 잘한다고 믿는 것은 바로 오나라가 월나라를 믿었던 것과 같습니다. 신은 "적은 용서하면 안 되고 때는 놓치면 안 된다."라고 들었습니다. 한나라와 위나라가 말을 공손히 하여 (진나라의) 근심을 덜어 줄 듯이 하는 것은 사실 진나라를 속이려는 게 아닌가 걱정됩니다. 무엇 때문이겠습니까? 왕께서는 대대로 한나라와 위나라에 덕을 베푼 일이 없고 오히려 대대로 원한을 사 왔기 때문입니다. 대체로 한나라와 위나라의 아버지와 아들과 형과 동생이 진나라와의 잇달은 싸움에서 죽은 지가 거의 10대代에 이르렀습니다. 그들의 나라는 황폐되고 사직은 무너졌으며 종묘는 허물어졌습니다. 배를 가르고 창자를 끊어지게 하고 목을 부러뜨리고 턱을 깨뜨려 머리와 몸이 나누어져 해골은 초원이나 연못 근처에서 나뒹굴며 두개골은 엎어져서 국경에서 서로 바라보고 있습니다. 아버지와 아들, 늙은이와 어린이가 목과 손이 묶인 채 진나라의 포로가 된 사람들이 길 위에 널부러져 있습니다. 귀신은 홀로 슬퍼하고 제사를 지내 줄 핏줄조차 없습니다. 백성은 삶을 꾸릴 수 없고 일가친척들은 뿔뿔이 흩어져 떠돌다가 노예나 첩이 된 자가 천하에 가득합니다. 그러므로 한나라와 위나라가 멸망하지 않는 것은 진나라 사직의 걱정거리인데, 지금 왕께서는 한나라와 위나라에게 원군을 주어 함께 초나라를 치려고 하시니 또한 잘못이 아니겠습니까?

또 왕께서 초나라를 친다면 어떻게 출병하시겠습니까? 왕께서는 원수인 한나라와 위나라에게 길을 빌리려고 하십니까? 〔그러면〕 왕께서는 군대가 나가는 날부터 그 군대가 돌아오지 못할까 근심하게 될 것입니다. 이것은 왕께서 병사를 주어 원수인 한나라와 위나라를 돕는 일이기 때문입니다. 왕이 만약 원수인 한나라와 위나라에게 길을 빌리지 않는다면 반드시 수수隨水의 오른쪽 땅을 쳐야 되는데, 그곳은 넓은 강물과 산림과 계곡으로 이루어져 곡식을 생산할 수 없습니다. 왕께서 이 땅을 차지하더라도 땅을 얻었다고는 말할 수 없습니다. 그러면 왕은 초나라를 쳤다는 이름만 있고 땅을 얻는 실속은 없게 됩니다.

또 왕께서 초나라를 치는 날에는 〔제, 한, 위, 조〕 네 나라가 반드시 한꺼번에 병사를 일으켜 왕에게 대응할 것입니다. 진, 초의 병사가 어울려 오랜 시간 싸우게 되면 위나라가 군대를 보내 유留, 방여方與, 질銍, 호릉湖陵, 탕碭, 소蕭, 상相을 쳐 송나라의 옛 땅을 모두 차지할 것입니다. 〔또〕 제나라는 남쪽으로 향하여 초나라를 칠 테니 사수泗水 일대의 땅도 〔제나라에게〕 빼앗길 것입니다. 이곳은 모두 평원으로 사방이 탁 트인 기름진 땅인데 〔위나라와 제나라만이 싸워서〕 이익을 독점하게 되는 꼴입니다. 〔다시 말해〕 왕께서 초나라를 치는 것은 한나라와 위나라를 중원 지역에서 살찌게 하고, 제나라를 강하게 하는 결과를 만듭니다. 한나라와 위나라가 강해지면 진나라에 충분히 대항할 수 있으며, 제나라는 남쪽으로 사수를 국경으로 삼고 동쪽으로는 바다를 등지고 북쪽으로는 하수에 의지하면 뒤탈이 없어질 겁니다. (그러면) 천하의 나라 중에서 제나라와 위나라보다 강한 나라는 없게 됩니다. (그리하여) 세 나라와 위나라가 땅을 얻어 이익을 누리면서 거짓으로 (진나라의) 하급 관리가 되어 섬기면, 1년 뒤에는 (스스로) 제帝는 못 된다 하더라도 왕께서 제가 되는 것을 제지할 만한 능력을 갖추고도 남을 것입니다.

대체로 왕께서 넓은 땅과 많은 백성과 강한 병력으로 한 번에 큰 일을 꾸며 초나라와 원수를 맺고, 한나라와 위나라가 제帝의 지위를 제나라에 바치도록 하는 것이니, 이는 왕의 잘못된 계책입니다.

신이 왕을 위하여 생각하건대 초나라와 잘 지내는 것이 가장 좋습니다. 진 나라와 초나라가 하나로 합쳐 한나라를 핍박하면 한나라는 반드시 어찌할 수 없이 복종할 것입니다. 왕께서 험준한 동산東山에 기대고 굽이진 하수의 이로움으로 나라를 튼튼하게 하면 한나라는 반드시 (대왕의) 관내후關內侯 가 될 것입니다. 이와 같이 하면 왕께서 병사 10만 명을 한나라 수도 정鄭에 주둔시키게 되어 위나라는 간담이 서늘해질 것입니다. (위나라의) 허許와 언 릉鄢陵에서는 성문을 닫아걸고 막을 테고, 상채上蔡와 소릉召陵은 서로 왕래 할 수 없을 것입니다. 이렇게 되면 위나라도 왕의 관내후 중 하나로 남을 것입 니다. 왕께서 일단 초나라와 친하게 지내기만 하면 전차 만 대를 가진 두 군 주를 관내의 제후로 만들게 되고, 영토를 제나라와 마주하게 되어 제나라 서 쪽 땅은 손을 움직이지 않고도 차지할 수 있습니다. 왕의 땅은 두 바다동해에 서 서해까지 걸치게 되어 천하의 허리를 끊을 것입니다. 그러면 연나라와 조나 라는 제나라와 초나라에게 (도움을 받을 수) 없고, 제나라와 초나라는 연나 라와 조나라에게 (도움을 받을 수) 없습니다. 그런 뒤에 연나라와 조나라를 겁주고, 곧바로 제나라와 초나라를 뒤흔들면 이들 네 나라는 힘들여 치지 않고도 복종시킬 수 있습니다.

소왕이 대답했다.

"좋소."

소왕은 백기가 출발하려던 것을 멈추게 하고, 한나라와 위나라의 출병을 거절했다. 그리고 초나라에 사신을 보내 예물을 주고 동맹국이 되기로 약속했다.

군주를 위해 목숨을 바쳐 재상이 되다

황헐은 이 약속을 받고 초나라로 돌아왔다.

초나라는 황헐에게 태자 완完과 함께 진나라에 볼모로 들어가도록 했다. 진나라가 두 사람을 붙잡아 둔 지 몇 해가 지나 초나라 경양왕이 병들었다. (그러나) 태자는 초나라로 돌아올 수 없었다. 초나라 태자는 진나라 재상 응후범저와 사이가 좋았다. 황헐은 응후를 설득하여 말했다.

"상국께서는 초나라 태자와 정말 친합니까?"

응후가 대답했다.

"그렇소."

황헐이 말했다.

"지금 초나라 왕은 병에서 회복하기 어려울 듯합니다. 진나라는 초나라 태자를 돌려보내는 편이 좋겠습니다. 태자가 (돌아가) 왕위에 오르면 반드시 진나라를 정중하게 섬기며 상국의 은혜에 끝없이 고마워할 것입니다. 이것이 동맹국과 친하게 지내고 만승의 나라에 은덕을 베푸는 일입니다. 만약 돌려보내지 않으면 [태자는] 함양에서 지위도 벼슬도 없는 사람에 지나지 않게 됩니다. 초나라가 태자를 바꿔 세우면 반드시 진나라를 섬기지 않을 것입니다. 무릇 동맹국을 잃고 만승의 나라와 화친을 끊는 것은 [좋은] 계책이 아닙니다. 원컨대 상국께서는 이 점을 깊이 헤아리시기 바랍니다."

응후가 이 말을 진나라 왕에게 들려주니 진나라 왕이 말했다.

"초나라 태자의 스승을 보내서 초나라 왕의 병세를 묻게 하고, 그가 돌아온 뒤에 다시 생각해 봅시다."

황헐은 초나라 태자를 위하여 계책을 세워 말했다.

"진나라가 태자를 붙들어 두는 것은 그렇게 함으로써 어떤 이익을 얻기 위해서입니다. [그러나] 지금 태자에게는 진나라에 이익을 줄 만한 힘이 없으니 저는 그 점이 매우 걱정됩니다. 그리고 나라 안에는 양문군陽文君의 두 아들이 있습니다. 만일 태자가 초나라에 없을 때 왕이 세상을 떠나면 반드시 양문군의 아들이 뒤를 이을 사람으로 세워질 테니, 태자께서는 종묘의 제사를 받들 수 없을 것입니다. [그러므로] 사자와 함께 진나라를 빠져나가는 도리밖에 없습니다. 저는 남아서 목숨을 걸고 뒷일을 마무리하겠습니다."

초나라 태자는 옷을 갈아입고 초나라 사자의 마부로 꾸민 뒤 함곡관을 빠져나갔다. 황헐은 태자의 숙소를 지키며 자주 [태자가] 병이 났다는 핑계로 빈객들의 방문을 사절했다. 태자가 이미 멀리 가서 진나라가 뒤쫓을 수 없게 되었을 즈음에 황헐은 곧장 스스로 진나라 소왕에게 말했다.

"초나라 태자는 벌써 귀국길에 올라 〔함곡관을〕 벗어나서 멀리 갔습니다. 신의 죄는 죽어 마땅하니 원컨대 죽음을 내려 주십시오."

소왕은 매우 화가 나서 그가 자결하도록 놓아두려고 했지만 응후가 말했다.

"황헐은 신하로서 제 몸을 던져 군주를 위해 죽으려 했습니다. 태자가 왕위에 오르면 반드시 황헐을 등용할 것입니다. 그러니 죄를 묻지 말고 그대로 돌려보내 초나라와 화친하는 것이 〔가장〕 좋습니다."

〔그래서〕 진나라는 황헐을 돌려보냈다.

황헐이 초나라에 온 지 석 달 만에 초나라 경양왕이 죽고 태자 완이 왕위에 올랐다. 그가 바로 고열왕考烈王이다.

고열왕 원년에 왕은 황헐을 재상에 임명하고 춘신군春申君에 봉하여 회수 북쪽 땅 열두 현을 주었다. 그로부터 15년이 지나 황헐이 초나라 왕에게 말했다.

"회수 북쪽 땅은 〔초나라〕 변방 지역으로 제나라와 이웃해 있어서 그 사안이 급박하므로 그곳을 군郡으로 만들어 관리하면 편리합니다."

그러고는 자기 봉읍인 회수 북쪽 땅 열두 현을 모두 〔왕에게〕 바치고 〔그 대신〕 강동에 봉읍을 요청했다. 고열왕은 이를 허락했다. 춘신군은 옛날 오나라의 성지에 성을 쌓고 자신의 봉읍으로 삼았다.

진나라와 초나라가 싸울 수밖에 없는 이유

춘신군이 재상이 되어 초나라에 있을 때 제나라에는 맹상군이 있었고, 조나라에는 평원군이 있었으며, 위나라에는 신릉군이 있었다. (이들은) 선비들을 겸허하게 맞이하고 빈객을 불러 모으는 일에 서로 힘껏 다투었다. (이들은 선비들의 힘을 빌려) 나라를 돕고 권력을 유지하려고 했다.

춘신군이 초나라 재상이 된 지 4년 만에 진나라는 조나라의 장평에 있던 군사 40여 만 명을 깨뜨리고, 5년째에는 한단을 포위했다. 한단에서 그 위급함을 초나라에 알려 오자 초나라는 춘신군에게 병사를 이끌고 가서 그들을 구하게 했다. 그러나 진나라 군대가 이미 물러갔으므로 춘신군은 돌아왔다. 춘신군이 초나라 재상이 된 지 8년째 되던 해에 그는 초나라를 위해 북쪽으로 노나라를 쳐서 멸망시키고 순경荀卿을 난릉蘭陵의 현령으로 삼았다. 이 무렵 초나라는 다시 강대해졌다.

조나라 평원군이 춘신군에게 사신을 보냈다. 춘신군은 그를 상사上舍 상급의 객사에 머물게 했다. 조나라 사신은 초나라에 자랑하려고 대모瑇瑁 바다거북의 일종로 만든 비녀를 꽂고 주옥으로 꾸민 칼집을 가지고 춘신군의 빈객들에게 만나기를 요청했다. 춘신군의 빈객은 3000명이 넘었는데, 그중에서 상등의 빈객은 모두 주옥으로 꾸민 신을 신고 조나라 사신을 만났다. 그래서 조나라 사신은 매우 부끄러워했다.

춘신군이 재상이 된 지 14년째 되던 해에 진나라 장양왕莊襄王이 왕위에 올라 여불위呂不韋를 재상으로 삼아 문신후文信侯에 봉하고 동주東周를 차지했다.

춘신군이 재상이 된 지 22년째 되던 해에 제후들은 진나라의 공격이 끊이지 않음을 걱정하여 서로 합종을 약속하고 서쪽으로 진나라를 쳤다. 초나라 왕이 합종의 맹주가 되고 춘신군이 합종의 일을 처리했다. 〔그러나 그들은〕 함곡관에 이르러 진나라 군대의 공격을 받고 그만 싸움에서 패해 달아났다. 초나라 고열왕이 이 일로 인해 춘신군을 꾸짖으니, 이로써 춘신군과 〔고열왕의 사이가〕 점점 벌어졌다.

　　빈객 중에 관진觀津 출신의 주영朱英이라는 이가 있었는데, 춘신군에게 이렇게 말했다.

　　"사람들은 모두 초나라는 원래 강했는데 당신이 정무를 맡으면서 약해졌다고 합니다만 저는 그렇게 생각하지 않습니다. 선왕께서 살아 계실 때 진나라와 20년 동안이나 친선 관계를 유지하였고, 〔진나라가〕 초나라를 치지 않은 것은 무엇 때문입니까? 진나라가 맹애黽隘의 요새를 넘어서 초나라를 치는 일이 불편하고, 동주와 서주에게 길을 빌려야 하며, 한나라와 위魏나라를 뒤에 두고 초나라를 치는 것은 불가능했기 때문입니다. 〔그러나〕 지금은 그렇지 않습니다. 위나라는 가까운 시간에 멸망하려 하니 허許와 언릉을 아까워할 겨를도 없이 그 땅을 갈라 진나라에 줄 것입니다. 그러면 진나라 군대와 〔초나라의 도읍〕 진陳과는 160리 떨어져 있게 됩니다. 제가 보기에 진나라와 초나라는 날마다 싸울 것입니다."

　　이에 초나라는 진을 버리고 〔수도를〕 수춘壽春으로 옮겼다. 그리고 진나라는 위衛나라를 야왕野王으로 옮기고 동군東郡을 두었다. 춘신군은 이로 말미암아 〔봉국인〕 오吳로 가서 머물러 살며 재상 일을 대행했다.

정확한 결단만이 몸을 보존할 수 있다

초나라 고열왕에게는 아들이 없으므로 춘신군이 이 일을 걱정하여 아들을 낳을 만한 부녀자들을 여러 명 구해 왕에게 바쳤지만 끝내 아들이 생기지 않았다.

조나라 사람 이원李園이 자기 누이동생을 초나라 왕에게 바치려고 했지만 초나라 왕이 아들을 낳을 수 없다는 말을 듣고 시간이 오래 지나면 왕의 총애를 잃지 않을까 염려하였다. [그래서] 이원은 먼저 춘신군을 섬기기로 하고 그의 사인이 되었다. 얼마 뒤에 휴가를 얻어서 고향으로 갔다가 일부러 정해진 날짜를 어기고 뒤늦게 돌아와 춘신군을 만났다. 춘신군이 늦어진 까닭을 묻자 [이원이] 대답했다.

"제나라 왕이 사신을 보내 제 누이동생을 데려가려고 했습니다. 그 사신과 술자리를 같이하다가 정해진 날짜를 어기게 됐습니다."

춘신군이 물었다.

"폐백은 받았소?"

[이원이] 대답했다.

"받지 않았습니다."

춘신군이 말했다.

"만나 볼 수 있겠소?"

[이원이] 말했다.

"좋습니다."

그리하여 이원은 그 누이동생을 춘신군에게 바쳤다. 그녀는 춘신군의 총애를 받았다. 이원은 동생이 임신한 것을 알고 그녀와 일을 꾸몄던 것이다. 이원의 누이동생이 한가한 틈을 타서 춘신군에게 설득하여 말했다.

"초나라 왕께서 당신을 소중히 여기고 아끼는 것이 친형제보다 더합니다. 이제 당신은 20년이 넘게 초나라 재상으로 계셨고 왕께는 아들이 없습니다. 만일 뒤에 왕이 돌아가시고 왕의 형제가 왕위에 오르면 초나라는 임금이 바뀌고, 새 군주는 예전부터 친밀했던 사람들과 친척들을 소중히 여길 것이니, 당신이 어찌 오래도록 총애를 받을 수 있겠습니까? 그뿐만 아니라 당신은 높은 지위에 있으면서 정권을 잡은 지 오래니 왕의 형제들에게 예의에 벗어난 행동도 많이 했으리라 생각됩니다. 그 형제가 왕위에 오르면 재앙이 당신 몸에 미치게 될텐데 어떻게 재상의 인수와 강동의 봉읍을 지닐 수 있겠습니까? 지금 소첩만 임신한 것을 알 뿐 다른 사람들은 아무도 모릅니다. 소첩이 당신의 총애를 받은 지는 그리 오래되지 않았습니다. 참으로 당신의 존귀한 지위를 이용하여 저를 초왕에게 바친다면 왕께서는 반드시 소첩을 총애하실 것입니다. 그리고 하늘이 도와 소첩이 사내아이를 낳는다면 당신 아들이 왕이 될 것입니다. 〔그러면〕 초나라가 전부 당신 것이 됩니다. 당신이 뜻하지 않은 재앙을 당하는 것과 어느 편이 더 좋습니까?"

춘신군도 그 말을 옳다고 생각하여 이원의 누이동생을 내보내 따로 거처를 정하여 머물게 한 뒤 초나라 왕에게 그녀를 말해 두었다. 초나라 왕은 그녀를 궁궐로 불러들여 아껴 주어, 드디어 이원의 누이동생이 사내아이를 낳게 되자 그 아들을 태자로 삼고, 이원의 누이동생을 왕후로 삼았다. 초나라 왕이 이원을 귀하게 여겼고, 이원은 정사를 처리하게 되었다.

이원은 이미 자기 누이동생이 궁궐로 들어가 왕후가 되고 그 아들이 태사가 되자, 춘신군의 입에서 비밀이 새어 나오거나 그 일로 점점 오만해질까 염려하여 남몰래 죽음을 각오한 용감한 병사들을 길러서 춘신군을 죽여 그의 입을 막아 버리려 했다. 그러나 그 나라 사람 중 많은 이가 이 일을 알고 있었다.

복과 불행은 뜻하지 않게 찾아온다

춘신군이 재상이 된 지 25년째 되던 해에 초나라 고열왕이 병에 걸렸다. 주영이 춘신군에게 말했다.

"세상에는 생각지도 않던 복이 찾아올 수도 있고, 또 생각지도 않은 재앙이 올 수도 있습니다. 지금 당신은 생각지도 못한 [행복과 재앙이 찾아오는] 세상에 살고 있고, 기대를 걸 수 없는 군주를 섬기고 계십니다. 어찌 재앙을 막아 낼 수 있는 뜻밖의 인사를 구해 두지 않으십니까?"

춘신군이 물었다.

"무엇을 생각지도 않은 복이라고 하오?"

[주영이] 대답했다.

"당신께서 초나라 재상이 된 지 20여 년이 됩니다. 이름은 재상이지만 실제로는 초나라 왕입니다. 지금 초나라 왕이 병에 걸려 머지않아 돌아가시려 합니다. 그러면 당신은 어린 군주를 도와 나랏일을 하게 될 텐데, [이는] 이윤伊尹이나 주공周公처럼 하는 것입니다. 그러다가 왕이 자라면 정권을 돌려주거나, 아니면 왕 노릇을 하여 고孤제후의 자칭라고 일컬으며 초나라를 차지하지 않겠습니까? 이것이 생각지도 못했던 행복입니다."

춘신군이 물었다.

"생각지도 못한 재앙은 무엇이오?"

〔주영이〕 대답했다.

"이원은 〔당신이 있으면〕 자신이 권력을 잡을 수 없기 때문에 당신을 원수로 생각하고 〔지금은〕 군대를 동원하지 않지만 오래전부터 죽음을 각오한 병사들을 기르고 있습니다. 초나라 왕이 죽으면 이원은 반드시 궁궐로 들어가 권력을 잡고 당신을 죽여서 입을 막을 것입니다. 이것이 생각지도 않은 재앙입니다."

춘신군이 물었다.

"뜻밖의 인사란 누구요?"

〔주영이〕 대답했다.

"당신께서는 저를 낭중郎中에 임명하십시오. 초나라 왕이 죽으면 이원은 틀림없이 먼저 〔궁궐로〕 들어갈 것입니다. 제가 당신을 위하여 이원을 죽이겠습니다. 이것이 이른바 재앙을 막아 낼 수 있는 뜻밖의 인사입니다."

춘신군이 말했다.

"그대는 그만두시오. 이원은 나약한 사람이며, 나는 또 그를 잘 대하고 있으니 어떻게 그런 일이 일어날 수 있겠소?"

주영은 자기 주장이 받아들여지지 않을 것을 알고 자기에게 재앙이 미칠까 두려워 즉시 달아났다.

이로부터 열이레 뒤에 초나라 고열왕이 죽자, 이원은 정말 먼저 〔궁궐로〕 들어와 극문棘門 안에 죽음을 각오한 명사를 숨겨 놓았다. 춘신군이 극문에 들어서자 죽음을 각오한 이원의 병사들이 춘신군을 찌르고 그 머리를 베어 극문 밖으로 내던졌다. 곧이어 관리를 보내 춘신군의 집안사람을 모조리 죽였다.

처음에 춘신군의 총애를 받아 임신한 뒤 초나라 왕에게 바쳐진 이원의 누이동생이 낳은 아들이 왕위에 올랐으니 이 사람이 초나라 유왕幽王이다.[3]

이해는 진시황이 제위에 오른 지 9년째 되는 해였다. 노애嫪毐 여불위의 사인가 진나라에서 난을 일으켰다가 들켜 삼족이 몰살되었고, 여불위가 〔벼슬에서〕 폐출되었다.

태사공은 말한다.

"내가 초나라에 가서 춘신군의 옛 성과 궁실을 보니 웅장하구나! 처음에 춘신군이 진나라 소왕을 설득하고 몸을 던져 초나라 태자를 돌아오게 한 것은 얼마나 밝은 지혜였던가! 〔그런데〕 마지막에 이원에게 당한 일은 늙어서 사리 판단이 어두워진 탓이리라. 세인의 말에 '마땅히 결단해야 할 것을 결단하지 못하면 도리어 혼란을 겪게 된다.'라고 하였다. 〔이는〕 춘신군이 주영의 말을 받아들이지 않은 것을 두고 한 말일까?"

---

3 이원이 여동생을 초나라 왕에게 바친 것은 여불위가 애첩을 진나라 왕에게 바친 것과 비슷하다. 진나라 왕에게 바쳐진 애첩이 낳은 아이가 진시황이라는 이야기가 뒤의 「여불위 열전」에 나온다.

19

범저 채택 열전
范雎蔡澤列傳

범저는 위魏나라 사람이고 채택은 연나라 사람이다. 이들은 고향에서는 인정받지 못하고 불우하게 살다가 서쪽 진나라로 들어가 재상이 되어 공을 세우고 이름을 떨쳤다.

전국 시대 말기에 범저는 진나라 소왕을 도와 멀리 있는 나라와 우호 관계를 맺어 가까이 있는 나라를 공격하는 계책을 세웠다. 진나라가 천하를 통일하는 데 장애가 되던 강국 조나라를 장평 싸움에서 무너뜨리고, 또한 주변의 한나라와 위나라와 초나라를 멸망시키고 나서 북쪽의 연나라와 진晉나라를 도모하는 데 공을 세웠다. 채택은 동주 낙양 서쪽 지역을 빼앗았다. 사실 진나라가 제후들의 우두머리가 될 수 있었던 것은 이 두 사람을 비롯한 인재들 덕분이다.

사마천은 범저와 채택을 긍정적으로 평가한다. 그들은 어려움을 겪으면서도 자신들의 뜻을 잃지 않았고 공을 이룬 뒤에는 물러나 어진 사람을 따랐기 때문에 특별히 이들에 관한 열전을 만든 것이다.

이 편은 주로 대화체여서 읽다 보면 마치 범저와 채택의 목소리가 귓가에 들려오는 듯하다. 특히 부드러우면서도 허를 찌르는 화술로 채택이 응후를 설득하는 장면이 백미이다.

假張
祿廷
辱魏
使

신분을 숨기고 수고를 속여 치욕을 되갚은 범저.

군주가 의심하면 잠시 떠나 때를 기다려야 한다

범저范雎[1]는 위魏나라 사람으로 자는 숙叔이다. 그는 제후들에게 유세하여 위나라 왕을 섬기려고 했다. 그러나 가난하여 스스로는 자금을 마련할 수 없어 우선 위나라 중대부中大夫 수고須賈를 섬겼다.

수고가 위나라 소왕昭王의 사자로 제나라에 갈 때 범저도 따라갔다. 〔그러나〕 몇 달 동안 머물러 있어도 〔등용한다는〕 통보를 받지 못했다. 제나라 양왕襄王은 범저가 변론에 뛰어나다는 말을 듣고 사람을 시켜 금 열 근과 쇠고기와 술을 보냈다. 〔하지만〕 범저는 거절하고 함부로 받지 않았다. 수고는 이 사실을 알고 무척 화를 내며 범저가 위나라의 비밀을 제나라에 알려 주었기 때문에 이런 선물을 받게 된 것으로 생각했다. 그는 범저에게 쇠고기와 술만 받고 금은 돌려주도록 했다. 이윽고 〔위나라로〕 돌아온 뒤 〔수고는〕 마음속으로 노여움을 품고 범저가 제나라로부터 선물 받은 일을 위나라 재상에게 말했다.

위나라 재상은 위나라의 여러 공자 가운데 한 사람으로 위제魏齊라 했다. 위제는 매우 화를 내면서 사인을 시켜 범저를 매질하게 하여 〔범저는〕 갈비뼈가 나가고 이가 부러졌다. 범저가 죽은 척하자 대자리에 둘둘 말아서 변소에 내버려 두었다. 빈객들이 술을 마시다 취하여 번갈아

| 원문에는 '수睢'로 되어 있으나 '저雎'로 바로잡았다. 청 대 학자 왕선신王先愼의 『한비자집해韓非子集解』에도 범저范雎로 표기되어 있다.

가며 그의 몸에 오줌을 누었다. 이는 일부러 그를 모욕하여 나중에 함부로 밀하는 자가 없도록 경세하려고 한 것이나. 범서가 내사리에 싸인 채 〔자신을〕 지키고 있는 자에게 이렇게 말했다.

"당신이 나를 여기서 나갈 수 있게 해 주면 내 반드시 후하게 사례하겠소."

〔범저를〕 지키던 자가 대자리 속의 시체를 버리겠다고 하자 위제는 술에 취하여 그렇게 하라고 했다. 〔이렇게 하여〕 범저는 빠져나올 수 있었다. 나중에 위제는 이를 후회하고 다시 범저를 찾게 했다. 위나라 사람 정안평鄭安平이 이 소문을 듣고 범저를 데리고 달아나 숨어 살았다. 〔범저는〕 성과 이름을 바꿔 장록張祿이라고 했다.

이 무렵 진나라 소왕이 알자謁者왕의 공문이나 명령을 전하던 관리 왕계王稽를 위나라에 사신으로 보냈다. 정안평은 신분을 속이고 병졸이 되어 왕계를 모셨다. 왕계가 물었다.

"위나라에는 나와 함께 서쪽 진나라로 유세하러 갈 만한 어진 사람이 있소?"

정안평이 대답했다.

"저희 마을에 장록 선생이라는 분이 계신데 당신을 뵙고 천하의 대사를 말씀드리고자 합니다. 그러나 그분에게는 원수가 있기 때문에 낮에는 함부로 눈에 띌 수 없습니다."

왕계가 말했다.

"밤에 함께 오시오."

정안평은 밤에 장록과 함께 왕계를 만났다. 이야기가 다 끝나기도 전에 왕계는 범저가 현명하다는 것을 알고 말했다.

"선생은 삼정三亭 남쪽에서 나를 기다려 주십시오."

〔왕계는 범저와〕 은밀히 약속하고 헤어졌다.

왕계가 위나라에서 물러나와 떠날 때, 삼정 남쪽에서 범저를 수레에 태우고 진나라로 들어갔다. 그들이 호관湖關에 이르렀을 때 수레와 기마가 서쪽에서 다가오는 것이 보였다. 범저가 물었다.

"저기 오는 사람은 누구입니까?"

왕계가 대답했다.

"진나라 재상 양후穰侯위염가 동쪽의 현읍을 살펴보는 것입니다."

범저가 말했다.

"저는 양후가 진나라의 정권을 제 마음대로 휘두르며 제후의 식객들이 나라 안으로 들어오는 것을 싫어한다고 들었습니다. 저를 욕보일까 두려우니 잠시 수레 안에 숨는 게 좋겠습니다."

조금 뒤 정말 양후는 다가와 수레를 세우게 하고는 왕계의 수고를 위로하며 말했다.

"관동關東함곡관 동쪽으로 진나라 외의 여러 나라를 가리킴에 무슨 조짐이라도 있습니까?"

〔왕계가〕 대답했다.

"없습니다."

〔양후가〕 또 왕계에게 물었다.

"당신은 제후의 식객 따위는 데려오지 않았을 테지요. 〔그런 자들은〕 쓸모도 없으며 남의 나라를 어지럽힐 뿐이오."

왕계가 대답했다.

"감히 그러지 못합니다."

〔양후는〕 그대로 헤어져 떠나갔다. 범저가 말했다.

"저는 양후가 지혜로운 선비라고 들었는데, 일처리는 더디군요. 방금 수레 안에 사람이 숨어 있지 않나 의심하면서도 뒤져 보는 것을 잊고 가더군요."

그리하여 범저는 수레에서 내려 달아나며 말했다.

"이 사람은 반드시 후회할 것입니다."

10리 남짓 갔을 때 정말로 양후는 기마병을 보내와 수레를 뒤지게 했으나 아무도 없으므로 그냥 돌아갔다. 왕계는 드디어 범저와 함께 함양으로 들어갔다. 왕계는 사자로서 갔다 온 일들을 보고하고 기회를 보아 말했다.

"위나라에 장록 선생이라는 인물이 있는데 천하의 유세가입니다. 그가 '진나라 왕의 나라는 달걀을 쌓아 놓은 것처럼 위태롭지만 내 의견을 들으면 무사할 수 있는데 내 의견을 글로 전할 수는 없다.'라고 말하기에 신이 일부러 그를 수레에 태워 데리고 왔습니다."

〔그러나〕 진나라 왕은 이를 믿지 않았다. 숙소를 내주기는 했지만 맛없는 음식으로 대접했다. 〔범저가 진나라 왕의〕 분부만을 기다린 지 1년 남짓 세월이 지나갔다.

당시는 소왕이 자리에 오른 지 36년이 된 때였다. 〔그동안〕 남쪽으로 초나라의 언과 영을 빼앗았고, 초나라 회왕이 진나라에 억류된 채로 죽었다. 〔또〕 진나라는 동쪽으로 제나라를 깨뜨렸다. 〔제나라〕 민왕은 한때 제帝라고 불렀으나 〔점령당한 뒤로는〕 이 칭호를 쓰지 않았다. 〔진나라는〕 삼진에게 여러 차례 시달린 일이 있어서 천하의 유세가들을 싫어하고 믿지 않았다.

양후는 화양군華陽君으로 소왕의 어머니인 선 태후宣太后의 동생이며, 경양군涇陽君과 고릉군高陵君은 모두 〔선 태후의 아들로〕 소왕의 동생이다. 양후는 재상이 되고, 〔다른〕 세 사람은 번갈아 장군이 되어 모두 봉읍을 받았으며 태후와의 관계로 인해 그들의 개인 재산은 왕실을 능가할 정도였다.

이 무렵 양후는 진나라 장군이 되어 장차 한나라와 위나라를 넘어 제나라 강읍綱邑과 수읍壽邑을 쳐서 도읍陶邑을 넓히려고 했다. 하여 범저가 글을 올려 말했다.

신이 듣건대 "현명한 군주가 나라를 다스리면 공이 있는 자는 반드시 상을 받고, 능력이 있는 자는 반드시 관직을 받을 수 있다. 공로가 큰 자는 그 봉록이 후하고, 공이 많은 자는 그 작위가 높으며, 백성을 잘 다스릴 수 있는 자는 그 관직이 높다. 그러므로 능력이 없는 자는 감히 관직을 감당하지 못하고, 능력이 있는 자 또한 〔스스로〕 재능을 감출 수 없다."라고 합니다. 만약 신의 말이 옳다고 생각되시면 원컨대 이렇게 실행하십시오. 그러면 왕의 다스림에 이로움이 더해질 것입니다. 〔그러나〕 신의 말이 옳지 않다고 생각하신다면 신을 이곳에 오래 머무르게 해도 소용없는 일입니다. 옛말에도 "평범한 군주는 사랑하는 자에게 상을 내리고 미워하는 자에게 벌을 주지만, 현명한 군주는 그렇지 않아 상은 반드시 공 있는 자에게 주고 형벌은 반드시 죄 있는 자에게 내린다."라고 했습니다. 지금 신의 가슴은 형틀을 감당하기에 부족하며 허리는 큰 도끼를 맞을 만하지도 못한 몸입니다만, 어찌 감히 자신 없는 일을 가지고 왕을 시험하려 하겠습니까? [왕께서] 신을 천한 놈이라고 하찮게 여기고 모욕할지라도 신을 믿고 추천한 왕계가 왕을 저버릴 인물이 아니라는 것만은 믿고 계실 것입니다.

신이 들으니 "주나라에는 지액砥砨이 있고, 송나라에는 결록結綠이 있으며, 양나라에는 현려縣藜가 있고, 초나라에는 화박和朴이 있다. 이 네 가지 보옥은 흙 속에서 나온 것으로 뛰어난 장인들도 그 가치를 놓쳤지만 결국은 천하에서 이름난 기물이 되었다."라고 합니다. 그렇다면 선왕께서 버린 사람이라고 해서 어찌 나라에 이익을 줄 힘이 부족하다고 할 수 있겠습니까?

또 신은 "대부의 집을 번창시킬 인재는 나라 안에서 찾고, 제후의 나라를 번창시킬 인재는 천하에서 찾는다."라고 들었습니다. 천하에 현명한 군주가 있으면 다른 제후들이 마음대로 인재를 얻을 수 없는 것은 무슨 까닭이겠습니까? 현명한 군주가 그러한 인재를 빼앗아 오기 때문입니다. 훌륭한 의사는 환자가 죽고 사는 것을 알고, 훌륭한 군주는 일의 성공과 실패에 밝습니다. 이로우면 행하고 해로우면 버리고 의심스러우면 좀 더 시험해 봅니다. [이러한 점은] 순임금이나 우임금이 다시 태어나더라도 고칠 수 없는 일입니다. 이보다 더 긴요한 문제[2]는 신이 감히 글로 적을 수 없고, 또 하찮은 말은 들려드릴 만한 가치가 없습니다. 왕께서 지금까지 신을 내버려 둔 것은 신이 어리석어 왕의 마음에 들지 않았기 때문입니까? 아니면 신을 추천한 자의 지위가 낮아 신의 말을 들어 볼 필요조차 없다고 생각하셨습니까? 만일 그렇지 않다

2 선 태후, 양후, 화양군 등이 정치를 마음대로 휘두르는 일을 암시한다.

면 신은 원하건대 유람할 틈을 조금만 내어 왕을 뵐 수 있는 영광을 주시기 바랍니다. 〔그때 나라에〕 도움이 안 된다면 죽음의 형벌도 달게 받겠습니다.

이에 진나라 소왕은 매우 기뻐하여 왕계에게 사과하고 수레를 보내 범저를 불러오게 하였다. 이리하여 범저는 이궁離宮(왕이 임시로 머무는 궁실)에서 왕을 만나게 되었다. 그때 그는 길을 모르는 척하고 〔후궁들이 드나드는〕 영항永巷으로 들어갔다. 〔때마침〕 왕이 오자 환관은 화를 내고 범저를 내쫓으며 소리쳤다.

"왕께서 납신다."

범저는 짐짓 환관에게 이렇게 말했다.

"진나라에 어찌 왕이 있단 말이오? 진나라에는 태후와 양후가 있을 뿐이오."

〔범저는 일부러〕 소왕을 노엽게 만들 생각이었다. 소왕이 다가와 범저가 환관과 말다툼하는 것을 듣고 〔범저를〕 궁중으로 맞아들여 사과하며 말했다.

"과인이 마땅히 선생을 만나 가르침을 받아야 했지만 때마침 의거義渠의 일이 화급하여 과인은 아침저녁으로 스스로 태후에게 요청했던 것이오. 지금은 의거의 일도 마무리됐으니 과인은 〔선생의〕 가르침을 받을 수 있소. 과인은 자신의 어리석음을 탓하고 있소. 이제 삼가 주인과 손님의 관계로 예우하며 가르침을 받들겠소."

범저는 사양했다. 이날 범저가 소왕을 만나는 광경을 본 신하들은 모두 숙연하게 낯빛을 바꾸고 자세를 바로 하지 않는 자가 없었다.

진나라 왕은 좌우의 신하들을 물리쳐 궁중에 아무도 없게 하였다. 진나라 왕이 무릎을 꿇고 청했다.

"선생께서는 무엇을 과인에게 가르쳐 주겠소?"

범저가 말했다.

"네, 네."

얼마 뒤 진나라 왕이 다시 무릎을 꿇고 청했다.

"선생께서는 무엇을 과인에게 가르쳐 주겠소?"

범저는 [또] 말했다.

"네, 네."

이렇게 세 차례 되풀이하자, 진나라 왕은 무릎을 꿇은 채 말했다.

"선생께서는 끝내 과인에게 가르침을 주지 않으려는 것이오?"

범저가 말했다.

"감히 그럴 리 있겠습니까? 신은 예전에 이런 말을 들었습니다. 여상 呂尙[3]이 문왕을 만났을 때는 어부로서 위수渭水 근처에서 낚시질을 하고 있었습니다. 여기 우리처럼 사이가 멀었지요. [그러나] 문왕이 여상의 말에 설복되어 그를 태사太師로 삼아 같이 수레를 타고 돌아온 것은 여상의 말에 깊이가 있었기 때문입니다. 그러므로 문왕은 여상의 힘으로 마침내 천하의 왕이 되었습니다. 만일 처음에 문왕이 여상을 멀리하여 깊

---

3 은나라 말부터 주나라 초기 사람으로 본래 성은 강姜인데, 그 선친이 여呂에 봉해졌기 때문에 여呂를 성으로 삼았다. 강상姜尙이라고도 하며 호는 태공망太公望이다. 주나라 문왕이 위수 가에서 곧은 낚시로 고기를 낚고 있는 그를 만나 스승으로 삼았으며, 뒤에 태공망은 무왕을 도와 은나라 주왕을 쳐서 멸망시켜 주나라를 세우고 그 공으로 제나라의 제후가 되었다. 그는 낚시를 매우 즐겼으므로 오늘날 낚시를 즐기는 사람을 흔히 강태공이라 한다. 「제 태공 세가」에 자세한 이야기가 나온다.

이 있는 말을 하지 않았더라면 주나라는 천자로서 덕을 펼 수 없고, 문왕과 무왕 모두 그 왕업을 이루지 못했을 것입니다. 신은 지금 다른 나라에서 온 나그네로 왕과 사이가 가깝지 않습니다. 그러나 왕께 말씀드리고자 하는 것은 모두 군주를 바로잡고자 하는 일이며, 왕의 가까운 혈육에 관한 이야기이기도 합니다. 원컨대 어리석게나마 충성을 다하고 싶지만 아직 왕의 마음을 잘 모르겠습니다. 이것이 왕께서 세 차례나 물으셔도 〔신이〕 감히 대답하지 못한 까닭입니다.

두려워서 말씀드리지 못하는 것이 아닙니다. 신은 오늘 왕 앞에서 말씀드리고 내일 뒤에서 죽게 되더라도 굳이 피하지 않겠습니다. 대왕께서 진실로 신의 말을 받아들여 실행한다면 죽더라도 걱정하지 않으며, 떠도는 신세가 되어도 근심하지 않으며, 몸에 옻칠을 하여 문둥병 환자처럼 되고 머리를 풀어헤쳐 미치광이처럼 된다 해도 신은 부끄럽게 여기지 않을 것입니다. 하물며 오제 같은 성인도 죽고, 삼왕 같은 어진 사람도 죽었으며, 오백 같은 현인도 죽고, 오획烏獲이나 임비任鄙 같은 힘센 장사도 죽고, 성형成荊과 맹분孟賁과 왕경기王慶忌와 하육夏育 같은 용사도 죽었습니다. 죽음이란 인간이 반드시 피할 수 없는 것입니다. 언젠가 한 번은 반드시 죽을 몸, 죽음으로써 조금이라도 진나라에 보탬이 될 수 있다면 이것이 신의 가장 큰 바람인데 또 무엇을 걱정하겠습니까?

오자서는 〔초나라를 탈출할 때〕 자루 속에 숨어 소관昭關을 빠져나와 밤에 길을 가고 낮에는 숨어 지내며 능수陵水에 이르렀습니다. 그는 입에 풀칠도 못하게 되자 무릎으로 기어다니고 머리를 조아리고 옷을 벗은 채 배를 두드리며 피리를 불면서 오나라 시장에서 구걸했습니다. 〔그렇지만 그는〕 마침내 오나라를 일으켜 합려를 천하의 우두머리로 만들었습니다. 신에게 오자서처럼 계책을 다할 수 있도록 해 주신다면 평생 옥에 갇혀 왕을 뵐 수 없게 되더라도 신의 말이 실행될 터인데 신이 또한 무엇을 걱정하겠습니까? 기자箕子[4]와 접여接興[5]는 몸에 옻칠을 하여 문둥병자로 꾸미고 머리를 풀어헤쳐 미치광이처럼 보이게 했지만 [자기] 군주에게 도움을 주지는 못했습니다. 만약 신이 기자와 똑같은 행동을 하게 되더라도 현명한 군주에게 도움이 될 수 있다면 신으로서는 큰 영광인데 신이 무엇을 부끄러워하겠습니까? 신이 두려워하는 바는 단지 신이 죽은 뒤, 천하의 인사들이 신이 충성을 다하고도 죽는 것을 보고 입을 다물고 말하지 않으며 진나라로 가기를 달갑지 않게 여길까 하는 점입니다.

당신께서 위로는 태후의 위엄을 두려워하고 아래로는 간사한 신하의 아첨에 빠져 깊은 궁궐 안에 계시어 시종들의 손아귀에서 벗어나지 못하고 평생 미혹되어 현명한 신하와 간악한 신하를 분명하게 가려내지 못한다면 크게는 종묘가 망하고, 작게는 자신이 고립되어 위태로워질 것

---

4 은나라 주왕의 숙부로 이름은 서여胥余 또는 수유須臾이다. 기국箕國에 봉해져 기자로 불렸다. 기자는 자기 나라가 멸망한 뒤 조선에 와서 예의, 전잠田蠶, 직작織作, 팔조지교八條之敎를 가르치고 기자 조선의 시조가 되었다고 하는데 일부에서는 부정하기도 한다. 은나라 주왕이 음란한 행위를 그치지 않자 기자는 힘껏 간언하였다. 그러나 주왕은 받아들이지 않고 오히려 그를 붙들어 노예로 삼았다. 주나라 무왕이 은나라를 멸망시킨 후에 기자는 자유로운 몸이 되었다. 공자는 일찍이 은나라에 어진 이가 셋 있다고 했는데 이는 기자, 미자微子, 비간比干을 가리킨다. 비간도 주왕의 바르지 못한 행실을 간언했다가, 성인의 심장에는 일곱 구멍이 있다는 말을 들었다는 주왕에 의해 살해되어 심장이 꺼내졌다.
5 초나라의 전원에 숨어 살던 선비로 성은 육陸이고 이름은 통通이다. 그는 초나라 소왕昭王 때 정치가 혼란스러워지자 머리를 풀어헤치고 거짓으로 미친 척하며 벼슬을 하지 않았다. 그때 사람들은 그를 초광楚狂이라고 불렀다.

입니다. 이것이 신이 두려워하는 점입니다. 만약 〔신 자신이〕 곤궁해지고 욕을 보거나 죽거나 망명하는 근심거리를 겪는다 해도 신은 결코 두렵지 않습니다. 신이 죽어 진나라가 잘 다스려진다면 신의 죽음은 사는 것보다 오히려 낫습니다."

진나라 왕은 무릎을 꿇은 채 말했다.

"선생은 무슨 말을 하시는 겁니까? 진나라는 멀리 구석진 곳에 있으며, 과인은 어리석고 어질지 못합니다. 그런데 다행히 선생께서 이곳으로 욕되게 오셨습니다. 이는 하늘이 과인에게 선생의 힘을 입어 선왕의 종묘를 보존하도록 한 것입니다. 과인이 선생의 가르침을 받을 수 있는 것은 하늘이 선왕을 아껴 그의 고아인 과인을 버리지 않아서입니다. 그런데 선생은 어째서 그런 말을 하십니까? 일이 크든 작든 가리지 말고 위로는 태후에서 아래로는 대신에 관한 일까지 빠짐없이 가르쳐 주시고, 과인을 의심하지 말아 주십시오."

범저가 절하자 진나라 왕도 절했다. 범저가 말했다.

"대왕의 나라는 사방이 요새로서 튼튼합니다. 북쪽에는 감천산甘泉山과 곡구谷口가 있고, 남쪽에는 경수涇水와 위수渭水가 있으며, 오른쪽으로는 농隴과 촉蜀이 있고, 왼쪽으로는 함곡관과 상판商阪이 있습니다. 용감하게 진격하는 군사가 100만 명이고 전차는 1000대나 있어 이로우면 나가서 싸우고 불리하면 물러나 지키면 됩니다. 이곳은 왕업을 이룰 만한 땅입니다. 백성은 사사로운 싸움에는 겁을 내나 나라를 위한 싸움에는 용감합니다. 이들은 왕업을 이룰 만한 백성입니다. 왕께서는 이 두 가지를 모두 가지고 있습니다. 진나라 병사의 용맹함과 많은 전차와 기마를 이용하면 제후들을 다스릴 수 있습니다. 이것은 마치 한로韓盧전국 시대에 한韓에서 생산되던 털이 검은 개 같은 명견을 몰아 절름발이 토끼를 잡는 것처럼 쉬운 일입니다. 이렇게 하면 전하의 우두머리가 되는 사업을 이룰 수 있습니다. 그런데 왕의 신하들은 자신들이 맡은 일을 감당하지 못하고, 지금까지 15년 동안이나 함곡관을 닫아 두고 감히 군대를 내보내 산동을 엿보지 못하고 있습니다. 이것은 양후가 진나라를 위하여 충실하게 계획하지 못하고, 대왕의 계책에 잘못된 점이 있기 때문입니다."

진나라 왕은 무릎을 꿇고 말했다.

"과인은 부디 잘못된 계책에 대해 듣고 싶소."

그러나 좌우에 몰래 숨어 듣는 자가 많은 눈치여서 범저는 두려워하며 나라 안의 문제는 말하지 않고 나라 밖의 문제를 말하여 진나라 왕의 태도를 살피려고 했다. (범저는) 다가가 말했다.

"양후가 한나라와 위나라를 넘어서 제나라의 강읍과 수읍을 치려 하는 계책은 좋지 않습니다. 적은 군대를 출동시키면 제나라를 해치기에 부족하고 많은 군대를 내보내면 진나라에 해롭습니다. 신이 왕의 계책을 생각하건대 왕께서는 진나라에서 병력을 적게 보내고 모자라는 병력을 한나라와 위나라 군사를 동원하여 채우려 하시는데, 그것은 의롭지 못합니다. 지금 동맹국인 제나라와 사이가 좋지 않다고 해서 남의 나라를 넘어서까지 치는 것이 옳은 일입니까? 아무래도 이러한 계책에는 부족한 점이 있습니다.

옛날 제나라 민왕은 남쪽의 초나라를 쳐서 군사를 깨뜨리고 장군을 죽이고 다시 사방 1000리나 되는 땅을 개척하려고 했습니다. 그러나 제나라는 한 자 한 치의 땅도 얻지 못했습니다. 그것이 어찌 땅을 얻기 싫어서였겠습니까? 형세가 땅을 차지할 수 없었기 때문입니다. 제후들은 제나라가 피폐해 있고 군주와 신하 사이가 원만하지 않은 것을 보자 병사를 일으켜 제나라를 쳐서 크게 깨뜨렸습니다. 〔제나라〕 군대는 치욕을 당하고 군사는 꺾이고 말았습니다. 〔제나라에서는〕 모두 왕에게 그 책임을 물어 '누가 이런 계책을 세웠습니까?'라고 했고, 왕은 '문자文子맹상군가 그렇게 한 것이다'라고 대답했습니다. 그러자 대신들이 반란을 일으켜 문자는 달아나고 말았습니다. 그러므로 제나라가 싸움에서 크게 진 까닭은 초나라를 쳐서 한나라와 위나라를 살찌운 데 있습니다. 이것은 바로 도적에게 무기를 빌려 주고 식량을 주는 꼴입니다. 왕께서는 멀리 떨어져 있는 나라와 교류하고 가까운 나라를 치는 것이 제일 좋습니다. 그렇게 하면 한 치의 땅을 얻어도 왕의 것이 되고 한 자의 땅을 얻더라도 왕의 것이 됩니다. 지금 이런 계책을 버리고 멀리 있는 나라를 친다는 것은 역시 잘못된 일이 아니겠습니까?

또 옛날 중산국中山國은 영토가 사방 500리였는데, 〔중산과 가장 가까이 있는〕 조나라가 혼자서 차지했습니다. 〔조나라가〕 공을 이루고 이름을 드날리며 이익을 얻었지만 천하의 그 누구도 이것을 방해할 수 없었습니다. 지금 한나라와 위나라는 중원 지역에 위치하여 천하의 중추가 되어 있습니다. 왕께서 천하의 우두머리가 되기를 원한다면 반드시 중원 지역의 나라들과 가까워져서 천하의 중추가 되어 초나라와 조나라를 위협해야 합니다. 초나라가 강하면 조나라를 〔진나라에〕 아부하게 하고, 조나라가 강하면 초나라를 귀의해 오게 만드십시오. 초나라와 조나라가 모두 귀의해 오게 되면 제나라가 반드시 두려워할 것입니다. 제나라가 두려워하면 반드시 말을 겸손하게 하고 많은 예물로 진나라를 섬길 것입니다. 제나라가 우리 편이 되면 한나라와 위나라도 손에 넣을 수 있습니다."

소왕이 불렀나.

"나는 오래전부터 위나라와 가깝게 지내려고 했소. 그러나 위나라는 아주 변화무쌍한 나라여서 과인이 가까이할 수가 없었소. 위나라와 친하려면 어떻게 하면 되겠소?"

〔범저가〕 대답했다.

"왕께서는 말을 겸손하게 하고 많은 예물로 위나라를 섬기십시오. 〔이렇게 해서〕 안 되면 땅을 떼어서 뇌물로 주고 그래도 안 되면 병사를 일으켜 치십시오."

소왕이 말했다.

"과인은 삼가 가르침에 따르겠소."

〔소왕은〕 범저를 객경에 임명하고 군사에 관한 일을 상의했다. 드디어 범저의 계책에 따라 오대부 관綰에게 위나라를 치도록 하여 회懷 땅을 빼앗고, 2년 뒤에 형구刑丘를 함락했다.

객경 범저는 다시 소왕을 설득하여 말했다.

"진나라와 한나라의 지형은 수를 놓은 것처럼 얽혀 있습니다. 진나라에게 한나라가 있다는 것은 나무에 좀벌레가 있고 사람의 배 속에 병이 있는 것과 같습니다. 천하에 아무런 일도 없으면 다행입니다만, 만약 변고가 생기면 진나라의 걱정거리로는 한나라보다 더한 나라가 없습니다. 왕께서는 한나라를 〔우리 편으로〕 끌어들이는 것이 좋습니다."

소왕이 말했다.

"나는 본래부터 한나라를 〔우리 편으로〕 끌어들이려 했지만 한나라가 말을 듣지 않으니 어떻게 하면 좋겠소?"

〔범저가〕 대답했다.

"한나라가 어찌 말을 듣지 않겠습니까? 왕께서 병사를 내려 보내 형양을 치면 공읍과 성고로 가는 길이 막히고, 북쪽으로 태항산으로 가는 길을 끊어 버리면 상당의 군사는 내려오지 못할 것입니다. 왕께서 한 번 군사를 일으켜 형양을 치면 한나라는 끊어져 셋이 됩니다. 그러면 한나라는 결국 망하는 것을 보게 될 텐데 어찌 말을 듣지 않을 수 있겠습니까? 만일 한나라가 말을 들으면 패업을 이루기 위한 계책을 세워 볼 만합니다."

소왕이 말했다.

"좋소."

그러고는 〔소왕은〕 바로 한나라에 사신을 보내려고 했다.

열매가 너무 많으면 가지가 부러진다

범저는 날이 갈수록 〔소왕과〕 더욱 가까워졌다. 〔소왕에게〕 자신의 생각을 말하면서 지낸 지 몇 해가 지나자 〔범저는〕 기회를 보아 설득해 말했다.

"신은 산동에 있을 때, 제나라에는 전문田文이 있다는 말만 들었을 뿐 제나라 왕에 대해서는 듣지 못했습니다. 〔또〕 진나라에는 태후와 양후, 화양군, 고릉군, 경양군이 있다는 말을 들었을 뿐 왕에 대해서는 듣지 못했습니다. 대체로 나랏일을 마음대로 처리하는 자를 왕이라 하고, 사람에게 이익과 해를 줄 수 있는 권력을 가진 자를 왕이라 하며, 사람을 살리고 죽이는 위덕을 가신 사늘 왕이라 합니다. 〔그런데〕 지금 태후는 나랏일을 마음대로 처리하고 〔왕을〕 돌아보지 않으며, 양후는 다른 나라로 사신을 보내면서도 왕께 보고하지 않으며, 화양군과 경양군은 멋대로 사람을 죽이고도 〔왕을〕 꺼리지 않고, 고릉군은 사람을 마음대로 나아가고 물러나게 하면서도 〔왕의 허락을〕 청하지도 않습니다. 이런 네 부류의 존귀한 사람이 있는데도 나라가 위태롭지 않은 적은 없었습니다. 사람들이 이 네 부류의 존귀한 사람 밑에 있게 되면 왕은 없는 거나 다름없습니다. 이렇게 되면 〔왕의〕 권력이 어찌 기울지 않겠습니까? 어떻게 명령이 왕에게서 나올 수 있겠습니까?

신은 '나라를 잘 다스리는 자는 안으로는 그 권위를 군히고 밖으로는 그 권세를 무겁게 한다.'라고 들었습니다. 〔그런데〕 양후는 왕의 중요한 권력을 장악하여 마음대로 사신을 보내 제후들을 다루고, 천하의 땅을 나누어 사람을 봉하며, 적을 정벌하고 다른 나라를 공격하여 〔진나라의 국정에〕 관여하지 않는 것이 없습니다. 싸워서 이기고 쳐서 빼앗으면 이익은 도읍陶邑양후의 봉토으로 돌리고 〔나라의〕 피폐함은 제후에게 씌웁니다. 싸움에 지면 백성을 원망하고 화근을 나라 탓으로 돌립니다. 『시』에도 '나무 열매가 너무 많으면 그 가지를 부러뜨리고, 그 가지를 부러뜨리면 나무 기둥을 해친다.'라고 했습니다. 수도가 지나치게 크면 그 나라를 위태롭게 하고, 신하를 높이면 그 군주를 하찮게 합니다.

최저崔杼와 요치淖齒는 제나라 국정을 맡았는데 〔최저는 장공의〕 넓적다리를 쏘았고, 〔요치는 민왕의〕 힘줄을 뽑아 종묘의 대들보에 매달아 오래지 않아 죽게 했습니다. 이태李兌는 조나라 국정을 맡았는데 주부主

父무령왕를 사구沙丘에 가두어 100일 만에 굶어 죽게 했습니다. 지금 신이 듣기로 진나라에서는 태후와 양후가 국정을 쥐고 있고, 고릉군과 화양군과 경양군이 그를 돕고 있어서 결국 진나라 왕이 없는 것이니, 이들도 요치와 이태 무리와 다를 바 없습니다.

삼대가 차례로 망한 까닭도 군주가 〔신하에게〕 정권을 오로지 맡긴 채 술에 빠지거나 말을 달려 사냥에 몰두하며 정사를 돌보지 않은 탓입니다. 정권을 맡은 신하가 현명하고 능력 있는 자를 시기하여 아랫사람을 누르고 윗사람을 가리며 사사로운 욕심만 채워 군주를 위한 계책을 꾀하지 않건만 군주가 〔그것을〕 깨닫지 못하므로 나라를 잃게 되는 것입니다. 지금 〔진나라에는〕 모든 고급 벼슬아치부터 왕의 좌우에 있는 신하에 이르기까지 상국의 사람이 아닌 이가 없습니다. 왕께서는 조정에서 완전히 고립되어 있습니다. 신이 가만히 왕을 위해 염려하는 바는 만대 뒤에 진나라를 다스릴 사람이 왕의 자손이 아닐 것 같다는 점입니다."

소왕은 이 말을 듣자 매우 두려워하며 말했다.

"옳은 말이오."

그래서 〔소왕은〕 태후를 폐하고 양후, 고릉군, 화양군, 경양군을 함곡관 밖으로 내쫓았다. 진나라 왕은 즉시 범저를 재상으로 삼고, 양후의 인수를 거두어 도읍으로 돌아가게 했다. 이때 현의 관리에게 짐을 실을 수레와 소를 내주도록 했는데 수레는 1000대가 넘었다. 함곡관에 이르러 관문을 지키는 관리가 그 귀중품을 조사하니 보물과 진기한 물품이 왕실보다 많았다.

진나라는 범저를 응읍應邑에 봉하여 응후應侯라고 불렀다. 이때가 진나라 소왕 41년이다.

머리카락을 뽑아 속죄해도 부족하다

범저가 이미 진나라 재상이 되었지만 진나라에서 그를 장록이라고 불렀기 때문에 위나라에서는 이를 모르고 범저가 오래전에 죽은 줄로 생각했다.

위나라는 진나라가 곧 동쪽으로 한나라와 위나라를 치려 한다는 말을 듣고 수고를 진나라에 사신으로 보냈다. 범저는 이 소식을 듣고 자기 신분을 숨기고 다 떨어진 옷을 입고 남몰래 숙소로 가서 수고를 만났다. 수고는 범저를 보자 놀라며 말했다.

"범숙范叔은 그동안 변고가 없었소?"

범저가 말했다.

"그렇습니다."

수고가 웃으면서 말했다.

"범숙은 진나라에서 유세를 하고 있소?"

"아닙니다. 저는 전날 위나라 재상에게 죄를 짓고 도망쳐 왔는데 어찌 감히 유세를 할 수 있겠습니까?"

수고가 말했다.

"지금 범숙은 무슨 일을 하고 있소?"

범저가 말했다.

"신은 남의 집에서 날품을 팔고 있습니다."

수고는 마음속으로 불쌍히 여겨 범저를 자리에 앉혀 함께 음식을 나눠 먹으면서 말했다.

"범숙이 결국 이렇게 딱한 신세가 되었단 말이오."

그러고는 자기의 두꺼운 명주 솜옷 한 벌을 내주고 다시 물었다.

"진나라의 재상은 장 군張君이라고 하던데 당신도 알고 있소? 나는 〔장 군이〕 왕의 총애를 받고 있어서 천하의 모든 일이 재상의 손에서 결정된다고 들었소. 지금 나의 일의 성패는 장 군에게 달려 있습니다. 당신이 어찌 식객 중에서 재상과 친한 사람을 모르겠습니까?"

범저가 말했다.

"제 주인이 그를 잘 압니다. 그래서 저도 〔한 번〕 뵌 적이 있습니다. 당신을 위하여 제가 장 군을 만나도록 해 드리겠습니다."

수고가 말했다.

"내 말은 병들고 수레의 차축이 부러졌으며, 말 네 필이 끄는 큰 수레도 없어서 나갈 수 없소."

범저가 말했다.

"제가 당신을 위해서 주인에게 말 네 필이 끄는 큰 수레를 빌려 오겠습니다."

범저는 돌아가서 말 네 필이 끄는 큰 수레를 마련하여 왔다. 그는 수고를 위하여 수레를 몰아 진나라 재상의 관저로 들어갔다. 관저의 사람들 중 멀리서 바라보다가 범저를 아는 자는 모두 몸을 피하여 숨었다. 수고는 이를 이상히 여겼다. 재상의 관저 문 앞에 이르자 범저가 수고에게 말했다.

"저를 기다려 주시면 제가 당신을 위하여 먼저 들어가 재상께 알리겠습니다."

수고는 문 앞에서 기다렸다. 수레를 멈춘 지 꽤 오래되었으므로 문지기에게 물었다.

"범숙이 나오지 않는데 어찌 된 일이오?"

문지기가 대답했다.

"범숙이라는 사람은 없습니다."

수고가 말했다.

"아까 나와 함께 수레를 타고 와서 안으로 들어간 사람 말이오."

문지기가 말했다.

"그분은 우리 재상 장 군이라는 분입니다."

수고는 자신이 속은 것을 알고 매우 놀라 웃옷을 벗어 몸을 드러내고 무릎으로 걸어서 문지기를 통해 죄를 빌었다. 이때 범저가 장막을 치고 아주 많은 시종을 거느리고 나와 수고를 만났다. 수고가 머리를 조아리고 죽을죄를 빌며 말했다.

"저는 당신께서 당신 힘으로 이처럼 출세하리라고는 미처 생각지 못했습니다. 저는 다시는 천하의 글을 읽지도 않으며 다시는 천하의 일에 관여하지도 않겠습니다. 저의 죄는 솥에 삶겨 죽어 마땅하지만 스스로 북쪽 오랑캐 땅으로 물러가게 해 주십시오. 부디 선생께서 죽이든지 살리든지 해 주십시오."

범저가 말했다.

"네 죄가 얼마나 되는지 아느냐?"

수고가 대답했다.

"제 머리카락을 모두 뽑아 속죄해도 오히려 부족합니다."

범저가 말했다.

"네 죄목은 세 가지이다. 옛날 초나라 소왕 때 신포서申包胥가 초나라를 위하여 오나라 군사를 물리쳤으므로 초나라 왕이 그를 형荊 땅의 5000호에 봉하려 했으나 포서는 사양하고 받지 않았다. 그것은 형에 있는 조상의 무덤을 위한 것이었기 때문이다. 지금 내 조상의 묘 역시 위나라에 있다. 그런데 너는 예전에 내가 제나라와 내통한다고 여겨 나를 위제에게 모함했으니 〔이것이〕 그대의 첫 번째 죄이다. 위제가 나를 욕보이기 위하여 변소에 두었을 때 그대는 그것을 말리지 않았으니 〔이것이〕 두 번째 죄이다. 위제의 빈객들이 취하여 번갈아 가며 내게 오줌을 누었으나 그대는 모르는 척했으니 〔이것이〕 세 번째 죄이다. 그러나 오늘 그대가 죽음을 당하지 않는 이유는 두꺼운 명주 솜옷을 주면서 옛정을 그리워하는 마음이 있었기 때문이다. 그래서 그대를 풀어 주겠다.”

이렇게 말을 끝냈다. 〔범저는 궁궐로〕 들어가 소왕에게 보고하고 수고를 숙소로 돌려보냈다.

수고가 범저에게 작별 인사를 하러 가자, 범저는 크게 잔치를 열고 각국 제후의 사신을 모두 불러 대청 위에 앉아 많은 음식을 대접했다. 그러나 수고만은 대청 아래에 앉혀 그 앞에 말죽을 놓고 이마에 먹물을 새겨 넣은 두 명 사이에 끼어 말처럼 먹게 하고는 꾸짖어 말했다.

“나를 위하여 진나라 왕에게 ‘당장 위제의 목을 가져오게 하시오. 그러지 않으면 나는 곧 〔수도〕 대량을 도륙하겠다’라고 전하시오.”

수고는 돌아와 위제에게 이 사실을 알렸다. 위제는 두려워 조나라로 달아나 평원군 집에 숨었다.

범저가 재상이 된 뒤 왕계가 범저에게 말했다.

“예측할 수 없는 일이 세 가지 있고, 어찌할 수 없는 일 또한 세 가지 있습니다. 왕께서 어느 날 세상을 떠날지 모르는데 이것이 첫 번째 예측할 수 없는 일입니다. 당신이 갑자기 관사館舍를 버리고 세상을 등질지 모르니 이것이 두 번째 예측할 수 없는 일입니다. 제가 느닷없이 구덩이에 빠져 죽을지 모르니 이것이 세 번째 예측할 수 없는 일입니다. 왕께서 어느 날 돌아가시면 당신이 신〔을 왕에게 추천하지 않은 것〕에 대해 탄식해도 어찌할 수 없습니다. 당신이 갑자기 관사를 버리고 세상을 등진다면 신〔을 왕에게 추천하지 않은 것〕에 대해 탄식해도 어찌할 수 없습니다. 제가 느닷없이 구덩이에 빠진다면 당신이 신〔을 왕에게 추천하지 않은 것〕에 대해 탄식해도 어찌할 수 없습니다."

범저는 불쾌하지만 궁궐로 들어가 왕에게 말했다.

"왕계의 충성심이 없었다면 신은 함곡관 안으로 들어올 수 없었을 테고, 대왕의 어진 성덕이 없었다면 신은 존귀한 지위에 오르지 못했을 것입니다. 지금 신의 벼슬은 재상에 이르고 작위는 열후에 들었는데 왕계의 벼슬은 여전히 알자에 머물러 있으니, 이는 신을 진나라로 데리고 온 왕계의 뜻이 아닐 것입니다."

소왕은 왕계를 불러 하동河東 태수로 임명하고 3년 동안 상계上計매년 각지에서 수도로 사람을 보내 인구와 돈과 식량과 소송 사건 등을 기록한 장부를 올리는 것을 하지 않도록 했다. 〔범저가〕 또 정안평鄭安平을 추천하자 소왕은 그를 장군에 임명했다. 그러자 범저는 자기 집 재물을 풀어 예전에 곤궁할 때 은혜를 베풀어 준 자들에게 하나하나 보답했다. 단 한 끼 식사라도 대접해 준 자에게는 반드시 이를 갚고, 눈을 한 번 흘길 정도의 사소한 원한에도 반드시 보복했다.

범저가 진나라 재상이 된 지 2년, 즉 진나라 소왕 42년에 동쪽으로 한나라의 소곡少曲과 고평高平을 쳐서 빼앗았다. 진나라 소왕은 위제가 평원군의 집에 숨어 있다는 말을 듣고 어떻게 해서라도 범저를 위하여 원수를 갚아 주려 했다. 그래서 화친하자는 거짓 편지를 평원군에게 보내 말했다.

　　과인은 당신이 지고한 의리를 지녔다고 들었소. 〔그래서〕 당신과 신분을 뛰어넘어 사귀고 싶으니 부디 당신이 과인에게 들러 주면 과인은 당신과 함께 열흘 동안 술을 마시려 하오.

　평원군은 진나라가 두렵기도 하고, 또 왕의 말이 그럴듯하게 생각되기도 하여 진나라로 들어가 소왕을 만났다. 소왕은 평원군과 며칠간 술을 마시고는 평원군에게 말했다.

"옛날에 주나라 문왕은 여상을 얻어 태공太公조부이라고 하였고, 제나라 환공은 관이오管夷吾관중를 얻어 중보仲父숙부로 삼았소. 지금 범 군 또한 과인에게 숙부와 같은 존재요. 그런데 범 군의 원수가 당신 집에 있으니 원컨대 사람을 보내 그 머리를 가져오도록 해 주시오. 그러지 않으면 나는 당신을 함곡관 밖으로 내보내지 않겠소."

평원군이 말했다.

"높은 자리에 있을 때 벗을 사귀는 것은 천한 몸이 되었을 때 도움을 받으려는 생각 때문이고, 부유할 때 벗을 사귀는 것은 가난해졌을 때 도움을 받으려는 생각 때문입니다. 위제는 제 벗입니다. 제 집에 있다 하더라도 내놓을 수 없습니다만 지금은 제 집에 없습니다."

그러자 소왕은 조나라 왕에게 편지를 보내 말했다.

왕의 아우^{평원군}는 진나라에 있소. 범 군의 원수 위제가 평원군의 집에 있으니 왕께서는 빨리 사람을 보내 그의 목을 〔진나라로〕 가져오게 하시오. 그러지 않으면 나는 군사를 일으켜 조나라를 치고 왕의 아우도 함곡관 밖으로 내보내지 않겠소.

조나라 효성왕은 곧 병사를 보내 평원군의 집을 에워쌌다. 위제는 다급해지자 밤을 틈타 달아나 조나라 재상 우경을 만났다. 우경은 조나라 왕을 도저히 설득할 수 없다고 생각하고는 재상의 인수를 풀어 놓고 위제와 함께 몰래 도망쳤다. 그러고는 의지할 만한 제후를 생각해 보았지만 당장 갈 만한 곳이 없어 다시 대량으로 달아나 신릉군을 통해 초나라로 도망치려고 했다. 신릉군은 두 사람이 왔다는 소식을 들었으나 진나라가 두려워서 주저하며 만나려 하지 않고 이렇게 물었다.

"우경은 어떤 인물이오?"

이때 후영이 옆에 있다가 말했다.

"사람이란 본래 알기가 힘들지니 남을 아는 것도 〔결코〕 쉬운 일이 아닙니다. 저 우경이란 인물은 짚신을 신고 챙이 긴 삿갓을 쓴 보잘것없는 사람이지만 조나라 왕을 한 번 만나 백옥 한 쌍과 황금 100일을 받았고, 두 번 만나 상경에 임명되었으며, 세 번 만나 재상의 인수를 받고 만호후에 봉해졌습니다. 그때는 천하 사람들이 다투어 그를 알려고 했습니다. 그런데 위제가 궁지에 빠져서 곤란해져 우경에게 매달리자, 우경은 높은 작위와 봉록도 소중하게 여기지 않고 재상의 인수를 풀어 놓고 만호후의 봉록도 버리고 몰래 이곳을 찾아왔습니다. 그는 남의 곤궁함을 긴급하게 여겨 공자를 의지하러 온 것입니다. 공자께서는 '어떤 인물인가?'라고 물었습니다. 사람이란 본래 알기가 힘들지니 남을 아는 것도 〔결코〕 쉬운 일이 아닙니다."

신릉군은 몹시 부끄러워하며 마차를 몰아 성 밖으로 나아가 두 사람을 맞이했다. 〔그러나〕 위제는 신릉군이 처음에 만나기를 주저했다는 말을 듣고 화가 나서 스스로 목을 잘라 죽었다. 조나라 왕은 이 소식을 듣고 그 머리를 얻어 마침내 진나라에 주었다. 그러자 진나라 소왕도 평원군을 조나라로 돌려보냈다.

소왕 43년에 진나라가 한나라의 분汾과 형陘을 쳐서 빼앗고 하수 근처 광무廣武에 성을 쌓았다. 〔이로부터〕 5년 뒤에 소왕이 응후의 계책을 받아들여 첩자를 보내 조나라를 속였다. 조나라는 이로 인해서 염파 대신 마복군 조사의 아들 조괄을 장군으로 삼았다. 진나라는 조나라 군대를 장평에서 크게 깨뜨리고 드디어 한단을 포위했다. 이때 〔응후는〕 무안군武安君 백기白起와 사이가 좋지 않아 〔소왕에게〕 모함하여 백기를 죽이고 정안평을 장군으로 추천하여 조나라를 치도록 했다. 그러나 정안평은 조나라 군대에게 포위당해 사태가 급박해지자 병사 2만 명을 이끌고 조나라에 항복했다. 〔이 때문에〕 응후는 멍석을 깔고 앉아 죄를 청했다. 진나라 법에 따르면 사람을 추천한 경우 추천받은 사람이 죄를 지으면 추천한 사람도 그와 같은 처벌을 받게 되어 있었다. 응후는 삼족을 멸하는 죄에 해당하지만 진나라 소왕은 응후의 마음을 상하게 할까 두려워 온 나라에 영을 내렸다.

"감히 정안평 사건을 입 밖에 내는 자가 있으면 정안평과 같은 처벌을 받을 것이다."

그러고는 상국 응후에게 평소보다 더 많은 음식을 내려 그의 마음을 달랬다. 〔이로부터〕 2년 뒤에 왕계가 하동 태수로 있으면서 제후와 내통하다가 법에 저촉되어 사형되었다. 응후는 날이 갈수록 더 불안해졌다.

소왕이 조정에 나와 한숨을 쉬자 응후가 앞으로 나서서 말했다.

"신이 듣건대 '군주가 근심하면 신하는 욕을 보고, 군주가 욕을 보면 신하는 죽는다.'라고 합니다. 지금 대왕께서는 조정에 나와 근심하고 계시니 신에게 벌을 내려 주시기를 청합니다."

소왕이 말했다.

"내가 듣기로 초나라의 철검鐵劍은 예리하지만 광대들은 시원찮다고 하는데, 철검이 예리하면 군사들이 용감할 것이고 광대가 시원찮으면 생각이 원대할 것이오. 원대한 생각으로 용감한 군사들을 거느리면 초나라가 진나라를 칠까 두렵소. 대체로 모든 일은 평소에 준비하지 않으면 급박한 경우에 대처할 수 없소. 지금 무안군은 이미 죽었고 정안평의 무리는 등을 돌렸소. 나라 안으로는 훌륭한 장수가 없고 밖으로는 적국이 많소. 나는 이를 걱정하고 있소."

〔소왕은〕 이렇게 해서 응후를 격려하려고 했지만 응후는 도리어 송구스러워 어찌할 바를 몰랐다. 그 무렵 채택이 이 소문을 듣고 진나라로 찾아왔다.

군주가 어진 것은 하늘이 내린 복이다

채택蔡澤은 연나라 사람이다. 〔그는〕 배운 바를 유세하며 벼슬 자리를 얻으려고 제후들을 찾아다녔으나 나라가 크건 작건 뜻을 얻지 못했다. 그래서 당거唐擧에게 관상을 보러 가 말했다.

"소문을 들으니 선생은 이태의 관상을 보고 100일 안에 나라의 정권을 잡게 될 거라고 했다는데 그런 일이 있습니까?"

〔당거가〕 대답했다.

"있습니다."

〔채택이〕 말했다.

"저 같은 사람은 어떻습니까?"

당거는 〔채택을〕 자세히 들여다보더니 웃으며 말했다.

"선생은 코가 납작하고 어깨가 넓고 이마는 툭 튀어나오고 콧마루는 내려앉았으며 다리는 활처럼 휘었습니다. 성인의 관상은 보아도 모른다고 들었는데 선생 같은 이를 두고 하는 말인 듯합니다."

채택은 당거가 자기를 놀리고 있다고 생각하고는 이렇게 말했다.

"부귀란 내가 본래 가지고 있는 것이지만 내가 알 수 없는 것은 수명입니다. 그것을 들려주십시오."

당거가 대답했다.

"선생의 수명은 지금부터 〔남은 날이〕 43년입니다."

채택은 웃으며 인사를 하고 떠나면서 마부에게 말했다.

"내가 만약 쌀밥과 고기반찬을 먹고 준마를 타고 다니며 황금 인장을 품속에 간직하고 자줏빛 인수를 허리에 차고 군주 앞에서 인사를 하며 배불리 먹고 부귀하게 살 수 있다면 43년으로도 충분하리라."

그는 조나라로 갔지만 쫓겨났고, 한나라와 위나라로 들어갔지만 가지고 있던 세 발 가마솥을 길에서 도둑맞았다. 그는 응후가 진나라 왕에게 추천한 정안평과 왕계가 모두 진나라에서 큰 죄를 지어 그가 속으로 부끄러워한다는 말을 듣고 서쪽 진나라로 들어갔다. 그리고 소왕을 만나려고 사람을 시켜 자신을 자랑하여 응후의 화를 돋우었다.

"연나라 유세객 채택은 천하의 호걸로서 변론에 뛰어나고 지혜로운 인물입니다. 그가 한번 진나라 왕을 만나기만 하면 진나라 왕은 반드시 당신을 궁지에 몰아넣어 당신의 지위를 빼앗을 것입니다."

응후는 그 말을 듣고 말했다.

"나는 오래전부터 오제와 삼대의 일과 제자백가의 학설을 알고 있으며 많은 사람의 변론도 다 물리쳤다. 그가 어떻게 나를 궁지에 몰아넣어 내 지위를 빼앗을 수 있단 말인가?"

〔그러고는〕 사람을 시켜 채택을 불러오게 했다. 채택은 들어와서 응후에게 인사했다. 응후는 본래 채택을 탐탁하게 여기지 않았는데, 만나 보니 또 태도가 거만하므로 그를 꾸짖어 말했다.

"그대는 일찍이 나 대신 진나라 재상이 된다고 큰소리를 친 모양인데 정녕 그리 말했소?"

〔채택이〕 대답했다.

"그렇습니다."

응후가 말했다.

"그 말이나 들어 봅시다."

채택이 말했다.

"아, 당신은 어찌 그리 보는 눈이 더디십니까? 대체로 봄, 여름, 가을, 겨울 사계절은 차례로 할 일을 다하면 물러갑니다. 사람이 세상에 태어난 이상 신체가 건강하고 팔다리가 성하고 눈과 귀가 밝고 마음이 지혜로운 것이 선비의 바람 아니겠습니까?"

응후가 말했다.

"그렇소."

채택이 말했다.

"인仁을 바탕으로 하여 의義를 지키며 도를 시행하여 덕을 베푼다면 천하에 자기 뜻을 이루는 것이고, 천하 사람들이 그리워하고 사랑하며 존경하고 흠모하여 군주로 받들고자 한다면 이것이야말로 변설이 뛰어나고 지혜로운 선비가 기대하는 바 아니겠습니까?"

응후가 말했다.

"그렇소."

채택이 다시 말했다.

"부귀와 명예를 같이 누리며, 세상의 모든 일을 잘 처리하여 각기 제자리를 찾게 하고, 타고난 명대로 오래 살아 천수를 다 누리고 요절하지 않으며, 천하 사람들이 그 전통을 물려받아 그의 사업을 지켜 영원토록 전해지게 하고, 이름과 실제 모습이 참되어 그 은택이 1000리까지 미치며, 대대로 이를 칭송해서 끊이지 않게 하여 천지와 함께 시작과 끝을 같이한다면 이야말로 도덕이 이루어지는 것이니 성인이 말하듯 상서롭고 좋은 일이 아니겠습니까?"

응후가 말했다.

"그렇소."

채택이 말했다.

"저 진나라의 상군, 초나라의 오기, 월나라의 대부 문종 같은 사람은 결국 선비들이 바라고 원하는 인물이 될 수 있겠습니까?"

응후는 채택이 자기를 궁지로 몰아넣어 설득하려는 줄을 알아차리고 나서 꾸며서 내답했다.

"어찌 바라지 않겠소? 저 공손앙商군은 효공을 섬길 때 몸과 마음을 다하였고, 나랏일에 힘을 다하여 자기 일은 돌보지 않았소. 그는 형벌을 만들어 간사한 행위를 끊어 버리고 상과 벌을 믿을 만하게 하여 잘 다스렸소. 마음속을 털어놓아 진실된 감정을 보이는 데는 [주위 사람들의] 원망을 사는 것도 무릅썼고, 옛 친구를 속여서까지 위나라 공자 앙을 사로잡았으며, 진나라의 사직을 평안하게 하여 백성을 이롭게 했소. 결국에는 진나라를 위하여 적의 장수를 사로잡고 적군을 깨뜨려 영토를 1000리나 넓혔소.

오기는 도왕을 섬길 때 사사로운 이익으로 나라의 이익을 해치지 못하게 하고, 헐뜯는 말로 충성스러운 신하를 가릴 수 없도록 하며, [근거 없는] 말로 남에게 동조하거나 말을 억지로 꾸미지 않고, 도리에 맞지 않는 행동을 구차스럽게 하지 않으며, 위험하다고 하여 행동을 바꾸지 않고 행동이 의로우면 어려움을 피하지 않으며 군주를 천하의 우두머리로 만들고 나라를 강하게 하기 위해서는 [그 자신의] 화나 재앙도 마다하지 않았소.

대부 문종이 월나라 왕을 섬길 때는 군주가 곤경에 처하고 치욕을 당하더라도 충성을 다하는 일을 게을리하지 않고, 군주의 대가 끊기고 나라가 망하려고 해도 재능을 다하고 떠나지 않으며, 공을 이루더라도 자랑하지 않고, 부귀한 몸이 되어서도 교만하거나 게으르지 않았소.

이 세 사람이야말로 정녕 의義의 극치이자 충성의 절개요. 그래서 군자는 의를 위해서는 어려운 일을 하다 죽는 것도 마다하지 않으며, 죽는 것을 자기 집으로 돌아가는 것처럼 쉽게 여기고, 살아서 치욕을 겪는 것보다 죽어서 영예로운 편이 낫다고 생각했소. 선비란 본래 자기 몸을 죽여서 이름을 남기나니 정의가 있는 곳이라면 죽더라도 원망하지 않소. 어찌 (세 사람이 선비가 바라는 대상이) 될 수 없겠소?"

채택이 말했다.

"군주가 성스럽고 신하가 어진 것은 천하의 큰 복입니다. 군주가 명민하고 신하가 정직한 것은 나라의 행복입니다. 아버지가 자애롭고 자식이 효성스러우며 남편이 성실하고 아내가 정숙한 것은 가정의 행복입니다. 그러나 비간比干은 충성스러워도 은나라를 보존하지 못했고, 오자서는 지혜롭지만 오나라를 온전하게 하지 못했으며, 신생申生[6]은 효성스러워도 진晉나라는 어지러웠습니다.

이처럼 모두 충신이고 효자이지만 나라가 망하고 집이 어지러워진 까닭은 무엇입니까? 명민한 군주와 현명한 아버지가 없어서 충신과 효자의 말을 듣지 않았기 때문입니다. 그래서 세상에서는 그 군주와 아버지를 더러운 사람이라 하여 하찮게 여기고, 그 신하와 자식을 가엾게 여겼습니다. 상군과 오기와 대부 문종은 신하로서 훌륭했으나 그들의 군주는 훌륭하지 못했습니다. 세상에서는 이 세 사람이 공을 세우고도 자랑하지 않은 점을 칭송하지만 어찌 불우하게 죽은 것을 부러워하겠습니까?

---

6 진晉나라 헌공獻公의 태자이다. 헌공은 여희驪姬를 아껴 그녀의 아들 해제奚齊를 태자로 세우려고 하면서 신생을 곡옥曲沃에 있게 했다. 신생은 그로부터 얼마 뒤에 여희의 비방을 받아 스스로 목숨을 끊었다.

만약 죽은 뒤에야 충성스럽다는 이름을 얻는다면 미자微子[7]는 어진 사람이라 할 수 없고, 공자는 성인이라 할 수 없으며, 관중은 위대하다고 할 수 없습니다. 대체로 사람이 공을 세울 때 어찌 완전하기를 기대하지 않겠습니까? 몸과 이름이 모두 온전한 것이 가장 훌륭하며, 이름은 남의 모범이 될 만하지만 자신은 죽는 것이 그다음이고, 이름은 욕되어도 몸만은 온전한 것이 가장 아래입니다."

그러자 응후가 옳다고 칭찬했다.

달도 차면 기운다

채택은 조금씩 말할 틈을 얻었다고 생각하여 계속 말을 이었다.

"저 상군과 오기와 대부 문종이 신하로서 충성을 다하고 공을 이룬 것은 누구나 바라는 바이지만, 굉요閎夭가 주나라 문왕을 섬기고 주공이 주나라 성왕을 보좌한 것도 어찌 충성스러운 일이 아니겠습니까? 군주와 신하의 관계로 보면 상군, 오기, 대부 문종과 굉요, 주공을 비교할 때 어느 쪽을 선비들이 바랄까요?"

응후가 말했다.

---

7 은나라 주왕의 형으로 이름은 계啓이다. 미微는 나라 이름이고, 자子는 작위이다. 주왕에게 여러 차례 간언했으나 받아들이지 않자 나라를 떠났다. 훗날 주나라 무왕이 주왕을 멸한 뒤 미자를 송나라에 봉하고 남은 백성을 다스리도록 했다.

"상군, 오기, 대부 문종이 그들만 못하오."

채택이 말했다.

"그렇다면 당신의 군주가 자애롭고 어질어서 충성스러운 신하를 신임하고, 옛 친구들을 극진히 대접하며, 현명하고 지혜로우며 도를 지킬 줄 아는 선비들과 굳게 사귀고, 의를 지켜 공을 세운 신하를 저버리지 않는 점에서 진나라 효공, 초나라 도왕, 월나라 왕〔구천〕과 비교할 때 어느 쪽이 더 낫습니까?"

응후가 말했다.

"어떤지 모르겠소."

채택이 말했다.

"지금 군주께서 충신을 가까이하는 것은 진나라 효공, 초나라 도왕, 월나라 왕만 못합니다. 당신은 자기 지혜를 펼쳐 군주를 위해 위태로운 것을 안정시키고 정치를 바로잡으며, 어지러운 것을 다스리고 병력을 강화하며, 근심 걱정을 물리쳐 어려움을 이겨 내고, 영토를 넓혀 수확을 늘림으로써 나라가 부유하고 백성의 살림이 넉넉하게 하였습니다.〔또한〕군주를 강하게 하고 사직을 높이고 종묘를 빛나게 하여 천하에 누구라도 감히 군주를 업신여기거나 속이지 못하게 하였습니다. 군주의 위엄이 국내를 뒤덮어 떨치게 하고, 공적이 만 리 밖까지 드러나 빛나는 이름을 천세까지 전하게 한 점에서는 당신과 상군, 오기, 대부 문종을 비교하면 어느 쪽이 낫습니까?"

응후가 말했다.

"내가〔그들만〕못하오."

채택이 말했다.

"지금 당신의 군주가 충신을 가까이하고 옛 친구를 잊지 않는 점에서는 효공, 도왕, 구천만 못하고 낭신의 공석과 군수의 종애나 신임을 받는 정도도 상군과 오기와 대부 문종만 못합니다. 그런데 당신의 봉록은 많고 지위는 높으며 가진 재산은 이 세 사람보다 많습니다. 만일 당신이 물러나지 않고 그대로 그 자리를 지키고 있으면 당신에게 닥칠 근심은 세 사람보다 클 것입니다. 저는 당신을 위하여 이 점이 위태롭다고 생각합니다.

옛말에 '해가 중천에 오르면 (서쪽으로) 기울고, 달이 차면 이지러진다.'라고 했습니다. 만물이 왕성해지면 쇠약해지는 것이 천지의 영원한 이치입니다. 나아가고 물러가는 것, 굽히고 펴는 것이 때에 따라 변하는 것은 성인의 영원한 도리입니다. 그래서 '나라에 도가 있으면 벼슬하고, 나라에 도가 없으면 숨는다.' 했으며 성인공자孔子이 '나는 용이 하늘에 있으면 덕이 있는 자를 만나기에 이롭다.'라고 말했고, '의롭지 않은 부귀는 나에게 뜬구름과 같다.'라고 했습니다. 지금 당신은 원한을 이미 다 갚았고 은혜도 이미 갚았습니다. 마음속으로 하고 싶던 것을 다 이루었습니다. 그런데 (당신은) 세상의 변화에 대응할 수 있는 대책을 세우지 않고 있습니다. (저는) 당신을 위해 그대로 있을 수 없습니다.

물총새, 따오기, 코뿔소, 코끼리는 그들이 사는 곳이 죽음의 위험으로부터 그리 멀리 벗어나 있지는 않지만 그런대로 하늘에서 내려 준 수명을 누릴 수 있습니다. 그런데도 (잡혀) 죽는 까닭은 미끼에 현혹되기 때문입니다. 소진과 지백의 지혜는 욕된 것을 피하고 죽음을 멀리하기에 부족하지 않았지만 그들이 죽은 까닭은 이익을 탐하는 데 빠져 그칠 줄을 몰랐기 때문입니다. 성인은 예의를 만들어 욕심을 절제하고, 백성으로부터 세금을 거두는 데도 한도를 두었고, 백성을 부리는 데도 〔농사철이 아닌〕 때를 골라 일을 시키는 등 제한을 두었습니다. 생각은 지나치지 않고 행동은 교만하지 않으며 언제나 도를 지켜 어긋남이 없었습니다. 그러므로 천하 사람들이 그를 끊임없이 본받아 이어 갔던 것입니다.

옛날 제나라 환공은 제후를 아홉 차례나 규합하여 한 번에 천하를 바로잡았지만, 규구葵丘의 회합에서 교만하고 과시하는 생각을 보여 아홉 나라가 등을 돌렸습니다. 오나라 왕 부차의 군대는 천하에 맞설 상대가 없었지만 용맹함과 강대함만 믿고 제후들을 업신여겨 제나라와 진晉나라를 누르려다가 결국 자신을 죽이고 나라는 망하고 말았습니다. 하육夏育과 태사교太史噭는 큰소리로 고함을 치면 삼군三軍을 놀라게 하는 용사였지만 평범한 사람의 손에 죽었습니다. 이는 모두 지극한 성함에 이르렀을 때 〔본연의〕 도리로 돌아오지 않고 자신을 낮추어 겸손하지 않으며 절제할 줄 모른 데서 생긴 재앙입니다.

상군은 진나라 효공을 위해 법령을 정비하여 간사함의 근원을 없애고, 〔공이 있으면〕 작위를 높여서 반드시 상을 주고 죄가 있으면 반드시 벌을 주었으며, 저울을 공평하게 하고 길이를 재고 부피를 헤아리는 것을 바르게 하고, 논밭 사이에 난 작은 길을 없애 〔농경지를 넓힘으로써〕 백성의 생활을 안정시키고 풍속을 통일하였습니다. 또 백성에게 농사일을 권장하여 토지의 생산력을 높이고 한 집에서 두 가지 생업을 못하게 하며, 농업에 힘써서 식량을 비축하도록 하고 군사 훈련을 실시했습니다. 그래서 군대가 출동하면 토지는 넓어졌고 군대가 쉬면 나라가 부유해졌습니다. 그러므로 진나라는 천하에 대적할 나라가 없으며, 제후들에게 위엄을 과시하여 진나라의 공적을 이루었습니다. 공적은 이루어졌으나 마침내 [상군은] 거열형을 받았습니다.

조나라는 땅이 사방 수천 리에 이르고 갈래진 창을 가지고 싸울 수 있는 병사가 100만이나 됩니다. [그러나] 백기는 겨우 군사 수만 명을 이끌고 초나라를 쳐서 한 번 싸워 언과 영을 빼앗고 이릉을 불살랐으며, 두 번 싸워서 남쪽으로 촉나라와 한중을 병합했습니다. 또 한韓나라와 위魏나라를 넘어 강한 조나라를 쳐서 북쪽으로 마복군을 산 채로 묻고 40만 명이 넘는 군사를 장평성 밑에서 모조리 무찔렀는데, 흐르는 피가 내를 이루고 울부짖는 소리는 하늘과 땅을 떨게 했습니다. 이어서 한단을 포위하여 진나라의 제업帝業을 이루게 했습니다. 초나라와 조나라는 천하의 강국으로서 진나라의 원수였지만, 그 뒤 모두 두려워 복종하며 감히 진나라를 치지 못한 것은 백기의 위세 때문이었습니다. [백기는] 몸소 70여 성을 항복시켰습니다. [그러나] 공적이 이루어지자 마침내 검劍을 받아 두우杜郵에서 죽었습니다.

오기는 초나라 도왕을 위하여 법률을 세우고 지나치게 무거운 대신大臣의 권위를 낮추며, 능력 없는 관리를 파면시키고 쓸모없는 직위를 없애며, 급하지 않은 관직을 줄이고 개인의 청탁을 막았습니다. [또] 초나라 풍속을 하나로 통일시키며 백성이 유세하는 것을 금하고, 농사짓는 군사를 철저히 훈련시켜 남쪽으로는 양주揚州의 월나라를 손에 넣고 북쪽으로는 진陳과 채蔡를 병합시켜 연횡과 합종책을 깨뜨려서 유세를 일삼으며 다니는 선비들이 입을 열지 못하게 하고 당파 만드는 것을 금하며 백성을 격려하여 초나라의 정치를 안정시켰습니다. 병력은 천하를 떨게 하고, 위세는 제후들을 복종시켰습니다. [그러나] 공적이 이루어진 뒤에는 결국 사지를 찢어 죽이는 형벌을 받았습니다.

대부 문종은 월나라 왕을 위하여 깊고 원대한 계책을 만들어 회계의 위급한 상황에서 벗어나게 하고, 망해 가는 나라를 〔다시 일으켜〕 존속되게 하였고 치욕을 영예로 돌리며, 황무지를 일구어 〔새로운〕 고을을 만들고 토지를 개간하여 곡식을 심으며, 사방의 선비들을 끌어들여 위아래의 힘을 합쳐 현명한 구천을 도와 〔오나라 왕〕 부차에게 받은 원수를 갚고 강한 오나라를 사로잡아 월나라가 천하의 우두머리가 되는 사업을 이루게 하였습니다. 그의 공적은 너무도 분명하고 〔사람들도〕 다 그것을 믿었지만 구천은 끝내 그를 저버리고 죽였습니다.

이 네 사람은 공을 이루고 물러나지 않았기 때문에 이와 같은 재앙을 입었습니다. 이른바 '펼 줄만 알고 굽힐 줄 모르며, 앞으로 갈 줄만 알고 돌아올 줄 모르는 사람'이지요. 범려는 이러한 이치를 알아 초연하게 세상을 떠나 도陶 주공이 되었습니다.

당신은 도박하는 사람을 보지 못했습니까? 어떤 사람은 크게 걸어 단판에 승부를 내려 하고, 어떤 사람은 조금씩 걸어 천천히 승부를 내려고 합니다. 이것은 당신도 분명히 아는 것입니다.

그런데 지금 당신은 진나라의 재상 자리에 앉아 계책을 세우고, 조정에 머무르면서 계책으로 제후들을 누르고, 삼천三川의 이익을 옮겨다가 의양宜陽을 충실하게 하고, 양장羊腸의 험준한 곳을 끊어 태항산으로 통하는 〔요충의〕 길을 막고, 다시 〔진晉나라의 양대 귀족인〕 범씨范氏와 중항씨中行氏로 통하는 〔요충의〕 길을 끊어 여섯 나라가 합종할 수 없게 하고, 1000리나 되는 잔도棧道를 놓아 촉나라와 한중을 연결하여 천하 제후가 모두 진나라를 두려워하게 만들었습니다. 〔이렇게 하여〕 진나라가 바라던 일이 이루어지고 당신의 공로는 극에 이르렀습니다. 이제 진나라는 조금씩 공을 나누고자 할 때입니다. 이러한 상황에서 물러나지 않는다면 상군, 백공白公백기, 오기, 대부 문종과 다를 바가 없습니다.

제가 듣건대 '물을 거울로 삼는 자는 얼굴을 볼 수 있고, 사람을 거울로 삼는 자는 길흉을 알 수 있다.'라고 합니다. 또 옛글에 '성공했으면 그 자리에 오래 있지 말라.'라고 했습니다. 저 네 사람이 화를 입었는데 당신은 어찌 거기에 머무르려 하십니까? 당신은 어째서 이 기회에 재상의 인수를 되돌려 어진 사람에게 물려주도록 하고 물러나 바위 밑에서 냇가의 경치를 구경하며 살게 되면 반드시 백이같이 청렴하다는 이름을 얻고 길이 응후라 불리며 대대로 제후의 지위를 누릴 것입니다. 허유許由나 연릉延陵의 계자季子[8]처럼 겸양하는 마음이 있다고 칭찬을 받으며, 왕자교王子喬[9]나 적송자赤松子[10]같이 오래 살 것입니다. 재앙을 입고 삶을 마치는 것과 비교하면 어느 편이 낫겠습니까? 당신은 어디에 몸을 두려 합니까? 차마 떠나지 못하고 의심하면서 스스로 결단을 내리지 못한다면 반드시 저 네 사람과 같은 화를 입을 것입니다.

『역』에 '높이 올라간 용에게는 뉘우칠 날이 있다.'라는 말이 있습니다. 이것은 오르기만 하고 내려갈 줄 모르며, 펴기만 하고 굽힐 줄 모르고, 가기만 하고 돌아올 줄 모르는 자를 가리키는 말입니다. 당신은 이 점을 잘 생각하시기 바랍니다."

---

8 오나라 왕 수몽壽夢의 넷째 아들 계찰季札이다. 수몽은 계찰이 어질고 현명하다는 것을 알고 그에게 왕위를 넘겨주려 했지만 받지 않았다.

9 왕자교는 주나라 영왕靈王의 태자이다. 그는 도사 부구공浮丘公과 함께 숭산嵩山으로 올라가 30년 동안 있으면서 신선이 되어 구지산緱氏山으로 갔다고 한다.

10 적송자는 신농씨 때의 우사雨師로서 곤륜산으로 들어가 신선이 되었다고 한다.

응후가 말했다.

"좋은 말씀이오. 내가 듣건대 '욕심이 그칠 줄 모르면 하고자 하는 바를 잃고, 가지고 있으면서 만족할 줄 모르면 가지고 있던 것마저 잃는다.'라고 하였소. 선생께서 다행히 나에게 가르쳐 주셨으니 나는 삼가 명을 따르겠소."

이에 [채택을] 안으로 맞아들여 상객으로 대우했다.

며칠 뒤에 [응후는] 조정으로 들어가 진나라 소왕에게 말했다.

"산동에서 새로 온 빈객이 있는데 채택이라고 합니다. 그는 변론에 뛰어나며 삼왕의 사적과 오패의 공적과 세속의 변화에 밝으므로 진나라의 정치를 맡기기에 충분합니다. 신은 지금까지 매우 많은 사람을 만나 보았지만 그만한 사람은 없었습니다. 신도 그만 못하므로 감히 말씀드립니다."

진나라 소왕은 [채택을] 불러서 이야기를 주고받은 다음 매우 기뻐하며 그를 객경으로 삼았다. 응후는 병을 핑계로 재상의 인수를 내놓고 싶다는 뜻을 밝혔다. 소왕이 억지로라도 응후를 그 자리에 머물게 하려 하니 응후는 병이 깊다고 하면서 끝내 재상 자리에서 물러났다. 소왕은 채택의 계획을 듣고 기뻐하여 마침내 그를 진나라 재상으로 삼고, 동쪽으로 주나라 땅을 손에 넣었다.

채택이 진나라 재상이 된 지 몇 달 지나서 그를 헐뜯는 자가 있었다. 그는 살해될까 봐 두려워서 병을 핑계로 재상의 인수를 돌려주었다. [그러나 소왕은] 그를 강성군綱成君에 봉했다. [채택은] 진나라에 10여 년 동안 머물면서 소왕, 효문왕孝文王, 장양왕莊襄王을 섬기고 나중에는 시황제까지 섬겼다. 그는 연나라에 사신으로 갔다가 3년 뒤에 태자 단丹을 진나라에 볼모로 들어오게 했다.

　태사공은 말한다.

　"한비자가 '소매가 길어야 춤을 잘 추고, 돈이 많아야 장사를 잘할 수 있다.'라고 했는데 진실로 옳은 말이다. 범저와 채택은 세상에서 말하는 뛰어난 변사로서 각국의 제후에게 유세하여 머리가 하얗게 될 때까지 알아주는 군주를 만나지 못한 것은 그들의 계책이 졸렬해서가 아니라 유세한 나라들의 힘이 약소했기 때문이다. 이 두 사람이 두루 돌아다닌 끝에 진나라로 들어가자 잇달아 경상卿相이 되고 공을 천하에 떨친 것은 참으로 〔진나라와〕 다른 여러 나라의 강하고 약한 차이 때문이다. 그러나 선비에게는 역시 우연히 때를 만나는 경우가 있다. 이 두 사람 못지 않은 재능을 가지고도 그 뜻을 이루지 못한 사람을 어찌 이루 다 말할 수 있겠는가? 그러나 이 두 사람도 어려운 때가 없었다면 어찌 〔명성을〕 떨칠 수 있었겠는가?"

20
악의 열전
樂毅列傳

악의는 전국 시대의 저명한 군사가로 알려져 있다. 그러나 위魏나라에서 태어나고 조나라에서 벼슬하다가 다시 위나라를 거쳐 연나라로 간 이력 때문에 종종 지조가 없다고 비난을 받는다.

좀 더 구체적으로 살펴보면 그는 인재를 좋아하여 초빙에 성의를 보인 연나라 소왕을 도와 제나라를 정벌하여 70여 성을 함락시키는 데 크게 이바지했다. 소왕의 뒤를 이어 왕위에 오른 혜왕이 제나라의 전단이 보낸 첩자의 이간질을 믿고 악의 대신 기겁을 장수로 삼자 악의는 조나라로 달아났다. 그러자 전단은 기겁을 공격하여 연나라 군대를 무찌름으로써 제나라 땅을 되찾았다. 혜왕은 뒤늦게 후회하고 악의를 부르는 편지를 보냈다.

악의는 그 유명한 「보연왕서報燕王書」를 적어 자신이 연나라 소왕과 나누었던 군주와 신하로서의 의를 서술하고 자신의 심정을 토로했다. 사마천은 이 글의 전문을 이 편에 실었다. 어떤 이는 촉蜀나라 제갈량의 「출사표出師表」와 비슷한 점이 매우 많은 것을 보면 이것이 「출사표」의 기초가 된 듯하다는 흥미로운 주장도 있다.

이에 따른 구성 또한 독특한데, 악의가 제나라를 정벌한 구체적인 과정을 서술하기보다는 서간문이란 형식을 통해 악의란 인물에 대해 알 수 있도록 하고 있다. 물론 악의에 관한 사료가 부족해서 어쩔 수 없이 이런 방식을 취한 것으로 보이지만 말이다.

說四
國樂
滅毅
齊

네 나라를 설득하여 제나라를 멸망시키는 악의.

충신이 반역자가 되는 것은 하루아침이다

악의樂毅의 선조는 악양樂羊이다. 악양은 위魏나라 문후文侯위사魏斯의 장군이 되어 중산국을 쳐서 빼앗았다. 위나라 문후는 악양을 영수靈壽에 봉했다. 악양이 죽은 뒤 영수에 장사를 지냈으므로 그 후손들이 이곳에 집안을 이루게 되었다. 〔그 뒤〕 중산은 다시 나라를 일으켰지만 조나라 무령왕武靈王조옹趙雍 때 다시 조나라에 의해 멸망했다. 악씨의 후손 중에 악의라는 사람이 있었다.

악의는 어질고 병법을 좋아하여 조나라에서 그를 천거했으나, 무령왕이 사구沙丘의 난[1]으로 죽었으므로 조나라를 떠나 위魏나라로 갔다. 〔그 무렵〕 들리는 소문에 연나라에서는 자지子之의 난[2]이 일어났고, 이 틈을 타서 제나라가 연나라를 깨뜨렸다. 연나라 소왕은 제나라를 원망하며 제나라에 복수할 생각을 하루도 하지 않은 적이 없으나 연나라는 작고 멀리 구석진 곳에 있어서 제나라를 꺾을 힘이 없었다. 그래서 〔연나라

1 조나라의 무령왕은 아들 가운데 하何에게 왕위를 물려주고, 맏아들 장章은 대代 땅에 안양군安陽君으로 봉하고, 자신은 주보主父라고 부르며 사구의 궁궐에 있었다. 그런데 장이 난을 일으켰다가 실패하고 주보가 있는 사구로 도망쳐 왔다. 공자 성成과 이태李兌가 뒤쫓아 와서 사구의 궁궐을 에워쌌는데 그 기간이 석 달이나 되었다. 이때 장이 죽고 주보도 굶어 죽었다고 한다.

2 자지는 연나라 사람으로 연나라 왕 쾌噲의 재상으로 있었다. 어리석은 쾌는 녹모수鹿毛壽의 꾐에 빠져 왕의 자리를 자지에게 넘겨주었다. 그로부터 3년 만에 나라는 큰 혼란에 휩싸였다. 이 틈을 타 제나라 민왕이 연나라를 쳐서 깨뜨리고 쾌를 죽였으며 자지를 젓으로 담갔다.

왕은) 몸을 굽혀 겸허한 태도로 선비를 높이 받들었는데, 먼저 곽외郭隗를 예우하여[3] 어진 사람들을 끌어들이려고 했다. 악의는 위나라 소왕에게 부탁하여 연나라에 사자로 갔다. 연나라 왕은 빈객에 대한 예의로 그를 대우하려 했지만 악의는 사양하며 예물을 바치고 신하가 되고자 했다. 연나라 소왕은 (악의를) 아경亞卿차경次卿에 임명했고, 그 뒤 오랜 세월이 흘렀다.

이 무렵 제나라 민왕湣王은 세력이 강성하여 남쪽으로는 초나라 재상 당말唐眛을 중구重丘에서 쳐부수고, 서쪽으로는 삼진을 관진觀津에서 꺾었으며, 마침내 삼진과 함께 진나라를 공격하고, 또 조나라를 도와 중산을 멸망시켰으며, 송나라를 쳐서 땅을 1000여 리나 넓혔다. (민왕은) 진나라 소왕과 세력을 겨루어 제帝라고 일컬었다가 얼마 뒤부터는 다시 왕이라고 불렀다. 제후들은 모두 진나라를 등지고 제나라에 복종하려고 했다. 민왕은 스스로 교만해졌고 백성은 견딜 수 없었다.

이에 연나라 소왕이 제나라를 칠 방법을 묻자 악의가 대답했다.

"제나라는 일찍이 (환공이) 세상을 제패한 업적이 있으며, 땅이 넓고 인구가 많아 연나라 혼자 힘으로 치기란 쉬운 일이 아닙니다. 왕께서 제나라를 꼭 치려고 한다면 조나라, 초나라, 위나라와 힘을 합치는 것이 가장 좋습니다."

그래서 연나라 왕은 악의에게 조나라 혜문왕과 맹약을 맺도록 하고,

---

3 연나라 소왕은 즉위하자마자 곽외에게 천하의 어질고 현명한 선비들을 연나라로 모여들게 할 좋은 방법을 물었다. 곽외는 먼저 자신을 정성껏 대우해 달라고 하였고, 소왕은 그에게 큰 집을 마련해 주고 스승으로 모셨다. 그러자 악의와 추연 같은 유명한 선비들이 몰려들었다.

또 다른 사람을 시켜 초나라와 위나라와도 연합했으며, 조나라를 통해 진나라에게 제나라를 치는 것이 유리하다고 설득하도록 했다. 제후들은 제나라 민왕이 교만하고 난폭하여 싫어하고 있었으므로 모두 다투어 합종하여 연나라와 함께 제나라를 치려고 했다.

악의가 돌아와 이러한 상황을 보고하자 연나라 소왕은 병력을 총동원하고 악의를 상장군으로 삼았다. 조나라 혜문왕은 상국相國의 직인을 악의에게 주었다. 악의는 조, 초, 한, 위, 연 다섯 나라의 병사를 합쳐 통솔하여 제나라를 제수濟水 서쪽에서 무찔렀다. 제후들의 병사는 싸움을 마치고 돌아갔지만, 악의는 연나라 군대를 이끌고 제나라 군대를 뒤쫓아 제나라 수도 임치까지 쳐들어갔다. 제나라 민왕은 제수 서쪽에서 패하자 달아나 거莒를 지키고 있었다. 악의는 홀로 머무르며 제나라 땅을 공략했지만 제나라의 모든 성은 수비 태세를 갖출 뿐이었다. 악의는 임치까지 쳐들어가 제나라의 보물과 재물과 제기를 모두 빼앗아 연나라로 보냈다. 연나라 소왕은 매우 기뻐하여 몸소 제수 기슭까지 나아가 군대를 위로하고 상을 주고 잔치를 열어 주었으며, 악의를 창국昌國에 봉하고 창국군昌國君이라고 불렀다. 연나라 소왕은 제나라에서 얻은 전리품을 거두어 돌아가고, 악의에게 다시 군사를 이끌고 가서 아직 항복하지 않은 제나라 성들을 평정하게 했다.

악의는 제나라에 머물러 각지를 공격한 지 5년 만에 제나라의 성 70여 개를 항복시켜 연나라의 군현으로 만들었다. 그러나 거와 즉묵만은 아직 항복하지 않았다.

그때 마침 연나라 소왕이 죽고 그 아들이 왕위를 이었는데, 그가 바로 혜왕惠王이다. 혜왕은 태자 때부터 언제나 악의를 달갑게 여기지 않았다.

혜왕이 즉위하자 제나라 전단田單은 이 사실을 알고 연나라로 첩자를 보내 이러한 말을 퍼뜨렸다.

"제나라 성 가운데 항복하지 않은 곳은 두 곳뿐이다. 그런데 들리는 말에 따르면 이 성을 빨리 치지 않는 까닭은 악의가 새로 즉위한 연나라 왕과 사이가 나빠 전쟁을 질질 끌면서 제나라에 머물러 제나라의 왕이 되려고 하기 때문이라고 한다. 그래서 제나라는 연나라에서 다른 장수가 오지 않을까 두려워하고 있다고 한다."

연나라 혜왕은 전부터 악의를 의심하고 있던 차에 제나라 첩자의 말을 듣고는 기겁騎劫을 대신 장군으로 삼아 보내고 악의를 불러들였다.

악의는 연나라 혜왕이 자기를 탐탁지 않게 여겨 다른 사람으로 교체시킨 줄을 알고 죽게 될까 봐 두려워서 서쪽으로 달아나 조나라에 투항했다. 조나라에서는 악의를 관진觀津에 봉하고 망제군望諸君이라고 불렀다. 조나라가 악의를 높이 떠받들자 연나라와 제나라는 놀랐다.

군주와 신하의 의는 무엇인가

제나라 전단은 나중에 기겁과 싸웠는데 속임수를 써서 연나라 군대를 즉묵성 아래에서 깨뜨렸다. 그는 돌아다니며 연나라 군대를 쫓아 버리고 북쪽으로 하수 가에 이르러 제나라의 성을 모두 되찾고 거莒에서 양왕襄王을 맞아 (수도) 임치로 들어갔다.

연나라 혜왕은 기겁을 악의와 교체시켰기 때문에 싸움에 지고 장수를 잃었으며 전에 빼앗았던 제나라 땅마저 잃게 된 것을 후회했다. 또한 악의가 조나라에 투항한 것을 원망하며, 조나라가 악의를 등용하여 연나라가 지친 틈을 타서 연나라를 치지나 않을까 두려워하였다. 이에 연나라 혜왕은 사신을 보내 악의를 꾸짖으면서도 한편으로는 사과하는 말을 전했다.

"선왕께서는 나라 전체를 장군에게 맡겼소. 장군이 연나라를 위하여 제나라를 깨뜨리고 선왕의 원수를 갚으니 이 세상에서 놀라 떨지 않는 사람이 없었소. 과인이 어찌 감히 장군의 공로를 하루인들 잊을 수 있겠소? 마침 선왕께서 신하들을 버리고 세상을 떠나 과인이 새로 왕위에 오르자 좌우의 신하들이 과인을 그르쳤소. 과인이 기겁을 장군과 교체시킨 것은 장군이 오랫동안 나라 밖에서 더위와 비바람에 시달리고 있으므로 장군을 불러 잠시 쉬게 한 뒤 나랏일을 꾀하려고 하였던 것이오. 그런데 장군은 이를 오해하고 과인과 사이가 좋지 않기 때문이라 생각하여 연나라를 버리고 조나라로 갔소. 장군 자신을 위한 처신으로는 좋은 일일지 모르나 장군은 무엇으로 선왕이 장군을 극진히 대우한 뜻에 보답하겠소?"

악의는 연나라 혜왕에게 이렇게 답장했다.

신은 재능이 없어 왕명을 받들어 모시지 못하고 좌우 신하들의 마음을 따르지 못하여 선왕의 현명하심을 해치고 대왕의 높으신 덕을 해칠까 두려워 조나라로 도망쳐 왔습니다. 지금 왕께서 사신을 보내 신의 죄를 여러 차례 꾸짖으셨습니다. 지금 신은 왕을 모시는 신하들이 선왕께서 신을 총애하신 까닭을 살피지 못하고, 또 신이 선왕을 섬긴 뜻을 명백히 하지 못할까 두려워 감히 글로 대답합니다.

신이 듣기에 "어질고 성스러운 군수는 개인적으로 가깝다는 이유로 봉록을 주지 않고 공로가 많은 자에게 상을 주며, 능력 있는 사람에게 그에 맞는 일을 맡긴다."라고 합니다. 그래서 [사람의] 능력을 살펴 관직을 주는 이는 공적을 이루는 군주이고, 행동을 바르게 하여 사귀는 이는 이름을 남기는 선비입니다. 신이 선왕께서 하신 일을 살펴보니 이 세상 군주들보다 높은 뜻을 가지고 있다는 것을 알았습니다. 그래서 위나라의 사신이라는 신분을 빌려 연나라로 갔던 것입니다.

선왕께서는 외람되게 신을 뽑아 빈객들 틈에 끼게 하고 신하들의 윗자리에 서게 했으며, 종실의 군신들과 상의할 것도 없이 신을 아경으로 삼았습니다. 신은 속으로 그 책임을 감당할 수 있을지 자신이 없었지만 명에 따라 가르침을 받는다면 다행히 큰 허물은 없으리라는 생각에 사양하지 않고 명령에 따랐습니다.

선왕께서는 신에게 명하여 "나는 제나라에 원한이 많아 매우 화가 치민다. 그래서 우리 연나라의 힘이 약한 것을 헤아리지 않고 제나라를 치려 한다."라고 하셨습니다. 신은 "제나라는 일찍이 환공이 세상을 제패한 업적이 있으며, 전쟁에서 언제나 이긴 나라이므로 무기와 장비가 잘 갖춰져 있고 싸움에도 익숙합니다. 왕께서 제나라를 치시려거든 반드시 천하 제후들과 함께 이 일을 꾀하셔야 합니다. 천하 제후들과 함께 꾀하려면 조나라와 맹약을 맺는 게 가장 좋습니다. 또한 회수 북쪽의 옛 송나라 땅은 초나라와 위나라가 탐내는 땅입니다. 조나라가 만약 이 일에 가담하기로 허락하고 네 나라가 동맹을 맺어 친다면 제나라를 크게 깨뜨릴 수 있을 것입니다."라고 말씀드렸습니다. 선왕께서는 신의 말이 옳다고 생각하시고 부절을 마련하여 신을 남쪽 조나라에 사신으로 보냈습니다. 신은 돌아와 보고를 마친 뒤 병사를 일으켜 제나라를 쳤습니다.

하늘의 도가 무심치 않고 선왕께서 영명하신 덕택에 하수 북쪽의 모든 지역이 선왕에게 복종했으므로 그곳 병사를 제수 가로 모이도록 했습니다. 제수 가의 군대는 명령을 받고 제나라를 쳐서 크게 깨뜨리고 날랜 병졸과 정예 군대가 멀리 적을 뒤쫓아 제나라 수도 임치에 이르자, 제나라 왕은 거로 달아나 겨우 몸만 피할 수 있었습니다. 제나라의 주옥과 수레와 무기와 진귀한 그릇 등은 다 거두어서 연나라로 들여왔습니다. 제나라에서 가져온 기물을 영대寧臺에 진열하고 대려大呂는 원영元英에 전시하였으며, 옛날에 제나라에 빼앗겼던 솥은 역실曆室로 되찾아 오고, 연나라 수도 계구薊丘에는 제나라의 문수汶水 가에서 생산되는 대나무를 옮겨 심었습니다. 오백五伯오패五覇 이래로 선왕보다 더 큰 공적을 세운 분은 없었습니다. 선왕께서는 만족스러워하시며 땅을 떼어 신을 봉하여 작은 나라의 제후에 비길 만한 지위로 만들어 주셨습니다. 신은 책임을 감당할 수 있을지 잘 모르지만 왕의 명령을 받들고 가르침을 받으면 다행히 큰 허물은 없으리라고 생각하여 명을 받고 사양하지 않았던 것입니다.

신이 듣건대 "어질고 성스러운 군주가 공을 세우면 그것이 무너지지 않기 때문에 역사에 이름이 남고, 앞을 내다보는 밝은 눈을 가진 선비가 공명을 이루면 그것을 손상시키지 않기 때문에 후세까지 칭송을 받는다."라고 합니다. 선왕께서는 원한을 갚고 치욕을 씻어 전차 만 대를 가진 강한 제나라를 평정하여 800년 동안 쌓아 두었던 보물과 진기한 그릇을 빼앗아 오셨고, 임종하시는 날까지도 가르침이 아직 시들지 않았습니다. 정사를 맡은 신하는 그 법령을 바르게 닦고 적서嫡庶를 신중히 지키게 하여 이를 하인들에게까지 미치게 한 것은 모두 후세에 교훈이 될 만합니다.

또 신이 듣건내 "일을 살 꾸민다 해서 반드시 일을 잘 이루는 것은 아니며, 시작을 잘한다고 해서 반드시 마무리도 잘하는 것은 아니다."라고 합니다. 옛날에 오자서의 의견이 오나라 왕 합려에게 받아들여졌기 때문에 오나라 왕은 멀리 (초나라 수도) 영까지 쳐들어갔습니다. 그러나 그 아들 부차는 자서의 의견이 그르다 하고 그에게 칼을 내려 죽게 하고, 그 시신을 말가죽으로 만든 자루에 넣어 강에 띄웠습니다. 오나라 왕 부차는 선왕의 정책을 그대로 이어 가면 공을 이룰 수 있음을 깨닫지 못했기 때문에 자서의 시신을 강에 가라앉히고도 후회할 줄 몰랐습니다. 자서도 두 군주의 기량이 다름을 재빨리 알아차리지 못했기 때문에 강수에 던져지는 처지가 되도록 자기 의견을 굽히지 않았던 것입니다.

그런데 신의 경우에는 재앙을 벗어나 공을 세워 선왕께서 남기신 공적을 분명하게 하는 것이 가장 좋은 일입니다. 신은 모욕스러운 비방으로 선왕의 명성을 떨어뜨릴까 봐 가장 두렵습니다. 이미 연나라를 버리고 조나라로 가는 큰 죄를 지었는데, 또 연나라가 지친 틈을 타 조나라를 위하여 연나라를 쳐서 연나라에게 앞서 저지른 죄를 요행으로 면해 보려는 것은 도의상 도저히 할 수 없는 일입니다.

신이 듣건대 "옛 군자는 사람과 교제를 끊더라도 그 사람의 단점을 말하지 않고, 충신은 그 나라를 떠나더라도 자기 결백을 밝히려고 군주에게 허물을 돌리지 않는다."라고 합니다. 신은 영리하지는 못하지만 자주 군자의 가르침을 받았습니다. 다만 왕을 모시는 신하들이 주위 사람들의 말을 가까이하여 멀리 내쳐진 신의 행위를 제대로 살피지 못할까 염려되어 감히 글을 올려 말씀드립니다. 부디 군왕께서 신의 뜻을 마음으로 헤아려 주시기 바랍니다.

이리하여 연나라 왕은 악의의 아들 악간樂閒을 창국군에 봉했다. 악의는 조나라와 연나라 사이를 오가면서 다시 연나라와 친해졌다. 연나라와 조나라에서는 그를 객경으로 삼았다. 악의는 조나라에서 죽었다.

능력을 인정받지 못하면 떠나라

악간이 연나라에 산 지 30여 년이 되었다. 연나라 왕 희喜는 재상 율복栗腹의 계책을 써서 조나라를 치려고 창국군 악간에게 의견을 물었다. 악간이 대답했다.

"조나라는 사방의 적국과 자주 싸워 온 나라이므로 그 백성은 싸움에 익숙합니다. 조나라를 치는 것은 옳지 않습니다."

그러나 연나라 왕은 악간의 말을 듣지 않고 조나라를 쳤다. 조나라에서는 장군 염파에게 연나라를 치도록 했다. 염파가 율복의 군사를 호鄗에서 크게 깨뜨리고 율복과 악승樂乘을 사로잡았다. 악승은 악간의 집안 사람이므로 악간은 조나라로 달아났다. 조나라가 드디어 연나라를 포위하니 연나라는 거듭 땅을 떼어 주고 화친을 맺었다. 그러자 조나라 군대는 포위를 풀고 돌아갔다.

연나라 왕은 악간의 말을 듣지 않은 것을 후회했지만 악간은 이미 조나라에 가 있었다. 이에 악간에게 편지를 보내어 말했다.

〔은나라〕 주왕 때 기자는 〔자기 의견이〕 받아들여지지 않았으나 계속 간

하여 들어주기를 바랐소. 상용商容도 〔간언했으나〕 그 말이 받아들여지지 않고 몸까지 치욕을 당했지만 주왕이 마음을 바꾸기를 바랐소. 그러다가 백성의 마음이 떠나고 죄수들이 멋대로 감옥을 빠져나가는 지경에 이르자 두 사람은 비로소 물러나 숨었소. 주왕은 포악하다는 허물을 썼으나 두 사람은 충성되고 성스럽다는 이름을 잃지 않았소. 왜냐하면 두 사람은 나라를 걱정하는 마음을 다했기 때문이오. 지금 비록 과인은 어리석지만 주왕처럼 포악하지는 않으며, 연나라 백성은 어지럽기는 하지만 은나라 백성처럼 심하지는 않소. 한 집안에서 말썽이 있었다 하여 서로 정성을 다하지 않고 이웃에 일러바치는 것은 어쩐 일이오. 과인이 보기에 그대가 과인에게 간하지 않고 또 이웃 나라인 조나라로 달아난 이 두 가지 일은 그대를 위해 잘한 일이라고 할 수 없소.

그러나 악간과 악승은 연나라가 자기들의 계책을 들어주지 않는 것을 원망하여 끝까지 조나라에 머물렀다. 조나라에서는 악승을 무양군武襄君에 봉했다.

그 이듬해에 악승과 염파가 조나라를 위하여 연나라를 포위했다. 이에 연나라가 예를 정중히 하여 화친을 요청하므로 포위를 풀었다. 5년 뒤에 조나라 효성왕이 죽었다. 조나라 양왕襄王이 염파 대신 악승을 장군으로 삼았으나 염파가 〔이에 따르지 않고〕 악승을 쳤다. 악승은 싸움에 져서 달아나고 염파는 망명하여 위나라로 들어갔다. 그로부터 16년 뒤에 진나라가 조나라를 멸망시켰다.

20여 년 뒤 고제高帝한고조 유방가 조나라의 옛 땅을 지나며 물었다.

"악의에게 후손이 있소?"

대답하여 말했다.

"악숙樂叔이라는 이가 있습니다."

고제는 악숙을 악경樂卿에 봉하고 화성군華成君이라 불렀다. 화성군은 악의의 손자이다. 그리고 악씨 집안사람으로는 악하공樂瑕公과 악신공樂臣公이 있는데, 조나라가 진나라에게 멸망될 무렵 제나라의 고밀高密로 망명했다. 악신공은 황제黃帝와 노자의 학문을 깊이 익혀 제나라에서 이름이 높았고 어진 스승으로 일컬어졌다.

태사공은 말한다.

"처음에 제나라의 괴통蒯通과 주보언主父偃은 악의가 연나라 왕에게 보낸 글 「보연왕서報燕王書」를 읽을 때마다 책을 덮고 눈물을 머금지 않은 적이 없었다고 한다. 악신공은 황제와 노자의 학문을 배웠다. 그의 원래 스승은 하상장인河上丈人이라는 인물인데, 그가 어디 출신인지는 알 수 없다. 하상장인은 안기생安期生을 가르쳤고, 안기생은 모흡공毛翕公을 가르쳤고, 모흡공은 악하공을 가르쳤으며, 악하공은 악신공을 가르쳤고, 악신공은 갑공蓋公을 가르쳤으며, 갑공은 제나라의 고밀과 교서膠西 일대에서 가르쳐 조 상국曹相國의 스승이 되었다.

21
○
염파 인상여 열전
廉頗藺相如列傳

전국 시대의 수많은 전쟁은 대부분 한나라, 위나라, 조나라를 중심으로 이루어졌다. 그런데 이 열전에 나오는 연여 싸움과 장평 싸움은 단순히 진나라와 조나라의 싸움이 아니고 여섯 나라의 안위와 복잡하게 얽혀 있다.

전국 시대 말 동쪽에 있던 여섯 나라는 나날이 국력이 쇠약해져 감에 따라 진나라와 연횡하려고 서로 다투었다. 이러한 국제 정세 속에서 염파, 인상여, 조사趙奢, 이목李牧 등 네 사람은 조나라를 더욱 강성하게 만들려고 노력하며 충성을 다했다. 환관의 우두머리 무현繆賢, 군사 허력許歷, 조괄趙括의 어머니까지도 모두 충의의 마음을 표현했다.

사마천은 이들의 사적을 하나의 전기로 만들어 생동감 있게 기록했는데, 염파와 인상여를 그 중심에 두었으므로 이들의 이름을 따서 편명으로 삼았다. 인상여가 패기만만하게 화씨벽을 들고 진나라를 방문하여 진나라 왕과 신하들을 꾸짖는 장면과 자기 군주의 위엄을 지키기 위해 진나라 왕을 위협하는 모습은 모두 죽음을 각오한 용기에서 나온 것으로 이 편의 백미라고 할 수 있다.

또한 인상여가 염파와 서로 경쟁하는 사이면서도 사사로움에 얽매이지 않고 너그러운 마음을 보여 주어 결국은 자신에게 적대감을 품은 염파를 자기편으로 끌어들이는 아량에는 절로 고개가 숙여진다. 특히 이들의 정치적 영욕과 출세와 좌절은 한 나라의 세력의 강약, 성쇠의 변화를 반영하고 있어 독자들에게 깊은 감동을 준다.

藺相如兩屈秦王

지혜와 담력으로 화씨벽을 되찾은 인상여.

용기와 지혜로 화씨벽을 돌려보내다

염파廉頗는 조나라의 뛰어난 장수이다. 조나라 혜문왕 16년에 염파는 조나라 장군이 되어 제나라를 쳐 크게 깨뜨리고 양진陽晉을 얻었으며, 이 공로로 상경이 되었다. 그의 용맹함은 제후들에게 널리 알려졌다. 인상여藺相如는 조나라 사람으로 환관의 우두머리인 무현繆賢의 사인이었다.

조나라는 혜문왕 때 초나라의 화씨벽和氏璧[1]을 손에 넣게 되었다. 진나라 소공昭公이 이 소식을 듣고 사신을 통해 조나라 왕에게 편지를 보내서 〔진나라〕 성 열다섯 개와 화씨벽을 바꾸자고 요청했다. 조나라 왕은 대장군 염파를 비롯해 여러 대신과 이 문제를 상의했다. 화씨벽을 주자니 진나라에게 속아 성을 받지 못할까 봐 우려되고, 화씨벽을 주지 않자니 진나라 군대가 쳐들어올까 걱정되어 좀처럼 결정을 내리지 못했다. 또 진나라에 가서 이 문제에 대한 답변을 할 만한 인물을 찾았지만 마땅한 사람이 없었다. 이때 환관의 우두머리 무현이 말했다.

"신의 사인 인상여를 사신으로 보낼 만합니다."

---

1 초나라의 변화卞和라는 사람이 발견한 보옥이다. 변화는 처음 이 옥을 발견하자 초나라 여왕厲王에게 바쳤는데, 옥을 감정하는 사람이 돌이라고 하자 왕은 변화의 왼발을 잘랐다. 뒤에 다시 무왕武王에게 바쳤지만 역시 감정 결과 돌로 밝혀졌으므로 무왕은 그의 오른발을 잘랐다. 문왕文王이 즉위하자 변화는 초산楚山 아래에서 사흘 밤낮을 통곡하였다. 문왕은 그 옥을 가져다가 다듬어 천하의 보옥 화씨벽을 얻었다. 『한비자』 「화씨和氏」 편에 상세하게 기록되어 있다.

왕이 물었다.

"어떻게 그것을 알 수 있소?"

그는 이렇게 대답했다.

"신은 일찍이 〔왕께〕 죄를 짓고 남몰래 연나라로 달아나려는 계획을 세운 일이 있습니다. 그때 신의 사인 인상여가 말리며 말했습니다. '당신께서는 연나라 왕을 어떻게 알게 되었습니까?' 그래서 신은 '왕을 모시고 국경 부근에서 연나라 왕과 만난 일이 있소. 그때 연나라 왕이 가만히 내 손을 잡으며 친구가 되고 싶다고 하였소. 이 일로 연나라 왕을 알게 되었소.'라고 하였습니다. 인상여는 신에게 '조나라는 강하고 연나라는 약합니다. 게다가 당신께서는 조나라 왕의 총애를 받고 있었기 때문에 연나라 왕께서 당신과 친구가 되어 사귀려고 한 것입니다. 지금 당신께서 연나라로 달아나면 연나라는 조나라를 두려워하여 반드시 당신을 머무르게 하지 않고 사로잡아 조나라로 돌려보낼 것입니다. 그러니 당신께서는 웃옷을 벗어 어깨를 드러내고 부질斧鑕죄인을 죽이는 데 쓰는 도끼와 모탕에 엎드려 처벌을 바라는 편이 낫습니다. 그렇게 하면 다행히 죄를 용서받을 수 있을지도 모릅니다.'라고 했습니다. 신이 인상여의 계책대로 했더니 왕께서 다행히 신을 용서해 주셨습니다. 그래서 신은 인상여를 용감하고 지혜로운 사람으로 생각하게 되었고, 사신으로 보낼 만하다고 말씀드리는 것입니다."

그래서 왕은 인상여를 불러 만나 이렇게 물었다.

"진나라 왕이 자기 나라 성 열다섯 개와 과인의 화씨벽을 바꾸자고 요구하는데 화씨벽을 보내는 게 좋겠소? 보내지 않는 게 좋겠소?"

인상여가 대답했다.

"진나라는 강하고 조나라는 약하므로 받아들이지 않을 수 없습니다."

왕이 물었다.

"〔그러나〕 우리 화씨벽만 빼앗고 우리에게 성을 내주지 않으면 어떻게 하오?"

인상여가 말했다.

"진나라가 성을 내주는 조건으로 화씨벽을 달라고 했는데, 조나라에서 이를 받아들이지 않으면 잘못은 조나라에 있게 됩니다. 그러나 조나라에서 화씨벽을 보내 주었는데도 진나라가 조나라에게 성을 주지 않으면 잘못은 진나라에 있게 됩니다. 이 두 가지 대책을 비교해 볼 때 차라리 요구를 받아들여 잘못의 책임을 진나라에게 덮어씌우는 편이 낫습니다."

왕이 물었다.

"누구를 사신으로 삼을 수 있겠소?"

인상여는 이렇게 대답했다.

"왕께 〔적당한〕 인물이 없다면 신이 화씨벽을 받들고 사신으로 가고 싶습니다. 성이 조나라의 손에 들어오면 화씨벽을 진나라에 두고 오지만, 성이 조나라에 들어오지 않으면 화씨벽을 온전하게 가지고 조나라로 돌아오겠습니다."

마침내 조나라 왕은 인상여에게 화씨벽을 받들고 서쪽 진나라로 들어가도록 했다.

진나라 왕은 장대章臺진나라 궁궐에 있는 누대에 앉아 인상여를 만났다. 상여가 화씨벽을 진나라 왕에게 바치자 진나라 왕은 매우 기뻐하며 비빈과 곁에 있던 신하들에게 차례차례 돌려 가며 보여 주었고, 곁에 있던 신하는 모두 만세를 불렀다. 인상여는 진나라 왕이 조나라에게 성을 내줄 마음이 없음을 눈치채고 앞으로 나아가 이렇게 말했다.

"이 화씨벽에는 작은 흠이 하나 있는데 대왕께 그것을 가르쳐 드리길 청하옵니다."

왕이 화씨벽을 인상여에게 건네주었다. 인상여는 화씨벽을 손에 넣자 뒤로 몇 걸음 물러나 기둥에 기대서더니 머리카락이 치솟아 관을 찌를 만큼 화를 내며 진나라 왕에게 다음과 같이 말했다.

"대왕께서는 화씨벽을 얻을 욕심으로 사신을 통해 조나라 왕에게 편지를 보냈습니다. 조나라에서는 신하를 모두 불러 이 문제를 상의했습니다. 그 자리에서 신하들은 한결같이 '진나라는 지나치게 욕심이 많아 자신의 강대함만을 믿고 허황된 말로 화씨벽을 차지하려는 것이다. 화씨벽을 주고 대신 받기로 한 성은 얻지 못할 것이다.'라고 하였습니다. 그래서 진나라에게 화씨벽을 주지 않기로 의견을 모았습니다. 신은 '일반 백성의 사귐에도 오히려 서로 속이지 않거늘, 하물며 큰 나라끼리 사귀는 데 그럴 수 있겠는가? 게다가 화씨벽 하나 때문에 강한 진나라의 비위를 거슬러서는 안 된다.'라고 생각했습니다. 그래서 조나라 왕은 닷새 동안 재계齋戒²한 뒤 신을 사신으로 삼아 화씨벽을 받들게 하고, 진나라 조정에 삼가 편지를 보냈습니다. 조나라 왕이 이렇게 하신 까닭은 큰 나라의 위엄을 존중하여 존경하는 마음을 다하려고 한 것입니다.

---

2 고대 제사나 의식을 거행할 때 그 일을 주관하는 사람은 먼저 목욕을 하고 옷을 갈아입고, 여인과 잠자리를 같이하지 않고 혼자 기거하며, 술을 경계하고 냄새나는 것을 먹지 않음으로써 공경과 정중함을 나타냈다.

그런데 지금 신이 진나라에 이르니 왕께서는 신을 별궁에서 만나고 예절을 하찮게 여기며 아주 거만하십니다. 그리고 화씨벽을 받으시고는 비빈들에게 차례로 건네주면서 신을 희롱했습니다. 신은 왕께서 화씨벽을 받은 대가로 조나라에 성을 내줄 마음이 없음을 알았기 때문에 화씨벽을 다시 돌려받은 것입니다. 왕께서 기필코 만일 신을 협박하려고 하신다면 신의 머리는 지금 이 화씨벽과 함께 기둥에 부딪쳐 깨질 것입니다."

인상여는 화씨벽을 가지고 기둥을 노려보며 그것을 기둥에 치려고 했다. 진나라 왕은 화씨벽이 깨질까 봐 잘못을 사과하고 노여움을 풀도록 했다. 그리고 유사有司를 불러 지도를 펼치게 한 다음 손가락으로 지도를 가리키며 여기서부터 저쪽까지 성 열다섯 개를 조나라에 주라고 했다. 인상여는 진나라 왕이 조나라에 성을 내주는 척하는 것일 뿐 실제로는 받을 수 없음을 알고는 진나라 왕에게 이렇게 말했다.

"화씨벽은 천하가 모두 인정하는 보물입니다. 조나라 왕께서는 진나라가 두려워서 감히 바치지 않을 수 없었습니다. 조나라 왕은 화씨벽을 보낼 때 닷새 동안 재계하셨습니다. 이제 왕께서도 마땅히 닷새 동안 재계하고 대궐 뜰에서 구빈九賓[3]의 예를 행하시면 바로 화씨벽을 바치겠습니다."

진나라 왕은 끝내 화씨벽을 강제로 빼앗을 수 없음을 알고 드디어 닷새 동안 재계하기로 허락하고 상여를 광성전廣成傳이라는 영빈관에 머물도록 했다. 상여는 진나라 왕이 비록 재계한다 하더라도 약속을 저버리

---

3 손님을 맞이하는 아홉 명의 예관禮官이다. 천자가 귀빈을 가장 융성하게 대접하는 예절이라고 할 수 있다.

고 결코 성을 내주지 않을 것이라고 판단했다. 그래서 자기를 따라온 사람에게 허름한 옷을 입혀 화씨벽을 품속에 숨겨 지름길로 도망치도록 하여 조나라로 돌려보냈다.

진나라 왕은 닷새 동안 재계한 뒤 대궐 뜰에서 구빈의 예를 행하고 조나라 사신 인상여를 만나기로 했다. 인상여는 들어가 진나라 왕에게 이렇게 말했다.

"진나라는 목공 이래 스무 명 남짓한 군주가 있었지만 지금까지 약속을 확실하게 지킨 분은 없습니다. 신은 진실로 왕에게 속아 조나라를 저버리게 될까 봐 사람을 시켜 화씨벽을 가지고 지름길로 조나라로 돌아가도록 했습니다. 진나라는 강하고 조나라는 약합니다. 그러므로 왕께서 사자 한 명을 조나라에 보내자 조나라는 지체 없이 신을 보내 화씨벽을 바치게 했습니다. 지금 강한 진나라가 먼저 성 열다섯 개를 조나라에 떼어 준다면 조나라가 어찌 감히 화씨벽을 내놓지 않고 왕에게 죄를 짓겠습니까? 신은 왕을 속인 죄로 죽어 마땅함을 알고 있으니 가마솥에 삶아 죽이는 형벌을 받기 원합니다. 다만 왕께서는 이 일을 신하들과 충분히 상의하십시오."

진나라 왕과 신하들은 서로 바라보면서 쓴웃음을 지었다. 곁에 있던 신하들 중에는 인상여를 끌어내 형벌로 다스리려는 자도 있었다. 그러자 진나라 왕이 말했다.

"지금 인상여를 죽이면 끝내 화씨벽을 얻을 수 없고, 진나라와 조나라의 우호 관계만 끊어질 것이니 차라리 인상여를 극진히 대접하여 조나라로 돌려보내는 편이 낫다. 조나라 왕이 어찌 화씨벽 하나 때문에 진나라를 우롱하겠는가?"

그래서 마침내 인상여를 빈객으로 예우하여 대궐로 맞아들이고 예를 마친 뒤에 조나라로 돌아가도록 했다.

인상여가 돌아오자, 조나라 왕은 현명한 대부가 사신으로 갔기 때문에 제후에게 모욕을 당하지 않았다고 여겨 그를 상대부로 삼았다. 진나라가 조나라에게 성을 주지 않으므로 조나라도 결국 화씨벽을 진나라에게 내주지 않았다.

피를 뿌려서라도 군주의 위엄을 지킨다

그 뒤 진나라는 조나라를 쳐서 석성石城을 빼앗고, 그 이듬해에 다시 조나라를 쳐서 2만 명을 죽였다. 그런 다음 진나라 왕은 조나라 왕에게 사자를 보내 "왕과 우호 관계를 맺고 싶으니 서하西河 남쪽 민지澠池에서 만납시다."라고 말했다. 조나라 왕은 진나라가 두려워 가지 않으려고 했다. 염파와 인상여는 상의하여 이렇게 말했다.

"왕께서 가시지 않으면 조나라가 나약하고 비겁하다는 소리를 듣게 될 것입니다."

조나라 왕은 결국 인상여와 함께 가기로 했다. 염파는 국경까지 따라와 배웅하고 왕과 헤어지면서 이렇게 말했다.

"왕께서 가시는 거리를 헤아려 보면 서로 만나 회담하는 예를 마치고 돌아올 때까지 30일 이상 걸리지 않을 것입니다. 만일 30일이 지나도 돌아오시지 못하면 태자를 왕으로 삼아 진나라가 조나라를 차지하려는 망상을 끊도록 해 주십시오."

왕은 이 의견을 받아들이고 드디어 진나라 왕과 민지에서 만났다. 진나라 왕은 술자리가 흥겨워지자 이렇게 말했다.

"과인은 조나라 왕께서 음악에 뛰어나다는 말을 들었습니다. 거문고 연주를 부탁드리겠습니다."

조나라 왕이 거문고를 뜯었다. 진나라 어사御史도서를 관리하고 나라의 큰 일을 기록하던 사관가 나와서 다음과 같이 적었다.

어느 해 어느 달 어느 날에 진나라 왕이 조나라 왕을 만나 술을 마시고 조나라 왕에게 거문고를 연주하도록 했다.

그러자 인상여가 앞으로 나와서 말했다.

"조나라 왕께서는 진나라 왕께서 진나라 음악을 잘하신다고 들었습니다. 분부盆缻옹기로 만든 악기를 진나라 왕께 올려 서로 즐길 수 있도록 해 주십시오."

진나라 왕이 화를 내며 받아들이지 않자, 인상여는 앞으로 나아가 분부를 바치며 무릎을 꿇고 진나라 왕에게 청했다. 진나라 왕이 여전히 분부를 치려고 하지 않으므로 상여는 이렇게 말했다.

"신 상여와 왕 사이는 다섯 걸음도 못 됩니다. 신은 목의 피를 왕께 뿌려서라도 요청할 것입니다."

이 말을 듣고 진나라 왕 주위에 있던 신하들이 인상여를 칼로 찌르려고 하였으나 인상여가 눈을 부릅뜨고 꾸짖자 모두 뒤로 물러섰다. 진나라 왕은 하는 수 없이 조나라 왕을 위해 분부를 한 번 두드렸다. 인상여는 뒤를 돌아다보고 조나라 기록관을 불러 다음과 같이 적도록 하였다.

어느 해 어느 달 어느 날에 진나라 왕이 조나라 왕을 위하여 분부를 두드렸다.

진나라 신하들이 말했다.
"조나라의 성 열다섯 개를 바쳐 진나라 왕의 장수를 축복해 주십시오."
인상여가 또 말했다.
"진나라 수도 함양을 바쳐서 조나라 왕의 장수를 축복해 주십시오."
진나라 왕은 술자리가 끝날 때까지 조나라를 이길 수 없었다. 조나라도 많은 군사를 배치시키고 진나라에 대비하였으므로 진나라가 함부로 움직일 수 없었다.

나라의 위급함을 먼저 생각한다

회견을 마치고 돌아온 조나라 왕이 인상여의 공로를 크게 치하하고 상경上卿으로 삼아 인상여의 지위가 염파보다 높아졌다. 염파는 이렇게 말했다.
"나는 조나라 장군이 되어 성의 요새나 들에서 적과 싸워 큰 공을 세웠다. 그러나 인상여는 겨우 혀와 입만을 놀렸을 뿐인데 지위가 나보다 높다. 또 인상여는 본래 미천한 출신이니, 나는 부끄러워서 차마 그의 밑에 있을 수 없다."

그리고 이렇게 다짐했다.

"내가 상여를 만나면 반드시 모욕을 주리라."

인상여는 이 말을 듣고 [염파와] 마주치지 않으려 했다. 인상여는 조회가 있을 때마다 늘 병을 핑계 삼아 염파와 서열을 다투려 하지 않을 뿐만 아니라, 외출할 때도 멀리 염파가 보이면 수레를 끌어 숨어 버리기도 했다. 그래서 [인상여의] 사인들이 모두 이렇게 간하였다.

"저희가 친척을 떠나와서 나리를 섬기는 까닭은 오직 나리의 높은 뜻을 사모하기 때문입니다. 지금 나리께서는 염파와 같은 서열에 있습니다. 그러나 나리는 염파가 나리에 대해 나쁜 말을 퍼뜨리고 다니는데도 그가 두려워 피하시며 지나치게 겁을 내십니다. 이것은 평범한 사람들도 부끄러워하는 일인데, 하물며 장군이나 재상이라면 어떻겠습니까? 못난 저희는 이만 물러갈까 합니다."

인상여는 그들을 완강하게 말리며 말했다.

"그대들은 염 장군과 진나라 왕 가운데 누가 더 무섭소?"

사인들이 대답했다.

"[염 장군이 진나라 왕에] 못 미칩니다."

상여가 말했다.

"저 진나라 왕의 위세에도 불구하고 나는 그를 궁정에서 꾸짖고 그 신하들을 부끄럽게 만들었소. 내가 아무리 어리석기로 염 장군을 겁내겠소? 내가 곰곰이 생각해 보건대 강한 진나라가 감히 조나라를 치지 못하는 까닭은 나와 염파 두 사람이 있기 때문이오. 만일 지금 호랑이 두 마리가 어울려서 싸우면 결국은 둘 다 살지 못할 것이오. 내가 염파를 피하는 까닭은 나라의 위급함을 먼저 생각하고 사사로운 원망을 뒤로하기 때문이오."

염파가 이 말을 듣고는 웃옷을 벗고 가시 채찍을 등에 짊어지고 빈객으로서 인상여의 문 앞에 이르러 사죄하며 말했다.

"비천한 저는 상경께서 이토록 너그러우신 줄 몰랐습니다."

이리하여 두 사람은 서로 화해하고 죽음을 같이하기로 약속한 벗이 되었다.

이해에 염파는 동쪽으로 제나라를 쳐서 군대 하나를 깨뜨렸다. 그로부터 2년 뒤에 염파는 다시 제나라 기幾를 쳐서 손에 넣었고, 3년 뒤에는 위나라 방릉防陵과 안양安陽을 쳐서 손에 넣었다. 그리고 4년 뒤에 인상여가 장군으로 제나라를 공격하여 평읍平邑까지 쳐들어갔다가 돌아왔다. 그 이듬해에 조사가 진나라 군대를 연여閼與 부근에서 깨뜨렸다.

세금이 공평하면 나라가 부유해진다

조사趙奢는 조나라 전부리田部吏전답의 조세 징수를 맡은 관리이다. 그가 조세를 거둬들이는데 평원군의 집에서 조세를 내지 않으려고 하자, 법에 따라 평원군의 집에서 일을 보는 사람 아홉을 죽였다. 평원군이 화가 나서 조사를 죽이려고 하자, 조사가 그를 설득하며 말했다.

"당신은 조나라의 귀공자입니다. 지금 당신 집에서 나라에 바치는 의무를 다하지 않는 것을 내팽개쳐 둔다면 국법이 손상될 것입니다. 국법이 손상되면 나라가 쇠약해질 테고 나라가 쇠약해지면 제후들이 병사를 일으켜 쳐들어올 것이며, 제후들이 병사를 일으켜 쳐들어오면 조나라는 멸망할 것입니다. 그렇게 되면 당신께서 어떻게 이와 같은 부를 누릴 수 있겠습니까? 당신 같은 귀한 분이 국법이 정한 대로 나라에 의무를 다하면 위아래가 공평해질 테고 위아래가 공평해지면 나라가 강해질 것이며, 나라가 강해지면 조나라는 튼튼해질 것입니다. 그리고 당신은 국왕의 친족이니 그 누가 공을 하찮게 보겠습니까?"

평원군은 조사가 현명하다고 여겨 왕에게 추천했다. 왕이 그를 등용하여 나라의 세금을 관리하게 하자, 세금이 매우 공평하게 거둬들여져 백성은 부유해졌고 창고는 가득 차게 되었다.

쥐구멍 안의 싸움에서는 용감한 쥐가 이긴다

〔이때〕 진나라가 한나라를 치기 위해 연여에 주둔했다. 왕이 염파를 불러 물었다.

"〔연여를〕 구할 수 없겠소?"

〔염파가〕 대답했다.

"길이 멀고 험한 데다 땅이 좁아서 구하기 어렵습니다."

다시 악승樂乘을 불러 물었으나 악승도 염파와 똑같이 대답했다. 또 조사를 불러서 묻자 조사는 이렇게 대답했다.

"길은 멀고 험한 데다 지역이 좁으므로 그곳에서 싸운다는 것은 쥐 두 마리가 쥐구멍 속에서 싸우는 것과 같습니다. 그러므로 결국 용감한 장군이 이길 것입니다."

왕은 조사를 장군으로 삼아 연여를 구하도록 했다.

군대가 한단을 떠나서 30리쯤 왔을 때, 〔조사는〕 군중軍中에 이런 명을 내렸다.

"군사軍事에 관해서 간하는 자가 있으면 사형에 처하겠다."

진나라 군대가 무안武安 서쪽에 진을 치고 북을 치고 함성을 지르며 훈련하는데 〔그 소리가 매우 커서〕 무안 안의 기와가 모두 흔들리는 듯했다. 조나라의 척후병 한 사람이 빨리 무안을 구원하자고 하자 조사는 그 자리에서 바로 그의 목을 베어 버렸다. 그리고 보루의 벽을 튼튼하게 하고 28일이나 머물며 움직이지 않은 채 보루의 벽만을 더 늘려 쌓았다. 진나라의 첩자가 보루 안으로 들어왔지만 조사는 좋은 식사를 대접해서 돌려보냈다. 첩자가 돌아가 진나라 장수에게 겪은 일을 보고하자, 진나라 장수는 몹시 기뻐하며 말했다.

"수도로부터 30리밖에 안 떨어진 곳에서 군대를 움직이지 않고 보루만 늘리고 있으니 연여는 조나라 땅이 아니다."

조사는 진나라 첩자를 돌려보낸 다음 곧바로 병사들을 갑옷을 벗고 가벼운 차림으로 행군시켜 1박 2일 만에 진나라 군대에 이르렀다. 그리고 연여에서 50리 떨어진 곳에 궁수들이 진을 치도록 했다. 조나라 군대는 드디어 보루를 완성하였다. 진나라 군대는 이 소식을 듣고 군사를 모두 동원하여 쳐들어왔다. 조나라 군사軍士 허력許歷이 군사에 관해서 간할 말이 있다고 하자 조사가 말했다.

"그를 들여보내시오."

허력은 이렇게 말했다.

"진나라 군사들은 우리 조나라 군사가 이곳까지 온 줄을 모르고 아주 용맹스러운 기세로 쳐들어올 것입니다. 장군께서는 반드시 병력을 모아 진지를 두텁게 하여 적을 기다려야 합니다. 그러지 않으면 틀림없이 싸움에서 질 것입니다."

조사가 말했다.

"그대 의견에 따르겠소."

허력이 말했다.

"신에게 부질형鈇質刑도끼로 허리를 베는 형벌을 내려 주십시오."

조사가 말했다.

"뒷날 한단에서 명령을 기다리시오."

그러자 허력이 다시 간할 것이 있다며 청하여 말했다.

"먼저 북산北山의 정상을 차지하는 쪽이 이기고, 뒤늦게 오는 쪽이 질 것입니다."

조사는 그 의견을 받아들여 즉시 군사 1만 명을 그곳으로 출발시켰다. 진나라 군대는 뒤늦게 와서 산 정상을 다투었으나 올라가지 못했다. 조사는 군사를 풀어 진나라 군대를 쳐서 크게 깨뜨렸다. 진나라 군대는 포위를 풀고 달아났다. 조나라 군대는 드디어 연여의 포위를 풀고 돌아왔다.

조나라 혜문왕은 조사를 마복군馬服君에 봉하고 허력을 국위國尉장군 다음의 군 관리로 삼았다. 이리하여 조사는 염파, 인상여와 지위가 같아졌다.

그로부터 4년 뒤에 조나라 혜문왕이 죽고 그 아들 효성왕孝成王이 즉위했다. 혜문왕이 죽은 지 7년이 지났을 때 진나라와 조나라 군대가 장평에서 대치했다. 이때 조사는 이미 죽었고 인상여는 병이 위독했다. 그래서 조나라는 염파를 장군으로 삼아 진나라를 치도록 했다. 진나라 군대가 자주 조나라 군대를 깨뜨렸지만 조나라 군대는 보루의 벽만 튼튼히 할 뿐 나가 싸우지 않았다. 진나라 군대가 자주 싸움을 걸어와도 염파는 맞아 싸우지 않았다. 이때 조나라 왕은 진나라 첩자가 퍼뜨린 말을 듣고 믿게 되었는데 그 말은 이러했다.

"진나라가 두려워하는 것은 오직 마복군 조사의 아들 조괄趙括이 장군이 되는 일뿐이다."

그래서 조나라 왕은 염파 대신 조괄을 장군으로 삼으려 했다. 그러자 인상여가 말했다.

"왕께서는 명성만 믿고 조괄을 쓰시려 하는데, 이는 거문고의 괘棵기둥를 아교로 붙여서 고정시키고 연주하는 것과 같습니다. 조괄은 그저 자기 아버지가 남긴 병법 책을 읽었을 뿐 사태 변화에 대처할 줄은 모릅니다."

그러나 조나라 왕은 듣지 않고 마침내 조괄을 장군으로 삼았다.

조괄은 스스로 어릴 적부터 병법을 배워 군사에 대해 말하자면 이 세상에서 자기를 당할 자가 없다고 했다. 일찍이 그는 아버지 조사와 함께 군사적인 일을 토론한 적이 있는데, 조사는 그를 당해 낼 수 없었다. 그러나 (조사는 그가) 잘한다고 하지 않았다. 조괄의 어머니가 조사에게 그 까닭을 묻자 조사는 이렇게 말했다.

"전쟁이란 목숨을 거는 거요. 그런데 괄은 전쟁을 너무 쉽게 말하오. 조나라가 괄을 장군으로 삼지 않으면 다행이지만, 만일 괄을 장군으로 삼는다면 틀림없이 조나라 군대는 파멸당할 것이오."

조괄이 떠나려고 할 때, 그 어머니는 왕에게 글을 올려 이렇게 말했다. "제 아들을 장군으로 삼으면 안 됩니다."

왕이 물었다.

"무엇 때문이오?"

조괄의 어머니는 이렇게 대답했다.

"예전에 소첩이 괄의 아버지를 모실 때, 그 무렵 제 아들의 아버지는 장군이었습니다. 그가 직접 먹여 살리는 이가 수십 명이고, 벗이 된 사람은 수백 명이나 되었습니다. 왕이나 종실에서 상으로 내려 준 물품은 모두 군대의 벼슬아치나 사대부에게 주고, 출전 명령을 받으면 그날부터 집안일을 돌보지 않았습니다. 그런데 지금 제 아들은 하루아침에 장군이 되어 동쪽을 향해 앉아서 부하들의 인사를 받게 되었지만 군대의 벼슬아치 가운데 누구 하나 제 아들을 존경하여 우러러보는 이가 없습니다. 왕께서 내려 주신 돈과 비단을 가지고 돌아와 자기 집에 감추어 두고 날마다 이익이 될 만한 땅이나 집을 둘러보았다가 그것들을 사들입니다. 왕께서는 어찌 그 아버지와 같으리라 생각하십니까? 아버지와 자식은 마음 씀씀이부터 다릅니다. 부디 왕께서는 (제 아들을) 보내지 마십시오."

왕이 말했다.

"어머니는 더 이상 말하지 마오. 나는 이미 결정했소."

그러자 조괄의 어머니가 말했다.

"왕께서 굳이 그 아이를 보내시려거든 그 아이가 책임을 다하지 못하더라도 소첩을 그 아이의 죄에 연루시켜 벌을 받지 않게 해 주십시오."

왕은 그렇게 하기로 약속했다.

조괄은 염파를 대신하게 되자 군령을 모두 바꾸고 군대의 버슬아치를 모조리 교체시켰다. 진나라 장군 백기가 이 소식을 듣고 기병을 보내 거짓으로 달아나는 척하면서 조나라 군대의 식량 운송로를 끊고 조나라 군대를 둘로 나누었다. 병졸들의 마음은 조괄에게서 떠나갔다. 40여 일이 지나자 조나라 군사들은 굶어 죽어 갔다. 조괄이 정예 부대를 앞세우고 직접 싸우러 나갔지만 진나라 군사가 조괄을 쏘아 죽였다. 조괄의 군대는 싸움에서 지고 결국 군사 수십만 명이 진나라에 항복했다. 진나라는 이들을 모두 땅에 묻어 죽였다. 조나라가 이 싸움을 전후로 잃은 군사는 45만 명이나 되었다. 이듬해에 진나라 군대는 드디어 한단을 포위하였고, 한단은 1년 남짓 포위에서 벗어날 수 없었다. [조나라는] 초나라와 위나라 제후들의 도움으로 겨우 한단의 포위망을 뚫었다. 조나라 왕은 조괄의 어머니가 앞서 한 말 때문에 결국 그녀를 죽이지는 않았다.

권세를 가진 자에게 사람이 몰린다

한단의 포위가 풀린 지 5년 뒤, 연나라는 "조나라 장정들은 장평 싸움에서 다 죽고 그 고아들은 아직 장정이 되지 못했다."라는 재상 율복의 건의를 받아들여 군사를 일으켜 조나라를 쳤다. 조나라는 염파를 장군으로 삼아 출전하여 연나라 군대를 호鄗에서 크게 깨뜨려 율복을 죽이고 연나라를 포위했다. 연나라에서 성 다섯 개를 떼어 주며 화친을 청하였으므로 이를 허락했다. 조나라 왕은 염파를 위문尉文 땅에 봉하여 신평군信平君으로 삼고 임시 상국相國으로 임명했다.

〔이보다 앞서〕 염파가 장평에서 파면되어 권세를 잃고 돌아왔을 때 예전부터 알고 지내던 빈객이 모두 떠나갔다. 그러나 다시 등용되어 장군이 되자 빈객이 또다시 모여드니 염파가 말했다.

"객들은 물러가시오."

그러자 한 빈객이 말했다.

"아! 당신은 어쩌면 그렇게도 판단이 더딥니까? 대체로 천하 사람들은 시장에서 이익을 좇는 것처럼 사귑니다. 당신에게 권세가 있으면 따르고 권세가 없어지면 떠나갑니다. 이것은 진실로 당연한 이치인데 무엇을 원망하십니까?"

그로부터 6년 뒤에 조나라는 염파에게 위나라 번양繁陽을 치게 하여 함락시켰다.

조나라 효성왕이 죽고 아들 도양왕悼襄王이 즉위하자 염파 대신 악승을 장군으로 삼았다. 염파는 화가 나서 악승을 쳐 도망치게 했다. 염파는 위나라 대량으로 달아났다. 그 이듬해에 조나라는 이목李牧을 장군으로 삼아 연나라를 쳐서 무수武遂와 방성을 함락시켰다.

염파는 오랫동안 대량에 머물렀지만 위나라에서는 그를 믿지 않았다. 그동안 조나라는 진나라 군대에게 자주 시달려 조나라 왕은 다시 염파를 얻으려 했고, 염파도 다시 조나라에 등용되고 싶어 했다. 조나라 왕은 사자를 보내 아직 염파를 장군으로 쓸 만한지 그렇지 못한지를 살피게 했다. 이때 염파의 원수인 곽개郭開가 사자에게 많은 금을 주어 염파를 모함하도록 했다. 염파는 조나라 사자를 만나자 식사 때마다 쌀밥 한 말과 고기 열 근을 먹어 보이고, 갑옷을 입고 말에 올라타 아직도 쓸 만함을 보여 주었다. 그러나 조나라 사자는 돌아와 왕에게 이렇게 아뢰었다.

"염 장군은 비록 늙긴 했지만 아직 식사도 잘합니다. 그러나 신과 자리를 같이하는 동안에 몇 차례나 소변을 보았습니다."

조나라 왕은 염파가 늙고 쇠약해졌다고 여겨 부르지 않았다. 초나라는 염파가 위나라에 있다는 말을 듣고 몰래 사람을 보내 그를 맞아들였다. 염파는 한 차례 초나라 장군이 되었으나 공을 세우지는 못했다. 그는 이렇게 말했다.

"나는 조나라 군사로서 싸우고 싶다."

염파는 결국 수춘壽春에서 죽었다.

죽음을 알면 용기가 솟는다

이목李牧은 조나라 북쪽 변방을 지키는 뛰어난 장수로 일찍이 대군代郡과 안문군雁門郡에 살면서 흉노에 대비하고 있었다. 이목은 필요에 따라 임의로 관리를 두고 저잣거리의 세금을 거두어 모두 막부幕府장군이 머물며 지휘하는 곳로 가져다가 병사들의 비용으로 썼다. 날마다 소를 몇 마리씩 잡아 병사들을 먹이고 활쏘기와 말타기를 익히도록 했다. 적의 침입을 알리는 봉화를 신중히 준비해 두고 많은 첩자를 풀어놓고 병사를 정성껏 대우했다. 그리고 이렇게 명령했다.

"만일 흉노가 들어와 도둑질을 하면 재빨리 가축들을 거두어 성안으로 들어와 지켜라. 감히 흉노를 사로잡는 자가 있으면 목을 베리라."

그래서 흉노가 쳐들어올 때마다 봉화를 올리지 않고 재빨리 가축들을 거두어 성안으로 들어오고는 싸우지 않았다. 이렇게 하여 몇 해가 지나도 상처를 입거나 잃는 것이 없었다. 그러나 흉노는 이목을 겁쟁이라고 하고, 조나라 변방을 지키는 병사들까지도 우리 장군은 비겁하다고 생각했다. 조나라 왕이 이목을 꾸짖었지만 이목은 예전과 마찬가지였다. 조나라 왕은 화가 나서 이목을 불러들이고 다른 사람을 대신 장군으로 삼았다.

이로부터 1년 남짓한 동안에 흉노가 쳐들어올 때마다 조나라 군대는 나가서 싸웠지만 그때마다 불리하여 잃는 것이 많고, 변방을 지키는 백성은 농사를 짓거나 가축을 기를 수 없었다. (조나라가) 다시 이목을 불렀지만 이목은 문을 걸어 닫고 나오지 않으며 병을 핑계로 완강하게 사양했다. 조나라 왕이 다시 강제로 그를 조나라 군대의 장군으로 임명하자 이목이 말했다.

"왕께서 굳이 신을 쓰신다면 신은 예전처럼 할 것입니다. (그래도 좋다면) 감히 명령을 받들겠습니다."

왕은 그렇게 하도록 허락했다.

이목은 변방에 이르자 예전과 같은 명령을 내렸다. 흉노는 몇 년 동안 얻는 것이 없었고 끝내는 이목을 겁쟁이라고 했다. 변방을 지키던 병사들은 날마다 많은 상과 대접을 받았지만 한 번도 쓰이지 못했으므로 모두 한 번 싸우기를 원했다. 그래서 전차 300대와 기마 1만 3000필을 골라 갖추었다. 공을 세워 100금을 받은 용사 5만 명, 활을 잘 쏘는 사람 10만 명을 뽑아 싸우는 기술을 훈련시켰다. 한편 많은 가축을 놓아 먹이니 백성은 들에 가득 찼다. 적은 수의 흉노가 쳐들어오자 이기지 못하는 척 달아나 수천 명을 뒤에 버려 두었다. 선우單于가 이 소식을 듣고 대군을 이끌고 쳐들어왔다. 이목은 많은 기병으로 좌우의 날개를 펴서 공격하여 크게 깨뜨려 흉노족 기병 10여만 명을 죽였다. 또한 담람憺襤을 멸망시키고 동호東胡를 깨뜨리고 임호林胡를 항복시키자 선우는 달아났다. 그 뒤 10여 년 동안 흉노는 감히 조나라 국경 근처에는 가까이 오지 못했다.

조나라 도양왕 원년에 염파가 이미 위나라로 망명했으므로 조나라에서는 이목에게 연나라를 치게 하여 무수와 방성을 함락시켰다. 2년 뒤에 방훤龐煖이 연나라 군대를 깨뜨리고 극신劇辛을 죽였다. 그로부터 7년 뒤에 진나라는 조나라를 깨뜨리고 조나라 장군 호첩扈輒을 무수성에서 죽이고, 조나라 병사 10만 명의 목을 베었다. 조나라는 이목을 대장군으로 삼아 진나라 군대를 의안宜安에서 쳐 크게 깨뜨리고, 진나라 장군 환의桓齮를 달아나게 했다. 〔조나라에서는〕 이목을 봉하여 무안군武安君으로 삼았다. 그로부터 3년 뒤에 진나라가 파오番吾를 공격해 오자 이목이 진나라 군대를 깨뜨리고 남쪽으로 한나라와 위나라 군사를 막았다.

조나라 왕 천遷 7년에 진나라가 왕전에게 조나라를 치도록 하자, 조나라에서는 이목과 사마상司馬尙을 시켜 막게 했다. 진나라는 조나라 왕이 남달리 아끼던 신하 곽개에게 많은 금을 주어 이목과 사마상이 모반하려

한다고 이간질하게 했다. 이에 조나라 왕은 조총趙蔥과 제나라 장군 안취顔聚를 보내 이목과 바꾸려 했지만 이목이 왕명을 따르지 않았다. 그러므로 조나라에서는 사람을 보내 몰래 이목을 붙잡아 죽이고 사마상을 해임시켰다. 그 뒤 석 달이 지나 왕전이 갑자기 조나라를 쳐 크게 깨뜨리고 조총을 죽였으며, 조나라 왕 천과 그 장군 안취를 사로잡음으로써 마침내 조나라는 멸망하고 말았다.

태사공은 말한다.

"죽음을 알면 반드시 용기가 생기게 된다. 죽는 것이 어려운 게 아니고 죽음에 대처하기가 어려운 것이다. 인상여가 화씨벽을 돌려받고 기둥을 노려볼 때라든지 진나라 왕 주위에 있던 신하들을 꾸짖을 때 그 형세는 기껏해야 죽음뿐이었다. 선비 중에 어떤 이는 겁을 집어먹고 감히 용기를 내지 못한다. 그러나 인상여가 한 번 용기를 내자 그 위세가 상대편 나라까지 떨쳤고, 물러나 [고국으로] 돌아와서는 염파에게 겸손히 양보하니 이름은 태산처럼 무거워졌다. 인상여는 지혜와 용기 두 가지를 모두 갖춘 인물이라고 말할 수 있다."

22

전단 열전
田單列傳

『사기』의 많은 편에서 장수들의 전기를 다루고 있는 것은 그만큼 사마천이 살던 시대가 그들의 활약상에 의존했기 때문일 것이다.

기원전 284년에 연나라 소왕은 악의를 상장군으로 삼아 다섯 나라의 병사들을 이끌고 제나라를 치게 하여 제나라 수도 임치와 70여 성을 함락시켰다. 제나라는 거와 즉묵 두 성만을 지키고 있었고, 제나라 민왕도 피살되었다. 이때 제나라 장수 전단이 비상한 지혜와 군사적 재능으로 연나라를 깨뜨리고 구사일생으로 제나라를 지켜 냈다. 이 열전은 바로 그 과정을 묘사하고 있으며, 사마천의 용병用兵에 관한 의견, 즉 "싸움이란 정면에서 맞서 싸우고 기병奇兵으로 적의 허를 찔러 이기는 것이다."라는 견해가 담겨 있다.

전단은 전국 시대의 기인奇人이며, '화우진火牛陳'은 역사적인 기사奇事이다. 그래서 사마천은 이 열전을 구성하면서 '기奇' 자를 골간으로 하여 재료를 선택하고 인물을 만들어 구성해 나갔다. 가령 제나라 생사존망의 관건이던 화우진을 생동감 있게 묘사한 것 외에 태사교太史嬓의 딸과 왕촉王蠋 두 사람의 애국적인 언행을 보완하는 방식을 취한 것도 전단이 기병을 다루는 솜씨를 돋보이게 하기 위함이었다.

이 열전에서는 '기奇' 자를 여러 번 써서 전단의 뛰어난 용병술의 실례를 보여 주는데, 찬贊에서조차 '기奇' 자를 세 번이나 쓴 것은 독자들의 시선을 모으기 위해서이다. 그러므로 이 편은 『사기』 열전 중에서 가장 짧지만 전기傳奇기이한 것을 전함 색채가 가장 짙고 소설적 특징이 매우 강하다. 물론 전단이 적과 맞서 싸우면서 보여 준 지혜와 계책은 『손자병법』의 기정상생奇正相生의 전략에서 취한 것이다. 이 편은 전단과 적대 관계였던 악의樂毅를 다룬 「악의 열전」과 함께 읽으면 좋다.

꼬리에 불붙인 소 1000여 마리를 내보내 연나라 군사를 격파하다.

수레바퀴 축의 쇠가 목숨을 구한다

전단田單은 제나라의 여러 전씨田氏 일족 가운데 한 사람이다. [전단은] 민왕 때 임치의 시연市掾시장을 감독하는 관리이었으나 [그를] 아는 사람이 없었다.

연나라가 악의를 보내 제나라를 쳐서 깨뜨리자 제나라 민왕은 달아나 거성莒城에서 몸을 보존했다. 연나라 군대가 깊숙이 쳐들어와 제나라를 평정하자 전단은 안평安平으로 달아났다. 전단은 자기 집안사람들에게 수레바퀴 축의 끝을 모조리 잘라 버리고 쇠를 덮어씌워 붙이도록 했다. 얼마 뒤 연나라 군대가 안평을 쳐서 성을 함락시키자 제나라 사람들은 달아나려 했지만 [서로 먼저 지나가려] 길을 두고 다투다가 바퀴 축의 양 끝이 부러져 수레가 부서져 버려 모두 연나라 군대에게 사로잡히고 말았다. 그러나 오직 전단의 집안사람들만은 바퀴 축을 쇠로 싸 두었기 때문에 벗어나 동쪽 즉묵卽墨으로 가서 몸을 보존할 수 있었다. 연나라는 제나라의 거의 모든 성을 정복하였으나 거와 즉묵만은 손에 넣지 못하고 있었다.

연나라 군대는 제나라 왕이 거성에 숨어 있다는 말을 듣고 군사들을 모아 공격했다. 그러자 [제나라를 구하기 위해 초나라 장수] 요치淖齒가 제나라 민왕을 죽이고 거성을 굳게 지키며, 연나라 군대에 맞서 여러 해 동안이나 항복하지 않았다. 연나라는 군대를 이끌고 동쪽으로 가서 즉묵을 에워쌌다. 즉묵의 대부들은 성에서 나와 싸우다가 져서 목숨을 잃었다. 그러자 성안에 있던 사람들은 한결같이 전단을 추대하며 이렇게 말했나.

"안평 싸움에서 전단의 집안사람들만이 바퀴 축을 쇠로 싸 두었기 때문에 무사했으니 군대를 잘 다룰 것이다."

그러고는 곧바로 장군으로 삼았다. 전단은 즉묵을 지키며 연나라 군대에 대항하였다.

기묘한 계책으로 적의 허를 찔러라

얼마 뒤 연나라 소왕이 죽고 혜왕이 자리에 올랐으나, 혜왕은 악의와 사이가 좋지 않았다. 전단은 이 사실을 알고 연나라에 첩자를 보내 이러한 소문을 퍼뜨렸다.

"제나라 왕은 이미 죽었고 함락되지 못한 성은 이제 두 곳뿐이다. 악의는 벌을 받을까 두려워 감히 돌아오지 못하면서 제나라를 친다는 명분을 내세우고 있지만, 실제로는 전쟁을 질질 끌어 자신이 제나라 왕이 되려고 한다. 그러나 제나라 사람들이 자신을 따르지 않기 때문에 즉묵을 공격하기를 잠시 늦추어 때를 기다리고 있다. 제나라 사람들은 다른 장군이 오게 되면 즉묵이 쑥밭이 될까 두려워할 뿐이다."

연나라 왕은 이 소문을 그럴듯하게 여겨 악의 대신 기겁騎劫을 장군에 임명하였다. 이로 인해 악의가 조나라로 귀순하자, 연나라 병사들은 분통을 터뜨렸다.

한편 전단은 성안 사람들에게 밥을 먹을 때마다 반드시 뜰에서 그 조상에게 제사를 지내도록 명령하였다. 그러자 날던 새들이 모두 성안으로 내려와 차려 놓은 음식을 먹어 치웠다. 연나라 사람들이 이 일을 해괴하게 여기자, 전단은 이렇게 선전했다.

"신神이 와서 나를 가르쳐 주시는 것이오."

그러고는 성안 사람들에게 포고했다.

"이제 신과 같은 사람이 내 스승이 될 것이다."

그러자 한 병졸이 물었다.

"제가 스승이 될 수 있겠습니까?"

그러고는 몸을 돌려 뛰어갔다. 전단은 바로 일어나 그를 불러 되돌아오게 하여 동쪽을 향하여 앉힌 다음 스승으로 받들려고 했다. 그러자 병졸이 말했다.

"제가 당신을 속였습니다. 사실 제게는 아무 능력이 없습니다."

전단이 말했다.

"너는 아무 말도 하지 마라."

그러고는 그를 스승으로 받들며, 명령을 내릴 때마다 반드시 신이 한 스승이라고 하였다. 그리고 나서 전단은 이렇게 선언했다.

"내가 두려워하는 것은 연나라 군사가 사로잡은 제나라 병사들의 코를 베고 그들을 앞세워 우리와 싸우게 하여 즉묵이 패하게 되는 일뿐이다."

연나라 사람들은 이 말을 듣고 전단이 말한 것과 같이 했다. 성안 사람들은 항복한 제나라 군사들의 코가 전부 베인 것을 보자 모두 분노가 치밀었고 성을 굳게 지키며 연나라 사람에게 붙잡히지나 않을까 두려워했다.

전단은 또 첩자를 풀어 이런 말을 하게 했다.

"내가 두려워하는 것은 연나라 사람들이 우리 성 밖에 있는 무덤을 파헤쳐 조상을 욕보일까 하는 것이다. 이런 생각만 하면 섬뜩해진다."

연나라 군사들은 무덤을 모두 파헤쳐 시체를 불살라 버렸다. 즉묵 사람들은 성 위에서 이 광경을 멀리 바라보고 모두 눈물을 흘리며 함께 달려 나가 싸우기를 원했다. 그들의 분노는 열 배나 더해졌다.

전단은 이제 병사들이 싸울 만하게 되었음을 알고 몸소 널판과 삽을 들고 병졸들과 똑같이 일하였다. 또한 아내와 첩까지 군대 속에 끼워 넣고 음식을 있는 대로 풀어 병사들을 먹였다. 그러고 나서 무장한 병사들은 모두 숨게 하고 노약자와 부녀자들만 성 위로 오르게 한 뒤, 사신을 보내 연나라에 항복한다고 약속하였다. 〔이 말을 듣자〕 연나라 군사는 모두 만세를 불렀다.

전단은 또 백성에게 금 1000일을 거두어 즉묵의 부자들을 통해 연나라 장수에게 보내며 말했다.

"즉묵이 곧 항복하면 내 집안과 처첩들만은 포로로 삼거나 해치지 말고 편안하게 살 수 있도록 해 주십시오."

연나라 장수는 매우 기뻐하며 그렇게 하기로 했다. 연나라 군사들은 이 일로 하여 마음이 더욱더 풀어졌다.

전단은 성안에서 소 1000여 마리를 모아 붉은 비단에 오색으로 용무늬를 그려 넣은 옷을 만들어 입히고, 쇠뿔에는 칼날을 붙들어 매고 쇠꼬리에는 갈대를 매달아 기름을 붓고 그 끝에 불을 붙였다. 그러고는 성벽에 구멍을 수십 개 뚫어 밤을 틈타 그 구멍으로 소를 내보내고, 장사

5000명이 그 뒤를 따르게 하였다. 꼬리가 뜨거워지자 소가 성이 나서 연나라 군대의 진영으로 뛰어드니 연나라 군사는 한밤중에 크게 놀랐다. 쇠꼬리에 붙은 횃불은 눈부시게 빛났는데, 연나라 군사가 자세히 보니 모두 용 모습을 하고 있었다. 그들은 쇠뿔에 받히는 대로 모두 죽거나 부상을 당했다. 게다가 장사 5000명이 나뭇가지를 입에 문 채[1] 공격했고, 성안에서는 북을 울리며 함성을 질렀다. 노인과 아이들이 모두 구리 그릇을 두들겨 대며 성원을 보냈는데, 그 소리가 마치 천지를 뒤흔드는 것 같았다. 연나라 군사들은 매우 놀라 싸움에 져서 달아났다. 제나라 사람들이 마침내 연나라 장수 기겁을 죽이자 연나라 군사는 정신없이 달아났다. 제나라 사람들은 도망가는 적을 뒤쫓았는데, 그들이 지나가는 성과 고을마다 모두 연나라에 반기를 들고 전단에게로 귀순하였다.

전단의 병사는 날마다 늘어나고 승리의 기세를 탔지만, 연나라는 하루하루 패하여 도망치다가 결국 하상河上황하 강가에 닿았다. 이리하여 연나라 성 70여 개가 모두 다시 제나라의 것이 되었다. 전단은 제나라 양왕襄王을 거성에서 맞이하여 임치로 모시고 들어가 정사를 맡겼다. 양왕은 전단을 안평군安平君에 봉하였다.

태사공은 말한다.

"용병用兵이란 정공법으로 싸우고, 기이한 계책으로 〔허를 찔러〕 이기는 것이다. 싸움을 잘하는 사람은 기이한 계책을 무궁무진하게 낸다. 기

---

[1] 군대가 적진을 향해 나아갈 때 입에 나뭇가지 같은 것을 물어 말소리가 적군에게 새어 나가지 않도록 했다.

이한 계책과 정공법이 서로 어우러져 쓰이는 것은 마치 끝이 없는 둥근 고리 같다. 대체로 〔기이한 병법은〕 처음에는 처녀처럼 적군이 문을 열어 두게 하지만, 나중에는 달아나는 토끼처럼 적이 미처 막을 수 없다. 이는 전단의 용병법을 두고 하는 말이리라."

충신은 두 임금을 섬기지 않는다

처음에 요치가 〔제나라〕 민왕을 죽이자, 거성 사람들은 민왕의 아들 법장法章을 찾아 나섰다. 〔그때〕 법장은 태사교太史嶠의 집에서 정원에 물 주는 일을 하고 있었다. 태사교의 딸이 그를 가엾게 여겨 잘 대해 주었다. 나중에 법장은 사사로운 감정을 그녀에게 말하였고, 그녀는 드디어 법장과 정을 통하게 되었다. 거성 사람이 모두 법장을 제나라 왕으로 세우고 연나라에 맞서 싸우자 태사교의 딸은 마침내 왕후가 되었으니 '군왕후君王后'라고 했다.

연나라가 처음 제나라로 쳐들어갔을 때, 획읍畫邑 사람 왕촉王蠋이 어질다는 말을 듣고 〔연나라 장군이〕 군중軍中에 영을 내렸다.

"획읍을 빙 둘러서 30리 안으로는 들어가지 말라."

그것은 왕촉이 획읍에 연고를 두고 있었기 때문이다. 그러고는 사람을 보내 왕촉에게 말했다.

"제나라 사람 대부분이 당신의 의로움을 높이 평가하고 있으니 나는 당신을 장수로 삼고 1만 호의 읍에 봉하겠소."

왕촉이 한사코 거절하자 연나라 장군은 이렇게 말했다.

"당신이 내 말을 듣지 않으면 나는 삼군三軍을 이끌고 와서 획읍 사람들을 죽일 것이오."

왕촉이 말했다.

"충성스러운 신하는 두 임금을 섬기지 않고, 정조 있는 여자는 두 남편을 바꿔 섬기지 않소. 제나라 왕이 내 간언을 듣지 않아서 벼슬을 그만두고 들에서 밭이나 일구고 있는데 나라는 이미 깨어져 망하였고 나는 〔나라를〕 보존시킬 수 없소. 지금 또 무력으로 협박을 받아 당신의 장수가 된다면 걸왕을 도와 포악한 짓을 하는 것과 같소. 살아서 의롭지 못할 바에는 차라리 삶겨 죽는 편이 낫소."

그러고는 마침내 끈으로 나뭇가지에 목을 매고는 스스로 꽉 죄어 목숨을 끊었다. 떠돌아 다니던 제나라 대부들은 그 소문을 듣고 말했다.

"왕촉은 벼슬도 없는 평민에 지나지 않는데 정의를 지켜 북쪽으로 얼굴을 돌려 연나라를 섬기지 않았다. 하물며 자리에 앉아 녹을 먹는 우리야 더 말할 필요가 있겠는가?"

그러고는 서로 모여 거성으로 가 제나라 〔민왕의〕 아들을 찾아 양왕으로 세웠다.

23

노중련 추양 열전

魯仲連鄒陽列傳

이 편은 다음에 나오는 「굴원 가생 열전」과 마찬가지로 노중련과 추양 두 사람의 전기를 합쳐 놓은 것이다. 이 두 편은 고상한 품성으로 이름을 남긴 전국 시대의 노중련과 굴원을 중심으로 하여 한 대漢代의 추양과 가생까지 다루고 있어 서로 연관시켜 읽어 볼 만하다.

전국 시대에는 두 부류의 사람이 있었는데, 소진이나 장의같이 권세를 끼고 이익을 좇은 자와 노중련이나 추양처럼 권력과 부를 경시하고 명예를 높이 여긴 자이다. 노중련은 선비로서 본분을 지킨 인물이라고 할 수 있다. 그는 다른 사람들의 고통을 자기 일처럼 여기고 그것으로부터 벗어나도록 하는 데 최선을 다하면서 청빈한 삶을 살아가려고 했다. 추양도 널리 고금의 충신과 간신, 어리석은 군주와 현명한 군주의 삶을 비교함으로써 참된 의로움을 추구하는 선비를 알아볼 수 있는 눈을 가져야 한다고 했다.

사마천은 이 두 사람이 언변이 뛰어날 뿐만 아니라 권력과 높은 신분에도 소신을 굽히지 않았기 때문에 높이 평가한다. 사마천은 이들의 인물 됨됨이를 「노중련설신원연의불제진魯仲連說新垣衍義不帝秦」, 「유연장서遺燕將書」, 「추양옥중상량왕서鄒陽獄中上梁王書」 등 서간물을 통해 볼 수 있도록 했다.

진나라를 '제帝'로 높여 칭하면 안 된다고 설득하는 노중련.

천하에서 선비가 귀하게 여겨지는 까닭

　노중련魯仲連은 제나라 사람으로 기이하고도 탁월한 계책을 잘 쓰는 인물이었지만, 벼슬에 나갈 마음이 없어 고상한 절개를 지키며 살았다. 조나라에서 유세한 적도 있었다.

　조나라 효성왕 때, 진나라 왕은 백기에게 장평에서 조나라 군사와 싸우게 하여 40여만 명을 무찔렀으며, 진나라 군대는 동쪽으로 한단을 포위했다. 조나라 왕은 두려워했지만 다른 제후국들의 구원병은 감히 진나라 군대를 치지 못했다. 위나라 안희왕은 장수 진비를 시켜 조나라를 구하도록 했지만 진나라 군대가 두려워 탕음蕩陰에서 멈춘 채 앞으로 나가지 못하였다. 위나라 왕은 객장군客將軍다른 나라 사람이 위나라에서 장군이 되었기 때문에 이렇게 부름 신원연新垣衍을 지름길로 한단에 들여보내 평원군을 통해 조나라 왕에게 말하도록 하였다.

　"진나라가 갑자기 조나라를 포위한 까닭은 이렇습니다. 전에 진나라 왕은 제나라 민왕과 힘을 겨루어 제帝라고 일컬었다가 얼마 후에 제라고 하지 않았습니다. 지금 제나라민왕는 더욱 쇠약해졌고 진나라가 천하의 으뜸이 되었습니다. 〔그러므로〕 진나라가 한단을 포위한 것은 틀림없이 한단을 탐내서가 아니라 다시 제가 되고 싶기 때문입니다. 그러니 조나라에서 사신을 보내 진나라 소왕을 제로 높여 불러 주면 진나라는 필시 기뻐서 군대를 거두어 돌아갈 것입니다."

　〔그러나〕 평원군은 망설일 뿐 결단을 내리지 못하였다.

이때 노중련은 조나라에서 유세하고 있었는데, 마침 진나라가 조나라를 포위하였고 위나라가 조나라에게 진나라 소왕을 받들어 제라고 부르게 하려 한다는 소문을 듣고, 평원군을 만나 말했다.

"이 일을 어떻게 처리할 생각입니까?"

평원군이 말했다.

"내 어찌 감히 일을 말할 수 있겠소? 얼마 전에는 밖으로 군사 40만을 잃었고, 지금은 또 안으로 한단까지 포위되었으나 그들을 물리칠 수 없소. [게다가] 위나라 왕은 객장군 신원연을 보내와서 조나라에게 진나라를 높여 제라고 부르라 하오. 그 사람이 지금 이곳에 있는데 내 어찌 감히 일을 말할 수 있겠소?"

노중련이 말했다.

"나는 예전에 당신을 천하에서 현명한 공자로 생각했습니다. 그러나 나는 오늘부터 당신이 현명한 공자가 아님을 알게 되었습니다. 위나라의 객 신원연은 어디에 있습니까? 내가 당신을 위해 그를 꾸짖어 돌려보내겠습니다."

평원군이 말했다.

"내가 그를 선생과 만나도록 주선해 보겠소."

평원군은 드디어 신원연을 찾아가 말했다.

"동쪽 나라제나라의 노중련 선생께서 지금 이곳에 와 계십니다. 내가 그분을 사귀도록 장군께 소개하고 싶습니다."

신원연이 말했다.

"저는 노중련 선생이 제나라의 지조 있는 선비라고 들었습니다. [그렇지만] 저는 신하 된 자로 사신의 임무를 띠고 있으므로 노중련 선생을 만나고 싶지 않습니다."

평원군이 말했다.

"내가 벌써 장군이 이곳에 계시다고 말했습니다."

신원연은 허락했다.

노중련이 신원연을 만났는데 아무 말도 하지 않자, 신원연이 말을 꺼냈다.

"내가 포위된 이 성에 살고 있는 사람들을 살펴보니 모두 평원군에게 〔무언가를〕 바라는 이들뿐입니다. 지금 선생의 모습을 보니 평원군에게 바라는 게 아무것도 없는 듯합니다. 무슨 까닭으로 포위된 이 성에 오랫동안 머무르며 떠나지 않으십니까?"

노중련이 말했다.

"세상 사람들은 포초鮑焦[1]가 고분고분하지 못하고 성질이 까다로워 죽었다고 하는데 그건 잘못된 생각입니다. 사람들은 알지도 못하면서 그가 제 한 몸만을 위한 사람이라고 합니다. 저 진나라는 예의를 내버리고 적의 머리를 많이 벤 것을 가장 큰 공적으로 떠받드는 나라이므로 군사들을 권모술수로 부리고 백성을 노예처럼 부립니다. 그 같은 진나라 왕이 제멋대로 제帝가 되어 천하에 잘못된 정치를 편다면 나는 동해에 빠져 죽을지언정 차마 그의 백성이 되지는 않을 것입니다. 장군을 뵌 까닭은 조나라를 돕도록 하기 위해서입니다."

---

[1] 춘추 시대에 세상을 떠나 숨어 살던 선비로서 현실에 불만이 있어 나무를 끌어안고 굶어 죽었다고 한다. 노중련은 포초를 인용하여 자신이 위험에 빠진 성에 있는 것이 한 개인의 잘못이 아님을 비유하고 있다.

신원연이 말했다.

"선생께서는 앞으로 어떻게 조나라를 도우려 하십니까?"

노중련이 대답했다.

"나는 위나라와 연나라가 조나라를 돕도록 하겠습니다. 제나라와 초나라는 이미 조나라를 돕고 있습니다."

신원연이 말했다.

"연나라에 대해서는 저도 선생님의 말을 믿지요. 그러나 위나라를 말씀하시는데 제가 바로 위나라 사람입니다. 선생께서는 어떻게 위나라가 조나라를 돕도록 할 수 있습니까?"

노중련이 대답했다.

"위나라는 진나라가 제라고 일컬을 경우 그 해악이 어떠할지 아직 모르고 있을 뿐입니다. 진나라가 제라고 일컬을 경우 생길 해로움을 위나라가 알게 된다면 반드시 조나라를 도울 것입니다."

신원연이 말했다.

"진나라가 제라고 일컬을 경우의 해로움이란 무엇입니까?"

노중련이 대답했다.

"옛날 제나라 위왕威王은 일찍이 인의를 지켜 천하 제후들을 거느리고 주나라로 입조하려고 했습니다. 그러나 주나라가 가난하고 쇠약해 제후들은 입조하려 하지 않고 제나라만 홀로 입조하였습니다. 1년쯤 지나 주나라 열왕烈王이 세상을 떠났는데 제나라가 〔다른 제후국들보다〕 늦게 〔문상하러〕 왔습니다. 주나라 왕은 노여워하며 제나라에게 '하늘이 무너지고 땅이 꺼지고 새 천자가 풀로 만든 자리 위에서 잠을 자고 있는데, 동방의 속국인 제나라가 늦게 오다니 목을 베어야 한다.'라고 말하였습니다. 제나라 위왕은 발끈하여 화를 내며 '에잇, 계집종 자식이!'라고 되받아쳐 결국 천하의 비웃음거리가 되고 말았습니다. 〔주나라 열왕이〕 살아 있을 때는 주나라에 입조하였지만 죽자 그 아들을 꾸짖은 것은 진실로 주나라의 요구를 견딜 수 없었기 때문입니다. 그러나 주나라 왕은 천자이니 〔제후에게 그러한 요구를 하는 것은〕 당연해서 이상하게 생각할 바가 못 됩니다."

신원연이 말했다.

"선생께서는 어찌 저 하인들을 보지 못하셨습니까? 열 명이 한 사람을 따르는 것이 어찌 힘이 〔그만〕 못하고 지혜가 모자라서이겠습니까? 주인을 두려워하기 때문입니다."

노중련이 물었다.

"아아! 위나라를 진나라에 비교하면 하인 같은 존재란 말씀입니까?"

신원연이 말했다.

"그렇습니다."

노중련이 말했다.

"내가 진나라 왕에게 위나라 왕을 삶아 소금에 절이도록 하겠습니다."

신원연은 노중련의 말이 못마땅하고 불쾌해서 되물었다.

"허허! 너무 지나치군요, 선생의 말씀이. 선생이 무슨 방법으로 진나라 왕에게 위나라 왕을 삶아 소금에 절이도록 할 수 있습니까?"

노중련이 말했다.

"확실합니다. 제가 말씀드리려고 했습니다. 옛날 구후九侯, 악후鄂侯, 〔주나라〕 문왕文王은 〔은나라〕 주왕의 삼공三公이었습니다. 구후에게는 아름다운 딸이 하나 있어 주왕에게 바쳤는데, 주왕은 그녀가 못생겼다면서 구후를 소금에 절였습니다. 악후가 이를 강력하게 간언하여 거세게 두둔하자 악후를 포를 떠 죽였습니다. 문왕이 이 소식을 듣고는 탄식하자 유리羑里에 있는 창고에 100일이나 가두었다가 죽이려고 하였습니다. (위나라 왕과 진나라 왕은 같은 지위인데) 어찌 다른 사람들과 함께 (그를) 왕이라고 일컬어 포를 뜨고 소금에 절여지는 처지가 되려고 하십니까?

제나라 민왕이 노나라로 갔을 때, 이유자夷維子가 말채찍을 들고 따라가다가 노나라 사람에게 '당신들은 우리 군주를 어떻게 대접하겠소?'라고 물었습니다. 노나라 사람이 '우리는 10태뢰太牢[2]로써 당신 군주를 대접하겠습니다.'라고 대답하자, 이유자는 말했습니다. '당신들은 어떤 예절에 근거하여 우리 군주를 그렇게 대접하려고 하오? 우리 군주는 천자이시오. 천자가 순행을 하면 제후들은 궁궐을 피해 주고, 창고 열쇠를 내놓고 옷깃을 여미고 상을 들고 마루 아래에서 천자의 식사를 올리고, 천자께서 식사하고 나면 물러나 정사를 경청하는 것이오.'라고 하였습니다. 노나라 사람들은 성문을 열쇠로 잠그고는 제나라 민왕을 들여보내지 않았습니다. (민왕이) 노나라로 들어갈 수 없게 되자 설薛 땅으로 가려고 하여 추鄒나라에서 길을 빌려야 했지요. 마침 추나라 군주가 죽었으므로 민왕이 조문을 하려고 했습니다. 이유자가 추나라의 새 왕에게 말했습니다. '천자께서 조문하러 오면 주인은 반드시 관을 거꾸로 하여 북쪽을 향하고 있는 자리[3]를 남쪽으로 만들어 놓은 뒤에 천자께서 남쪽

---

2 나라에서 제사 지낼 때 바치는 소, 양, 돼지 세 동물을 합쳐 태뢰太牢라고 한다.
3 고대에는 북쪽이 존중받는 자리여서 영구를 북쪽에 두고 문상객들이 북쪽을 향해 절하도록 했다.

을 향해 조문하도록 해야만 되오.' 〔그러자〕 추나라 신하들은 '반드시 그렇게 해야 한다면 우리는 차라리 칼에 엎어져 죽겠습니다.'라고 하며 한 사코 민왕을 추나라로 들이지 않았습니다. 추나라와 노나라의 신하들은 〔군주가〕 살아 있을 때에는 섬기며 봉양하지 못하였고, 죽어서도 재물과 옷가지를 넉넉히 묻을 수 없었습니다. 그런데 〔제나라가〕 노나라와 추나라에서 천자의 예를 행하려고 하니 추나라와 노나라의 신하들은 절대로 받아들이지 않았습니다.

지금 진나라는 만승의 나라이고, 위나라도 만승의 나라입니다. 모두가 만승의 나라를 거느리고 각자 왕이라 부르는 명분이 있습니다. 〔그런데〕 위나라는 〔진나라가〕 한 번 싸워 이기는 것을 보고 진나라에 복종하여 진나라 왕을 제라 부르려 하고 있으니, 이것은 삼진의 대신들을 추나라와 노나라의 하인이나 첩만도 못하게 하는 일입니다. 또한 만약 진나라의 욕망이 제라고 일컫는 데서 멈추지 않는다면 제후국의 대신들을 함부로 바꿀 것입니다. 그들은 모자라는 사람들의 벼슬을 빼앗아 어질다고 생각하는 사람들에게 주며, 미워하는 사람들의 자리를 빼앗아 좋아하는 사람들에게 줄 것입니다. 또한 그들은 진나라 왕의 딸과 천한 계집들을 제후들의 부인이나 첩으로 만들어 위나라 궁궐에 살게 할 것입니다. 위나라 왕이 어찌 편안하겠습니까? 장군은 또 어찌 이전처럼 남다른 사랑을 받겠습니까?"

신원연은 그제야 일어나 두 번 절하고 사과하며 말했다.

"처음에는 선생을 평범한 사람인 줄로만 생각했는데, 오늘에야 비로소 선생이 천하의 선비임을 알았습니다. 저는 〔이곳을〕 떠나는 순간부터 다시는 진나라 왕을 제라고 일컫자는 말을 하지 않겠습니다."

진나라 장군은 이 소문을 듣고 군사를 50리 물러나게 했다. 때마침 위나라 공자 부기가 진비의 군사를 빼앗아 조나라를 도우려 진나라 군대를 공격해 왔으므로 진나라 군대는 드디어 병사들을 이끌고 물러갔다.

조나라의 평원군은 노중련에게 봉지를 내리려 했지만 노중련은 여러 차례 사양하고 끝까지 받지 않았다. 〔그래서〕 평원군은 술자리를 마련하여 분위기가 무르익어 갈 무렵 앞으로 나가 천 금을 내놓으며 노중련의 장수를 빌었다. 그러자 노중련이 웃으며 말했다.

"천하에서 선비가 귀하게 여겨지는 까닭은 다른 사람의 근심을 덜어 주고 재난에서 벗어나게 해 주고 다툼을 풀어 주고도 〔보상을〕 받지 않기 때문입니다. 설령 보상을 받으려는 자가 있다면 이것은 장사꾼의 행위이니 저 노중련은 차마 할 수 없습니다."

마침내 평원군에게 인사하고 떠나가서는 죽을 때까지 다시는 만나지 않았다.

지혜로운 자와 용감한 자

그로부터 20여 년이 지나 연나라 장군이 요성聊城을 쳐서 함락시켰는데, 요성의 어떤 사람이 그들의 장군을 연나라에 참소했다. 연나라 장군은 처형될까 봐 두려워 감히 돌아가지 못하고 요성에 주저앉았다. 한편 제나라는 전단을 보내 요성을 1년 남짓 공격했지만 많은 병사들만 죽게 하고 요성을 함락시키지는 못했다. 노중련은 편지를 써서 화살 끝에 매달아 성안으로 쏘아 연나라 장수에게 보냈다. 편지 내용은 이렇다.

제가 듣건대 지혜로운 자는 때를 거슬러 유리한 기회를 놓치지 않고, 용감한 자는 죽음을 겁내어 명예를 잃지 않으며, 충성스러운 신하는 자기 한 몸을 앞세워 군주를 뒤로하지 않는다고 하오. 지금 공께서는 한때의 분노를 못 참아 연나라 왕에게 좋은 신하가 없음을 알면서도 돌아가지 않고 있으니 이는 충성이 아니오. 몸을 잃고 요성을 잃게 된다면 제나라에 장군의 위엄을 떨칠 수 없으니 이는 용감함이 아니오. 공이 무너지고 명성이 사라지게 되면 후세 사람들이 장군을 칭송하지 않게 되니 이는 지혜로운 행동이 아니오. 세상의 군주들은 (이런) 세 가지 행동을 한 사람을 신하로 쓰지 않고, 유세하는 선비들도 그러한 사람을 (입에) 올리지 않을 것이오. 그래서 지혜로운 사람은 과감하게 결단을 내리고, 용감한 사람은 죽음을 두려워하지 않소. 장군은 지금 사느냐 죽느냐, 영예냐 오욕이냐, 부귀냐 천함이냐의 갈림길에 서 있소. 이러한 때는 두 번 다시 오지 않소. 깊이 생각하여 속된 사람들처럼 부화뇌동하지 마시오.

초나라는 제나라의 남양을 치고 위나라는 평륙平陸을 공격하고 있으나, 제나라로서는 남쪽을 향해 공격할 생각이 없소. 이는 남양을 잃는 데서 오는 손실은 작지만 제수 북쪽의 땅을 손에 넣는 이익만큼 크지 않다고 생각하기 때문이오. 그래서 계책을 정해 놓고 대처하고 있는 것이오. 지금 진나라가 병사를 내어 제나라를 도우면 위나라는 감히 동쪽의 제나라를 치지 못할 것이며, 제나라와 진나라가 손을 잡는 형세가 되면 초나라의 형세는 위태로워지는 것이오. 제나라는 남양을 버리고 오른쪽 땅 평륙을 단념하고서라도 제수 북쪽 땅을 평정하려 할 것이니 이런 계책은 잘 따져 본 것이오. 또한 제나라는 기필코 요성을 다시 차지할 테니 장군은 두 번 다시 주저하지 마시오. 지금 초나라와 위나라 군사는 교대로 제나라에서 물러나고 있으며 연나라의 구원병은 오지 않을 것이오. 제나라의 군대를 모두 오게 하는 것은 천하의 제재를 받지 않고 1년 동안이나 시달린 요성의 군대와 맞붙는다면 되돌릴 당신의 뜻을 이룰 수 없다고 여기게 되오.

더군다나 연나라는 크게 혼란스러워 임금과 신하가 계획을 세우지 못하고, 위아래가 모두 정신을 못 차리고 있소. [연나라 재상] 율복은 군사 10만 명을 거느리고 멀리까지 싸우러 왔지만 다섯 번이나 졌으며, [그 결과] 연나라는 만승의 나라이면서도 조나라에게 수도를 포위당하고 땅은 깎이고 군주는 욕을 당해서 천하의 비웃음거리가 되었소. 나라는 황폐해지고 재난마저 잦아서 백성들은 마음을 되돌릴 곳이 없소. 지금 장군은 또 요성의 백성들을 지치게 하면서 제나라의 모든 병력에 맞서고 있으니, 그것은 실로 묵적墨翟이 [송나라를 위해] 초나라를 막아 낸 것[4]에 비할 만하오. 사람을 먹고 [사람의] 뼈를 땔감으로 쓰면서도 병사들이 반기를 들 생각을 품지 않고 있으니 그야말로 손빈 밑에서 훈련받은 군대요. 능력은 온 천하에 드러났소.

비록 이러할지라도 당신을 위해 따져 보면 병력을 온전히 보존하여 돌아가 연나라 왕에게 보답하는 편이 낫소. 병력과 무기를 온전하게 가지고 연나라

---

4 공수반公輸般이 초나라를 위해 구름에 닿을 만큼 높은 사다리를 만들어 송나라를 치려 했다. 묵적은 이 소식을 듣고 제나라를 떠난 지 열흘 만에 초나라에 이르러 공수반을 만났다. 공수반이 찾아온 까닭을 묻자 묵적은 북방에 자신을 모욕하려는 자가 있어 당신의 힘을 빌려 죽이고 싶다고 하고는 공수반을 설득하여 다시 초나라 왕을 만났다. 그리고 공수반과 모의로 성을 만들어 전쟁을 하기로 했다. 묵적은 허리띠를 풀어 성 모양을 만들고 작은 목패木牌로 전망대를 만들어 놓았다. 공수반이 열 차례나 책략을 바꿔 가며 공격했지만 묵적은 다 막아 낼 뿐만 아니라 그의 방어 태세에는 아직도 여유가 있었다. 결국 공수반이 항복했다. 그래서 초나라가 송나라를 공격하지 않겠다는 다짐을 받아내게 되었다.

로 돌아가면 연나라 왕은 반드시 기뻐할 것이오. 당신이 온전하게 나라로 돌아가면 백성은 부모를 만난 듯이 기뻐하며, 당신 친구들은 팔을 걷어붙이고 반기며 세상 사람들에게 논의가 되어 당신의 업적이 밝혀질 것이오. 위로는 외로운 군주를 도와 신하들을 통제하고, 아래로는 백성들을 봉양하여 유세가들에게 〔이야깃거리를〕 제공하고, 나라를 바로잡고 풍속을 고치면 공명을 이룰 수 있을 것이오.

공께서 이렇게 할 마음이 없다면 연나라를 떠나 세상 여론을 등지고 동쪽 제나라로 가시오. 〔제나라는〕 땅을 쪼개어 〔당신의〕 봉지를 정해 주면 도 주공이나 위 공자와 같은 부귀를 누릴 수 있고, 대대로 고孤라고 일컬으면서 제나라와 함께 영원토록 부귀를 누리게 될 테니 이것도 한 가지 방법이오. 이 두 가지 계책은 모두 이름을 드러내고 실리를 얻을 수 있는 방법이오. 부디 당신은 깊이 생각하시어 그중 하나를 고르시오.

또한 내가 들건대 작은 예절에 얽매이는 사람은 영화로운 이름을 이룰 수 없고, 작은 치욕을 마다하는 사람은 큰 공을 세울 수 없다고 하오. 옛날 관이오가 제나라 환공을 쏘아 쇠고리를 맞힌 것은 〔임금 자리를 빼앗으려는〕 반역 행위였고, 또 공자 규를 버리고 〔그를 위해〕 죽지 않은 것은 비겁한 행동이었으며, 몸이 포승줄로 묶여 수갑과 차꼬를 차게 된 것은 부끄러운 일이었소. 세상의 군주는 이와 같은 세 가지 행동을 저지른 사람을 신하로 쓰지 않으며, 마을 사람들도 〔그런 사람과는〕 사귀려 들지 않을 것이오. 만일 관중이 옥에 갇힌 채 〔세상에〕 나오지 못하였거나 죽을 때까지 제나라로 돌아올 수 없었다면 천박한 행동을 하였다는 욕을 피할 수 없었을 것이오. 노비조차도 그와 비교되는 것을 부끄러워하였을 텐데, 하물며 세상 사람들이야 어떻겠소? 그러므로 관자는 자신이 감옥에 갇혀 있음을 부끄러워한 것이 아니라 천하가 다스려지지 않는 것을 부끄러워했고, 공자 규를 위해 죽지 않았음을 부끄러워한 것이 아니라 〔제나라가〕 제후들 사이에서 위엄을 떨치지 못하는 것을 부끄러워하였소. 그러므로 세 가지 잘못을 범하고도 〔환공을〕 오패의 우두머리로 만들어 그 명성을 천하에 드높이고 이웃 나라에까지 빛을 비추게 되었던 것이오.

〔또한〕 조자曹子조말曹沫는 노나라 장군이 되어 〔제나라와〕 세 번 싸워 세 번 다 져서 노나라 땅 500리를 잃었소. 설령 조자가 뒷일을 생각하여 발꿈치를 되돌려 달아나지 않고 스스로 목을 베고 죽었더라면 이 또한 '전쟁에서 진 군대이며 포로가 된 장군'이라는 이름을 피하지 못했을 것이오. 〔그러나〕 조자는 세 번 싸워 세 번 패한 부끄러움을 떨쳐 버리고 돌아와 노나라 군주와 계책을 상의하였소. 환공이 천하를 조회하려고 제후들을 만나는 기회를 틈타 조자는 칼 한 자루만 믿고 단상으로 올라 환공의 심장을 겨누었소. 〔그때 조자는〕 얼굴빛도 변하지 않고 목소리도 떨리지 않았소. 이렇게 하여 세 차례 싸움에서 잃었던 땅을 하루아침에 되찾았소. 천하는 뒤흔들렸고, 제후들은 경악하였으며, 노나라의 위엄은 오나라와 월나라에까지 미치게 되었소.

이와 같은 두 사람은 작은 부끄러움과 작은 절개를 이룰 수 없었던 것이 아니고, 자신이 죽고 후손을 끊어 공과 이름을 세우지 못하는 것을 지혜로운 행동이 아니라고 여겼소. 그러므로 잠시 울분과 원한을 버리고 영원히 빛날 수 있는 이름을 세웠으며, 원망스러운 절개를 버리고 대대손손의 공을 세운 것이오. 이로써 그들의 공적은 삼왕三王과 우열을 다툴 수 있고, 그 이름은 〔영원히 남아〕 천지와 함께 영원히 스러지게 된 것이오. 원컨대 당신은 이 가운데 하나를 골라 행동하십시오.

연나라 장군은 노중련의 편지를 읽고 사흘 동안 흐느껴 울며 망설이고 스스로 결정을 내리지 못하였다. 그는 연나라로 돌아가자니 연나라 왕과 틈이 생겨 죽음을 당할까 두렵고, 제나라에 항복하자니 제나라 사람들을 너무 많이 죽이고 사로잡았기 때문에 항복한 뒤에 치욕을 당할까 두려웠다. 〔그는〕 탄식하며 이렇게 말했다.

"다른 사람의 칼에 죽느니 차라리 내 스스로 목숨을 끊으리라!"

그러고는 스스로 목숨을 끊고 말았다. 요성이 혼란에 휩싸이자 전단은 마침내 요성의 백성들을 모두 죽였다. 제나라 왕에게 노중련의 공적을 말하고 그에게 벼슬을 주게 하려고 했다. 노중련은 달아나 어느 바닷가에 숨어 살며 이렇게 말하였다.

"나는 부귀로우면서 남에게 얽매여 사느니 차라리 가난할망정 세상을 가볍게 보고 내 뜻대로 하겠노라!"

여러 사람 입은 무쇠도 녹인다

추양鄒陽은 제나라 사람이다. 〔그는〕 양나라에서 떠돌아다니면서 본래 오나라 사람인 장기 부자莊忌夫子⁵와 회음淮陰 사람인 매생枚生매승枚乘의 무리와 사귀었다. 〔그는〕 글을 올려 양승羊勝과 공손궤公孫詭의 틈

---

5 장기莊忌는 성과 이름이고, 부자夫子는 존경을 나타내는 호칭이다. 그는 오나라 사람으로 서한西漢 시대의 사부가辭賦家이다.

바구니에 끼어 양나라 효왕의 문객이 되었다. 그런데 양승 등이 추양을 시샘하여 양나라 효왕에게 참소했다. 효왕은 화가 나서 추양을 옥리에게 넘겨 죽이려고 하였다. 추양은 빈객의 신분으로 유세하다가 참소 때문에 붙잡혔지만, 나쁜 이름을 남기고 그냥 죽게 될까 봐 옥 안에서 양나라 왕에게 다음과 같은 글을 올렸다.

신이 듣기로 마음을 다하는 사람은 군주에게 대가를 받지 않는 일이 없고, 진실한 사람은 의심을 받지 않는다고 합니다. 신은 항상 옳다고 생각했는데 한갓 빈말일 뿐입니다.

옛날에 형가가 연나라 태자 단의 의로움을 사모하여 〔진왕을 죽이려 할 때〕 흰 무지개가 해를 꿰뚫었건만 연나라 태자 단은 형가를 의심하였습니다. 위 선생衛先生이 진나라를 위해서 조나라의 장평을 치려고 계획했을 때, 태백성太白星금성이 묘성昴星조나라의 분야分野을 침범하는[6] 징조가 나타났지만 〔진나라〕 소왕은 그를 의심하였습니다. 〔형가와 위 선생의〕 정성은 천지의 자연 현상까지 바꾸었건만 믿음으로 두 군주를 깨우치지 못하였습니다. 어찌 슬픈 일이 아니겠습니까?

지금 신은 충성과 정성을 다하여 마음속의 계책을 다 말씀드려 대왕께서 알아주시기를 바랐지만, 〔대왕〕 주위의 신하들이 밝지 못한 탓으로 결국 옥리에게 심문을 당하고 세상 사람들의 의심을 받게 되었습니다. 이렇게 하면 형가와 위 선생이 다시 살아난다 해도 연나라와 진나라는 깨닫지 못할 것입

---

6 태백성이 묘성까지 운행하는 것은 본래 자연스러운 현상인데, 고대의 점성가들은 태백성이 묘성을 먹어 들어가는 것으로 여겨 조나라 땅에 큰 전쟁이 있을 것이라고 주장했다.

니다. 대왕께서는 깊이 살펴보십시오.

옛날 변화는 보옥을 바쳤지만 초나라 왕은 그의 발을 잘랐습니다. 이사도 충성을 다하였지만 호해는 그를 극형에 처했습니다. 기자가 미친 척하고, 접여가 세상을 피해 살았던 것도 다 이런 우환을 만날까 두려웠기 때문입니다. 원컨대 대왕께서는 변화와 이사의 참뜻을 깊이 살펴 앞으로는 초나라 왕과 호해처럼 잘못 듣지 마시고, 신이 기자와 접여에게 비웃음거리가 되도록 하지 마십시오. 신이 듣건대 비간은 심장을 도려냈고, 오자서는 말가죽에 싸여 강물에 던져졌다고 합니다. 신은 처음에 그 말을 믿지 않았지만 지금은 사실임을 알게 되었습니다. 원컨대 대왕께서는 깊이 살펴서 신을 조금이라도 가엾게 여겨 주십시오.

속담에 "젊을 때부터 흰머리가 되도록 사귀었으면서도 새로 사귄 듯한 이가 있는가 하면, 〔길에서 우연히 만나〕 잠깐 이야기하고도 옛날부터 사귄 것 같은 사람이 있다."라는 말이 있습니다. 왜 그렇겠습니까? 〔상대방의〕 마음을 아느냐 모르느냐의 차이입니다.

옛날 번오기樊於期가 진나라에서 연나라로 달아났는데, 형가에게 〔자신의〕 머리를 베어 주어 〔연나라〕 태자 단의 거사를 받들도록 하였습니다. 왕사王奢는 제나라를 떠나 위나라로 갔는데, 성에 올라 스스로 목숨을 끊음으로써 제나라를 물리치고 위나라를 보존하도록 하였습니다. 무릇 왕사와 번오기는 제나라 진나라와 새로운 관계를 맺지도 않았고 연나라나 위나라와 깊은 인연이 있었던 것도 아닙니다. 그들이 두 나라제나라와 진나라를 떠나 두 군주연나라 태자와 위나라의 군주를 위해 목숨을 바친 것은 군주들의 행위가 자신들의 뜻에 맞고, 의로움을 사모하는 것이 다함이 없었기 때문입니다. 그러므로 소진은 천하에서 신임을 받지 못하였지만 연나라에서는 미생처럼 신의를 지켰고, 백규白圭는 [중산국의 장수가 되어] 싸움에서 져 성 여섯 개를 잃은 다음 [위나라로] 망명하였지만 위나라를 위해서 중산을 차지했습니다. 무엇 때문입니까? 진실로 서로 마음을 알아주었기 때문입니다. 소진이 연나라 재상이 되었을 때 연나라의 어떤 사람이 왕에게 그를 비방했지만, 연나라 왕은 [오히려] 칼을 어루만지며 노여워하고는 소진을 더욱 정성껏 대우하여 자신의 결제駃騠[태어난 지 이레 만에 어미 말보다 빨리 달리는 말이므로 준마를 뜻함]를 잡아 대접했습니다. 백규가 중산에서 이름을 날렸을 때 중산의 어떤 사람이 위나라 문후에게 그를 비방하였지만, 문후는 오히려 밤에도 빛을 발하는 구슬을 백규에게 내렸습니다. 무엇 때문입니까? 이는 두 군주와 두 신하가 심장을 도려내고 간을 가르는 것처럼 서로 믿었기 때문입니다. 어찌 떠돌아 다니는 말에 [마음이] 흔들리겠습니까?

그러므로 여자는 예쁘든 못생겼든 궁중으로 들어가면 질투를 받고, 선비는 어질든 어리석든 조정으로 들어가면 시샘을 받게 마련입니다. 옛날 사마희司馬喜는 송나라에서 발꿈치를 베이는 형벌을 받았지만 마침내 중산의 재상이 되었습니다. 범저는 위나라에서 갈비뼈가 부러지고 이가 부러졌으나 마침내 [진나라에서] 응후가 되었습니다. 이 두 사람은 모두 자신들의 계획이 반드시 그렇게 되리라는 계획을 믿고 사사로운 붕당을 버리고 홀로 고독한 자리를 유지했기 때문에 질투하는 사람들을 벗어날 수 없었습니다. 그래서 신도적申徒狄은 스스로 강물에 뛰어들었고, 서연徐衍은 돌을 짊어지고 바다에 뛰어들었습니다.[7] [이들은] 세상에서 받아들여지지 않더라도 도의상 구차하게

---

7 이들은 모두 은나라 말기 사람인데 주왕에게 간언했으나 받아들이지 않자 이런 행동을 한 의인이다.

취하지 않았고 조정에서 당파를 만들어 군주의 마음을 흔드는 일은 하지 않았습니다.

백리해는 길에서 밥을 빌어먹었지만 〔진나라〕 목공은 그에게 정치를 맡겼고, 영척寧戚은 수레 아래에서 소를 치고 있었으나 환공은 그에게 나라를 맡겼습니다. 이 두 사람이 어찌 조정에서 벼슬을 빌리고 주위 사람들의 칭찬에 기대고 난 다음에 두 군주에게 등용되었습니까? 마음이 서로 통하고 행동이 일치하면 아교나 옻으로 칠한 것보다 더 친밀해져 형제라도 이간질할 수 없으니 어찌 뭇사람의 입에 현혹될 수 있겠습니까? 따라서 한쪽 말만 들으면 간사한 일이 생기고, 한 사람에게 모든 것을 맡기면 혼란이 일어납니다.

옛날 노나라는 계손계환자季桓子의 말을 듣고 공자孔子를 내쫓았고,[8] 송나라는 자한의 계책만 믿고 묵적을 가두었습니다. 공자와 묵적도 말재주로 참소하고 아첨하는 사람들의 피해에서 벗어나지 못하였고, 노나라와 송나라는 위태로워졌습니다. 무엇 때문이겠습니까? 여러 사람 입은 무쇠라도 녹일 수 있고, 헐뜯는 말이 쌓이고 쌓이면 뼈라도 녹일 수 있기 때문입니다.

이 때문에 진나라는 오랑캐 유여由余[9]를 등용하여 중원을 제패하였고, 제나라는 월나라 사람 몽蒙을 기용하여 위왕과 선왕의 위세를 높였습니다. 이

---

8 계환자가 제나라에서 보내온 여악女樂에게 빠져 사흘 동안 조회를 하지 않자 공자는 그곳에서 떠났다. 뒤에 계환자는 노나라에 등용되었고, 노나라는 그의 말만 믿고 공자를 내쫓았다.

9 유여는 본래 진晉나라 사람이지만 융戎 지역에 살고 있었다. 진秦나라 목공 때, 융왕은 유여를 진나라로 보내 그곳의 실정을 살펴보도록 하였다. 유여는 이 일을 마치고 융으로 돌아갔지만 융왕이 여색에 빠져 정사를 돌보지 않는 것을 보고 여러 차례 간언했으나 받아들이지 않아 진나라로 귀순했다. 진나라 목공은 유여의 재능을 익히 알고 있었으므로 그의 계책을 받아들여 열두 융족을 정벌하고 땅을 크게 넓혔다.

두 나라가 어찌 세속에 얽매여 세상에 이끌리고 아첨과 치우친 말에 사로잡힌 일이 있겠습니까? 공정하게 듣고 두루 보며 그 시대에 이름을 남긴 것입니다. 그러므로 뜻이 맞으면 호胡나 월越 같은 나라도 [아주 먼 곳 사람들과도] 형제처럼 될 수 있었습니다. 유여나 몽이 바로 이런 사람들이었습니다. 그러나 [뜻이] 맞지 않으면 골육 사이라도 내쫓고 거두지 않았으니 [요임금의 아들] 단주丹朱, [순임금의 아우] 상象, [주공 단의 아우] 관숙선管叔鮮과 채숙도蔡叔度가 바로 그렇습니다. 오늘날 백성의 주인 된 사람이 진실로 제나라나 진나라처럼 의로운 방법을 쓰고 송나라나 노나라처럼 잘못된 말을 듣지 않는다면 오백五伯의 명성은 말할 것도 없고, 삼왕의 공적도 쉽게 이룰 수 있을 것입니다.

이러므로 왕은 깊이 깨달은 바가 있어 자지子之 같은 간신배를 내치고, 전상田常[10] 같은 간신의 현명함은 좋아하지 않습니다. [주나라 무왕은] 충신 비간의 후손을 봉하고, [주왕에게 배를 갈려 죽은] 임산부의 무덤을 손질해 줌으로써 그의 공적을 또다시 천하에 떨쳤습니다. 무슨 까닭이겠습니까? 그것은 [무왕이] 선한 일을 하고자 하고 싫증을 내지 않았기 때문입니다. 또 진晉나라 문공은 그의 원수 발제勃鞮와 친하게 지냄으로써 제후들의 우두머리가 되었고, 제나라 환공은 자신의 원수인 관중을 등용하여 천하를 바로잡았습니다. 무엇 때문이겠습니까? 그것은 [진나라 문공과 제나라 환공이] 자애로움과 인자함, 친절함으로써 진정으로 마음에서 [원수들을] 좋게 받아들였기 때문이니, 헛된 말만으로 얻을 수 있는 일이 아닙니다.

---

10 춘추 시대 강씨姜氏 제 간공齊簡公의 신하이다. 그는 간공을 시해하고 평공平公을 세워 제나라의 정권을 마음껏 휘둘렀다. 결국 전씨가 강씨의 제나라를 대신하게 되었다.

진나라는 상앙의 방법을 써서 동쪽으로 한나라와 위나라를 약화시키고 군대를 천하에서 제일 강하게 만들었지만 마침내 그를 거열형에 처하였습니다. 월나라는 대부 문종의 계책으로 오나라 왕을 사로잡고 중원에서 우두머리가 되었지만 끝내 그 자신을 죽게 만들고 말았습니다. 그래서 손숙오孫叔敖[11]는 세 번 재상 자리에서 물러나도 후회하지 않았고, 오릉於陵의 자중子仲은 삼공의 벼슬도 마다하고 남의 집에서 정원에 물 주는 일을 하였습니다. 오늘날 군주가 진실로 교만한 마음을 버리고 보답할 뜻을 가지고 마음속을 꺼내 본마음을 보여 주고 간담을 털어 많은 덕을 베풀며 궁색할 때나 잘나갈 때나 선비와 함께하고 〔선비에게 봉록과 벼슬을〕 주는 일에 인색하지 않다면 포악한 걸왕의 개라도 요임금을 보고 짖게 할 수 있고, 도척의 자객이라도 허유를 찔러 죽게 할 수 있을 것입니다. 하물며 만승의 권세를 가지고 성왕의 자질을 빌린 분이라면 어떻겠습니까? 형가가 연나라 태자 단을 위해 진나라 왕을 찔러 죽이려다 실패하여 그의 온 집안을 쑥대밭으로 만든 일이나, 요리要離가 처자식을 불태워 죽게 한 것이 어찌 말할 가치가 있겠습니까?

신이 듣건대 "어두운 길을 걸어가는 사람에게 명월주明月珠와 야광벽夜光璧을 던지면 칼을 잡고 노려보지 않을 사람이 없다. 무엇 때문이겠는가? 아무런 까닭 없이 갑자기 〔보물이〕 눈앞에 나타났기 때문이다. 구불구불 뒤틀린 나무 뿌리일지라도 쓰임이 있어 만승의 그릇이 될 수 있다. 무엇 때문이겠는가?

---

11 초나라 사람이다. 그는 일찍이 초나라 장왕의 재상을 세 번 지냈다. 그는 세 번 재상이 되었지만 기뻐하지 않았는데 그것은 자신의 재능으로 얻었다고 생각했기 때문이다. 그리고 세 번 재상 자리에서 쫓겨났지만 서운하게 생각하지 않았는데, 이것은 자기 죄가 아님을 알았기 때문이다. 손숙오는 이런 행동으로 재앙을 피할 수 있었다.

주위 사람들이 먼저 그 모양을 꾸미기 때문이다."라고 합니다. 그러므로 아무런 까닭 없이 눈앞에 나타나면 제아무리 수후주隨侯珠[12]나 야광벽이라고 해도 원한만 살 뿐 덕을 드러내지 않을 것입니다. 그러나 누군가가 미리 이야기를 해 둔다면 마른나무와 썩은 등걸일지라도 공을 세워 잊히지 않게 됩니다. 오늘날 세상에 지위도 벼슬도 없어 곤궁한 선비들은 빈천한 처지이기 때문에 요임금과 순임금의 도를 알고, 이윤伊尹이나 관중 같은 말재주를 지니고, 관용봉關龍逢이나 비간 같은 뜻을 품고 당대의 군주에게 충성을 다하려 해도 나무 뿌리를 다듬어 군주에게 바치듯이 추천해 주는 사람이 없습니다. 비록 마음과 생각을 다하고 충성과 진실을 열어 군주의 정치를 돕고 싶어도 군주는 반드시 칼을 잡고 노려보는 경향이 있습니다. 그것은 지위도 벼슬도 없는 선비를 마른나무와 썩은 등걸의 쓰임만도 못하게 만듭니다.

성스러운 임금이 세상을 다스리고 풍속을 바로잡을 때는 도공이 물레 위에서 그릇을 만드는 것처럼 독자적으로 교화시킵니다. 그러므로 천박하고 현란한 말에 이끌리거나 사람들의 떠도는 말에 마음을 빼앗기는 일이 없습니다. 진시황은 중서자中庶子 몽가蒙嘉의 말만 듣고 형가의 말을 믿었다가 몰래 감추어 둔 비수에 찔릴 뻔하였습니다. 그러나 주나라 문왕은 경수와 위수 가에서 사냥을 하다가 여상을 만나 (궁궐로) 돌아와 천하의 왕이 되었습니다. 즉 진시황은 곁에 있던 사람의 말만 듣다가 죽을 뻔하였지만 주나라 문왕은 까마귀가 한데 모여 앉듯이 우연히 여상을 등용하여 왕이 되었던 것입니다. 이것은 무엇 때문이겠습니까? 그는 속박하는 말 따위를 넘어서 어느 하나에

---

12 수후隨侯가 일찍이 상처 입은 큰 뱀 한 마리를 구해 준 적이 있는데 뒤에 그 뱀이 밝게 빛나는 옥을 물고 와서 은혜에 보답했다고 한다. 이것은 야광 구슬로 후세에는 수주隨珠라고 한다.

국한되지 않는 의견을 발휘하여 밝고 넓은 길을 홀로 살펴볼 수 있었기 때문입니다.

오늘날 군주는 아첨하는 말에 빠지고 휘장 안에 있는 애첩들의 견제를 받아 뛰어난 선비들을 대우함이 마치 소와 천리마를 똑같은 먹이로 기르는 것과 같습니다. 이것이 바로 포초가 세상을 원망하고 부귀의 즐거움을 마다한 까닭입니다.

신이 듣건대 "의관을 화려하게 하고 조회하러 들어온 사람은 이익을 위해 의로움을 더럽히지 않으며, 명예를 갈고 닦는 사람은 욕심 때문에 행실을 그르치지 않는다."라고 합니다. 그러므로 증자는 (어머니를 이긴다는 뜻의) 승모勝母라는 이름이 붙은 고을에는 들어서지 않았고, 묵자는 조가朝歌[13]라는 이름이 붙은 마을에서 수레를 되돌렸다고 합니다. 그런데 오늘날 임금들은 천하의 뛰어난 선비들을 무거운 권력에 눌러 엎드리게 하고, 세력 있는 지위만을 제일로 여기므로 얼굴을 돌려 행실을 더럽히면서까지 아첨을 좋아하는 사람들을 섬기게 하고, 곁에 있는 사람들에게도 친하고 가깝게 하기를 바랍니다. 이렇게 된다면 뜻있는 선비들은 바위 굴 속에서 엎드려 죽을 수밖에 없습니다. 어떻게 충성과 신의를 다하여 대궐 밑으로 들어가는 자가 있겠습니까?

이 글을 양나라 효왕에게 올리자, 효왕은 사람을 보내 추양을 풀어 주고 마침내 상객으로 삼았다.

---

13 조가는 은나라 수도이다. 묵자는 즐거움을 좋아하지 않는데 조가는 주왕이 지은 음탕한 음악의 곡 이름이므로 수레를 돌렸던 것이다.

태사공은 말한다.

"노중련은 지향하는 뜻이 대의에 맞지는 않았지만[14] 벼슬도 지위도 없는 처지에서 자신의 뜻을 거리낌없이 말하고 실천하며 제후들에게 굽히는 일이 없었으며, 당대에 담론과 유세를 펼치며 공경公卿과 재상들의 권력을 꺾었다. 추양은 말하는 태도가 공손하지는 않지만 사물을 비유해 가며 그 실례를 하나하나 든 점에서 비장함이 있었고, 또 절개를 굽히지 않고 강직했기 때문에 나는 그를 이 열전에 덧붙였다."

---

14 노중련이 벼슬에 나서지 않았을 때는 진나라 왕을 제帝라고 부르지 않을 만큼 선비의 기상이 있었으나, 그가 연나라 장수를 제나라에 항복하도록 권한 것은 타인을 모함하는 것으로 대의에 맞지 않는다고 본 것이다.

24

굴원 가생 열전

屈原賈生列傳

전국 시대 이래 문학 작품에는 당시 인간 운명의 극적인 성공과 실패라는 분위기로 인해 심각한 회의와 절망의 정서가 깊숙이 배어 있다. 사마천은 인간사에 영원불변하는 진리가 존재하지 않는다는 믿음을 이 편에서 밝히고 있다.

전국 시대의 대표적인 애국 시인 굴원, 전한 초기에 유명했던 정치가 가생의 충성심과 비극적인 삶을 애틋한 필치로 적고 있는 이 편은 유향劉向의 『신서新序』「절사節士」편과 더불어 굴원의 생애에 대한 최초의 기록이라는 점에서 많은 평가를 받아 왔다. 그러나 글의 앞뒤가 제대로 맞지 않고 사실과 어긋나는 점도 적지 않으며, 굴원의 생애에 대한 기록도 분명치 않은 구석이 많다. 사마천 자신의 우국지정을 굴원의 「이소離騷」에 기탁하여 굴원을 과대평가했다는 의문도 있다.

굴원은 충성스러운 신하였지만 참소를 당하여 호소할 길 없는 마음을 총 373구의 「이소」에 담아 후대에 남겼다. 「이소」는 중국 고대의 걸작으로 그 문장 형식뿐 아니라 작품의 내면 세계도 후인들이 본받아야 할 고전적 가치를 지닌 작품으로 평가된다. 「이소」는 추악한 세태를 원망하는 마음이 주된 내용을 차지하며, 뒷부분은 굴원 자신이 이상을 실현하기 위해 꿈속에서 천지를 돌아다닌 내용이다. 이러한 성격 때문에, 우국시라는 견해를 비판적으로 보는 이도 있다.

가생도 높은 정치적 식견을 갖고 있었으며, 나라를 위해 충성을 다했으나 여의치 않아 슬픔만 끌어안고 죽었다. 그도 굴원과 마찬가지로 뜻을 펼쳐 보지 못하고 억압을 당하다 죽었으나 명군을 만났다는 점에서는 굴원과 대비된다.

「굴원복거도屈原卜居圖」. 「복거」는 굴원의 『초사』에 실린 부賦 중 한 편이다.

진흙 속에서도 더러워지지 않는다

굴원屈原은 이름이 평平이고 초나라 왕실과 성이 같다.[1] 그는 초나라 회왕懷王의 좌도左徒[2]로 있었는데, 보고 들은 것이 많고 기억력이 뛰어나며 잘 다스려질 때와 혼란스러울 때의 일에 밝고 글을 쓰는 능력이 탁월했다. 그는 궁궐에 들어가서는 군주와 나랏일을 의논하여 명령을 내리고, 밖으로 나와서는 빈객을 맞이하며 제후들을 상대했다. 회왕은 그를 매우 신임했다.

상관 대부 근상靳尚은 굴원과 지위가 같았는데, 왕의 총애를 다투면서 마음속으로 굴원의 능력을 시기했다. 회왕이 굴원에게 나라의 법령을 만들도록 하여 굴원이 아직 초안을 완성하지 않았을 때 상관 대부가 보고 그것을 빼앗으려 하였으나 굴원이 내주지 않자 왕에게 이렇게 헐뜯었다.

"왕께서 굴원에게 법령을 만들도록 하신 일을 모르는 사람이 없는데, 그는 법령이 하나 만들어질 때마다 자기 공을 뽐내며 '자기가 아니면 법령을 제대로 만들 사람이 없다.'라고 말합니다."

---

1 초나라 왕의 성은 미芈이다. 그 무렵 삼대 동성同姓은 굴屈, 경景, 소昭이다. 굴원의 시조 굴하屈瑕는 초나라 무왕武王 웅통熊通의 아들로 굴屈에 봉해졌기 때문에 굴을 성으로 삼았다.
2 초나라 관직 이름이다. 국왕 곁에 있는 관리로 정치에 참여하여 조서나 명령을 내릴 때 초안을 잡고, 외교 협상 등의 일을 했다.

회왕은 화가 나서 굴원을 멀리하였다.

굴원은 왕이 다른 사람들의 말을 듣는 데 밝지 못하고 헐뜯고 아첨하는 말이 군주의 밝음을 가로막으며, 흉악하고 비뚤어진 말이 공정함을 해치고, 단아하고 올곧은 사람이 등용되지 못하는 것에 마음이 아팠다. 그래서 근심하며 깊이 사색에 잠겨 「이소離騷」를 지었다.

'이소'란 '걱정스러운 일을 만나다.'라는 뜻이다. 무릇 하늘은 사람의 시작이며 부모는 사람의 근본이다. 사람은 곤궁해지면 근본을 돌아본다. 그러므로 힘들고 곤궁할 때 하늘을 찾지 않는 이가 없고, 질병과 고통과 참담한 일이 있으면 부모를 찾지 않는 이가 없다. 굴원은 도리에 맞게 행동하고 충성을 다하고 지혜를 다하여 군주를 섬겼지만 헐뜯는 사람의 이간질로 곤궁해졌다고 할 수 있다. 신의를 지켰으나 의심을 받고, 충성을 다했으나 비방을 받는다면 원망하지 않을 수 있겠는가? 굴원이 「이소」를 지은 것은 이처럼 분통하고 원망스러운 마음에서 비롯되었다.

「국풍國風」³은 사랑을 노래했으나 음란하지 않고, 「소아小雅」⁴는 원망과 비방을 담고 있지만 문란하지 않은데 「이소」는 그 우수한 점을 모두 지녔다고 할 만하다. 위로는 제곡帝嚳을 칭송하고 아래로는 제나라 환

---

3 국國이란 제후들의 나라를 말하고, 풍風은 가요 또는 민요를 뜻한다. 「국풍」에는 주남周南으로부터 빈豳에 이르는 열다섯 나라의 민요를 중심으로 한 노래들이 실려 있다. 「국풍」이 『시경』의 앞머리를 차지한 것은 「아雅」나 「송頌」보다 일반 백성의 마음을 더욱 진솔하게 나타내고 있기 때문으로 여겨진다.

4 아雅란 정正이라는 뜻으로 옛날 문화 수준이 높았던 하나라의 정악正樂을 말한다. 아는 대부분 연회나 조회朝會에 쓰였는데 용도와 음절상 차이로 대아大雅와 소아小雅로 구분한다. 가사의 풍격에 따라 정소아正小雅와 변소아變小雅, 정대아正大雅와 변대아變大雅로 다시 구별된다.

공을 말하고 있으며, 그 중간에는 은나라 탕임금과 주나라 무왕을 서술함으로써 세상일을 풍자하였다. 넓은 도덕적 숭고함과 잘 다스려질 때와 혼란스러울 때의 일의 조리를 밝힘에 빠짐이 없다. 그 글은 간결하고 그 문장은 미묘하며, 그 뜻은 고결하고 그 행동은 청렴하다. 그 문장은 사소한 것을 적었지만 담은 뜻은 매우 크며, 눈앞에 흔히 보이는 사물을 인용했지만 그 뜻은 높고 깊다. 그 뜻이 고결하므로 비유로 든 사물마다 향기를 뿜어내고, 그 행동이 청렴하므로 죽을 때까지 받아들여지지 않았다. 진흙 속에서 뒹굴다 더러워지자 매미가 허물을 벗듯이 씻어 내고, 먼지 쌓인 속세 밖으로 헤쳐 나와서 세상의 더러움에 물들지 않았다. 그는 〔연꽃처럼〕 깨끗하여 진흙 속에 있으면서도 더러워지지 않은 사람이다. 이러한 그의 지조는 해와 달과 그 빛을 다툴 만하다.

우물물이 맑아도 마시지 않으니 슬프다

굴원이 〔관직 좌도에서〕 쫓겨난 뒤, 진나라는 제나라를 치려고 하였다. 제나라가 초나라와 합종을 맺고 있으므로 진나라 혜왕은 이를 걱정했다. 그래서 장의에게 거짓으로 진나라를 떠나 많은 예물을 초나라에 바치고 섬겨 이렇게 말하도록 했다.

"진나라는 제나라를 매우 미워하고 있습니다. 그런데 제나라는 초나라와 합종을 맺고 있습니다. 초나라가 정녕 제나라와 관계를 끊을 수 있다면 진나라는 상商과 오於의 땅 600리를 바치겠습니다."

초나라 회왕은 욕심이 생겨 장의의 말만 믿고 제나라와 국교를 끊고 진나라로 사신을 보내 땅을 받아 오도록 하였다. 그러나 장의는 그를 속여 이렇게 말했다.

"나 장의는 초나라 왕에게 땅 6리를 준다고 약속했지 600리라는 말은 들어 보지도 못했소."

초나라 사신은 성이 나서 돌아와 회왕에게 이 일을 말했다. 회왕은 화를 내며 군대를 크게 일으켜 진나라로 쳐들어갔다. 진나라도 곧바로 군대를 이끌고 맞서 싸웠는데 단丹과 석淅에서 초나라 군대를 크게 깨뜨려 8만 명의 목을 베고 초나라 장수 굴개를 사로잡았으며, 드디어 초나라 한중 지역마저 빼앗았다. 회왕은 나라 안의 군대를 다 동원하여 진나라 안으로 깊숙이 들어가 공격하여 남전에서 싸웠다. 위나라는 그 소식을 듣고 초나라를 습격하여 등鄧까지 이르렀다. 초나라 병사들은 겁을 집어먹고 진나라에서 돌아왔지만, 제나라는 초나라가 제나라와 우호 관계를 끊은 데 화가 치밀어 초나라를 도와주지 않았으므로 초나라는 몹시 곤란한 지경에 처하게 되었다.

이듬해에 진나라는 한중 땅을 떼어 주면서 초나라와 화친을 맺으려고 하였다. 초나라 왕은 말했다.

"땅은 얻고 싶지 않소. 원하는 바는 장의를 얻어 마음을 편안히 하는 것이오."

장의가 그 소식을 듣고 말했다.

"한 사람으로 한중 땅을 대신할 수 있다면 신을 초나라로 보내 주십시오."

그는 초나라로 가서 권세 높은 신하 근상에게 많은 예물을 주어 회왕에게 총애를 받던 정수鄭袖에게 궤변을 늘어놓게 했다. 회왕은 결국 정수의 말을 듣고 다시 장의를 풀어 돌려보냈다.

이때 굴원은 이미 멀리 쫓겨나 다시 벼슬에 오르지 못하였지만, 제나라에 사신으로 갔다가 초나라로 돌아와서 회왕에게 간하였다.

"어찌하여 장의를 죽이지 않았습니까?"

회왕은 그제야 뉘우치며 장의를 뒤쫓게 하였으나 따라잡을 수 없었다.

그 뒤 제후들이 함께 초나라를 쳐서 크게 깨뜨리고 초나라 장수 당말을 죽였다. 이때 진나라 소왕은 초나라와 인척 관계이므로 초나라 회왕을 만나고자 하였다. 회왕이 가려고 하자 굴원은 이렇게 말했다.

"진나라는 호랑이나 이리 같은 나라이므로 믿으시면 안 됩니다. 가시지 않는 게 좋습니다."

그러나 회왕의 어린 아들 자란子蘭은 왕에게 가도록 권하였다.

"어찌 진나라의 호의를 거절하십니까?"

마침내 회왕은 진나라로 갔다. 회왕이 진나라의 무관武關으로 들어가자, 진나라는 미리 숨겨 두었던 병사들에게 그 뒤를 끊도록 하여 회왕을 붙잡아 두고 초나라 땅을 떼어 달라고 요구했다. 회왕은 화가 나서 받아들이지 않고 조나라로 달아났지만, 조나라에서 그를 받아 주지 않아 다시 진나라로 갔다. 그는 끝내 진나라에서 죽은 뒤 고국으로 옮겨져 안장되었다.

그 뒤 회왕의 맏아들 경양왕頃襄王이 왕위에 오르고, 그 아우 자란은 영윤令尹재상이 되었다. 초나라 사람들은 자란이 회왕에게 진나라로 가기를 권유하여 돌아오지 못했다며 꾸짖었다.

굴원은 진작부터 이 일을 통분히 여겼으며, 비록 내쫓긴 신세지만 초나라를 그리워하고 회왕을 생각하며 언제나 다시 조정으로 돌아가고 싶어 했다. 또한 군주가 자기 잘못을 깨닫고 속세의 나쁜 풍습이 고쳐지기를 간절히 바랐다. 군주를 생각하고 나라를 일으켜 약한 나라를 강한 나라로 만들기 위해 [이소] 한 편 속에 세 번씩이나 그 뜻을 노래했다. 그러나 결국 어찌할 방법이 없으므로 정도正道로 돌이킬 수 없었다. 이로써 회왕이 끝까지 잘못을 깨닫지 못하였음을 알 수 있다.

사람들의 군주된 자 가운데 어리석거나 지혜롭거나 어질거나 그렇지 못한 사람을 가리지 않고 충신을 구하여 자신을 위하도록 하고, 현명한 자를 등용하여 자기를 돕도록 하려고 하지 않는 이가 없다. 그러나 나라가 망하고 가정이 깨지는 일이 거듭 생기고, 훌륭한 군주가 나라를 다스리는 시대가 계속해서 나타나지 않는 것은 충신이라는 이가 충성을 다하지 않고, 현명하다는 이가 지혜롭게 행동하지 않기 때문이다. 회왕은 충신과 그렇지 않은 신하를 구분할 줄 몰라서 안으로는 정수에게 미혹되고 밖으로는 장의에게 속았으며, 굴원을 멀리하고 상관 대부와 영윤 자란을 믿었다. 그래서 군대가 꺾이고 군 여섯 개를 잃어 땅이 줄어들었으며, 진나라에서 객사하여 천하의 웃음거리가 되었다. 이는 사람을 제대로 알아보지 못해서 생긴 재앙이다. 『역』에 "우물물이 흐렸다가 맑아져도 마시지 않으니 내 마음이 슬프구나. 이 물을 길어 갈 수는 있다. 왕이 현명하면 모든 사람이 그 복을 받는다."라고 하였다. 왕이 현명하지 않은데 어찌 복이 있겠는가!

영윤 자란이 이 말을 듣고 몹시 노하여 마침내 상관 대부를 시켜 경양왕 앞에서 굴원을 헐뜯게 하자, 경양왕은 화가 나 굴원을 멀리 내쫓았다.

굴원은 강가에 이르러 머리를 풀어헤치고 물가를 거닐면서 읊조렸다. 그의 얼굴빛은 꾀죄죄하고 모습은 마른 나뭇가지처럼 야위었다. 어떤 어부가 그를 보고 물었다.

"당신은 삼려대부三閭大夫[5]가 아니십니까? 무슨 일로 이곳까지 오셨습니까?"

굴원이 대답했다.

"온 세상이 혼탁한데 나 홀로 깨끗하고, 모든 사람이 다 취했는데 나 홀로 깨어 있어서 쫓겨났소."

어부가 물었다.

"대체로 성인[6]이란 물질에 구애받지 않고 속세의 변화를 따를 수 없다고 합니다. 온 세상이 혼탁하다면 왜 그 흐름을 따라 그 물결을 타지 않으십니까? 모든 사람이 취해 있다면 왜 그 지게미를 먹거나 그 밑술을 마셔 함께 취하지 않으십니까? 어찌하여 아름다운 옥처럼 고결한 뜻을 가졌으면서 스스로 내쫓기는 일을 하셨습니까?"

굴원이 대답했다.

---

5 왕족 굴屈, 경景, 소昭 세 성의 사무관 일을 보는 사람이다. 굴원은 좌도에서 쫓겨난 뒤 삼려대부를 맡았다.

6 여기서는 그 시대의 상황을 제대로 아는 자를 가리킬 뿐 도덕적, 인격적 경지에 오른 인물을 말하는 것은 아니다.

"내가 듣건대 새로 머리를 감은 사람은 반드시 관의 먼지를 털어서 쓰고, 새로 목욕을 한 사람은 반드시 옷의 티끌을 털어서 입는다고 하였소. 사람이라면 또 그 누가 자신의 깨끗한 몸에 더러운 때를 묻히려 하겠소? 차라리 강물에 몸을 던져 물고기 배 속에서 장사를 지내는 게 낫지, 또 어찌 희디흰 깨끗한 몸으로 속세의 더러운 티끌을 뒤집어쓰겠소!"

그러고 나서 「회사懷沙」라는 부賦를 지었다. 그 문장은 이러하다.

양기 넘치는 화사한 초여름이라
초목이 무성하구나!
상심한 심정 깊이 슬퍼하며
물 따라 남쪽 땅으로 쫓겨왔네.
눈앞을 망망히 바라보니
지극히 고요하고 말이 없구나!
원통함은 가슴에 맺혀
풀어 볼 길 없이 영원히 막혔네.
비통한 마음 달래고 어루만지며
고개 숙여 스스로 억누르네.

모난 것 깎아 둥글게 만들려 하지만
변하지 않는 법도는 바꿀 수 없네.
본래 갈 길을 바꾸는 것
군자는 추잡하게 여기네.
먹줄 따라 바르게 긋는 것은

옛날 법도와 다름이 없네.

곧은 마음 중후한 성품을

현명한 사람은 존중하나

솜씨 좋은 장인이 깎고 다듬지 않으면

누가 그 굽고 곧음을 알리!

검은색 무늬를 어두운 곳에 두면

눈뜬 봉사는 무늬 없다 하고,

이루離婁[7]는 눈을 가늘게 뜨고도 볼 수 있는데

맹인은 그의 눈이 밝지 않다고 여기네.

흰 것을 검다 하고

위를 거꾸로 아래라고 하네.

봉황은 새장 속에 갇혀 있고

닭과 꿩은 하늘을 나네.

옥과 돌을 뒤섞어

하나로 헤아리니,

저들은 더러운 마음뿐이라

내 좋은 점을 알 수가 없지!

짐은 무겁고 실은 것 많건만

---

7 전설 속에 나오는 인물로 유달리 눈이 밝아 100보 밖의 가을 터럭까지 분명하게 볼 수 있다고
한다.

수렁에 빠져 건널 수 없구나.

아름다운 옥 있지만

곤궁하여 보여 줄 수 없네.

마을의 개들 떼지어 짖는 것은

이상하게 보이기 때문이지.

준걸 비방하고 호걸 의심하는 것은

본래 못난 사람들의 태도지.

재능과 덕성 가슴속에 흐르건만

내 남다른 재능 아무도 몰라주네.

재능과 덕망 쌓였어도

내 가진 것 아무도 알아주지 않네.

인의를 더 닦고

삼가고 돈후하여 넉넉해졌건만

순임금 같은 분 만날 수 없으니

누가 내 참모습 알아주랴!

예로부터 [어진 신하와 현명한 군주는 때를] 같이하지 못하니

어찌 그 까닭을 알리오?

탕임금과 우임금 아득히 먼 분이라

막막하여 사모할 수도 없네.

한을 참고 분노를 삭이고

마음을 억눌러 스스로 힘써 본다.

슬픔 만났으나 절개 꺾지 않으리니

내 뜻 뒷날의 본보기가 되기 바라네.

북쪽으로 발걸음 옮겨 머물려 하니
날은 어둑어둑 저물어 가네.
근심 삼키고 슬픔 달래면서
오직 내 죽음을 바라본다.

뜻을 간추려 말한다.

넓고 넓은 원수沅水와 상수湘水
갈라져 빠르게 흐르는구나!
멀리 이어진 길은 풀 더미로 뒤덮여
흘러간 길을 볼 수가 없네.
슬픈 심정 노래하노라면
탄식만 길어지고
세상은 나를 알아주지 않으니
내 마음 말하지 않으리!
충정과 인품을 지녔어도
내 마음 알아주는 이 없네.
백락伯樂이 이미 죽었으니
준마의 능력 누가 가늠하랴!
사람이 태어날 때 받은 천명은
제각기 돌아갈 곳이 있구나.
마음 진정하고 뜻을 넓히면
내 무엇 두려워하랴!

늘 상심하고 슬퍼하여

깊이 탄식하며 한숨을 쉬네.

세상이 어지러워 나를 알지 못하니

내 마음 말하지 않으리.

죽음 피할 길 없음을 알기에

부디 슬퍼하지 말자.

세상의 군자들에게 분명히 알려

내 그대들의 표상이 되리라.

그러고는 돌을 안은 채 마침내 멱라강汨羅江[8]에 몸을 던져 죽었다.

굴원이 이미 죽은 뒤 초나라에는 송옥宋玉, 당륵唐勒, 경차景差 같은 무리가 모두 글짓기를 좋아하였으며 부賦를 잘 지어 세상에서 칭찬을 받았다. 그러나 모두 굴원의 모습을 본뜰 뿐 끝내 감히 직접 간언하는 사람은 없었다. 그 뒤 초나라는 날로 쇠약해지더니 수십 년 뒤에는 결국 진나라에게 멸망하고 말았다.

굴원이 멱라강에 몸을 던진 지 100여 년이 지나 한漢나라에 가생이라는 사람이 있었다. 그는 장사왕長沙王의 태부가 되어 상수를 지나다가 글을 지어 강물에 던져 굴원을 애도하였다.

8 상강湘江의 지류이다. 굴원은 농력農曆 5월 5일에 죽었는데 후세 사람들은 이날을 기념하여 단오절을 만들었다.

가생賈生은 이름이 의誼이며 낙양 사람이다. 그는 열여덟 살 때 시를 외고 글을 잘 지어 군에서 소문이 나 있었다. 오吳씨 성을 가진 정위廷尉가 하남 태수로 있을 때, 가생이 수재라는 소문을 듣고 자기 밑으로 불러들여 아꼈다. 효문제孝文帝고조 유방의 아들로 한나라 다섯 번째 왕는 막 보위에 올랐을 때, 하남 태수 오 공이 그 무렵 정치를 가장 잘하고 본래 이사와 같은 읍 출신으로 늘 이사를 좇아 학문을 배웠다는 소문을 듣고 오 공을 불러들여 정위로 삼았다. 정위는 효문제에게 가생이 비록 나이는 어리지만 여러 사상가의 학문에 능통하다고 말했다. 그래서 문제는 가생을 불러 박사博士로 삼았다.

이때 가생은 겨우 스무 살 남짓하여 [박사들 가운데] 가장 젊었다. 그러나 왕이 조령詔令을 물을 때마다 나이 많은 선생들이 대답하지 못하는 것도 가생은 막힘없이 대답할 수 있었다. 그는 사람들이 각기 마음속으로 생각은 나지만 말로 표현하기 어려운 것까지도 아주 명확하게 대답했다. 그래서 여러 선생은 자기들의 재능이 가생을 따를 수 없다고 생각하였다. 효문제는 그런 가생을 흡족하게 여기고 파격적으로 승진시켜 1년 만에 태중대부太中大夫까지 오르게 하였다.

가생은 한나라가 일어나서 효문제에 이르기까지 20여 년 동안 천하가 태평하니 마땅히 역법曆法을 고치고 관복 색깔을 바꾸며,[9] 제도를 재정비하고 관직 이름을 새로 정하며, 예의와 음악을 창작해야 한다고 생각했다. 그래서 일의 의례와 법률 제도의 초안을 작성했는데 색깔은 황색을 숭상하고, 숫자는 5를 기준으로 삼으며, 관직 이름을 만들어 진나라 때의 법을 완전히 바꾸려고 했다. 효문제는 즉위한 지 얼마 되지 않아 겸손한 데다 아직 이러한 일까지 돌아볼 겨를이 없었다. 그러므로 모든 율령을 바꾸어 정하고, 열후들을 다 각자 봉지로 돌아가 맡은 일을 하도록 한 것은 모두 가생에게서 나온 의견이었다. 천자는 가생을 공경의 자리에 앉히려는 문제를 신하들과 상의하였다. 그러나 강후絳侯, 관영灌嬰, 동양후東陽侯, 풍경馮敬 등의 무리는 모두 가생을 싫어하여 이렇게 헐뜯었다.

"낙양 출신의 선비는 나이가 어리고 학문이 미숙한데 제멋대로 권력을 휘둘러 모든 일을 어지럽히려고 합니다."

그래서 황제도 나중에는 그를 멀리하고, 그의 의견을 받아들이지 않다가 마침내 가생을 장사왕의 태부로 삼았다.

가생은 인사하고 길을 나섰는데, 장사라는 곳은 지형이 낮고 습기가 많다는 말을 듣고 자기 수명이 길지 않으리라 생각했다. 더구나 좌천되어 떠나가는 중이므로 마음이 우울했다. 가생은 상수를 건널 때 부를 지어 굴원을 조문했는데 그 문장은 이러하다.

> 공손히 왕명을 받들어
> 장사의 관리가 되었네.
> 얼핏 굴원을 풍문에 들으니

---

9 진秦나라는 검정색을 숭상했다. 가의는 한나라는 토덕왕土德王이므로 조정의 관복이나 수레를 비롯하여 사용하는 물건의 색깔을 노란색으로 바꿔야 한다고 생각했다.

스스로 먹라수에 몸을 던졌다 하네.

상수 흐르는 물에 부쳐

선생께 삼가 조의를 표하네.

법도 없는 세상을 만나

그 몸을 던졌구나!

아, 슬프다,

좋지 못한 때를 만남이여!

봉황이 엎드려 숨고

올빼미가 날개를 치누나!

어리석은 사람이 존귀케 되고

헐뜯고 아첨하는 자가 뜻을 얻었구나!

현인과 성인은 도리어 끌어내려지고

바른 사람은 거꾸로 세워졌네.

세상은 백이를 탐욕스럽다 하고

도척을 청렴하다 하며,

막야의 칼날을 무디다 하고

납으로 만든 칼을 날카롭다 하네.

아, 말문이 막히는도다,

선생이 억울하게 재앙을 입음이여!

주나라 솥을 버리고 큰 표주박을 보배로 간직하고

지친 소에게 수레를 끌게 하고 절름발이 나귀를 곁말로 쓰니,

준마는 두 귀를 늘어뜨린 채 소금 수레를 끄는구나!

장보章甫은나라 때 머리에 쓰던 관를 신발로 삼으니

오래갈 수 없도다.

아, 선생이여!

홀로 이런 재앙을 겪으셨도다!

다시 이어지는 노래는 이렇다.

그만두자꾸나!

나라가 나를 알아주지 않으니

홀로 답답한 마음 누구에게 말하랴!

봉황새는 훨훨 날아 높이 갔네,

스스로 날갯짓하며 멀리 가 버렸네.

깊은 연못 속 신룡神龍은

깊숙이 잠겨 스스로 제 몸을 소중히 한다네.

밝은 빛 마다하고 숨어 지낼 뿐

어찌 개미, 거머리, 지렁이와 놀랴?

성인의 신덕神德을 소중히 여기고

탁한 세상 멀리하여 스스로 숨네.

준마도 고삐를 매어지게 한다면

어찌 개나 양과 다르다 하랴!

어지러운 세상에서 머뭇거리다 재앙 받은 것,

또한 선생의 허물이로다!

천하를 두루 둘러보고 어진 임금을 도와야 할 터인데

어찌 이 나라만 고집했는가?

봉황새는 천 길 높이 하늘 위로 날다가

덕이 밝게 빛나는 것 보면 내려오지만,

작은 덕에서 험난한 징조를 보면

날개를 쳐 멀리 날아간다.

저 작은 못이나 도랑이

어찌 배를 삼킬 만한 물고기를 받아들일 수 있으랴?

강과 호수를 가로지르는 큰 물고기도

정녕 땅강아지와 개미에게 제압당하는구나!¹⁰

들새가 들어오고 주인이 나간다

가생이 장사왕의 태부가 된 지 3년쯤 되자 부엉이가 가생의 집으로 날아들어 방구석에 앉았다. 초나라 사람들은 부엉이를 '복服'이라고 불렀다. 가생은 좌천되어 장사에 살고 있었는데, 장사는 땅이 낮고 습기가 많기 때문에 오래 살 수 없으리라 생각하였다. 그것이 슬퍼서 부¹¹를 지어 스스로 위로했으니 그 문장은 이러하다.

---

10 배를 집어삼킬 만한 큰 물고기는 그물로도 잡을 수 없고 낚시로도 잡을 수 없지만, 일단 물을 잃게 되면 땅강아지나 개미에게도 제압된다는 말이다. 이것은 『장자』「경상초庚桑楚」에 보인다.
11 「복조부服鳥賦」를 말한다. 옛사람들은 복조服鳥, 즉 부엉이를 흉조로 여기고 그것이 내려앉은 집의 주인은 불행을 만난다고 생각했다.

정묘년

4월 초여름

경자일 해질 무렵

부엉이가 내 집으로 날아들어

방구석에 앉았는데

그 모습이 무척 한가롭구나!

이상한 것이 들어와 있으니

그 까닭이 괴이하도다!

책을 펼치고 점쳐 보니

점괘가 그 길흉을 말하는데,

"들새가 들어와 자리에 앉으니

주인이 나가는 형국이로다."

부엉이에게 묻는다.

"내 가면 어디로 갈까?

길한 징조면 내게 말해 주고

흉한 징조면 그 재앙을 말해 다오!

땅에 묻힐 나이를 헤아려

그때를 나에게 알려 다오."

부엉이가 이에 탄식하고

머리를 들고 나래를 친다.

입으로 말할 수 없으니

날갯짓으로 대답하네.

만물은 변하며

정녕 쉼이 없구나.

돌아 흘러서 옮겨 가고

또는 밀어서 돌아간다.

형체와 기운이 끊임없이 도니

변하고 진화하는 것 매미와 같네.

그 깊은 이치 끝이 없는데

어찌 말로 다할 수 있으리!

재앙이란 복이 의지하는 곳이고

복이란 재앙이 숨어 있는 곳이라.

근심과 기쁨은 같은 문으로 모이고

길함과 흉함은 한곳에 있네.

저 오나라는 강대했으나

부차는 패하였고,

월나라는 회계에 숨어 살았지만

구천은 세상을 제패했네.

이사는 유세에 성공하였으나

오형五刑을 받았고

부열은 죄수였으나

무정의 재상이 되었도다.

재앙과 복이

어찌 꼬인 새끼줄과 다르랴!

천명이란 말할 수 없는 것

누가 그 끝을 알랴!

불은 부딪히면 빨라지고

화살은 힘을 받으면 멀리 가는구나.

만물은 돌고 돌아 서로 부딪치고

진동하며 변하네.

수증기가 올라가 구름 되고

구름이 모여 비 되니

얽히고설켜 서로 흐트러진다.

조화의 신이 만물 만드는 일은

넓고 커서 끝이 없다네.

하늘의 이치 예측할 수 없고

도는 미리 꾸밀 수 없도다.

수명에는 길고 짧음 정해져 있는데

어찌 그때를 알 수 있으리!

저 천지는 화로요,

조물주는 장인이라.

음양은 숯이며

만물은 구리라.

모이고 흩어지고 줄었다 늘었다 하는 데

어찌 일정한 법칙이 있으랴!

천 번 변하고 만 번 바뀐들

애당초 그 끝은 없는 법.

우연히 사람 되었어도

어찌 삶에 연연하리!

귀신이 된다 하여

또 어찌 슬퍼하리!

어리석은 사람들은 자기만 생각하고

남을 낮추고 자기를 귀하다 하네.

통달한 사람은 넓게 보고

무슨 물건이건 한결같이 보네.

탐욕스러운 사람은 재물을 위하여 죽고

열사는 이름을 위하여 목숨을 바치는 법.

권세를 뽐내는 자는 권세 때문에 죽고

평범한 사람은 삶에만 매달리지.

이익에 유혹되고 가난에 쫓기는 무리는

이리저리 바삐 뛰어다니네.

성인은 사물에 굽히지 않고

수많은 변화를 만나도 한결같다네.

세속 일에 구애받는 사람은

우리 속에 갇힌 죄수 같도다.

지극한 덕을 지닌 사람은 만물을 버리고

홀로 도와 함께하누나.

많은 사람 미혹에 빠져

좋아하고 미워하는 것 가슴속에 쌓지만

진실한 사람은 담박하고 적막해서

홀로 도와 더불어 사는도다.

지혜와 형체를 버리고

초연히 죽은 듯이 하는구나.

조용하고 넓은 황홀한 세계에서

큰 도와 더불어 나는도다.

흐름을 타면 흘러가고

모랫벌에 닿으면 멈춘다네.

몸을 자유롭게 천명에 맡기고

자기 것으로 여기지 않는다네.

살아 있으면 떠 있는 것 같고

죽으면 쉬는 것과 같네.

심연의 고요함처럼 담담하고

매이지 않은 배처럼 떠 있네.

살아도 스스로 귀중히 여기지 않고

공허한 마음을 길러서 유유자적한다네.

덕 있는 사람은 얽매임이 없고

천명을 알아 근심이 없으니

하찮은 가시덤불이야

어찌 걱정이나 하겠는가!

그 뒤 1년 남짓 지나서 가생은 효문제에게 불려 갔다. 효문제는 때마침 제사를 지내고 남은 고기를 받고[12] 정전에 앉아 있었다. 황제는 귀신에 감화된 바가 있어 가생에게 귀신의 본질을 물었다. 가생은 귀신에 관한 이치를 자세히 설명하느라 밤이 깊었고 효문제는 바싹 다가앉아 이야기를 들었다. 가생이 설명을 끝마치자 황제는 이렇게 말했다.

"나는 오래도록 그대를 만나지 못하여 스스로 그대보다 낫다고 여겼소. 그런데 이제 보니 〔그대에게〕 미치지 못하는구려."

얼마 뒤 가생을 양나라 회왕懷王의 태부로 삼았다. 회왕은 효문제의 막내아들로서, 문제의 사랑을 받았고 글읽기를 좋아하였으므로 가생을 그의 태부로 삼은 것이다.

효문제는 다시 회남淮南 여왕厲王[13]의 네 아들을 모두 열후에 봉하였다. 가생은 이렇게 한 일 때문에 앞으로 나라에 근심이 일어날 것이라고 간언했다. 가생은 여러 번 상소하여, 제후들이 간혹 여러 군을 합치는 것은 옛 제도에 어긋나므로 점차 그것을 줄여 나가야 한다고 주장했지만 효문제는 받아들이지 않았다.

몇 년 뒤 회왕이 말을 타다가 떨어져서 죽었으나 후사가 없었다. 가생은 태부로 있으면서 아무 일도 하지 못한 것을 스스로 탄식하여 1년 남짓 슬피 울다가 또한 죽었다. 가생이 죽었을 때 나이가 서른셋이었다. 효문제가 죽고 효무제가 즉위하자 가생의 두 손자를 등용하여 군수 자리에 오르게 하였다. 그중 가가賈嘉는 학문을 아주 좋아하여 가업을 이었는데 나와 편지를 주고받았다. 그는 효소제 때에 이르러 구경九卿의 반

열에 올랐다.

태사공은 말한다.

"나는 「이소」, 「천문天問」, 「초혼招魂」, 「애영哀郢」[14]을 읽어 보며 그 생각을 슬퍼했다. 장사에 가서 굴원이 스스로 빠져 죽은 연못멱라강을 지청을 바라보고 일찍이 눈물을 떨구며 그의 사람 됨됨이를 생각지 않을 수 없었다. 가생이 지은 굴원을 조문한 작품「조굴원부弔屈原賦」을 읽어 보니 굴원이 그만한 재능을 가지고 다른 제후에게 유세하였더라면 어느 나라인들 받아들이지 않았으랴마는 그 스스로 이렇게 생을 마쳤구나. 그러나 「복조부」를 읽으니 그는 삶과 죽음을 한가지로 보고 벼슬에 나아가고 물러나는 것을 가볍게 여겼으니, 나는 [마음에 깨달은 바 있어] 상쾌해지며 스스로 잘못 살았다고 생각하게 되었다."

---

14 이것은 모두 굴원의 대표 작품이다. 현존하는 굴원의 작품은 총 23편인데 「이소」 1편, 「구가九歌」 11편, 「구장九章」 9편, 「초혼」 1편, 「천문」 1편이다. 한나라 사람 왕일王逸이 편주編注한 『초사』에는 굴원의 부가 25편 수록되어 있는데, 「복거卜居」와 「어부漁父」 두 편이 더 많다. 어떤 사람은 「초혼」은 송옥宋玉이 지은 것이라고도 한다.

25

여불위 열전

呂不韋列傳

여불위는 전기傳奇 색채가 풍부한 역사 인물이다. 그는 본래 한韓나라의 큰 상인으로 여러 제후국을 주유하면서 시대의 흐름을 정확히 꿰뚫어 보고 인재를 알아보는 혜안을 가지고 있었다. 그는 진나라의 상국이 되어 진나라 통일 사업에 큰 공을 세웠으며, 불후의 명작 『여씨춘추』를 짓기도 했다. 여불위가 세상 사람들에게 주목받는 이유는 진시황의 아버지의 가능성을 알아보고 앞서 투자한 그의 안목 때문이며, 또 그가 진시황의 친아버지일지도 모른다는 대목도 흥미롭기 때문이다. 즉 여불위가 어떤 첩에게 반하여 임신하게 했는데 그 사실을 숨기고 자초에게 바쳐 아이를 낳았으니, 그가 바로 진시황이라는 것이다. 당시 사회적 분위기에서는 가능할 수도 있었겠으나 진시황에 흠집을 내려는 동방 육국六國의 음모론이라는 설도 설득력이 있다. 또한 이 편에서 사마천은 여불위의 출세와 성공, 몰락 과정을 세밀한 필치로 묘사하면서 그의 죽음은 인간의 과욕이 빚어낸 필연적 결과임을 분명히 밝히고 있다.

반고가 여불위의 『여씨춘추』를 잡가류로 분류한 뒤부터 여불위는 잡가를 대표하는 사상가로 여겨져 왔다. 여불위가 여러 사람의 사상을 널리 받아들이고 특히 초기의 도가 사상을 근본으로 각 사상의 장점을 취사선택하여 황로 사상을 추존하였으므로 사마천이 더욱 그를 주목했다는 설도 일리가 있다. 따라서 여불위를 신도가新道家라고 부르는 것은 결코 틀린 말이 아니다.

아울러 사마천은 천지, 만물, 고금의 일에 관한 모든 것이 『여씨춘추』에 갖추어져 있다고 볼 정도로 여불위의 저술 작업을 높이 평가하였다.

秦相國文信侯像

辝不辛太公二十五世孫河南陽翟人

贊曰

惟侯勲高　錬石天補　于楚質輔　端陽匡趙　華頼立嗣　撲㯅内府　丕秦我緒　為為轉主　旋乾邁坤　絶今邦古　閱奠基基　庸封國土　食邑河南　號稱仲父

장양왕의 등극을 도와 승상이 된 여불위.

진귀한 재물은 사 둘 만하다

여불위呂不韋는 양책陽翟의 큰 상인으로 여러 곳을 오가면서 물건을 싸게 사들여 비싸게 되팔아 집안에 천금의 재산을 모았다.

진나라 소왕昭王 40년에 태자가 죽자, 42년에 둘째 아들 안국군安國君¹을 태자로 삼았다. 안국군에게는 아들 20여 명이 있었다. 안국군은 남다르게 사랑하던 여인을 정부인으로 삼아 화양 부인華陽夫人이라 불렀다. 화양 부인에게는 아들이 없었다. 안국군의 둘째 아들은 이름이 자초子楚²인데, 그의 친어머니 하희夏姬는 〔안국군의〕 총애를 받지 못하였다. 자초는 진나라를 위해 조나라에 볼모로 보내졌으나 진나라가 조나라를 자주 공격했기 때문에 조나라는 자초를 그다지 예우하지 않았다.

자초는 진나라의 많은 서얼 중 한 사람으로서 제후 나라의 볼모이므로 수레와 말과 재물이 넉넉하지 않고 생활이 어려워 실의에 빠져 있었다. 여불위가 한단에서 장사하다가 그를 보고 불쌍하게 여겨 말했다.

"이 진귀한 재물은 사 둘 만하다."

그리고 자초를 찾아가 설득했다.

"나는 당신의 가문을 크게 만들어 줄 수 있습니다."

자초는 웃으면서 말했다.

---

1 이름은 주柱이고, 뒤에 효문왕이 된다.
2 뒤에 장양왕이 되었다.

"먼저 당신 가문을 크게 만든 뒤에 내 가문을 크게 만들어 주시오."

여불위가 말했다.

"당신이 모르는 모양인데, 제 가문은 당신 가문에 기대어 커질 것입니다."

자초는 그 말뜻을 깨닫고 안으로 불러들여 마주앉아서 속마음을 털어놓았다. 여불위는 이렇게 말했다.

"진나라 왕은 늙었고 안국군이 태자가 되었습니다. 남몰래 들은 말로는 안국군이 화양 부인을 총애하시는데 화양 부인에게는 아들이 없으니, 왕의 후사를 세울 수 있는 사람은 오직 화양 부인뿐입니다. 지금 당신 형제는 스무 명도 더 되고, 당신은 둘째 서열인 데다가 그다지 사랑을 받지 못하고 있습니다. 또한 오랫동안 제후의 나라에 볼모로 있습니다. 그러니 만일 왕이 세상을 떠나고 안국군이 왕위에 오르면 당신은 형이나 여러 형제와 아침저녁으로 태자 자리를 놓고 싸울 수도 없습니다."

자초가 물었다.

"옳습니다. 이를 어떻게 하면 좋겠습니까?"

여불위가 대답했다.

"당신은 가난하고 객지에 나와 있어 어버이를 공손히 섬기거나 빈객과 사귈 힘이 없습니다. 제가 비록 가진 것은 없지만 당신을 위해 1000금을 갖고 서쪽으로 가서 안국군과 화양 부인을 섬겨 당신을 후사로 삼도록 하겠습니다."

자초는 이에 머리를 숙이며 말했다.

"반드시 당신 계책대로 된다면 진나라를 그대와 함께 나누어 가지도록 하겠소."

여불위는 곧 자초에게 500금을 주어 빈객과 사귀는 비용으로 쓰도록 하고, 또 500금으로는 진기한 물건과 노리개를 샀다. 여불위는 직접 그 물건을 들고 서쪽 진나라로 가서 화양 부인의 언니를 통해 화양 부인에게 모두 바치고 이렇게 말했다.

"자초는 어질고 지혜로우며 널리 천하 제후들의 빈객과 두루 사귀고 있습니다. 자초는 언제나 말하기를 '나는 화양 부인을 하늘처럼 여기고 밤낮으로 태자와 부인을 사모하여 눈물을 흘립니다.'라고 합니다."

화양 부인은 매우 기뻐하였다.

여불위는 곧이어 그 언니에게 이렇게 말해 부인을 설득하도록 했다.

"제가 듣건대 아름다운 얼굴로 남을 섬기는 자는 아름다운 얼굴이 스러지면 사랑도 시든다고 합니다. 지금 부인께서는 태자를 섬기며 깊이 총애받고 있지만 아들이 없습니다. 그러므로 일찌감치 여러 아들 가운데 현명하고 효성스러운 자와 인연을 맺어 그를 후사로 발탁하여 양자로 삼으셔야 합니다. 그래야 남편이 살아 있을 때는 존중받으며 귀한 자리에 있고, 남편이 죽은 뒤에도 양자가 왕이 되므로 끝까지 권세를 잃지 않을 것입니다. 이것이 바로 한마디 말로 장구한 이로움을 얻는 일입니다. 영화를 누릴 때 터전을 닦아 놓아야지 아름다운 얼굴이 스러지고 사랑이 식은 뒤에는 비록 한마디 말을 하려고 해도 어떻게 할 수 있겠습니까? 지금 자초는 현명하여 스스로 둘째 아들이기 때문에 후사가 될 수 없음을 알고 있으며, 그를 낳아 준 어머니도 사랑을 받지 못하므로 스스로 부인에게 의지할 것입니다. 부인께서 진정 이때에 그를 후사로 뽑아 맡아들로 삼는다면 일생 동안 진나라에서 총애받을 것입니다."

화양 부인은 그 말을 옳게 여겨 태자가 한가한 틈을 타서 조용히 말했다.

"조나라에 볼모로 가 있는 자초는 매우 현명하여 그곳을 오가는 사람이 모두 칭찬합니다."

이어 눈물을 떨구며 말했다.

"소첩은 다행히 후궁 자리에 있지만 불행하게도 아들이 없습니다. 부디 자초를 후사로 세워서 소첩의 몸을 맡길 수 있도록 해 주십시오."

안국군은 그것을 허락하고 부인에게 옥부玉符를 새겨 주어 자초를 후사로 삼겠다고 약속했다. 안국군과 부인은 자초에게 많은 물품을 보내고, 여불위에게 그를 잘 보살피도록 부탁했다. 이 일로 자초는 제후국에 그 이름이 더욱 알려졌다.

한 글자도 더하거나 뺄 수 없다

여불위는 한단의 여러 첩 가운데 외모가 뛰어나고 춤을 잘 추는 여자를 얻어 함께 살았는데, 그녀가 아이를 가진 것을 알게 되었다. 자초는 여불위의 집에서 술을 마시다가 그녀를 보고 한눈에 반해 일어나 여불위의 장수를 기원하면서 그녀를 달라고 했다. 여불위는 화가 치밀었지만 이미 자기 집 재산을 다 기울여 자초를 위해 힘쓰고 있는 까닭은 진기한 재물을 낚으려는 것임을 떠올리고 마침내 그 여자를 바쳤다. 그녀는 자신이 아이를 가진 몸임을 숨기고 만삭이 되어 정政이라는 아들을 낳았다. 자초는 마침내 그 여자를 부인으로 세웠다.

진나라 소왕 50년에 진나라는 왕의王齮에게 한단을 포위하도록 했다. 사태가 급박해지자 조나라에서는 자초를 죽이려고 했다. 자초는 여불위와 모의하여 금 600근으로 지키던 관리를 매수하고 탈출하여 진나라 군대로 도망쳐 마침내 본국으로 돌아올 수 있었다. 조나라는 자초의 아내와 아들을 죽이려고 했지만 자초의 아내는 조나라 부호의 딸이므로 숨을 수 있었기에 어머니와 아들이 마침내 무사하였다. 진나라 소왕 56년에 소왕이 죽자 태자 안국군이 왕위에 올라 화양 부인을 왕후로 하고 자초를 태자로 삼았다. 그러자 조나라는 자초의 아내와 아들 정을 받들어 진나라로 돌려보냈다.

진나라 왕이 즉위한 지 1년 만에 죽자 시호를 효문왕이라고 했다. 그리고 태자 자초가 왕이 되니 이 사람이 장양왕이다. 장양왕은 양어머니 화양 부인을 화양 태후라 하고, 생모 하희를 높여서 하 태후라 하였다. 장양왕 원년, 여불위를 승상으로 삼고 문신후에 봉하였으며 하남 낙양의 10만 호를 식읍으로 주었다.

장양왕이 즉위한 지 3년 만에 죽자 태자 정이 왕위에 올랐다. 정은 여불위를 존중하여 상국으로 삼고 중보仲父라고 불렀다. 진나라 왕은 나이가 어리므로 태후가 때때로 사람들의 눈을 피해 여불위와 사사로이 정을 통하였다. 여불위의 집에는 하인이 만 명이나 있었다.

이 무렵 위나라에는 신릉군, 초나라에는 춘신군, 조나라에는 평원군, 제나라에는 맹상군이 있었는데 이들은 한결같이 선비를 존중하여 빈객모시는 일을 두고 다투었다. 여불위는 진나라가 강하면서도 그렇게 하지 못하는 것을 부끄럽게 여기고 선비들을 불러 정성껏 대하자 식객이 3000명에 이르렀다. 이때 제후들의 나라에는 변사가 많았는데, 순경 같은 무리는 글을 지어 천하에 자신의 학설을 퍼뜨렸다. 이에 여불위는 자기 식객들에게 각각 보고 들은 것을 쓰게 하여 「팔람八覽」, 「육논六論」, 「십이기十二紀」 등 20여만 언들으로 모아 이것이야말로 천지, 만물, 고금의 일을 다 갖추고 있다고 여겨 『여씨춘추』라고 불렀다. 이 책을 함양의 시장 문 앞에 펼쳐 놓고 거기에 1000금을 걸어 제후국의 유사나 빈객 중 한 글자라도 더하거나 뺄 수 있는 이에게 그 돈을 주겠다고 했다.

거짓으로 얻은 명성은 물거품 같다

진시황이 차츰 장년이 되어 가도 태후는 음란한 행동을 그치지 않았다. 여불위는 그것이 발각되어 자기에게 재앙이 미칠까 두려워 음경이 큰 노애嫪毐라는 사람을 몰래 찾아 사인으로 삼고, 때때로 음탕한 음악을 연주하며 노애의 음경에 오동나무 수레바퀴를 달아서 걷게 하였다. 태후가 그 소문을 듣게 하여 그녀의 마음을 흔들어 놓으려고 한 것이다. 태후는 소문을 듣자 정말로 사람들 몰래 그를 얻고 싶어 하였다. 이에 여불위는 노애를 바치고, 사람을 시켜 그를 부죄腐罪남자의 성기를 제거하는 형벌에 처하도록 허위로 고발했다. 여불위는 또 태후에게 은밀히 말했다.

"거짓으로 부형을 받게 하여 부릴 수 있게 되면 급사중給事中궁궐에서 급사 일을 하는 관리으로 삼으십시오."

태후는 부형을 맡은 관리에게 많은 뇌물을 주어 판결을 위조케 하고, 그의 수염과 눈썹을 뽑아 환관으로 만들어 마침내 태후의 시중을 들게 했다. 태후는 사사로이 그와 정을 통하면서 몹시 사랑하였다. 그러다가 아이를 가지게 되자 태후는 다른 사람들이 이 사실을 알까 봐 두려워 거짓으로 점을 치고 이때의 재앙을 피하기 위해 궁궐을 옮겨 옹 땅에서 살아야 한다고 말하게 했다. 노애는 언제나 그녀를 따라다녔고 태후는 그에게 매우 많은 상을 내렸으며, 모든 일은 노애가 결정했다. 노애의 사인은 수천 명이 되고, 벼슬을 얻기 위해 노애의 사인이 된 자도 1000여 명이 되었다.

시황 7년에 장양왕의 어머니 하 태후가 세상을 떠났다. 효문왕의 왕후 화양 태후를 효문왕과 함께 수릉에 합장했고, 하 태후의 아들 장양왕은 지양芷陽에 묻혔으므로 하 태후는 두원杜原의 동쪽에 홀로 묻혔다. 이는 그의 이러한 유언에 따른 것이다.

"동쪽으로는 내 아들을 바라보고, 서쪽으로는 내 남편을 바라보고 싶다. 100년 뒤 무덤 옆에는 마땅히 만 호의 읍이 생길 것이다."

진나라 시황 9년에 어떤 사람이 노애는 실제로 환관이 아니며 늘 태후와 사사로이 정을 통하여 아들 둘을 낳아 모두 숨겨 놓았고, 태후와 함께 이러한 모의를 했다고 고발했다.

"왕이 죽으면 우리 아들로 뒤를 잇게 하자."

시황제는 관리를 보내 사실을 상세히 밝히고, 상국 여불위도 이 일과 연관이 있음을 알게 되었다. 9월에 노애의 삼족을 멸하고 태후가 낳은 두 아들을 죽였으며, 마침내 태후를 옹 땅으로 내쫓았다. 노애의 사인들은 재산을 빼앗고 촉으로 내쫓았다. 시황제는 상국도 죽이려고 하였으나 선왕을 섬긴 공로가 크고, 그의 빈객과 변사들 중에 그를 위하여 변호하는 자가 많아 차마 법대로 처벌할 수 없었다.

시황 10년 10월에 상국 여불위를 관직에서 내쫓았다. 제나라 사람 모
소가 시황제를 설득하였으므로 시황제는 태우를 옹 땅에서 물러들여
함양으로 돌아오게 하고, 문신후를 내보내 제후국인 하남으로 떠나게
했다.

그러나 1년 남짓 지나도록 제후국의 빈객과 사신들이 길에 잇달아 문
신후를 방문했다. 시황제는 그가 변란을 일으킬까 두려워 문신후에게 편
지를 보냈다.

그대가 진나라에 무슨 공로가 있기에 진나라가 그대를 하남에 봉하고 10만
호의 식읍을 내렸소? 그대가 진나라와 무슨 친족 관계가 있기에 중보라고 불
리오? 그대는 가족과 함께 촉 땅으로 옮겨 살도록 하시오.

여불위는 스스로 옥죄어 옴을 느끼고 죽음을 당할까 봐 두려워 독주
를 마시고 죽었다. 시황제는 노여워하던 여불위와 노애가 모두 죽자 촉
땅으로 내쫓았던 노애의 사인들을 모두 돌아오게 했다.

시황 19년에 태후가 죽자 시호를 제 태후帝太后라 하고, 장양왕과 함
께 채양茝陽에 합장하였다.

태사공은 말한다.

"여불위는 노애를 존귀하게 했으며, 봉토를 받아 문신후로 불렸다. 어
떤 사람이 노애를 고발하였을 때 노애도 그 소문을 들었다. 진시황이
측근들을 통해 확보한 증거를 아직 발표하지 않았을 때이다. 진시황이
옹 땅으로 가서 교사郊祀를 지내려 하자 노애는 재앙이 닥칠까 두려워

자기 무리와 음모를 꾸미고, 태후의 도장을 도용하여 군사를 일으켜 기년궁蘄年宮에서 반기를 들었다. 진시황은 관리를 보내 노애를 치고, 노애가 싸움에서 져 달아나자 끝까지 쫓아가 호치好畤에서 목을 베고 그의 일족을 모두 죽였다. 그리고 여불위도 이 일로 말미암아 배척당했다. 공자가 말한 '소문'[3]이라는 것은 아마 여불위 같은 사람을 두고 한 말이 아닐까?"

<hr>

3 이 말은 『논어』 「안연」 편의 "소문(聞)이란 겉으로는 인(仁)을 취하면서도 행동은 〔인에〕 어긋나는 것인데도, 스스로는 인하다고 믿어 의심하지 않는 것이다. 〔그런 사람은〕 나라 안에서 반드시 소문이 있고 집에서도 소문이 있는 것이다."라는 구절에서 나온다. 이 말은 마융馬融이 말한 바와 같이 말만 번지르르하게 하는 사람을 뜻한다.

26

자객 열전
刺客列傳

『사기』 130편 중에서 인물을 묘사한 것이 112편이고, 그중 57편이 비극적인 인물을 그린 것인데 이 편도 비극적 이야기에 속한다. 특정한 역사적 환경 속에 처한 유형이 비슷한 인물들의 활동을 사건 중심으로 서술하면서 사마천 특유의 집필 태도를 잘 드러낸 글이다. 『사기』에서 특정 부류의 인물 유형을 묶어 편명으로 삼은 것으로는 이 편 말고도 「순리 열전」, 「유림 열전」, 「혹리 열전」, 「유협 열전」, 「영행 열전」, 「골계 열전」, 「일자 열전」, 「귀책 열전」, 「화식 열전」 등이 있다.

이 편은 시간 순서에 따라 춘추 전국 시대에 활동한 다섯 자객의 활약상, 즉 노나라 조말曹沫이 제나라 환공을 위협하고, 오나라 전제專諸가 오나라 왕 요를 찌르고, 진晉나라 예양豫讓이 조나라 양자를 찌르려 하고, 지軹의 섭정聶政이 한나라 재상 협루俠累를 찌르고, 연나라 형가가 진나라 왕 정을 찌르려던 상황을 적고 있다.

춘추 전국 시대의 자객은 대부분 "선비는 자기를 알아주는 사람을 위해 죽는다."라는 보은 사상이 투철했던 자들도 적지 않았다. 이 자객들은 개인이나 집단의 이익을 위해 목숨을 바쳤다. 오늘날 전제, 예양, 섭정 등의 행동은 취할 만한 것이 못 되지만 조말이 제나라 환공을 위협하고, 형가가 진나라 왕을 찌른 것은 결코 개인의 원한 때문이 아니라 약자로서 정의를 실천하려는 의협심의 발로이므로 그 무렵 긍정적인 평가를 받았다. 다섯 자객 가운데 연나라 태자 단에게 인정받은 형가가 가장 막강한 권력을 지닌 진시황에게 도전하였고, 폭력에 반대하는 정신도 가장 강하다. 그는 비록 자신의 소임을 다하지는 못했지만 의를 위해 자기 목숨을 초개처럼 버린 것으로 사람들의 마음을 움직이기에 충분했다. 이 점 때문에 사마천은 특히 형가를 비중 있게 다루고 있는데,

형가가 진시황을 찌르려는 장면을 설정하여 독자들의 눈앞에서 인물이 살아 움직이듯이 생동감 있게 그려 냈으니 형가 이외 네 명의 자객은 조연에 불과할 정도이다.

이 「자객 열전」은 「순리 열전」 뒤에 두어야 하지만 포악한 정치를 반대한다는 작자의 생각을 부각시킬 목적으로 진나라를 도운 여불위, 이사, 몽염 등의 열전이 있는 중간에 배열하였다.

진시황을 죽이려는 형가와 피하는 진시황.

비수를 쥐고 잃었던 땅을 되찾다

조말曹沫은 노나라 사람인데, 용기와 담력으로 노나라 장공莊公을 섬겼다. 장공은 힘을 좋아했다. 조말은 노나라 장군이 되어 제나라와 싸웠지만 세 번이나 져서 달아났다. 노나라 장공은 겁을 먹고 마침내 수읍遂邑 땅을 제나라에 바쳐 화친을 맺으려고 했다. 그런 뒤에도 조말을 다시 원래대로 장군으로 삼았다.

제나라 환공은 노나라 장공과 가柯에 모여 화친의 맹약을 맺기로 허락했다. 환공이 장공과 단상에서 맹약을 맺고 있을 때 조말이 손에 비수를 쥐고 제나라 환공을 위협했다. 환공의 주위에 있던 사람들은 [이 모습을 보고도] 감히 움직일 수 없었다. 제나라 환공이 물었다.

"그대는 무엇을 하려는 것인가?"

조말이 대답했다.

"제나라는 강하고 노나라는 약한데 큰 제나라가 노나라를 침범하는 것은 지나칩니다. 지금 노나라의 도성 담이 무너지면 제나라 땅으로 떨어질 만큼 깊숙이 파고 들어왔습니다. 군주께서 이 점을 헤아려 주십시오."

그러자 환공은 노나라로부터 빼앗은 땅을 모두 돌려주겠다고 약속했다. 환공의 말이 끝나자 조말은 비수를 내던지고 단상에서 내려와 북쪽을 향해 신하들의 자리에 앉았는데, 얼굴빛에 변함이 없고 말소리도 조금 전과 다름이 없었다. 환공이 화를 내며 그 약속을 어기려고 하니 관중이 말했다.

"(약속을 어기면) 안 됩니다. 작은 이익을 탐하는 것으로 스스로 만족하신다면 제후들의 신뢰를 잃고 천하의 지지를 잃게 됩니다. 그러니 약속대로 땅을 돌려주시는 편이 낫습니다."

그래서 환공은 마침내 노나라로부터 빼앗은 땅을 돌려주게 되었다. 조말은 세 차례 싸움에서 잃었던 땅을 모두 노나라에 되찾아 주었다.

그로부터 167년이 지났을 때 오나라에 전제의 사적이 있었다.

내 몸은 바로 당신 몸이오

전제專諸는 오나라 당읍堂邑 사람이다. 오자서는 초나라에서 달아나 오나라로 갔을 때 전제의 능력을 알아보았다. 오자서는 오나라 왕 요僚를 만나 초나라를 치면 유리한 점을 설명했다. 오나라 공자 광光이 이렇게 말했다.

"저 오자서의 아버지와 형은 모두 초나라에서 죽음을 당하였습니다. 오자서가 초나라를 치자고 하는 것은 스스로 사사로운 원수를 갚으려는 것이지 결코 오나라를 위해서 하려는 일이 아닙니다."

오나라 왕은 이 말을 듣고 초나라를 치려던 생각을 거두었다. 오자서는 공자 광이 오나라 왕 요를 죽이려는 것을 눈치채고 다음과 같이 생각했다.

'저 광은 마음속으로 왕의 자리를 빼앗으려는 야심을 갖고 있으니 아직 나라 밖의 일을 말할 때가 아니다.'

그리고 전제를 공자 광에게 추천했다.

공자 광의 아버지는 오나라 왕 제번諸樊이다. 제번에게는 아우가 세 명 있었는데 바로 밑의 아우는 여제餘祭이고, 그다음은 이말夷昧이며, 막내아우는 계자찰季子札계자季子이다. 제번은 계자찰이 현명함을 알고는 자기 아들을 태자로 세우지 않고 세 아우에게 차례로 제왕 자리를 물려받게 하여 결국에는 계자찰에게 나라를 맡기려고 하였다. 제번이 죽은 뒤 제왕 자리는 여제에게 전해졌다. 여제가 죽자 제왕 자리는 이말에게 전해졌다. 이말이 죽자 제왕 자리는 당연히 계자찰에게 전해져야 하지만 계자찰이 제왕이 되고 싶지 않아 달아나 버려서 오나라 사람들은 이말의 아들 요를 세워 왕으로 삼았다. 공자 광은 이렇게 말했다.

"형제의 순서로 한다면 당연히 계자가 자리를 이어야 하지만 아들을 세워야 한다면 나야말로 적자의 후사이다. 당연히 내가 왕이 되어야 한다."

그러므로 광은 일찍부터 은밀히 지혜로운 신하들을 길러 자신이 왕이 될 방법을 찾고 있었다.

광은 전제를 얻자 빈객으로 정성껏 대접하였다. 〔오나라 요왕〕 9년에 초나라 평왕平王이 죽었다. 봄에 요왕은 초나라가 국상인 것을 틈타 초나라를 치려고 자신의 두 아우 공자 갑여蓋餘와 촉용屬庸에게 군사를 이끌고 가서 초나라 잠潛 등을 포위하도록 했다. 그리고 연릉延陵의 계자를 진晉나라로 보내 제후들의 움직임을 살펴도록 하였다. 그러나 초나라가 군대를 내보내 오나라 장군 갑여와 촉용의 뒷길을 막아 오나라 군대는 돌아갈 수 없게 되었다. 이에 공자 광은 전제에게 말했다.

"이때를 놓쳐서는 안 되오. 구하지 않으면 무엇을 얻겠소! 게다가 나는 정말로 왕의 뒤를 이을 적자이므로 마땅히 제왕 자리에 서야 하오. 계자가 오더라노 나늘 폐하시 못할 섯이오."

이에 전제가 말했다.

"요왕을 죽일 수 있습니다. 그의 어머니는 늙었고 아들은 나이가 어린 데다 두 아우는 군사를 거느리고 초나라를 치러 갔는데, 초나라가 그들이 돌아올 길을 끊어 버렸습니다. 지금 오나라는 밖으로 초나라에게 어려움을 당하고 있고 나라 안은 텅 비어 있으며 정직하고 용감하게 나서서 말할 신하가 없으니 이러한 상황에서는 우리를 어떻게 할 수 없습니다."

공자 광은 고개를 끄덕이며 말했다.

"내 몸은 바로 당신 몸이오."[1]

[요왕 12년] 4월 병자일에 광이 무장한 병사를 지하실에 숨겨 두고 술자리를 만들고 요왕을 초청했다. 요왕은 병사들을 보내 궁궐에서 광의 집까지 진을 치도록 하였고, 문과 계단 주위는 모두 요왕의 친척들로 채웠다. 그들은 요왕을 에워싸고 모셨는데 한결같이 긴 칼을 차고 있었다. 술자리가 한창 무르익자, 공자 광은 발이 아프다며 지하실로 들어가 전제에게 배 속에 비수를 감춘 구운 생선을 내오도록 하였다. [전제는] 왕 앞에 이르자 생선의 배를 찢고 비수를 잡아 요왕을 찔러 그 자리에서 죽였다. 그러자 왕의 양옆에 있던 사람들이 전제를 죽였다. 이렇게 하여 왕을 모시고 온 신하들이 크게 소란을 피우자, 공자 광은 숨겨 두었던 병

---

1 이 말은 전제가 일을 처리하면 자신이 그의 부모를 봉양하는 등 모든 일을 맡을 테니 걱정하지 말라는 뜻이다.

사들을 내보내 요왕의 무리를 쳐서 모두 죽이고 스스로 왕이 되었다. 그가 바로 합려闔閭이다. 합려는 전제의 아들을 봉하여 상경으로 삼았다.

그로부터 70여 년 뒤에 진나라에 예양의 사적이 있었다.

충신은 지조를 위해 죽는다

예양豫讓은 진晉나라 사람이다. 그는 일찍이 범씨范氏와 중항씨中行氏를 섬긴 일이 있지만 이름이 알려지지는 않았다. 예양은 그들을 떠나 지백智伯을 섬겼다. 지백은 그를 대단히 존경하고 남다르게 아꼈다. 지백이 조양자趙襄子를 치자 조양자는 한나라, 위나라와 함께 일을 도모하여 지백을 멸망시키고, 지백의 후손까지 죽여 땅을 셋으로 나누었다. 게다가 조양자는 지백에 대한 원망이 너무 큰 나머지 지백의 두개골에 옻칠을 해서 큰 술잔으로 썼다. 예양은 산속으로 달아나 탄식하며 말했다.

"아! 선비는 자기를 알아주는 사람을 위해서 죽고, 여자는 자기를 사랑하는 사람을 위해서 얼굴을 꾸민다고 했다. 지금 지백이 나를 알아주었으니 내 기필코 원수를 갚은 뒤에 죽겠다. 이렇게 하여 지백에게 은혜를 갚는다면 내 영혼이 부끄럽지 않으리라."

그러고는 마침내 성과 이름을 바꾸고 죄수가 되어 [조양자의] 궁궐로 들어가 변소의 벽을 바르는 일을 했다. 몸에 비수를 품고 있다가 기회를 보아 양자를 찔러 죽이려는 생각이었다.

양자가 변소에 가는데 어쩐지 가슴이 몹시 두근거렸다. 그래서 변소벽을 바르는 죄수를 잡아다 조사해 보니 그가 바로 예양이었다. 그의 품속에는 비수가 숨겨져 있었다. 예양은 이렇게 말했다.

"지백을 위해 원수를 갚으려 했소."

그러자 주위에 있던 자들이 그의 목을 베려고 하였다. 그때 양자가 말했다.

"그는 의로운 사람이다. 내가 삼가여 피하면 그만이다. 게다가 지백이 죽고 그 뒤를 이을 자식조차 없는데 그의 옛 신하로서 주인을 위해 원수를 갚으려 하였으니, 이 사람이야말로 천하의 현인이다."

그러고는 드디어 그를 풀어 주어 떠나가게 했다.

얼마 뒤 예양은 또 몸에 옻칠을 하여 문둥이로 꾸미고 숯가루를 먹어 목소리를 바꾸어서 자신의 모습을 아무도 알아볼 수 없게 하고는 시장을 돌아다니며 구걸을 했다. 그의 아내마저도 예양을 알아보지 못할 정도였다. 예양이 친구를 찾아가 만나니 그 친구만은 예양을 알아보고 말했다.

"자네는 예양이 아닌가?"

〔예양이〕 말했다.

"내가 바로 예양일세."

그 친구는 울면서 말했다.

"자네의 재능으로 예물을 바치고 양자의 신하가 되어 섬긴다면 양자는 틀림없이 자네를 가까이하고 아낄 걸세. 그 사람이 자네를 가까이하고 아끼게 된 뒤에 하고 싶은 일을 하면 오히려 쉽지 않겠나? 그런데 자기 몸을 축내고 모습을 추하게 하여 양자에게 원수를 갚으려고 하니 어찌 어렵지 않겠는가!"

그러자 예양이 말했다.

"예물을 바치고 남의 신하가 되어 섬기면서 그 사람을 죽이려고 하는 것은 두마음을 품고 자기 주인을 섬기는 것일세. 지금 내가 하는 일은 매우 어렵네! 그러나 이렇게 하는 까닭은 천하 후세에 남의 신하가 되어 두마음을 품고 주인을 섬기는 자들이 부끄러움을 느끼도록 하려는 것일세."

예양은 이렇게 말하고 떠나갔다.

얼마 뒤 양자가 외출할 때, 예양은 양자가 지나가려는 다리 밑에 숨어 있었다. 양자가 다리에 이르렀을 때 갑자기 말이 놀라니 그가 말했다.

"이는 틀림없이 예양 때문이다."

그리고 사람을 시켜 찾도록 하니 정말로 예양이었다. 양자는 예양을 꾸짖었다.

"그대는 일찍이 범씨와 중항씨를 섬기지 않았는가? 지백이 그들을 모두 멸망시켰지만, 그대는 그들을 위해 원수를 갚기는커녕 도리어 지백에게 예물을 바쳐 그의 신하가 되었네. 이제 지백도 죽었는데 그대는 유독 무슨 까닭으로 지백을 위해 이토록 끈질기게 원수를 갚으려고 하는가?"

예양이 말했다.

"저는 범씨와 중항씨를 섬긴 일이 있습니다. 범씨와 중항씨는 모두 저를 보통 사람으로 대접하였으므로 저도 보통 사람으로서 그들에게 보답하였을 뿐입니다. 그러나 지백은 저를 한 나라의 걸출한 선비로 대우하였으므로 저도 한 나라의 걸출한 선비로 그에게 보답하려는 것입니다."

그러자 양자는 탄식하고 울면서 말했다.

"아, 예자豫子여! 그대가 지백을 위해 충성과 절개를 다했다는 이름은 벌써 이루어졌고, 과인이 그대를 용서하는 일도 이미 충분했네. 이제 그대는 각오해야 할 터, 내가 더 이상 그대를 놓아주지 않을 것임을!"

그러고는 병사들에게 시켜 그를 포위했다. 예양이 말했다.

"신이 듣건대 '현명한 군주는 다른 사람의 아름다운 이름을 가리지 않고, 충성스러운 신하는 이름과 지조를 위하여 죽을 의무가 있다.'라고 합니다. 전날 군왕께서 신을 너그럽게 용서한 일로 천하 사람들 가운데 당신의 어짊을 칭찬하지 않는 이가 없었습니다. 오늘 일로 신은 죽어 마땅하나 모쪼록 당신의 옷을 얻어 그것을 칼로 베어 원수를 갚으려는 뜻을 이루도록 해 주신다면 죽어도 한이 없겠습니다. 이것은 신이 감히 바랄 수 없는 일이지만 신의 마음속에 있는 말을 털어놓은 것뿐입니다!"

이 말을 들은 양자는 그의 의로운 기상에 크게 감탄하고 사람을 시켜 자기 옷을 예양에게 가져다주도록 하였다. 예양은 칼을 뽑아들고 세 번을 뛰어올라 그 옷을 내리치면서 말했다.

"이것으로 나는 지백에게 은혜를 갚을 수 있게 되었구나!"

그러고는 칼에 엎어져 스스로 목숨을 끊었다. 예양이 죽던 날, 조나라의 뜻 있는 선비들은 이 소식을 전해 듣고 모두 그를 위해 눈물을 흘렸다.

그로부터 40여 년 뒤 지 땅에 섭정의 사적이 있었다.

섭정聶政은 지帜 땅의 심정리深井里 마을 사람이다. 〔그는〕 사람을 죽이고 원수를 피해 어머니와 누이와 함께 제나라로 가서 가축 잡는 일을 하며 살았다.

오랜 세월이 흐른 뒤 복양濮陽 사람 엄중자嚴仲子가 한韓나라 애후哀侯를 섬겼는데, 그는 한나라 재상 협루俠累와 사이가 무척 나빴다. 엄중자는 죽음을 당할까 봐 두려워 달아나 여러 곳을 돌아다니며 자기 대신 협루에게 보복할 사람을 찾았다. 제나라에 이르자 제나라 사람 중에 어떤 사람이 섭정이라는 용감한 사나이가 원수를 피해 백정들 사이에 숨어 살고 있다고 말해 주었다.

엄중자는 그 집으로 찾아가 사귀기를 청하고 자주 오간 뒤에 술자리를 마련하여 섭정의 어머니에게 직접 술잔을 올렸다. 술자리가 한창 무르익을 무렵, 엄중자는 황금 100일을 받들고 나아가 섭정의 어머니께 장수를 축원하였다. 섭정은 너무 많은 예물에 놀라고 괴이하게 여기며 한사코 사양하였다. 엄중자가 억지로라도 주려고 하자 섭정은 사양하며 말했다.

"제게는 다행히 늙은 어머니가 계십니다. 집이 비록 가난하고 타향살이를 하느라 개 잡는 일을 하고 있지만 아침저녁으로 맛있고 부드러운 음식을 얻어 어머니를 봉양할 수 있습니다. 어머니를 봉양할 음식은 직접 마련할 수 있으니 당신이 주는 것을 받을 수 없습니다."

엄중자는 사람들을 물리치고 나서 그 틈에 섭정에게 말했다.

"내게는 원수가 있는데 그 원수를 갚아 줄 사람을 찾아 제후들의 나라를 두루 돌아다녔습니다. 그런데 제나라에 와서 당신의 의기가 몹시 높다는 말을 나 혼자 듣고는 100금을 드려 어머니의 음식 비용에나 쓰시게 하여 서로 더욱 친하게 사귀자는 뜻이었지 어찌 감히 달리 바라는 게 있겠습니까!"

섭정이 대답했다.

"제가 뜻을 굽히고 몸을 욕되게 하여 시장 바닥에서 백정 노릇을 하는 까닭은 다만 늙으신 어머니를 봉양하기 위해서입니다. 어머니께서 살아 계신 동안에는 제 몸을 다른 사람에게 감히 바칠 수 없습니다."

엄중자가 아무리 받으라고 해도 섭정은 끝내 받지 않았다. 그래도 엄중자는 끝까지 빈객과 주인의 예를 다하고 떠나갔다.

그로부터 오랜 시간이 흐른 뒤에 섭정의 어머니가 죽었다. 장례를 마치고 상복을 벗은 뒤 섭정은 말했다.

"아! 나는 시장 바닥에서 칼을 휘두르는 백정일 뿐인데, 엄중자는 제후의 대신이요 재상 신분으로 1000리 길도 멀다 않고 수레를 몰고 찾아와 나와 사귀었다. 그런데 그에 대한 내 대우는 너무나 조촐하였고, 지금까지 그에게 이렇다 할 만한 큰 공도 세우지 못했다. 엄중자는 100금을 주며 어머니의 장수를 축원해 주었다. 내 비록 〔그 돈을〕 받지는 않았지만 그가 이렇게까지 한 것은 나를 특별히 깊이 알아주었기 때문이다. 어진 사람이 격분하여 원수를 쏘아보면서 나처럼 궁핍하게 사는 사람을 가까이하고 믿어 주었으니, 내 어찌 말없이 가만히 있을쏘냐! 또 전날 〔그가〕 나를 필요로 하였으나 나는 늙은 어머니가 계시다는 핑계로 응하지 않았다. 늙으신 어머니께서 이제 오래 살다가 세상을 떠나셨으니,

나는 앞으로 나를 알아주는 사람을 위해 일하리라."

그래서 마침내 서쪽 복양으로 가서 엄중자를 만나 말했다.

"전날 당신께 제 몸을 바치지 않은 까닭은 어머니께서 살아 계시기 때문이었습니다. 이제 불행히도 어머니께서 타고난 수명을 누리고 돌아가셨습니다. 중자께서 원수를 갚으려는 이가 누구입니까? 제게 그 일을 맡겨 주십시오."

그러자 엄중자는 자세하게 말했다.

"내 원수는 한나라 재상 협루요. 협루는 한나라 군주의 숙부이기도 하고, 일족이 꽤 번성하여 머무는 곳의 호위병들이 매우 삼엄하오. 나는 사람을 시켜 그를 찔러 죽이려 하였지만 끝내 성공하지 못했소. 지금 당신이 다행히 이 일을 마다하지 않으니, 당신에게 수레와 말과 장사들을 보태 주고, 또 장사들의 보좌를 받도록 하겠소."

그러자 섭정이 말했다.

"한나라와 위衛나라는 서로 그다지 멀리 떨어져 있지 않습니다. 지금 그 나라 재상을 죽이려고 하는데, 그가 또 그 나라 왕의 친족이라면 이러한 형세에서는 많은 사람을 써서는 안 됩니다. 사람이 많으면 생각을 달리하는 이가 생길 수 있고, 생각을 달리하는 이가 생기면 말이 새어 나갈 것이며, 말이 새어 나가면 한나라 전체가 당신을 원수로 여길 텐데 어찌 위태롭지 않겠습니까?"

그래서 수레와 말과 장사들을 모두 사양하였다. 섭정은 (엄중자와) 헤어져 홀로 떠나갔다.

(섭정은) 칼로 지팡이를 삼아 한나라에 이르렀다. 한나라 재상 협루는 마침 관청 당상에 앉아 있었는데, 무기인 창을 들고 호위하는 자가 아주

많았다. 섭정이 곧장 들어가 계단을 뛰어올라 협루를 찔러 죽이니 주위가 크게 혼란스러웠다. 섭정이 고함을 지르며 쳐죽인 사람만 수십 명이나 되었다. 그런 뒤에 그는 스스로 자신의 얼굴 가죽을 벗기고 눈을 도려내고 배를 갈라 창자를 끄집어내고 죽었다.

한나라에서는 섭정의 시체를 거두어 시장 바닥에 드러내 놓고, 그가 어디 사는 누구인지 물었으나 아는 사람이 아무도 없었다. 그래서 한나라는 공개적으로 현상금을 내걸고 자객의 이름을 알아내기 위해 재상 협루를 죽인 자가 누구인지 말해 주는 사람에게 1000금을 주겠다고 하였다. 오래되어도 [그를] 아는 사람이 나타나지 않았다.

섭정의 누나 섭영聶榮은 어떤 사람이 한나라 재상을 찔러 죽였는데 그 범인을 찾지 못하고 나라에서도 그의 이름과 성을 모르며, 그 시체를 드러내 놓고 1000금을 걸었다는 소문을 듣고 소리 내어 울면서 말했다.

"아마도 내 동생일 것이다. 아! 엄중자가 내 동생을 알아주었구나!"

[그녀는] 곧바로 일어나 한나라로 가 시장에 도착해 보니 죽은 자는 정말 섭정이었다. [그녀는] 시체 위에 엎드려 소리 내어 울고 몹시 슬퍼하며 말했다.

"이 사람은 지 땅의 심정리에 살던 섭정입니다."

시장을 오가던 사람은 모두 이렇게 말하였다.

"이자는 우리 나라의 재상을 잔인하게 죽였기 때문에 왕께서 그 이름과 성을 알려고 1000금을 걸었소. 부인은 이 말을 듣지 못했소? 어찌 일부러 와서 이자를 안다고 하시오?"

[그러자] 섭영이 대답했다.

"그 말은 들었습니다. 그러나 섭정이 오욕을 무릅쓰고 시장 바닥에 몸을 던진 것은 늙은 어머니께서 다행히 살아 계시고, 제가 시집을 가지 않았기 때문이었습니다. 어머니께서 천수를 누리다 돌아가시고 저도 이젠 시집을 갔습니다. 일찍이 엄중자는 제 동생의 사람됨을 살펴 알고는 곤궁하고 천한 지위에 있는 그와 사귀었으니 그 은택이 매우 두텁습니다. 어쩌겠습니까! 선비는 본래 자기를 알아주는 사람을 위해 죽는다고 합니다. 섭정은 제가 살아 있기 때문에 자신의 모습을 훼손시켜 이 일에 연루되지 않게 하려고 한 것입니다. 어찌 제게 닥칠 죽음이 두려워 어진 동생의 이름을 없앨 수 있겠습니까?"

한나라의 시장 사람들은 〔섭영의 말에〕 매우 놀랐다. 〔그녀는〕 곧 하늘을 우러러 큰 소리로 세 번 외치더니 몹시 슬퍼하다가 마침내 섭정 곁에서 숨을 거두었다.

진晉, 초, 제, 위衛나라에서 이 소문을 듣고 모두 말했다.

"섭정만이 유능한 것이 아니라 그 누이도 강단 있는 여인이다. 설령 섭정의 누이가 참아내는 생각을 갖고 있지 않고 시신이 버려지고 해골이 드러나는 고통을 두려워 않아 1000리 험한 길을 달려와 이름을 나란히 하여 남매가 함께 한나라 시장 바닥에서 죽음을 맞을 줄 섭정이 미리 알았더라면 감히 엄중자에게 자신을 바치지는 않았으리라. 엄중자도 인물을 알아보는 안목이 있어 〔용감한〕 선비를 얻었다고 할 수 있다!"

그로부터 220여 년 뒤 진秦나라에 형가의 사적이 있었다.

인물은 범상치 않은 행보를 보인다

형가荊軻는 위衛나라 사람이다. 그 조상은 제나라 사람인데 뒤에 형가가 위나라로 옮겨 가자 위나라 사람들은 그를 경경慶卿이라 부르고, 연나라로 옮겨 가자 연나라 사람들은 그를 형경荊卿[2]이라 불렀다.

형경은 책읽기와 칼싸움을 좋아했다. 그는 그 재능으로 위衛나라 원군元君에게 유세하였으나 위나라 원군은 등용하지 않았다. 그 뒤 진秦나라가 위魏나라를 쳐서 동군東郡을 두고 위衛나라 원군의 일족을 야왕野王현으로 옮겨 살게 하였다.

형가는 일찍이 떠돌아다닐 때 유차楡次를 지나면서 갑섭蓋聶과 검술을 논하게 되었는데, 갑섭이 성을 내며 그를 노려보았다. 형가가 나가 버리자, 어떤 사람이 그를 다시 부르라고 하였다. 갑섭이 말했다.

"전에 나는 그와 함께 검술을 논하다가 그의 생각이 탐탁지 않아서 노려본 적이 있소. 시험 삼아 한번 가 보시면 그는 반드시 떠났을 거요. 감히 머물러 있지 못할 것이오."

그래서 사람을 시켜 그의 주인집에 가 보게 하였는데, 형경은 이미 수레를 몰아 유차를 떠나 버렸다. 그 사람이 돌아와 보고하자 갑섭은 말했다.

---

2 본래 경卿은 남자에 대한 겸손한 호칭이다. 형가는 제나라 사람으로 본래 성이 경慶이며, 제나라의 대성大姓 경씨慶氏의 후손이다. 연나라 사람들이 경慶을 형荊으로 부른 것은 방음方音이다. 경과 형은 본래 같은 음이었다.

"당연히 떠났을 것이오. 내가 예전에 눈을 부릅떠 화를 냈으니까."

형가가 한단에서 돌아다닐 때 노구천魯句踐이란 자가 형가와 박 놀이를 했는데, 길을 놓고 다투게 되었다. 노구천이 성을 내고 꾸짖자 형가는 아무 말 없이 달아나 결국 두 번 다시 만나지 않았다.

형가는 연나라로 가서, 연나라의 개 잡는 백정과 축筑을 잘 타는 고점리高漸離라는 이와 친하게 지냈다. 형가는 술을 좋아해 날마다 개 백정과 고점리와 함께 연나라 시장 바닥에서 술을 마셨다. 술자리가 무르익으면 고점리가 축을 타고 형가는 그 소리에 맞추어 시장 가운데서 노래를 부르며 서로 즐겼다. 그러다가 서로 울기도 하였는데 마치 옆에 아무도 없는 것처럼 (자유분방)했다. 형가는 비록 술꾼들 사이에서 놀았지만 그 사람됨이 신중하고 침착하며 책을 좋아했다. 그는 제후국을 떠돌면서 한결같이 그곳의 현인, 호걸, 장자長者나이 많고 덕을 갖춘 사람들과 사귀었다. 그가 연나라로 가자 연나라의 숨어 사는 선비 전광田光 선생도 그를 잘 대접했으며 형가가 보통 사람이 아님을 알아보았다.

굶주린 호랑이가 다니는 길목에 고기를 던져 놓는다

얼마 뒤, 때마침 연나라 태자 단이 진나라에 볼모로 갔다가 달아나 연나라로 돌아왔다. 연나라 태자 단은 일찍이 조나라에도 볼모로 갔는데, 진나라 왕 정은 조나라에서 태어나 어릴 때 단과 사이좋게 지냈다. 정이 진왕으로 세워졌을 때 단이 진나라에 볼모로 가게 되었는데, 진왕이 연나라 태자 단을 예우하지 않아서 단은 이를 원망하여 도망쳐 돌아온 것이다. (단은) 돌아오고 나서 진왕에게 원수를 갚아 줄 사람을 찾았으나 나라는 작고 힘도 미치지 못했다. 그 뒤 진나라는 날마다 산동 지역으로 병사를 내어 제나라, 초나라, 삼진을 쳐 제후국의 땅을 조금씩 먹어 들어오더니 급기야는 연나라에까지 이르려고 했다. 연나라 왕과 신하들은 모두 화가 미칠까 봐 두려워했다. 태자 단이 이를 우려하여 그의 태부 국무鞠武에게 물으니, 국무가 대답했다.

"진나라 땅은 천하에 골고루 있어 한나라, 위魏나라, 조나라를 위협하고 있습니다. 북쪽에는 감천산甘泉山과 곡구谷口 같은 험한 요새가 있고, 남쪽에는 경수涇水와 위수渭水 같은 기름진 땅이 있으며, 파巴와 한중처럼 풍요로운 땅까지 독점하고 있습니다. 오른쪽에는 농隴과 촉蜀 같은 산악 지대가 있고, 왼쪽에는 관關과 효殽 같은 낭떠러지가 있습니다. 백성이 많고 병사들은 사나우며 무기와 장비도 넉넉합니다. (진나라가) 쳐들어올 뜻만 있다면 장성長城 남쪽과 역수易水 북쪽에는 안정된 곳이 없게 될 것입니다. 어찌 업신여김을 당했다는 원한 때문에 진왕의 역린逆鱗을 건드리려 하십니까?"

단이 말했다.

"그러면 어떻게 하는 것이 좋겠소?"

(국무가) 대답했다.

"제가 깊이 생각해 본 뒤에 말씀드리겠습니다."

얼마 동안 시간이 흐른 뒤, 진나라 장수 번오기樊於期가 진왕에게 죄를 짓고 연나라로 망명해 오자 태자는 그를 받아들이고 거처도 마련해 주었다. (그러자) 국무가 간언했다.

"안 됩니다. 저 진왕의 포악함으로 연나라에 노여움을 쌓고 있다는 사실만으로도 소름이 돋는데, 하물며 번 장군이 〔연나라에〕 있다는 소문을 듣는다면 어떻게 되겠습니까? 이는 굶주린 호랑이가 다니는 길목에 고기를 던져 놓는 것과 같은 일이므로 반드시 그 재앙을 피할 수 없습니다. 비록 관중과 안영이 살아 있다고 해도 그 대책을 세울 수 없을 것입니다. 부디 태자께서는 하루빨리 번 장군을 흉노 땅으로 보내어 〔진나라가〕 트집잡을 일을 없애십시오. 청컨대 서쪽으로는 삼진과 맹약을 맺고 남쪽으로는 제나라, 초나라와 연합하며 북쪽으로 〔흉노의〕 선우와 화친을 맺으십시오. 그런 뒤에야 비로소 대책을 세울 수 있을 것입니다."

태자가 말했다.

"태부의 계책은 허송세월하며 시간만 끄니 내 마음은 근심스럽고 두려워 잠시도 기다릴 수 없습니다. 또 이런 이유 때문만 아니라 저 번 장군은 천하에서 곤경에 빠져 내게 그 몸을 의탁했는데, 내가 설령 강하고 포악한 진나라의 협박을 받을지언정 가여운 친구를 저버리고 그를 흉노에게 보낼 수는 없습니다. 그러한 일은 내 운명이 다했을 때나 가능합니다. 태부께서는 다시 생각해 보십시오."

국무가 말했다.

"대체로 위태로운 일을 하면서 안전함을 찾고 재앙을 만들면서 복을 구하려고 한다면 계책은 얕아지고 원망만 깊어질 뿐입니다. 새로 사귄 친구 한 명과 사귐을 계속 이어 가기 위해서 나라의 커다란 피해를 돌아보지 않는다면 이는 원한을 쌓고 재앙을 만드는 일입니다. 〔진나라가 연나라를 치기란〕 가벼운 기러기 깃털 하나를 화로의 숯불 위에 놓아 태우는 것처럼 반드시 일거리도 못 됩니다. 그러니 독수리나 매처럼 탐욕스럽고 사나운 진나라가 원망과 흉포한 노여움을 표출한다면 어찌 다 날할 수 있겠습니까? 연나라에 전광 선생이라는 분이 계신데 그 사람됨이 지혜가 깊고 용감하며 침착하니 더불어 상의할 만합니다."

태자가 말했다.

"태부의 소개로 전 선생과 사귀고 싶은데, 가능하겠습니까?"

국무가 대답했다.

"삼가 말씀대로 하겠습니다."

〔국무는〕 곧장 나가서 전 선생을 만나 보고 말했다.

"태자께서 선생을 뵙고 나랏일을 의논하고 싶어하십니다."

전광이 대답했다.

"삼가 말씀대로 하겠습니다."

〔전광은〕 마침내 태자를 만나러 갔다.

비밀이 새어 나가지 않아야 성공한다

태자는 앞으로 나아가 〔전광을〕 맞이하고 뒤로 물러서 길을 안내하고는 무릎을 꿇고 자리의 먼지를 털었다. 전광이 자리에 앉으니 주위에는 아무도 없었다. 태자는 앉았던 자리에서 내려와³ 가르침을 청하

---

3 옛사람들의 예의범절에 따르면 원래 앉는 자리에서 떠나 가르침을 청함으로써 상대를 매우 존경하는 마음을 나타냈다.

여 말했다.

"연나라와 진나라는 함께 설 수 없으니 선생께서 이 점을 고려해 주시기 바랍니다."

전광이 말했다.

"신이 듣건대 준마는 기운이 왕성할 때에는 하루에 1000리를 달리지만 늙고 쇠약해지면 노둔한 말이 그것을 앞지른다고 합니다. 지금 태자께서는 신이 젊고 왕성하던 때의 일만 들으시고 신의 정력이 없어진 줄은 모르십니다. 비록 그렇지만 신은 감히 나랏일을 돌보지 않을 수 없습니다. 다행히 신과 친한 형경이라는 이가 사자로 보낼 만합니다."

태자가 말했다.

"선생을 통해 형경과 교분을 맺는 것이 가능하겠습니까?"

전광이 말했다.

"삼가 말씀대로 하겠습니다."

〔전광은〕 곧바로 일어나 빠른 걸음으로 나갔다. 태자는 문까지 배웅하며 경계하여 말했다.

"제가 여쭌 것이나 선생이 말한 것은 나라의 큰일입니다. 선생께서는 새어 나가지 않도록 해 주십시오."

전광은 고개를 숙이고 웃으며 말했다.

"알겠습니다."

〔전광은〕 굽은 몸으로 형경을 찾아가 말했다.

"내가 당신과 친하다는 것은 연나라에서 모르는 사람이 없습니다. 지금 태자께서는 내 혈기가 왕성하던 때의 일만 들었을 뿐 이미 내 몸이 〔그때를〕 따라가지 못하는 줄 모르시고 황송하게도 내게 하교하시기를 '연나라와 진나라는 함께 설 수 없으니 선생께서 이 점을 고려해 주시기 바랍니다.'라고 하셨습니다. 나는 이 일을 나와 상관없는 일로 여기지 않고 당신을 태자께 추천했으니, 당신이 궁궐로 가서 태자를 뵙기 바랍니다."

형경이 말했다.

"삼가 말씀대로 가르침을 받겠습니다."

전광이 말했다.

"내가 듣건대 장자長者는 행동하면서 다른 사람에게 의심을 품게 하지 않는다고 하였습니다. 그런데 지금 태자께서는 내게 '우리가 말한 것은 나라의 큰일이니 선생께서는 새어 나가지 않도록 해 주십시오.'라고 하였습니다. 이는 태자가 나를 의심한 것입니다. 대체로 일을 행할 때 남에게 의심을 사는 것은 절개 있고 의협심 있는 사람의 행동이 아닙니다."

전광은 스스로 목숨을 끊어 형경을 격려하려는 생각으로 말했다.

"원컨대 당신은 빨리 태자를 찾아가 전광이 이미 죽었다고 말하여 일이 새 나갈 염려가 없음을 분명히 해 주십시오."

그러고는 마침내 스스로 목을 찔러 죽었다.

형가는 드디어 태자를 만나 전광이 이미 죽었다는 것을 말하고 전광의 말을 전하였다. 태자는 두 번 절하고 꿇어앉아 무릎으로 기어가며 눈물을 흘렸다. 그러고는 잠시 뒤에 입을 열었다.

"내가 전 선생께 말하지 말라고 경계시킨 까닭은 큰일에 대한 계책을 성사시키고자 하였기 때문입니다. 지금 전 선생이 죽음으로 이 일이 새어 나가지 않음을 밝혔는데, 그것이 어찌 내 마음이었겠습니까?"

형가가 자리에 앉자, 태자는 자리에서 내려와 머리를 숙이고 말했다.

"전 선생은 내가 못난 것을 모르고 그대 앞으로 나아가 감히 말할 수 있는 기회를 주었습니다. 이것은 하늘이 연나라를 가엾게 여겨 외로운 나를 버리지 않았다는 증거입니다. 지금 진나라는 이익을 탐하는 마음이 있으며 그 욕망은 만족할 줄 모릅니다. 천하의 땅을 다 빼앗고 천하의 왕을 모두 신하로 삼지 않고서는 싫증내지 않을 것입니다. 지금 진나라는 한韓나라 왕을 사로잡고 그 땅을 전부 거두어들였습니다. 또한 군사를 일으켜 남쪽으로는 초나라를 치고, 북쪽으로는 조나라에까지 들이닥쳤습니다. 왕전은 수십만 명을 거느리고 장수漳水 업성鄴城을 쳤고, 이신李信은 태원과 운중으로 출격하였습니다. 조나라는 진나라의 침입을 막아 내지 못하고 반드시 〔진나라로〕 들어가 신하가 될 것이니 신하로 들어가게 되면 그 재앙은 바로 연나라에 미칠 것입니다. 연나라는 작고 약해서 전쟁으로 자주 곤경에 처했습니다. 이제는 온 나라의 힘을 모아도 진나라를 당해 내기에 부족합니다. 제후들은 진나라에 복종하였기 때문에 감히 우리와 합종하려는 이가 없습니다.

제 개인적이고 어리석은 생각으로는 만약 이 세상에서 가장 용감한 사람을 얻어 진나라에 사신으로 보내 큰 이익을 미끼로 던져 유혹해서 진나라 왕이 이익을 탐하도록 만든다면, 그 형세는 틀림없이 우리가 원하는 것을 이룰 수 있습니다. 만일 조말이 제나라 환공에게 한 것과 같이 진왕을 위협하여 제후들에게서 빼앗은 땅을 모두 되돌려주게 한다면 가장 좋을 것입니다. 그러나 그렇게 할 수 없다면 기회를 봐서 그를 찔러 죽이는 수밖에 없습니다. 저 진나라의 대장들은 나라 밖에서 군사를 제멋대로 통솔하고 있으므로 안에서 변란이 일어나면 군주와 신하가 서로 의심하게 되고 그 틈을 타서 제후들이 합종할 수 있다면 반드시 진나라를 깨뜨릴 수 있을 것입니다. 이것이 저의 가장 큰 바람입니다. 그렇지만 이 일을 낼 만한 사람을 알지 못했으니 형경께서는 이 점을 유념해 주시기 바랍니다."

한참 뒤에 형가는 이렇게 말했다.

"이것은 나라의 큰일입니다. 신은 둔하고 천하여 그러한 일을 맡기에는 부족한 듯싶습니다."

태자가 앞으로 가서 머리를 조아리며 사양하지 말라고 요청한 뒤에야 허락했다. 그래서 형가를 높여 상경으로 삼고 상등 관사에 머물게 하였다. 태자는 날마다 그곳으로 가서 태뢰의 음식을 대접하고 진기한 물건들을 주며, 수레와 말과 아름다운 여인을 보내 형가가 원하는 것을 마음껏 하도록 하여 그 기분을 맞추어 주었다.

오랜 시간이 지나도 형가는 〔진나라로〕 떠나려고 하지 않았다. 진나라 장수 왕전은 조나라를 깨뜨리고 조나라 왕을 사로잡았으며 그 땅을 모두 빼앗았다. 진나라 군대는 북쪽의 〔아직 복종시키지 못한 조나라〕 땅[4]을 공략하고 연나라 남쪽 국경까지 이르렀다. 태자 단은 두려워서 곧 형가에게 요청하여 말했다.

"진나라 군대가 머지않아 역수를 건너오면 비록 선생을 오래 모시고 싶어도 어찌 그럴 수 있겠습니까?"

형가가 말했다.

"태자의 말씀이 없더라도 신이 뵙고 말씀드리려고 하였습니다. 지금

---

4 그 무렵 조나라 공자 가嘉는 대代 땅에서 스스로 왕이 되어 진나라 병사에게 계속 저항했다고 한다.

떠나 봐야 믿을 만한 것이 없으면 진왕에게 가까이 갈 수 없습니다. 진왕은 저 번 장군을 황금 1000근과 1만 호의 식읍을 내걸어 찾고 있습니다. 만일 번 장군의 머리와 연나라 독항督亢의 지도를 얻어 진왕에게 바친다면 진왕은 필시 기꺼이 신을 만날 것이니 그때 신이 태자께 보답할 수 있을 것입니다."

태자가 말했다.

"번 장군은 곤궁한 끝에 내게 와서 몸을 맡겼습니다. 나는 차마 내 사사로운 욕심 때문에 장자의 뜻을 상하게 하는 짓은 할 수 없으니 선생께서는 다른 방법을 생각해 보십시오."

형가는 태자가 차마 하지 못할 줄을 알고 몰래 번 장군을 만나 말했다.

"진나라는 장군을 참으로 각박하게 예우했습니다. 부모와 종족을 모두 죽이거나 노비로 만들었습니다. 이제 장군의 목에 황금 1000근과 1만 호의 식읍을 내걸어 찾고 있다고 합니다. 앞으로 어찌하시렵니까?"

이에 번오기는 하늘을 우러러 크게 탄식하고 눈물을 흘리며 말했다.

"나는 이 일을 생각할 때마다 늘 골수에 사무치는데 어찌해야 할지 계책도 모르겠습니다."

형가가 말했다.

"지금 단 한마디로 연나라의 근심을 없애고 장군의 원수를 갚을 수 있는 방법이 있다면 어떻게 하시겠습니까?"

번오기가 [형가에게] 다가가서 말했다.

"어떻게 하는 것입니까?"

그러자 형가가 말했다.

"장군의 목을 얻어 진왕에게 바치기를 원합니다. 그렇게 하면 진왕은 만드시 기뻐하여 저를 만나 줄 것입니다. 그때 제가 왼손으로는 그의 소매를 잡고 오른손으로는 그의 가슴을 찌르겠습니다. 그렇게 되면 장군의 원수를 갚고 연나라가 업신여김을 당한 치욕도 없앨 수 있습니다. 장군께서는 어찌 생각하십니까?"

번오기가 한쪽 어깨를 드러내고 팔을 움켜쥔 채 앞으로 다가서며 말했다.

"이것이야말로 제가 밤낮으로 이를 갈고 속을 끓였던 일이니 이제 (당신의) 가르침을 듣게 되었습니다."

그러고는 스스로 목을 찔러 죽었다.

태자는 이 소식을 듣고 달려가 시체에 엎드려 통곡하며 매우 슬피 울었지만 이미 어쩔 수 없는 일이었다. 그래서 번오기의 목을 상자에 넣어 봉하였다.

그 무렵 태자는 이 세상에서 가장 날카로운 비수를 미리 찾던 가운데 조나라 사람 서 부인徐夫人의 비수를 황금 100근에 사 두었다. 장인을 시켜 (칼날에) 독약을 묻혀 사람을 찔러 보니 피 한 방울만 흘려도 그 자리에서 죽지 않는 이가 없었다. 그래서 행장을 꾸려 형가를 (진나라로) 보내기로 했다.

연나라에 진무양秦舞陽이라는 용감한 사람이 있었는데 열세 살 때 사람을 죽여 감히 그를 쳐다보는 이가 없었다. 그래서 태자는 진무양을 〔형가의〕 조수로 삼았다.

형가는 함께 갈 사람을 기다리고 있는데, 그 사람은 먼 곳에 살았으므로 〔떠날 시간에〕 도착하지 못했는데 형가의 행장이 다 꾸려졌다. 형가가 한참 동안 출발하지 않자, 태자는 그가 시간을 끈다고 여기며 혹시 마음이 바뀌어 후회하는 것이 아닌가 의심했다. 그래서 거듭 요청하며 이렇게 말했다.

"날짜가 벌써 다하였습니다. 형경께서는 어떤 생각을 가지고 계십니까? 저는 진무양을 먼저 보냈으면 합니다."

형가는 노여워하며 태자를 꾸짖어 말했다.

"태자께서는 어찌 그를 보낸다고 하십니까! 가면 다시는 돌아오지 못할 자가 저 애송이입니다. 비수 한 자루를 가지고 예측할 수 없는 강한 진나라로 들어가는 것입니다. 제가 아직 머무르고 있는 것은 제 길벗을 기다려 함께 떠나기 위함입니다. 지금 태자께서 꾸물댄다고 하시니 하직하고 떠나겠습니다."

마침내 〔형가는〕 출발했다.

태자와 이 일을 알고 있는 빈객들이 모두 흰색 옷과 모자를 쓰고 그를 전송했다. 역수 가에 이르러 도로신에게 제사를 지내고 여행길에 올랐다. 고점리가 축을 타고 형가는 여기에 맞춰 노래를 불렀다. 변치變徵[5]의 소리를 내자, 사람들이 모두 눈물을 떨구며 울었다. 형가는 앞으로 나아가며 이렇게 노래했다.

바람 소리 소슬하고
역수는 차갑구나!
장사가 한번 떠나면
다시는 돌아오지 못하리.

다시 우성羽聲[6]으로 노래하니 그 소리가 강개하여 사람들이 모두 눈을 부릅떴고, 머리카락이 관을 찌를 듯 치솟았다. 이렇게 형가는 수레를 타고 떠났는데 끝까지 (뒤를) 돌아보지 않았다.

드디어 진나라에 이르러 (형가는) 1000금이나 되는 예물을 진왕이 남달리 아끼는 신하인 중서자中庶子왕족의 호적을 관리함 몽가蒙嘉에게 주었다. 몽가는 형가를 위해 진왕에게 먼저 이렇게 말했다.

"연나라 왕은 참으로 대왕의 위엄을 두려워하여 감히 군사를 일으켜 대왕의 군대에 맞서지 않고 있습니다. 그는 나라를 들어 진나라의 신하가 되어서 각 제후들의 행렬에 참여하여 진나라의 군이나 현처럼 공물을 바쳐 선왕의 종묘를 받들어 지킬 수 있기만을 바라고 있습니다. 그렇지만 두려워서 감히 직접 와서 말하지 못하고 삼가 번오기의 목을 베고, 또 연나라 독항의 지도를 바치려고 상자에 넣어 봉해서 가져왔습니다. 연나라 왕이 궁정에서 증정 의식을 거행하고 사자를 보내 대왕께 〔사정을〕 들려드리도록 하였습니다. 대왕께서는 그에게 명령을 내려 주십시오."

진왕은 이 말을 듣고 매우 기뻐하여 조정에 나갈 때 입는 예복을 갖추고 구빈九賓의 예를 베풀어 연나라 사자를 함양궁에서 만나기로 하였다. 형가가 번오기의 머리가 든 상자를 들었고, 진무양이 독항의 지도가 든 상자를 들고 차례로 나아갔다. 계단 앞에 이르자 진무양이 얼굴빛이 변하면서 벌벌 떠니 신하들은 이를 괴히 여겼다. 형가는 진무양을 돌아보고 웃으며 앞으로 나아가 사과하며 말했다.

"북방 오랑캐 땅의 천한 사람인지라 일찍이 천자를 뵌 적이 없어서 떨며 두려워하는 것입니다. 부디 대왕께서는 이 사람의 무례를 용서하시고 대왕 앞에서 사신의 임무를 마치도록 해 주십시오."

진왕이 형가에게 말했다.

"진무양이 가지고 있는 지도를 가져오시오."

형가는 지도를 받아 진왕에게 바쳤다. 진왕이 지도를 펼쳤는데, 지도가 다 펼쳐지자 비수가 드러났다. 그러자 형가는 왼손으로 진왕의 소매를 붙잡고 오른손으로는 비수를 쥐고 진왕을 찌르려 했다. 〔그러나 비수가〕 몸에 닿기 전에 진왕이 놀라 스스로 몸을 당겨 일어서면서 소매가 떨어졌다. 진왕은 칼을 뽑으려 했지만 칼이 길어 뽑지 못하고 칼집만 잡았다. 너무 황급한 데다 꽉 꽂혀 있어서 곧바로 빠지지 않았다. 형가가 진왕을 쫓아가자 진왕은 기둥을 돌며 달아났다. 신하들은 모두 놀랐으나 뜻밖에 일어난 일이라 어찌할 바를 몰랐다. 그리고 진나라 법에 따르면 전殿 위에서 왕을 모시는 신하들은 한 자 한 치의 무기도 몸에 지닐 수 없었다. 낭중郎中들이 무기를 가지고 뜰 아래에 늘어서 있으나 왕이 부르기 전에는 전 위로 올라갈 수 없었다. 진왕은 다급한 나머지 아래에 있는 병사들을 부를 겨를이 없었다. 이 때문에 형가가 진왕을 쫓아다닐 수 있었던 것이다. 〔대신들은〕 사태가 급박해지자 형가를 칠 무기가 없으므로 맨손으로 내리쳤다. 이때 시의侍醫 하무저夏無且는 가지고 있던 약주머니를 형가에게 던졌다. 진왕이 기둥을 돌며 달아날 뿐 당황하여 어찌할 바를 모르고 있을 때, 주위에 있던 신하들이 말했다.

"왕께서는 칼을 등에 지십시오!"

칼을 등에 지고서야 칼을 뽑아 형가를 내리쳐 그의 왼쪽 넓적다리를 베었다. 형가는 쓰러진 채 진왕에게 비수를 던졌지만 맞히지 못하고 구리 기둥을 맞혔다. 그러자 진왕이 다시 형가를 공격해 형가는 여덟 군데나 상처를 입었다. 형가는 스스로 일을 이룰 수 없음을 알고 기둥에 기대어 웃으며 두 다리를 벌리고 앉아 꾸짖어 말했다.

"일을 이루지 못한 까닭은 〔진왕을〕 사로잡아 위협하여 반드시 약속을 받아 내 태자에게 보답하려 하였기 때문이다."

이때 주위 신하들이 몰려와서 형가를 죽였으나 진왕은 꽤 오랫동안 찜찜해하였다. 얼마 후에 공을 논하여 신하들에게 상을 주었는데 연관된 자에게는 각각 차등을 두었다. 하무저에게는 황금 200일을 내리며 말했다.

"무저는 나를 사랑하여 형가에게 약주머니를 던졌다."

이 일로 진왕은 크게 노여워하여 더욱더 많은 군사를 조나라로 보내 왕전의 군대에 조서를 내려 연나라를 치게 하였다. 열 달 만에 계성薊

城이 함락되니, 연나라 왕 희喜와 태자 단 등은 모두 정예 병사를 이끌고 동쪽으로 달아나 요동을 지켰다. 진나라 장군 이신이 연나라 왕을 급히 쫓아가자, 대왕代王 가嘉는 연나라 왕 희에게 다음과 같은 편지를 보냈다.

진나라가 연나라 왕을 급박하게 쫓는 까닭은 태자 단 때문입니다. 지금 왕께서 단을 죽여 진왕에게 바친다면 진왕은 반드시 (노여움을) 풀어 (연나라의) 사직은 다행히 제사가 계속 받들어질 수 있을 것입니다.

그 뒤 이신이 단을 추격하자 단은 연수衍水 가운데에 있는 섬에 몸을 숨겼다. 연나라 왕은 사자를 보내 태자 단의 목을 베어 진나라에 바치려고 했다. 진나라는 다시 병사를 보내 연나라를 쳤다. 5년 뒤에 진나라는 마침내 연나라를 멸망시키고 연나라 왕 희를 사로잡았다.

그 이듬해에 진나라는 천하를 통일하고 황제라고 불렀다. 진나라가 태자 단과 형가의 빈객들을 쫓았으므로 모두 달아났다. 고점리는 이름과 성을 바꾸고 남의 머슴이 되어 몸을 숨기고 송자宋子라는 곳에서 일하였다. 그는 오랫동안 그런 생활을 하니 괴로웠다. 하루는 주인집 마루에서 손님이 축을 타는 소리를 듣고는 주변을 서성거리며 떠날 줄 모르고 매번 이렇게 지껄였다.

"저건 잘 쳤고, 저건 못 쳤군."

시종이 그 주인에게 말했다.

"저 머슴은 소리를 들으면 잘 치고 못 치는 것을 제대로 평가합니다."

집주인은 고점리를 불러 축을 타 보도록 했다. 그 자리에 있던 사람들은 칭찬하며 술을 주었다. 고점리는 오랫동안 숨어 두려움과 가난 속에서 살아 보아야 끝이 없겠다고 생각하여 자리에서 물러나 보따리에서 축과 좋은 옷을 꺼내 차림새를 고치고 앞에 나타났다. 손님들은 모두 놀라 자리에서 내려와 서로 대등한 예를 나누고 그를 상객으로 모셨다. 그가 다시 축을 타며 노래를 부르니 손님은 모두 눈물을 흘리며 돌아갔다. 송자 고을에서는 돌아가며 그를 손님으로 맞이했다. 그 소문이 진시황에게까지 전해졌다. 진시황이 그를 불러 만날 때 어떤 사람이 그를 알아보고는 즉시 말했다.

"고점리입니다."

진시황은 그가 축을 뛰어나게 잘 타는 솜씨를 아까워하여 용서하는 대신 눈을 멀게 했다. 그러고 나서 고점리에게 축을 타게 하였는데 그 소리를 칭찬하지 않은 적이 없었다. 진시황은 그를 점점 가까이하였다. 고점리는 축 속에 납덩어리를 감추어 넣어 두었다가 진시황 곁으로 가까이 갔을 때 축을 들어 진시황을 향해 내리쳤지만 맞추지 못했다. 이에 결국 고점리를 죽였다. (이 일로 해서) 진시황은 죽을 때까지 제후국에서 온 사람들을 가까이하지 않았다.

노구천은 형가가 진왕을 찌르려 했다는 소식을 듣고 혼자서 말했다.

"아! 애석하게도 그는 칼로 찌르는 기술을 배우지 않았구나! 심하구나, 내가 사람을 알아보지 못한 것이! 과거에 내가 그를 꾸짖었을 때 그는 아마 나를 같은 부류로 생각지 않았겠구나."

태사공은 말한다.

"세상의 형가에 관한 이야기 가운데 태자 단의 운명을 일컬어 '하늘에서 곡식이 내리고 말에 뿔이 돋아났다."라고 하는데, 지나치게 과장된 것이다. 또 형가가 진왕에게 상처를 입혔다고 하는 것도 잘못된 말이다. 본래 공손계공公孫季功과 동중서董仲舒는 하무저와 교분이 있어 이 일을 자세히 알고 있었으므로 [두 사람은] 나에게 이 「자객 열전」처럼 [똑같이] 말해 주었다. 조말부터 형가에 이르기까지 다섯 사람은 이처럼 의기가 이루어지기도 하고 이루어지지 않기도 하였다. 그러나 그들이 펼친 뜻이 분명하고 자신들의 뜻을 속이지도 않았으니, 이름이 후세에 전해지는 것이 어찌 허망한 일이겠는가!"

---

7 태자 단이 진秦나라를 떠나려고 할 때 진왕이 "까마귀 머리가 흰색으로 변하고, 하늘에서 곡식이 떨어져 내리며, 말 머리에서 긴 뿔이 돋아나니, 너를 돌아가게 하는 것이다."라고 했다. 이런 세 가지 상서로운 조짐 덕분에 단은 무사히 귀국하게 되었다.

27

이사 열전
李斯列傳

이사는 한비자와 함께 순자荀子의 문하생으로 있었으나, 서쪽 진나라로 가 여불위의 사인이 되어 관직에 진출했다. 훗날 진시황을 도와 제국의 완성과 시스템 구축에 기여했으며 그 유명한 분서의 장본인이기도 하다. 기승전결의 구조로 되어 있는 이 편에서는 이사라는 역사적 인물의 사적에 관한 고찰을 통해 진나라가 흥하고 망한 한 단면을 볼 수 있다. 따라서 공문서도 들어 있고, 그 무렵 편지글과 상주문도 보이는데 정연한 논리와 독특한 어투가 새롭다.

이사는 비극적인 인물이다. 그는 진나라에 큰 공을 세웠을지언정 자신은 오형五刑을 받아 죽었고, 집안사람들까지 목숨을 보존하지 못했다. 그렇지만 그의 모습은 동정을 받을 수 없다. 그의 개인적인 비극보다 역사적 비극이 더 참혹했기 때문이다. 사마천은 진나라가 여섯 나라를 통일하고 진나라 제도를 만드는 데 이사가 중요한 역할을 했음은 인정하면서도, 그와 조고의 음모를 비롯하여 이세황제를 도와 가혹한 정책을 펼치고 역사의 흐름을 바꾸어 놓은 것을 기록하여 꾸짖음으로써 부정적 평가도 곁들였다.

아울러 사마천은 호해胡亥의 어리석고 무능함과 조고趙高의 음험한 속셈을 상세하게 묘사함으로써 이사의 교묘한 이중성을 드러내는가 하면, 진나라 통치 계층의 추악한 정권 쟁탈전을 부각시켰다.

사마천은 이 편에서 이사가 네 차례 탄식한 일을 자세하게 묘사하여 이사의 선택적 갈등 상황을 쉽게 알 수 있도록 했다. 즉 이사는 화장실에서 사는 쥐와 창고 속에서 사는 쥐의 다른 환경을 보고 탄식했고, 승상이라는 귀한 신분이 되었을 때 탄식했으며, 진시황이 남긴 조서를 고칠 때 탄식했고, 오형을 받을 때 탄식했다. 이 네 차례의 탄식을 통해 이사는 자신이 비주류에서 주류의 세계로 들어와 이룬 업적 못지않게 끊임없는 권모술수로 출세를 향해 도전했음을 알 수 있다. 그래서 그의 탄식에서 순수성은 사라지고 권력을 향해 끊임없이 자신의 욕망을 추구하는 가련한 모습만이 남았을 뿐이다.

田邑耕穮燕
政慕烈而虹
灘舍德文
桼 獄审
乑

진나라 승상 이사의 글씨.

사람이 잘나고 못남은 자기 위치에 달려 있다

이사李斯는 초나라 상채上蔡 사람이다. 그는 젊을 때 군에서 지위가 낮은 관리로 있었는데, 관청 변소의 쥐들이 더러운 것을 먹다가 사람이나 개가 가까이 가면 자주 놀라서 무서워하는 꼴을 보았다. 그러나 이사가 창고 안으로 들어가니 창고 안의 쥐들은 쌓아 놓은 곡식을 먹으며 큰 집에 살아서 사람이나 개를 걱정하지 않았다. 그래서 이사는 탄식하며 말했다.

"사람이 어질다거나 못났다고 하는 것은 비유하자면 이런 쥐와 같아서 자신이 처해 있는 환경에 달렸을 뿐이구나."

그러고는 순경荀卿순자에게로 가 〔천하를 다스리는〕 제왕의 기술을 배웠다. 그는 공부를 끝마치자 초나라 왕은 섬길 만한 인물이 못 되고, 여섯 나라는 모두 약소하여 섬겨서 공을 세울 만한 나라가 될 수 없다고 판단하여 서쪽 진나라로 들어가기로 했다. 그는 순경에게 이렇게 작별 인사를 하였다.

"저는 때를 얻으면 게으르지 말라는 말을 들었습니다. 지금은 만승의 제후들이 바야흐로 서로 세력을 다투고 있는 때이므로 유세가들이 정치를 도맡고 있습니다. 지금 진나라 왕은 천하를 집어삼키고 제帝라고 일컬으며 다스리려 합니다. 이는 지위나 관직이 없는 선비가 능력을 펼칠 때이며 유세가의 시대가 온 것입니다. 비천한 자리에 있으면서 아무런 계획도 세우지 않는 것은 새나 짐승이 고기를 보고도 사람들이 자기를 쳐다

본다 하여 억지로 참고 지나가는 것과 같습니다. 그러므로 가장 큰 부끄러움은 낮은 자리에 있는 것이며, 가장 큰 슬픔은 [경제적으로] 궁핍한 것입니다. 오랜 세월 낮은 자리와 곤궁한 처지에 있으면서 세상의 부귀를 비난하고 영리를 미워하며 스스로 아무것도 하지 않는 데 의탁하는 것은 선비의 마음이 아닐 듯합니다. 그래서 저는 서쪽 진나라 왕에게 유세하려고 합니다."

이사가 진나라에 이르렀을 때 마침 장양왕이 죽었으므로 곧 진나라 승상 문신후 여불위를 찾아가 그의 사인이 되었다. 여불위는 이사를 현명한 인물로 생각하여 왕의 시위관으로 임명했다. 이사는 진나라 왕에게 유세할 기회를 얻어 이렇게 설득했다.

"어수룩한 사람은 기회를 놓치지만 큰 공을 이루는 사람은 남의 약점을 차마하며 밀고 나갑니다. 옛날에 진나라 목공이 우두머리가 되고서도 동쪽에 있는 여섯 나라를 끝까지 함락시키지 못한 것은 무엇 때문입니까? 그것은 제후 수가 너무 많은 데다 주나라 왕실의 은덕이 여전히 쇠퇴하지 않았기 때문에 오패가 번갈아 일어나 주나라 왕실을 더욱 존중했기 때문입니다. 그러나 진나라 효공 이래 주나라 왕실이 쇠약해져서 제후들이 힘을 합쳐 관동은 여섯 나라한韓, 조趙, 위魏, 제齊, 초楚, 연燕로 줄어들었습니다. 진나라가 상승세를 타고 제후들을 눌러 온 지 벌써 여섯 대효공, 혜문왕, 무왕, 소왕, 효문왕, 장양왕나 되었습니다. 지금은 제후들이 진나라에 복종하여 마치 진나라의 군이나 현 같습니다. 무릇 진나라의 강대함에 대왕의 현명함이라면 취사부가 솥단지 위에 앉은 먼지를 훔치듯 손쉽게 제후를 멸망시키고, 황제로서 대업을 이루어 천하를 통일하기에 충분합니다. 이것은 만 년에 한 번 있는 기회입니다. 지금 게으름을 피우고 서둘러 이루지 않으면 제후들이 다시 강대해져서 서로 모여 합종하기로 약속할 테고, 그렇게 되면 황제黃帝 같은 현명한 왕이 있을지라도 천하를 손에 넣을 수 없을 것입니다."

진왕은 이사를 장사長史궁궐의 모든 일을 총괄하는 관리의 우두머리로 삼고, 그의 계책을 듣고 은밀히 모사들에게 황금과 주옥을 가지고 가서 제후들에게 유세하도록 하였다. 제후국의 명망 있는 사람들 중 뇌물로 움직일 수 있는 자에게는 많은 선물을 보내 결탁하고, 말을 듣지 않는 자는 예리한 칼로 찔러 죽였으며, 또 군주와 신하 사이를 이간시키는 계략을 썼다. 진왕은 훌륭한 장수를 보내 이사의 뒤를 수행하게 하였다. 진왕은 이사를 객경으로 삼았다.

등용했으면 내치지 말라

때마침 한韓나라의 정국鄭國이라는 사람이 와서 진나라를 교란시키기 위해 논밭에 물을 대는 운하를 만들려고 했다. 이 음모가 발각되자 진나라 왕족과 대신이 모두 진왕에게 말했다.

| 정국은 진나라의 침략을 미리 막기 위해 진나라로 위장해 들어와 운하 건설을 강력히 건의했다. 운하 건설로 대규모의 인력과 비용을 소모시켜 동쪽 정벌을 포기하게 하려는 목적이었다. 정국의 이러한 계략은 결국 탄로났지만 운하의 이로움을 역설하여 사면되었고, 진나라는 이 공사를 10여 년 동안 계속하였다. 이때 건설된 운하는 서쪽의 경수涇水에서 동쪽의 낙수洛水에 이르기까지 300리나 되었고, 그 이름을 정국거鄭國渠라고 불렀다.

"제후의 나라에서 와서 진나라를 섬기는 자들은 대체로 자기 나라의 군주를 위하여 유세하여 진나라 [군주와 신하] 사이를 이간시킬 뿐입니다. 청컨대 빈객을 모두 내쫓으십시오."

이사도 논의의 대상이 되어 내쫓을 인물의 명단에 들어 있었다. 그래서 이사는 글을 올려 다음과 같이 말했다.

신이 듣건대 관리들이 빈객을 내쫓을 것을 논의하고 있다는데 가만히 생각해 보면 잘못된 일입니다. 옛날 목공은 인재를 구하여 서쪽으로는 융에서 유여를 취하였고, 동쪽으로는 완에서 백리해를 얻었으며, 송에서 건숙蹇叔[2]을 맞이하였고, 진晉나라에서 비표丕豹[3]와 공손지公孫支를 오게 했습니다.[4] 이 다섯 사람은 진나라에서 태어나지 않았지만, 목공은 이들을 중용하여 스무 나라를 병합하고 드디어 서융에서 우두머리가 되었습니다.

효공이 상앙의 변법을 채용하여 풍속을 바꾸자 백성이 번영하고 나라가 부강해졌으며, 백성은 나라의 부역에 쓰이기를 즐거워하고 제후들은 복종하였으며, 초나라와 위나라의 군사를 깨뜨려 넓힌 땅이 1000리입니다. 그래서 지금까지 잘 다스려지고 강성합니다.

혜왕은 장의의 계책을 받아들여 삼천의 땅을 차지하고, 서쪽으로 파와 촉을 손에 넣었으며, 북쪽으로는 상군上郡을 차지하고, 남쪽으로는 [장군 위장

---

2 백리해의 친구이며, 그의 추천으로 진나라 목공의 상대부가 되었다.

3 진晉나라 대부 비정丕鄭의 아들이다. 비정이 진晉나라 혜공惠公에게 피살되자, 진秦나라로 망명와 목공의 대장大將이 되어 진晉나라의 성 여덟 개를 함락시키고 혜공을 사로잡았다.

4 보다 자세한 내용은 『사기』 「진 본기」에 있다.

이) 한중을 공략하고 구이九夷[5]를 포섭하여 언과 영을 제압하고, 동쪽으로 성고의 험준한 땅을 발판으로 기름진 땅을 빼앗아 마침내 여섯 나라의 합종 맹약을 깨뜨려 이들이 서쪽을 바라보며 진나라를 섬기도록 하였으니 그 공로가 오늘에까지 미치고 있습니다.

소왕은 범저를 얻어서 양후를 폐하고 화양군을 내쫓아 진나라 왕실을 강화하고 대신들의 가문이 커지는 것을 막았으며, 제후의 땅을 잠식하여 진나라가 제업을 이루도록 했습니다. 이 네 군주는 모두 빈객들의 공적으로 성공하였습니다.

이러한 사실을 보면 빈객이 어찌 진나라를 저버린다고 하겠습니까? 만일 이 네 군주가 일찍이 빈객을 물리쳐 받아들이지 않고 선비를 멀리하여 등용하지 않았다면 진나라는 부유하고 이로운 실익이 없고 강대하다는 명성도 얻지 못했을 것입니다.

지금 폐하께서는 곤륜산의 〔이름난〕 옥[6]을 손에 넣고, 수씨隨氏와 화씨和氏의 보물수후주와 화씨벽을 가졌으며, 명월주[7]를 차고 태아검太阿劍[8]을 지니고, 섬

---

5 초나라 땅에서 살던 여러 소수 민족을 가리킨다. 일반적으로 '이夷'는 고대 중국의 동쪽에 있던 부족들을 가리킬 때 썼다.

6 곤륜산은 도교의 성산聖山으로 서왕모가 살며 불사不死의 물이 흐른다고 전해 내려오는 곳이다. 곤륜산 일대에 있는 우전于闐지금의 호탄에서 산출되는 옥은 우전옥 혹은 곤륜옥이라 불리며 실크로드를 따라 중국으로 유입되었는데 청나라 이전까지 중국의 왕실에서 주로 사용된 최상의 옥이었다. 2008년 베이징올림픽에서는 곤륜옥으로 메달을 장식했다고도 한다.

7 밤에 광채를 발하는 구슬인데, 인도 불교 설화에 명월주를 가지고 있으면 20리 사방의 보배가 따라온다고 전한다.

8 월越나라의 이름 있는 장인 구야자歐冶子와 오나라의 장인 간장干將이 힘을 합쳐 만들었다는 보검寶劍 이름이다.

리마纖離馬[9]를 타며, 취봉기翠鳳旗[10]를 세우고 영타고靈鼉鼓[11]를 가지고 있습니다. 이러한 수많은 보물은 하나도 진나라에서 나지 않는데 폐하께서 그것들을 좋아하시는 까닭은 무엇입니까? 반드시 진나라에서 나는 것이라야 한다면 야광벽으로 조정을 꾸밀 수 없고, 코뿔소 뿔이나 상아로 만든 물건을 가지고 즐길 수 없을 것입니다. 정나라와 위衛나라의 미인은 후궁에 들어올 수 없고, 결제 같은 준마가 바깥 마구간을 채울 수 없으며, 강남의 금과 주석은 쓸 수 없고, 서촉의 단청안료으로 채색할 수도 없을 것입니다. 후궁을 장식하고 희첩을 꾸며서 마음을 기쁘게 하고 눈과 귀를 즐겁게 하는 것이 반드시 진나라에서 난 것이라야 한다면 완주宛珠완 땅에서 난 진귀한 진주로 만든 비녀, 부기傅璣의 귀걸이,[12] 아호阿縞[13]의 옷, 금수錦繡의 장식도 폐하 앞에 나타나지 못하며, 세상의 풍속에 따라 우아하고 아름답게 차린 조나라의 여인은 폐하 곁에 설 수 없을 것입니다. 무릇 항아리를 치고 부缶질장구를 두드리며 쟁箏을 퉁기고 넓적다

---

9 역도원酈道元이 지은 『수경주水經注』에도 관련 내용이 나온다. 조보造父가 도림색桃林塞의 과보산誇父山에서 들판에 뛰어노는 야생마 떼를 보고, 그 가운데에서 화류驊騮, 녹이綠耳, 도려盜驪, 기기騏驥, 섬리纖離라는 명마를 얻어 주나라 목왕穆王에게 바치니 목왕에게 마부로 임명되어 서쪽 서왕모를 만나러 갔다는 내용이다. 『사기집해』에서 서광은 '섬리'를 준마로 설명하고 있고 『사기색은』에는 그냥 말 이름이라고 되어 있는데, 여기서는 문맥상도 그렇고 준마로 보는 편이 옳다. 관련 내용이 「조 세가」에도 보인다.

10 물총새의 깃털로 봉황의 형상을 만들어 장식한 깃발이다. 천자를 위해 사용하는 장식품으로 천자의 상징이기도 하다.

11 악어와 비슷한 모양을 그려 넣은 북으로, 악어가죽으로 만들었으며 매우 큰 소리를 낸다.

12 여성의 장식품으로 귀걸이를 말하며 둥글지 않은 구슬로 만든 것인데 이 역시 진나라에서 나는 것이 아니다.

13 아阿란 가볍고 가는 실로 짠 직물이고, 호縞는 흰 비단을 말한다. 제나라 동아현東阿縣에서 난 고급 비단을 일컫는다.

리를 치면서 목청을 돋우어 노래를 불러 귀를 즐겁게 하는 것이 참다운 진나라의 음악입니다. 정鄭, 위衛, 상간桑間, 소昭, 우虞, 무武, 상象[14]은 다른 나라의 음악입니다. 지금 항아리를 치며 부를 두들기는 것을 버리고 정과 위를 좋아하며, 쟁을 퉁기는 것을 물리치고 소와 우를 받아들였는데 이것은 무엇 때문입니까? 그것은 당장 마음을 즐겁게 하고 보기에도 좋기 때문입니다.

그런데 지금 사람을 뽑아 쓰는 데에서는 그렇지 않습니다. 그 인물의 사람됨이 옳은지 그른지를 따지지 않고 굽은지 곧은지를 말하지 않으며, 진나라 사람이 아니면 물리치고 빈객이면 내쫓으려 합니다. 그런즉 여색이나 음악이나 주옥은 소중히 여기되 사람은 가벼이 여기는 것입니다. 이것은 천하에 군림하며 제후들을 제압할 수 있는 방법이 아닙니다.

신이 듣건대 "땅이 넓으면 곡식이 많이 나고, 나라가 크면 인구가 많으며, 군대가 강하면 병사도 용감하다."라고 합니다. 이에 태산太山은 흙 한 줌도 양보하지 않으므로 그렇게 높아질 수 있고, 하해河海는 작은 물줄기 하나도 가리지 않으므로 그렇게 깊어질 수 있으며, 왕은 어떠한 백성이라도 물리치지 않으므로 자신의 덕을 천하에 밝힐 수 있는 것입니다. 그러므로 땅에는 사방의 구분이 없고 백성에게는 다른 나라의 차별이 없으며, 사계절이 조화되어 아름답고, 귀신은 복을 내립니다. 이것이 오제와 삼왕에게 적이 없었던 까닭입니다.

그런데 지금 진나라는 백성을 버려 적국을 이롭게 하고 빈객을 물리쳐 제후를 도와 공적을 세우게 하고, 천하의 선비를 물러나게 하여 감히 서쪽으로

---

14 정鄭과 위衛는 정나라와 위나라의 민간 악곡이고, 상간桑間은 망할 나라의 음탕한 곡조의 음악을 말하며, 소昭와 우虞는 우순虞舜 시대의 악곡이고, 무武와 상象은 주나라 무왕武王의 음악이다.

향하지 못하게 하며 발을 묶어 진나라로 들어오지 못하게 하고 있습니다. 이는 이른바 '도적에게 군사를 빌려 주고 도둑에게 식량을 보내는 셈'입니다. 내체로 진나라에서 나지 않은 물건 가운데 보배로운 것이 많으며, 진나라에서 태어나지 않은 인재 가운데 충성스러운 인물이 많습니다. 지금 빈객을 내쫓아 적국을 이롭게 하고 백성을 줄여서 적국을 보태 주어 나라 안으로는 저절로 비게 되고 나라 밖으로 제후들에게 원한을 사면 나라가 위태롭지 않기를 바라도 그렇게 될 수밖에 없습니다.

진왕은 곧장 빈객을 내쫓으라는 명령을 거두고, 이사의 관직을 회복시켜 그의 계책을 받아들였다. 이사의 벼슬은 정위廷尉에 이르렀다. (그로부터) 20여 년 뒤에 진나라는 마침내 천하를 통일하고 군주를 높여 황제라 하였으니, 이사를 승상으로 삼았다. 이사는 군과 현의 성벽을 허물고 무기를 녹여 다시는 쓰지 않는다는 뜻을 보여 주었다. 진나라는 한 자의 땅도 봉해 주는 일이 없었고 황제의 자제를 세워 왕으로 삼는 일도 없었으며 공신을 제후로 삼은 것은 뒷날 내란의 근심거리를 없애기 위함이었다.

없애야 할 책과 두어야 할 책

시황 34년에 함양궁에서 주연을 베풀었을 때, 박사 복야僕射[15] 주청신周靑臣 등이 시황제의 권위와 덕망을 칭송했다.

제나라 출신 순우월淳于越이 앞으로 나아가 간언했다.

"신이 들건대 '은나라와 주나라 왕조가 1000여 년 동안 (다스릴 수 있었던 것은) 자제와 공신들을 봉하여 왕실을 돕는 지주로 삼았기 때문이다.'라고 합니다. 지금 폐하께서는 천하를 소유하고 계시지만 폐하의 자제들은 평범한 사람에 지나지 않습니다. 만일 (제나라의) 전상田常[16]이나 (진晉나라의) 육경六卿[17]의 환란 같은 걱정거리가 느닷없이 생기면 곁에서 돕는 신하가 없으니 어떻게 나라를 구하겠습니까? 어떤 일이든 옛 것을 본받지 않고 오랜 시일 이어졌다는 말은 듣지 못했습니다. 그런데 지금 주청신 등은 앞에서 아첨하며 폐하께서 잘못된 행동을 거듭하도록 하고 있으니 충신이 아닙니다."

시황제는 이 건의를 내려 승상에게 검토하도록 했다. 승상은 순우월의 견해가 황당하다며, 그의 주장을 물리치고 곧 다음과 같은 글을 올렸다.

옛날에는 천하가 흩어지고 어지러워도 아무도 이를 통일할 수 없었습니다. 그래서 제후들이 나란히 일어났고, 말하는 것마다 옛것을 끌어내어 지금의 것을 해롭게 하고, 헛된 말을 꾸며서 실제를 어지럽혔습니다. 사람들은 저마다 자기가 배운 것을 옳다고 여기고 조정에서 세운 제도를 비난하였습니다. 지금 폐하께서는 천하를 통일하고 흑백을 가려 천하에 오직 황제 한 분만이 있도록 정했습니다. 그런데 사사로이 학문하는 자들은 서로 모여 이미 만

---

15 박사를 지도하고 심사하는 관직인데, 박사는 서적을 관리하고 황제에게 자문하는 직책이다.

16 춘추 시대 제나라 대부로서 제나라 간공簡公을 죽이고 평왕平王을 세웠다.

17 범씨范氏, 중항씨中行氏, 지씨智氏, 한씨韓氏, 위씨魏氏, 조씨趙氏를 말한다.

들어진 법과 제도를 허망한 것이라고 합니다. 조칙이 내려졌다는 말을 들으면 각자 자기가 배운 학설로 그것을 논의하고, 집으로 들어가서는 마음속으로 헐뜯고 밖으로 나와서는 길거리에서 논의합니다. 그들은 군주를 비방하는 것을 명예로 여기고, 다른 주장을 내세우는 것을 고상한 것으로 여겨 그들을 따르는 사람들을 이끌어 비방을 일삼고 있습니다. 이러한 행동을 금지하지 않으면 위로는 군주의 권위가 떨어지고 아래로는 당파가 이루어질 테니 금하는 것이 유리합니다. 신은 청컨대 모든 문학과 『시』, 『서』, 제자백가의 책을 가지고 있는 자는 이것을 없애도록 하고 이 금지령을 내린 지 30일이 지나도 없애지 않는 자는 이마에 먹물을 들이는 형벌을 가하여 성단城旦4년 동안 새벽부터 일어나 성 쌓는 일을 하는 죄수으로 삼으십시오. 없애지 않아도 되는 책은 의약, 점복占卜, 농사, 원예에 관한 책입니다. 만일 배우고 싶은 자는 관리를 스승으로 삼으면 됩니다.

시황제는 그 제안을 옳다고 여겨 『시』, 『서』, 제자백가의 책을 몰수하고 모든 백성을 어리석게 만들어 천하에 그 누구도 옛것으로 지금 세상을 비판하지 못하게 했다. 법률과 제도를 밝히고 율령을 만드는 일은 모두 시황제 때에 처음 생겼다. 문자를 통일하고 이궁離宮황제가 각 지역을 순시할 때 머무는 곳과 별장을 천하에 두루 지었다. 그 이듬해에는 세상을 돌아보고 사방의 오랑캐족을 나라 밖으로 쫓아냈는데, 이사가 모두 힘썼다.

이사의 맏아들 이유李由는 삼천군三川郡 태수가 되었다. 아들은 모두 진나라 공주에게 장가들었고, 딸은 모두 진나라의 여러 공자에게 시집갔다. 삼천군 태수 이유가 휴가를 얻어 함양으로 돌아왔을 때 이사가 집에서 술자리를 열었다. 온갖 관직에 있는 우두머리가 모두 나와 장수를 기원하였으므로 그의 대문 앞과 뜰에는 수레와 말이 수천 대나 되었다. 이사는 길게 한숨을 쉬며 말했다.

"아아! 나는 순경순자이 '사물이 지나치게 강성해지는 것을 경계해야 한다.'라고 한 말을 들었다. 나는 상채에서 태어난 평민이며 시골 마을의 백성일 뿐인데, 주상께서는 내가 아둔하고 재능이 없는 줄도 모르고 뽑아서 이 지위까지 이르게 하셨다. 지금 다른 사람의 신하된 자로서 나보다 윗자리에 있는 이가 없고 부귀도 극에 달했다고 할 만하다. 만물은 극에 이르면 쇠하거늘 내가 언제 그만두어야 할지 알 수 없구나."

이사가 몽염보다 못한 다섯 가지

시황 37년 10월에 황제는 〔세상을 두루 돌아보러〕 나가 회계산으로 해서 해안을 따라 북쪽으로 낭야琅邪에 이르렀다. 승상 이사와 중거부령中車府令황제의 수레를 관리하는 직책 조고趙高가 부새령符璽令황제의 옥새를 관리하는 직책의 일을 겸하면서 모두 따랐다. 시황제에게는 아들이 스무 명 남짓 있었는데 맏아들 부소가 솔직하게 간언하는 날이 많으므로 상군上郡의 군대를 감독하도록 하여 〔밖으로 내보냈는데〕 몽염이 그 군대의 장군으로 있었다. 막내아들 호해는 〔황제에게 남달리〕 사랑을 받고 있었는데, 그가 따라가고 싶어 하자 시황제가 허락했다. 나머지 아들들은 아무도 따라가지 못했다.

그해 7월 시황제가 사구沙丘에 이르렀을 때 병이 위독하여 조고에게 다음과 같은 편지를 적어 부소에게 보내도록 했다.

　　군대는 몽염에게 맡기고 함양으로 와서 내 유해를 맞이하여 장례를 지내
도록 해라.

　밀봉한 편지가 사자에게 전해지기 전에 시황제가 세상을 떠났다. 편지
와 옥새는 모두 조고가 가지고 있었다. 막내아들 호해, 승상 이사, 조고
및 총애받던 환관 대여섯 명만이 시황제가 죽은 사실을 알 뿐 다른 신하
들은 몰랐다. 이사는 황제가 밖으로 돌아다니는 중에 죽었고 아직 태자
가 정식으로 세워지지 않았기 때문에 이 일을 비밀에 부쳤다. 황제의 유
해를 온량거輼輬車[18] 속에 안치하고 관리들이 정치적인 일을 아뢰고 식사
를 올리는 것을 전과 다름없이 했으며, 환관이 온량거 안에서 웬만한 일
을 결재했다.

　조고는 부소에게 내린 옥새가 찍힌 편지를 쥐고 공자 호해에게 말했다.

　"황상께서 숨을 거두셨지만 조서를 내려 여러 아들을 책봉하여 왕으
로 삼지 않으시고 맏아들에게만 글을 내렸으니, 맏아들이 오면 곧바로
즉위하여 황제가 될 것입니다. 그러면 공자께서는 한 치의 땅도 가질 수
없습니다. 이 일을 어찌하시겠습니까?"

　호해가 말했다.

　"그것은 당연한 일이오. 내가 들으니 '현명한 군주는 신하를 잘 파악하

18　사람이 누울 수 있도록 만든 큰 수레로, 수레 양쪽에 창문을 만들어 온도를 조절했다.

고 현명한 아버지는 자식을 잘 안다.'라고 들었소. 아버지께서는 돌아가실 때까지 여러 아들을 왕으로 책봉하지 않았으니 무슨 말을 할 수 있겠소?"

조고가 말했다.

"그렇지 않습니다. 이제 천하의 대권을 잡느냐 마느냐 하는 것은 공자와 저와 승상에게 달려 있으니 깊이 생각해 보시기 바랍니다. 남을 신하로 삼는 것과 남의 신하가 되는 것, 또는 남을 지배하는 것과 남에게 지배당하는 것을 어찌 같다고 할 수 있겠습니까?"

호해가 말했다.

"형을 물러나게 하고 아우를 오르게 하는 것은 정의롭지 못한 일이오. 아버지의 조서를 받들지 않고 죽음을 두려워하는 것은 효성스럽지 못한 일이오. 자신의 재능이 보잘것없는데 억지로 남의 공로에 의지하는 것은 할 수 없는 일이오. 이 세 가지는 덕을 거스르는 일이므로 세상 사람들은 복종하지 않을 테고 몸은 위태로우며 사직의 제사를 받들지 못할 것이오."

조고가 말했다.

"제가 듣건대 '탕왕과 무왕은 각각 자기의 군주를 죽였지만 세상 사람들은 그들을 의롭다고 할 뿐 충성스럽지 못하다고 말하지 않았다. 위衛나라의 군주는 자기 아버지를 죽이고 〔왕위에 올랐지만〕[19] 위나라 〔백성은〕 그의 덕을 받들었고 공자도 이 일을 『춘추』에 적으면서 효성스럽지

---

[19] 「위 강숙 세가」에 따르면 위衛나라의 무공武公이 자기 형을 죽이고 왕위를 빼앗았다는 기록이 보인다. 따라서 이 말은 조고의 착오로 볼 수 있다.

못한 일이라고 하지 않았다.'라고 했습니다. 대체로 큰일을 행할 때는 작은 일을 놀아보지 않으며 큰 넉이 있는 사람은 일을 사양하시 않습니다. 고을마다 각기 제 나름대로 좋은 점이 있으며, 백관들의 공은 다 같지 않습니다. 그래서 작은 일을 돌아보다가 큰일을 잊어버리면 뒤에 반드시 재앙이 닥치고, 의심하며 주저하면 나중에 반드시 후회하게 됩니다. 결단을 내려 과감하게 행동하면 귀신도 피하고 뒷날 성공하게 됩니다. 공자께서는 이 일을 단행하시기 바랍니다."

호해는 크게 탄식하면서 말했다.

"아버지의 죽음도 아직 알리지 않고 상례도 마치지 않았는데, 어떻게 이 일에 승상의 동의를 얻을 수 있겠소?"

조고가 말했다.

"때가 때인 만큼 생각할 여유가 없습니다. 식량을 짊어지고 말을 달려도 때에 늦을까 염려됩니다."

호해는 이미 조고의 말을 그럴듯하게 여기고 있었다. 조고가 말했다.

"승상과 상의하지 않고서는 이 일은 성공할 수 없을 것입니다. 신이 공자를 위하여 승상과 의논하겠습니다."

조고는 승상 이사에게 말했다.

"황상께서 돌아가실 때 맏아들에게 편지를 내려 함양에서 유해를 맞으라 하고 그를 후사로 삼도록 했습니다. 그 편지는 아직 보내지 않았고, 지금 황상이 돌아가신 것을 아는 사람은 없습니다. 맏아들에게 내린 편지와 옥새는 모두 호해가 가지고 있습니다. 태자를 정하는 일은 당신과 제 입에 달려 있습니다. 이 일을 어떻게 하시겠습니까?"

이사가 말했다.

"어째서 나라를 망칠 말을 하시오? 이것은 신하로서 논의해서는 안 될 일이오."

조고가 말했다.

"당신이 스스로 능력을 헤아려 볼 때 몽염과 비교하면 누가 낫습니까? 공이 높은 면에서는 몽염과 비교하면 누가 낫습니까? 원대하게 일을 꾀하여 실수하지 않는 점에서는 몽염과 비교하면 누가 낫습니까? 천하 사람들에게 원한을 사지 않은 점에서는 몽염과 비교하면 누가 낫습니까? 맏아들과 오랫동안 사귀어 신임을 받는 면에서는 몽염과 비교하면 누가 낫습니까?"

이사가 말했다.

"이 다섯 가지 점에서 나는 모두 몽염만 못하오. 그런데 당신은 어째서 이다지도 심하게 따지시오?"

조고가 말했다.

"저는 본래 하찮은 일을 하는 환관에 지나지 않습니다만, 다행히도 형법의 담당 관리로서 진나라 궁궐에 들어와 일을 맡은 지 20여 년이나 되었습니다. 그동안 진나라에서 파면된 승상이나 공신들 가운데 봉토를 두 대에 걸쳐 이어받은 사람을 보지 못했습니다. (그들은) 결국 모두 목이 베어 죽었습니다. 승상께서는 스무 명 남짓 되는 시황제의 아들을 모두 알고 있습니다. 맏아들은 강직하고 용맹스러우며 남을 믿고 선비들을 떨쳐 일어나게 하는 분입니다. 만일 그가 즉위하면 반드시 몽염을 기용하여 승상으로 삼을 것입니다. 그러면 승상께서는 결국 통후通侯[20]의 인수를 내놓고 고향으로 돌아가게 될 것이 분명합니다. 저는 칙명을 받들어 호해를 가르치고 몇 년 동안 법을 배우게 하여 그가 잘못을 저지르게 한 적이 없었습니다. 그는 인자하고 독실하고 따사로운 성품으로 재물을 가벼이 여기고 인재를 소중히 여기며 마음속으로는 분별이 있지만 말을 겸손하게 하며 예의를 다하여 선비들을 존경합니다. 진나라의 여러 공자 가운데 그만한 사람이 없습니다. 군주의 뒤를 이을 만합니다. 승상은 잘 생각해서 결정하십시오."

이사가 말했다.

"당신은 제자리로 돌아가시오. 나는 군주의 조칙을 받들어 하늘의 명에 따를 뿐이오. 어찌 고려하여 결정할 수 있는 일이겠소?"

조고가 말했다.

"편안한 것을 위험으로 돌릴 수도 있고 위험한 것을 편안한 것으로 돌릴 수도 있습니다. 편안하고 위험한 것을 결정하지 못한다면 어찌 〔승상을〕 성인의 지혜를 가진 분으로 존중하겠습니까?"

이사가 말했다.

"나는 상채라는 시골의 평민이었으나 다행히 황상께서 발탁하여 승상이 되고 통후로 봉해졌으며 자손도 모두 높은 지위와 많은 봉록을 받게 되었소. 이는 나라의 존망과 안위를 나에게 맡기려고 한 것인데 어떻게 그 뜻을 저버릴 수 있겠소? 충신은 죽음을 피하려 요행을 바라지 않으며, 효자는 〔부모를 섬기는 데〕 부지런히 힘쓰고 위험한 일을 하지 않으며, 다른 사람의 신하가 된 자는 저마다 자기 직책을 지킬 따름이오. 당신은 더 이상 말하지 마시오. 나에게 죄를 짓도록 할 셈이오?"

---

20 통후란 진나라와 한나라 때 작위가 20급에 해당하는 관직에 있는 사람을 가리키는데, 나중에는 열후列侯로 통칭되었다.

조고가 말했다.

"제가 듣건대 성인은 변하여 정해진 태도가 없으며, 변화에 따르고 시대에 호응하며, 끝을 보고 근본을 알며, 지향하는 바를 보고 귀착되는 바를 안다고 합니다. 사물이란 본래 이런 것입니다. 어찌 고정된 법칙이 있겠습니까? 이제 천하의 대권은 호해에게 달려 있으며, 저는 그의 마음을 잘 알고 있습니다. 대체로 밖에서 안을 제어하는 것을 혹惑이라 하고, 아래에서 위를 제어하는 것을 적賊이라 합니다. 가을에 서리가 내리면 잎과 꽃이 떨어지고, (얼음이 녹아) 물이 흐르게 되면 만물이 일어납니다. 이것은 필연의 법칙입니다. 당신은 어째서 판단이 더디십니까?"

이사가 말했다.

"내가 듣건대 '진晉에서는 태자 신생申生를 폐했다가 3대현공, 혜공, 문공에 걸쳐 나라가 평안하지 못했고, 제나라 환공의 형제들은 왕위를 다투다가 (공자 규糾가) 피살되었으며, (은나라) 주왕은 친척을 죽이고 간언하는 사람의 말을 듣지 않아서 나라가 폐허가 되고 끝내 사직을 위태롭게 했다.' 라고 하오. 이 세 사람은 하늘의 뜻을 거슬러 종묘에 제사 지낼 수 없게 되었소. 저도 같은 사람으로서 어찌 그렇게 모반을 꾀할 수 있단 말이오?"

그러자 조고가 말했다.

"위와 아래가 마음을 합치면 길이 누릴 수 있으며, 안과 밖이 하나가 되면 일의 겉과 속이 없어집니다. 승상께서 제 말을 받아들이면 봉후의 지위를 유지하고 자자손손 고孤라고 일컬으며, 반드시 왕자교王子喬와 적송자赤松子처럼 장수하고 공자와 묵자 같은 지혜를 얻게 될 것입니다. 그러나 지금 이것을 버리고 따르지 않으면 재앙이 자손에게까지 미치고 가엽고 냉혹한 결과를 불러올 것입니다. (처세를) 잘하는 자는 화를 돌려 복으로 만드는데, 승상께서는 어떻게 처신하시렵니까?"

이사는 하늘을 우러러 한탄하고 눈물을 흘리면서 긴 한숨을 내쉬었다.

"아! 나 홀로 어지러운 세상을 만나 죽을 수도 없으니 어디에 내 목숨을 맡기랴?"

이사는 결국 조고의 의견을 따르기로 했다. 조고는 바로 호해에게 알렸다.

"제가 태자의 밝은 뜻을 받들어 승상에게 알렸더니 승상 이사는 감히 명령을 받들지 않을 수 없었습니다."

(세 사람은) 공모하여 시황제의 조서를 받은 것처럼 꾸미고, 아들 호해를 세워 태자로 삼았다. 또 맏아들 부소에게 내린 편지를 고쳤다.

짐이 천하를 순행하며 이름 있는 산의 여러 신들에게 제사 지내고 기도드려 수명을 연장하려 한다. 지금 너는 장군 몽염과 함께 군사 수십만 명을 이끌고 (국경 지방에) 주둔한 지 10여 년이 지났으나 앞으로 나가지 못하고 병졸을 많이 잃었을 뿐 한 치의 공로도 세운 바 없다. 그럼에도 자주 글을 올려 직언하여 비방하고, 지금의 직분을 그만두고 돌아와 태자의 지위에 되돌아갈 수 없음을 밤낮으로 원망하고 있다. 너는 아들로서 불효하여 칼을 내리니 스스로 목숨을 끊어라. 장군 몽염은 부소와 함께 밖에 있으면서 (부소를) 바로잡지 못했으며, 마땅히 (부소가) 꾀하는 바를 알았을 터이다. 신하로서 충성하지 못하였기에 스스로 목숨을 끊도록 명하며, 군사는 비장裨將 왕리王離에게 맡기도록 하라.

이 편지를 황제의 옥새로 봉하고 호해의 식객을 시켜 받들고 가서 상군에 있는 부소에게 전하게 했다. 사자가 도착하여, 편지를 펼쳐 본 부소는 울면서 안으로 들어가 스스로 목숨을 끊으려고 했다. 몽염이 부소를 말리며 말했다.

"폐하께서는 궁궐 밖에 계시며 아직 태자를 세우지 않았습니다. 저에게 군대 30만 명을 이끌고 변경을 지키게 하고, 공자를 시켜 감시하도록 했습니다. 이것은 천하의 중대한 임무입니다. 지금 사자 한 명이 왔다고 스스로 목숨을 끊으려 하시면 어찌 이 편지가 거짓이 아님을 알겠습니까? 청컨대 다시 한번 용서를 빌어 보십시오. 다시 용서를 구한 뒤에 목숨을 끊어도 늦지 않습니다."

사자가 여러 차례 스스로 목숨을 끊도록 재촉하자 부소는 사람됨이 어질어서 몽염에게 이렇게 말했다.

"아버지가 자식에게 죽음을 내렸는데 어떻게 다시 용서를 청할 수 있겠소?"

그러고는 스스로 목숨을 끊었다. 몽염이 죽으려 하지 않자 사자는 그를 옥리에게 넘겨 양주陽周의 옥에 가두었다.

사자가 돌아와 아뢰니, 호해와 이사와 조고는 매우 기뻐하며 함양으로 돌아와 시황제의 죽음을 널리 알렸다. 태자는 이세황제로 즉위하였다. 조고는 낭중령郎中令(궁궐문을 맡은 관리이 되어 언제나 궁중에서 〔이세황제를〕 모시고 정권을 마음대로 휘둘렀다.

이세황제는 하는 일 없이 한가하게 지냈기에 조고를 불러 일을 모의했다.

"사람이 태어나 세상을 살아가는 것은 비유하자면 준마 여섯 필이 끄는 수레가 달려가는 것을 문틈으로 보는 것〔처럼 짧은 시간〕이오. 나는 이미 천하에 군림하게 되었으니 귀와 눈으로 좋아하는 바대로 하고 마음과 뜻이 즐거운 바를 나아며, 종묘를 편안히 하고 많은 백성을 즐겁세 하여 천하를 길이 소유하다가 내 수명을 마치고 싶은데 어떤 방법이 있겠소?"

조고가 말했다.

"그것은 현명한 군주만이 할 수 있는 것으로 어둡고 어리석은 군주는 할 수 없는 일입니다. 감히 부월斧鉞의 형벌을 무릅쓰고 말씀드릴 테니 폐하께서는 조금만 헤아려 주십시오. 저 사구에서 꾀한 일을 여러 공자와 대신들이 의심하고 있습니다. 여러 공자는 모두 폐하의 형제들이며, 대신들은 선제께서 등용했던 사람들입니다. 폐하께서 즉위하자 그자들은 이를 못마땅하게 여겨 마음으로 복종하지 않고 있으니 반란을 일으킬까 우려됩니다. 게다가 몽염은 이미 죽었으나 〔그 아우〕 몽의蒙毅는 군대를 이끌고 나라 밖에 나가 있습니다. 신은 두려움에 싸여 전전긍긍하고 있습니다. 그러니 폐하께서 어찌 이러한 즐거움을 누릴 수 있겠습니까?"

이세황제가 말했다.

"그럼 어떻게 하면 좋겠소?"

조고가 대답했다.

"법을 준엄하게 하고 형벌을 가혹하게 하며, 죄 있는 자는 연좌제를 실시하여 죄를 지으면 그 일족을 모조리 죽이고, 〔선제 때의〕 대신들을 멸하고 〔폐하의〕 형제들을 멀리하며, 가난한 자를 부유하게 하고 천한 자를 높여 주십시오. 선제의 옛 신하를 모두 제거하고 폐하께서 믿을 수 있는 자를 새로 두어 가까이하십시오. 이렇게 하신다면 숨어 있던 덕이 폐하에게로 모이고 해로운 것이 없어지며 간사한 음모는 막히고, 신하들은 폐하의 은택을 입고 두터운 덕을 입지 않은 자가 없을 것이며, 폐하께서는 베개를 높이 베고 마음껏 즐길 수 있을 것입니다. 이보다 더 좋은 계책은 없습니다."

이세황제는 조고의 말을 옳다고 여겨 법률을 다시 제정하고, 신하와 공자들 중에 죄를 짓는 자가 있으면 조고에게 맡겨 조사하도록 했다. 이렇게 해서 대신 몽의 등을 죽여 없애고, 공자 열두 명을 함양의 시장 바닥에서 죽이고, 공주 열 명을 두杜에서 찢어 죽였으며, 그들의 재산은 모두 관청에서 거둬들였는데 여기에 연루된 자는 이루 헤아릴 수 없었다.

공자 고高는 달아나려다가 온 가족이 모두 죽음을 당할까 두려워 글을 올려 말했다.

선제께서 건강하셨을 때 신이 궁중에 들어가면 먹을 것을 내려 주시고 나갈 때는 수레를 태워 주셨으며, 어부御府황제의 옷을 관장하던 곳의 옷을 내려 주시고 황제의 마구간의 좋은 말도 내리셨습니다. 신은 마땅히 선제를 따라 죽어야 하지만 그러지 못했으니 아들로서 효도하지 못했고, 신하로서 충성하지 못했습니다. 불충한 자는 이 세상에 살아갈 명분이 없으므로 선제를 따라 죽으려 하오니, 원컨대 여산酈山 기슭에 묻어 주십시오. 폐하께서 신을 가엾게 여겨 주시면 다행이겠습니다.

이 글이 올라오자 호해는 매우 기뻐서 조고를 불러 편지를 보여 주며 말했다.

"이래도 사태가 급박하다고 할 수 있소?"

조고가 말했다.

"신하 된 자가 죽게 될까 근심하여 다른 생각을 할 겨를이 없는데 어찌 모반을 꾀할 수 있겠습니까?"

호해는 그 글을 허가하고 10만 전을 내려 매장해 주었다.

제 몸조차 이롭게 못하면서 어찌 천하를 다스리랴

법령에 따라 죽이고 벌하는 일이 날로 더욱더 가혹해지자 여러 신하가 스스로 위험을 느껴 모반하려는 자가 많아졌다. 또 [황제를 위하여] 아방궁을 짓고 직도直道와 치도馳道[21]를 만드느라 세금이 더 무거워지고 변방 부역에 징발이 그치지 않았다. 그래서 초나라 수비병 진승陳勝과 오광吳廣 등이 반란을 일으켜 산동에서 일어나니 준걸들이 다 일어나 스스로 제후가 되고 왕이 되어 진나라를 배반했다. 그 반란군은 홍문鴻門까지 진격했다가 물러날 정도였다.

이사는 여러 번 이세황제가 한가한 틈을 타 간언하려 했지만 이세황제는 허락하지 않고 도리어 이사를 문책하며 말했다.

---

21 직도는 진시황 35년 몽염에게 명하여 운양에서 구원군까지 직선으로 뚫은 길로 1800리에 달한다. 치도는 넓디넓은 도로라는 뜻으로 너비가 30장丈이며 지면보다 높게 닦아 길 양쪽에 소나무를 심었다. 전국의 각 요충지에 도달할 수 있었으며, 동쪽으로는 연나라와 제나라까지 미치고 남쪽으로는 오나라와 초나라까지 닿았다. 오늘날에도 풀 한 포기 자라지 않은 형태로 남아 있다.

"나에게는 나름대로 생각이 있소. 나는 한비로부터 들은 말이 있는데 '요임금이 천하를 차지했을 때 당堂의 높이는 석 자이고 서까래는 자르지 않은 통나무 그대로였으며 지붕을 덮은 참억새풀은 처마에 늘어져도 자르지 않았다. 나그네가 머무는 집도 이보다 검소할 수는 없다. 겨울에는 사슴 가죽으로 지은 옷을 입고 여름에는 칡으로 만든 베옷을 입으며, 거친 현미밥에 명아주잎과 콩잎으로 끓인 국을 질그릇에 담아 먹고 마셨다. 문지기가 입고 먹는 것도 이보다 검소할 수 없다. 우임금은 용문산 龍門山을 뚫어 대하大夏까지 통하게 하고 구하九河[22]를 열어 통하게 하고 구곡九曲에 둑을 둘러쌓아 막혔던 물길을 터 바다로 흘러 들어가게 했다. 우임금은 이러한 일을 하느라 넓적다리의 잔털이 다 닳아 없어지고 종아리의 털까지 없어졌다. 손과 발에는 못이 박이고 얼굴은 새까맣게 그을렸다. 그러나 결국 객사하여 회계산에 묻혔다. 노예의 수고로움도 이보다 심하지는 않았을 것이다.'라고 했소. 그러나 천하를 다스리는 일이 귀중하다는 것이 어찌 자기 몸을 괴롭히고 정신을 피로하게 하고, 몸은 나그네가 머무는 집 같은 곳에 두고, 입은 문지기와 같은 음식을 먹고, 손은 노예와 같은 일을 하는 것이란 말이오? 이것은 어리석은 자가 힘쓰는 일이지 현명한 사람이 힘쓸 일이 아니오. 어진 사람이 천하를 소유하게 되면 오로지 천하를 자기에게 맞도록 할 뿐이니 이것이 천하를 다스리는 것을 중하게 여기는 까닭이오. 이른바 어진 사람은 반드시 천하를 평안하게 하여 모든 사람을 다스릴 수 있는데 지금 제 몸조차 이롭게 하

---

22 일설에는 도해하徒駭河, 태사하太史河, 마협하馬頰河, 복부하覆釜河, 호소하胡蘇河, 간하簡河, 결하絜河, 구반하鉤盤河, 격진하鬲津河라고 하는데 여기서는 황하의 모든 지류를 가리킨다.

지 못하면서 어찌 천하를 다스릴 수 있겠소! 그래서 나는 내 뜻대로 욕심을 넓혀서 길이 천하를 가지고 재해가 없기를 바라오. 그러려면 어떻게 해야 하오?"

이사의 아들 유는 삼천군 군수이나 오광 등 도적 무리가 삼천군 서쪽을 침략하며 지나가도 이를 막지 못하였다. 장한章邯이 오광 등의 도적 무리를 쳐부숴 쫓아 버리자, 삼천군의 일을 조사하는 사자가 잇달아 오가면서 이사를 문책하고 이사에게 삼공의 지위에 있으면서 도적들이 이처럼 날뛰게 하니 어찌된 일인지 꾸짖었다.

이사는 두려우면서도 벼슬과 봉록을 소중히 여겨 어찌할 바를 모르다가, 결국 이세황제의 비위를 맞추어 용서를 빌고자 다음과 같은 글을 올렸다.

대체로 현명한 군주는 반드시 온갖 수단을 다하여 신하의 잘못을 꾸짖고 벌주는 방법을 시행하려고 합니다. 책임을 꾸짖으면 신하들은 능력을 다하여 자기 군주를 따르지 않을 수 없습니다. 신하와 군주의 직분이 정해지고 위와 아래의 의리가 분명해지면, 천하의 어진 사람도 어질지 않은 사람도 있는 힘을 다해 맡은 일을 하여 군주를 따르지 않는 자가 없습니다. 그러므로 군주는 홀로 천하를 통제하고 남에게 제어되는 일이 없습니다. 더없는 즐거움을 다 맛볼 수 있어야 이런 분이 현명한 군주이신데, (이러한 도리를) 살피지 않을 수 있겠습니까?

그래서 신자신불해는 "천하를 차지하고도 자기 뜻대로 행동하지 못한다면 이것은 천하를 질곡桎梏차꼬와 수갑으로 삼는 것이다."라고 말했습니다. 이것은 다른 뜻이 아니라 신하를 잘 꾸짖지 못하면서 도리어 천하의 백성을 위해 자기 몸을 괴롭혀 요임금과 순임금처럼 그렇게 하면, 그것이 바로 '질곡'이라는 말입니다. 대체로 신자나 한비자의 훌륭한 법술을 배워 신하를 꾸짖는 방법을 실행하여 천하를 자기 마음대로 부리지 못하고, 부질없이 애써서 제 몸을 괴롭히고 정신을 수고롭게 하여 몸소 백성에게 봉사하는 것은 백성이 할 일이지 천하를 다스리는 군주가 할 일이 아닙니다. 이래서야 어찌 존귀하다 할 수 있겠습니까? 남이 나를 따르게 하면 나는 존귀해지고 남은 비천해지만, 내가 남을 따르면 내가 비천해지고 남이 존귀해집니다. 그러므로 남을 따르는 자는 비천하고 남을 따르게 하는 자는 존중받는 것입니다. 예로부터 지금까지 그렇지 않은 경우는 없었습니다. 옛날에 현명한 사람을 존중한 까닭은 그 사람이 존귀했기 때문이고, 못난 사람을 미워한 까닭은 그 사람이 미천했기 때문입니다. 그런데 요임금과 우임금은 몸소 천하의 백성을 따랐습니다. 이런 까닭으로 그들을 존귀하다고 한다면 현명한 사람들을 존중하는 명분이 없어질 것입니다. 이것은 매우 잘못이라고 말할 수 있습니다. 이런 것을 '질곡'이라고 하는 것이 당연하지 않습니까? 이것은 신하를 제대로 처벌하지 못한 데서 오는 잘못입니다.

한비자는 "자애로운 어머니에게는 집안을 망치는 자식이 있지만 엄격한 가정에는 거스르는 종이 없다."라고 말했습니다. 무엇 때문이겠습니까? 잘못을 하면 반드시 벌을 주기 때문입니다. 옛날 상군의 법에 따르면 길가에 재를 버리면 벌을 내렸습니다. 대체로 재를 버리는 것은 가벼운 죄이지만 형벌은 무거웠습니다. 오직 현명한 군주만이 가벼운 죄를 엄하게 다스릴 수 있습니다. 가벼운 죄도 엄하게 처벌하는데 하물며 큰 죄를 지었을 경우는 말할 것도 없습니다. 그래서 백성은 감히 법을 어기지 못하는 것입니다. 그러므로 한비자도 "하찮은 베 조각이나 비단 조각은 도둑이 아닌 일반 사람들도 가져가지만 좋은 황금 100일은 도척도 훔쳐가지 않는다."라고 말한 것은 보통 사람들이 〔하찮은 이익을〕 중시하는 마음이 깊고 도척의 욕심이 얕아서 그런 것도 아니고, 도척의 행위가 100일이나 되는 귀중한 황금을 가벼이 여겨서 그런 것도 아닙니다. 그것을 가져가면 반드시 수형手刑손을 못 쓰게 화상을 입히는 형벌을 받기 때문에 도척도 100일이나 되는 황금을 집어 가지 않는다는 말입니다. 처벌이 반드시 시행되지 않는다면 일반 사람들도 하찮은 것이라도 내버려 두지 않게 됩니다. 그래서 성벽 높이가 다섯 장丈50척밖에 안 되더라도 누계樓季[23]가 가벼이 넘지 못하고, 태산은 높이가 100인仞800척이나 되지만 절름발이 양치기도 그 정상에서 양을 치는 것입니다. 누계도 다섯 장 높이를 어렵게 여기는데 어떻게 절름발이 양치기가 100인 높이를 쉽다고 할까요? 그것은 곧게 높아진 것과 깊이 파인 것의 형세가 다르기 때문입니다.

현명한 군주, 성스러운 왕이 오래도록 존귀한 지위에 있으면서 오래 큰 권세를 잡고 천하의 이익을 독점할 수 있었던 까닭은 특별한 방법이 있어서가 아니라 독자적으로 결단을 내리고 죄상을 세밀히 살펴 반드시 엄한 형벌을 내림으로써 천하 사람들이 감히 죄를 짓지 못했기 때문입니다. 그런데 지금 죄를 짓지 못하게 하는 근본 원인에는 힘쓰지 않고, 자애로운 어머니가 아들을 망치는 근원을 일삼는다면 성인의 이치를 살피지 못하는 것입니다. 성인의 이치를 실천하지 못하면 자기를 버려서 천하를 위해 고생하는 것인데 어찌 본받으시겠습니까? 이것을 어찌 슬퍼하지 않을 수 있겠습니까?

또한 검소하고 절약하며 어질고 의로운 사람이 조정에 서게 되면 방자한

---

23 위魏나라 문후文侯의 동생으로 날뛰는 말을 제지하고 뒤집힌 수레를 바로 세울 수 있을 만큼 힘센 장사였다고 한다.

쾌락이 그치고, 간언이나 이치에 맞는 말을 하는 신하가 군주 곁에서 입을 열면 방만한 의견이 물러가며, 열사가 절개를 위하여 죽는 행위가 세상에 드러나면 음탕한 쾌락이 없어집니다. 그러므로 지혜로운 군주는 이 세 부류의 사람을 멀리하고, 군주로서 신하들을 조종하는 방법을 써서 따르는 신하들을 제어하고 법률을 철저히 제정해야 합니다. 이렇게 하면 자신이 존중되고 권세는 무거워집니다.

대체로 현명한 군주는 반드시 세속을 거스르고 풍속을 고쳐서 싫어하는 것을 없애고 하고자 하는 바를 세웁니다. 이렇게 해서 살아서는 존중받는 권세를 누리고, 죽어서는 현명했다는 시호를 받게 됩니다. 그러므로 현명한 군주는 홀로 결정하기 때문에 권력이 신하에게 있지 않습니다. 이렇게 한 뒤에야 인의의 주장을 없애고, 이론을 따지는 자의 입을 막으며, 열사의 행동을 눌러서 귀를 막고 눈을 가리고도 마음속으로 혼자 보고 들을 수 있습니다. 그래서 밖으로는 인의가 있는 사람과 열사의 행동에 마음을 기울이지 않을 수 있고, 안으로는 간언하며 다투는 변설에도 마음을 빼앗기지 않을 수 있습니다. 군주는 초연하게 혼자서 하고 싶은 대로 행동해도 감히 거스르는 자가 없게 됩니다. 이렇게 된 뒤라야 신자와 한비자의 학술을 밝히고 상군의 법을 실천했다고 할 수 있습니다. 법을 실천하고 학술에 밝고서도 천하가 어지러워졌다는 말은 듣지 못했습니다. 그러므로 "왕도王道는 간략하여 행하기 쉽다."는 것입니다. 오직 현명한 군주만이 이것을 시행할 수 있습니다. 만약 이렇게 하면 신하들에게 꾸짖고 벌을 내릴 수 있으며, 신하들에게는 간사한 마음이 없어집니다. 신하들에게 간사한 마음이 없어지면 천하는 평안해지고, 천하가 평안해지면 군주는 존엄해지며, 군주가 존엄해지면 반드시 처벌이 실행됩니다. 처벌이 실행되면 반드시 구하는 바를 얻을 수 있으며, 구하는 바를 얻을 수 있으면 나라가 부유해지고, 나라가 부유해지면 즐거움도 넉넉해질 것입니다. 그러므로 꾸짖고 처벌하는 법술이 이루어지면 어떠한 욕망이라도 얻지 못하는 것이 없으며, 신하들과 백성은 죄와 허물을 벗어나기에 겨를이 없을 테니 어떻게 감히 모반을 꾀할 수 있겠습니까? 이와 같이 하면 제왕의 길이 갖추어지고, 군주와 신하의 도를 밝혔다고 할 수 있을 것입니다. 신자와 한비자가 다시 태어난다 해도 이보다 더할 수는 없을 것입니다.

이 글을 올리자 이세황제는 기뻐했다. 이리하여 처벌을 더욱더 엄격히 하고, 백성으로부터 가혹한 세금을 걷는 자를 현명한 관리라고 했다. 이세황제가 말했다.

"이와 같이 하는 것이 질책을 잘하는 것이라고 할 수 있다."

길에 다니는 사람 중 절반은 형벌을 받은 자였고, 〔형벌을 받아〕 죽은 자가 날마다 시장 바닥에 쌓여 갔다. 그리고 사람을 많이 죽인 관리를 충신이라고 했다. 이세황제는 말했다.

"이와 같이 하는 것이 질책을 잘하는 것이라고 할 수 있다."

처음 조고가 낭중령으로 있을 때, 사람을 죽이고 사사로운 원한을 푼 일이 많았다. 조고는 대신들이 조정으로 들어가 정사에 대하여 얘기하다가 자기를 헐뜯을까 두려워서 이세황제를 이렇게 설득했다.

"천자가 존귀한 까닭은 신하들은 소리만 들을 뿐 〔얼굴〕을 뵐 수 없기 때문입니다. 그래서 천자는 스스로 짐朕[24]이라고 일컬었습니다. 또 폐하

---

24 이 말은 본래 조짐兆朕, 즉 아직 사물이 제 모습을 나타내기 전의 상태를 가리켰다. 진秦나라 이전에는 주로 1인칭 대명사로 쓰이다가 시황제 때부터 천자의 자칭으로 사용되었다.

께서는 아직 춘추가 연소하셔서 반드시 모든 일에 두루 능통할 수는 없습니다. 지금 조정에 앉아 신하에 대한 견책이나 사람을 쓰는 문제에서 옳지 못한 점이 있다면 대신들에게 단점을 보이는 것입니다. 이는 폐하의 신성하고 영명하심을 천하에 보이는 것이 아닙니다. 그러니 폐하께서는 궁중 깊숙한 곳에서 팔짱을 끼고 계시면서 신과 법률에 밝은 시중侍中황제를 모시는 직책과 더불어 일을 기다렸다가 안건이 생기면 그것을 상의해서 처리하십시오. 이렇게 하면 대신들은 감히 의심스러운 일을 말하지 못하며, 온 천하가 훌륭한 군주라고 칭찬할 것입니다.”

이세황제는 이 계책을 받아들여 조정으로 나아가 대신들을 만나지 않고 궁궐 깊숙한 곳에 머물렀다. 조고는 늘 이세황제를 모시며 〔정치적인〕 일을 제 마음대로 처리했고 모든 일은 조고의 손에서 결정되었다.

조고는 이사가 이 일에 관하여 말하려고 한다는 것을 듣고 승상 이사를 만나 말했다.

“함곡관 동쪽에는 도적 떼가 많이 일어나고 있습니다. 그런데 지금 황상에서는 급히 부역을 징발하여 아방궁을 짓고 개나 말 같은 쓸모없는 것을 모으고 계십니다. 제가 간언하려 해도 지위가 낮으니 이런 일은 참으로 승상께서 하실 일인데, 어째서 간언하지 않습니까?”

이사가 말했다.

“물론 그렇소. 나는 그것을 말씀드리고 싶어 한 지 오래되었소. 그러나 요즘 황상께서는 조정에 나오시지 않고 궁궐 깊숙한 곳에 계시니 드리고 싶은 말씀이 있어도 전할 수 없고, 뵙고자 해도 만날 틈이 없소.”

조고가 말했다.

“만일 승상께서 참으로 간언하고 싶다면 승상을 위해 군주가 한가한 틈을 엿보아 알려 드리겠습니다."

조고는 이세황제가 한창 연회를 벌여 미녀들을 앞에 놓고 있을 때를 기다렸다가 사람을 보내 승상에게 말했다.

"황상께서 지금 한가하시니 말씀을 올릴 수 있습니다."

승상은 궁문에 이르러 뵙기를 청했다. 이런 일이 세 번이나 되풀이되자 이세황제가 화를 내며 말했다.

"나는 언제나 한가한 날이 많은데 승상은 〔그런 때에는〕 오지 않고, 내가 연회를 열어 즐기고 있으면 와서 안건을 말하려 하오. 승상은 감히 나를 어리다고 얕잡아 보는 것이오? 게다가 진실로 그렇게 보시오?"

조고는 이 틈을 타서 말했다.

"이렇게 하면 위태로워집니다. 저 사구에서의 음모에 승상도 참여했습니다. 지금 폐하께서는 황제가 되셨지만 승상의 지위는 더 존귀해진 것이 없습니다. 그는 땅을 떼어 받아 왕이 되기를 바랄 것입니다. 또 폐하께서 묻지 않으시기에 구태여 말씀드리지 않았습니다만, 승상의 맏아들 이유는 삼천군 태수로 있는데 초나라의 도둑 진승 등은 모두 승상의 고향에서 가까운 고을 사람들입니다. 그래서 초나라 도둑들이 공공연히 돌아다니며 삼천군을 지나도 이유는 성만 지킬 뿐 나가 치려고 하지 않았습니다. 신은 그들 사이에 편지가 오간다고 들었습니다만 아직 확실한 증거를 잡지 못했기에 감히 말씀드리지 않았습니다. 또 궁중 밖에서 승상의 권세는 폐하보다도 무겁습니다."

이세황제도 그렇다고 생각했다. 이세황제는 승상을 심문하려 했으나, 그 사실이 확실하지 않은 것을 염려하여 사람을 시켜 삼천군 태수가 도둑과 내통한 상황을 조사하도록 하였다. 이사도 이런 움직임을 들었다.

그때 이세황제는 감천궁에서 곡저觳抵라는 유희와 연극을 구경하고 있어 이사는 뵐 수가 없으므로 글을 올려 조고의 단점을 말했다.

신이 듣건대 "신하의 권력이 그 군주의 권력과 비슷해지면 위태롭지 않은 나라가 없으며, 첩의 세력이 남편의 세력과 비슷하면 위태롭지 않은 집안이 없다."라고 합니다. 지금 대신 중에는 폐하만큼 다른 사람들에게 마음대로 이익을 주기도 하고 해를 주기도 하여 폐하의 권력과 별 차이가 없는 자가 있으니, 이것은 매우 온당치 못한 일입니다. 옛날에 사성司城 벼슬에 있던 자한子罕은 송나라 재상이 되자 자신이 형벌을 집행하며 위엄 있게 행세하더니 1년 만에 자신의 군주를 위협하였습니다. 전상은 제나라 간공의 신하가 되어 작위와 서열로는 나라 안에서 따를 자가 없었고, 그 개인 집의 재력이 제나라 공실公室과 비슷해지자 은혜를 펴고 덕을 베풀어 아래로는 백성의 마음을 얻고 위로는 신하들의 마음을 얻어 은밀히 제나라의 국권을 빼앗으려고 재여宰予를 뜰에서 죽이고 간공을 조정에서 죽여 드디어 제나라를 손에 넣었습니다. 이 일은 천하 사람이 다 알고 있습니다.

지금 조고가 사악한 뜻을 품고 위험한 반역을 행하는 것은 자한이 송나라 재상으로 있을 때와 같고, 그 개인 집의 재력은 전씨가 제나라에 있을 때와 같습니다. 전상과 자한의 반역 수법을 병행하여 폐하의 위엄과 신망을 위협하려는 뜻은 한기韓玘가 한韓나라 왕 안安의 재상으로 있을 때와 비슷합니다. 폐하께서 지금 그에 대한 대책을 세우지 않는다면 그가 변을 일으킬까 두렵습니다.

이세황제가 대답했다.

"무슨 소리요? 조고는 본래 환관이었소. 그러나 그는 제 몸이 편안하다고 해서 제멋대로 하지 않았고, 제 몸이 위태롭다고 해서 마음을 바꾸지 않았으며, 행실을 깨끗이 하고 선행을 닦아 지금의 지위에 이르렀소. 충성으로 승진하고 신의로 제자리를 지키니 짐은 참으로 그를 현명하다고 생각하오. 그런데 그대가 조고를 의심하다니 무슨 까닭이오? 게다가 짐은 어린 나이에 아버지를 잃어서 아는 것이 적고 백성을 다스리는 데도 서투르며 그대마저 늙어서 천하의 일과 동떨어지지나 않을까 염려되오. 그러니 짐이 조고에게 모든 일을 맡기지 않으면 누구에게 맡겨야 한단 말이오. 조고는 사람됨이 청렴하고 부지런하며 아래로는 백성의 마음을 알고 위로는 내 뜻에 맞으니 그대는 그를 의심하지 마시오."

이사는 (다시) 글을 올려 말했다.

그렇지 않습니다. 조고라는 자는 본래 미천한 출신으로 도리를 알지 못하며, 탐욕스러운 마음은 끝이 없고 이익을 추구하여 그칠 줄 모르며, 위세는 군주의 다음가며 욕심을 끝없이 부립니다. 그래서 신은 위험한 인물이라고 말씀드린 것입니다.

이세황제는 이미 전부터 조고를 신임하고 있었으므로, 이사가 조고를 죽이지나 않을까 걱정이 되어 조고에게 이 일을 조용히 말해 주었다. 그러자 조고가 말했다.

"승상의 두통거리는 오직 이 조고뿐입니다. 신만 죽으면 승상은 곧 전상과 같이 행동할 것입니다."

이에 이세황제가 말했다.

"이사를 낭중령 조고에게 넘겨 조사하도록 하라."

조고가 이사를 심문했다. 이사는 붙잡혀 묶인 채 감옥에 갇혀 하늘을 우러러보며 탄식했다.

"아, 슬프구나! 도리를 모르는 군주를 위하여 무슨 계책을 세울 수 있겠는가? 옛날 걸왕은 관용봉關龍逢을 죽이고, 주왕은 왕자 비간比干을 죽이고, 오나라 왕 부차는 오자서를 죽였다. 이 세 신하가 어찌 충성하지 않았을까마는 죽음을 면치 못한 것이니 몸이 죽어서 충성할 바가 아니고 충성을 다한 군주가 도리를 몰랐기 때문이다. 지금 내 지혜는 세 사람만 못하고 이세황제의 무도함은 걸왕, 주왕, 부차보다도 더하니 내가 충성하였기 때문에 죽는 것은 당연하다. 장차 이세황제의 다스림이 어찌 어지럽지 않으랴!

지난날 그는 자기 형제를 죽이고 스스로 섰으며, 충신을 죽이고 미천한 사람을 존중하며, 아방궁을 짓느라 천하 백성에게 무거운 세금을 거두어들였다. 내가 간언하지 않은 게 아니라 간언을 받아들이지 않았던 것이다. 대체로 옛날 훌륭한 왕들은 음식에 절제가 있었고, 수레나 물건에도 정해진 수가 있었으며, 궁실을 짓는 데도 한도가 있었다. 명령을 내려 어떤 일을 하는 경우에도 비용만 들고 백성에게 보탬이 되지 못하는 것은 금하여 오랫동안 평안하게 다스릴 수 있었다. 그런데 지금 형제에게 도리에 어긋난 일을 하고도 그 허물을 반성할 줄 모르고, 충신을 죽이고도 다가올 재앙을 생각하지 않으며, 궁궐을 크게 짓느라 천하 백성에게 무거운 세금을 물리며 비용을 아끼지 않는다. 이 세 가지 나쁜 일이 실행되니 천하의 백성은 복종하려 하지 않는다. 지금 반역자가 벌써 천하의 절반을 차지했는데도 이세황제는 아직 깨닫지 못하며 조고를 보좌로 삼고 있으니, 나는 반드시 도적이 함양에 들어오고 고라니와 사슴이 조정에서 노는 꼴을 보게 되겠구나."

이에 이세황제는 곧 조고를 시켜 승상 이사의 죄상을 밝혀 벌을 내리도록 했다. 조고는 이사가 아들 이유와 함께 모반을 꾀한 죄상을 추궁하고, 그 일족과 빈객을 모두 체포했다. 조고가 이사를 심문하면서 1000번이 넘는 채찍질로 고문하므로 이사는 고통을 이기지 못하여 스스로 없는 죄를 자백했다. 이사가 자살하지 않은 까닭은 자신이 변설에 능하고 공로가 있으며 실제로 모반할 마음이 없었고, 글을 올려 진정하면 다행히 이세황제가 깨닫고 용서해 주리라고 생각했기 때문이다. 그래서 이사는 옥중에서 글을 올렸다.

신이 승상이 되어 백성을 다스린 지 30년이나 되었는데, 그때는 진나라 땅이 좁았습니다. 선왕 때에는 진나라 땅이 사방 1000리를 넘지 않고 병력은 수십만에 불과했습니다. 신은 변변치 못한 재능을 다하여 삼가 법령을 받들고, 남몰래 모신謀臣을 보내 보물을 가지고 제후들을 설득하게 했습니다. 또 조용히 군비를 갖추고 정치와 교육을 정비하였으며, 투사에게 벼슬을 주고 공신을 존중하여 그들의 작위와 봉록을 높였습니다. 이렇게 한 결과 한나라를 위협하고 위나라를 약화시켰으며, 연나라와 조나라를 깨뜨리고 제나라와 초나라를 평정하였으며, 마침내 여섯 나라를 겸병하여 그 왕들을 사로잡고 진나라 왕을 세워서 천자로 만들었습니다. 이것이 신의 첫 번째 죄입니다. 땅이 넓지 않은 것은 아니었으나 다시 북쪽으로는 호胡와 맥貉을 쫓아버리고, 남쪽으로는 백월을 평정하여 진나라의 강대함을 과시했습니다. 이것이 신의 두 번째 죄입니다. 대신을 존중하여 그 작위를 높여〔군주와 신하 사이의) 친밀함을 굳게 했습니다. 이것이 신의 세 번째 죄입니다. 사직을 세우고 종묘를 구축하여 주상의 현명함을 밝혔습니다. 이것이 신의 네 번째 죄입니다. 눈금을 고쳐 도량형을 통일하고 문물제도를 천하에 보급하여 진나라의 명성을 드높였습니다. 이것이 신의 다섯 번째 죄입니다. 수레가 달릴 수 있는 길을 닦고 관광 시설을 만들어 군주의 득의한 모습을 보였습니다. 이것이 신의 여섯 번째 죄입니다. 형벌을 늦추고 부세를 가볍게 하여 주상께서 백성의 마음을 얻도록 하였으며, 천하의 모든 백성이 주상을 받들어 죽어도 그 은혜를 잊지 않게 하였습니다. 이것이 신의 일곱 번째 죄입니다. 이사는 신하로서 죄를 지었으니 이미 오래전에 죽어 마땅합니다. 폐하께서 다행히 신의 능력을 다하게 하시어 오늘에 이를 수 있었으니, 부디 폐하께서는 이를 살펴 주시기 바랍니다.

이 글이 올라오자, 조고는 관리에게 버리도록 하고 아뢰지 않았다. 그러고는 이렇게 말했다.

"죄수가 어떻게 군주에게 글을 올릴 수 있는가?"

조고는 10명 남짓 되는 자기 식객을 시켜 거짓으로 어사, 알자, 시중으로 꾸며 번갈아 가서 이사를 심문하게 했다. 이사가 번복하여 사실대로 대답하면 사람을 시켜 다시 매질을 했다. 나중에 이세황제가 사람을 시켜 이사를 심문하자, 이사는 전과 같이 하리라고 생각하여 끝내 번복하여 말하지 않고 죄를 시인했다. 판결이 아뢰어지자 이세황제는 기뻐서 말했다.

"조고가 아니었다면 승상에게 속을 뻔했소."

이어서 이세황제는 사람을 보내 삼천군 태수 이유를 조사하도록 했지만, 사자가 도착했을 때는 반란군 항량項梁항우의 숙부이 이미 그를 죽인 뒤였다. 사자가 돌아왔을 때 마침 승상은 옥리에게 넘겨졌고, 조고는 [이사와 이유의] 모반에 관한 진술서를 마음대로 꾸몄다.

이세황제 2년 7월, 이사에게 오형五刑을 갖추어 그 죄를 논하고 함양의 시장 바닥에서 허리를 자르도록 하였다. 이사는 옥에서 나와 함께 잡혀 있던 둘째 아들을 돌아보며 말했다.

"내 너와 함께 다시 한번 누런 개를 끌고 상채 동쪽 문으로 나가 토끼 사냥을 하려고 했는데, 이제는 그렇게 할 수 없겠구나."

드디어 아버지와 아들은 소리 내어 울고 삼족이 모두 죽음을 당했다.

사슴을 말이라고 하다

이사가 이미 죽고나서 이세황제가 조고를 중승상中丞相[25]으로 삼자, 크든 작든 모든 일은 조고가 결정했다. 조고는 자신의 권력이 무거운 줄을 알고 이세황제에게 사슴을 바치면서 말이라고 했다. 이세황제가 좌우에 있는 이들에게 물었다.

"이것은 사슴이지?"

좌우에 있던 이들은 한결같이 이렇게 대답했다.

---

25 일설에 의하면 조고가 중성의 환관이었기 때문에 붙은 칭호라고도 하고, 궁궐 안에서 정치를 보았기 때문에 붙여졌다고도 한다.

"말입니다."

이세황제는 놀라서 스스로 정신이 이상하다고 생각하여 태복太卜점을 치는 관리를 불러 점을 치게 했다. 그러자 태복은 이렇게 말했다.

"폐하께서는 봄가을로 교사郊祀제왕이 교외에서 천지에 올리는 제사를 지낼 때 종묘 귀신을 모시면서 재계가 석연치 못해서 이 지경에 이르렀습니다. 덕을 많이 쌓아 재계를 충분히 하셔야 합니다."

그래서 이세황제는 상림원으로 들어가 재계했다. 날마다 새를 잡고 짐승을 사냥하면서 놀았는데, 마침 지나가던 사람이 상림원으로 들어오자 이세황제가 활을 쏘아 그를 죽였다. 조고는 함양의 영令으로 있는 사위 염락閻樂을 시켜 이렇게 탄핵했다.

"누군지는 알 수 없지만 사람을 죽여 상림원으로 옮겨 놓은 도둑이 있다."

그리고 조고는 이세황제에게 간언했다.

"천자가 아무런 까닭 없이 죄 없는 사람을 죽이는 것은 하늘이 금하는 바입니다. 귀신도 폐하의 제사를 받지 않을 것이며, 하늘은 재앙을 내릴 것입니다. 따라서 궁궐에서 멀리 떨어진 곳으로 가서 재앙을 물리치는 기도를 드려야 마땅합니다."

이세황제는 궁궐을 떠나 망이궁望夷宮에 머물렀다.

망이궁에 있은 지 사흘 만에 조고가 위사衛士들에게 거짓 조서를 내려 흰옷을 입고 무기를 들고 궁궐로 향하게 하고, 자신은 한 발 앞서 궁궐로 들어가 이세황제에게 이렇게 말했다.

"산동의 도적 떼가 크게 쳐들어왔습니다."

이세황제가 망루에 올라 이것을 바라보고 두려워하니, 조고는 이 틈을 타 이세황제를 위협하여 스스로 목숨을 끊도록 했다. 조고는 황제의 옥새를 꺼내어 찼지만 곁에 있던 신하 가운데 따르는 자가 없었고, 궁전에 오르자 궁전이 세 번이나 무너지려고 했다. 조고는 하늘이 허락하지 않고 신하들도 받아들이지 않음을 스스로 알고 시황제의 손자[26] 자영子嬰을 불러 옥새를 주었다.

자영은 즉위했지만 조고를 두려워하여 병을 핑계로 정치적인 일을 돌보지 않고 환관 한담韓談 및 그의 아들과 조고를 죽이려고 모의했다. 조고가 황상을 뵙고 문병하려 할 때, 한담에게 조고를 찔러 죽이도록 하고 그의 삼족을 멸망시켰다.

자영이 즉위한 지 석 달 만에 패공沛公유방의 군대가 무관武關으로 들어와 함양에 이르렀다. 진나라 신하와 관리는 모두 자영을 배반하고 맞서 싸우지 않았다. 자영은 처자식과 함께 〔옥새가 달린〕 끈을 스스로 목에 걸고 지도軹道 부근에서 항복했다. 패공은 자영을 관리에게 넘겼으나 항왕項王항우이 와서 목을 베었다. 〔진나라는〕 마침내 천하를 잃었다.

태사공은 말한다.

"이사는 여염집에서 태어나 제후들에게 유세하다가 진나라로 들어가서 진왕을 섬겼다. 〔열국 사이에〕 틈이 생긴 기회를 타서 시황제를 도와 마침내 진나라의 제업을 이루게 했다. 이사는 삼공의 지위에 올랐으므

---

26 원문은 '제弟'인데 여기서는 '손孫'의 오기로 보아 '손자'로 번역했다. 자영이 누구인지에 관해서는 호해의 조카, 호해의 형, 진시황의 동생 등 여러 가지 설이 있는데,『사기』「진시황 본기」에는 "이세황제 형의 아들 공자 자영"이라고 나오며 여기서도 이에 따라 바로잡았다.

로 높은 자리에 등용되었다고 할 수 있다. [그러나] 이사는 육경의 근본 뜻을 잘 알면서도 공명정대하게 정치를 하여 군주의 결점을 메워 주려 힘쓰지 않고, 높은 작위와 봉록을 누리는 무거운 지위에 있으면서도 [군주에게] 아첨하고 좇으며 구차하게 비위를 맞추고 조칙을 엄하게 하고 형벌을 가혹하게 하였으며, 조고의 간사한 의견을 따라 적자를 폐하고 첩의 자식을 제위에 오르게 했다. 제후들이 이미 모반하고 나서야 비로소 군주에게 충언하려 했으니 때가 너무 늦었구나! 세상 사람은 모두 이사가 충성을 다했는데도 오형을 받고 죽었다고 생각하지만 그 근본을 살펴보면 세속의 논의와는 다르다. 그러지 않았더라면 이사의 공은 주공이나 소공과 어깨를 겨룰 만하였을 것이다."

28

몽염 열전
蒙恬列傳

진나라가 통일된 뒤, 몽염은 흉노를 압박하고 10여 년간 북방을 지키면서 만리장성을 쌓아 진시황에게 각별한 신임을 받았다. 몽염의 집안사람들은 대대로 진나라 장수로서 진나라 건국 때에도 많은 공을 세웠다. 그렇지만 진시황이 죽자 조고趙高와 이사李斯의 음모로 사구정변沙丘政變이 일어나고, 이 일로 몽염은 동생 몽의蒙毅와 함께 참소를 받아 죽게 된다.

여기서 사마천은 몽염 형제를 혹평하고 있는데, 그 까닭은 진시황의 영토 확장 정책이 백성에게 수많은 고통을 안겨 주었기 때문이다. 마지막 부분에서 몽염은 사약을 앞에 두고 자신의 억울한 죽음에 항변하면서도 자신이 장성을 쌓으면서 지맥을 끊어 놓았기에 그 화를 입었다고 한탄조로 말하는데 사마천은 이에 대해서도 강력하게 비판한다. 몽염은 이름 높은 장수로서 전쟁 후에라도 백성을 안정되게 하는 데 힘쓰지 않고 장성 쌓는 일에 백성을 동원했으니 이로 인해 벌을 받은 것이지 지맥을 끊은 탓이 아니라는 것이다.

한편 진시황이 맏아들 부소를 북방 방비에 투입한 것은 몽염이 흉노와 연합하여 반란을 일으킬까 봐 미리 막기 위해서였다고 유추할 수도 있다. 몽염이 진시황을 위해 진정으로 노력했을지언정 그 뜻을 오해받을 수 있는 것이 정치의 냉혹한 현실이다.

몽염蒙恬은 그 조상이 제나라 사람이다. 몽염의 할아버지 몽오蒙驁는 제나라에서 진나라로 와 소왕을 섬겼으며, 관직이 상경에 이르렀다. 진나라 장양왕 원년에 몽오는 진나라 장수가 되어 한나라를 쳐서 성고와 형양을 빼앗고 삼천군을 두었다. 2년에는 몽오가 조나라를 쳐서 성읍 37개를 빼앗았다. 시황제 3년에 몽오는 한나라를 쳐서 성읍 13개를 빼앗고, 5년에는 위나라를 쳐서 성읍 20개를 빼앗아 동군을 두었다. 몽오는 시황제 7년에 죽었다. 몽오의 아들은 몽무蒙武이고, 몽무의 아들이 몽염이다.

몽염은 한때 형벌과 법률을 배워 소송 문건을 처리하는 일을 했다. 시황제 23년에 몽무는 진나라 비장군이 되어 왕전과 함께 초나라를 쳐서 크게 깨뜨리고 항연項燕을 죽였다. 24년에는 몽무가 초나라를 쳐서 초나라 왕을 사로잡았다. 몽염의 아우는 의毅이다.

시황제 26년에 몽염은 가문 대대로 장군을 지낸 관계로 진나라 장수가 되어 제나라를 쳐서 크게 깨뜨려 내사內史수도 함양을 다스리던 행정 장관로 임명되었다.

진나라는 천하를 통일한 뒤 몽염으로 하여금 군사 30만 명을 이끌고 북쪽으로 가서 융적戎狄을 쫓아 버리고 하남을 차지하도록 했다. 장성을 쌓았는데 지형에 따라 요새를 만들었으며 임조臨洮에서 요동遼東까지 길게 이어져 1만여 리나 되었다. 그러고 나서 하수를 건너 양산陽山을 의

지하여 꾸불꾸불 북쪽으로 올라갔다. 공사를 위해 10년 동안 군대를 국경 밖에 내놓았고, 상군上郡에 주둔해 있었다. 이때 몽염의 위세는 흉노 땅까지 떨쳤다. 시황제는 몽씨 형제를 매우 존중하고 남다르게 아끼며 신임하고 현명하다고 여겼다. 그리고 몽의를 가까이하여 그 지위가 상경에 이르게 하고, 밖으로 나갈 때는 수레를 함께 타고 궁궐로 들어와서는 늘 곁에 두었다. 몽염에게는 궁궐 밖의 일을 맡기고 몽의는 늘 궁궐 안에서 계책을 짰으며 〔둘 다〕 충신이라는 평을 받으니, 여러 장수와 대신들도 감히 그들과 다투려 하지 않았다.

죽음을 피하지 못한 몽염과 몽의 형제의 수난

조고趙高는 조나라 왕족 조씨의 먼 친족이다. 조고의 형제 가운데 몇 명은 태어나자마자 모두 거세되어 환관이 되었으며, 그들의 어머니도 형벌을 받았으므로 대대로 비천한 신분이었다.[1] 진왕은 조고가 능력이 있어 형법에 정통하다는 말을 듣고 중거부령으로 등용했다. 조고는 몰래 공자 호해를 섬겨 그에게 죄를 판결하는 법을 가르쳤다. 조고가 큰 죄를 지었을 때 진왕은 몽의에게 법대로 다스리도록 명령했다. 몽의는 법을 곡해하지 않고 조고의 죄가 사형에 해당하므로 환관 명부에서 그를 삭제

---

[1] 조고의 어머니가 형벌을 받았다가 풀려났으므로 조씨 형제들의 출생은 비천한 신분일 수밖에 없는 태생적 한계를 갖고 있었다.

하였다. 그러나 시황제는 조고가 일을 처리하는 능력이 뛰어나다며 용서하고 그의 관직과 작위를 회복시켜 주었다.

시황제는 천하를 순행하려 하면서 구원九原에서 곧장 감천甘泉으로 가기를 원해 몽염에게 길을 닦도록 했다. 〔몽염은〕 구원에서 감천까지 1800리나 산을 깎아내리고 골짜기를 메웠지만 길이 완성되지 못했다.

시황제 37년 겨울에 〔황제가〕 회계로 순행하여 해안을 따라 북쪽으로 올라 낭야琅邪로 향했다. 가는 길에 병들어서 몽의에게 돌아가 산천의 신들에게 기도드리도록 했으나 몽의가 돌아오지 못했다.

시황제는 사구沙丘에 이르러 죽었다. 시황제가 사구에서 죽은 사실을 비밀리에 부쳤으므로 신하들은 이 일을 아무도 몰랐다. 이때 승상 이사, 공자 호해, 중거부령 조고가 〔황제를〕 늘 곁에서 모시고 있었다. 조고는 평소 호해에게 남달리 사랑을 받고 있었으므로 호해를 〔황제로〕 세우려고 하면서, 또 한편으로는 몽의가 자기를 법대로 다스리고 자기를 위해 주지 않은 일을 원망하여 그를 죽이려는 마음을 갖고 있었다. 이에 승상 이사, 공자 호해와 몰래 모의하여 호해를 세워 태자로 삼았다.

태자가 이미 세워지자, 사자를 보내 공자 부소와 몽염에게 죄를 덮어 씌워 죽음을 내렸다. 부소는 자살했으나 몽염은 의심을 품고 다시 한번 명을 내려 달라고 요청했다. 사자는 몽염을 관리에게 넘기고 다른 사람이 그 자리를 대신하게 했다. 그리고 호해는 이사의 사인을 호군護軍으로 삼았다. 사자가 돌아와 보고하니, 호해는 부소가 이미 죽었다는 말을 듣고 몽염을 즉시 풀어 주려 했다. 그러나 조고는 몽씨가 다시 존귀해져 권력을 잡으면 그를 원망할까 봐 두려웠다. 몽의가 돌아오자, 조고는 호해에게 충성하는 척하면서 계책을 써서 몽씨를 죽이려고 이렇게 말했다.

"신이 듣건대 선제께서는 황자의 현명함을 들어 태자로 세우려 한 지 오래되었습니다만 봉의가 '옳지 않습니다.'라고 간했다고 합니다. 만약 몽의가 태자께서 현명한 줄을 알면서도 오래도록 세우려 하지 않았다면, 이는 황자께 충성스럽지 못하며 선제를 미혹시킨 것입니다. 신의 어리석은 생각으로는 몽의를 주벌하는 것이 낫겠습니다."

호해는 이 말을 듣고 몽의를 대代 땅의 옥에 가두었다. 이보다 앞서 몽염은 양주의 옥에 갇혔다. [시황제의] 영구가 함양에 이르러 장례를 끝내자, 태자가 즉위하여 이세황제가 되었다. 조고는 이세황제를 가까이 모시면서 밤낮으로 몽씨를 헐뜯고 그들의 죄와 허물을 들추어내어 탄핵했다.

자영子嬰이 [이세황제] 앞으로 나아가 간언했다.

"신이 듣건대 예전 조나라 왕 천遷은 그의 어진 신하 이목李牧을 죽이고 안취顔聚를 등용했고,[2] 연나라 왕 희喜는 남몰래 형가의 계책을 써서 진나라와의 맹약을 저버리고, 제나라 왕 건建은 전 시대의 충신을 죽이고 후승后勝의 건의를 받아들였다고 합니다.[3] 이 세 군주는 모두 각각 옛 것을 바꾸었기 때문에 그 나라를 잃고 자기 몸에까지 재앙이 미쳤습니

2 이목은 전국 시대 조나라의 북쪽 변방을 지키던 무장으로 군공이 뛰어났다. 진秦나라는 조나라를 정벌하려고 하면서 이간책을 써 이목이 조나라를 배반하려 한다고 모함했다. 조나라 왕은 그 말을 믿어 이목을 죽이고 안취에게 군대를 지휘하여 진나라에 맞서도록 했다. 그러나 그 다음 해에 조나라는 멸망하고 조나라 왕은 포로 신세가 되었다.
3 진秦나라가 여섯 나라를 멸망시키는 과정에서 후승은 제나라 왕 건에게 전쟁 준비를 하지 말고 다른 다섯 나라를 도와 진나라와 싸우지 말라고 건의했다. 진나라가 다섯 나라를 멸망시킨 뒤 제나라를 공격했을 때도 제나라 왕은 싸우지 말고 항복하자는 후승의 말을 받아들여 포로가 되었다.

다. 지금 몽씨 형제는 진나라의 대신이며 계책을 잘 내는 인물입니다. 폐하께서는 하루아침에 이들을 버리려 하시는데 신이 생각하기에 안 된다고 봅니다. 신이 듣건대 '경솔하게 생각하는 사람은 나라를 다스릴 수 없고, 홀로 지혜로운 자는 군주 자리를 지키지 못한다.'라고 합니다. 충신을 죽이고 지조와 덕행이 없는 사람을 세우면 안으로는 신하들이 서로 믿지 않게 되고 밖으로는 전쟁을 하는 군사들의 마음을 이간질하게 되니 신이 생각하기에 안 된다고 봅니다."

호해는 듣지 않았다. 그러고는 어사대부 곡궁曲宮을 보내 역마를 타고 대代로 달려가 몽의에게 다음과 같이 명령을 전하게 했다.

"선제께서 짐을 태자로 세우려 할 때 경은 이 일을 비난했다. 지금 승상은 경을 충성스럽지 못하다 하고, 그 죄는 일족에게까지 미친다고 한다. 그러나 짐은 차마 그렇게 할 수 없어 경에게만 죽음을 내리니 이 또한 다행으로 생각하라. 경은 한번 생각해 보라!"

몽의는 이렇게 대답했다.

"신이 선제의 뜻을 잘 몰랐다고 하셨지만, 신은 젊어서부터 벼슬하여 선제께서 세상을 떠나실 때까지 남다른 사랑을 받았으니 선제의 뜻을 알았다고 할 수 있습니다. 신이 태자의 능력을 알지 못했다고 하셨지만, 〔여러 공자 가운데〕태자만이 선제를 따라 천하를 돌아보셨습니다. 그래서 신은 태자의 능력이 다른 여러 공자보다 훨씬 뛰어남을 의심해 본 일이 없습니다. 대체로 선제께서 태자로 세우려 한 것은 몇 년 동안 생각하신 일입니다. 신이 감히 무슨 말을 간하겠습니까! 감히 무슨 다른 생각을 꾀하겠습니까! 감히 말을 꾸며 죽음을 피하려는 게 아니라 선제의 이름에 누를 끼치는 게 부끄럽기 때문입니다. 원컨대 대부께서는 깊이 생각하시어 신이 정당한 죄로 죽게 하여 주십시오. 또 대체로 공을 이루고 제 몸을 온전히 보존하는 것은 사람의 도리로서 귀중하며, 형벌을 받아 죽음을 당하는 것은 사람의 도리로는 마지막입니다. 옛날 진나라 목공은 어진 신하 세 명[4]을 죽이고 백리해에게도 죽을죄를 내렸으나 실은 그들에게 적합한 처벌이 아니었습니다. 그래서 목繆[5]이라는 시호를 받았습니다. 소양왕昭襄王은 무안군 백기를 죽였고, 초나라 평왕은 오사를 죽였으며, 오나라 왕 부차는 오자서를 죽였습니다. 이 네 군주는 모두 큰 실수를 저질러서 천하 사람들에게 비난을 받았고, 제후들 사이에 현명하지 못한 군주로 알려졌습니다. 그러므로 '도道로 다스리는 자는 죄 없는 사람을 죽이지 않고, 무고한 사람에게는 벌을 내리지 않는다.'라고 합니다. 부디 대부께서는 이 점을 유념해 주십시오!"

그러나 사자는 호해의 뜻을 알고 있으므로 몽의의 말을 듣지 않고 마침내 그를 죽였다.

이세황제는 또 사자를 양주로 보내 몽염에게 명했다.

"그대는 잘못이 많다. 그리고 그대의 아우 몽의가 큰 죄를 저질렀기에 법이 내사內史몽염에게까지 미쳤다."

몽염이 말했다.

"신의 조상으로부터 자손에 이르기까지 진나라에서 공을 쌓고 신임을 얻은 지가 3대나 되었습니다. 지금 신은 30만 대군을 이끌고 있고, 비록

---

4 엄식奄息, 중항仲行, 침호鍼虎를 말한다. 목공은 그 무렵 이 세 명을 비롯하여 일흔일곱 명을 죽였다.

5 『익법諡法』에 따르면 목繆은 이름은 아름답지만 실상은 더러운 것을 뜻한다고 한다.

죄수의 몸으로 옥에 갇혀 있기는 하나 그 세력은 진나라를 배반하기에 충분합니다. 그러나 스스로 죽을 줄을 알면서도 의리를 지키는 것은 조상의 가르침을 욕되게 할 수 없고, 선제의 은덕을 잊지 않고 있기 때문입니다.

옛날 주나라 성왕成王이 처음 즉위했을 때는 어려서 포대기를 벗어나지 못했지만, 〔작은아버지인〕 주공 단旦이 왕을 업고 조정에 나가 처리하여 드디어 천하를 안정시켰습니다. 성왕이 병에 걸려 위태로워지자, 주공 단은 스스로 손톱을 잘라 하수에 던지면서 말했습니다. '왕께서 아직 어려 아는 것이 없기에 제가 일을 도맡아 처리하고 있습니다. 만약 허물이 있다면 제가 그 재앙을 받겠습니다.' 그리고 그것을 적어 기부記府천자가 사책史策 문서를 보관하던 곳에 간직해 두었으니 충성스럽다고 할 만합니다. 성왕이 자라서 〔직접〕 나라를 다스릴 수 있게 되자, 어떤 간사한 신하가 '주공 단은 반란을 일으키려 한 지 벌써 오래되었습니다. 왕께서 만일 대비하지 않는다면 반드시 큰일이 생길 것입니다.'라고 하였습니다. 성왕은 매우 화가 났고 주공 단은 초나라로 도망쳤습니다. 성왕은 기부에 있는 문서를 보다가 〔주공 단이〕 손톱을 하수에 던지며 기도한 글을 발견하자 눈물을 흘리며 말했습니다. '누가 주공 단이 반란을 일으키려 한다고 했는가?' 성왕은 그런 말을 한 자를 죽이고 주공 단을 다시 불러들였습니다. 그래서 『주서』에는 '반드시 삼경三卿에게 자문을 구하고 오대부五大夫에게 의견을 말하도록 한다.'라고 하였습니다.

지금까지 신의 종족으로는 대대로 모반하려는 마음을 품은 일이 없었는데 일이 갑자기 이렇게 된 까닭은 반드시 간사한 신하가 반역을 꾀하여 안으로 〔군주를〕 업신여기기 때문입니다. 저 성왕은 잘못을 저질렀으나 다시 고쳤으므로 마침내 번영하였고, 걸왕은 관용봉을 죽이고 주왕은 왕자 비간을 죽이고도 뉘우치지 않았으므로 자기도 죽고 나라도 망했습니다. 신은 그러므로 잘못은 바로잡아야 하고, 간언은 깨달아야 하며, 삼경과 오대부에게 [자문을 구하여] 살피는 것이 성왕聖王의 도리라고 말씀드리는 바입니다. [그러나] 대체로 신이 드리는 말씀은 허물을 면하고자 함이 아니요, 간언을 드리고 죽고자 할 따름입니다. 원컨대 폐하께서는 모든 백성을 위하여 도리를 따르도록 하십시오."

사자가 말했다.

"나는 조칙을 받아 장군에게 형을 집행할 뿐이오. 감히 장군의 말씀을 폐하께 전할 수는 없소."

몽염은 길게 한숨을 쉬며 탄식했다.

"내가 하늘에 무슨 죄를 지었기에 잘못도 없이 죽어야 한단 말인가?"

그러고는 한참 있다가 천천히 말했다.

"내 죄는 정녕 죽어 마땅하다. 임조에서 요동까지 장성을 만여 리나 쌓았으니, 이 공사 도중에 어찌 지맥地脈[6]을 끊어 놓지 않을 수 있었겠는가? 이것이 바로 내 죄로구나."

그러고는 약을 먹고 죽었다.

태사공은 말한다.

---

6 풍수학적으로 땅은 인간을 생육하는 어머니의 능력을 지니고 있고, 이것을 찾아내는 것이 풍수의 내용이다. 특히 지표상 어떤 특정한 장소는 그곳만의 생기生氣를 갖고 있는데, 이것을 지맥이라고 한다. 고대에는 지맥을 끊으면 천벌을 받는다는 미신이 있었다.

"나는 북쪽 변방 지역에 갔다가 직도直道로부터 돌아왔다. 길을 가면서 몽염이 진나라를 위해 쌓은 장성의 요새를 보았는데, 산악을 깎고 계곡을 메워 직도를 통하게 했으니 진실로 백성의 힘을 가볍게 여긴 것이다. 진나라가 처음 제후를 멸망시켰을 때 천하의 민심은 아직 제자리를 찾지 못했고 전쟁의 상처도 채 가라앉지 않았으나, 몽염은 이름 있는 장수로서 이러한 때에 곤궁한 백성을 구제하고 늙은이를 모시고 고아를 돌보며 모든 백성을 안정되고 평화롭게 하는 일에 힘써야 한다고 강력히 간언하지 않고 도리어〔시황제의〕뜻에 영합하여 공적을 세웠으니 이들 형제가 죽음을 당한 것도 마땅하지 않겠는가! 어찌 죄를 지맥을 끊은 탓으로 돌리랴."

29

장이 진여 열전

張耳陳餘列傳

장이와 진여는 전국 시대 말기의 유생으로서 서로 친밀한 정을 나눈 사이이다. 진나라 말기에 두 사람은 대의를 명분으로 일어난 진섭陳涉 밑에 들어가 조나라의 장상將相을 새로 세웠다. 그러나 진秦나라와 한漢나라의 복잡한 정치적, 군사적 대립 속에서 두 사람은 친구에서 원수라는 비극적인 관계에 놓이게 된다. 장이는 한漢나라로 가고, 진여는 조나라와 초나라를 도왔다. 처음에 진여는 제나라 왕의 병사를 빌려서 장이를 깨뜨려 조나라에서 대왕代王이 되었다. 그러나 뒤에 장이가 한나라에 투항하여 조나라를 멸망시키고 진여를 죽여 그 공로를 인정받아 조나라 왕으로 봉해졌다.

이 편에는 역사적 사실과 인물이 많이 등장하여 내용이 풍부하며 장이와 진여 두 사람을 중심으로 이들의 정치적, 군사적 재능과 식견 및 정권 쟁탈을 위한 치열한 다툼 등을 비교적 깊이 있게 서술하였다. 특히 진나라 말기에 농민들의 모반 과정과 유방과 항우의 전쟁 과정에서의 여러 국면을 이 편에서 총체적으로 볼 수 있다. 사마천은 장이와 진여 두 사람을 작품의 중심인물로 삼으면서도 오히려 괴통의 모사로서의 역할에 초점을 두어 이 편을 전개하고 있기도 하다.

목이 달아나도 변치 않을 교분

장이張耳는 대량 사람으로 젊을 때 위魏나라 공자 무기의 빈객이 된 적이 있다. 장이는 일찍이 죄를 짓고 달아나 외황外黃이라는 곳에서 떠돌이 생활을 하였다. 외황의 한 부잣집에 아주 아리따운 딸이 있는데, 그녀는 보잘것없는 사람에게로 시집갔다가 그 남편에게서 도망쳐 나와 아버지의 빈객에게 신세를 지고 있었다. 아버지의 빈객은 평소에 장이를 알고 있었으므로 그 부잣집 딸에게 말했다.

"반드시 어진 남편을 구하고 싶거든 장이를 따라가거라."

여자는 이 말을 따라 마침내 그 남편에게 이혼을 요구하고 장이에게로 시집갔다. 장이는 이때 혐의가 풀려 돌아다니고 있었으며, 여자의 집에서 장이에게 〔돈을〕 대 주고 후하게 받들었으므로 1000리 〔먼 곳에 있는〕 사람들까지도 불러 사귈 수 있었다. 그래서 그는 위나라에서 벼슬하여 외황의 현령이 되었으며, 이로 말미암아 어질다는 이름이 더욱 높아졌다.

진여陳餘도 대량 사람으로 유가의 학술을 좋아하여 조나라의 고형苦陘이라는 곳에 자주 다녔다. 〔고형의〕 부자인 공승씨公乘氏가 딸을 그에게 시집보냈는데, 진여가 평범한 사람이 아님을 알았기 때문이다. 진여는 나이가 젊으므로 장이를 아버지처럼 섬겼으며, 두 사람은 서로 목이 달아나도 마음이 변하지 않을 만큼 깊은 교분을 맺었다.

진秦나라가 대량을 멸망시켰을 때 장이의 집은 외황에 있었다. 고조

高祖유방가 평민일 때 자주 장이를 따라 떠돌아다니기도 하고, 몇 달 동안 그의 빈객으로도 있었다. 진나라가 위魏나라를 멸망시킨 지 여러 해 지났을 때 이 두 사람장이와 진여이 위나라의 이름 있는 선비라는 소문을 듣고 장이에게는 1000금, 진여에게는 500금의 현상금을 걸어 잡으려고 했다. 그래서 장이와 진여는 이름과 성을 바꾸고 함께 진陳으로 가서 어느 마을의 문지기 노릇을 하며 끼니를 이었다. 두 사람이 서로 마주보고 〔문을 지키고〕 있는데 마을의 벼슬아치가 진여에게 잘못이 있다고 매질을 했다. 진여가 일어나 대들려고 하자 장이가 진여의 발을 밟아 그대로 매를 맞게 했다. 벼슬아치가 떠나자, 장이는 진여를 뽕나무 아래로 데려가 책망했다.

"처음에 나와 그대가 약속한 것이 무엇이오? 지금 하찮은 치욕 때문에 일개 벼슬아치의 손에 죽으려고 하시오?"

진여는 그 말이 옳다고 생각했다. 진나라는 조서를 내려 돈을 걸고 이두 사람을 찾았는데, 두 사람은 오히려 문지기 신분으로 마을 안에 조서를 전하였다.

명분이 있어야 도울 수 있다

진섭陳涉[1]이 기蘄현에서 일어나 진陳에 이르렀을 때 군대는 수만 명에

---

[1] 진秦나라 때 양성陽城 사람 진승陳勝으로 자는 섭涉이다. 그는 처음에는 남의 집에 고용되어

달했다. 장이와 진여는 진섭에게 만나기를 청했다. 진섭과 측근들은 평소 장이와 진여가 현명하다고 자주 듣기는 했지만 만난 적이 없던 터라 보자마자 매우 기뻐했다.

진陳의 호걸과 부로父老들이 진섭을 설득했다.

"장군은 몸소 견고한 갑옷을 입고 예리한 무기를 손에 쥐고 병졸을 이끌어 포악한 진秦나라를 주벌하고 초나라의 사직을 다시 세워 망한 나라를 보존하고 끊어진 후대를 이었으니, 그 공덕은 마땅히 왕이 될 만합니다. 게다가 왕이 되지 않으면 천하의 여러 장수 앞에서 감독할 수 없습니다. 원컨대 장군께서 초나라 왕이 되어 주십시오."

진섭이 이 문제를 두 사람에게 묻자, 그들이 대답했다.

"저 진나라는 무도하여 남의 나라를 깨뜨리고 남의 사직을 없애고 남의 후세를 끊었으며, 백성의 힘을 쇠약하게 하고 백성의 재산을 모두 빼앗았습니다. 장군께서는 눈을 부릅뜨고 기백을 크게 드러내어, 나아가 만 번 죽을지언정 지난날을 되돌아보지 않겠다는 일생일대의 계책을 세우고 천하를 위하여 잔인한 〔진나라를〕 없애려고 하십니다. 이제 처음으로 진 땅에 오셨는데, 이곳에서 왕이 되는 일은 천하에 자신의 사사로운 욕심을 보이는 것입니다. 원컨대 장군께서는 왕이 되려 하지 말고 빨리 군대를 이끌고 서쪽 〔진나라를〕 치며, 사람을 보내서 여섯 나라의 자손

농사를 짓고 살았지만, 이세황제 때 어양漁陽이라는 곳의 수졸戍卒로 징발되었다가 오광吳廣과 반란을 일으키고 나라 이름을 장초張楚라고 불렀다. 그의 왕으로서의 삶은 장가莊賈에게 피살됨으로써 여섯 달 만에 그쳤다. 그렇지만 그가 진나라에 반기를 든 행동은 결국 다른 제후들의 봉기를 이끌어 결과적으로 진나라가 멸망하는 결정적 원인이 되었다. 「진섭 세가」에 그 과정이 자세히 나온다.

들을 [왕으로] 세우십시오. 장군에게는 같은 편을 만드는 것이고 진나라에게는 적을 더 보태는 것입니다. 적이 많으면 힘은 흩어지고, 편이 많으면 군대는 강해집니다. 이렇게 되면 들에는 싸우는 병사가 사라지고, [공격을 받는] 현縣은 성을 지킬 자가 없어질 테니 포악한 진나라를 멸하고 함양을 차지하여 제후들을 호령할 수 있습니다. [여섯 나라의] 제후들은 멸망하였다가 다시 왕이 되었으니 덕으로 그들을 복종시키면 제왕의 대업이 이루어질 것입니다. 지금 홀로 진 땅에서 왕이 되신다면 천하가 흩어질까 걱정됩니다."

그러나 진섭은 이 말을 듣지 않고 마침내 왕이 되었다.

진여는 이에 다시 진왕陳王진섭을 설득하여 말했다.

"대왕께서 양나라와 초나라의 병사를 거느리고 서쪽으로 가는 것은 함곡관으로 들어가기 위해 힘쓴 것이지만 아직 하북河北 땅은 빼앗지 못하셨습니다. 신은 일찍이 조나라를 돌아본 적이 있어서 그곳의 호걸들과 지형을 잘 압니다. 원컨대 기병奇兵을 거느리고 북쪽 조나라 땅을 공략하십시오."

이에 진왕은 전부터 친하게 지내던 진陳현 사람 무신武臣을 장군으로 삼고 소소邵騷를 호군護軍으로 삼았으며, 장이와 진여를 좌우 교위校尉로 삼아 병사 3000명을 주어 북쪽 조나라 땅을 공략하게 했다.

무신 등은 백마白馬나루터 이름를 통해 하수를 건너 여러 현에 들러서 그곳의 호걸들을 설득했다.

"진秦나라가 정치를 어지럽히고 형벌을 가혹하게 하여 세상에 해를 끼친 지 수십 년이 되었습니다. 북쪽으로는 장성을 쌓는 부역이 있었고, 남쪽으로는 오령을 지키는 병역이 있었습니다.[2] [그러므로] 안팎으로 소란스럽고 백성은 지치고 쇠약해졌는데 집집마다 식구 수대로 세금을 거둬들여 군사 비용으로 쓰고 있습니다. 재산은 바닥나고 힘이 다하여 백성은 살아갈 수가 없습니다. 게다가 가혹한 법과 준엄한 형벌을 시행하니 천하의 아버지와 아들들이 서로 안심할 수 없습니다. (이러한 때에) 진왕陳王께서는 팔을 걷어붙이고 천하를 위하여 앞장서서 초나라 땅에서 왕위에 오르시니, 사방 2000리의 땅 가운데 이에 호응하지 않는 곳이 없습니다. 집집마다 스스로 떨쳐 일어나고, 사람마다 스스로 싸움에 나서서 제각기 자신들의 원한을 풀고 원수를 쳤습니다. 현에서는 그 현령과 현승을 죽이고 군에서는 그 군수와 군위를 죽였습니다. 지금 (진왕은) 큰 초나라의 세력을 넓히고 진陳에서 왕위에 오르시고는 오광吳廣과 주문周文을 100만 군사의 장수로 삼아 서쪽으로 진나라를 치도록 하셨습니다. 이러한 때에 제후에 봉해지는 업적을 이루지 못하는 사람은 호걸이라고 할 수 없을 것입니다. 여러분이 서로 잘 생각해 보십시오. 무릇 천하 사람들이 한마음으로 진秦나라의 (가혹한 정치로) 고초를 받은 지 오래되었습니다. 천하의 힘으로 무도한 군주를 쳐서 부모 형제의 원수를 갚고 땅을 떼어 받아 제후에 봉해지는 업을 이루려면 이번이 사내대장부에게는 한번의 좋은 기회입니다."

호걸들은 모두 이 말을 옳게 여겼다. 이리하여 행군하는 중에 병사들을 거두어들여 수만 명을 얻었으며, 무신을 무신군武信君이라고 일컬었

---

2 이 무렵 만리장성을 쌓는 데 35만 명이 동원되었고, 남쪽 지역 수비에는 55만 명이 동원되었다고 한다. 오령五嶺이란 월성령越城嶺, 도방령都龐嶺, 맹저령萌渚嶺, 기전령騎田嶺, 대유령大庾嶺을 말한다.

다. 조나라의 성 열 개를 함락시켰는데, 나머지는 성을 지키며 항복하려 들지 않았다.

이에 군대를 이끌고 동북쪽으로 향하여 범양范陽을 쳤다. 그때 범양 사람 괴통蒯通이 범양의 현령을 설득하여 말했다.

"가만히 듣건대 당신이 곧 죽을 것이라기에 조문하러 왔습니다. 그러나 당신이 나 괴통을 얻어 살 수 있게 되신 것을 축하드립니다."

범양 현령이 물었다.

"나를 조문한다니 무슨 말이오?"

괴통이 대답했다.

"진秦나라의 법은 엄합니다. 당신은 범양의 현령으로 계신 지 10년 동안 남의 아버지를 죽이고, 남의 아들을 고아로 만들며, 사람들의 다리를 베고, 사람들의 이마에 먹물을 들이는 것과 같은 일을 이루 다 헤아릴 수 없습니다. 그렇지만 자애로운 아버지와 효성스러운 아들이 감히 당신의 배에 비수를 꽂지 못한 것은 진나라의 법이 두려웠기 때문일 뿐입니다. 지금 천하는 크게 어지러워져 진나라의 법이 제대로 시행되지 않고 있습니다. 그렇다면 자애로운 아버지와 효성스러운 아들은 당신의 배에 비수를 꽂아 이름을 얻으려고 할 것입니다. 이것이 신이 당신을 조문하는 까닭입니다. 이제 제후들은 진나라에 반기를 들었고, 무신군의 군대도 곧 이를 것입니다. 그런데 당신이 범양을 굳게 지키려 하시니 젊은이는 모두 앞다투어 당신을 죽이고 무신군에게 항복하려 할 것입니다. 당신이 빨리 신을 보내 무신군을 만나 보게 한다면 재앙을 복으로 되돌릴 수 있을 것입니다. 그때가 바로 지금입니다."

범양 현령은 곧 괴통에게 무신군을 만나게 하였는데, 〔괴통은 무신군에게 이렇게) 말했다.

"당신은 반드시 싸워 이긴 뒤에야 땅을 빼앗으려 하고, 쳐서 얻은 뒤에야 성을 함락하려 하시는데 저는 잘못되었다고 생각합니다. 만일 제 계책을 들으신다면 치지 않고도 성을 항복시킬 수 있으며 싸우지 않고도 땅을 빼앗을 수 있고, 격문만 전하고도 1000리를 평정할 수 있을 것입니다. 어떻습니까?"

무신군이 물었다.

"어떻게 한다는 말이오?"

괴통이 대답했다.

"지금 범양 현령은 마땅히 그 병사들을 추스러서 싸워 지킬 준비를 해야 할 터인데, 비겁하게도 죽음을 겁내고 탐욕스럽게 부귀를 소중히 여기므로 천하에서 가장 먼저 항복하려고 듭니다. 그러나 당신이 그가 진秦나라에서 임명한 관리라고 하여 이전의 성 열 개와 마찬가지로 주살할 것이라며 두려워하고 있습니다. 그런데 지금 범양현의 젊은이들도 그 현령을 죽이고 자신들이 그 성을 차지하여 당신에게 저항하려 하고 있습니다. 당신이 저에게 제후의 인을 가져가게 하여 그를 범양 현령으로 삼도록 한다면 범양 현령은 성을 내주고 당신에게 항복할 테고, 젊은이들도 감히 그 현령을 죽이지는 못할 것입니다. 그러고 나서 범양 현령이 화려하게 꾸민 붉은 수레를 타고 연나라와 조나라의 교외를 달리게 하십시오. 연나라와 조나라의 교외에 있던 자들이 그러한 모습을 보고서 모두 '범양 현령이 가장 먼저 항복한 사람이다.'라고 말하며 기뻐할 것입니다. (이렇게 하면) 연나라와 조나라의 성은 싸우지 않고도 항복을 받을 수 있습니다. 이것이 바로 신이 격문을 전함으로써 1000리를 평정할 수 있다고 한 것입니다."

무신군은 그의 계책대로 하기로 하고, 괴통을 시켜 범양 현령에게 제후의 인을 내렸다. 조나라 땅에서 이러한 소문을 듣고 싸우지 않고 항복해 온 성이 30개가 넘었다.

한단에 이르러 장이와 진여는 주장周章의 군대가 함곡관에 진입하여 희戱까지 쳐들어왔다가 물러났다는 소문을 들었다. 또한 여러 장수가 진왕陳王을 위해 땅을 빼앗았으나 참소와 비방으로 억울하게 죽은 자가 많다는 소문도 들려왔으며 진왕이 자신들의 계책을 쓰지 않고 자신들을 장수가 아닌 교위로 삼은 것도 원망하고 있었다. 이에 무신을 설득하여 말했다.

"진왕은 기蘄 땅에서 일어나 진 땅에 이르러 왕이 되었으니 틀림없이 여섯 나라의 후예는 아닙니다. 장군께서는 지금 군사 3000명으로 조나라 성 수십 개의 항복을 받아 홀로 멀리 하북에 주둔하고 계신데, 왕이 되지 않고서는 이곳을 진정시킬 수 없을 것입니다. 게다가 진왕은 헐뜯는 말을 잘 듣기 때문에 장군께서 돌아가 이겼다고 고하더라도 화를 면치 못할 것입니다. 또 형제를 왕위에 세우든지, 아니면 조나라의 후손을 세우십시오. 장군께서는 이때를 놓치지 마십시오. 시간은 숨 돌릴 틈도 없습니다."

무신은 이 말을 듣고 마침내 임금 자리에 올라 조왕趙王이 되었다. [그는] 진여를 대장군으로 삼고, 장이를 우승상으로 삼았으며, 소소를 좌승상으로 삼았다.

그리고 사람을 시켜 진왕陳王에게 이 사실을 알렸다. 진왕은 매우 화를 내면서 무신 등의 집안사람을 모두 죽이고 군대를 일으켜 조나라를 치려고 했다. 〔그때〕 진왕의 상국相國 방군房君이 간언했다.

"진秦나라가 아직 망하지도 않았는데 무신 등의 집안사람을 모두 죽인다면, 이것은 또 하나의 진나라가 생기는 꼴입니다. 그보다는 무신이 왕이 된 것을 축하해 주고 군대를 이끌고 서쪽으로 가서 진나라를 치는 것이 좋습니다."

진왕은 이 말을 옳다고 여겨 그 계책에 따라 무신 등의 집안사람을 궁궐로 옮겨 가두어 놓고, 장이의 아들 오敖를 성도군成都君에 봉했다.

진왕은 사자를 보내어 무신이 조나라 왕이 된 것을 축하하고, 군대를 일으켜 서쪽으로 함곡관에 들어가도록 재촉했다. 그러자 장이와 진여는 무신을 설득하여 말했다.

"왕께서 조나라 왕이 되신 것은 초나라의 뜻이 아니며 다만 계책에 따라 왕을 축하했을 뿐입니다. 초나라가 진나라를 멸망시키고 나면 반드시 군대를 더하여 조나라를 치려고 할 것입니다. 원컨대 왕께서는 군대를 서쪽으로 움직이지 말고 북쪽의 연燕과 대代를 빼앗아 얻고, 남쪽으로는 하내河內를 손에 넣어 스스로 땅을 넓히십시오. 조나라가 남쪽으로는 대하大河를 근거로 하고 북쪽으로는 연과 대 지방을 아울러 차지하면, 설령 초나라가 진나라를 이긴다 하더라도 감히 조나라를 누르지는 못할 것입니다."

조나라 왕은 이 말이 맞다고 여겨 군대를 서쪽으로 내보내지 않고 한광韓廣에게 연나라를 공략하도록 하고, 이량李良에게는 상산을 치도록 하였으며, 장염張饜에게는 상당을 공격하게 하였다.

한광이 연나라에 이르자 연나라 사람들은 한광을 세워 연나라 왕으로 삼았다. 그러자 조나라 왕은 장이, 진여와 함께 북쪽으로 연나라 국경을 쳤다. 조나라 왕은 남몰래 밖에 나갔다가 연나라 군대에게 붙잡혔다. 연나라 장수는 조나라 왕을 가두고는 조나라 땅의 절반을 나누어 주면 왕을 돌려보내겠다고 했다. 조나라에서 사자를 보냈지만 연나라는 그때마다 죽이고 땅을 요구했다. 장이와 진여가 이 일을 걱정할 때, 허드렛일을 하는 한 병사가 같은 막사의 동료들과 헤어지며 이렇게 말했다.

"내가 공장이와 진여을 위하여 연나라를 설득하여 조나라 왕을 모시고 함께 돌아오겠소."

막사에 있던 사람이 모두 비웃으며 말했다.

"사신으로 간 이가 열 명도 넘지만 가자마자 죽었거늘 어떻게 자네가 왕을 모시고 돌아올 수 있겠는가?"

그러나 그는 연나라 성벽으로 달려갔다. 연나라 장수가 그를 보자 그는 연나라 장수에게 물었다.

"제가 무엇을 하려는지 아십니까?"

연나라 장수가 대답했다.

"너는 조나라 왕을 구하고 싶겠지."

"당신은 장이와 진여가 어떠한 사람인지 아십니까?"

연나라 장수가 말했다.

"어진 사람이다."

"그들이 무슨 일을 하고 싶어 하는지 아십니까?"

"왕을 구하고 싶겠지."

그러자 그 병사는 웃으며 말했다.

"공께서는 이 두 사람이 바라는 게 무엇인지 모르시는군요. 무신과 장이와 진여는 말채찍을 흔드는 것만으로 조나라 성을 수십 개나 차지했습니다. 그들은 저마다 왕 노릇을 하고자 합니다. [그들이] 어찌 경상卿相이 되어 삶을 마치고자 할 뿐이겠습니까? 또 신하와 왕이 어찌 같은 날을 보내고 같은 길을 갈 수 있겠습니까? 돌이켜 생각해 보면 처음 조나라의 세력이 안정될 무렵에는 감히 나라를 셋으로 나누어 저마다 왕이 될 수 없었습니다. 그래서 나이가 많은 무신을 먼저 왕으로 세워 조나라 백성의 마음을 얻으려고 한 것입니다. 이제 조나라 땅은 모두 손에 들어왔습니다. 이 두 사람도 조나라를 갈라 각기 왕이 되고자 하지만 때를 만나지 못했을 뿐입니다. 지금 공께서 조나라 왕을 붙잡아 두고 계시니 이 두 사람은 명분상으로는 조나라 왕을 구하고 있지만, 마음속으로는 연나라가 그를 죽여 주기를 바라고 있습니다. 그렇게 되면 이 두 사람은 조나라를 갈라 가지고 스스로 왕이 될 것입니다. 조나라 하나만으로도 연나라를 업신여기는데, 하물며 두 명의 어진 왕이 서서 왼쪽으로 끌고 오른쪽으로 이끌어 조나라 왕을 죽인 죄를 꾸짖는다면 연나라를 멸망시키는 일은 아주 손쉬울 것입니다."

연나라 장수는 그럴듯하게 여겨 조나라 왕을 돌려보냈고, 그 병사는 마차를 몰아 왕을 태우고 돌아왔다.

이량이 이미 상산을 평정하고 돌아와서 보고하니, 조나라 왕은 다시 이량에게 태원을 치도록 하였다. [이량이] 석읍石邑에 이르렀을 때, 진나라 군대가 정형井陘을 가로막아 앞으로 나아갈 수 없었다. 그때 진나라 장수가 이세황제의 사자라고 속여 이량에게 편지를 보냈다. [그 편지는] 봉하지도 않은 채 이렇게 쓰어 있었다.

그대는 일찍이 나를 섬겨 귀한 존재가 되어 남다른 사랑을 받았다. 그대가 만일 조나라를 버리고 진나라를 위해 일한다면 그대의 죄를 용서하고 귀하게 해 주겠다.

이량은 이 편지를 보고 의심하면서 믿지 않았고, 한단으로 돌아가 군사를 더 요청하려고 했다. (그러나 그들은 한단에) 이르기 전에 길에서 연회를 마치고 돌아오는 조나라 왕의 누이 행렬과 마주치게 되었는데 기병 100여 명이 따르고 있었다. 이량은 멀리서 바라보고 왕의 행차로 여겨 길 옆으로 비켜서 엎드려 절을 하였다. 왕의 누이는 술에 취하여 장군을 알아보지 못하고 기병을 시켜 이량에게 답례하도록 하였다. 이량은 본래 신분이 높았기에 (인사하고) 일어났을 때 자신을 따르던 부하들을 보기가 부끄러웠다. (그러자 그를) 따르던 관리 가운데 한 사람이 이렇게 말했다.

"천하가 진나라에 반기를 들고 있습니다. 능력 있는 사람이 먼저 왕이 되는 때입니다. 또 조나라 왕은 본래 장군 밑에 있던 자입니다. 그런데 지금 그의 누이조차 장군을 보고도 수레에서 내리지 않습니다. 청컨대 뒤쫓아 가 그녀를 죽이도록 해 주십시오."

이량은 이미 진나라의 편지를 받고서 조나라를 배반하려는 마음이 있지만 확실히 결정을 내리지 못하고 있는 참이었다. (이량은) 이 일로 화가 나서 사람을 보내 왕의 누이를 뒤쫓아 가 길바닥에서 죽이게 하고, 마침내 그 군대를 이끌고 한단으로 재빨리 쳐들어갔다. 한단에서는 이런 일을 모르고 있다가 결국 무신과 소소가 죽음을 당하였다. 조나라 사람 중에는 장이와 진여를 위해 눈과 귀가 되어 주는 사람이 많았기 때문에 두 사람은 탈출할 수 있었다. 그들이 흩어졌던 조나라 병사를 거두어들이니 수만 명이나 되었다. 빈객 중에 어떤 사람이 장이를 설득하여 말했다.

"두 분은 다른 나라에서 들어온 나그네이므로 조나라에 발을 붙이려 하여도 어렵습니다. 다만 조나라 후손을 왕으로 세우고 의義를 명분으로 그를 도우면 공을 이룰 수 있을 것입니다."

이에 그들은 조헐趙歇이라는 자를 찾아내어 조나라 왕으로 세우고 신도信都에 자리를 잡았다. 이량이 나아가 진여를 쳤으나 〔오히려〕 진여가 이량을 깨뜨렸다. 이량은 장한章邯에게로 달아나 귀의했다.

이익 앞에서는 친구도 원수가 된다

장한은 군대를 이끌고 한단에 이르러 그곳 백성을 모두 하내로 옮기고 성곽을 평지로 만들어 버렸다. 장이는 조왕 헐과 함께 달아나 거록성鉅鹿城으로 들어갔지만 왕리王離에게 포위되었다. 진여는 북쪽 상산의 병력을 모아 수만 명을 얻어 거록성 북쪽에 진을 쳤다. 장한은 거록성의 남쪽 극원棘原에 진을 치고 하수까지 양쪽으로 흙을 쌓아 길을 만들어 왕리에게 군량미를 보내 주었다. 왕리의 군대는 군량미가 넉넉해지자 급히 거록성을 쳤다. 거록성 안에서는 군량미가 거의 바닥나고 병력도 적었다. 장이는 여러 차례 사람을 보내 진여에게 앞으로 나오기를 요구하였으나, 진여는 병력이 적어서 진나라 군대에 맞설 수 없다고 판단하고 앞으로 나아가지 못하였다. 이렇게 몇 달이 지나자 장이는 몹시 노하여 진여를 원망하게 되었고, 장염과 진택陳澤을 진여에게 보내어 꾸짖었다.

"처음에 나는 그대와 목이 달아나도 변치 않을 깊은 교분을 맺었소. 지금 나는 왕과 더불어 아침저녁으로 죽을 상황에 놓여 있는데 그대는 수만 명의 병사를 가지고도 우리를 도우려 하지 않소. 서로를 위하여 목숨을 버리자던 의리는 어찌 되었소! 진실로 반드시 그대에게 신의가 있다면 어찌 진나라 군대로 달려들어 함께 죽으려 하지 않소? 그렇게 하면 열 명에 한두 명은 살아남을 것이오."

진여가 말했다.

"내가 앞으로 나아가도 끝내는 조나라를 구원하지 못하고 헛되이 군대만 다 잃게 될 것이오. 내가 당신과 함께 죽으려 하지 않는 것은 조나라 왕과 장 공을 위하여 진나라에 원수를 갚기 위해서요. 지금 만일 함께 죽는다면 굶주린 호랑이에게 고기를 건네주는 것과 같으니 무슨 이로움이 있겠소?"

장염과 진택이 말했다.

"일이 이미 급박한데 함께 죽어 신의를 세워야지 어찌 뒷일만 생각하십니까?"

진여가 말했다.

"내가 죽는다고 무슨 보탬이 되겠소? 하지만 당신 말에 따르겠소."

그리고 군사 5000명에게 장염과 진택을 따라 먼저 진나라 군대에 맞서게 하였으나 붙어 싸우자마자 모두 몰살당했다.

이때 연, 제, 초나라는 조나라가 위급하다는 소식을 듣고 모두 달려와 도왔다. 장오도 북쪽으로 대 땅의 군사를 거두어 만여 명을 얻어 왔다.

이들은 모두 진여 옆에 성벽을 쌓았지만 감히 진나라를 공격하지는 못했다. 마침 항우의 군대가 장한의 군대가 양쪽에서 쌓아 올린 길을 여러 번 끊었기 때문에 왕리의 군대는 군량미가 부족해졌다. 항우는 군대를 모두 이끌고 하수를 건너와 마침내 장한의 군대를 깨뜨렸다. 그러자 장한은 군사를 〔뒤로 물려 포위를〕 풀었다. 제후들의 군대는 그제야 거록성을 에워싸고 있는 진나라 군대를 쳐서 마침내 왕리를 사로잡았다. 〔진나라 장수〕 섭간涉閒은 스스로 목숨을 끊었다. 거록성을 지킬 수 있었던 것은 결국 초나라의 힘 덕분이었다.

이리하여 조왕 헐과 장이는 거록성에서 나와 제후들에게 감사의 예를 표하였다. 장이는 진여를 만나 진여가 기꺼이 조나라를 구원하지 않은 일을 꾸짖고 장염과 진택이 있는 곳을 물었다. 그러자 진여가 화를 내며 말했다.

"장염과 진택은 저에게 반드시 죽기를 각오해야 한다며 신을 꾸짖었습니다. 그래서 신은 장군들에게 군사 5000명을 주어 거느리고 가서 먼저 진나라 군대에 맞서 보도록 하였으나 모두 몰살당해 돌아오지 못했습니다."

장이는 그 말을 믿지 않고, 진여가 그들을 죽였다고 생각하여 자꾸 진여에게 캐물었다. 진여는 화를 내며 말했다.

"당신께서 저를 이렇게 심하게 꾸짖을 줄은 생각지도 못했습니다! 어찌 제가 장군 자리에서 물러나는 것을 아쉬워하겠습니까?"

그리고는 장군의 인수를 풀어서 장이에게 내밀었다. 장이는 당황하여 받지 않았다. 진여가 일어나 변소에 가자 한 빈객이 장이에게 말했다.

"제가 듣건대 '하늘이 주는 것을 받지 않으면 도리어 그 재앙을 받는다.'라고 합니다. 지금 진 장군께서 당신에게 장군의 인수를 주셨는데, 당신이 받지 않는 것은 하늘의 뜻을 거스르는 것으로 상서롭지 못하니 서둘러 받으십시오."

장이는 그 인수를 차고 진여의 부하들을 거두어들이기로 했다. 변소에서 돌아온 진여는 장이가 (인수를) 사양하지 않았음을 원망하며 결국 걸음을 재촉해 그곳을 나왔다. 장이는 마침내 진여의 군대를 거두었다. 진여는 부하들 중에서 친하게 지내던 수백 명과 함께 하수의 물가로 가서 물고기를 잡고 사냥을 하며 지냈다. 이로 말미암아 진여와 장이 사이에 결국 틈이 생기고 말았다.

조왕 헐은 다시 신도에 머무르고, 장이는 항우와 제후들을 따라 함곡관으로 들어갔다. 한漢나라 원년 2월, 항우가 제후들을 왕에 봉하였다. 장이는 평소 교제의 폭을 넓혔기 때문에 많은 사람이 그를 추천하였고, 항우도 평소 장이가 현명한 인물이라고 자주 들었으므로 조나라를 나누어 장이를 상산왕常山王으로 세우고 신도를 다스리게 하였다. 그리고 신도의 이름을 양국襄國으로 바꾸었다.

진여의 빈객 대부분이 항우에게 이런 말을 했다.

"진여는 장이와 한몸 같은 사이로서 조나라에 공을 세웠습니다."

그러나 항우는 진여가 함곡관으로 들어올 때 자기를 따라오지 않았으므로, 그가 남피南皮에 있다는 말을 듣고 남피 부근의 세 현을 봉읍으로 주었다. 조왕 헐은 대代 땅의 왕으로 옮겼다.

장이가 자기 본국으로 가자, 진여는 더욱 화를 내며 이렇게 말했다.

"장이와 나는 공이 같은데 지금 장이는 왕이 되고 나만 후侯가 되었다. 이는 항우의 일 처리가 공평치 않은 것이다."

제나라 왕 전영田榮[3]이 초나라에 반기를 들려고 하자, 진여는 하열夏說을 보내 전영을 설득하였다.

"항우는 천하를 다스리면서 공평하지 못하여 여러 장수를 모두 좋은 땅의 왕으로 봉하고, 옛 왕은 옮겨 나쁜 땅의 왕이 되게 했습니다. 그래서 지금 조왕은 대 땅에 있습니다. 원컨대 왕께서 신에게 군사를 빌려 주신다면 남피의 땅으로써 (왕의 나라를) 방어하는 울타리로 만들겠습니다."

전영은 조나라에 친한 무리를 만들어서 초나라에 반기를 들 생각이므로 곧 병사를 보내 진여를 따르도록 하였다. 진여는 이리하여 세 현의 군사를 모두 이끌고 상산왕 장이를 재빨리 쳤다. 장이는 싸움에서 져 달아나게 되었는데 제후들 중에 의탁할 만한 이가 없다고 생각하고 이렇게 말했다.

"한왕漢王유방과 나는 예로부터 친분이 있기는 하지만, 항우는 강한 데다가 나를 왕으로 세워 주었으니 초나라로 가야겠다."

(그때) 감공甘公이 말했다.

"한왕이 함곡관으로 들어갔을 때 별 다섯 개가 동정東井에 모였습니다.[4] 동정은 진秦나라의 분야分野입니다. 먼저 이르는 사람이 반드시 천하를 차지하게 될 것입니다. 초나라가 비록 강하지만 뒤에는 분명히 한

---

3 진나라 멸망 후 항우는 제나라를 제나라 왕 전도田都, 교동왕膠東王 전불田市, 제북왕濟北王 전안田安에게 나누어 주었는데 뒤에 전영이 이들을 모두 죽이고 스스로 제나라 왕이 되었다.

4 금성, 목성, 수성, 화성, 토성이 정수井宿에 모이는 것으로, 이것은 천체 운행의 주기적인 현상이다. 고대 천문학자들은 열두 성신星辰의 위치를 지상의 주州, 국國의 위치와 대응시켰다. 그래서 고대 사람들은 천상天象의 변화로써 주나 국의 길흉을 내다보았다.

나라에 종속될 것입니다."

그래서 장이는 한나라로 달아났다. 〔그즈음〕 한왕은 삼진三秦⁵을 평정하고 나서 장한의 군대를 폐구廢丘에서 포위하고 있었다. 장이가 한왕을 뵙자, 한왕은 그를 후하게 대우해 주었다.

진여는 이미 장이를 깨뜨리고 조나라 땅을 모두 거두어들여 대 땅에 있던 조왕을 모셔다가 다시 조나라 왕으로 삼았다. 조왕은 진여에게 고맙게 생각하여 그를 대 땅의 왕으로 세웠다. 그러나 진여는 조왕의 힘이 약하고 나라가 겨우 평정되었기 때문에 자기 나라로 가지 않고 눌러앉아 조왕을 돕고, 하열을 상국으로 삼아 대 땅을 지키도록 하였다.

한나라 2년에 〔한나라는〕 동쪽으로 초나라를 치려고 하면서 조나라에 사신을 보내 함께 치자고 제의하였다. 그러자 진여가 말했다.

"한나라가 장이를 죽인다면 따르겠소."

이에 한왕은 장이와 비슷한 사람을 찾아 죽이고 그 머리를 진여에게 보냈다. 진여는 그제야 군대를 보내 한나라를 도왔다. 그러나 한나라가 팽성彭城 서쪽 싸움에서 지고, 장이도 죽지 않았음을 알고는 곧 한나라에 반기를 들었다.

한나라 3년에 한신韓信은 이미 위魏나라 땅을 평정했다. 또한 〔한왕은〕 장이와 한신을 보내 조나라를 정형에서 깨뜨리고 지수泜水 가에서 진여를 베고 조왕 헐을 뒤쫓아 양국 땅에서 죽였다. 한나라는 장이를 조나라 왕으로 세웠다.

---

5 즉 관중關中. 항우는 관중을 셋으로 나누어 장한章邯을 옹왕雍王, 사마흔司馬欣을 새왕塞王, 동예董翳를 적왕翟王에 봉했는데 이를 삼진이라고 불렀다.

한나라 5년에 장이가 죽자 경왕景王이라는 시호를 내렸고, 장이의 아들 장오가 그 뒤를 이어 조나라 왕이 되었다. 고조의 맏딸 노원 공주魯元公主는 조나라 왕 장오의 왕후가 되었다.

지조 있는 신하가 왕을 구한다

한나라 7년에 고조는 평성平城으로부터 조나라를 지나가게 되었다. 조나라 왕은 아침저녁으로 팔을 걷어붙이고 앞치마를 걸쳐 몸소 음식을 올려 몸을 낮추고는 사위로서 예절을 갖추었다. 그러나 고조는 오만하게 다리를 내뻗고 앉아 조나라 왕을 몹시 업신여겼다. 조나라 재상 관고貫高와 조오趙午 등 예순 살이 넘은 몇몇 사람은 본래 장이의 빈객이다. 평소에 기개를 소중하게 여겼는데, 〔고조의 불손한 태도를 보고〕 분노를 터뜨리며 말했다.

"우리 왕은 힘도 없는 나약한 왕이다!"

그러고는 왕을 설득하여 말했다.

"대체로 천하의 호걸들이 함께 일어나 능력 있는 사람이 먼저 왕이 되는 때입니다. 그런데 지금 왕께서 고조를 몹시 공손하게 섬기지만 고조는 예의가 없습니다. 청컨대 대왕을 위하여 그를 죽이도록 해 주십시오."

장오는 자기 손가락을 깨물어 피를 내면서 말했다.

"여러분은 무슨 말을 그렇게 함부로 하시오? 선왕께서 나라를 잃으셨을 때 고조의 힘으로 나라를 되찾을 수 있었고, 그 덕은 후손에까지 미쳤소. 터럭만큼 작은 것도 모두 고조의 힘에 의한 것이오. 부디 여러분은 다시는 〔그런 말을〕 입 밖에 내지 마시오."

관고와 조오 등 10여 명은 한결같이 서로 이렇게 말하였다.

"이는 우리가 잘못 생각한 것이오. 우리 왕은 덕망 있고 관대한 분으로서 남의 은덕을 배반하지 못하오. 게다가 우리는 의로써 〔우리 왕이〕 모욕을 당하지 않게 하는 것이오. 지금 고조가 우리 왕을 모욕한 일을 원망하여 고조를 죽이려는 것이니, 어찌 우리 왕을 더럽히는 일이겠소? 이 일이 이루어지면 〔그 공을〕 왕께 돌리고, 일이 실패하면 우리가 그 죄에 대한 벌을 받도록 합시다."

한나라 8년에 〔고조는〕 동원東垣으로부터 돌아오는 길에 조나라를 지나게 되었다. 그때 관고 등은 고조가 머물려고 한 박인柏人현 숙소의 벽과 벽 사이에 사람을 숨겨 놓고 고조를 기다리게 하였다. 고조가 그곳에 들러 머물려고 하는데 마음이 불안해져서 물었다.

"이 현의 이름이 무엇이오?"

"박인이라고 합니다."

"박인이란 다른 사람에게 협박을 받는다는 뜻이 아니오!"

그러고는 묵지 않고 떠났다.

한나라 9년에 관고와 원한이 있는 집안에서 그때의 음모를 알고 글을 올려 고발했다. 이에 고조는 조나라 왕과 관고 등을 모두 체포하였다. 그러자 10여 명의 대신은 앞다투어 스스로 목을 찔러 죽었는데, 관고만은 홀로 화를 내며 꾸짖으며 이렇게 말했다.

"누가 공들에게 이러한 일을 하라고 시켰소? 지금 왕께서는 참으로 아무런 음모도 모르는데 왕까지 함께 붙들렸소. 공들이 모두 죽는다면 누가 왕께서 반기를 들지 않았다는 것을 밝혀 주겠소!"

그러고는 죄수를 태우는 수레에 갇혀 왕과 함께 장안長安으로 끌려갔다. 〔고조는〕 장오의 죄를 다스리려고 이런 조칙을 내렸다.

조나라의 여러 신하와 빈객으로서 감히 왕을 따르는 자가 있으면 그 일족을 모두 죽이겠다.

관고와 그의 빈객 맹서孟舒 등 10여 명은 스스로 머리를 깎고 칼을 쓴 채 조나라 왕실의 노비 신분으로 따라왔다. 관고는 〔장안에〕 이르자 옥리에게 말했다.

"오직 우리끼리 한 일이지 왕께서는 진실로 모르는 일이오."

옥리가 죄를 다스리기 위하여 곤장을 수천 대 치고 쇠로 살을 찔러서 온몸이 〔상처투성이로〕 더 이상 칠 곳이 없을 지경이 되었다. 그러나 관고는 끝내 다른 말을 하지 않았다. 여후呂后 고조의 황후는 〔고조에게〕 장왕張王 장오은 노원 공주 때문에라도 이러한 일을 했을 리 만무하다고 여러 번 말하였다. 그러자 고조는 화를 내며 말했다.

"만일 장오가 천하를 차지한다면 어찌 당신 딸과 같은 여자가 한둘이겠소?"

그러고는 〔여후의 말을〕 듣지 않았다. 정위廷尉가 관고를 문초한 결과를 아뢰자 고조는 말했다.

"장사로구나! 누가 관고를 아는 사람이 없는지 사사로운 정으로 물어보게 하시오."

그러자 중대부中大夫 설공泄公이 말했다.

"관고는 신과 같은 고향 사람으로 평소에 그를 알고 있습니다. 이 사람은 본래 조나라에서 명예를 중히 여기고 도를 지키고 믿음을 저버리지 않는 자입니다."

고조는 설공에게 황제의 부절符節을 가지고 대로 만든 가마를 타고 관고를 찾아가도록 했다. 관고가 고개를 들어 올려다보며 말했다.

"설공이오?"

설공은 그의 고통을 위로하며 평소와 다름없이 친근하게 이야기를 나누다가 물었다.

"장왕이 정말로 음모를 꾸몄소?"

이에 관고는 이렇게 대답했다.

"인간이 마음으로 자신의 부모와 처자식을 아끼지 않는 사람이 어디 있겠습니까? 지금 나는 삼족이 모두 죽을 것이라는 선고를 받았습니다. 어찌 왕과 내 가족을 바꿀 수 있습니까? 진실로 왕께서는 음모를 꾸미지 않았습니다. 우리끼리 음모를 꾸민 것입니다."

그리고 왕은 사건이 일어나게 된 까닭과 이 일을 전혀 모른다는 사실을 자세하게 말하였다. 이에 설공은 [궁궐로] 들어가 고조에게 상세히 아뢰었다. 그제야 고조는 조나라 왕을 풀어 주었다.

고조는 신의를 지키는 관고의 사람됨을 훌륭하게 여겨 설공을 시켜 그동안의 일을 자세히 알려 주도록 했다.

"장왕은 이미 풀려났소."

이어 관고도 사면되었다. 관고는 기뻐하면서 물었다.

"우리 왕께서 정말로 풀려나셨습니까?"

설공은 대답했다.

"그렇소."

설공이 또 말했다.

"폐하께서는 당신을 훌륭하다고 여기고 당신도 용서하셨소."

관고는 이 말을 듣고 이렇게 말했다.

"내가 몸에 성한 곳 하나 없으면서까지 죽지 않은 것은 장왕께서 반기를 들지 않았다는 사실을 밝히기 위해서였습니다. 그런데 지금 왕께서 풀려났으니 내 임무는 다했습니다. 이제 죽어도 여한이 없습니다. 또 남의 신하로서 그 군주를 죽이려 하였다는 이름을 가지고 무슨 얼굴로 다시 군주를 섬길 수 있겠습니까? 설령 군주께서 나를 죽이지 않는다 하더라도 내 마음이 어찌 부끄럽지 않겠습니까?"

그러고는 고개를 들고 목의 〔혈관을〕 끊어 결국 죽었다. 이 일로 하여 그 이름이 온 세상에 널리 알려졌다.

장오는 풀려난 뒤, 노원 공주의 남편이기 때문에 선평후宣平侯에 봉해졌다. 이에 고조는 장왕의 빈객으로 칼을 쓰고 노비가 되어서까지 장왕을 좇아 함곡관으로 들어왔던 여러 사람을 어질다고 생각하여 제후의 재상이나 군수 등으로 삼지 않은 이가 없었다. 효혜孝惠, 고후高后여후, 문제文帝, 효경孝景 때에 이르러 장왕의 빈객들의 자손은 모두 2000석의 녹을 받았다.

장오는 고후 6년에 죽었고, 아들 언偃은 노원왕魯元王이 되었다. 그 어머니가 여후의 딸이므로 여후가 그를 노원왕에 봉한 것이다. 노원왕은 허약한 데다 형제가 적었다. 이 밖에 장오는 다른 여자에게서 얻은 아들이 둘 있는데 그중 수壽는 낙창후樂昌侯로 봉하고, 치侈는 신도후信都侯로 봉했다. 고후가 죽자 여씨 일족이 무도하였기 때문에 대신들이 그들을 죽이고 노원왕과 낙창후, 신도후도 폐위시켰다. 효문제가 즉위하자 다시 노원왕 언을 남궁후南宮侯로 봉하여 장씨의 뒤를 잇게 하였다.

태사공은 말한다.

"장이와 진여는 어진 사람으로 세상에 알려졌으며, 그들의 빈객과 종들까지도 천하의 준걸이 아닌 이가 없어서 제각기 살고 있는 나라에서 경상의 자리를 얻었다. 장이와 진여가 처음에 빈궁할 때에는 서로 죽음을 무릅쓰고 신의를 지켰으니, 어찌 서로 돌아보고 의심하는 일이 있었겠는가? 그러나 그들이 나라를 움켜쥐고 권력을 다투게 되자 마침내 서로를 멸망시켰다. 어찌하여 예전에는 서로 앙모하고 신뢰함에 성의를 다하더니 나중에는 서로 배반하고 사리에 어긋나는 일을 하였는가? 어찌 그들이 권세와 이익으로 사귄 것이 아니겠는가? 비록 명예가 높고 빈객이 많았다 해도 두 사람이 걸어온 길은 (나라를 양보한) 태백太伯오태백吳太伯을 가리키며 오나라 시조가 됨이나 연릉延陵의 계자季子오나라 수몽壽夢의 막내아들와는 상황이 서로 다르다고 하겠다."

30

위표 팽월 열전
魏豹彭越列傳

위표와 팽월은 진나라 말기의 빠른 변화 속에서 낮은 자리에 만족하지 않고 대단히 높은 지위까지 올랐다가 모반을 꾀하여 죽음을 맞이한 인물들이다. 위표는 본래 위나라의 공자였다. 위표의 사적에 앞서 간략하게 언급되는 위표의 사촌 형 위구魏咎 또한 위나라 공자로서 진섭을 섬겨 위나라 땅을 되찾고 위나라 왕이 되었으나 결국 진나라의 공격을 받아 비극적인 최후를 맞이했다. 위표의 사적은 많지 않고 그 됨됨이도 거론할 바가 못 되지만 그의 흥망은 하동 일대의 정치 형세를 반영한다. 위표는 한고조 유방의 오만함을 참지 못하고 한나라에 반기를 들었다가 나라를 빼앗기고 결국 죽임을 당하고 만다.

팽월은 초나라와 한나라 사이에 벌어진 전쟁에서 중요한 작용을 한 인물로서, 양나라 지역에서 여러 차례 항우에게 반기를 들고 초나라의 식량 보급로를 차단하여 항우를 불안하게 하였다. 그러나 항우가 평정된 후 양왕이 된 팽월은 반란을 꾀했다는 이유로 한고조에게 내쳐져 죽게 되고 나라와 일족도 없어진다.

그러나 이 편의 말미에서 사마천도 말했듯이 이들은 반역할 마음을 품었을 뿐이었기에 한고조도 이들을 바로 죽이는 대신 팽월은 서민으로 만들었고, 위표에게는 도리어 형양을 지키도록 명하기까지 했다. 이들이 스스로 죽음을 택하지 않고 붙들려 벌을 받은 것은 "물이 증발하여 구름이 되고 뱀이 용이 되어 하늘로 올라가는 것처럼, 때를 만나 자신들의 뜻을 펼쳐 보려고 했기 때문"이라는 사마천의 평이 흥미롭다.

이 편은 「항우 본기」와 나란히 놓고 읽어야 앞뒤 흐름을 이해하기에 더욱 좋다.

인생은 흰 망아지가 문틈으로 지나가는 것처럼 짧다

위표魏豹는 본래 위魏나라의 여러 공자 중 한 사람이다. 그의 형사촌 형 위구魏咎는 옛날 위나라 시절에 영릉군寧陵君으로 봉해졌다. 그러나 진秦나라가 위나라를 멸망시키면서 위구를 서인庶人평민으로 떨어뜨렸다. 진승이 〔난을〕 일으켜 왕이 되자 위구는 그를 찾아가 섬겼다. 진왕陳王은 위나라 사람 주불周市에게 위나라 땅을 빼앗도록 하였다. 그러나 위나라 땅이 이미 평정되자, 서로 함께 주불을 위나라 왕으로 세우려고 했다. 그러자 주불이 말했다.

"천하가 어지러우면 충성스러운 신하가 나타나게 마련입니다. 지금 천하가 함께 진秦나라에 반기를 들고 있으니 도의상 반드시 위나라 왕의 후예를 왕으로 세우는 것이 옳습니다."

제나라와 조나라가 각기 수레 50대를 보내서 주불을 위나라 왕으로 삼으려 했으나, 주불은 사양하여 받지 않고 진陳 땅에서 위구를 맞이해 오려고 했다. 사자가 다섯 차례나 오간 뒤에야 비로소 진왕陳王이 위구를 보내 겨우 위나라 왕으로 삼을 수 있었다.

장한은 진왕陳王을 깨뜨리고 군대를 몰아 임제臨濟에서 위나라 왕을 공격했다. 위나라 왕은 이에 주불에게 제나라와 초나라로 가서 구원을 요청하게 하였다. 제나라와 초나라에서는 항타項它와 전파田巴를 보내 군대를 이끌고 주불을 따라가서 위나라를 돕도록 하였다. 그러나 장한은 마침내 주불 등의 군대를 깨뜨려 주불을 죽이고 임제를 에워쌌다. 위구는 백성을 구하기 위하여 항복하기로 약속하였다. 약속투항 조건으로 내세웠던 것이 이루어지자 위구는 스스로 불에 타 죽었다.

위표는 초나라로 달아났다. 초나라 회왕은 위표에게 군사 수천 명을 주어서 다시 위나라 땅을 공략하게 하였다. [그때] 항우는 이미 진나라를 깨뜨리고 장한을 항복시켰다. 위표가 위나라의 성 20여 개를 빼앗자 [항우는] 위표를 위나라 왕에 봉하였다. 위표는 정예 병사들을 이끌고 항우를 따라 함곡관으로 들어갔다.

한나라 원년에 항우는 제후들을 봉하고 [자신은] 양梁 땅을 차지하려고 했다. 그래서 위왕 표를 하동 땅으로 옮겨 평양에 도읍을 정하도록 하고 서위왕西魏王으로 삼았다.

한왕이 삼진三秦을 평정하고 돌아오는 길에 임진臨晉에서 [하수를] 건너게 되었는데, 위왕 표는 나라를 바쳐 [한왕에게] 귀의하고 따라가서 팽성에서 초나라를 쳤다. 여기서 한나라가 지고 돌아가 형양으로 이르자, 위표는 어머니의 병을 돌보아야 된다는 [핑계로] 귀국을 요청했다. 그는 위나라로 돌아오자 곧바로 하수의 나루터를 끊고 한나라에 반기를 들었다. 한왕은 위표가 반란을 일으킨 소식을 들었으나 동쪽 초나라가 우려되어 그를 칠 겨를이 없었다. 그래서 역생酈生에게 말했다.

"그대가 가서 부드러운 얼굴로 위표를 설득하여 항복시키면 그대를 만 호戶의 읍에 봉하겠소."

역생이 위표를 찾아가 설득하였으나, 위표는 거절하며 다음과 같이 말했다.

"인생은 흰 망아지가 [작은 문] 틈새로 달려 지나가는 것처럼 매우 짧소. 지금 한왕은 오만하여 다른 사람을 업신여기고, 제후와 신하들을 노예처럼 꾸짖고 욕하며 위아래의 예절이 조금도 없소. 나는 그러한 꼴을 두 번 다시 볼 수 없소."

이 말을 듣고 한왕은 한신韓信을 보내 치게 하여 하동에서 위표를 사로잡아서〔역마驛馬로〕형양에 보내고, 위표의 나라를 군으로 만들었다. 한왕은 위표에게 형양을 지키도록 명하였다. 그러나 초나라가 형양을 포위하여 위급해지자 주가周苛는 마침내 위표를 죽이고 말았다.

용 두 마리가 싸우면 기다려라

팽월彭越은 창읍昌邑 사람으로 자는 중仲이다. 그는 늘 거야택鉅野澤〔연못 이름〕에서 물고기를 잡으면서 무리를 이루어 도둑질을 하였다. 진승과 항량이 일어나자, 한 젊은이가 팽월에게 말했다.

"많은 호걸이 서로 일어나 진나라에 반기를 들고 있습니다. 당신도 그렇게 할 수 있으니 그들처럼 하십시오."

그러자 팽월이 말했다.

"〔지금은〕용 두 마리가 한참 싸우고 있으니 잠시 기다려 봅시다."

한 해 남짓 지나자, 연못 주위에 사는 젊은이 100여 명이 모여 팽월을 찾아가 이렇게 말했다.

"청컨대 당신이 우두머리가 되어 주십시오."

팽월은 이를 거절하며 말했다.

"나는 여러분과 함께하고 싶지 않습니다."

그러나 젊은이들이 강력하게 요청하자 마침내 허락하였다. 그는 이튿날 아침 해뜰 무렵에 만나자고 약속하고, 약속 시간에 늦는 사람은 목을 베기로 하였다. 다음 날 아침 해뜰 무렵이 되었을 때 10여 명이 늦었다. 가장 늦게 온 사람은 해가 중천에 뜰 무렵에나 이르렀다. 이에 팽월은 단호하게 말했다.

"나는 늙었지만 여러분이 억지로 간청해서 우두머리가 되었소. 그런데 약속을 해 놓고도 늦게 온 자가 많으니 그들의 목을 다 벨 수는 없고 가장 늦은 한 사람만 죽이겠소."

그리고는 무리의 대장에게 그를 베어 죽이라고 명령하였다. 그러자 모두 웃으면서 말했다.

"어찌 그렇게까지 하십니까? 다음부터는 감히 늦지 않을 것입니다."

그러나 팽월은 한 사람을 끌어내어 목을 베고 제단을 만들어 제사를 올린 뒤 무리에게 명령을 내렸다. 무리는 모두 몹시 놀라 팽월을 두려워하여 감히 올려다보는 자가 없었다. (팽월은) 가는 곳마다 땅을 공략하고, 제후들로부터 떨어져 나온 병사를 모아 1000여 명을 얻었다.

패공유방이 탕碭의 북쪽으로부터 창읍昌邑을 칠 때 팽월이 이를 도왔다. 그러나 창읍이 좀처럼 함락되지 않자, 패공은 군대를 이끌고 서쪽으로 나아갔다. 이에 팽월도 자기 병사들을 이끌고 거야鉅野에 머물면서 위魏나라의 흩어진 병사들을 거두었다. 항적項籍항우은 함곡관으로 들어가 제후들을 왕으로 봉했고, 제후들은 모두 자신들의 나라로 돌아갔다. 그러나 팽월은 거느린 사람이 만여 명이나 되지만 돌아갈 곳이 없었다.

한나라 원년 가을에 제나라 왕 전영田榮이 항왕에게 반기를 들었다. 이에 한왕은 사람을 보내서 팽월에게 장군의 인수를 내린 뒤 제음濟陰에서 [남쪽으로] 내려와 초나라를 치도록 하였다. 초나라는 소공蕭公 각角에게 군대를 이끌고 팽월을 치라고 명령하였으나 팽월이 초나라 군대를 크게 깨뜨렸다.

한왕한나라 2년 봄에 한왕은 위왕 표를 비롯한 다른 제후들과 함께 동쪽으로 나아가 초나라를 쳤다. 이때 팽월은 그의 군사 3만여 명을 거느리고 외황外黃에서 한나라에 귀속하였다. 한왕이 말했다.

"팽 장군은 위나라 땅을 거두어서 성 10여 개를 얻자 서둘러 위나라의 후사를 세우려 하고 있소. 그런데 지금 서위의 왕 위표도 위나라 왕 위구의 아우이니 틀림없이 위나라의 후손이오."

그러고는 팽월을 위나라의 상국相國으로 삼아 군대를 마음대로 지휘하여 양梁 땅을 공략하여 평정하도록 했다.

한왕이 팽성彭城 싸움에서 지고 [군사는] 흩어져 서쪽으로 물러나게 되자, 팽월은 함락했던 성을 다시 모두 잃어버리고 자기 군대만 거느린 채 북쪽으로 가서 하수 가에 머물렀다. 한왕 3년에 팽월은 늘 한나라의 유격병으로서 이곳저곳에서 초나라를 쳐 양 땅에서 초나라의 후방으로 오는 [식량 보급로를] 끊었다. 한나라 4년 겨울에 항왕은 한왕과 형양 땅에서 대치하였는데, 팽월이 수양睢陽과 외황 등 성 17개를 함락했다. 항왕은 이 소식을 듣고 조구曹咎에게 성고를 지키게 하고 몸소 동쪽으로 와서 팽월에게 빼앗겼던 성을 되찾아 모두 초나라 땅으로 만들었다. 이에 팽월은 군대를 이끌고 북쪽 곡성穀城으로 달아났다. 한나라 5년 가을에 항왕이 남쪽 양하陽夏로 달아나자, 팽월은 다시 창읍 부근의 성 20여개를 함락시켜 10여만 곡斛의 곡식을 얻어 한왕에게 군량미로 주었다.

한왕이 패하자 사자를 보내 팽월을 불러 힘을 합쳐서 초나라를 치자고 하였다. 그러나 팽월은 이렇게 말했다.

"위나라 땅은 겨우 평정되었고 〔백성은〕 아직 초나라를 두려워하므로 〔이곳을〕 떠날 수 없습니다."

한왕은 초나라를 뒤쫓다가 도리어 고릉固陵에서 항우에게 졌다. 〔한나라 왕은〕 유후留侯장량張良에게 말했다.

"제후들의 군대가 나를 따르지 않으니 이를 어떻게 하면 좋겠소?"

유후가 대답했다.

"제나라 왕 한신이 왕위에 오른 것은 왕의 뜻이 아니었고, 한신 자신도 그 지위가 튼튼하다고 여기지 않고 있습니다. 또 팽월은 본래 양나라 땅을 평정하여 공이 많은데 당초 왕께서는 위표 때문에 팽월을 위나라의 상국으로 삼으셨습니다. 이제 위표가 죽고 뒤를 이을 사람이 없으므로 팽월도 왕이 되고 싶어 할 것입니다. 그런데도 왕께서는 그렇게 결정하지 않으셨습니다. 지금 이 두 나라와 약속하신다면 바로 초나라를 이길 수 있을 것입니다. 수양 북쪽에서 곡성까지의 땅을 모두 상국 팽월에게 주어 왕으로 삼으십시오. 진陳 땅에서부터 그 동쪽으로 바다에 이르는 땅은 제나라 왕 한신에게 주십시오. 제나라 왕 한신의 집은 초나라에 있으므로 한신에게는 다시 자기 고향을 얻고 싶은 마음이 있을 것입니다. 왕께서 이 땅을 그 두 사람에게 내주실 수 있다면 두 사람은 금방이라도 불러올 수 있습니다. 그러나 그렇게 하실 수 없다면 〔천하의 일은〕 예측할 수 없습니다."

이에 한왕은 곧 사자를 팽월에게 보내어 유후의 계책대로 하였다. 사자가 이르자 팽월은 그의 병사를 이끌고 해하垓下로 달려와 싸워 마침내 초나라를 깨뜨렸다. 〔한나라〕 5년에 항적이 죽자, 봄에 팽월을 세워 양왕

梁王으로 삼고 정도定陶에 도읍하도록 하였다.

〔한나라〕 6년에 팽월은 진陳에서 〔한왕에게〕 조회했다. 9년과 10년에는 모두 장안에 와서 조회했다.

한나라 10년 가을에 진희陳豨가 대 땅에서 반란을 일으키자 고제는 몸소 그곳으로 가서 진압하기로 하고, 한단으로 가 양왕에게서 병사를 징발하려 하였다. 그러나 양왕은 병을 핑계로 다른 장수를 시켜 병사를 이끌고 한단으로 가게 했다. 이에 고제는 화가 나 사람을 보내 양왕을 나무랐다. 양왕은 두려워서 직접 가 사과하려 하였으나, 그의 장수 호첩扈輒이 말했다.

"왕께서는 애초 가지 않으셨다가 나무람을 듣고야 가려고 하시니 지금 가시면 사로잡힐 것입니다. 차라리 이 기회에 군대를 움직여 반란을 꾀하는 편이 낫습니다."

그러나 양왕은 이 말을 듣지 않고 여전히 병을 핑계로 삼았다. 〔때마침〕 양왕은 그의 태복太僕[1]에게 화가 나서 그 목을 베려고 하였다. 그러자 태복은 한나라로 달아나 양왕과 호첩이 반란을 꾀하고 있다고 말했다. 이에 고제는 사자를 보내어 불시에 양왕을 치도록 하였는데 양왕은 이를 전혀 눈치채지 못했다. 사자는 양왕을 잡아서 낙양雒陽에 가두었다. 담당 관리가 조사해 보니 반란을 일으킬 조짐이 있었으므로 법규에 따라 판결하기를 청하였다. 그러나 고제는 그를 용서하여 서민으로 만들고 역마에 태워 촉나라 청의현靑衣縣으로 보내 그곳에서 살게 했다. 그

---

1 제왕을 위해 거마車馬를 관리하는 벼슬로서 그 무렵 구경九卿 중 하나였다. 한나라 초기에는 제후국과 중앙 조정의 관제官制가 일원화되어 있어 양나라에도 '태복'이 있었다.

가 서쪽으로 정鄭 땅에 이르렀을 때 여후와 마주쳤다. 그녀는 장안에서 낙양으로 가는 길이었는데 길에서 팽월을 보게 된 것이다. 팽월은 여후에게 울면서 자신의 무죄를 호소하고 자기 고향 창읍에서 살게 해 달라고 청하였다. 여후는 이 말을 받아들여 함께 동쪽 낙양으로 왔다. 여후는 고제에게 이렇게 말했다.

"팽월은 장사이므로 지금 그를 촉 땅으로 옮겨 보내는 것은 스스로 근심거리를 남겨 두는 일이니, 그를 죽이는 편이 더 낫습니다. 그래서 소첩이 삼가 그를 데리고 왔습니다."

그리고 여후는 곧 팽월의 사인을 시켜 팽월이 다시 모반을 꾀하고 있다고 말하게 했다. 정위 왕염개王恬開가 그의 일족을 모두 죽이자고 청하였다. 고제가 허락하니, 마침내 팽월의 일족은 모두 죽고 그의 나라도 없어졌다.

태사공은 말한다.

"위표와 팽월은 본디 신분이 낮은 사람이었지만 1000리 땅을 차지하고 왕 노릇을 하며 고孤라 했다. 이들은 피를 밟고 승기를 타서 나날이 그 이름이 높아졌다. 그러나 반역할 마음을 품었다가 실패하자 스스로 목숨을 끊지 못하고 붙들려서 형벌로 죽임을 당했으니, 그것은 무슨 까닭인가? 중간 정도 되는 재능을 가진 자도 이러한 행위를 부끄럽게 여기거늘, 하물며 왕 노릇을 하던 자야 어떠하랴! 여기에는 다른 까닭이 있는 것이 아니라 지략이 다른 사람보다 뛰어난 자들이지만 오직 자기 몸을 보존하지 못하는 것만 걱정하였기 때문이다. 그들은 물이 증발하여 구름이 되고 뱀이 용이 되어 하늘로 올라가는 것처럼, 때를 만나 자신들의 뜻을 펼쳐 보려고 했기 때문에 갇히는 일도 마다하지 않았던 것이다."

31

경포 열전

黥布列傳

경포는 본래 이름이 영포英布인데 다른 사람의 죄에 연좌되어 얼굴에 먹물을 들이는 형벌을 당하여 붙여진 이름이다. 그는 항우를 좇아 진나라를 칠 때 언제나 선봉에 섰다. 그래서 항우는 서초 패왕이 되었을 때 경포를 구강왕에 봉하였다. 그 뒤 항우의 숙적 유방이 반간계를 써서 경포를 한나라에 투항하게 하고 회남왕으로 봉했다. 이는 그가 산 시대가 혼란스러우므로 가능한 일이었다.

한나라 11년에 경포는 유방이 전공이 큰 한신과 팽월을 죽이는 것을 보고 생명에 위협을 느껴 군대를 내어 한나라에 반기를 들었다가 불행히 싸움에서 져 죽고 말았다. 사마천은 경포 피살 과정의 전후 맥락을 자세히 서술하면서 공신들의 몰락과 유방과 여후의 잔인한 면모를 대비시켜 보여 주고 있다. 결국 경포의 흥망사는 진섭이 반란을 일으켜 유방이 건국한 초기 한나라 10여 년의 안휘安徽 일대의 정치 형국을 나타낸다고 볼 수 있으며 그의 파란만장한 삶만큼 흥미진진한 시대의 인물인 것이다.

의자에 앉아 발을 씻던 채로 경포를 맞이하는 한고조 유방.

형벌을 받은 뒤에 왕이 된다

경포黥布는 육六[1] 사람으로 성은 영씨英氏이고 진秦나라 때는 서민이었다. 젊었을 때 어떤 사람이 그의 관상을 보고 이렇게 말했다.

"형벌을 받고 나서야 왕이 되겠군."

장년이 되어 법에 연루되어 [얼굴에 먹물을 들이는] 경형黥刑을 받게 되자, 경포는 너무 기뻐 웃으면서 말했다.

"어떤 사람이 내 관상을 보고 형벌을 받고 나서야 왕이 될 것이라고 했는데, 이것을 말한 거겠지."

이 말을 들은 사람은 모두 경포를 놀리며 비웃었다. 경포는 판결을 받고 여산麗山으로 보내졌다. 여산에는 형벌을 받은 죄수가 수십만 명 있었는데, 경포는 그 죄수들의 우두머리나 호걸들과 사귀었다. 그런 뒤에 그 사람들을 이끌고 강수 부근으로 달아나서 떼를 지어 도둑질을 일삼았다.

진승이 군사를 일으키자, 경포는 파군番君[2]을 만나서 그의 부하들과 진나라에 반기를 들고 병사 수천 명을 모았다. 파군은 자기 딸을 경포의 아내로 삼게 했다.

---

1 고대의 나라 이름으로, 고요皋陶의 후예라고 전한다.
2 파양番陽의 수령 오예吳芮를 말한다. 오예는 뒤에 진나라를 배반하고 반란군에 몸담게 되는데, 항우는 그를 형산왕衡山王으로 봉했다. 그는 또 한나라 초기에 장사왕長沙王으로 봉해진다.

〔진나라 장수〕 장한이 진승을 멸망시키고 여신呂臣의 군사를 무찌르자, 경포는 병사를 이끌고 북쪽으로 올라가 진나라의 좌우 교위左右校尉[3]를 쳐 청파淸波에서 깨뜨리고 나서 병사를 이끌고 동쪽으로 갔다. 항량이 강동의 회계를 평정하고 강수를 건너 서쪽으로 간다는 말을 들은 진영陳嬰은 항씨가 대대로 초나라 장수였다고 하여 항량에게로 귀순하여 회남淮南으로 건너갔다. 영포경포와 포 장군蒲將軍도 군대를 이끌고 가서 항량에게 귀순했다.

항량이 회수를 건너 서쪽으로 나아가 〔진나라 장수〕 경구景駒와 진가秦嘉[4] 등을 쳤는데, 영포는 언제나 여러 군대 중에서 맨 앞에 섰다. 항량은 설薛에 이르러 진왕陳王이 죽었다는 소식을 듣고 초나라 회왕을 옹립했다. 그리고 항량은 호를 무신군武信君이라 하고, 영포는 당양군當陽君이라고 했다. 항량이 싸움에서 져 정도定陶에서 죽자 회왕은 도읍을 팽성으로 옮겼다. 여러 장수와 영포도 모두 팽성으로 모여 수비를 굳게 했다. 이때 진나라가 갑자기 조나라를 에워싸자 조나라에서 몇 차례나 사자를 보내와 도움을 요청했다. 회왕은 송의宋義를 상장군으로 삼고, 범증范曾[5]을 말장末將으로, 항적을 차장次將부장군副將軍으로, 영포와 포 장군을 장군으로 삼아 모두 송의에게 속하게 하여 북쪽으로 가서 조나라를 구하게 했다. 항적이 하수 가에서 송의를 죽이자, 회왕은 항적을 세워서 상

---

3 장군 다음가는 직위로 간사한 행동을 바로잡거나 병마를 책임지는 무관이다.
4 경구는 초나라 귀족의 후손이고, 진가는 능현凌縣 사람으로 진승의 영향을 받아 진나라에 반기를 들었다. 진가는 경구를 초나라 왕으로 세우고 자신은 대사마大司馬가 되었다.
5 범증范增이라고도 하며 항우의 중요한 모사謀士이다. 항우는 그를 아버지 다음으로 존경하고 아끼는 사람이라는 뜻으로 아부亞父라고 불렀다.

장군으로 삼고 장수를 모두 항적에게 속하게 했다. 항적은 영포를 선봉으로 삼고 먼저 하수를 건너 진나라를 치도록 했다. 영포가 여러 차례 승리를 거두자, 항적도 군사를 이끌고 하수를 건너 영포를 뒤따라가 마침내 진나라 군대를 깨뜨리고 장한 등을 항복시켰다. 초나라 군대는 늘 진나라 군대를 이겨 제후들 가운데 공이 으뜸이었다. 제후들의 군대가 모두 초나라에 귀속하게 된 것은 영포가 적은 병력으로 진나라의 대군을 깨뜨렸기 때문이었다.

항적은 병사를 이끌고 서쪽으로 나아가 신안新安에 이르자, 다시 영포 등을 시켜 한밤중에 장한의 군대를 습격하도록 하여 진나라 병졸 20여만 명을 구덩이에 묻어 죽였다. 항적은 함곡관에 이르렀으나 들어갈 수 없게 되자, 또 영포 등을 시켜서 먼저 사잇길로 쳐들어가 함곡관 부근의 진나라 군대를 깨뜨리고 들어가게 하여 함양에 이르렀다. 영포는 언제나 군의 선봉이었다. 항왕項王항우은 장수들을 봉할 때 영포를 구강왕九江王으로 삼고 육에 도읍을 정하도록 했다.

한나라 원년 4월에 제후들은 〔항왕의〕 휘하를 떠나 각각 자기 나라로 갔다. 항왕은 회왕을 세워서 의제義帝로 삼고 도읍을 장사長沙로 옮기도록 하면서 남몰래 구강왕 영포 등에게 의제를 습격하게 했다. 그해 8월에 영포가 자기 장수를 시켜서 의제를 습격하여 침현郴縣까지 쫓아가 죽였다.

한나라 2년에 제나라 왕 전영이 초나라를 배반하자, 항왕은 제나라를 치러 가면서 구강에서 군사를 징발하려고 했다. 그러나 구강왕 영포가 병을 핑계로 따라가지 않고 장수를 시켜 수천 명을 이끌고 가도록 했다. 한나라 군대가 초나라 군대를 팽성에서 깨뜨렸을 때도 영포는 병을 핑계로 초나라를 돕지 않았다. 항왕은 이러한 일로 해서 영포를 원망하여 여러 차례 사자를 보내서 꾸짖고 불러들이려 했다. 그렇지만 영포는 더욱더 두려워 감히 가려고 하지 않았다. 이때 항왕은 북쪽으로는 제나라와 조나라 때문에 근심하고, 서쪽에는 한나라라는 근심거리가 있기 때문에 오직 의지할 수 있는 자는 구강왕뿐이었다. 게다가 영포의 재능을 높이 사 가까이 두고 쓰고 싶으므로 그를 치지는 않았다.

팔짱만 끼고 앉아 어느 쪽이 이기는지 보면 안 된다

한나라 3년에 한왕은 초나라를 공격하여 팽성에서 크게 싸웠으나 형세가 불리하여, 양나라 땅에서 벗어나 우虞에 이르러 주위 신하들에게 말했다.

"너희 같은 자들과는 천하의 일을 함께 도모할 수 없구나."

알자 수하隨何가 나아가 말했다.

"폐하께서 말씀하시는 뜻을 잘 모르겠습니다."

한왕이 말했다.

"누가 나를 위해 회남⁶에 사신으로 가서 영포가 군대를 일으켜 초나라

----

6 아직 회남국이 세워지기 이전임에도 '회남' 혹은 '회남왕'으로 칭하고 있으니 잘못된 것이다. 당시 영포는 구강왕이었는데 대화가 이루어진 이때의 일로 영포가 한왕에게 동참하여 공을 세움으로써 회남왕에 봉해지게 된다.

를 배반하게 할 수 있겠는가? 항왕을 제나라에 몇 달만 붙들어 놓을 수 있다면 내가 천하를 차지하는 데 백의 하나도 어긋남이 없을 터인데."

수하가 말했다.

"신을 사신으로 보내 주십시오."

수하는 스무 사람을 데리고 회남으로 떠났다. 그는 〔구강에〕 이르러 태재太宰의 집에 머물렀는데, 사흘이 지나도록 〔구강왕을〕 만날 수 없었다. 그래서 수하는 태재를 설득하여 말했다.

"왕께서 나를 만나지 않는 것은 틀림없이 초나라는 강하고 한나라를 약하다고 생각하기 때문일 것입니다. 그래서 제가 사자로 왔으니 왕을 뵙도록 해 주십시오. 만일 제 말이 옳다면 그것은 대왕께서 듣고 싶어 하던 바일 것이고, 제 말이 옳지 않다면 저와 스무 명을 회남의 시장에서 부질斧質형벌용 도끼의 일종로 고개를 떨어지게 해 왕께서 한나라를 등지고 초나라와 한편임을 밝히시면 됩니다."

태재가 이 일을 왕에게 말하자 왕이 수하를 만났다. 수하가 말했다.

"한왕께서 신을 시켜 대왕의 측근에게 삼가 편지를 드리게 했는데, 신은 대왕께서 초나라와 어떠한 친분이 있으신지 궁금합니다."

회남왕이 말했다.

"과인은 북쪽을 향하여 초나라 왕을 섬기는 신요."

수하가 말했다.

"대왕께서 항왕과 똑같은 제후이면서 북쪽을 향하여 신하라고 하며 항왕을 섬기는 것은 틀림없이 초나라를 강하게 여겨 나라를 기댈 만하다고 생각하기 때문입니다. 그렇다면 항왕이 제나라를 공격할 때 직접 성을 쌓기 위한 판자나 절굿공이를 짊어지고 병사들의 선봉이 되었으니,

대왕께서도 마땅히 회남의 무리를 모두 동원하여 직접 이끌고 가서 초나라 군대의 선봉이 되었어야 합니다. 그런데 왕께서는 겨우 4000명만을 보내서 초나라를 돕고 있습니다. 북쪽을 향하여 남을 섬기는 자가 정녕 그렇게 해도 되겠습니까? 또 한왕이 〔초나라와〕 팽성에서 싸울 때도 대왕께서는 항왕이 제나라에서 나오기 전에 회남의 병사를 다 동원하여 회수를 건너 밤낮으로 달려가 팽성 밑에서 싸워야만 했습니다. 그런데 대왕께서는 만 명의 대군을 가지고서 한 명도 회수를 건너게 하지 않고, 팔짱을 끼고 앉아 어느 쪽이 이기는지 바라보기만 했습니다. 나라를 남에게 맡기셨다면서 진실로 그렇게 해도 되겠습니까? 대왕께서는 신하라는 헛된 이름만 가지고 북쪽을 향하여 초나라를 섬긴다며 자신을 완전히 맡겨 버리려고 합니다. 신이 가만히 대왕을 위하여 생각하건대 취할 바가 아닙니다. 그러면서도 대왕께서 초나라를 배반하지 않는 것은 한나라를 약하다고 보기 때문입니다.

초나라 군대가 강하기는 하지만 온 천하가 초나라에게 의롭지 못하다는 이름을 덮어씌우고 있습니다. 그것은 초나라 왕이 〔먼저 함곡관으로 들어가는 자가 왕이 된다는〕 맹약을 저버리고 의제를 죽였기 때문입니다. 또한 초나라 왕은 싸움에서 이긴 것을 자랑하고 스스로 강하다고 믿고 있지만, 한왕은 제후들을 모아 돌아와서는 성고成皐와 형양滎陽을 지키면서 촉나라와 한나라의 식량을 들여오고 물길을 깊이 파고 성벽을 튼튼히 하며 병사들을 나누어 변경을 지키고 요새를 방어하고 있습니다. 초나라 군대가 〔제나라에서 초나라로〕 돌아가려면 가운데에 있는 양나라 땅을 넘어서 적진으로 800~900리나 깊숙이 들어가야 합니다. 그러니 싸우려 해도 싸울 수 없고 성을 치려 해도 힘이 모자라며, 늙은이와 부녀자들이 1000리 밖에서 식량을 날라오지 않으면 안 됩니다. 초나라 군대가 형양과 성고에 이르더라도 한나라 군대가 굳게 지키고 움직이지 않으면 초나라 군대는 앞으로 나아가 공격할 수도 없고 물러나서 포위를 뚫을 수도 없을 것입니다. 그러므로 초나라 군대는 믿을 만하지 못하다고 말씀드리는 것입니다.

만일 초나라가 한나라를 이긴다면 제후들은 스스로 위험을 느끼고 두려워하여 서로 한나라를 구하려 할 것입니다. 초나라가 강대해지면 도리어 천하의 적을 불러들이게 될 뿐입니다. 초나라가 한나라만 못함은 이러한 정세로 보아 쉽게 알 수 있습니다. 지금 대왕께서는 모든 것이 안전한 한나라와 함께하지 않고 멸망의 위기에 직면한 초나라에 의지하려 하시니, 신이 대왕을 위하여 곰곰이 생각해 보아도 안타깝기만 합니다. 그렇다고 해도 신은 회남의 병력만으로 초나라를 멸망시키기에는 넉넉하다고 생각지 않습니다.

대왕께서 병사를 일으켜 초나라에 반기를 들면 항왕은 반드시 제나라에 머무르게 될 테니, 몇 달만 머무르게 한다면 그 시간에 한나라가 천하를 차지하는 데는 만의 하나도 어긋남이 없을 것입니다. 청컨대 신이 대왕을 모시고 칼을 차고 한나라로 돌아가게 해 주십시오. 그렇게 하면 한왕은 반드시 땅을 갈라 대왕을 봉할 테니 회남은 말할 것도 없이 대왕의 소유가 될 것입니다. 그래서 한왕께서는 삼가 신을 시켜 어리석은 계책을 말씀드리게 하였습니다. 부디 대왕께서는 유념해 주시기 바랍니다."

회남왕이 말했다.

"말씀대로 따르겠소."

그는 남몰래 초나라를 배반하고 한나라 편이 되겠다고 허락했으나 감히 누설하지는 않았다.

초나라 사자가 〔회남왕에게〕 와 있으면서 급히 군대를 출동시키라고 영포를 독촉했다. 그는 객사에 머물고 있었는데, 수하가 곧장 들어가 초나라 사자보다 윗자리에 앉으며 말했다.

"구강왕은 이미 한나라로 귀속하였는데 어떻게 초나라가 병사를 얻을 수 있겠소?"

영포는 깜짝 놀랐고 초나라 사자는 자리를 떠났다. 수하는 영포를 설득하여 말했다.

"일은 이미 벌어졌으니, 초나라 사자를 죽여 돌아가지 못하게 하고 급히 한나라로 달려가서 힘을 합칩시다."

영포가 말했다.

"당신이 하라는 대로 병사를 일으켜 초나라를 치겠소."

영포는 초나라 사자를 죽이고 병사를 일으켜 초나라를 쳤다. 초나라에서는 항성項聲과 용저龍且[7]를 시켜 회남을 치게 하고, 항왕은 머물러 있으면서 하읍下邑을 공격했다. 몇 달이 지나 용저가 회남을 쳐서 영포의 군대를 깨뜨렸다. 영포가 병사를 이끌고 한나라로 달아나려고 했지만 초나라 왕이 자기를 죽일까 봐 두려워 사잇길을 통해 수하와 함께 한나라로 돌아갔다.

회남왕이 도착하자 한왕은 의자에 걸터앉아 발을 씻고 있던 채로 영포를 불러들여 만났다. 영포는 매우 화가 나서 이곳으로 온 것을 후회하

---

7 항성과 용저는 모두 초나라 항우의 장수들이다. 용저는 나중에 한신에게 살해된다.

고 스스로 목숨을 끊으려고 했으나, 물러나와 숙소로 가 보니 의복과 음식과 시종 등이 한왕이 있는 곳과 같으므로 생각보다 좋은 예우에 매우 기뻐했다. 이에 영포가 사자를 구강으로 〔몰래〕 들여보냈는데, 초나라는 이미 항백項伯을 시켜 구강의 병사를 손에 넣고 영포의 처자식을 모두 죽인 뒤였다. 영포의 사자는 오랜 친구들과 총애를 받던 신하를 많이 얻어 수천 명의 무리를 이끌고 한나라로 돌아왔다. 한나라는 영포에게 더 많은 병력을 주어 함께 북쪽으로 올라가 병사를 모으면서 성고에 이르렀다. 〔한나라〕 4년 7월에 영포를 세워서 회남왕으로 삼고 함께 항적을 쳤다.

한나라 5년에 영포가 사자를 구강으로 〔몰래〕 들여보내 여러 현을 손에 넣었다. 6년에는 영포가 유고劉賈유방의 사촌 형와 함께 구강으로 들어가 〔초나라〕 대사마大司馬군사를 담당함 주은周殷을 설득하니, 주은이 초나라를 배반하고 구강의 군사를 모두 동원하여 한나라와 함께 초나라를 쳐서 해하에서 깨뜨렸다.

천하를 다스리는 데 어찌 썩은 선비를 쓰랴

항적이 죽고 천하가 평정되자 고조가 술자리를 베풀었다. 이때 고조가 수하의 공적을 깎아내려 이렇게 말했다.

"수하는 낡아 빠진 선비다. 천하를 다스리는 데 어찌 낡아 빠진 선비를 쓰겠는가?"

그러자 수하가 꿇어앉아 말했다.

"폐하께서 병사를 이끌고 팽성을 치고 초나라 왕이 제나라를 떠나지 않았을 때 폐하께서는 보병 5만, 기병 5000으로 회남을 점령할 수 있었겠습니까?"

고조가 말했다.

"못했을 것이오."

수하가 말했다.

"폐하께서 신을 스무 명과 함께 회남에 사신으로 보내셔서 신은 회남에 이르러 폐하의 뜻대로 하였습니다. 이는 신의 공적이 보병 5만, 기병 5000보다 나은 것입니다. 그런데 폐하께서 지금 '수하는 낡아 빠진 선비다. 천하를 다스리는 데 어찌 낡아 빠진 선비를 쓰겠는가?'라고 하심은 무슨 까닭입니까?"

고조가 말했다.

"내 그대의 공적을 생각해 보겠소."

고조는 수하를 곧바로 호군중위護軍中尉장수들의 관계를 조절하는 무관로 삼았다. 영포는 마침내 부절을 나눠 받고 회남왕이 되어 육에 도읍을 정했다. 구강, 여강廬江, 형산衡山, 예장豫章의 여러 군은 모두 영포에게 소속되었다.

〔한나라〕 7년에[8] 회남왕이 진陳으로 와서 조회했고, 8년에는 낙양에서 조회했으며, 9년에는 장안에서 조회했다.

---

8 「고조 본기」에 따르면 6년으로 해야 된다. 이해 12월에 한나라 고조는 진평의 계책을 써서 진陳에서 제후들을 만나 초나라 왕 한신을 사로잡았다.

〔한나라〕 11년에 고후高后가 회음후 〔한신〕의 목을 베었다. 이 일로 인해 영포는 속으로 두려움을 느꼈다. 여름에 한나라는 양나라 왕 팽월을 삶아 죽여 소금에 절이고, 소금에 절인 〔살덩이를〕 그릇에 담아 제후들에게 두루 내려 주었다. 그것이 회남에 도착했을 때 회남왕은 사냥하는 중이었는데, 소금에 절인 〔살덩이를〕 보고 몹시 두려워 남몰래 사람을 시켜 병사를 모아 이웃 군의 동정을 살피고 위급한 사태에 대비하도록 했다.

영포의 총애를 받는 희첩이 병들어 의사에게 치료를 받게 되었다. 의사의 집은 중대부 비혁貴赫의 집과 문을 마주 보고 있었다. 희첩은 자주 의사의 집에 갔다. 비혁은 자신이 한때 영포의 시중이었으므로 많은 선물을 바치고 그녀를 따라가 의사의 집에서 술을 마시기도 했다. 희첩이 왕을 모시면서 무슨 말끝에 비혁의 장점을 칭찬하니, 왕이 화가 나서 말했다.

"너는 그를 어디서 알게 되었느냐?"

희첩이 사정을 자세히 말하자 왕은 그와 정을 통하지나 않았나 의심하였다. 비혁은 겁이 나서 병을 핑계로 나오지 않았다. 왕이 더욱더 화가 나서 비혁을 체포하려 하니, 그는 영포가 반란을 꾀하고 있다는 사실을 밀고하려고 역마를 타고 장안으로 떠났다. 영포는 사람을 보내 뒤쫓게 했으나 미치지 못했다. 비혁은 장안에 이르러 글을 올려 영포가 반란을 일으키려는 조짐이 있으니 일이 터지기 전에 목을 베어야 한다고 말했다. 고조가 그 글을 읽고 상국相國 소하蕭何에게 말하니 상국이 대답했다.

"영포는 반란을 일으킬 사람이 아닙니다. 아마 영포에게 원한을 품고 일부러 무고하는 것일 겁니다. 청컨대 비혁을 가두고 사람을 보내서 은밀히 회남왕을 살피도록 하십시오."

회남왕 영포는 비혁이 죄를 짓고 달아나 고조에게 반란을 일으키려 한다고 아뢴 것을 알고는 그가 자기 나라의 비밀을 말하였을 것이라고 의심하던 차에 한나라 사자가 와서 조사까지 하므로 마침내 비혁의 일족을 죽이고 병사를 일으켜 한나라를 배반했다. 영포가 반란을 일으켰다는 편지가 오자 고조는 비혁을 용서하고 장군으로 삼았다.

고조가 여러 장수들을 불러 물었다.

"영포가 반란을 일으켰으니 어떻게 하면 좋겠소?"

장수들이 모두 말했다.

"병사를 동원하여 쳐서 그놈을 구덩이에 묻어 죽이면 되지 달리 무엇이 필요하겠습니까?"

여음후汝陰侯 등공滕公[9]이 본래 초나라 영윤令尹이던 자를 불러 이 일을 물으니, 영윤이 말했다.

"영포가 반란을 일으킨 것은 당연합니다."

등공이 말했다.

"황상께서는 땅을 떼어 주어 영포를 왕으로 삼고 작위를 나누어 주어 존귀한 신분이 되게 했소. 남면하여 만승의 군주가 되었는데 반란을 일으키는 까닭이 무엇이오?"

---

9 유방의 고향 친구 하후영夏侯嬰이다. 초나라 사람들은 영윤을 공公으로 불렀는데, 하후영이 일찍이 등현滕縣 현령이었으므로 등공이라고 일컬은 것이다.

영윤이 말했다.

"[황상께서는] 지난해에 팽월을 죽이고 그 전해에는 한신을 죽였습니다. [팽월과 한신과 영포] 세 사람은 같은 공을 세워 한 몸과 같은 사람들입니다. 자신에게 화가 미칠까 봐 반란을 일으켰을 뿐입니다."

등공이 이 말을 고조에게 전했다.

"신의 빈객 중에 본래 초나라 영윤이던 설공薛公이란 자가 있는데 대단한 계략을 가지고 있습니다. 그에게 물어보시면 좋겠습니다."

고조는 곧 설공을 불러 만나 물었다. 설공이 대답했다.

"영포가 반란을 일으킨 것은 이상한 일이 아닙니다. 만일 영포가 최상의 계책을 쓴다면 산동 땅은 한나라의 소유가 아닐 테고, 보통 계책을 쓴다면 승패는 알 수 없으며, 낮은 계책을 쓴다면 폐하께서는 베개를 높이 베고 누워 계서도 될 것입니다."

고조가 물었다.

"최상의 계책은 무엇을 말하오?"

영윤이 대답했다.

"영포가 동쪽으로 오나라荊나라를 취하고 서쪽으로 초나라를 취하며[10] 제나라를 아우르고 노나라를 취한 뒤에 연나라와 조나라에 격문을 돌려 그곳을 굳게 지킨다면 산동은 한나라의 소유가 아닐 것입니다."

---

10 오나라 왕 즉 형荊나라 왕 유가劉賈는 오吳에 도읍하고 있었고, 초나라 왕 유교劉交는 서주徐州의 하비下邳에 도읍하고 있었다. 영포가 이 두 곳을 빼앗아 취하면 바다에 의지하게 되어 뒤를 돌아볼 걱정이 없게 된다. 그러면 온 힘을 기울여 서쪽으로 가서 한나라와 싸울 수 있기 때문에 최상의 계책이라고 한 것이다.

"보통 계책은 무엇을 말하오?"

"동쪽으로 오나라를 취하고 서쪽으로 초나라를 취하며 한韓나라를 아우르고 위魏나라를 취한 뒤에, 오창敖倉[11]의 양곡을 점유하고 성고 어귀를 막는다면 승패는 알 수 없습니다."

"낮은 계책은 무엇을 말하오?"

"동쪽으로 오나라를 취하고 서쪽으로 하채下蔡를 취하며, 중점을 월나라에 귀속시켜 두고 자신은 장사長沙로 돌아간다면 폐하께서는 베개를 높이 베고 누워 있어도 한나라에는 별일이 없을 것입니다."

고조가 말했다.

"영포는 어느 계책을 쓸 것 같소?"

영윤이 대답했다.

"낮은 계책을 쓸 것입니다."

고조가 말했다.

"어째서 최상의 계책과 보통 계책을 버리고 낮은 계책을 쓸 것이라고 하오?"

영윤이 대답했다.

"영포는 본래 여산驪山의 무리로서 자기 힘으로 만승의 군주가 되었습니다. 그러나 이것은 자기 자신을 위해서 한 일이지 뒷날을 생각하고 백성 만대의 이익을 위해 한 것이 아닙니다. 그래서 낮은 계책을 쓸 것이라고 말씀드리는 바입니다."

---

11 진한 시대에 형양滎陽 서북쪽 오산敖山에 세운 대규모의 곡식 저장 창고이다.

고조가 말했다.

"좋소."

그리고는 설공을 1000호에 봉하고 황자皇子 유장劉長[12]을 회남왕으로 삼았다. 고조는 병사를 동원하여 직접 병사를 이끌고 동쪽으로 가서 영포를 쳤다.

영포는 처음에 반란을 일으키면서 그 장수들에게 이렇게 말했다.

"황상은 늙어서 싸움을 싫어하니 반드시 직접 치러 오지 않고 장수들을 보낼 것이다. 여러 장수들 가운데 회음후 한신과 팽월만이 걱정스러웠는데, 그들은 이제 모두 죽었으니 나머지 사람들은 두려워할 것이 없다."

그리고는 마침내 반란을 일으켰다. 과연 설공이 계책대로 영포는 동쪽으로 형荊을 쳤다. 형나라 왕 유고는 달아나다가 부릉富陵에서 죽었다. 〔영포는〕 형나라의 병사를 다 빼앗아 회수를 건너서 초나라를 쳤다. 초나라에서도 병사를 동원하여 서徐와 동僮 사이에서 힘을 합쳐 싸웠는데, 군대를 셋으로 나누어 서로 도와주는 기책奇策을 쓰려고 했다. 그러자 어떤 사람이 초나라 장수에게 말했다.

"영포는 용병에 뛰어나 백성은 본래부터 그를 두려워하고 있습니다. 또 병법에도 '제후가 자기 나라 땅에서 싸우는 것을 산지散地[13]라 한다.'라고 했습니다. 지금 군대를 셋으로 나누었는데, 적이 우리 한 군대를 깨뜨

---

12 유방의 일곱 번째 아들로 문제文帝 6년에 모반하려다가 폐위되었고, 좌천되어 가던 중 굶어 죽었다.

13 병사들은 자신들의 땅에서 싸움을 하게 되면 집이 그리워서 마음이 흩어지게 된다는 뜻이다.

리면 나머지 두 군대는 모두 달아날 것입니다. 어떻게 서로 도울 수 있겠습니까?"

하지만 초나라 장수는 이 말을 듣지 않았다. 영포가 그중 한 군대를 깨뜨리자, 정말로 나머지 두 군대는 흩어져 달아났다.

〔영포는〕 드디어 서쪽으로 가서 고조의 군대와 기蘄의 서쪽 회추會甄에서 만났다. 영포의 군사는 매우 정예로웠다. 고조가 용성庸城에 성벽을 쌓고 영포의 군대를 바라보니 진을 친 것이 항적의 군사 그대로였다. 고조는 영포를 미워하여 그를 마주하고 바라보다가 멀리서 그에게 말했다.

"무엇이 괴로워서 반란을 일으켰소?"

영포가 말했다.

"황제가 되고 싶었을 뿐이오."

고조는 화가 나서 영포를 꾸짖고 드디어 크게 싸웠는데, 영포의 군사가 싸움에서 져 달아났다. 영포는 회수를 건너서 여러 번 멈추어 싸웠으나 불리해지자 100여 명과 함께 강남으로 달아났다. 영포는 본래 파군의 딸과 결혼했다. 이런 까닭으로 〔오예吳芮의 아들〕 장사 애왕哀王오신吳臣이 사람을 시켜 영포를 속여 함께 월나라로 도망치자고 꾀었다. 영포는 이 말을 믿고 따라서 파양으로 갔다. 파양 사람이 영포를 자향玆鄕의 농가에서 죽이니, 마침내 영포경포를 멸망시켰다.

황상은 황자 유장을 세워서 회남왕으로 삼고, 비혁을 봉하여 기사후期思侯로 삼았다. 여러 장수도 대부분 공적에 따라 봉해졌다.

태사공은 말한다.

"영포의 조상은 『춘추』에 '초나라가 영英과 육六을 멸망시켰다.'라고 되어 있는 영씨로서, 고요皐陶순임금 때 형옥刑獄을 맡은 관리의 후예가 아닐까? 몸에 형벌을 받고서도 어떻게 빨리 일어났을까? 항우가 구덩이에 파묻어 죽인 사람은 1000만 명이나 되지만, 영포는 늘 가장 포악한 일을 하는 자의 우두머리였고 공적은 제후들 가운데 으뜸이었다. 그래서 왕이 될 수는 있었지만 자신도 세상의 큰 치욕을 피하지는 못했다. 재앙은 사랑하던 여자에게서 싹텄고, 질투가 우환을 낳아 마침내 나라를 멸망하게 만들었구나!"

32

회음후 열전

准陰侯列傳

이 편은 작위를 편명으로 삼은 것으로, 한나라 초기의 뛰어난 군사가로서 탁월한 업적을 이룬 한신韓信의 전기이다. 아울러 괴통蒯通과 무섭武涉 등 한신과 관련된 인물이 덧붙여졌다.

한신은 진나라 말기 농민 전쟁에서 두각을 나타낸 인물로 젊을 때는 굶기를 일삼을 정도로 가난했다. 그는 진나라 말기에 먼저 항우에게 의탁하려 했으나 중용되지 못하고, 유방에게로 달아났으나 여전히 중용되지 못하다가 소하의 추천을 통해 대장으로 임명되었다. 유방은 초나라와 팽성에서 싸웠다가 져서 달아났지만, 뒤에 한신의 공으로 크게 승리를 거둔다. 그 뒤 한신은 군사들을 이끌고 북방 지역에서 두 번째 전쟁을 하여 위, 조, 연, 제나라를 모두 평정함으로써 항우에 대한 전략적 포위망을 구축하고 결국 해하에서 그를 섬멸한다.

한신의 공이 지나치게 높아 군주를 위협할 지경에 이르자 고조 유방은 그를 꺼리게 되었다. 그러나 한신은 시대의 흐름을 알지 못하고 유방에게 자신을 제나라 왕으로 책봉해 달라고 요구하여 화를 부른다. 항우가 죽은 뒤 한신은 초나라 왕으로 옮겨 갔다가 죄를 지어 회음후로 강등되고, 결국 반역하려다 멸족의 화를 당하였다.

한신은 젊은 시절에 남의 가랑이 밑도 기어가는 수모를 겪어 가며 대장군의 지위에 오르고 왕까지 되었으나, 그 특유의 오만함을 버리지 못한 것이 몰락의 화근이었다. 그가 괴통의 충고를 듣지 않은 것이나, 친구 종리매의 목을 유방에게 바치려 한 점 등 인품 면에서는 상당히 문제가 많은 사람이었던 것이다.

사마천은 한신이 모반을 꾀하다가 파국으로 치닫게 된 점에 대해 동정과 안타까움을 나타내면서도 스스로 겸양이 부족해서 자초한 것임을 부각시키는데 한신이 겪는 심리적 갈등을 주변 인물들과 결부시켜 세심하게 묘사하고 있다. 사마천은 이 열전을 쓰기 위해 한신의 고향을 방문하고, 마을 사람들이 제공한 소재를 토대로 해서 한신의 인물상을 창조했다. 이로써 『사기』 중에서도 문학적 색채가 잘 드러나는 명편을 탄생시켰다.

저잣거리에서 남의 가랑이 사이로 기어 지나가는 치욕을 겪은 한신.

회음후淮陰侯 한신韓信은 회음 사람이다. 처음 벼슬하지 않았을 때에는 가난한 데다 방종했으므로 추천 받아 관리도 될 수 없었고, 또 장사를 해서 살아갈 능력도 없어 늘 남을 따라다니며 먹고 살아 사람들이 대부분 그를 싫어했다. 일찍이 〔회음의 속현屬縣인〕 하향下鄕의 남창南昌 정장의 집에서 여러 번 얻어먹은 일이 있었다. 몇 달이 지나자 정장의 아내는 한신을 귀찮게 여겨, 새벽에 밥을 지어 이불 속에서 먹어 치우고는 식사 시간에 맞춰 한신이 가도 밥을 차려 주지 않았다. 한신도 그 뜻을 알고는 화가 나서 마침내 발길을 끊었다.

한신이 성 아래에서 낚시를 하고 있었는데, 무명 빨래를 하던 아낙네들 가운데 한 아낙이 한신이 굶주린 것을 보고 밥을 주었는데 빨래를 다할 때까지 수십 일 동안을 그렇게 했다. 한신이 기뻐하며 아낙에게 말했다.

"나는 반드시 아낙에게 크게 보답하겠소."

아낙이 화를 내면서 말했다.

"사내대장부가 스스로 먹고살 능력도 없기에 내가 왕손王孫당시 혼란기에 일상적으로 높여 부르던 말을 가엾게 여겨 밥을 드렸을 뿐인데 어찌 보답을 바라겠는가?"

회음의 백정 중에서 한신을 업신여기는 한 젊은이가 한신에게 말했다.

"네가 비록 키는 커서 칼을 잘도 차고 다니지만 마음속으로는 겁쟁이 일 것이다."

그러고는 사람들 앞에서 한신을 모욕하며 말했다.

"네놈이 죽일 수 있으면 나를 찌르고, 죽일 수 없으면 내 가랑이 사이로 기어 나가라."

이때 한신은 그를 한참 동안 물끄러미 바라보다가 몸을 구부려 가랑이 밑으로 기어 나갔다. (이 일로 해서) 시장 사람들이 모두 한신을 겁쟁이라고 비웃었다.

소하가 달아난 한신을 쫓아간 까닭

항량이 회수를 건널 무렵, 한신은 칼 한 자루에 의지하여 그를 따라가 밑에 있었으나 이름이 알려지지는 않았다. 항량이 패하자 다시 항우 밑으로 들어가 낭중이 되었다. 한신이 항우에게 여러 차례 계책을 올렸지만 항우는 받아들이지 않았다.

한왕이 촉蜀으로 들어가자, 한신은 초나라에서 도망쳐 한나라로 귀순했다. 그러나 한신은 이름이 알려지지 않았기 때문에 연오連敖곡식 창고를 관리하는 직책라는 (보잘것없는) 벼슬을 받았다. (어느 날) 법을 어겨 목을 베이는 형벌을 받게 되었는데, 같이 처형되는 열세 명의 목이 잘리고 한신의 차례가 되었다. 한신이 고개를 들어 하늘을 쳐다보다가 우연히 등공하후영과 눈이 마주쳤다. 한신이 말했다.

"주상께서는 천하를 차지하려고 하시지 않습니까? 어찌 장사를 베려고 하십니까?"

등공은 그의 말이 기특하고 그의 모습이 장하다고 여겨 풀어 주고 베지 않았다. 그리고 한신과 함께 이야기를 나누고는 크게 기뻐하여 한왕에게 그에 대해 말했다. 한왕은 그를 치속도위治粟都尉식량과 말먹이를 관리하는 군관로 삼기는 했지만 비범한 인물로 여기지는 않았다.

한신은 소하와 자주 이야기를 나누었는데, 소하는 한신이 뛰어난 인물임을 알아보았다. 한왕이 〔한중 땅을 영토로 받아 수도인〕남정南鄭에 이르렀는데, 그곳으로 가는 도중에 도망친 장수가 수십 명이나 되었다. 한신도 소하 등이 여러 번 추천했지만 주상이 자신을 등용하지 않는다고 생각하고 달아났다. 소하는 한신이 달아났다는 말을 듣자, 한왕에게 말할 겨를도 없이 직접 그를 뒤쫓았다. 어떤 사람이 한왕에게 말했다.

"승상 소하가 달아났습니다."

한왕이 몹시 화를 내며 양손을 잃은 것처럼 실망했다. 며칠 뒤에 소하가 돌아와 한왕을 알현하자, 한왕은 노여움과 기쁨이 뒤섞여 소하를 꾸짖었다.

"그대는 어째서 도망쳤소?"

소하가 대답했다.

"신은 감히 도망친 것이 아니라 도망친 자를 뒤쫓아 갔던 것입니다."

한왕이 물었다.

"그대가 뒤쫓은 자가 누군가?"

"한신입니다."

한왕은 다시 꾸짖었다.

"장수들 가운데 도망친 자가 십수 명이나 되는데도 그대는 쫓아간 적이 없소. 한신을 뒤쫓았다는 것은 거짓말이오."

소하가 말했다.

"모든 장수들은 쉽게 얻을 수 있으나 나라에서 한신에 견줄 만한 인물은 둘도 없습니다. 왕께서 영원토록 한중의 왕으로 만족하신다면 한신을 문제삼을 필요는 없습니다만, 반드시 천하를 놓고 다투려 하신다면 한신이 아니고는 함께 일을 꾀할 사람이 없습니다. 왕의 생각이 어느 쪽에 있는가에 달린 문제일 뿐입니다."

한왕이 말했다.

"나도 동쪽으로 나아가 천하를 다투고자 하는데, 어찌 답답하게 이런 곳에 오래 머물겠소?"

소하가 말했다.

"왕의 계책이 반드시 동쪽으로 나아가고자 한다면 한신을 등용하십시오. 〔그러면〕 한신은 머무를 것입니다. 등용하지 않으면 한신은 결국 떠나갈 것입니다."

한왕이 말했다.

"내 그대를 보아 장수로 삼겠소."

소하가 말했다.

"장수로 삼을지라도 한신은 분명 머무르지 않을 것입니다."

한왕이 말했다.

"그러면 대장으로 삼겠소."

소하가 말했다.

"참으로 다행스러운 일입니다."

이에 한왕이 한신을 불러 벼슬을 주려 했다. 〔그러자〕 소하는 이렇게 말했다.

"왕께서는 본래 오만하여 예를 차리지 않으십니다. 지금 대장을 임명하는데 어린아이를 부르는 것처럼 하시니, 이것이 바로 한신을 떠나게 한 까닭입니다. 왕께서 반드시 그를 대장으로 삼고자 하신다면 좋은 날을 택하여 재계하고 단장壇場장수를 임명하는 곳을 설치하여 예를 갖추어야 가능합니다."

한왕은 그렇게 하겠다고 했다. 여러 장수는 모두 기뻐하며 저마다 자신이 대장이 될 줄로 생각했다. 그러나 막상 한신이 대장으로 임명되자 온 군대가 모두 놀랐다.

항우보다 못한 몇 가지

한신이 임명식을 마치고 자리에 오르자, 한왕이 말했다.

"승상이 대장에 대해서 자주 말했소. 그대는 어떠한 계책으로 과인을 가르치겠소?"

한신은 감사하다고 인사하고 한왕에게 물었다.

"이제 동쪽으로 나아가 천하의 대권을 다툴 상대는 항왕이 아니겠습니까?"

한왕이 대답했다.

"그렇소."

한신이 물었다.

"대왕께서는 스스로 생각하시기에 용감하고 사납고 어질고 굳센 점에서 항왕과 비교할 때 누가 낫다고 보십니까?"

한왕은 한참을 말없이 있다가 입을 떼었다.

"[항왕만] 못하오."

한신은 두 번 절하며 하례하고는 말했다.

"오직 신도 대왕께서 [항왕만] 못하다고 생각합니다. 그러나 신이 일찍이 그를 섬긴 적이 있으므로 항왕의 사람됨을 말씀드리겠습니다. 항왕이 큰 소리를 지르면서 화를 내며 꾸짖으면 1000명이 모두 엎드리지만 어진 장수를 믿고 일을 맡기지 못하니 그저 보통 남자의 용기에 지나지 않습니다. 항왕이 사람을 대하는 태도는 공손하고 자애로우며 말씨가 부드럽습니다. 누가 병에 걸리면 눈물을 흘리며 음식을 나누어 주기도 합니다. 그러나 부리는 사람이 공을 세워 벼슬을 주어야 할 경우가 되면 인장印章이 닳아 깨질 때까지 만지작거리며 차마 내주지 못합니다. 이것은 이른바 아녀자의 인자함일 뿐입니다.

항왕은 천하의 우두머리가 되어 제후들을 신하로 삼았지만, 관중에 머무르지 않고 팽성에 도읍을 정했습니다. 또 의제와 맺은 약속을 저버리고 자기가 친애하는 정도에 따라 제후들을 왕으로 삼은 것은 공평치 못한 일입니다. 제후들은 항왕이 의제를 옮겨 강남으로 내쫓은 것을 보자, 모두 자기 나라로 돌아가서 그 군주를 쫓아내고 자신들이 좋은 땅의 왕이 되었습니다. 항왕의 군대가 지나간 곳이면 학살과 파괴가 없는 곳이 없습니다. 천하의 많은 사람이 그를 원망하고 백성은 가깝게 따르지 않습니다. 다만 그의 강한 위세에 눌려 있을 뿐입니다. 그러므로 항왕은 우두머리로 불리고 있지만 실제로는 천하 사람들에게 마음을 잃었습니다. 그러므로 그 위세는 약해지기 쉽습니다.

지금 대왕께서 항왕의 정책과는 달리 천하의 용맹한 사람들을 믿고 쓰신다면 멸망시키지 못할 적이 어디 있겠습니까? 천하의 성읍에 공 있는 신하들을 봉한다면 마음으로 따르지 않는 이가 어디 있겠습니까? 정의를 내세워 동쪽으로 돌아가고 싶어 하는 병사를 거느린다면 흩어져 달아나지 않을 적이 어디 있겠습니까?

또 삼진三秦의 왕들은 본래 진秦나라 장군들로 진나라의 자제를 거느린 지 벌써 여러 해가 되었는데, 그동안 죽고 도망친 사람의 수가 이루 헤아릴 수 없을 정도입니다. 뿐만 아니라 휘하의 병사들을 속여 제후에게 항복하게 하고 신안新安으로 왔으나, 항왕은 진나라의 투항병 20여만 명을 속여서 구덩이에 파묻어 죽였습니다. 이때 오직 장한, 사마흔, 동예董翳만이 죽음을 모면할 수 있었습니다. 그래서 진나라의 부모 형제들은 이 세 사람을 원망하여 그 원한이 뼛속 깊이 사무쳐 있습니다. 지금 초나라에서는 위력으로 이 세 사람을 〔삼진의〕 왕으로 삼았지만, 진나라 백성 가운데 그들에게 애정을 느끼는 이는 없습니다. 그러나 대왕께서는 무관武關으로 들어가서 털끝만큼도 해를 끼치지 않았고, 진나라의 가혹한 법률을 없앴으며, 진나라의 백성과 삼장三章의 법¹만을 두기로 약속하였으니 진나라 백성 가운데 대왕께서 진나라 왕이 되기를 바라지 않는 사람은 없습니다.

---

1 삼장의 법이란 유방이 관중으로 들어온 뒤 진나라 부로父老들에게 약속한 것으로 사람을 죽인 자는 사형에 처하고, 다른 사람에게 상해를 입힌 자나 도둑질을 한 자에게는 벌을 내린다는 것이다.

제후들끼리 〔먼저 관중으로 들어가는 이가 왕이 되기로〕 약속하였으므로 왕께서 관중의 왕이 되셔야 합니다. 관중의 백성도 모두 이 사실을 알고 있습니다. 대왕께서 〔항왕 때문에〕 직책을 잃고 한중으로 들어가자 진나라 백성 가운데 원망하지 않는 이가 없었습니다. 이제 대왕께서 병사를 이끌고 동쪽으로 가시면 저 삼진 땅은 격문을 돌리는 것만으로도 평정할 수 있을 것입니다.”

이에 한왕은 몹시 기뻐하며 스스로 한신을 너무 늦게 얻었다고 생각하였다. 마침내 한신의 계책을 듣고 여러 장수에게 공격할 곳을 정하게 했다.

싸움에 진 장수는 무용을 말하지 않는다

〔한나라 원년〕 8월에 한왕은 병사들을 이끌고 동쪽 진창陳倉으로 나가 삼진을 평정하였다. 한나라 2년에 함곡관을 나와 위魏나라와 하남 땅을 차지했다. 한韓나라와 은나라 왕도 모두 항복했다. 제나라, 조나라의 군대와 합쳐 초나라를 쳤는데, 4월에 팽성에 이르렀으나 한나라 군대가 패하여 흩어져 돌아왔다. 한신이 다시 병사를 모아 한왕과 형양에서 만나 경京과 색索 사이에서 다시금 초나라를 깨뜨렸다. 그래서 초나라 군대는 결국 서쪽으로 나아갈 수 없게 되었다.

한나라 군대가 팽성에서 패하여 물러나자 새왕塞王 사마흔과 적왕翟王 동예가 한나라에서 도망쳐 나와 초나라에 항복했고, 제나라와 조나라도 한나라를 배반하고 초나라와 화친을 맺었다. 6월에는 위왕魏王 표豹가 부모의 병을 돌본다는 핑계로 휴가를 얻어 돌아가더니 그 나라에 이르자 곧장 황하의 관문을 폐쇄하고 한나라를 배반하여 초나라와 화친 조약을 맺었다. 한왕이 역생역이기을 보내 위왕 표를 달랬으나 생각을 굽히지 않았다.

그해 8월에 한신을 좌승상으로 삼아 위나라를 치도록 했다. 위왕 표는 포판蒲坂의 수비를 강화하고 임진臨晉〔으로 통하는 물길〕을 막았다. 한신은 대군을 거느린 것처럼 꾸미고 배를 이어 임진에서 하수를 건너려는 시늉을 하고는 하양夏陽에서 목앵부木罌缻[2]로 군대를 건너게 하여 〔위나라 수도〕 안읍安邑을 습격했다. 위왕 표는 놀라 병사를 이끌고 한신을 맞아 싸웠으나, 한신은 결국 표를 사로잡아 위나라를 평정하고 하동군河東郡으로 만들었다. 한왕은 장이를 보내 한신과 함께 병사를 이끌고 동쪽으로 진격하여 북쪽으로 조나라와 대代나라를 치도록 했다. 그 뒤 9월에 그들은 대나라 군대를 깨뜨리고 연여에서 대나라의 재상 하열夏說을 사로잡았다. 한신이 위나라를 항복시키고 대나라를 깨뜨리자, 한왕은 사자를 보내 그의 정예 병사를 이끌고 형양으로 가서 초나라 군대를 막도록 했다.

한신은 장이와 함께 병사 수만 명을 이끌고 동쪽으로 가서 정형에서 내려가 조나라를 치려고 했다. 조나라 왕과 성안군成安君 진여는 한나라 군대가 곧 쳐들어온다는 말을 듣자 병사를 정형 어귀로 모이도록 했는데,

---

2 나무로 만든 통으로 입구가 좁고 배가 불룩한 모양이다. 이 통에 물을 담아 여러 개를 한 줄로 묶은 뒤 그 위에 판자를 깔아 강을 건널 때 썼다.

그 수가 20만 명이라고 했다. 그러나 광무군廣武君 이좌거李左車가 성안군을 설득했다.

"들리는 바에 따르면 한나라 장수 한신은 서하를 건너서 위왕과 하열을 사로잡고 연여를 피로 물들였다고 합니다. 이제 장이의 도움을 받아 우리 조나라를 함락시키려고 논의하고 있다니, 이는 승세를 타고 고국을 떠나 멀리서 싸우는 것으로 그 예봉을 막기 어려울 듯합니다. 제가 듣건대 '1000리 먼 곳에서 군사들의 식량을 보내면 〔수송이 어려워〕 병사들에게 굶주린 빛이 돌고, 땔나무를 하고 풀을 베어야 밥을 지을 수 있으면 군사들은 저녁밥을 배부르게 먹어도 아침까지 가지 못한다.'라고 합니다. 지금 정형으로 가는 길은 〔폭이 좁아〕 수레 두 대가 나란히 갈 수 없고, 기병도 대열을 지어 갈 수 없습니다. 이러한 길이 수백 리나 이어지므로 그 형세로 보아 군량미는 반드시 뒤쪽에 있을 것입니다.

원컨대 제게 기습병 3만 명만 빌려 주시면 지름길로 가서 그들의 군량미 수송대를 끊어 놓겠습니다. 장군께서는 도랑을 깊이 파고 성벽을 높이 쌓아 진영을 굳게 지키기만 하고 맞붙어 싸우지 마십시오. 이렇게 하면 적군은 앞으로 나아가 싸울 수 없고 물러가려고 해도 돌아갈 수 없을 것입니다. 이때 우리 기습병이 적의 뒤를 끊고 적이 약탈할 만한 식량을 치워 버리면 열흘도 못 돼서 두 장수한신과 장이의 머리를 휘하에 바칠 수 있습니다. 부디 군께서는 제 계책에 유의해 주십시오. 이렇게 하지 않으면 반드시 적군의 두 장수에게 사로잡히고 말 것입니다."

성안군은 유자儒者여서 언제나 정의로운 군대라고 일컬으며 속임수나 기이한 계책을 쓰지 않았다. 그는 이렇게 말했다.

"내가 듣건대 병법에 의하면 '병력이 열 배가 되면 적을 포위하고 두 배가 되면 싸우라.'라고 했소. 지금 한신의 군사는 말로는 수만 명이나 된다고 하지만 실제로는 수천 명에 지나지 않소. 그것도 1000리 먼 길을 와서 우리를 치니 역시 지칠 대로 지쳐 있을 것이오. 지금 이러한 적을 피하고 치지 않는다면 앞으로 큰 적들이 쳐들어올 때는 어떻게 대처하겠소? 그렇게 되면 제후들은 우리를 겁쟁이로 여겨 쉽게 쳐들어올 것이오."

그러고는 광무군의 계책을 쓰지 않았다.

한신이 첩자를 놓아 조나라의 동향을 염탐하게 하였더니 첩자는 광무군의 계책이 채택되지 않은 것을 알고 돌아와 보고했다. 한신은 매우 기뻐하며 과감하게 병사를 이끌고 (정형의 좁은 길로) 내려왔다. 정형 어귀에서 30리 못 미친 곳에 머물러 야영하고, 그날 밤에 군령을 전하여 가볍게 무장한 병사 2000명을 뽑아 저마다 붉은 기를 하나씩 가지고 샛길로 해서 산속에 숨어 조나라 군사를 바라보도록 하고, 다음과 같이 명령했다.

"조나라 군사는 우리 군사가 달아나는 것을 보면 반드시 성벽을 비워놓고 우리 군사의 뒤를 쫓아올 것이다. 그러면 너희는 재빨리 조나라 성벽으로 들어가 조나라 기를 빼고 한나라의 붉은 기를 세워라."

또 자신의 비장을 시켜 저녁밥을 나누어 주도록 하고 이렇게 말했다.

"오늘 조나라 군사를 무찌른 뒤 다 같이 모여 먹도록 하자!"

장수들은 아무도 그 말을 믿지 않았으나 응하는 척하며 대답했다.

"네. 알았습니다."

그리고 군리軍吏에게 말했다.

"조나라 군대는 우리보다 먼저 유리한 곳을 골라 성벽을 만들었다. 또 그들은 우리 대장의 기와 북을 보기 전에는 우리의 선봉을 치지 않을 것이다. 그것은 우리 군대가 좁고 험한 곳에 부딪쳐 돌아가지나 않을까 두려워하기 때문이다."

그래서 한신은 군사 만 명을 먼저 가도록 하고 나가서 물을 등지고 진을 치게 했다. 조나라 군대는 이것을 바라보고는 한껏 비웃었다.

날이 샐 무렵, 한신이 대장의 기와 북을 세우고 북을 치면서 정형 어귀로 나갔다. 조나라 군대는 성벽을 열고 나가 한참 동안 격렬하게 싸웠다. 한신과 장이가 거짓으로 북과 기를 버리고 강기슭의 진지로 달아나니 강기슭의 군사는 진문陣門을 열어 맞아들였다. 다시 격렬한 싸움이 벌어졌다. 조나라 군대는 정말로 성벽을 비워 놓고 한나라의 북과 기를 차지하려고 한신과 장이를 뒤쫓아 왔다. 그러나 한신과 장이가 강가의 진지로 들어간 뒤에는 한나라 군대가 죽기를 각오하고 싸우므로 도저히 무찌를 수 없었다.

한편 앞서 한신이 내보낸 기습병 2000명은 조나라 군사들이 성벽을 비워 놓고 전리품을 쫓는 틈을 엿보아 조나라의 성벽 안으로 달려 들어가 조나라 기를 모두 뽑아 버리고 한나라의 붉은 기 2000개를 꽂았다.

조나라 군대는 이기지도 못하고 한신 등을 사로잡을 수도 없으므로 성벽으로 되돌아가려고 했다. 그러나 조나라 성벽에는 온통 한나라의 붉은 기가 꽂혀 있었다. 크게 놀란 조나라 병사들은 한나라 군대가 이미 조나라 왕의 장수들을 다 사로잡았다고 생각하여 어지럽게 달아났다. 조나라 장수들은 달아나는 병사들의 목을 베면서 막으려고 했지만 소용없었다. 한나라 군대는 협공하여 조나라 군대를 크게 깨뜨리고 병사들을 사로잡았으며 성안군을 지수派水 부근에서 베고 조왕 헐을 사로잡았다.

이때 한신이 군중에 명령을 내렸다.

"광무군을 죽이지 말라. 산 채로 잡아 오는 자가 있으면 1000금으로 살 것이다."

그러자 광무군을 묶어 휘하로 끌고 온 자가 있었다. 한신은 그 줄을 풀어 주고 동쪽을 보고 앉도록 하고 자기는 서쪽을 향하여 마주보며 그를 스승으로 모셨다.

장수들이 적의 머리와 포로를 바치고 축하한 뒤, 한신에게 물었다.

"병법에는 '산과 언덕을 오른쪽에 두거나 등지고 물과 못을 앞으로 하거나 왼쪽에 두라.'라고 했는데, 오늘 장군께서는 저희에게 도리어 물을 등지고 진을 치게 하면서 '조나라를 무찌른 뒤 다 같이 모여 먹도록 하자.'라고 하시기에 저희는 마음속으로 받아들이지 않았습니다. 그러나 마침내 이겼으니 이것은 무슨 전술입니까?"

한신이 대답했다.

"이것도 병법에 있는데 여러분이 알아차리지 못했을 뿐이오. 병법에는 '죽을 곳에 빠뜨린 뒤라야 비로소 살릴 수 있고, 망할 곳에 둔 뒤라야 비로소 살 수 있다.'라는 말이 있잖소? 내가 평소부터 사대부를 길들여 따르게 할 수 있었던 것도 아니고 시장 바닥에 있는 사람들을 몰아다가 싸우게 한 것과 같으니, 그 형세가 죽을 땅에 두어 저마다 자신을 위하여 싸우게 하지 않고 살 수 있는 곳을 준다면 모두 달아날 텐데 어떻게 이들을 쓸 수 있겠소?"

장수들은 모두 탄복해서 말했다.

"훌륭하십니다. 저희는 미칠 수 없는 일입니다."

한신이 광무군에게 물었다.

"저는 북쪽으로 연나라를 치고 동쪽으로 제나라를 치려고 하는데 어떻게 하면 공을 세우겠습니까?"

광무군이 사양하며 말했다.

"제가 듣건대 '싸움에서 진 장수는 무용을 말할 수 없고, 멸망한 나라의 대부는 나라를 보존하는 일을 도모할 수 없다.'라고 합니다. 지금 저는 싸움에서 지고 멸망한 나라의 포로인데 어떻게 그러한 큰일을 꾀할 수 있겠습니까?"

그러자 한신이 말했다.

"제가 들은 바로는 [현인] 백리해가 우虞나라에 살 때는 우나라가 망하였으나, 진秦나라에 있자 진나라가 제후들의 우두머리가 되었다고 합니다. 백리해가 우나라에 있을 때는 어리석은 사람이다가 진나라에 가니까 지혜로운 사람이 된 것이 아닙니다. [군주가] 그를 등용했는지 등용하지 않았는지, 또 그의 말을 받아들였는지 받아들이지 않았는지에 달렸을 뿐입니다. 만일 성안군이 당신의 계책을 들었더라면 저 같은 사람은 이미 포로가 되었을 것입니다. 성안군이 당신을 쓰지 않았기 때문에 제가 당신을 모실 수 있게 되었을 뿐입니다."

이어 굳게 부탁했다.

"제가 마음을 다하여 당신의 계책을 따르겠으니 부디 그대는 사양하지 마십시오."

광무군이 대답했다.

"제가 듣기로 '지혜로운 사람도 천 번 생각하면 반드시 한 번 실수가 있고, 어리석은 사람도 천 번 생각하면 반드시 한 번은 얻는 경우가 있

다.'라고 합니다. 그러므로 '성인은 미친 사람의 말도 가려서 듣는다.'라고
했습니다. 제 계책이 반드시 쓸 만하지는 않을지라도 성의를 다하겠습니
다. 저 성안군은 백 번 싸워 백 번 이길 계책이 있었는데, 하루아침에 실
수하여 군사가 호鄗의 성 밑에서 깨지고 자신은 지수 가에서 죽고 말았
습니다.

지금 장군께서는 서하西河를 건너 위왕을 사로잡고 하열을 연여에서
사로잡았으며 단번에 정형에서 내려와 하루아침에 조나라의 대군 20만
명을 깨뜨리고 성안군을 죽였습니다. 따라서 그 이름은 나라 안에 알려
지고, 그 위세가 천하를 뒤흔들었습니다. 농부들은 한결같이 나라의 앞
날이 얼마 남지 않았다고 여겨 농사를 멈추고 쟁기를 내던진 채 아름다
운 옷에 맛난 음식을 먹으면서 장군의 명령에 귀를 기울여 기다리는 자
입니다. 이와 같으니 장군에게 이롭습니다. 그러나 장군의 사졸들은 지
칠 대로 지쳐서 다루기가 어렵습니다.

그런데 지금 장군께서는 지친 사졸을 몰아 갑자기 수비가 튼튼한 연
나라 성 밑으로 쳐들어가려고 하십니다. 싸운다 하더라도 아마 싸움이
오랫동안 지속되어 힘으로는 성을 뺏을 수 없고, 이쪽의 지친 실정을 드
러내고 기세가 꺾인 채로 시일만 끌다 보면 군량미마저 바닥날 것입니
다. 그리고 약한 연나라조차 항복하지 않는다면 제나라는 반드시 국경
의 방비를 갖추고 스스로 강화시켜 나가려고 할 것입니다. 연나라와 제
나라가 서로 버티며 항복하지 않는다면, 유방과 항우의 싸움은 어느 쪽
이 이기고 어느 쪽이 질지 분명해지지 않을 것입니다. 이러한 상태는 장
군에게 불리합니다. 제 어리석은 생각으로는 연나라와 제나라를 치는 것
은 잘못된 계책입니다. 군사를 잘 쓰는 사람은 이쪽의 단점을 가지고 적

의 장점을 치지 않고, 이쪽의 장점을 가지고 적의 단점을 칩니다."

한신이 물었다.

"그러면 어떠한 계책을 써야 하겠습니까?"

광무군이 대답했다.

"지금 장군을 위한 계책으로는 싸움을 멈추어 병사들을 쉬게 하고, 조나라를 어루만져 전쟁으로 부모를 잃은 아이들을 위로하며, 100리 안의 땅에는 쇠고기와 술로 날마다 잔치를 벌여 사대부들을 대접하고, 병사들에게 술을 먹인 뒤에 북쪽 연나라로 향하는 것이 가장 좋은 방법입니다. 그리고 뒤에 변사를 시켜 연나라에 간단한 편지를 가지고 가서 장군의 장점을 알리도록 한다면 연나라는 감히 복종하지 않을 수 없을 것입니다. 연나라가 복종하면 변사에게 동쪽 제나라로 가서 연나라가 복종했다는 사실을 알리도록 하십시오. 그러면 제나라는 바람에 휩쓸리듯 복종할 것입니다. 지혜로운 이가 있다고 하더라도 제나라를 위해 다른 묘책을 세울 수 없을 것입니다. 이렇게만 된다면 천하의 일은 모두 도모할 수 있습니다. 용병에 큰소리를 먼저 치고 진짜 싸움은 나중에 한다는 것은 바로 이런 일을 말합니다."

한신이 대답했다.

"좋은 생각이오."

그리고 그의 계책에 따라 사자를 연나라로 보내자, 연나라는 바람에 따라 휩쓸리듯 복종했다. 한신은 한나라에 사자를 보내 알리고 이 기회에 장이를 조나라 왕으로 세워 조나라를 어루만지게 하도록 청했다. 한 왕이 이를 받아들여 장이를 조나라 왕으로 세웠다.

초나라는 여러 차례 기습병을 보내 하수를 건너 조나라를 치게 했다.

조왕 장이와 한신은 여기저기로 쫓아다니며 조나라를 구원하면서 이 기회에 가는 곳마다 조나라의 성읍을 평정하고 병사를 징발해서 한나라로 보냈다.

초나라가 갑자기 한왕을 형양에서 포위하자, 한왕은 남쪽으로 나가 완宛과 섭葉 사이에서 경포를 자기편으로 만들고 나서 달아나 성고로 들어갔다. 초나라가 또다시 이곳을 급히 에워쌌다. 6월에 한왕이 성고에서 나와 동쪽으로 하수를 건너 등공만을 데리고 수무脩武에 있는 장이의 군대에 몸을 맡기려고 했다. 수무에 이르러 역사에서 잠을 자고 새벽에 자신을 한나라 사자라고 하고 말을 달려 조나라 성벽으로 들어갔다. 장이와 한신이 미처 일어나지 않았는데, 한왕은 그들의 침실로 들어가 인부印符를 빼앗고 여러 장수를 불러 모아 다시 배치했다. 한신과 장이는 일어나 보니 한왕이 와 있는 것을 알고는 매우 놀랐다. 한왕은 두 사람의 군대를 빼앗은 뒤 장이에게는 조나라를 지키도록 하고, 한신을 상국相國으로 삼아 조나라 병사로서 아직 징발되지 않은 자를 거두어 제나라를 치게 했다.

과욕은 화를 부른다

한신은 병사들을 이끌고 동쪽으로 나아가 아직 평원진平原津을 건너기 전에 한왕이 역이기를 시켜 제나라를 설득하고 항복을 받아 냈다는 말을 듣고 제나라를 치는 일을 멈추려고 했다. 이때 범양范陽의 변사 괴통괴通[3]이 한신을 설득하여 말했다.

"장군께서 조서를 받고 제나라를 치려 하는데, 한왕이 독단적으로 밀사를 보내서 제나라를 항복시켰습니다. 그러나 장군에게 치는 것을 멈추라는 조서가 어디 있습니까? 그러니 어찌 가지 않을 수 있겠습니까? 또 역이기는 한낱 변사입니다. 수레의 가로나무에 의지하여 세 치 혀를 놀려 제나라의 70여 성을 항복시켰습니다. 그러나 장군은 대군 수만 명을 이끌고 한 해가 넘도록 조나라의 성 50여 개만 항복시켰습니다. 장군이 된 지 여러 해가 되었지만 보잘것없는 유생의 공만도 못하단 말입니까?"

이에 한신도 이 말이 옳다고 생각하고 그의 계책을 따라 마침내 하수를 건넜다. 제나라는 역이기의 말을 듣고 그를 머물게 하여 크게 술자리를 벌이며 한나라를 방어하지 않고 있었다. 한신은 이 틈을 타 제나라 역성歷城의 군대를 습격하고, 드디어 임치에 이르렀다. 제나라 왕 전광田廣은 역이기가 자기를 속였다고 여겨 그를 삶아 죽이고 고밀高密로 달아나 초나라로 사신을 보내 도움을 요청하였다.

한신은 임치를 평정한 다음 동쪽으로 전광을 뒤쫓아 가 고밀의 서쪽 지역에 이르렀다. 초나라도 용저를 장군으로 삼아 20만 대군을 이끌고 제나라를 구하게 했다.

제나라 왕 전광과 용저가 군사를 합쳐 한신과 싸우려고 하는데, 싸움이 벌어지기 전에 용저에게 이렇게 말하는 사람이 있었다.

"한나라 군대는 먼 곳으로부터 싸우러 왔으니 있는 힘을 다해서 싸울

---

3 진나라가 한나라로 바뀌는 과도기에 활동한 이름 있는 변사 괴철蒯徹인데, 사마천이 한 무제 유철劉徹의 이름을 쓰지 않기 위해서 괴통이라고 한 것이다.

테니 그 날카로운 기세를 꺾기 어렵습니다. 반면 제나라와 초나라는 자기 나라 땅에서 싸우기 때문에 패하여 흩어지기 쉽습니다. 차라리 성벽을 높이 쌓아 지키면서 제나라 왕이 그가 신임하는 신하를 보내서 제나라가 잃어버린 성을 이쪽으로 돌아오게 하는 편이 낫습니다. 이미 함락된 성에는 그 성의 왕이 있어서 초나라 군대가 도우러 왔다는 말을 들으면 반드시 한나라를 배반할 것입니다. 한나라 군대는 2000리나 떨어진 다른 나라에 와 있습니다. 제나라의 성이 모두 배반하면 그 정세로 보아 식량을 얻을 수 없을 테니 싸우지 않고도 항복받을 수 있을 것입니다."

용저가 말했다.

"나는 평소에 한신이 어떤 사람인지 잘 알고 있는데, 그는 상대하기가 쉽소. 또 제나라를 돕는다고 하면서 싸우지도 않고 한나라 군대를 항복시킨다면 나에게 무슨 공이 있겠소? 지금 싸워서 이기면 제나라의 절반은 내 것이 될 텐데 어찌 그만둘 수 있겠소?"

그래서 싸우기로 하고 유수濰水를 사이에 두고 한신과 마주하여 진을 쳤다.

한신은 밤에 사람을 시켜 만여 개의 주머니를 만들어 모래를 가득 채워 유수의 상류를 막게 했다. 그러고는 군사를 이끌고 절반쯤 건너 용저를 공격하다가 지는 척하고 되돌아서서 달아났다. 용저는 정말 기뻐하며 말했다.

"한신이 겁쟁이인 줄은 이미 알고 있었다."

그러고는 마침내 한신을 뒤쫓아 유수를 건너기 시작했다. 이때 한신은 사람을 시켜 모래주머니 제방을 트게 하였다. 갑자기 물살이 거세게 밀어닥치므로 용저의 군사는 절반도 건너지 못했다. 한신은 급히 습격해 용저를 죽였다. 유수 동쪽에 남아 있던 용저의 군사는 흩어져 달아나고 제나라 왕 전광도 도망쳤다. 한신은 달아나는 적을 뒤쫓아 성양에 이르러 초나라 군사를 모두 포로로 잡았다.

한나라 4년, 〔한신은〕 드디어 제나라를 모두 항복시켜 평정하고 한왕에게 사자를 보내 이렇게 말하도록 했다.

"제나라는 거짓과 속임수가 많고 변절을 잘하며 자주 번복하는 나라인 데다가 남쪽으로는 초나라와 국경을 맞대고 있습니다. 가왕假王임시로 왕 노릇을 하는 것을 세워서 진정시키지 않으면 정세가 안정되기 어렵습니다. 신을 가왕으로 삼아 주시면 편하겠습니다."

그 무렵 초나라가 갑자기 습격하여 한왕을 형양에서 에워쌌는데, 마침 한신의 사자가 오자 한왕은 그 편지를 펴 보고 매우 화를 내며 꾸짖었다.

"나는 여기서 곤경에 빠져 하루빨리 와서 도와주기를 바라는데 자기는 스스로 왕이 될 생각이나 하고 있다니!"

장량과 진평은 일부러 한왕의 발을 밟고는 사과하는 척하며 왕의 귓가에 입을 대고 속삭였다.

"한나라는 지금 불리한 입장에 놓여 있습니다. 한신이 왕 노릇을 하는 걸 어찌 막을 수 있겠습니까? 차라리 한신을 세워서 왕으로 삼고 잘 대우하여 제나라를 지키게 하는 편이 낫습니다. 그러지 않으면 변이 일어날 것입니다."

한왕도 이를 깨닫고 다시 꾸짖어 말했다.

"대장부가 제후를 평정했으면 진짜 왕이 될 일이지 어찌 가짜 왕 노릇을 한단 말이냐!"

이에 장량을 보내 한신을 세워 제나라 왕으로 삼고 그의 병사를 징발하여 초나라를 쳤다.

전략가 괴통의 조언을 내팽개치다

초나라가 용저를 잃자 겁을 먹은 항왕은 우이盱眙 출신의 무섭武涉을 보내 제나라 왕 한신을 이렇게 설득하게 했다.

"천하 사람이 모두 진나라에게 괴로움을 당한 지 오래되었습니다. 그래서 서로 힘을 모아 진나라를 공격했습니다. 진나라가 무너지자 각각 공적을 헤아려서 땅을 나누고, 그 땅의 왕이 되어 병사들을 쉬게 했습니다. 그런데 지금 한왕은 다시 병사를 일으켜 동쪽으로 나와 남에게 나누어 준 땅을 침범하고 남의 땅을 빼앗았으며, 삼진을 깨뜨리고 병사를 이끌고 함곡관에서 나와 제후들의 병사를 거둬들여 동쪽으로 〔초나라를〕치고 있습니다. 그의 뜻은 온 천하를 삼켜 버리지 않고서는 쉬지 않을 것입니다. 그의 탐욕은 이렇듯 심하여 만족을 모릅니다. 또 한왕은 믿을 수 없는 사람입니다. 그 몸이 항왕의 손아귀에 쥐어진 일이 여러 번 있지만 항왕은 언제나 가엾게 여겨 살려 주었습니다. 그러나 위기를 벗어나기만 하면 곧 약속을 어기고 다시 항왕을 공격합니다. 그를 가까이하고 믿을 수 없음이 이와 같습니다.

지금 당신께서는 한왕과 두텁게 사귀고 있다고 생각하고 한왕을 위하여 힘을 다해 군대를 지휘하고 있지만 결국 그에게 사로잡히고 말 것입니다. 당신이 지금까지 잠시라도 살아남을 수 있었던 것은 항왕이 아직 살아 있는 덕택입니다. 지금 한왕과 항왕 두 사람의 싸움에서 〔승리의 저울추는〕 당신에게 달려 있습니다. 당신이 오른쪽으로 추를 던지면 한왕이 이기고 왼쪽으로 추를 던지면 항왕이 이길 것입니다. 오늘 항왕이 멸망하면 다음번에는 당신을 멸망시킬 것입니다. 당신은 항왕과 연고가 있는데 어째서 한나라를 배반하고 초나라와 화친을 맺어 천하를 셋으로 나누어 왕이 되지 않습니까? 지금 이 기회를 버리고 스스로 한나라를 믿고 초나라를 치다니, 이것이 어찌 지혜로운 자가 이와 같습니까?"

그러나 한신은 거절하며 말했다.

"내가 일찍이 항왕을 섬긴 적이 있지만 벼슬은 낭중에 지나지 않고 지위는 집극執戟에 지나지 않으며, 생각을 말해도 들어주지 않고 계획을 세워도 써 주지 않았소. 그래서 초나라를 저버리고 한나라로 간 것이오. 한왕은 나에게 대장군의 인수를 주고 대군 수만 명을 주었소. 자기 옷을 벗어 나에게 입히고 자기가 먹을 것을 나에게 먹이며, 생각을 말하면 들어주고 계책을 올리면 써 주었소. 그래서 내가 오늘에 이를 수 있었던 것이오. 무릇 남이 나를 친히 여기고 믿는데 내가 그를 배반하는 것은 상서롭지 못한 일이오. 설령 죽는다 하더라도 마음을 바꿀 수 없소. 나를 위하여 항왕에게 거절해 주면 좋겠소."

무섭이 떠나간 뒤 제나라 사람 괴통이 천하 대권의 향방이 한신에게 있음을 알고 기발한 계책으로 한신의 마음을 움직이려고 하였다. 그는 관상을 잘 본다고 하면서 한신을 설득하려고 이렇게 말했다.

"저는 일찍이 관상 보는 법을 배운 적이 있습니다."

한신이 물었다.

"선생께서는 어떤 방법으로 관상을 보시오?"

괴통이 대답했다.

"귀하게 되느냐 천하게 되느냐는 골법骨法에 달려 있고, 근심이 생기느냐 기쁨이 생기느냐는 얼굴 모양과 빛깔에 달려 있으며, 성공과 실패는 결단력에 달려 있습니다. 이런 것을 참고하여 판단하면 만의 하나도 어긋남이 없습니다."

한신이 말했다.

"좋소. 그러면 선생이 보기에 과인의 관상은 어떻소?"

괴통이 대답했다.

"잠시 주위 사람들을 물리쳐 주십시오."

한신이 말했다.

"모두 물러가라."

괴통이 말했다.

"주군의 관상을 보니 제후로 봉해지는 데 지나지 않으며, 게다가 위태롭고 불안합니다. 그러나 장군의 등을 보니 귀하기가 이를 데 없습니다."

한신이 물었다.

"그것이 무슨 말이오?"

괴통이 대답했다.

"천하가 처음 어지러워졌을 때, 영웅호걸들이 왕이라고 일컬으며 한 번 외치자 천하의 인사들이 구름이나 안개처럼 모여들어 물고기 비늘처럼 겹치고 불똥이나 바람같이 일어났습니다. 이때는 어떻게 하면 진나라를 멸망시키느냐 하는 근심뿐이었습니다. 그런데 지금 초나라와 한나라가 서로 다투게 되자 천하의 죄 없는 사람들의 간과 쓸개로 땅을 바르게 하고, 아버지와 아들의 해골이 들판에 나뒹구는 일이 이루 다 헤아릴 수 없습니다. 초나라 사람 항왕은 팽성에서 일어나 이곳저곳으로 돌아다니며 달아나는 적을 쫓아 형양에 이르렀으며, 승세를 타고 자리를 말아 올리듯 여러 곳을 차지하니 그 위세가 천하를 뒤흔들어 놓았습니다. 그러나 그의 군사는 경京과 색索 사이에서 곤경에 빠지고 서산西山에 가로막혀 앞으로 나아가지 못한 지 이제는 3년이나 됩니다. 한왕은 군사 수십만 명을 이끌고 공鞏과 낙雒에서 험준한 산과 하수를 방패로 삼아 하루에도 몇 차례 싸웠지만 한 자 한 치의 공도 세우지 못하였습니다. 좌절하고 패배해도 도와주는 사람이 없어 형양에서 지고 성고에서 상처를 입고 완宛과 섭葉 사이로 달아났습니다. 이는 이른바 지혜로운 자와 용감한 자가 다 함께 괴로움을 당하는 것입니다. 날카로운 기세는 험준한 요새에서 꺾이고, 양식은 창고에서 바닥나고, 백성은 지칠 대로 지쳐 원망하며 의지할 곳조차 없습니다.

용납하여, 제 생각으로는 이러한 형세로 보아 천하의 성현이 아니고는 천하의 환란을 도저히 그치게 할 수 없습니다. 그런데 지금 한왕과 항왕의 운명은 당신에게 달렸습니다. 당신께서 한나라를 위하면 한나라가 이기고 초나라 편을 들면 초나라가 이길 것입니다. 그래서 저는 속마음을 터놓고 간과 쓸개를 드러낸 채 어리석은 계책을 말씀드리려 하는데 당신께서 받아들이지 않을까 염려됩니다. 진실로 제 계책을 써 주신다면 한나라와 초나라 양쪽을 모두 이롭게 하고, 두 분을 존속시켜 천하를 셋으로 나누어 솥의 발처럼 서 있게 하겠습니다. 그렇게 되면 그 형세로 보아 어느 누구도 감히 먼저 움직이지 못할 것입니다.

무릇 당신만큼 현명한 분이 수많은 무장 병사를 거느리고 강대한 제나라에 의지하여 연나라와 조나라를 복종시키고, 주인 없는 땅으로 나아가 그 후방을 누르며, 백성이 바라는 대로 서쪽으로 가서 〔두 나라한나라와 초나라의 싸움을 끝내게 하여〕 백성의 생명을 구해 준다면 천하는 바람처럼 달려오고 메아리처럼 호응할 텐데 누가 감히 〔당신의 명령을〕 듣지 않겠습니까? 이렇게 되면 큰 나라를 나누고 강한 나라를 약화시켜 제후들을 세우십시오. 일단 제후들이 서게 되면 천하가 복종하며 그 은덕은 제나라에 돌려질 것입니다. 그리고 당신께서는 제나라의 옛 땅임을 생각하여 교膠와 사泗를 차지하고 덕으로써 제후들을 회유하고, 궁궐 깊숙한 곳에서 두 손 모아 절하면서 겸손한 태도를 보이면 천하의 군주들이 서로 와서 제나라에 입조할 것입니다. 하늘이 주는 것을 받지 않으면 도리어 벌을 받고, 때가 이르렀는데도 과감하게 행동하지 않으면 도리어 재앙을 입는다고 들었습니다. 당신께서는 이 점을 깊이 생각해 보시기 바랍니다."

그러나 한신은 이렇게 말했다.

"한왕은 나를 정성껏 대접해 주었소. 자기 수레로 나를 태워 주고, 자기 옷을 나에게 입혀 주며, 자기 먹을 것을 나에게 먹여 주었소. 내가 들건대 '남의 수레를 타는 자는 남의 우환을 제 몸에 지고, 남의 옷을 입는 자는 남의 근심을 제 마음에 품으며, 남의 것을 먹으면 그의 일을 위하여 죽는다.'라고 했소. 내가 어떻게 이익을 바라고 의리를 저버릴 수 있겠소?"

괴통이 말했다.

"당신께서는 스스로 한왕과 친한 사이라고 생각하여 영원히 변하지 않는 업적을 세우려고 하십니다만 제가 생각하기에는 잘못된 것입니다. 처음에 상산왕과 성안군은 평민일 때 서로 목을 내놓을 만큼 막역한 사이였지만 나중에 장염과 진택의 사건으로 다투어 두 사람은 서로 원망하게 되었습니다. 상산왕은 항왕을 배반하고 항영項嬰의 머리를 베어 들고 달아나 한왕에게 귀순했습니다. 한왕이 장이에게 병사를 빌려 주어 동쪽으로 내려가 성안군을 지수 남쪽에서 죽이니 그의 머리와 다리가 떨어져 나가 천하의 웃음거리가 되었습니다. 상산왕과 성안군은 천하에서 둘도 없이 친한 사이였는데 결국 서로 잡아먹으려고 한 것은 무엇 때문이겠습니까? 우환이란 욕심이 많은 데서 생기고, 사람의 마음은 헤아릴 수 없기 때문입니다.

지금 당신께서는 충성과 신의를 다하여 한왕과 친하게 사귀려고 하지만, 그 사귐은 상산왕과 성안군의 사귐보다 든든하다고 할 수 없습니다. 당신과 한왕 사이에 가로놓인 일은 장염과 진택의 일보다 많고 큽니다. 그래서 저는 당신께서 한왕이 결코 자신을 위태롭게 하지 않으리라고 믿는 것은 역시 잘못이라고 생각합니다. 옛날 대부 문종과 범려는 멸망해 가는 월나라를 존속시키고 월나라 왕 구천을 제후들의 우두머리로 만들어 공을 세우고 이름을 떨쳤지만 자신은 죽었습니다. 들짐승이 다 없어지면 사냥개는 삶아 먹히게 마련입니다. (당신과 한왕의 관계는) 교분으로 보면 장이가 성안군이 친한 것에 미치지 못하며, 충성과 믿음으로 보면 대부 문종과 범려가 구천에게 한 것보다 못합니다. 이 두 가지 일은 거울로 삼을 만합니다. 원컨대 당신께서는 이 점을 깊이 생각하십시오.

또 제가 듣건대 '용기와 지략이 군주를 떨게 만드는 자는 그 자신이 위태롭고, 공로가 천하를 덮는 자는 상을 받지 못한다.'라고 합니다. 대왕의 공로와 지략을 말씀드리자면 당신께서는 서하를 건너가서 위나라 왕과 하열을 사로잡았으며, 병사를 이끌고 정형으로 내려와 성안군을 베어 죽이고 조나라를 항복시켰습니다. 연나라를 위협하고 제나라를 평정했으며, 남쪽으로 초나라 군사 20만 명을 깨뜨리고 용저를 죽이고 (이런 사실을) 서쪽의 한나라 왕에게 보고했습니다. 이는 이른바 '공로는 천하에 둘도 없고, 지략은 아무 시대나 나타나는 게 아니다.'라는 것입니다. 지금 당신께서는 군주를 떨게 할 만한 위세를 지녔고 상을 받을 수 없을 만큼 큰 공로를 가지고 계시니 초나라로 돌아가더라도 초나라 사람항우이 믿지 않을 테고, 한나라로 돌아가도 한나라 사람유방이 떨며 두려워할 것입니다. 당신께서는 이러한 위력과 공로를 가지고 어디로 돌아가려 하십니까? 무릇 형세가 신하 자리에 있으면서 군주를 떨게 하는 위세를 지니고 명성이 천하에 높으니 제 생각에는 당신께서 위태롭습니다."

한신이 감사의 예를 표하면서 말했다.

"선생은 잠시 쉬시오. 내가 장차 이 문제를 생각해 보겠소."

며칠 뒤에 괴통은 다시 한신을 설득하여 다음과 같이 말했다.

"원래 남의 의견을 듣는 것은 일의 (성공과 실패의) 조짐이며, 계획을 세우는 것은 일의 (성공과 실패의) 기틀이 됩니다. 진언을 잘못 받아들여 계책에 실패하고도 오래도록 편안한 이는 드뭅니다. 진언을 분별하는 데 한두 가지도 실수하지 않으면 말로도 어지럽힐 수 없고, 계책이 처음과 끝을 잃지 않으면 교묘한 말로 분란을 일으킬 수 없습니다.

대체로 나무를 하고 말을 먹이는 이는 만승의 천자가 될 만한 권위도 잃어버리고, 조그마한 봉록을 지키는 데 급급한 이는 경상 자리를 지키지 못합니다. 그러므로 지식은 일을 결단하는 힘이며, 의심은 일하는 데 방해만 됩니다. 터럭 같은 작은 계획을 자세히 따지고 있으면 천하의 큰 술수를 잊어버리고, 지혜로 그것을 알면서도 과감하게 행동하지 않는 것은 모든 일의 화근이 됩니다. 그래서 '맹호라도 꾸물거리고 있으면 벌이나 전갈만 한 해도 끼치지 못하고, 준마라도 주춤거리면 노둔한 말의 느릿한 걸음만 못하며, 〔진秦나라 용사〕 맹분孟賁도 여우처럼 의심만 하고 있으면 보통 사람들이 일을 결행하는 것만 못하고, 순임금이나 우임금의 지혜가 있더라도 우물거리고 말하지 않으면 벙어리나 귀머거리가 손짓 발짓을 하는 것만 못하다.'라고 하는 것입니다. 이는 능히 실행하는 것을 귀중하게 여긴다는 뜻입니다. 대체로 공이란 이루기 힘들고 실패하기는 쉬우며, 때란 얻기 어렵고 잃기는 쉽습니다. 때는 기회이니 다시 오지 않습니다. 원컨대 당신께서는 이것을 자세히 살펴보십시오."

〔그러나〕 한신은 망설이면서 차마 한나라를 배반하지 못했다. 또 자신이 공이 많으니 한나라가 끝내 자신의 제나라를 빼앗지는 않을 것이라고 생각하여 괴통의 제안을 거절했다. 괴통은 한신이 자기 말을 들어주지 않자, 얼마 안 가서 거짓으로 미친 척하고 무당이 되었다.

높이 나는 새가 모두 없어지면 훌륭한 활을 치운다

한왕이 고릉固陵에서 곤경에 처했을 때, 장량의 계책을 써서 제나라 왕 한신을 불렀다. 한신은 군대를 이끌고 해하垓下에서 한왕과 만났다. 항우가 패하자 고조는 제나라 왕의 군사를 습격해서 빼앗았다.

한나라 5년 정월에 제나라 왕 한신을 옮겨서 초나라 왕으로 삼고 하비下邳에 도읍을 정하게 했다.

한신은 초나라에 이르자 일찍이 밥을 먹여 주었던 무명 빨래를 하던 아낙을 불러 1000금을 내렸다. 또 하향의 남창 정장에게 100전錢을 내리면서 말했다.

"그대는 소인이다. 남에게 은덕을 베풀다가 중도에서 그만뒀기 때문이다."

또 자기를 욕보인 젊은이들 가운데 자기에게 가랑이 밑으로 기어나가게 하여 모욕을 주었던 자를 불러 초나라의 중위中尉로 삼고, 여러 장군과 재상에게 알렸다.

"이 사람은 장사일지니, 나에게 모욕을 주었을 때에 내 어찌 이 사람을 죽일 수 없었겠는가? 그를 죽인다 하더라도 이름이 드러날 것이 없기 때문에 참고 오늘의 공을 이룬 것이다."

항왕으로부터 도망친 종리매鍾離眛는 이려伊廬에 집이 있었다. 종리매는 본래 한신과 사이가 좋았기 때문에 항왕이 죽은 뒤 한신에게로 도망쳐 왔다. 고조는 종리매에게 원한이 있으므로 그가 초나라에 있다는 말을 듣고 초나라에 조서를 내려 종리매를 사로잡으라고 했다. 한신은 초나라에 처음 왔기 때문에 현과 읍을 순행할 때면 경비병을 세우고 드나들었다. 한나라 6년에 어떤 사람이 글을 올려 초나라 왕 한신이 모반했다고 말하였다.

고조는 진평의 계책에 따라 천자가 순행한다고 하면서 제후들을 모두 불러 모으기로 했다. 남쪽에 운몽雲夢이라는 큰 호수가 있었다. 고조는 사자를 보내 제후들에게 진陳으로 모이게 하고 이렇게 말하게 했다.

"내가 장차 운몽으로 갈 것이오."

사실은 한신을 습격하려고 한 것이지만 한신은 그 사실을 알지 못했다. 고조가 초나라에 이를 무렵, 한신은 병사를 일으켜 모반하려고 했다. 〔그러나〕 스스로 죄가 없다고 여겨 고조를 만나려고 하면서도 사로잡히지 않을까 걱정되었다. 그때 어떤 사람이 한신에게 이렇게 말했다.

　"종리매의 목을 잘라 황상을 뵈면 황상께서 반드시 기뻐할 테니 걱정할 필요가 없습니다."

　그래서 한신이 종리매를 만나 상의하자, 종리매는 이렇게 말했다.

　"한나라가 초나라를 쳐서 빼앗지 않는 까닭은 내가 당신 밑에 있기 때문이오. 만일 당신이 나를 잡아 자진해서 한나라에 잘 보이려고 한다면 나는 오늘이라도 죽겠소. 그러나 당신도 뒤따라 망할 것이오."

　그러고는 한신에게 호통을 쳤다.

　"당신은 장자長者가 아니오!"

　그는 스스로 목을 찔러 죽었다. 한신은 그의 목을 가지고 진陳으로 가서 고조를 만났다. 그러자 고조는 무사를 시켜 한신을 묶게 하고 뒷수레에 실었다. 한신이 말했다.

　"정말 사람들의 말에 '날랜 토끼가 죽으면 훌륭한 사냥개를 삶아 죽이고, 높이 나는 새가 모두 없어지면 좋은 활은 치워 버린다. 적을 깨뜨리고 나면 지모 있는 신하는 죽게 된다.'라고 하더니, 천하가 이미 평정되었으니 내가 삶겨 죽는 것은 당연하구나!"

　고조가 말했다.

　"그대가 모반했다고 밀고한 사람이 있소."

　드디어 한신의 손발에 차꼬와 수갑을 채웠다. 낙양에 이른 뒤에야 한신의 죄를 용서하고 회음후로 삼았다.

아녀자에게 속은 것도 운명이다

한신은 고조가 자기의 재능을 두려워하고 미워하는 것을 알았으므로 언제나 병을 핑계로 조회에 나가지도 않고 수행하지도 않았다. 한신은 이로부터 날마다 고조를 원망하며 불만을 품고 강후絳侯 주발周勃이나 관영灌嬰[4] 등과 동급의 자리에 있는 것을 부끄럽게 여겼다.

한번은 한신이 장군 번쾌의 집에 들른 적이 있었다. 번쾌가 무릎을 꿇고 절하면서 마중하고 배웅하였고, 또 한신 앞에서 자신을 신臣이라고 일컬으면서 말했다.

"왕께서 신의 집까지 왕림해 주셨군요."

한신은 문을 나와 쓴웃음을 지으며 말했다.

"살아생전에 번쾌 등과 같은 반열이 되었다니……."

고조는 일찍이 한신과 함께 여러 장수의 능력을 마음 놓고 말하면서 각각 등급을 매긴 일이 있었다. 고조가 물었다.

"나 같은 사람은 얼마나 되는 군대를 이끌 수 있겠소?"

한신이 대답했다.

"폐하께서는 그저 10만 명을 이끌 수 있을 뿐입니다."

고조가 물었다.

---

4 주발과 관영은 모두 진나라 말 유방을 따라 군사를 일으킨 인물로서 이때 공을 세워 주발은 강후로 봉해졌다가 나중에 태위太尉와 승상을 지냈고, 관영은 거기장군車騎將軍과 태위와 승상을 지냈다. 공적이나 명성이 한신만 못했다.

"그대는 어떻소?"

[한신이] 대답했다.

"신은 많으면 많을수록 더욱 좋습니다."

고조가 웃으면서 말했다.

"많으면 많을수록 더욱더 좋다면서 어째서 나에게 사로잡혔소?"

한신이 대답했다.

"폐하께서는 군대를 이끌 수는 없습니다만 장수를 거느릴 수 있습니다. 이것이 바로 신이 폐하께 사로잡힌 까닭입니다. 또 폐하는 이른바 하늘이 주신 바이니 사람 힘으로는 어쩔 수 없습니다."

진희가 거록군鉅鹿郡 태수로 임명되어 회음후 한신에게 작별 인사를 하러 왔다. 회음후가 그의 손을 잡고 주위 사람들을 물리친 뒤 뜰을 거닐면서 하늘을 우러러보고 탄식하며 말했다.

"그대에게는 말할 수 있겠지? 그대와 상의하고 싶은 것이 있소."

진희가 말했다.

"예. 장군께서는 명령만 내리십시오."

회음후 한신이 말했다.

"그대가 태수로 부임하는 곳은 천하의 정예 부대가 모여 있는 곳이오. 그리고 그대는 폐하께서 믿고 아끼는 신하요. 누군가가 그대가 모반했다고 하더라도 폐하께서는 반드시 믿지 않을 것이오. 그러나 그런 통보가 두 번 온다면 폐하께서는 의심할 테고, 세 번 오면 반드시 화를 내며 직접 칠 것이오. 그때 내가 그대를 위하여 중간에서 일어나면 천하를 도모할 수 있을 것이오."

진희는 전부터 그의 재능을 알고 있었기 때문에 한신을 믿고 말했다.

"삼가 말씀대로 하겠습니다."

한나라 10년에 정말로 진희가 모반하자 고조는 장수가 되어 직접 치러 갔다. 한신은 병을 핑계로 따라가지 않고, 아무도 모르게 진희에게 사람을 보내서 이렇게 말했다.

"군사를 일으키면 내가 여기서 그대를 돕겠소."

한신은 그의 가신들과 짜고 밤에 거짓 조서를 내려 각 관아의 죄인들과 관노를 풀어 주고, 이들을 동원해서 여후와 태자를 습격하려고 했다. 각기 맡을 부서가 정해지고 진희의 회답만을 기다리고 있었다. 이때 한신의 가신 가운데 한신에게 죄를 지은 자가 있어 한신이 잡아 죽이려고 했다. 그러자 그 가신의 아우가 여후에게 변고를 알리고 한신이 모반하려는 상황을 말했다.

여후는 한신을 불러들이려다가 혹시 한신이 응하지 않을까 염려되어, 상국 소하와 상의하여 사람을 시켜 고조가 있는 곳에서 온 것처럼 속여 말했다.

"진희는 벌써 사형에 처했습니다. 여러 제후와 신하들이 모두 축하하고 있습니다."

소 상국이 다시 한신을 속여 말했다.

"병중이라 하더라도 부디 들어와서 축하의 뜻을 표하십시오."

한신이 들어가자 여후는 무사를 시켜 한신을 포박하여 장락궁長樂宮의 종실鍾室에서 목을 베도록 했다. 한신은 죽으면서 이렇게 말했다.

"괴통의 계책을 쓰지 못한 것이 안타깝다. 아녀자에게 속은 것이 어찌 운명이 아니랴!"

여후는 한신의 삼족을 멸하였다.

고조는 진희를 토벌하고 돌아와 한신이 죽은 것을 알고 한편으로는 기뻐하고 한편으로는 가엾게 여기면서 물었다.

"한신이 죽을 때 무슨 말을 했는가?"

여후가 말했다.

"한신은 괴통의 계책을 쓰지 못한 것이 안타깝다고 했습니다."

고조가 말했다.

"그는 제나라의 변사이다."

이에 제나라에 조서를 내려 괴통을 체포하도록 했다. 괴통이 잡혀 오자 고조가 물었다.

"네가 회음후에게 모반하도록 가르쳤는가?"

괴통이 대답했다.

"그렇습니다. 신이 가르쳤습니다. 그러나 그 못난이가 신의 계책을 쓰지 않았기 때문에 자멸해 버렸습니다. 만약 그가 신의 계책을 썼다면 폐하께서 어떻게 그를 이길 수 있었겠습니까?"

고조가 화를 내며 말했다.

"이놈을 삶아 죽여라."

괴통이 말했다.

"아! 삶겨 죽는 것은 억울합니다."

고조가 말했다.

"네가 한신에게 모반을 가르쳤기 때문에 죽는 것인데 무엇이 억울하다는 말이냐?"

[괴통이] 말했다.

"진나라의 기강이 느슨해지자 산동 땅이 크게 어지러워지고, 진나라와 성姓이 다른 사람들이 아울러 일어나 영웅호걸들이 까마귀떼처럼 모여들었습니다. 진나라가 그 사슴황제의 권한을 잃자, 천하는 다 같이 이것사슴을 좇았습니다. 이리하여 키가 크고 발이 빠른 자고조가 먼저 이것을 얻었습니다. 도척이 기르는 개가 요임금을 보고 짖은 것은 요임금이 어질지 못해서가 아닙니다. 개는 본래 자기 주인이 아닌 사람을 보면 짖게 마련입니다. 당시 신은 한신만 알았을 뿐 폐하는 알지 못했습니다. 또 천하에는 칼날을 날카롭게 갈아서 폐하가 하신 일과 똑같이 하려는 사람이 매우 많았습니다. 생각해 보면 그들은 능력이 모자랐을 뿐입니다. 그런데 폐하께서는 그들을 모두 삶아 죽이겠습니까?"

고조가 말했다.

"풀어 주어라."

그리고 괴통의 죄를 용서했다.

태사공은 말한다.

"내가 회음에 갔을 때 회음 사람들이 나에게 하는 말이 한신은 평민일 때에도 그 뜻이 보통 사람과는 달랐다고 한다. 그 어머니가 죽었을 때 가난해서 장례도 치를 수 없었지만 (결국) 높고 넓은 땅에 무덤을 만들어 그 주위에 집이 일만 호나 들어설 수 있게 했다고 한다. 내가 그 어머니의 무덤을 보니 정말로 그러했다. 만약 한신이 도리를 배워 겸양한 태도로 자기 공로를 뽐내지 않고 자기 능력을 자랑하지 않았다면 한나라에 대한 공훈은 주공周公, 소공김公, 태공망太公望 등에 비할 수 있고 후세에 사당에서 제사를 받을 수 있었을 것이다. 이렇게 되려고 힘쓰지 않고 천하가 이미 안정된 뒤에 반역을 꾀했으니 온 집안이 멸망한 것은 당연하지 않은가!"

33

한신 노관 열전

韓信盧綰列傳

이 편에 나오는 한신은 회음후 한신과 성과 이름은 물론 살았던 시대까지 일치하는데 역사가들은 이 두 사람을 구별하면서 전자를 한왕韓王 신信이라 하고, 후자를 회음후 한신으로 일컫는다. 사마천은 한신과 노관의 삶이 비슷한 데 근거하여 이 열전을 만들었다.

이 편은 한신과 노관이 유방을 좇아 싸워 승진하였다가 흉노에 투항하여 죽는 과정, 그들의 후손이 번창하는 모습, 천하의 재능 있는 선비들을 불러 모아 명성을 떨친 진희가 의심을 받고 반란을 일으켰다가 죽게 되는 모습을 그리고 있다. 여기서 우리는 절대 권력의 틈을 비집고 사회의 이목을 끌어 보려 했으나 어쩔 수 없이 희생물이 될 수밖에 없었던 이들의 모습을 보게 된다.

사마천이 보기에 주나라 초기 제후로 봉해진 인물은 대부분 조상의 음덕과 선행의 영향을 받았지만, 한나라 초기 제후들은 민간에서 시대의 흐름을 타고 일어나 자기 역량에 따라 세력을 구축한 차이가 있었다.

유방은 천하를 통일한 뒤 성이 다른 일곱 명을 왕으로 봉하여 봉건 할거 국면을 형성했지만, 나중에는 중앙 집권을 강화하기 위해 유씨가 아닌데 왕이 된 자들을 멸망시키는 정책을 폈다. 그래서 이때 제후들은 조정의 꺼림이나 의심을 많이 받았고 잦은 반란도 필연적인 현상이었다. 한신과 노관도 공을 세워 왕으로 봉해졌고 고조와 친밀한 유대 관계를 유지했음에도, 당시 상황은 그들이 한나라를 떠나 반역의 길로 치달게 만들었다.

한나라 조정에 반기를 든 한신

　한韓나라 왕 신信은 원래 한나라 양왕襄王의 첩의 손자로서 키가 여덟 자 다섯 치나 되었다.[1] 항량이 초나라의 후손인 회왕을 세웠을 무렵 연나라, 제나라, 조나라, 위나라도 모두 이전의 왕이 다시 왕이 되었다.[2] 그중 한韓나라만 아들이 없어 한나라의 여러 공자 가운데서 횡양군橫陽君 성成을 세워 한나라 왕으로 삼아 한나라의 옛 땅을 평정하려고 하였다. 그런데 항량이 정도定陶 싸움에서 져 죽자 성은 회왕에게로 달아났다. 그러자 패공이 군대를 이끌고 와 양성陽城을 공격하고, 장량을 한韓나라의 사도司徒토지나 호적 및 세금 등을 맡은 관리로 삼아 한나라의 옛 땅을 되찾게 하였다. 〔이때 장량은〕 한신을 만나 한나라 장수로 삼았다. 한신은 자기 병사들을 이끌고 패공을 따라 무관武關으로 들어갔다.

　패공이 한왕漢王이 되자, 한신은 한왕을 따라 한중으로 들어가 한왕을 설득했다.

　"항왕은 장수들을 가까운 땅의 왕으로 봉하였는데 왕께서만 홀로 멀리 떨어진 이곳에 있으니, 이것은 분명 좌천입니다. 왕의 사졸은 모두 산

---

[1] 한 대漢代에 여덟 자 다섯 치면 비교적 큰 키라고 할 수 있다. 참고로 항우는 여덟 자가 조금 넘었고, 유방은 일곱 자 여덟 치였다. 요즘의 단위와 달리 한 자가 약 22cm이다.
[2] 이때 연나라 왕은 한광韓廣이고, 제나라 왕은 전담田儋, 조나라 왕은 무신武臣, 위나라 왕은 위구魏咎였다.

동 사람이므로 발돋움을 하며 돌아가고 싶어 하니 칼날을 동쪽으로 향하신다면 천하의 패권을 다툴 수 있을 것입니다."

그러자 한왕은 군사를 돌려 삼진三秦을 평정하고, 한신에게 한韓나라 왕이 되도록 허락하였다. 이보다 앞서 한신을 한韓나라의 태위太尉군대의 우두머리로 삼아 군대를 이끌고 한韓나라 땅을 쳐서 차지하도록 하였다.

항적이 여러 왕을 봉하자 그들은 모두 자기 나라로 갔지만, 한韓나라 왕 성成은 항적을 따라가지 않아 공을 세우지 못해서 봉국을 받아 나가지 못하고 다시 열후列侯[3]가 되었다. 한漢나라가 한신을 시켜 한韓나라의 옛 땅을 쳐서 차지하려 한다는 말을 들은 항적은 자신이 오나라에 있을 때 그곳 현령이던 정창鄭昌을 한韓나라 왕으로 삼아 한漢나라의 공격에 맞서 싸우도록 하였다.

한漢나라 2년에 한신은 한韓나라의 성 10여 개를 쳐서 평정했다. 한왕이 하남河南에 이르자, 한신은 한韓나라 왕 정창을 양성陽城에서 쳤다. 정창이 항복하자 한왕은 한신을 한韓나라 왕으로 봉하였다. 한신은 늘 한韓나라 군대를 이끌고 한왕을 따라갔다. 〔한나라〕 3년에 한왕이 형양을 나가자 한나라 왕 한신과 주가周苛 등이 함께 대신 형양을 지켰다. 초나라가 형양을 깨뜨리자 한신은 초나라에 항복하였다가 얼마 뒤에 달아나 다시 한漢나라로 돌아갔다. 한漢나라에서는 그를 다시 한韓나라 왕으로 삼았다. 그는 마침내 〔한왕을〕 따라서 항적을 무찌르고 천하를 평정하였다. 〔한나라〕 5년 봄에 드디어 부符를 쪼개어 그를 한韓나라 왕으

---

3 진한 때 열두 등급의 작위 가운데 가장 윗자리이다.

로 봉하고 영천潁川에 도읍하게 하였다.

이듬해 봄에 고조는 한신처럼 군사적 재능이 있고 용맹스러운 자가 북쪽으로는 공鞏과 낙洛에 가깝고, 남쪽으로는 완宛과 섭葉에 가까우며, 동쪽으로는 회양淮陽이 있어서 모두 천하에서 사나운 군대만 득실거리는 곳에서 왕 노릇을 한다고 생각하여 조서를 내려 한신을 옮겨 태원太原의 왕으로 삼아 북쪽 오랑캐를 막게 하고 진양晉陽에 도읍을 정하도록 하였다. 그러자 한韓나라 왕 한신이 글을 올려 말했다.

나라가 변방에 치우쳐 있어 흉노가 자주 쳐들어옵니다. 도읍 진양은 변방의 요새와 너무 멀리 떨어져 있으니, 부디 마읍馬邑을 도읍으로 정하게 해 주십시오.

고조가 그렇게 하도록 허락하자, 한신은 곧 도읍을 마읍으로 옮겼다. 〔그해〕 가을에 흉노 묵돌冒頓[4]이 한신을 대규모로 포위하자, 한신은 흉노에게 여러 차례 사자를 보내 화해를 구했다. 한漢나라는 군대를 보내 그를 도왔으나, 한신이 사사로이 흉노에게 여러 차례 사자를 보내자 그가 딴마음을 품지 않았나 의심하여 사람을 보내 한신을 꾸짖었다. 한신은 목이 베일까 두려운 나머지 흉노와 함께 한나라를 치기로 약속하고 한나라에 반기를 들었다. 〔한신은〕 마읍을 흉노에게 내주어 항복하고는 태

4 한 대 흉노 선우單于 두만頭曼의 아들이다. 그는 자기 아버지를 죽이고 스스로 선우가 되어 동호東胡와 월지月氏를 무찌른 뒤 남쪽으로 내려와 한나라 고조 유방을 백등산白登山에서 포위하기도 했지만, 결국에는 한나라와 화친을 맺고 공물을 바쳤다.

원을 쳤다.

〔한나라〕 7년 겨울에 고조가 나가 한신의 군대를 동제銅鞮에서 깨뜨리고 그 장수 왕희王喜의 목을 베니 한신은 흉노로 달아났다. 한신의 장수로 있던 백토白土 사람 만구신曼丘臣과 왕황王黃 등이 조나라의 먼 후예인 조리趙利를 세워 왕으로 삼고, 다시 한신의 패잔병을 모아 한신과 묵돌과 모의하여 한나라를 치기로 하였다. 흉노는 좌현왕左賢王과 우현왕右賢王에게 기병 만여 명을 이끌고 왕황 등과 더불어 광무廣武에 주둔하도록 한 뒤 남쪽 진양으로 내려와 한나라 군사와 싸우게 하였다. 한나라 군사는 그들을 크게 무찌르고, 이석離石까지 뒤쫓아 다시 그들을 쳤다. 흉노가 또다시 누번樓煩 서북쪽에 모이자 한나라에서는 전차와 기병으로 흉노를 깨뜨리게 하였다. 흉노가 거듭 싸움에서 지고 달아나자, 한나라 군대는 승세를 타고 북쪽으로 달아나는 적군을 계속 뒤쫓아 갔다. 묵돌이 대곡代谷에 있다는 말을 듣고 고조가 진양에 머무르면서 사람을 시켜 묵돌을 살피게 하니 그 첩자가 돌아와 쳐도 되겠다고 보고했다. 고조는 마침내 평성平城에 이르렀다. 고조가 백등산白登山으로 나가자 흉노의 기병들이 고조를 에워쌌다. 고조가 사람을 시켜 연지閼氏선우의 아내에게 많은 선물을 보내니, 연지가 묵돌을 설득했다.

"지금 한나라 땅을 얻더라도 오히려 그곳에서 살 수 없으니 두 임금이 서로 횡액을 당할 필요가 없습니다."

그리하여 이레 만에 오랑캐 병사들이 물러났다. 그때 짙은 안개가 뒤

---

5 현왕은 흉노족의 우두머리인 선우 바로 아래의 최고 기관으로, 도기왕屠耆王이라고도 한다.

덮이자, 한나라에서는 사람을 시켜 오가게 해 보았지만 오랑캐들은 알지 못하였다. 그러자 호군중위護軍中尉 진평이 고조에게 말했다.

"오랑캐는 병사를 온전하게 하려고 합니다. 강한 쇠뇌에 화살을 두 개씩 메긴 뒤에 밖을 향하게 하고 천천히 걸어서 포위를 벗어나십시오."

〔고조가〕 평성으로 돌아오자 한나라 구원병도 이르렀고, 오랑캐 기병도 마침내 포위를 풀고 물러갔다. 한나라도 싸움을 멈추고 돌아갔다. 한신은 흉노를 위해 군대를 이끌고 오가면서 변경을 공격했다.

한나라 10년에 한신이 왕황 등에게 시켜 진희를 설득하여 잘못을 저지르도록 만들었다. 11년 봄에 예전의 한韓나라 왕 한신이 다시 흉노의 기병들과 함께 삼합參合으로 들어와서 한나라에 맞섰다. 한나라는 시 장군柴將軍시무柴武로서 유방의 휘하에 있었음에게 명하여 그를 공격하게 했는데, 시 장군이 한신에게 다음과 같은 글을 보냈다.

폐하께서는 너그러운 분으로 한나라를 배반한 제후도 다시 돌아오면 목을 베지 않고 지위와 칭호를 되돌려 주었습니다. 이런 사실은 왕께서도 잘 알고 계실 것입니다. 지금 왕께서는 싸움에서 져 흉노에게 달아났을 뿐 큰 죄를 지은 것은 아니니 빨리 스스로 돌아오십시오.

한나라 왕 한신이 답장을 보내왔다.

폐하께서 저를 평민들 중에서 뽑아 왕 노릇 하여 고孤라고 일컫게 해 주셨으니 이는 행운이었습니다. 그런데 저는 형양 싸움에서 죽지 못하고 항적에게 사로잡혔으니 이는 저의 첫 번째 죄입니다. 흉노가 마읍으로 쳐들어왔을 때

저는 굳게 지키지 못하고 성을 내주고 항복하였으니 이것이 두 번째 죄입니다. 지금은 도리어 오랑캐를 위하여 군대를 이끌고 한나라 장군과 대항하며 한순간의 목숨을 다투게 되었으니 이것이 세 번째 죄입니다. 옛날 대부 문종과 범려는 죄를 하나도 짓지 않았는데 죽었습니다. 그런데 지금 저는 폐하께 죄를 세 가지나 지었으니 세상에 살아남기를 바란다면 오자서가 오나라에서 쓰러져 죽은 것과 다를 바 없습니다. 지금 저는 골짜기로 달아나 숨어 다니며 아침저녁으로 오랑캐들에게 구걸하고 있습니다. 그러니 제가 한나라로 돌아가기를 바라는 것은 앉은뱅이가 일어서기를 잊지 못하고 장님이 보기를 잊지 못하는 것과 같아서 형세로 보면 돌아갈 수 없을 듯합니다.

결국 싸움을 벌여 시 장군이 삼합參合을 깨뜨리고 한나라 왕 한신의 목을 베었다.

[일찍이] 한신이 흉노로 들어갈 때 태자와 함께 갔다. 그들이 퇴당성 頹當城에 이르렀을 때 아들을 낳았으므로 이름을 퇴당이라고 하였다. 태자도 아들을 낳아 영嬰으로 불렀다. 효문제孝文帝 14년에 퇴당과 영이 그 부하들을 이끌고 한나라에 투항하자 한나라는 퇴당을 봉하여 궁고후弓高侯로 삼고, 영을 양성후襄城侯로 삼았다. 오나라와 초나라 등 일곱 나라가 반란을 일으켰을 때 장군들 가운데 궁고후의 공이 가장 뛰어났다. 궁고후는 그 지위를 아들에게 전하여 손자에까지 이르렀지만 손자에게 아들이 없어 후侯 지위를 잃게 되었다. 영의 손자는 불경죄로 후 지위를 잃었다. 퇴당의 첩의 손자 한언韓嫣은 황제에게 남다른 사랑을 받아 이름과 부귀가 그 시대에 알려졌다. 그 동생 열說이 다시 봉해졌으며, 자주 장군으로 불리다가 마침내 안도후案道侯가 되었다. 그 아들이 대를 잇더

니 한 해 남짓 지나 법을 어겨 죽었다. 다시 1년쯤 뒤에 열說의 손자 증曾이 용액후龍額侯가 되어 열의 뒤를 이었다.

배반과 투항을 일삼은 노관과 그의 족속들

　노관盧綰은 풍豐 사람으로 고조와 같은 마을에서 살았다. 노관의 아버지는 고조의 아버지 태상황太上皇과 서로 친하게 지냈다. 두 사람이 아들을 낳게 되었을 때, 고조와 노관이 같은 날에 태어나자 마을 사람들이 양고기와 술을 가지고 와서 두 집안을 축하하였다. 고조와 노관은 성인이되어 함께 글을 배우고 서로 친하게 지냈다. 마을 사람들은 두 집안이 서로 친하며 아들도 같은 날에 낳았고 그들도 커서 서로 아끼는 것을 아름답게 여겨, 또다시 두 집에 양고기와 술을 가지고 와서 축하해 주었다.

　고조가 평민일 때 죄를 짓고 피해 다니며 숨어 지낸 적이 있는데, 노관은 언제나 그를 따라다녔다. 고조가 처음 패沛 땅에서 들고 일어나자, 노관은 그의 빈객으로 한중까지 따라 들어가 장군이 되어 늘 곁에서 모셨다. 동쪽으로 가서 항적을 칠 때에는 태위가 되어 고조를 모셨으며 침실까지도 드나들 정도였다. 고조가 옷이나 먹을 것을 상으로 내릴 때에도 신하들은 감히 노관과 똑같은 총애를 바라지 않았다. 소하와 조참曹參 등이 남다른 대우를 받기는 했지만 신임하고 총애하는 정도는 노관을 따를 수 없었다. 노관은 작위에 봉해져 장안후長安侯가 되었는데, 장안은 옛날의 함양이다.

한나라 5년 겨울에 고조가 항적을 무찌르고 나서 노관을 별장군別將軍으로 삼아 유고劉賈와 함께 임강왕臨江王 공위共尉를 쳐서 무찔렀다. 〔그해〕 7월에 돌아와서 고조를 따라 연나라 왕 장도臧荼[6]를 공격하여 장도를 항복시켰다. 고조가 천하를 평정하였을 때 제후들 가운데 유씨劉氏가 아니고도 왕이 된 사람이 일곱 명이었다.[7] 고조는 노관도 왕으로 삼고 싶었지만, 신하들이 불만을 가질까 봐 그만두었다. 그런데 연나라 왕 장도를 사로잡게 되자, 장군과 재상과 열후들에게 조서를 내려 신하들 가운데 공이 있는 사람을 연나라 왕으로 삼겠다고 했다. 신하들은 고조가 노관을 왕으로 삼고 싶어하는 마음을 알았으므로 다 이렇게 말했다.

"태위 장안후 노관은 언제나 황상을 모시며 천하를 평정하여 공이 가장 많으니, 그를 연나라 왕으로 삼으면 좋겠습니다."

고조는 조서를 내려 그렇게 하도록 했다. 한나라 5년 8월에 노관을 세워 연나라 왕으로 삼았다. 제후나 왕들 가운데 연나라 왕만큼 총애를 받은 이가 없었다.

한나라 11년 가을에 진희가 대 땅에서 반기를 들자 고조가 한단으로 가서 진희의 군대를 쳤는데, 연나라 왕 노관도 그 동북쪽을 쳤다. 그러자 진희는 왕황을 시켜 흉노에게 도움을 요청하였다. 연나라 왕 노관도 자기 신하 장승張勝을 흉노로 보내 진희 등의 군사는 이미 무너졌다고 말

---

6 본래는 연나라 장군으로 항우에 의해 연나라 왕이 되었지만, 초나라와 한나라의 싸움에서 한나라 편에 섰다가 뒤에 모반했다.

7 초왕楚王 한신韓信, 한왕韓王 신信, 장사왕長沙王 오예吳芮, 회남왕淮南王 경포黥布, 양왕梁王 팽월彭越, 조왕趙王 장오張敖, 연왕燕王 노관盧綰을 말한다.

하게 했다. 장승이 오랑캐 땅에 이르러 보니, 전날 연나라 왕 장도의 아들 장연臧衍이 오랑캐 땅으로 도망쳐 와 있었다. 그가 장승을 보고 이렇게 말했다.

"당신이 연나라에서 중용된 까닭은 오랑캐 사정에 밝기 때문이고, 연나라가 오래 존속되고 있는 이유는 제후들이 자주 모반을 일으키며 서로 군대를 합쳐 승패가 정해지지 않기 때문입니다. 지금 당신은 연나라를 위하여 진희 등을 빨리 멸망시키려고 하는데, 그들이 모두 멸망하고 난 다음에는 재앙이 연나라에 미치게 되고 당신도 포로가 될 것입니다. 그대는 어찌하여 연나라 왕에게 진희를 치는 일을 잠시 늦추고 오랑캐와 화친하라고 말씀드리지 않습니까? 일이 더뎌지게 되면 연나라 왕은 오랫동안 왕 노릇을 할 수 있습니다. 한나라에 위급한 일이 생기게 되어야 연나라는 편안해질 것입니다."

장승도 그 말이 옳다고 여겨 아무도 몰래 흉노에게 진희를 도와 연나라를 치게 하였다. 연나라 왕 노관은 장승이 오랑캐와 함께 모의하여 반란을 일으킨 것으로 의심하고 글을 올려 장승의 일족을 멸하도록 요청했다. 장승이 돌아와 그렇게 행동한 까닭을 자세히 설명하자, 연나라 왕도 깨달은 바가 있어 거짓으로 다른 사람의 일인 것처럼 꾸며 장승의 일가족들을 탈출시켜 흉노의 첩자가 되게 하였다. 그리고 몰래 범제范齊를 진희에게 보내 될 수 있는 한 전쟁을 오래 끌어 승패를 짓지 말도록 했다.

한나라 12년에 고조는 동쪽으로 가서 경포를 쳤는데 진희는 늘 군대를 이끌고 대나라에 머물러 있었다. 한나라에서 번쾌를 시켜 진희를 쳐서 베어 죽이자, 그의 비장이 항복하면서 이렇게 말했다.

"연나라 왕 노관이 범제를 시켜서 진희와 내통하도록 계책을 꾸몄습니다."

고조가 사자를 보내 노관을 불렀으나, 노관은 아프다고 핑계를 대며 가지 않았다. 고조는 또다시 벽양후辟陽侯 심이기審食其와 어사대부 조요趙堯를 보내 연나라 왕을 맞아 오게 하면서, 연나라 왕의 주위 사람들에게 사실 여부를 묻도록 하였다. 노관은 더욱더 두려워져 문을 닫아걸고 숨어 있으면서 자신이 총애하던 신하에게 말했다.

"유씨가 아니면서 왕이 된 사람은 나와 장사왕뿐이다. 지난해 봄에 한나라는 회음후의 일족을 멸하였고, 여름에는 팽월을 베어 죽였는데 이것은 모두 여후의 계책이었다. 지금 황상께서는 병들어 나랏일을 모두 여후에게 맡기고 있다. 여후는 부녀자로서 오로지 성이 다른 왕과 큰 공을 세운 신하들을 죽이는 것을 일삼고 있다."

그러고는 병을 핑계로 끝내 가지 않았다. 그의 곁에 있던 신하도 모두 달아나 숨어 버렸다. 노관의 말이 새어 나가 벽양후가 듣게 되었다. 벽양후가 이를 고조에게 보고하자 고조는 더욱더 화를 냈다. 때마침 흉노에서 투항한 자가 있었는데 이렇게 말했다.

"장승이 도망쳐 흉노에 와 있는데 연나라의 사신입니다."

이 말을 듣고 고조가 말했다.

"노관이 정말 배반했군!"

고조는 번쾌를 시켜 연나라를 쳤다. 연나라 왕 노관은 자기 궁인과 가솔, 기병 수천 명을 이끌고 장성 아래에 머물면서 상황을 살폈다. 다행히 고조의 병이 나으면 직접 들어가 사과할 생각이었다. 그런데 4월에 고조가 세상을 떠났다. 노관은 자기 무리를 이끌고 달아나 흉노 땅으로 들어갔다. 흉노는 그를 동호東胡의 노왕盧王으로 삼았으나, 노관은 다른 오랑 캐들로부터 침략과 약탈을 당하게 되자 늘 다시 한나라로 돌아가고 싶어 했다. 하지만 이렇게 1년쯤 살다가 오랑캐 땅에서 죽고 말았다.

고후 때에 노관의 아내와 자식이 흉노에서 달아나 한나라로 투항해 왔으나 고후가 병중이라 만날 수 없었다. 연나라 왕의 저택에 머물면서 언제든 술자리를 마련하여 고후를 만나려고 하였다. 마침내 고후가 죽자 만나지 못하고, 노관의 아내도 병이 들어 죽었다.

효경제孝景帝 6년에 노관의 손자 동호왕東胡王 타지他之가 투항하자, 한나라는 그를 봉하여 아곡후亞谷侯로 삼았다.

빈객이 지나치게 많은 것은 변란의 조짐이다

진희陳豨는 완구宛朐 사람으로 그가 처음에 왜 고조를 따라다니게 되었는지는 알 수 없다. 고조 7년 겨울에 한나라 왕 한신이 반기를 들고 흉노로 들어갔을 때 고조는 평성까지 갔다가 되돌아와서 진희를 봉하여 열후로 삼고, 그를 조나라 상국으로서 장수로 삼아 조나라와 대나라의 변방 군사를 지휘하게 했다. 그래서 변방의 군사는 모두 진희에게 속하였다.

진희가 한번은 〔고조를〕 만나고 돌아오는 길에 조나라에 들른 적이 있었다. 조나라 재상 주창周昌은 진희를 따르는 빈객들의 수레가 1000여 승이나 되어 한단의 관사가 꽉 차는 것을 보았다. 진희가 빈객들을 대하는 태도는 벼슬하지 않은 선비의 사귐과 같아 자기 몸을 낮추어 빈객들을 존경하였다. 진희가 대代나라로 돌아가자 주창은 곧 고조께 들어가 만나기를 청하였다. 주창은 고조를 뵙자 이것을 자세하게 말했다.

"진희의 빈객은 지나칠 만큼 많습니다. 밖에서 여러 해 동안 군대를 마음대로 휘둘렀으니 무슨 변란이라도 있을까 두렵습니다."

고조는 그 말을 듣고 사람을 시켜 다시 살펴보니 대나라에 사는 진희의 빈객들의 재물과 법에 어긋나는 일들을 조사하였더니 진희와 관련된 일이 많았다. 진희는 두려워 사람들 몰래 빈객을 시켜 왕황, 만구신과 내통해 두었다. 고조 10년 7월에 태상황이 죽었다. 고조가 사람을 보내 진희를 불렀지만 진희는 병이 깊다는 핑계로 가지 않았다. 마침내 9월에 진희는 왕황 등과 함께 모반하여 스스로 대왕代王이라고 일컬으며 조나라와 대나라 땅을 위협하여 빼앗았다.

고조는 이 소식을 듣고 조나라와 대나라의 관리나 백성 가운데 진희에게 속거나 협박을 받아 넘어간 자를 다 용서하고, 몸소 한단까지 가서〔그 형세를 살펴보고는〕기뻐하며 말했다.

"진희는 남쪽으로 장수漳水에 의존하지 않고 북쪽으로 한단을 지키지도 않으니 어떤 일도 저지를 수 없음을 알겠다."

이때 조나라 재상이 상산의 군수와 군위를 죽이려고 하며〔고조에게〕아뢰었다.

"진희의 모반으로 상산의 성 스물다섯 개 가운데 스무 개를 잃었습니다."

고조가 물었다.

"군수와 군위가 모반하였소?"

〔조나라 재상이〕 답했다.

"모반하지 않았습니다."

고조가 말했다.

"그것은 힘이 부족했기 때문이다."

그리고 그들을 용서하고 다시 상산의 군수와 군위로 삼았다. 고조는 주창에게 물었다.

"조나라 장사壯士들 가운데 장수로 삼을 만한 이가 있소?"

〔조나라 재상이〕 대답했다.

"네 사람이 있습니다."

그 네 사람이 고조를 뵙자, 고조는 그들을 업신여겨 꾸짖었다.

"너희 같은 자들이 어찌 장수가 될 수 있겠느냐!"

네 사람은 모두 부끄러워하며 땅에 엎드렸다. 고조가 그들을 각각 1000호에 봉하고 장군으로 삼으려고 하니 곁에 있던 신하가 간언했다.

"황상을 따라 촉나라와 한나라에까지 들어가서 초나라를 쳤던 사람들에게도 아직 두루 상을 주지 못하였는데, 지금 이들에게 무슨 공이 있다고 〔1000호에〕 봉하십니까?"

고조가 말했다.

"그대가 알 바가 아니오. 진희가 모반하여 한단 북쪽 땅은 다 그의 차지가 되었소. 짐이 천하에 격문을 띄워 군사를 불렀지만 달려온 자가 없었고, 지금은 한단의 군사만 있을 뿐이오. 그런데 내 어찌 4000호를 아까워하겠소? 네 사람을 봉하는 것은 조나라의 자제들을 위로하려는 뜻이오."

〔그러자〕 모두 말했다.

"좋습니다."

이에 고조가 물었다.

"진희의 장수는 누구요?"

"왕황과 만구신인데 모두 장사치들입니다."

고조가 말했다.

"나도 그들을 알지."

그러고는 왕황과 만구신의 목에 각각 1000금의 상을 걸었다.

11년 겨울에 한나라 군대는 공격하기 시작하여 곡역曲逆 밑에서 진희의 장수 후창侯敞과 왕황 등을 베고, 진희의 장수 장춘張春을 요성聊城에서 깨뜨렸으니 이때 머리를 벤 것이 만 명을 넘었다. 태위 주발周勃이 쳐들어가 태원과 대나라 땅을 평정하였다. 12월에 고조가 직접 동원東垣을 쳤지만 동원의 병사들은 항복하지 않고 고조에게 욕을 하였다. 나중에 동원이 항복하자 고조에게 욕한 병사들은 목을 베고, 욕하지 않은 병사들은 이마에 먹물을 넣는 형벌에 처하였다. 그리고 동원을 진정眞定으로 바꿔 불렀다. 왕황과 만구신의 부하들이 한나라의 상금을 받기 위해 그들을 사로잡아 왔다. 이리하여 진희의 군대는 마침내 싸움에서 지고 말았다.

고조는 낙양에서 돌아와 말했다.

"대나라는 상산 북쪽에 있어서 조나라가 상산 남쪽에 있으면서 그곳을 다스리기는 너무 멀다."

그러고는 아들 항恒을 세워 대나라 왕으로 삼고 중도中都에 도읍을 정하게 하였다. 이로써 대代와 안문雁門 땅이 모두 대나라에 속하게 되었다.

고조 12년 겨울에 번쾌의 군대가 진희를 뒤쫓아 영구靈丘에서 베어 죽였다.

    태사공은 말한다.

"한신과 노관은 본래 덕을 쌓고 착한 일로 처세한 것이 아니라 한순간의 권모술수와 임기응변으로 벼슬을 얻고 간사함으로 공을 이루었다. 한나라가 천하를 막 평정했을 때 만났으므로 땅을 갈라 받고 왕 노릇 하며 고孤라고 일컬을 수 있었던 것이다. 나라 안으로는 지나치게 강해지고 커졌다는 의심을 받았고, 나라 밖으로는 만맥蠻貊오랑캐을 원조자로 믿고 기댔으므로 시간이 흐를수록 조정과 멀어지고 자신들까지 위태로움을 느끼게 되었다. 일이 막다른 골목에 이르고 지혜가 다하자 흉노로 달아났으니 이 어찌 애처롭지 않으랴! 진희는 양梁나라 사람으로 젊을 때는 위魏나라 공자 무기를 자주 칭찬하고 흠모했으므로 군대를 이끌고 변방을 지킬 때도 빈객들을 불러 모으고 선비들에게 몸을 굽혀 겸손하게 행동했는데, 그의 명성이 실제보다 과장되었다. 주창이 그를 의심하여 [심문까지 하게 되었고] 잘못이 자못 많이 드러났다. 진희는 그 재앙이 자신에게 미칠까 봐 두려웠는데 간사한 자가 진언하자, 마침내 무도한 짓에 빠져들었다. 아, 슬프도다! 대체로 계책의 설익음과 무르익음이 사람에게 성공과 실패로 끼치는 영향은 또한 깊구나!"

34
◎
전담 열전
田儋列傳

이 편은 제나라 후예 전담과 그의 사촌 동생 전영田榮 및 전횡田橫이 진나라 말기에 번 갈아 왕이 되었다가 패망하는 과정, 즉 유방이 제나라를 평정하는 과정을 주로 언급 하고 있다. 전담이 제나라를 세우는 데 가장 어려움을 겪었기 때문에 그의 이름으로 표 제를 삼았지만 내용은 전횡의 전기에도 상당한 비중을 두어 묘사하고 있다.

전횡의 호걸다운 면모는 유방에게 천하를 얻을 수 있는 길을 열어 주는 역할에서 드러 난다. 말하자면 비동맹의 동맹군 역할을 수행했다는 것인데 유방이 천하를 얻게 된 과정에서의 외부 요소를 거론하여 다루었다는 점에서 특기할 만하다. 이 때문에 전횡 이 천하를 통일하지는 못했지만 그 공만은 간과할 수 없다는 것이 사마천의 생각이 다. 사마천은 전횡이 싸움에서 져 한왕의 부름을 받고 치욕을 느껴 자살하자, 그를 따르던 빈객 수백 명도 절개를 지켜 따라 죽은 이야기를 덧붙여 흥미 있는 읽을거리로 만들었다.

왕의 피를 물려받은 이가 왕이 되어야 한다

전담田儋은 적현狄縣 사람으로 옛날 제나라 왕 전씨田氏의 후예이다. 전담의 사촌 동생 전영田榮과 전영의 동생 전횡田橫은 모두 호걸이고, 집 안이 강성하여 인심을 얻을 수 있었다.

진섭이 처음 군사를 일으켜 초나라 왕이 되었을 때 주불周市을 보내 위魏나라 땅을 침략하여 평정하고, 북쪽으로 적현에 이르렀으나 적현의 성문은 굳게 수비되고 있었다. 전담은 거짓으로 자기 종을 묶고, 젊은이 들을 데리고 관아로 가서 종을 죽이는 시늉을 하였다.[1] 그는 적현 현령이 나오자마자 현령을 쳐 죽인 뒤 세력 있는 관리의 자제들을 불러 놓고 말 했다.

"제후들은 모두 진秦나라에 반기를 들고 스스로 일어서고 있다. 제나 라는 옛날에 세워진 나라로서, 내가 그 전씨의 후예이니 마땅히 왕이 되 어야 한다."

그러고는 마침내 스스로 제나라의 왕이 되어 군사를 일으켜 주불을 쳤다. 주불의 군사가 돌아가자 전담은 군사를 이끌고 동쪽으로 가서 제 나라 땅을 점령했다.

진나라 장수 장한章邯이 임제臨濟에서 위魏나라 왕 구咎를 에워싸자

---

[1] 고대에 노비는 권력자의 개인 소유물에 불과하여 주인이 그의 생사를 결정지었다. 다만 노비 를 죽일 경우 반드시 먼저 관아에 보고하도록 되어 있었다.

사태가 급박해졌다. 위나라 왕이 제나라에 도움을 요청하자 제나라 왕 전담은 군사를 이끌고 위나라를 도우러 갔다. 그러나 장한의 군대는 나뭇가지를 입에 물고 한밤중에 재빨리 공격하여 제나라와 위나라 군사를 크게 무찌르고 전담을 임제 아래에서 죽였다. 전담의 사촌 동생 전영이 전담의 남은 병사를 거두어 동아東阿로 달아났다.

독사에게 물린 손은 잘라야 한다

제나라 사람들은 왕 전담이 죽었다는 소식을 듣자 옛날 제나라 왕이던 전건田建의 동생 전가田假를 제나라 왕으로 세우고, 전각田角을 재상으로, 전간田閒을 장군으로 세워 제후들의 침입에 맞서도록 하였다.

전영이 동아로 달아나자 장한이 그를 뒤쫓아 가 에워쌌다. 항량은 전영이 위급하다는 소식을 듣자마자 바로 군대를 이끌고 와서 장한의 군대를 동아 아래에서 무찔렀다. 장한이 서쪽으로 달아나자 항량은 승리의 기세를 타고 그의 뒤를 쫓았다. 한편 전영은 제나라 사람들이 전가를 왕으로 세운 것에 화가 나서 병사들을 이끌고 (제나라로) 돌아가 제나라 왕 전가를 쳐서 몰아냈다. 전가는 초나라로 달아나고 제나라 재상 전각은 조나라로 달아났으며, 전각의 동생 전간은 앞서 조나라에 도움을 요청하러 갔기 때문에 그곳에 그대로 머무른 채 돌아오지 않았다. 전영은 전담의 아들 전불田市을 제나라 왕으로 세우고 자신은 재상이 되었으며, 전횡은 장군이 되어 제나라 땅을 평정하였다.

항량은 장한을 뒤쫓았지만 장한의 군대가 더욱더 강성해졌으므로, 조나라와 제나라에 사신을 보내 이 사실을 알리고 군대를 출동시켜 다 함께 장한을 치자고 하였다. 이에 전영이 이렇게 말했다.

"초나라가 전가를 죽이고 조나라가 전각과 전간을 죽이면 지금 바로 군대를 출동시키겠소."

초나라 회왕이 말했다.

"전가는 동맹국의 왕으로서 곤궁한 처지가 되어 우리에게 왔으니 그를 죽이는 것은 의로운 일이 아니오."

조나라도 전각과 전간을 죽이면서까지 제나라의 환심을 사려고 하지는 않았다. 그러자 제나라 사신이 이렇게 말했다.

"독사에게 손을 물리면 손을 자르고 발을 물리면 발을 자릅니다. 왜 그러겠습니까? 자르지 않으면 몸뚱이마저 해치기 때문입니다. 지금 전가, 전각, 전간은 초나라와 조나라에게 손이나 발 같은 친분이 있는 것도 아닌데 왜 죽이지 않습니까? 또 진나라가 다시 천하 사람들의 마음을 얻게 된다면 군사를 일으켜 정권을 잡았던 자들은 당연히 죽일 테고, 게다가 그 무덤까지 파헤칠 것입니다."

그러나 초나라와 조나라가 사자의 말을 듣지 않자, 제나라도 화가 나서 끝내 군사를 보내 주지 않았다. 예상한 대로 장한은 항량의 군대를 쳐서 항량을 죽이고 초나라 병사를 깨뜨렸다. 초나라 병사가 동쪽으로 달아나자 장한은 하수를 건너 거록에서 조나라를 에워쌌다. 항우가 급히 달려와 조나라를 구해 주었으나, 항우는 이 일로 전영을 원망하게 되었다.

원망하는 마음은 반란의 불씨가 된다

항우는 조나라를 구원하고 장한 등의 항복을 받은 뒤, 서쪽으로 가서 함양을 무찔러 진나라를 멸망시키고 제후들을 왕으로 세웠다. 이때 제나라 왕 전불을 보내 교동왕膠東王으로 삼고, 즉묵에 도읍을 정하도록 했다.

제나라 장군 전도田都는 (항우를) 따라와 조나라를 구해 준 뒤 그길로 함곡관으로 들어갔으므로, 그를 제나라 왕으로 세우고 임치에 도읍을 정하도록 했다. 옛날 제나라 왕이던 전건의 손자 전안田安은 항우가 하수를 건너 조나라를 구해 줄 때 제수 북쪽의 성 여러 개를 함락시킨 뒤 군사를 이끌고 항우에게 투항했다. 항우는 전안을 제북왕濟北王으로 세우고 박양博陽에 도읍을 정하도록 했다. 전영은 항량의 뜻을 저버리고 군대를 출동시켜 초나라와 조나라를 도와 진나라를 치려고 하지 않았기 때문에 왕이 되지 못하였다. 조나라 장수 진여도 직책을 잃고 왕이 되지 못했다. 이리하여 두 사람은 모두 항왕을 원망하게 되었다.

항왕이 자기 나라로 돌아가자 제후들도 각자 자기 나라로 돌아갔다. 그러자 전영은 사람을 시켜 군사를 이끌고 가서 진여를 도와 조나라에서 반란을 일으키게 하고는, 그 자신도 군대를 동원하여 전도를 치자 전도는 초나라로 달아났다. 전영이 제나라 왕 전불을 붙잡고 교동으로 가지 못하게 하자, 전불의 곁에 있던 신하들이 이렇게 말했다.

"항왕은 포악한 사람이므로 왕께서는 교동으로 가셔야 합니다. 만일 가시지 않으면 틀림없이 위태로워질 것입니다."

전불은 두려워 몰래 도망쳐 자기 나라로 갔다. 전영은 화가 나서 제나라 왕 전불을 뒤쫓아 가 즉묵에서 죽인 뒤, 돌아와서 제북왕 전안을 쳐 죽였다. 이렇게 하여 전영은 스스로 제나라 왕이 되어 삼제三齊[2]의 땅을 모두 병합하였다.

이 소식을 들은 항왕은 매우 화가 나서 곧바로 북쪽으로 와서 제나라를 쳤다. 제나라 왕 전영의 군사들이 싸움에서 지고 평원平原으로 달아나자 평원 사람들이 전영을 죽였다. 항왕은 마침내 제나라 성곽을 모조리 불살라 버리고 지나가는 곳마다 사람들을 다 죽였다. 이에 제나라 사람들은 서로 힘을 합쳐 항우에게 맞섰다. 전영의 동생 전횡은 뿔뿔이 흩어졌던 병사 수만 명를 다시 불러 모아 성양에서 항우를 맞아 싸웠다. 한편 한漢나라 왕은 제후들을 이끌고 와서 초나라를 무찌른 뒤 팽성으로 들어갔다. 항우는 이 소식을 듣자 제나라를 버리고 돌아가 팽성에서 한나라를 쳤다. 이로 인하여 한나라 군대와 잇달아 싸우면서 형양에서 대치하였다. 그래서 전횡은 다시 제나라의 성읍들을 차지하고, 전영의 아들 전광田廣을 제나라 왕으로 세우고 전횡 자신은 재상이 되어 나라의 정치를 도맡았다. 나라의 정치적인 일은 크든 작든 모두 재상이 결정했다.

---

2 항우는 제나라 땅을 셋으로 나누어 전불을 교동왕에, 전도를 제왕에, 전안을 제북왕에 봉했기 때문에 삼제라고 하였다.

전횡이 제나라를 평정한 지 3년이 지났을 때, 한왕은 역생을 보내 제나라 왕 전광과 재상 전횡을 설득하여 한나라에 항복하도록 하였다. 전횡은 역이기의 말이 옳다고 여기고 역하歷下에 있던 군대를 해산시켰다. 그런데 한나라 장수 한신은 병사를 이끌고 동쪽으로 제나라를 쳤다.

이보다 앞서 제나라는 화무상華毋傷과 전해田解를 시켜 역하에서 진을 치고 한나라와 대치하도록 했는데, 한나라 사신이 이르자 수비를 풀고 마음 놓고 술자리를 벌이며 사신을 보내 한나라와 화친을 맺으려고 했다. 이때 한나라 장군 한신은 조나라와 연나라를 평정하고, 괴통의 계책을 받아들여 평원 나루를 건너와 역하에 있던 제나라 군대를 기습하여 깨뜨리고 그길로 임치로 들어갔다. 제나라 왕 전광과 재상 전횡은 역생이 자신들을 속였다며 화가 나서 그를 삶아 죽였다. 제나라 왕 전광은 동쪽에 있는 고밀로 달아나고 재상 전횡은 박博으로 달아났으며, 임시 재상 전광田光은 성양으로 달아나고 장군 전기田旣는 교동에 진을 쳤다. 초나라가 용저龍且를 보내 제나라를 돕게 하자 제나라 왕과 고밀에서 만나 진을 쳤다. 한나라 장군 한신과 조참은 용저를 무찔러 죽이고 제나라 왕 전광을 사로잡았다. 한나라 장군 관영灌嬰은 제나라 임시 재상 전광을 뒤쫓아 사로잡고 박으로 진격했다.

전횡은 제나라 왕이 죽었다는 말을 듣고 스스로 제나라 왕이 되어 되돌아가서 관영을 쳤다. 관영이 전횡의 군사를 영嬴 아래에서 무찌르자 전횡은 양나라로 달아나 팽월에게로 귀순했다. 이 무렵 팽월은 양 땅에 있으면서 중립을 지키며 한나라를 위하기도 하고 초나라를 위하기도 했다. 한신은 용저를 죽인 뒤 이어서 조참에게 군대를 이끌고 앞으로 나아가 교동에서 전기를 무찔러 죽이도록 하고, 관영에게는 제나라 장군 전흡田吸을 천승千乘 땅에서 깨뜨려 죽이게 하였다. 한신은 마침내 제나라를 평정하고 자신이 제나라의 임시 왕이 되고 싶다고 요청하였다. 그러자 한나라에서는 그를 진짜 왕으로 세웠다.

치욕스러운 삶을 사느니 차라리 죽음을 택한다

그로부터 1년쯤 지나자 한왕은 항적을 멸망시키고 황제가 되어 팽월을 양나라 왕으로 삼았다. 전횡은 죽음을 당할까 두려워 자기의 무리 500여 명과 함께 바다로 들어가 섬에서 살았다. 고제는 이 소식을 듣고, 전횡 형제는 본래 제나라를 평정한 데다가 제나라의 어진 사람들이 많이 따르니 지금 그들을 그대로 바다 가운데 두면 나중에 반란을 일으킬지도 모른다는 생각이 들었다. 그래서 사신을 보내 전횡의 죄를 용서하고 불러오게 하였다. 전횡은 다음과 같이 말하며 사양하였다.

"신은 폐하의 사신 역생을 삶아 죽였습니다. 들건대 지금 그의 동생 역상酈商은 한나라 장군이 되었고 어진 인물이라고 하니, 신은 두려워 감히 조서를 받들지 못하겠습니다. 바라건대 평민이 되어 바다의 섬이나 지키며 살게 해 주십시오."

사신이 돌아와 보고하자, 고제는 곧바로 위위衛尉 역상에게 조서를 내렸다.

　〔만일〕제나라 왕 전횡이 돌아왔을 때, 감히 그를 따르는 사람과 여론을 불
안하게 만드는 자가 있으면 그 일족을 멸하겠다.

　그러고는 다시 사신에게 부절을 들고 〔전횡에게 가서〕역상에게 조서
를 내린 상황을 자세히 설명하고 이렇게 말하라고 했다.

　"전횡이 오면 크게는 왕으로 삼고, 작게는 후로 삼겠다. 그러나 오지
않으면 군사를 보내 죽이겠다."

　전횡은 자신의 빈객 두 사람과 함께 역마를 타고 낙양으로 향했다.
낙양에서 30리쯤 떨어진 시향尸鄕 역에 이르렀을 때 전횡은 사신에게
말했다.

　"남의 신하 된 자가 천자를 만나는데 마땅히 몸을 씻고 머리를 감아
야 합니다."

　전횡은 그곳에 머물러 빈객들에게 말했다.

　"나는 처음에 한왕과 함께 왕 노릇을 하며 고孤라고 일컬었는데, 지
금 한왕은 천자가 되었고 나는 도망친 포로의 몸으로 북쪽을 향하여 그
를 섬겨야 하오. 이 치욕스러운 마음은 정말로 참을 수 없소. 나는 남의
형을 삶아 죽였는데 앞으로 그 동생과 어깨를 나란히 하여 같은 군주를
섬겨야 하오. 비록 그가 천자의 조서를 두려워하여 나를 괴롭히지는 못
한다고 하더라도 내 어찌 스스로 마음속으로 부끄러운 생각이 없겠소?
또한 폐하께서 나를 보고자 하시는 까닭은 내 얼굴을 한번 보려는 것에
지나지 않소. 폐하께서는 낙양에 계시니 지금 내 목을 베어 30리를 말로

달려가면 모습이 썩지 않아 알아볼 수 있을 것이오."

그러고는 마침내 자기 목을 찌르며 빈객에게 자신의 목을 받들고 사신을 따라 말을 달려가 고제에게 아뢰도록 하였다. 고제가 말했다.

"아, 역시 까닭이 있었구나! 한낱 평민에서 몸을 일으켜 세 형제가 번갈아 왕이 되었으니 어찌 어질지 않겠는가!"

그를 위해 눈물을 흘리고는 두 빈객을 도위都尉로 삼고 군졸 2000명을 뽑아 왕의 예를 갖추어 전횡을 장사하였다.

그러나 장례가 끝나자마자, 두 빈객은 무덤 곁에 구덩이를 파고 모두 스스로 목을 베고 거꾸로 처박혀 전횡을 따라 죽었다. 고제는 이 소식을 듣고 몹시 놀라며 전횡의 빈객이 모두 어진 사람들이라고 생각하였다. 또 그 나머지 500명이 여전히 바다 가운데에 있다고 들었으므로 사신을 시켜 불러오게 했다. 사신이 그곳에 이르러 전횡의 죽음을 알리자 모두 스스로 목숨을 끊었다. 이로써 전횡 형제가 선비들의 마음을 얻고 있었음을 알 수 있다.

태사공은 말한다.

"심하구나! 괴통의 계책이 제나라의 전횡을 혼란스럽게 하고 회음후를 교만에 빠지게 하여 이 두 사람을 망쳤구나! 괴통은 책사로서 종횡술에 뛰어나 전국 시대의 권모술수를 논한 글 여든한 편을 지었다. 그는 제나라 사람 안기생安期生과 친하였다. 안기생은 일찍이 항우에게 벼슬을 구했지만 항우는 그의 계책을 쓰지 않았다. 얼마 뒤에 항우가 이 두 사람을 봉하려고 했으나 이들은 끝까지 받으려 하지 않고 도망쳐 버렸다. 전횡의 절개는 고상하여 빈객들마저 그 의리를 사모하여 따라 죽었으니 어찌 이보다 더한 현명함이 있겠는가! 그래서 나는 그의 사적을 열전 속에 넣었다. 제나라에 계책을 잘 세우는 사람이 없지 않았을 텐데 〔전횡을 보좌하여〕나라를 지키지 못했으니 이것은 어찌 된 일인가?"

35

번역등관열전

樊酈滕灌列傳

이 편은 한나라 초기 개국 공신이며 유방의 충성스러운 장수였던 번쾌樊噲, 역상酈商, 하후영夏侯嬰, 관영灌嬰의 행적을 서술하고 있다. 이들은 한나라와 초나라의 싸움과 한나라 초기 정권을 굳건히 하는 과정에서 큰 공을 세운 인물들로서, 모두 미천한 출신으로 시대 변화에 순응하여 영웅이 되었다.

이 편은 다른 열전의 구성과는 달리 전투와 전공 등의 사실을 반복하여 나열하고 있다. 특히 번쾌에 대해서는 적지 않은 분량으로 그가 늘 군주를 따라 전쟁터로 뛰어다니며 본능적인 충성심과 용맹성으로 성공하는 면모를 묘사함으로써 전형적인 무사의 모습을 부각시켰다. 이러한 기법은 사마천이 짧고 간결한 문체의 반복적인 구사를 통하여 서술의 주체를 보다 뚜렷하게 드러내려는 의도를 담고 있다.

특히 사마천은 여기서 번쾌의 손자 번타광의 전언을 근거로 하여 서술함으로써 역사를 기록뿐 아니라 현장 체험을 통한 살아 있는 서술 기법으로써 그 묘미를 전해 주고자 했다.

용맹스럽고 기개가 넘치는 번쾌

무양후舞陽侯 번쾌樊噲는 패현沛縣 사람이다. 그는 개 잡는 일을 생업으로 하면서 고조와 함께 숨어 살기도 했다.[1]

처음에 〔번쾌는〕 고조를 따라 풍읍豐邑에서 군사를 일으켜 패현을 쳐서 무너뜨렸다. 고조는 패공沛公이 되자 번쾌를 사인으로 삼았다. 번쾌는 〔고조를〕 따라 호릉현胡陵縣과 방여현方與縣을 치고 돌아와 풍읍을 지키면서 사수군泗水郡 군감郡監을 풍읍 근처에서 쳐 무찔렀다. 그리고 다시 동쪽으로 가서 패현을 평정하고, 서쪽 설현薛縣에서 사수군 군수를 깨뜨렸다. 사마이司馬尼를 탕현碭縣 동쪽에서 싸워 물리치고 적군 열다섯 명의 머리를 베었으며, 〔그 공으로〕 국대부國大夫[2] 작위를 받았다.

그는 늘 패공을 모시며 따라다녔는데, 패공이 복양현濮陽縣에서 장한의 군대를 칠 때도 제일 먼저 성 위로 올라가 적군 스물세 명의 목을 베어 열대부列大夫[3] 작위를 받았다. 또 패공을 따라가 성양현城陽縣을 칠 때도 제일 먼저 성 위로 올라가 호유향戶牖鄉을 함락시키고, 이유李由이사의 아들의 군사를 깨뜨려 적군 열여섯 명의 목을 베었으며 〔그 공으로〕 상

---

1 번쾌는 진 이세황제 원년에 유방과 함께 재앙을 피하기 위해 망산芒山과 탕산碭山 일대에서 숨어 지냈다.
2 진秦나라 작위 스무 등급 중 여섯 번째 등급으로 관대부官大夫를 말한다.
3 진나라 일곱 번째 등급의 작위로서 공대부公大夫를 말한다.

간작上開爵[4] 벼슬을 받았다. 패공을 곁에서 모시고 성무현成武縣에서 동군東郡의 수위守尉를 치고 포위하여 적을 물리쳤으며, 적군 열네 명의 머리를 베고 열한 명을 포로로 잡아 오대부五大夫[5] 작위를 받았다. 패공을 따라 진나라 군사를 치기 위해 박亳 남쪽으로 나아가 강리현杠里縣에 진을 치고 있던 하간군河閒郡 군수가 이끄는 군대를 깨뜨리고, 개봉현開封縣 북쪽에 진을 치고 있던 조분趙賁의 군대를 깨뜨림으로써 적군을 물리치고 척후병 한 명과 적군 예순여덟 명의 목을 베었으며 스물일곱 명을 포로로 잡아 경卿 작위를 받았다. 또 패공을 따라가 곡우曲遇에 진을 치고 있던 양웅楊熊의 군사를 쳐 깨뜨렸고, 완릉성宛陵城을 공략할 때는 가장 먼저 성 위로 올라가 적군 여덟 명의 목을 베고 마흔네 명을 포로로 잡아 현성군賢成君이라는 봉호를 받았다.

패공을 따라가 장사읍長社邑과 환원산轘轅山을 쳤고, 하진河津을 건너 동쪽으로 가서 시향에 진을 치고 있던 진나라 군대를 쳤으며, 남쪽으로 주읍犨邑에 진을 치고 있던 진나라 군대를 공격하였다. 양성현陽城縣에 있던 남양군南陽郡 군수 여의呂齮도 깨뜨렸다. 동쪽으로 완현성宛縣城을 칠 때는 가장 먼저 성 위로 올라갔고, 서쪽으로 역현酈縣에 이르러 적을 물리칠 때는 적군 스물네 명의 목을 베고 마흔 명을 포로로 잡았으므로 봉록을 더 받게 되었다. 무관武關 땅을 공격하고, 패상霸上에 이르러 도위 한 명과 적군 열 명의 목을 베었으며 146명을 포로로 사로잡고 병졸 2900명을 항복시켰다.

죽음도 사양하지 않는데 어찌 술 한잔을 사양하리

항우가 희하戲下에서 진을 치고 패공을 치려고 하니, 패공은 기마병 100여 명을 거느리고 항백項伯항우의 숙부을 통해 항우를 만나 함곡관을 막을 일이 없다고 해명했다. 항우는 병사들에게 술자리를 열어 주었다. 아보亞父범증는 〔술자리가 한창 무르익자〕 패공을 죽이기 위해 항장項莊항우의 동족 사람으로 그 무렵 부장이었음에게 연회석에서 칼춤을 추다가 패공을 찌르라고 명령했지만, 〔위급한 순간마다〕 항백이 자기 어깨로 패공을 가려 주었다. 그때 패공과 장량만 군영 안으로 들어와 연회에 참석했고 번쾌는 군영 밖에 있었다. 번쾌는 상황이 긴급하다는 소식을 듣자 곧바로 철 방패를 들고 군영 문 앞으로 가서 안으로 뛰어들려 했지만 군영의 보초가 번쾌를 가로막았다. 그러나 번쾌는 〔방패로〕 그를 밀어젖히고 들어가 장막 아래에 섰다. 항우가 그를 보고 물었다.

"이자는 누군가?"

장량이 대답했다.

"패공의 참승參乘[6] 번쾌입니다."

항우는 말했다.

"장사로구나."

---

6 고대에는 수레를 탈 때 말을 모는 사람이 수레 가운데 앉고 임금은 그 왼쪽에 앉았으며, 오른쪽에 또 한 사람을 태워 수레의 균형을 잡아 주었다. 이때 수레 오른쪽에 타는 사람은 임금에게 남다른 신뢰를 받는 신하인데, 그를 참승이라고 했다.

그러고는 큰 술잔에 술을 따라 주고 돼지 어깻죽지 하나를 내려 주었다. 번쾌는 술을 마신 뒤 칼을 뽑아 고기를 잘라서 먹어 치웠다. 항우가 물었다.

"더 마실 수 있겠소?"

번쾌가 말했다.

"신은 죽음도 사양하지 않는데 어찌 술 한잔을 사양하겠습니까? 패공께서는 먼저 관중으로 들어와 함양을 평정한 뒤 패상霸上에서 병사들을 노숙시키며 대왕을 기다리고 계셨습니다. 그런데 대왕께서는 오늘에 이르러 소인배의 말만 듣고 패공과 틈을 만드셨습니다. 신은 이 일로 천하가 분열되고 사람들이 대왕을 의심하지 않을까 걱정됩니다."

항우는 아무런 말이 없었다. 패공은 변소에 가는 척하면서 번쾌를 손짓으로 불러내어 그 자리를 떠났다. 군영을 벗어나자 패공은 수레를 그대로 남겨 둔 채 혼자 말에 올라타고 번쾌 등 네 사람[7]은 걸어서 그 뒤를 따랐다. 패공은 산 아래 샛길을 따라 군영으로 달아나 장량을 시켜 항우에게 사과하도록 하였다. 항우도 이것으로 마음이 흡족하여 패공을 죽이려 하지 않았다. 이날 번쾌가 군영으로 달려 들어가 항우를 꾸짖지 않았다면 패공은 위험에 처했을 것이다.

이튿날 항우는 함양으로 들어가 성안 사람을 모두 죽이고 패공을 한漢왕으로 세웠다. 한왕은 번쾌에게 열후 작위를 내리고 임무후臨武侯로 불렀다. 번쾌는 낭중으로 승진하여 한왕을 따라 한중으로 들어갔다.

---

7 「항우 본기」에 따르면 네 사람은 번쾌, 하후영, 근강靳彊, 기신紀信이다.

한왕은 돌아와서 삼진三秦을 평정하였다. 번쾌는 따로 백수白水 북쪽에서 서현西縣의 승水현령의 부관을 공격하고, 옹현雍縣 남쪽에서 옹왕雍王의 날쌘 기마병을 깨뜨렸다. 한왕을 따라가 옹현과 태성斄城을 쳤을 때는 제일 먼저 성 위로 올라갔다. 호치현好時縣에서 장평章平의 군대를 칠 때도 가장 먼저 올라가 적진을 함락시키고 현령과 현승 각각 한 명과 적군 열한 명의 목을 베고 스무 명을 포로로 잡았다. 그 공으로 낭중기장郎中騎將이 되었다. 또 번쾌는 한왕을 따라가 양향壤鄉 동쪽에서 진나라의 기병 부대를 물리치고 장군이 되었다. 조분趙賁을 쳐서 미郿, 괴리槐里, 유중柳中, 함양을 함락시켰으며 폐구廢丘를 수몰시킬 때는 번쾌의 공이 가장 컸다. 그래서 역양현櫟陽縣에 이르러 식읍으로 두릉현杜陵縣의 번향樊鄉을 받았다. 한왕을 따라가 항우를 쳐서 자조煮棗에서 무찔렀고, 외황현外黃縣에서 왕무王武와 정처程處의 군대를 무찔렀으며, 추현鄒縣과 노성魯城과 하구瑕丘와 설현薛縣을 공략하였다. 항우는 팽성에서 한왕의 군대를 무찌르고 노魯와 양梁 땅을 도로 다 빼앗았다. 번쾌는 형양으로 돌아와 식읍으로 평음平陰의 2000호를 더 받았고 장군으로서 광무산廣武山을 지켰다. 그로부터 1년 뒤 항우가 군대를 이끌고 동쪽으로 가자, 고조를 따라 항우를 쳐서 양하현陽夏縣을 함락시키고 초나라 주 장군周將軍의 병사 4000명을 사로잡았다. 또 진현陳縣에서 항우를 에워싸 크게 깨뜨리고 호릉胡陵을 몰살하였다.

항우가 죽고 한왕이 황제가 되자 번쾌는 성을 든든하게 지키고 싸울 때마다 공을 세웠으므로 식읍 800호를 더 받았다. 번쾌는 고조를 따라가 반란을 일으킨 연나라 왕 장도를 쳐서 사로잡고 연나라 땅을 평정하였다. 초나라 왕 한신이 반란을 일으키려고 했을 때도 번쾌는 고조를 따라가 진현에 이르러 한신을 사로잡고 초나라를 평정하였다. 그래서 또다시 그에게 열후 작위를 내리고, 다른 제후들과 부절을 쪼개 나누어 갖고[8] 대대로 세습하게 하였다. 무양을 식읍으로 주고 무양후라고 불렀으며 앞서 받은 식읍은 해제하였다.

번쾌는 장군으로서 고조를 따라가 대代에서 반란을 일으킨 한韓나라 왕 한신을 치고, 강후絳侯 등과 함께 곽인읍霍人邑에서 운중군雲中郡에 이르는 땅을 평정하여 식읍 1500호를 더 받았다. 이어 진희를 치고 만구신의 군대와 양국성襄國城에서 싸운 뒤, 박인柏人에서 깨뜨릴 때에는 가장 먼저 성에 올라가 청하군淸河郡과 상산常山 등 모두 스물일곱 현에게 항복을 받아 평정하고 동원현東垣縣을 쑥밭으로 만들었다. 벼슬은 좌승상으로 승진하였다. 무종현無終縣과 광창현廣昌縣에서 기무앙綦毋卬과 윤반尹潘의 군대를 깨뜨리고, 진희의 부대장인 흉노족 왕황의 군대를 대代 남쪽에서 무찔렀다. 이어 삼합현參合縣에서 한신의 군대를 칠 때는 번쾌가 거느리고 있던 병사가 한나라 왕 한신의 목을 베었다.

또 진희가 이끄는 오랑캐 기마병을 횡곡현橫谷縣에서 깨뜨리고 장군 조기趙旣의 목을 베었으며, 대나라의 승상 풍량馮梁, 군수 손분孫奮, 대장 왕황, 태복太僕 해복解福 등 열 명을 사로잡고 여러 장수와 함께 대의

---

8 부절을 둘로 나누어 조정과 봉읍을 받는 사람이 각기 하나씩 가져 신용을 나타냈다.

향읍鄕邑 일흔세 개를 평정하였다. 그 뒤 연나라 왕 노관이 반란을 일으키자 번쾌는 재상으로서 노관을 쳐 계현薊縣 남쪽에서 그의 승상 저抵를 깨뜨리고 연나라 땅의 현 열여덟 개와 향읍 쉰한 개를 평정하였다. 이 공로로 식읍 1300호를 더 받았으므로 무양현의 식읍은 모두 5400호가 되었다. 번쾌는 고조를 따라 적군 176명의 목을 베고 288명을 사로잡았다. 따로 군대 일곱을 깨뜨리고 성 다섯 개를 함락시켰으며, 군 여섯 개와 현 쉰두 개를 평정하고 승상 한 명, 장군 열두 명, 2000석 이하 300석에 이르는 사람 열한 명을 사로잡았다.[9]

번쾌는 여후의 동생 여수呂須를 아내로 맞이하여 아들 항伉을 낳았기 때문에 다른 장수들에 비하여 고조와 가장 가까웠다.

앞서 경포가 반란을 일으켰을 때, 고조는 병이 깊어 사람을 만나기조차 싫어 궁궐 깊숙이 드러누워 있으면서 호위병에게 신하들을 들어오지 못하게 하라고 명령했다. 신하 강후와 관영 등은 열흘 넘게 감히 들어가지 못하였다. 이때 번쾌가 궁중의 작은 문을 밀치고 바로 들어가니 대신들도 그 뒤를 따라 들어갔다. 고조는 혼자 한 환관의 무릎을 베고 누워 있었다. 번쾌 등은 고조를 보자 눈물을 흘리며 말했다.

"전날 폐하께서 저희와 함께 풍현과 패현에서 군사를 일으켜 천하를 평정하실 때만 해도 얼마나 혈기가 왕성하셨습니까! 이제 천하가 평정되었는데 어찌 이토록 지쳐 보이십니까! 폐하의 병이 깊어져 대신들은 몹

---

9 한 대 관리의 봉급은 100석石에서 1만 석까지 모두 열다섯 등급으로 나누어졌다. 여기서 2000석이라는 것은 수도와 각 지방의 정치를 담당하는 3등급 관리의 봉급이고, 300석은 작은 현을 관리하는 11등급 관리의 봉급이다.

시 놀라고 두려워하고 있습니다. 그런데 신등을 불러 나랏일을 의논하지 않고 도리어 일개 환관만 상대하고 세상일을 멀리하십니까? 폐하께서는 조고의 일을 알지 못하십니까?"

그러자 고조는 웃으면서 일어났다.

그 뒤 노관이 반란을 일으키자 고조는 번쾌에게 재상으로서 연나라를 치도록 하였다. 이때는 고조의 병이 깊었는데 어떤 사람이 번쾌를 헐뜯어 말했다.

"번쾌는 여씨 일족이니, 만일 황제가 하루아침에 세상을 뜨시는 날이면 곧바로 군대를 이끌고 와서 척씨戚氏[10]와 조나라 왕 여의如意의 일족을 죽일 것입니다."

고조는 이 말을 듣고 몹시 화가 나서 곧장 진평陳平을 시켜 강후에게 수레를 타고 가서 [번쾌] 대신 군대를 지휘하게 하고, 군대 안에서 번쾌의 목을 베라고 명령하였다. 진평은 여후를 두려워하여 번쾌를 [죽이지 않고] 체포하여 장안으로 데려왔다. 고조가 죽자 여후는 번쾌를 풀어 주고 작위와 식읍을 되돌려 주도록 하였다.

효혜제孝惠帝 6년에 번쾌가 죽자 무후武侯라는 시호를 내렸다. 아들 번항樊伉이 대신 후侯가 되고, 그 어머니 여수는 임광후臨光侯가 되었다. 고후高后가 정권을 쥐고 마음대로 휘두르므로 대신은 모두 두려워하였다.

---

10 척씨, 즉 척 부인은 고조 만년에 가장 총애를 받은 데다 고조가 척 부인과의 사이에서 낳은 조왕 유여의를 태자로 삼으려는 생각까지 하자 여 태후는 척 부인을 눈엣가시로 여겼다. 여 태후는 고조가 죽자마자 척 부인의 손과 발을 자르고 눈을 파내고는 돼지우리에 살게 하며 '사람 돼지人彘'라고 부르게 했고 아들 유여의도 독살했다. 「여 태후 본기」 참조.

번항이 번쾌 대신 후가 된 지 9년 만에 고후가 죽었다. 대신들은 여씨 일족과 여수의 가솔을 모두 죽이고 번항도 죽였다. 이로써 무양후의 가통은 몇 달 동안 끊어졌다. 그러나 효문제孝文帝가 즉위하자 곧바로 번쾌의 서자 번불인樊市人을 무양후로 봉하고 예전의 작위와 식읍을 되돌려 주었다. 번불인이 무양후가 된 지 29년 만에 죽으니 시호를 황후荒侯라고 했다. 그 아들 번타광樊他廣이 대를 이어 후侯가 되었다. 6년 뒤에 무양후 집안의 한 사인이 번타광에게 죄를 지어 벌을 받자 원한을 품고 글을 올렸다.

황후 번불인은 병이 있어 아들을 낳을 수 없자 자기 부인을 동생과 간통하게 하여 타광을 낳았습니다. 타광은 실제로 황후의 아들이 아니니 황후 대신 후가 될 수 없습니다.

그래서 황제는 조서를 내려 관리에게 조사하도록 했다. 효경제孝景帝 중원中元 6년에 번타광은 후 작위를 빼앗기고 평민이 되었으며 봉국도 없어졌다.

노략질을 일삼던 역상

곡주후曲周侯 역상酈商은 고양高陽 사람이다. 진승이 반란을 일으켰을 때 역상은 젊은이들을 모으고 사방으로 다니면서 사람들을 강제로 끌어 모아 수천 명이 되었다. 패공이 여러 곳을 공략하며 진류현陳留縣에 이른 지 여섯 달 남짓 되었을 무렵, 역상은 병졸 4000명을 이끌고 기현岐縣에서 패공에게 귀속하였다. 역상은 패공을 따라가 장사長社를 칠 때 성에 가장 먼저 오른 공으로 신성군信成君에 봉해졌다. 그는 패공을 따라가 구지현緱氏縣을 치고, 하진河津평음진을 차단하고 낙양 동쪽에서 진나라 군대를 깨뜨렸다. 또 패공을 따라가 완宛과 양穰을 쳐서 함락시키고 열일곱 현을 평정하였다. 역상은 따로 군대를 이끌고 순관旬關을 치고 한중을 평정하였다.

항우는 진나라를 멸망시키고 패공을 세워 한왕으로 삼았다. 한왕이 역상에게 신성군 작위를 내리자 역상은 장군 자격으로 농서도위隴西都尉를 맡게 되었다. 역상은 따로 북지北地와 상군上郡을 평정하였다. 언지현焉氏縣에서 옹왕雍王의 장군을 쳐부수고, 순읍栒邑에서 장군 주류周類를 무찔렀으며, 이양泥陽에서 소장蘇駔을 깨뜨렸으므로 그 공으로 무성현武成縣의 6000호를 식읍으로 받았다. 또 역상은 농서도위로 패공을 따라가 다섯 달 동안 항우의 군대를 쳤으며, 거야현鉅野縣으로 나가서 종리매와 싸웠는데 아주 치열했다. 역상은 한왕에게 양나라 재상의 인수를 받고 식읍 4000호를 더 받았다. 역상은 양나라 재상이면서 장수가 되어 한나라 왕을 따라 2년 3개월 동안 항우를 쳐서 호릉胡陵을 공략했다.

항우가 죽자 한왕이 황제가 되었다. 그해 가을 연나라 왕 장도가 반란을 일으키자 역상은 장군 신분으로 한왕을 따라가 장도를 쳤다. 용탈현龍脫縣에서 싸울 때는 성에 먼저 올라가 진지를 함락시켰고, 역현易縣 아래에서 장도의 군대를 무찔렀다. 이 공로로 우승상이 되었으며 열후 작위를 받았고, 다른 제후들과 부절을 나누어 갖고 대대로 계승했으며, 식읍으로 탁현涿縣의 5000호를 받았고 호를 탁후涿侯라고 하였다. 역상은 우승상으로서 따로 군사들을 이끌고 상곡上谷을 평정하였고, 이어 대代를 쳐서 조나라 재상의 인수를 받았다. 역상은 우승상이자 조나라의 재상으로서 따로 강후 등과 함께 대나라와 안문雁門을 평정하고 대나라의 승상 정종程縱, 임시 재상 곽동郭同, 장군 이하 600석에 이르는 자 열아홉 명을 사로잡았다. 역상은 돌아와 장군으로서 태상황을 1년 7개월 동안 호위하였고, 우승상으로서 진희를 쳐서 동원현을 쑥밭으로 만들었다. 또 역상은 우승상으로서 고조를 따라가 경포를 치고 그의 선두 부대를 공격하여 진지 두 개를 함락시켜 경포의 군대를 깨뜨렸다. 그래서 그는 다시 곡주曲周의 5100호를 식읍으로 받자 앞서 받은 식읍은 돌려주었다. 따로 군대를 이끌고 가서 적군을 물리친 것이 세 번이고, 항복받은 것이 여섯 군 일흔세 현이며, 적의 승상과 임시 재상과 대장 각 한 사람과 소장 두 사람 그리고 2000석 이하 600석에 이르는 관원 열아홉 명을 사로잡았다.

역상은 효혜제를 섬겼는데, 고후 때에는 병으로 일을 맡을 수 없었다. 그 아들 역기酈寄는 자가 황況이고 여록呂祿[11]과 친하게 지냈다. 여후가 죽자 대신들이 여씨 일족을 죽이려고 하였으나, 여록이 장군이 되어 북군北軍[12]에 진을 치고 있었기 때문에 태위 주발周勃은 북군으로 들어갈 수 없었다. 그래서 주발은 사람을 시켜 역상을 위협하여 그 아들 역황이 여록을 꾀어내도록 하였다. 여록이 역황을 믿으므로 함께 밖으로 나오자 태위 주발이 곧장 북군으로 들어가 장악하고 여씨 일족을 죽였다. 이

---

11 여후의 조카. 조나라 왕으로 봉해졌다가 뒤에 주발에게 피살되었다.
12 서한西漢 금군禁軍에는 남군南軍과 북군北軍이 있어 장안의 남쪽 성과 북쪽 성을 나누어 지켰다.

해에 역상이 죽자 경후景侯라는 시호를 내렸다. 아들 역기가 대신 후가 되었다. 세상 사람들은 역기가 친구를 팔았다고 말했다.

효경제 전원前元 3년에 오, 초, 제, 조나라가 반란을 일으키자[13] 경제는 역기를 장군으로 임명하여 조나라 성을 에워쌌지만 열 달이 지나도록 함락시키지 못했다. 그러다가 제나라를 평정하고 돌아온 유후俞侯 난포欒布의 도움을 받아 조나라 성을 함락시키고 조나라를 멸망시켰으며, 조나라 왕이 스스로 목숨을 끊자 봉국도 없어졌다. 효경제 중원中元 2년에 역기가 평원군平原君왕황후의 어머니로 이름은 장아臧兒이며, 무제 때 평원군이라고 존칭함. 평원군 조승이 아님을 부인으로 삼으려다 경제의 노여움을 사서 형리에게 넘겨졌는데 죄가 드러나 후를 박탈당했다. 경제는 역상의 다른 아들 역견酈堅을 목후繆侯로 봉하여 역씨의 뒤를 잇게 하였다. 목정후繆靖侯가 죽자 그 아들 강후康侯 수성遂成이 뒤를 이었고, 수성이 죽자 그 아들 회후懷侯 세종世宗이 뒤를 이었다. 세종이 죽고 그 아들 종근終根이 후로 세워졌다. 그는 태상太常이 되었다가 죄를 지어 봉국도 없어지고 말았다.

위증죄에 연루되어 옥살이한 하후영

여음후汝陰侯 하후영夏侯嬰은 패현 사람으로 패현의 마구간 사어司御

---

13 오나라 왕 유비劉濞, 초나라 왕 유무劉戊, 조나라 왕 유수劉遂, 교서왕膠西王 유앙劉卬, 교동왕膠東王 유웅거劉雄渠, 치천왕菑川王 유현劉賢, 제남왕濟南王 유벽광劉辟光 등이 일으킨 반란을 말한다.

말을 기르고 수레를 모는 사람를 지냈다. 그는 사신과 빈객을 배웅하고 돌아올 때마다 패현의 사상정泗上亭[14]에 들러 고조와 이야기를 나누었는데, 하루도 달리한 적이 없었다. 얼마 되지 않아 하후영은 현의 관리가 되었지만 여전히 고조와 사이가 좋았다. 하루는 고조가 장난을 치다가 하후영에게 상처를 입혔는데 어떤 사람이 고조를 고발하였다. 고조는 그때 정장亭長이므로 상처를 입히면 다른 사람들보다 무거운 형벌을 받아야 했다. 고조는 하후영에게 상처를 입힌 일이 없다고 진술하였고 하후영도 이를 증언하였다. 그렇지만 이 사건은 나중에 다시 심의를 받게 되었고, 하후영은 [고조의 죄에 대한 위증죄로] 연루되어 1년 남짓 옥살이를 하고 매를 수백 대나 맞았다. 그러나 끝내 진술을 번복하지 않아 고조를 사건에서 벗어나게 했다.

처음에 고조가 자기 부하들과 함께 패현을 치려 하자, 하후영은 패현의 영사令史문서를 관장하는 관리로서 고조를 위해 심부름을 했다. 고조는 하루 만에 패현의 항복을 받아 냈다. 고조는 패공이 되자 하후영에게 칠대부七大夫 작위를 내리고 태복太僕으로 삼았다. 하후영은 패공을 따라 호릉을 쳐서 소하와 함께 사수군의 군감郡監 평平을 항복시켰다. 평이 호릉을 들어 투항하니, 하후영은 이 공로로 오대부五大夫 작위를 받았다.

하후영은 또 패공을 따라가 탕현 동쪽에서 진나라 군대를 쳤고, 제양현濟陽縣을 쳐서 호유향戶牖鄕을 항복시켰으며, 옹구현雍丘縣 아래에서 이유李由의 군대를 무찔렀다. 전차로 질주하면서 맹렬한 기세로 싸운 공

<hr />

14 즉 사수정泗水亭. 패현에서 동쪽으로 1리 떨어진 곳에 있다. 유방은 사수 정장이었는데 하후영은 그와 교분을 가져 늘 찾아갔다.

로로 집백執帛집규執珪 다음가는 지위 작위를 받았다. 하후영은 늘 태복 자격으로 패공의 수레를 몰고 패공을 따라가 동아현東阿縣과 복양현 아래에서 장한의 군대를 쳤는데, 전차로 신속하게 달려가 치열하게 싸워 무찌른 공로로 집규 작위를 받았다.

또한 일찍이 패공을 모시고 개봉開封에서 조분의 군대를 치고, 곡우曲遇에서 양웅의 군대를 쳤다. 하후영은 예순여덟 명을 포로로 잡고 군졸 850명의 투항을 받았으며 인장 한 상자를 얻었다. 이어서 수레를 몰아 패공을 따라가 낙양 동쪽에서 진나라 군대를 칠 때, 수레를 내달리며 격렬하게 싸워 공을 세웠으므로 봉읍을 받고 등공滕公이 되었다. 또다시 패공의 수레를 몰고 따라가 남양南陽을 쳤고, 남전현藍田縣과 지양현芷陽縣에서 싸울 때 전차로 빨리 달리면서 치열하게 싸워 패상에 이르렀다. 항우가 와서 진나라를 섬멸하고 패공을 세워 한漢나라 왕으로 봉하였다. 한왕은 하후영에게 열후 작위를 내리고 소평후昭平侯라고 불렀다. 그는 다시 태복이 되어 촉과 한으로 들어갔다.

하후영은 나라로 돌아와서 삼진三秦을 평정하고, 한왕을 따라가 항우를 쳤는데 팽성에 이르러서 그에게 크게 패했다. 한왕은 형세가 불리해지자 달아나다가 〔두 자식〕효혜孝惠와 노원魯元을 발견하고 수레에 태웠다. 그러나 한왕은 말이 지치고 적이 뒤쫓아 와 사태가 급해지자 두 아이를 발로 차서 수레 밖으로 떨어뜨리려 하였다. 하지만 하후영은 그때마다 그들을 수레 아래에서 끌어올리고 천천히 가면서 두 아이가 자기 목을 끌어안게 했다. 한왕은 몹시 화가 나 도중에 하후영의 목을 10여 차례나 베려고 했으나, 마침내 탈출하여 효혜와 노원을 풍豊으로 데려다주었다.

한왕은 형양에 이르자 흩어진 병사를 모아 다시 세력을 되찾고 하후영에게 기양祈陽을 식읍으로 내려 주었다. 그는 다시 한왕을 수레에 모시고 항우를 쳤는데 진현까지 뒤쫓아 가 마침내 초 땅을 평정하였다. 하후영은 노성魯城으로 돌아갔고, 식읍으로 자지현玆氏縣을 더 받았다.

한왕이 황제가 되었다. 그해 가을에 연나라 왕 장도가 반란을 일으키자 하후영은 태복으로서 고조를 따라가 장도를 쳤다. 그다음 해에 고조를 따라 진陳에 이르러 초나라 왕 한신을 사로잡았다. 고조는 〔하후영에게〕 다시 여음현汝陰縣을 식읍으로 내리고 부절을 나누어 주어 대대로 세습하도록 하였다. 하후영은 태복으로서 고조를 따라 대代를 쳐서 무천武泉과 운중雲中에까지 이르렀고, 그 공로로 식읍 1000호를 더 받았다.

또 고조를 따라 진양현晉陽縣 부근에 있던 한신 군대의 흉노 기마병을 쳐서 크게 깨뜨렸다. 계속 달아나는 적을 뒤쫓아 평성현平城縣에 이르렀다가 흉노에게 에워싸여 이레 동안이나 연락이 끊겼다. 고조가 연지에게 사신을 보내 많은 예물을 주자 묵돌이 한쪽 포위망을 풀었다. 고조는 포위망을 벗어나 급히 달아나려고 하였지만, 하후영은 일부러 천천히 걸으면서 쇠뇌를 당겨 밖으로 향하게 하여 마침내 탈출할 수 있었다. 그 공로로 세양현細陽縣의 1000호를 식읍으로 더 받았다. 다시 태복 신분으로 고조를 따라 구주산句注山 북쪽에서 흉노 기마병을 쳐서 크게 무찔렀다. 그는 태복 신분으로 평성현 남쪽에서 흉노 기마병을 쳐서 진지를 세 차례나 함락시켜 공이 많았으므로 빼앗은 읍 500호를 받았다. 태복으로서 진희와 경포의 군대를 쳐서 진지를 함락시키고 적을 물리쳤으므로 식읍 1000호를 더 받았으며, 여음현의 6900호를 식읍으로 하고 앞서 받은 식읍은 돌려주었다.

하후영은 고조가 처음 패현에서 일어날 때부터 죽을 때까지 언제나 태복으로 있었고, 태복으로서 효혜제까지 섬겼다. 효혜제와 고후는 하후영이 하읍현下邑縣 부근에서 효혜제와 노원 공주를 구해 준 은혜에 감사하여 하후영에게 현의 북쪽 궁궐에서 제일 좋은 집을 내려 주고 가깝게 지내며 각별히 존중하였다. 효혜제가 죽자 하후영은 태복으로 있으면서 고후를 섬겼다. 고후가 죽고 대왕代王이 들어오자 하후영은 태복 신분으로 동모후東牟侯와 함께 궁중으로 들어가 잔당을 말끔히 정리하고 소제少帝를 폐위시켰다. 천자의 어가를 준비하여 대왕을 관저로 맞아들여 대신들과 함께 세우니 그가 효문제孝文帝이다. 하후영은 다시 태복이 되었다가 8년 만에 죽었으며, 시호는 문후文侯라고 하였다. 그 아들 이후夷侯 조竈가 뒤를 이었는데 7년 뒤에 죽었다. 조의 아들 공후共侯 사賜가 대를 이었는데 31년 뒤에 죽었다. 사의 아들 파頗는 평양 공주平陽公主와 결혼했다. 그는 대를 이은 지 19년 뒤인 원정元鼎한 무제의 다섯 번째 연호 2년에 아버지가 황제로부터 물려받은 하녀와 간통한 죄로 스스로 목숨을 끊어 봉국이 없어졌다.

비단을 팔던 관영

영음후潁陰侯 관영灌嬰은 수양현睢陽縣에서 비단을 팔던 사람이다. 고조가 패공이 되어 여러 곳을 공략하면서 옹구雍丘 일대에 이르렀을 때 장한이 항량의 군대를 무찌르고 죽이자 패공은 탕현으로 돌아가 진을 쳤다. 관영은 처음에 중연中涓으로서 패공을 따라가 성무成武에서 동군東郡의 군위를 무찌르고, 강리杠里에서 진나라 군대를 깨뜨렸다. 그는 힘껏 싸운 공으로 칠대부 작위를 받았다. 관영은 패공을 따라가 박毫의 남쪽과 개봉과 곡우에서 진나라 군대를 쳐 치열하게 싸워 집백 작위를 받고, 선릉군宣陵君이라는 칭호를 얻었다. 또 패공을 따라가 양무陽武 서쪽에서 낙양에 이르는 지역을 공략하여 진나라 군대를 시尸 북쪽에서 깨뜨리고, 북쪽으로는 하진河津을 끊었으며, 남쪽으로는 남양 군수 여의를 양성 동쪽에서 깨뜨려 마침내 남양군을 평정하였다. 또한 서쪽 무관으로 들어가 남전에서 격렬하게 싸워 패상에 이르렀다. 이 공으로 집규 작위를 받고 창문군昌文君이 되었다.

패공은 한왕이 되자 관영을 낭중으로 삼았다. 관영은 한왕을 따라 한중으로 들어가 10월에 중알자中謁者황제 곁에서 접견을 연락하는 관리로 임명되었다. 그는 한왕을 따라갔다가 되돌아와 삼진을 평정하고 역양을 함락시켰으며 새왕塞王사마흔의 항복을 받았다. 관영은 돌아와 폐구에서 장한을 에워쌌으나 함락시키지는 못하였다. 다시 한왕을 따라 동쪽으로 임진관臨晉關을 나와 은殷나라 왕을 쳐서 항복을 받고 그 땅을 평정하였다. 정도定陶 남쪽에서 항우의 장군 용저와 위나라 재상 항타의 군대를 쳐 치열하게 싸운 끝에 무찔렀다. 관영은 그 공으로 열후로 봉해져 창문후昌文侯로 불렸으며, 두현杜縣의 평향平鄉을 식읍으로 받았다.

관영은 다시 중알자로서 한왕을 따라가 탕현을 함락시키고 팽성에 이르렀다. 항우가 한왕을 쳐서 크게 무찔렀다. 한나라 왕이 서쪽으로 달아나자 관영은 한왕을 따라 돌아와 옹구에 진을 쳤다. 왕무王武와 위공魏公 신도申徒가 반란을 일으키자 관영은 한왕을 따라가 그들을 무찔렀으며, 하황현下黃縣을 치고 서쪽으로 병사들을 수습하여 형양에 주둔하였다. 초나라 기병대가 대규모로 쳐들어오자 한왕은 군대 안에서 기병대 장수가 될 만한 이를 뽑게 하였다. 그러자 모두 다음과 같이 추천하는 말을 했다.

"본래 진나라의 기마병 출신인 중천重泉 사람 이필李必과 낙갑駱甲이 기병에 익숙합니다. 지금은 교위校尉로 있지만 기병 장수로 삼을 만합니다."

한왕이 그들을 임명하려고 하자 이필과 낙갑이 말했다.

"신들은 본래 진나라 백성이므로 군사들이 저희를 믿지 않을 것입니다. 대왕 곁에 있는 이 중에서 기마를 잘 아는 사람을 뽑아 임명하시고, 신들이 그분을 돕도록 해 주십시오."

한왕은 관영이 젊기는 하지만 여러 차례 치열한 전쟁을 한 경험이 있으므로 중대부中大夫어사대부의 고문관로 삼고 이필과 낙갑을 좌우 교위로 삼았다.

관영은 낭중의 군대를 이끌고 형양 동쪽에서 초나라 기병대를 쳐서 크게 깨뜨렸다. 그는 조서를 받고 따로 초나라 군대의 뒤쪽을 쳐서 양무에서 양읍襄邑에 이르는 그들의 식량 보급로를 끊었다. 노현魯縣 일대에서 항우의 장군 항관項冠을 쳐서 무찔렀고, 그 부하가 우사마右司馬와 기병 대장 각각 한 사람씩을 베었다. 또한 자공柘公 왕무의 군대를 치고 연나라 서쪽에 진을 쳤는데, 그 부하가 누번樓煩[15]의 장수 다섯 명과 연윤

---

15 춘추 시대 말기 북방의 부족 이름으로 말타기와 활쏘기에 뛰어났다.

連尹[16] 한 명을 베었다. 백마현白馬縣 일대에서 왕무의 별동대장 환영桓嬰을 쳐서 무찔렀는데 부하가 도위 한 명의 목을 베었다. 관영은 기마병을 이끌고 하수를 건너 남쪽으로 와서 한왕을 낙양으로 전송하고, 사신으로 북쪽 한단에 이르러 재상 한신의 군대를 맞아들였다. 관영은 오창敖倉으로 돌아와 어사대부로 승진하였다.

3년 뒤에 관영은 열후로서 두현의 평향을 식읍으로 받았다. 그는 어사대부로서 조서를 받고 낭중의 기마병을 이끌고 동쪽으로 재상 한신에게 귀속되어 역성 일대에서 제나라 군대를 무찔렀으며, 부하들이 거기장군車騎將軍 화무상華毋傷과 장리將吏 마흔여섯 명을 포로로 잡았다. 임치를 함락시키고 제나라 임시 재상 전광田光을 사로잡았으며, 제나라 재상 전횡田橫을 뒤쫓아 영嬴과 박博까지 이르러 기마 부대를 깨뜨리고, 그 부하가 기마 대장 중 한 명의 목을 베고 네 명을 사로잡았다. 관영은 영과 박을 쳐서 천승현에서 제나라 장군 전흡을 깨뜨리고, 그 부하가 전흡을 베어 죽였다. 동쪽으로 한신을 따라 고밀현에서 용저와 유공留公 선선旋을 쳤는데 거느린 병사가 용저의 목을 베어 죽이고 우사마와 연윤 각각 한 명과 누번의 장수 열 명을 사로잡고, 그 자신은 아장亞將 주란周蘭을 사로잡았다.

제나라 땅이 평정되자 한신은 스스로 제나라 왕이 되어 관영을 별동대장으로 삼고 초나라 장군 공고公杲를 노魯 북쪽에서 쳐 무찌르게 하였다. 관영은 이를 깨뜨리고 남쪽으로 방향을 바꾸어 설군薛郡의 군장郡長

---

16 초나라 관직 이름인데 구체적인 직무는 알려져 있지 않다.

을 깨뜨렸으며 직접 적군의 기병 대장 한 명을 포로로 잡았다. 관영은 부양傳陽을 치고 더 나아가 하상下相과 그 동남쪽으로 동僮, 취려取慮, 서徐에 이르렀다. 관영은 회수를 건너 그 성읍을 모두 항복시키고 광릉廣陵에 이르렀다. 항우가 항성項聲, 설공薛公, 담공郯公을 시켜 다시 회수 북쪽을 평정하도록 하였다. 관영은 회수 북쪽을 건너 하비에서 항성과 담공을 깨뜨리고 설공의 목을 베어 항복을 받았으며, 평양에서 초나라 기마병을 깨뜨리고 마침내 팽성을 함락시켰다. 주국柱國(초나라 관직으로 태위와 같음) 항타를 포로로 잡고 유留, 설薛, 패沛, 찬酇, 소蕭, 상相 등의 현을 항복시켰다. 또 고苦와 초譙를 쳐서 다시 적의 차장 주란을 사로잡았다. 관영은 이향頤鄕에서 한나라 왕을 만나 그를 따라 진성陳城 아래에서 항우의 군대를 쳐 무찔렀는데, 부하가 누번의 장수 두 명의 목을 베어 죽이고 기병 대장 여덟 명을 포로로 잡았다. 이 공으로 식읍 2500호를 더받았다.

항우가 해하 싸움에서 져 달아나자, 관영은 어사대부로서 조서를 받아 따로 기마병을 이끌고 그를 동성東城까지 뒤쫓아 가 무찔렀다. 부하다섯 명이 힘을 합쳐 항우를 베어 죽이자 모두에게 열후 작위가 내려졌다. 관영은 적의 좌우 사마 각각 한 명과 병졸 1만 2000명의 항복을 받고 그 장리將吏를 모두 사로잡았으며, 동성東城과 역양歷陽을 함락시켰다. 강수를 건너 오군吳郡의 군장郡長을 오나라의 성 아래에서 무찌르고 오군의 군수를 사로잡아 마침내 오군, 예장군豫章郡, 회계군會稽郡을 평정하였다. 관영은 돌아와 회북 지역의 쉰두 현을 평정하였다.

한왕은 황제가 되자 관영에게 식읍 3000호를 더 내려 주었다. 그해 가을에 관영은 거기장군으로서 고조를 따라가 연나라 왕 장도를 쳤다. 그 이듬해에는 고조를 따라가 진陳에 이르러 초나라 왕 한신을 사로잡았다. 나라로 돌아오자 고조는 부절을 쪼개 주어 대대로 세습시켰으며, 영음 땅 2500호의 식읍을 내리고 영음후로 불렀다.

관영은 거기장군으로서 고조를 따라가 한韓나라 왕 한신을 대에서 치고, 마읍馬邑에 이르러 조서를 받고 따로 누번 북쪽에 있는 여섯 현의 항복을 받고 대나라 좌상左相의 목을 베었으며, 무천武泉 북쪽에서 흉노 기마병을 깨뜨렸다. 다시 고조를 따라가 한나라 왕 한신의 흉노 기마병을 진양 일대에서 쳤을 때 부하가 흉노족의 백제白題 장수 한 명의 목을 베었다. 관영은 다시 조서를 받고 연, 조, 제, 양, 초나라의 기마 전차 부대를 아울러 이끌고 사석硰石에서 흉노 기마병을 깨뜨렸다. 평성에 이르렀을 때 흉노에게 에워싸였다가 고조를 따라 되돌아와서는 동원에 진을 쳤다.

고조를 따라가 진희를 쳤는데 조서를 받고 따로 곡역曲逆 아래에서 진희의 승상 후창侯敞의 군대를 쳐 물리쳤으며, 부하가 후창과 특장特將[17] 다섯 명을 죽였다. 곡역, 노노盧奴, 상곡양上曲陽, 안국安國, 안평安平을 항복시키고 동원을 쳐서 함락시켰다.

경포가 반란을 일으키자 관영은 거기장군으로서 먼저 나가 공격하여 상相에서 경포의 별동대장을 쳐서 무찌르고 부대장과 누번의 장군 세 명을 죽였다. 또한 진격하여 경포의 상주국上柱國의 군대와 대사마大司馬의 군대를 깨뜨렸다. 경포의 별동대장 비주肥誅를 깨뜨려 관영 자신은 적

─────────

의 좌사마 한 명을 사로잡았고, 부하가 소대장 열 명의 목을 베고 북쪽으로 회수까지 뒤쫓아 갔다. 그 공으로 식읍 2500호를 더 받았다. 경포를 무찌른 뒤 고조는 돌아와 관영에게 영음 땅 5000호를 식읍으로 정해 주고 전에 내렸던 식읍을 반환하도록 했다. 대체로 관영은 고조를 따라가 2000석 관원 두 명을 사로잡고 따로 열여섯 군대를 무찔렀으며 성 마흔여섯 개를 함락시키고 국國 하나, 군 두 개, 현 쉰두 개를 평정하였으며 장군 두 명, 주국과 재상 각 한 명, 2000석 관원 열 명을 사로잡았다.

관영이 경포를 무찌르고 돌아왔을 때 고조가 죽었으므로 관영은 열후로서 효혜제와 여 태후를 섬겼다. 태후가 죽자 [여후의 조카] 여록呂祿 등은 조나라 왕으로서 스스로 장군이 되어 장안에 군대를 주둔시키고 반란을 일으켰다. 제나라 애왕哀王이 이 소식을 듣고 군대를 동원하여 서쪽으로 와서 앞으로 왕이 될 수 없는 자[18]를 죽이려고 하였다. 상장군上將軍 여록 등은 이 소문을 듣고 관영을 대장으로 삼아 군대를 이끌고 나가서 그들을 치도록 하였다. 그러나 관영은 출정하기는 했지만 형양에 이르러 강후 등과 모의하여 병사를 형양에 주둔시키고, 제나라 왕에게 여씨를 죽이려고 한다는 소문을 퍼뜨리니 제나라 군대도 더 이상 나아오지 않았다. 강후 등이 여씨 일족을 죽이자 제나라 왕은 군대를 거두어 돌아갔다. 관영도 철수하여 형양에서 돌아온 뒤 강후, 진평과 함께 대왕代王을 효문제로 세웠다. 효문제는 관영에게 식읍 3000호를 더 늘려서 봉하고 황금 1000근을 내려 주었으며 태위太尉로 삼았다.

---

18 고조의 제서制書에 유씨劉氏가 아닌 자는 왕이 될 수 없다고 하였다.

3년 뒤에 강후 주발이 승상을 그만두고 봉국으로 돌아가자, 관영이 승상이 되고 태위 벼슬에서 물러났다. 이해에 흉노가 대대적으로 북지北地와 상군上郡으로 쳐들어오자 황제는 승상 관영에게 기마병 8만 5000명을 이끌고 가서 흉노를 치도록 명령했다. 흉노는 물러갔지만 제북왕濟北王유비劉肥의 아들 유흥군劉興君이 반란을 일으켰으므로 조서를 내려 관영의 흉노 정벌을 멈추게 했다. 1년쯤 뒤에 관영이 승상으로 있다가 죽자 의후懿侯라는 시호를 내렸다. 그 아들 평후平侯 관아灌阿가 후 작위를 이었다. 관아가 28년 뒤에 죽자 그 아들 관강灌强이 후 작위를 이었다. 13년 뒤에 관강이 죄를 지어 2년 동안 후 작위가 이어지지 못했다. 원광元光한 무제의 두 번째 연호 3년에 천자가 관영의 손자 관현灌賢을 임여후臨汝侯에 봉하고 관씨灌氏의 뒤를 잇게 했다. 8년 뒤에 관현이 뇌물을 준 죄로 처벌되어 봉국은 없어지고 말았다.

태사공은 말한다.

"내가 풍현과 패현으로 가서 진秦나라 때부터 살아온 그곳 노인들을 찾아 소하, 조참, 번쾌, 등공의 옛집과 그들의 평소 사람됨을 물어보았는데 세상에 전해지는 것과는 달랐다. 그들이 칼을 휘두르고 개를 잡고 비단을 팔 때, 어찌 스스로 천리마의 꼬리에 붙어 1000리를 가듯이〔한나라 고조를 만나〕한나라 조정에 이름을 날리고 자손들에게까지 은덕을 내리게 될 줄 알았겠는가? 나는 번타광과 교분이 있었는데, 그는 나에게 고조의 공신들이 처음 일어날 때 상황을 이와 같이 들려주었다."

『사기』 목록

찾아보기

옮긴이 김원중金元中

성균관대학교 중문과에서 문학박사 학위를 받았다. 대만 중앙연구원과 중국 문철연구소 방문학자와 대만사범대학 국문연구소 방문교수, 중국 푸단 대학 중문과 방문학자를 역임했다. 건양대 중문과 교수를 지냈고, 현재 단국대학교 한문교육과 교수이며, 중국인문학회·한중인문학회 부회장, 대통령 직속 국가교육위원회 전문위원도 겸하고 있다.

동양의 고전을 우리 시대의 보편적 언어로 섬세히 복원하는 작업에 매진하여, 고전 한문의 응축미를 담아내면서도 아름다운 우리말의 결을 살려 원전의 품격을 잃지 않는 번역으로 정평 나 있다. 《교수신문》이 선정한 최고의 번역서인 『사기 열전』을 비롯해 『사기 본기』, 『사기 표』, 『사기 서』, 『사기 세가』 등 개인으로서는 세계 최초로 『사기』 전체를 완역했으며, 그 외에도 『삼국유사』, 『논어』, 『명심보감』, 『손자병법』, 『한비자』, 『정관정요』, 『정사 삼국지』(전 4권), 『채근담』, 『당시』, 『송시』 등의 고전을 번역했다. 또한 『한마디의 인문학, 고사성어 사전』, 『한문 해석 사전』(편저), 『중국 문화사』, 『중국 문학 이론의 세계』 등의 저서를 출간했고 40여 편의 논문을 발표했다.

사기 열전 |

1판 1쇄 펴냄 2007년 9월 3일
1판 28쇄 펴냄 2014년 8월 19일
개정판 1쇄 펴냄 2015년 6월 10일
개정판 11쇄 펴냄 2020년 1월 2일
개정2판 1쇄 펴냄 2020년 8월 10일
개정2판 9쇄 펴냄 2024년 7월 16일

지은이   사마천司馬遷
옮긴이   김원중
발행인   박근섭, 박상준
펴낸곳   (주)민음사
출판등록 1966. 5. 19 (제16-490호)
주소   서울특별시 강남구 도산대로1길 62(신사동) 강남출판문화센터 5층 (06027)
대표전화 02-515-2000
팩시밀리 02-515-2007

ISBN 978-89-374-2596-7 04910
ISBN 978-89-374-2595-0 (세트)

* 잘못 만들어진 책은 구입처에서 교환해 드립니다.

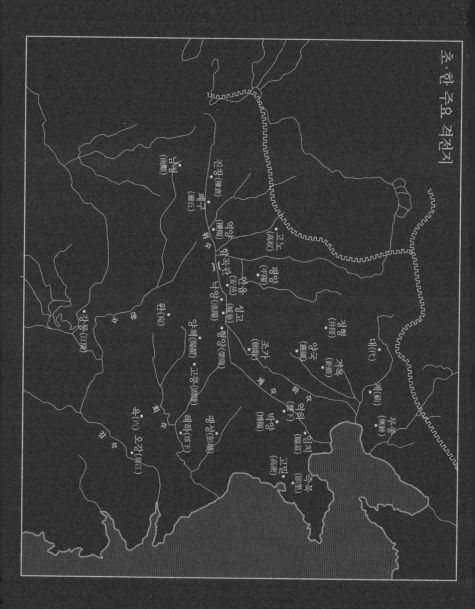

조·한 주요 격전지

南鄭
(남정)

陳倉(진창)
廢丘(폐구)

南陽
(남양)

橫陽
(횡양)

函谷關(함곡관)
安邑(안읍)

平陰
(평음)

滎陽
(형양)

榮陽
(영양)

井陘
(정형)

襄國
(양국)

代(대)

鄃(수)

襄邑
(양읍)

嶢關
(요관)

皖(완)

成皐
(성고)

鉅鹿
(거록)

趙歇
(조가)

鉅野
(거야)

敖倉(오창)

蒲阪
(포판)

固陵(고릉)

濮陽(복양)

歷下
(역하)

彭城
(팽성)

下(하)

留(류)

鄴
(업)

臨菑
(임치)

高密
(고밀)

郯(담)

無終
(무종)